2025

물류관리사

국제물류론

Since 2006
누적판매
1위

최신기출
개정법령
완벽반영

물류관리사 분야의 바이블!

- 2024년 28회 기출문제 ➕ 상세한 해설 수록
- '기초개념 ➜ 전문 내용 ➜ 신유형'의 3단계 구성

물류관리사 개요

1 물류관리사란?

물류 관련 업무의 전문가로서, 물류의 전반적인 과정을 기획하고 관리하는 역할을 수행합니다. 물류관리사의 주된 업무는 물품의 수송, 보관, 하역, 포장, 유통, 국제물류 등을 체계적으로 관리하여 비용을 절감하고 효율성을 극대화하는 것입니다.

물류관리사 자격증은 국가공인 자격증으로, 한국산업인력공단이 주관하는 시험에 합격해야 취득할 수 있습니다. 물류 전문가로서의 전문성을 인정받기 위한 필수 자격증이라고 할 수 있습니다.

2 물류관리사 자격증이 필요한 사람들

① 물류 분야 취업을 원하는 취업 준비생
② 물류 실무자로서 자격증과 이론에 대한 지식이 필요한 직장인
③ 인사고과 및 승진을 위한 직장인 등

3 물류관리사의 수행업무

물류관리사는 물류관리에 대한 전문적인 지식을 가지고 원자재의 조달에서부터 물품의 생산, 보관, 포장, 가공, 유통에 이르기까지 물류가 이동되는 전체영역의 업무를 수행합니다.

4 물류관리사의 진로 및 전망

물류관리사는 물류관련 정부투자기관이나 공사, 운송·유통·보관 전문회사, 대기업 또는 중소기업의 물류 관련 부서(물류, 구매, 자재, 수송 등), 물류연구기관에 취업이 가능하다. 물류는 대부분의 주요 기업 활동을 포함하고 있으므로 대기업, 중소기업 및 공기업 모두 물류관리사를 요구하고 있다.

또한, 각계 전문기관에서 물류부문을 전자상거래와 함께 유망직종 중의 하나로 분류하고 있으며, 정부 차원에서는 국가물류기본계획을 수립하여 우리나라가 지향하는 물류미래상을 제시하고 세계 속에서 경쟁할 수 있는 물류전문인력을 양성·보급한다는 장기 비전을 제시하고 있다. 이러한 현 상황과 기업에서의 물류비용의 증가가 국제경쟁력 약화의 중요 원인임을 인식하고 물류 전담부서를 마련하고 있는 추세에서 물류전문가는 부족한 실정이어서 고용 전망이 매우 밝다.

시험정보

1 시험과목 및 배정

교시	시험과목	세부사항	문항수	시험시간	시험방법
1	물류관리론	물류관리론 내의 「화물운송론」, 「보관하역론」 및 「국제물류론」은 제외	과목당 40문항 (총 120문항)	120분 (09:30~11:30)	객관식 5지선택형
	화물운송론	–			
	국제물류론	–			
2	보관하역론	–	과목당 40문항 (총 80문항)	80분 (12:00~13:20)	
	물류관련법규	「물류정책기본법」, 「물류시설의 개발 및 운영에 관한 법률」, 「화물자동차운수사업법」, 「항만운송사업법」, 「농수산물유통 및 가격안정에 관한 법률」 중 물류 관련 규정			

※ 물류관련법규는 시험 시행일 현재 시행 중인 법령을 기준으로 출제함
 (단, 공포만 되고 시행되지 않은 법령은 제외)

2 합격기준

매 과목 100점을 만점으로 하여 매 과목 40점 이상, 전 과목 평균 60점 이상 득점한 자

3 응시정보

– 응시자격 : 제한없음
– 주무부서 : 국토교통부
– 시행처 : 한국산업인력공단
– 응시수수료 : 20,000원
– 과목면제 : 물류관리론(화물운송론·보관하역론 및 국제물류론은 제외)·화물운송론·보관하역론 및 국제물류론에 관한 과목이 개설되어 있는 대학원에서 해당 과목을 모두 이수(학점을 취득한 경우로 한정한다)하고 석사학위 이상의 학위를 받은 자는 시험과목 중 물류관련법규를 제외한 과목의 시험을 면제

※ 정확한 내용은 국가자격시험 물류관리사 (www.q-net.or.kr) 에서 확인

물류관리사 시험 통계

1 최근 5개년 응시율 및 합격률

구분	접수자	응시자	응시율	합격자	합격률
제24회(2020년)	8,028명	5,879명	73.23%	2,582명	43.92%
제25회(2021년)	9,122명	6,401명	70.17%	3,284명	51.30%
제26회(2022년)	9,803명	6,053명	61.74%	2,474명	40.87%
제27회(2023년)	11,164명	6,816명	61.05%	3,304명	48.47%
제28회(2024년)	12,435명	7,186명	57.78%	3,448명	47.98%
총계	50,552명	32,335명	63.9%	15,092명	46.6%

2 과목별 채점결과(2024년 제28회)

(단위 : 명, 점, %)

구분	응시자수	평균점수	과락자수	과락률
물류관리론	7,142명	63.12점	438명	6.13%
화물운송론	7,142명	67.01점	491명	6.87%
국제물류론	7,142명	53.74점	1,049명	14.69%
보관하역론	7,094명	71.35점	219명	3.09%
물류관련법규	7,138명	43.60점	2,816명	39.45%

※ '과락자'는 40점미만 득점자를 뜻함

3 2025년 물류관리사 시험일정

회차	자격명	원서접수	추가접수	시험 시행일	합격자 발표일
29회	물류관리사	6.16 ~ 6.20	7.17 ~ 7.18	7.26(토)	8.27(수)

노베이스라도 단기 합격 가능!

합격생 우O영

비전공자로서, 물류와 무역에 대한 기초 지식이 전혀 없는 상태에서 시작했지만, 신지원에듀의 단기완성으로 단기간에 합격할 수 있었습니다.
평균 82점, 비전공자임에도 불구하고 짧은 시간 안에 합격할 수 있었던 건 신지원에듀의 체계적인 교재와 강의 덕분이라고 생각합니다.
강사님들이 중요한 부분을 깔끔하게 정리해 주셔서 단기간에 핵심 이론을 파악할 수 있었어요.

비전공자 직장인, 합격은 누구에게나 열려있습니다.

합격생 정O운

부서 내 물류관리사 시험에 준비하는 분을 통해 EBS물류관리사를 추천받았고 구매 전 오랜시간 고민하고 검색해본 결과 신지원에듀를 믿고 가도 되겠다는 확신이 생겼습니다. (확신의 근거 : 개정법령 강의, 합격생 요점노트 공유, 5개년 기출문제 해설, 체계적으로 구성된 단기완성 교재, 세세한 설명과 문제풀이) 신지원에듀를 선택한 저의 확신은 스스로에게 동기부여가 되었고,
그 결과를 합격으로 증명했습니다.

합격! 신지원에듀와 함께라면 가능합니다.

합격생 임O준

타사의 책과 OT강의를 비교하다가 신지원에듀로 결정하게 되었습니다.
세세한 설명의 교재와 꼼꼼한 강의 덕분에 다른 곳에 눈돌리지 않고 시험 직전까지 공부를 잘 마무리할 수 있었습니다.
중요도와 빈출표기가 명확하여 공부방향을 잘 잡을 수 있었고 시험 직전 제공하는 신지원에듀의 양질의 핵심노트와 개정법령 제공은 합격에 확신을 주었습니다.
평균 78점으로 여유있게 합격했습니다.

더 많은
합격수기 보기

미리보기

쉬운 이해와 간편한 정리_이론 구성

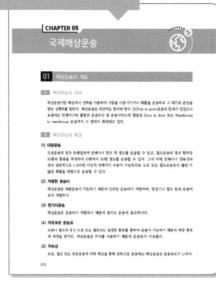

주요 내용은 다시 한번_핵심포인트 및 TIP

미리보기

[기출&실력 다잡기]로 마무리

최신 기출문제_부록

기출 분석

국제물류론 주요 영역별 출제문항 수

(단위 : 문항수)

주요 영역 \ 연도	2020	2021	2022	2023	2024	합계	비율(%)
국제물류 일반과 무역	15	11	13	14	15	68	34
국제해상운송	16	18	16	17	15	82	41
국제항공운송	3	6	6	4	6	25	12.5
국제복합운송	6	5	5	5	4	25	12.5
총계(문항수)	40	40	40	40	40	200(문항)	100(%)

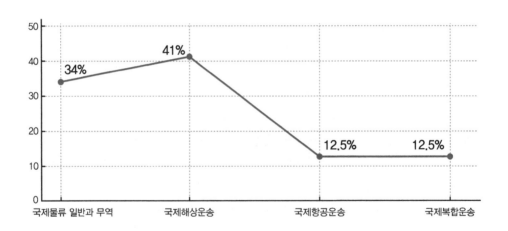

학습방법

국제물류론은 분량이 많고 난이도가 높은 과목입니다. 이에 다음과 같은 학습 전략을 제안드립니다.

● 선택과 집중

국제물류론은 '국제물류 + 무역실무'로 구성되어 있으며, 무역실무 부분은 전공자의 수준으로 출제되는 경향이 있습니다. 비전공자는 모든 내용을 학습하기보다는 중요한 주제를 선별해 선택과 집중하는 방식이 효과적입니다.

● 전체와 세부를 동시에 학습

국제물류론은 무역의 전체적인 절차(성립 – 이행 – 종료)를 이해해야 세부 주제를 쉽게 파악할 수 있습니다. 전체 절차를 먼저 익히고, 인코텀즈, 신용장 등 세부 내용을 공부하는 것이 효율적입니다.

● 화물운송론과 연계 학습

화물운송론에서 다루는 해상운송, 항공운송, 복합운송이 국제물류론과 중복되므로, 두 과목을 연계해 학습하면 시너지 효과가 큽니다. 한 과목에서 공부한 내용을 다른 과목에서도 적용할 수 있습니다.

● 협약과 협약 영문 원문 연습

협약 관련 문제는 국제물류론에서 고난도 문제로 자주 출제됩니다. 영문 원문 해석 문제는 영어 실력보다는 협약의 기본적인 구조와 내용을 이해하는 것이 중요합니다. 국문으로 학습한 후 기출문제를 통해 원문에 익숙해지는 연습이 필요합니다.

이 전략을 바탕으로 학습하면 국제물류론의 문제유형에 익숙해지고 고득점을 목표로 할 수 있습니다. 효율적으로 준비하시길 바랍니다!

차례

물류관리사

PART 01

국제물류의 개관과
무역상무

물류관리사

CHAPTER 01

국제물류 개관

01 국제물류의 의의

1 국제물류의 개념

(1) 개념적 배경

① 국제물류(International Logistics)는 생산과 소비가 2개국 이상에서 이루어지는 경우 생산과 소비의 시간적·공간적 차이를 극복하기 위하여 유형과 무형의 재화를 이동시키는 물리적인 경제활동이다.

② 국제물류는 원료조달, 제조활동, 판매활동, 생산가공활동 등이 국경을 초월하여 이루어지며, 생산과 소비가 동일지역이 아닌 서로 다른 지역에서 이루어진다. 또한 재화의 이동과 관련된 수출입 통관 및 수속이 운송방법의 다양화로 인해 물류관리의 복잡성을 띠고 있으며, 격지자간의 운송과 대량화물의 운송이라는 환경적 제약요인을 수반하고 있다.

③ 국제물류는 이동되는 물자의 효용적 가치 창출을 위하여 운송부분의 비중을 크게 두고 있으며, 각종 운송수단의 효율적인 연결을 위하여 각 운송수단의 연결점이 될 수 있는 항만 공항, 내륙터미널에서의 효율적인 물류관리가 필요하다. 때문에 항구에서 항구까지(Port to port)의 해상운송시스템과 문전에서 문전까지(Door to door) 서비스의 복합일관 운송시스템을 활용함으로써 효용성을 높이고 있다.

(2) 국제물류의 정의

① 미국물류관리협의회 : "완성된 제품을 생산완료에서부터 시작하여, 외국에 있는 소비자에게 가장 효율적으로 이전시키기 위하여 직·간접적으로 관련되는 제 활동"이라 정의

② 일본 산업구조심의회 : "재화가 공급자에게서 외국의 소비자에게 이르는 물리적인 흐름으로, 주요한 요인은 운송, 보관, 하역, 포장 그리고 유통가공 등의 물자유통활동과 물류에 관계되는 정보활동"으로 정의

2 국제물류의 특성

(1) 활동의 외부적 다양성

① 국제물류는 각국의 사회·문화·정치·경제적 측면에서 영향을 받는다. 그러므로 서비스의 품질과 서비스를 구성하는 운송·보관·포장·하역 등의 구성요소들 간의 적절한 선택과 비용적 측면을 고려한 결정이 중요하다.

② 국제물류는 국가별로 상이한 법령과 규제 조항들이 존재하고 복잡한 환경에 적응해야 하는 과제를 가지고 있다. 때문에 효율적인 물류전략과 운영전략이 적절히 조화를 이루어야 한다.

(2) 장거리 운송구간

① 국제물류의 핵심요소 중 하나는 운송수단의 결정이다. 운송구간에 따른 물류비의 증가는 기업에게 부담을 가중시키는 요인으로 작용된다. 때문에 물류시스템 설계에 있어 운송수단의 결정은 가장 중요한 요인이다.

② 국제물류는 장거리 운송에 따른 불확실성으로 인해 제품의 재고량이 늘어난다.

(3) 물류 관련서류의 다양성과 복잡성

① 국제물류는 원활한 업무의 흐름을 위해 신용장 및 선하증권 통관서류 등 복잡한 서류절차에 대한 지식과 이해를 필요로 한다.

② 국제물류는 상이한 언어와 관습 법규 등에 관한 이해를 요구하며, 상호 간에 문서의 해석 차이로 인한 분쟁이 발생할 확률이 높다.

③ 이러한 문제점의 해결을 위하여 서류양식의 표준화, 통일된 법규의 사용 등 업무처리의 통일된 절차가 요구되고 있다.

(4) 운송 중개자의 개입

① 국제물류는 화주를 대신하여 서류절차를 대행하고 운송업자를 선정하는 등의 업무를 수행하는 중개자가 존재한다.

② 대표적 중개자로서 국제복합운송인이 있다.

(5) 서비스 주문과정의 복잡성

수출을 위한 주문은 해외자회사를 통하거나 대리인에 의해서 이루어진다. 본사는 생산공정과 주문절차의 처리 등을 담당하게 되는데 이러한 절차가 매우 복잡하고 전문성을 요구한다.

(6) 문화의 영향력

① 국제물류는 각국의 상이한 사회적·문화적·정치적·경제적 환경을 고려해야 한다.

② 수많은 사례에서 보듯이 국제물류를 수행하기 위한 마케팅 활동은 각국의 국민들의 문화를 깊숙이 이해하고 이를 바탕으로 이루어져야 성공할 수 있다.

3 국제물류의 다양한 기능

(1) 개 요

국제물류의 기능은 크게 운송, 보관, 하역, 포장, 정보기능으로 나눌 수 있다. 그중 운송기능은 모든 기능의 주된 역할을 수행하게 되고 나머지 기능들은 보조적 역할을 수행하게 된다.

(2) 기 능

① 수배송을 통한 타지역으로의 운송
  ㉠ 국제물류에서는 다양한 운송수단이 활용되는데 특히 항공, 해상, 육상운송을 통해 운송이 이루어지고 복합운송주선인을 통한 복합운송이 이루어진다.
  ㉡ 최근 국제물류의 흐름은 복합운송시스템을 중심으로 항구에서 항구까지(Port to port) 문전에서 문전까지(Door to door) 서비스가 이루어지고 있다.

② 장거리 운송에 따른 일시적인 보관기능
  ㉠ 국제물류는 장거리 운송이 이루어지기 때문에 운송과정 가운데 보관의 기능이 중요하게 자리잡고 있다.
  ㉡ 창고는 수출지에서 수입지까지의 화물운송에 필요한 수출자의 창고 또는 공장창고, 내륙거점 트럭 및 기차터미널, 항구, 공항 등에서 보관기능을 수행한다. 또한 국내물류에서는 화물을 집하한 후 이를 조립, 포장, 분류하여 유통하는 기능을 수행하게 된다.
  ㉢ 국제물류에 있어 창고는 화물운송의 중간에서 각 거점별 보관기능을 제공하고 있으며, 화물의 집화, 조립, 포장, 분류의 기능을 수행하는 유통창고로서의 역할을 수행한다.

③ 운송수단으로 인한 하역기능
  ㉠ 물류의 이동에 있어 창고에서부터 지게차 등을 이용하여 화물의 이동작업을 수행하거나 물류의 국제적 이동을 위한 컨테이너 적입과정을 거쳐 공항이나 항만 내륙의 거점에서 하역작업을 수행한다.
  ㉡ 이러한 이유로 국제물류는 하역의 중요성이 국내물류보다 중요하다고 할 수 있으며, 하역의 합리화를 통하여 종합물류의 효율성을 극대화한다.

④ 상품의 보호를 위한 포장기능 : 국제물류를 수행하는 데 있어 포장기능은 상품의 훼손을 방지하고, 보호하는 중요한 기능을 담당하고 있다. 또한 포장을 통하여 해외시장의 판매촉진을 도모할 수 있고, 제품의 특성을 고려한 생산성, 편의성, 경제성을 고려하여 수행되어야 한다.

⑤ 물류 관련 다양한 정보기능
  ㉠ 물류의 효율적 수행을 위하여 정보기능이 매우 중요하게 고려되어야 한다.
  ㉡ 물류정보기능의 효율성을 높이는 방법으로서 전화, 팩스, 인터넷, EDI를 이용할 수 있고, 지역물류 연계를 위한 근거리 정보통신망(LAN : Local Area Network), 전 세계를 연결하는 기능을 수행하는 부가가치통신망(VAN : Value Added Network) 등을 이용하여 물류정보의 기능을 수행할 수 있다.

4 국제물류시스템의 형태

(1) 고전적 시스템(Classical System)

① 수출기업에서 상품이 해외의 자회사 창고로 출하 선적되고 그 창고에서 배송되는 형태로 해외의 자회사는 창고 시스템의 역할을 한다.

② 장 점

㉠ 수출기업은 해외 자회사 창고까지 저속 대량의 운송수단을 채용할 수 있으므로 운송비가 저렴하다.

㉡ 상품을 통합하여 혼재 출하할 수 있으므로 낮은 운임률을 적용할 수 있다.

㉢ 포괄적으로 처리가 가능하므로 서류작성 작업이 감소한다.

㉣ 언제라도 상품을 공급할 수 있는 재고를 보유할 수 있다.

③ 단점 : 해외의 자회사는 큰 창고를 보유하고 재고를 많이 보유하기 때문에 물류비 중 보관비가 차지하는 비중이 높게 될 가능성이 있다.

(2) 통과 시스템(Transit System)

① 수출기업에서 해외의 자회사 창고인 통과센터로 운송된 상품이 고객에게 배송되는 형태이다.

② 장점 : 통과 시스템은 고전적 시스템에 비해 수출기업으로부터의 출하 빈도가 높기 때문에, 해외의 자회사에서 보관비가 상대적으로 절감될 수 있다.

③ 단점 : 수출기업으로부터 출하가 빈번하여 운송비가 높아질 수 있다.

(3) 직송 시스템(Direct System)

① 수출국의 공장이나 배송센터에서 상품을 수입국의 최종 소비자나 판매점으로 직송하는 형태이다.

② 장점 : 수출국의 하나의 창고에 전체 재고를 집중하여 운영할 수 있기 때문에, 다른 시스템에 비해 보관비를 절감할 수 있다.

③ 단 점

㉠ 출하 빈도가 다른 시스템보다 높기 때문에 혼재 운송의 가능성이 다른 시스템보다 적다.

㉡ 서류작성 등의 횟수나 비용이 증가한다.

㉢ 고객 서비스 수준을 유지하기 위해 항공운송을 사용할 필요성이 있는 경우 운임이 높아진다.

(4) 다국적 창고 시스템(Multi-country Warehouse System)

① 개념

㉠ 수출기업이 다수 국가에 자회사가 있고 제품공급이 가능한 중앙창고를 보유하여 중앙창고로 제품이 대량 운송되어 자회사 창고 또는 고객에게 배송되는 형태이다.

㉡ 국내 생산공장에서 허브창고까지의 상품수송은 대량수송과 저빈도 수송형태이다.

㉢ 유럽의 로테르담이나 동남아시아의 싱가포르 등 국제교통의 중심지에서 인접국가로 수배송 서비스를 제공하는 형태이다.

② 장 점
  ㉠ 중앙창고에서 재고가 통합되므로 고전적 시스템에 비해 총재고량 관리가 용이하고 보관비가 절감된다.
  ㉡ 출하량을 통합하여 운송할 수 있으므로 운송비가 절감된다.
③ 단 점
  ㉠ 중앙창고의 운영 및 관리비의 부담이 있다.
  ㉡ 허브창고에서 수송거리가 먼 자회사가 존재하는 경우 수송비용증가뿐 아니라 서비스수준 하락을 가져올 수 있다.

02 국제물류전략

1 국제물류의 목적

(1) 국제물류관리는 고객의 다양한 욕구를 충족시키고, 기업의 제비용을 최소화시킴으로써 기업의 이익을 최대화한다는 목적을 가지고 수행되어 진다.

(2) 이러한 목적을 달성하기 위하여, 수송경로의 최적화와 재고관리의 효율성 확보를 위한 물류관리가 수행되어져야 하며, 원재료의 공급에서부터 생산과 소비자에게 이르는 판매과정까지 기업의 전략적 물류관리를 통하여 이루어져야 한다.

(3) 즉, 수출입화물의 관리에 있어서 복합일관 운송체계를 확보하여야 하며, 일관된 물자관리를 통하여 물류관리의 효율성을 확보해야 한다. 또한 물류유통거점의 효율적 배치와 활용을 통하여 경제적 이익을 확보해야 한다.

2 국제물류의 종류

(1) 제1자 물류(1PL)

제1자 물류(First-Party Logistics)는 기업이 기업내부의 물류합리화 전략에 따라 사내에 물류조직을 두고 자체적으로 물류업무를 수행하는 것을 말한다.

(2) 제2자 물류(2PL)

제2자 물류(Second-Party Logistics)는 기업이 사내의 물류조직을 별도로 분리하여 물류자회사를 설립하고 그 자회사에게 물류업무를 전문적으로 취급하도록 하는 것을 말한다.

(3) 제3자 물류(3PL)

① 제3자 물류의 개념 : 제3자 물류(Third-Party Logistics)는 원재료의 조달에서 완제품의 소비에 이르는 공급망(Supply Chain)의 물류기능 전체 또는 일부분을 물류업체가 화주기업으로부터 위탁받아 대행하는 물류활동을 말한다.

② 제3자 물류의 단계

㉠ 1단계 : 운송, 보관, 하역, 포장, 유통가공, 정보처리 등 일련의 공급망에서 요구되는 물류의 각 기능을 부문별로 외부 물류업체로부터 아웃소싱한다.

㉡ 2단계 : 운송, 보관, 하역 등 물류기능을 일관적으로 아웃소싱한다.

㉢ 3단계 : 운영, 관리뿐만 아니라 물류전략, 계획의 수립까지 포괄하여 수행한다.

(4) 제4자 물류(4PL)

① 제4자 물류의 개념 : 제4자 물류(Fourth-Party Logistics)는 물류서비스를 제공하는 전문 물류업체(3PL)가 자사가 부족한 부분을 보완해 줄 수 있는 정보통신업체, 컨설팅업체, 다른 물류업체와 일련의 컨소시움을 형성하여 가상물류형태의 서비스를 제공하는 것을 말한다.

② 제4자 물류의 장점

㉠ 제3자 물류에 비해 광범위하고 종합적이고 전문적인 물류서비스를 제공한다.

㉡ 화주기업과 물류업체 간의 계약기간이 상호 간의 신뢰와 협조에 의해 제3자 물류보다 장기적이다.

㉢ 상호 간의 정보교환이 제3자 물류보다 개방적이다.

㉣ e-비지니스 환경 하의 정보기술 기반에서 e-SCM, e-CRM, QR, ECR 등의 물류전략과 조화를 이루면서 서비스를 제공한다.

3 전문물류업자의 등장에 따른 전략적 활동

(1) 전문물류업자의 필요성

① 기업들의 경영활동이 글로벌화됨에 따라 물류활동의 세계적 움직임의 필요성은 더욱더 증대되고 있다. 이에 따라 기업들은 보다 많은 물류비용의 지출과 효율적 운영의 어려움 또한 증가하고 있다.

② 기업들의 국제물류의 효율적 운영을 도모하기 위하여 제3자 물류업자 또는 제4자 물류업자에게 위탁하는 것이 증가하고 있다.

③ 전문물류업자의 활용은 변화하는 기업환경과 국제물류환경의 대응에 효과적이라고 할 수 있다.

(2) 전문물류업체의 경영전략

① 운영(Operational)전략 : 한 가지 서비스에 집중함으로써 전문성의 확보와 서비스의 품질을 높인다.

② **산업집중(Industry focussed)전략** : 특정한 산업에서 발생할 수 있는 매우 특수한 상황에 대응하는 전략이다.

③ **다각화(Diversified)전략** : 물류업체가 경쟁력 확보를 위하여 사업을 다양화시키는 것을 말한다.

④ **고객화(Customized)전략** : 다양화 소비자들의 기호에 부응하기 위하여 고도의 서비스를 제공한다.

(3) 국제물류전략

① **경영관리(물류관리 전문가를 통한 물류관리)**

　㉠ 국제물류관리는 기업의 이윤과 직결되기 때문에 의사결정을 위하여 최고경영자의 정확한 판단이 요구된다.

　㉡ 국제물류관리의 효율성을 높이기 위하여 각 물품의 특성을 파악하여 전략에 반영하여야 한다.

　㉢ 국제물류 다양성의 증가는 물류관리 전문가를 요구하게 되었으며, 각국의 특성과 시장 특성에 맞는 물류전략을 수립하고 운영하여야 한다.

② **운송수단에 의한 수송전략**

　㉠ 각국은 서로 상이한 운송수단을 보유하고 있으며, 서비스의 수준과 특수성을 이해하고 운송수단을 선택하여야 한다.

　㉡ 운송수단의 비용은 거리와 종류에 따라 다양하게 나타나며, 두 가지 이상의 운송수단을 이용하게 되는 복합운송의 형태를 가지는 경우가 많다. 따라서 복합운송인에 의해 복합일관운송이 이루어지고 있으며, 이를 통해 기업들은 비용을 절감할 수 있다.

　㉢ 국제물류의 특성상 수송거리가 길기 때문에 해상운송이 많은 부분을 차지하고 이에 따른 역할의 중요성이 강조되고 있다.

　㉣ 현대 경영환경의 변화로 치열한 경쟁 환경에서 비용절감의 중요성보다 총비용관점의 시간단축 등의 경쟁력이 더욱 중요해지고 있다. 이에 따라 운송업자의 경쟁력은 시간 및 스피드 관점의 시간단축이 중요한 이슈로 자리매김하고 있다.

③ **서비스 향상을 위한 제조연기 전략(Postponement strategy)**

　㉠ 국제물류에 있어서 재고품에 대한 관련 전략의 중요성이 커지고 있다. 국제물류의 경우 공간의 거리차로 인해 재고품의 관리에 따른 재고품 전략에 따라 서비스 경쟁력이 크게 차이가 날 수 있다. 이는 공급자와 소비자의 공간적 거리가 멀기 때문에 많은 재고를 중간에 보유해야 하고 이는 적절한 재고품 전략 없이는 운영이 불가능하기 때문이다.

　㉡ **연기 전략(Postponement strategy)**

　　ⓐ 완성품 재고를 줄이고 이를 통한 수송비를 절감하고 이에 따른 고객의 요구에 빠르게 대응하는 전략

　　ⓑ 완성품 연기(Form postponement) 전략은 제품의 최종 조립단계를 연기하고 고객가까이에서 소비자의 요구가 있을 경우 최종 조립 및 가공을 통해 빠르게 고객에게 대응하는

전략으로 완성품 연기 전략이라 한다.

ⓒ 이동적 연기(Temporal Postponement) 전략은 재고 보관 창고 등의 거점을 최종 소비자 인근 여러 곳에 배치함으로써 여러 보관창고에서 소비자의 요구를 대응하는 전략이다.

ⓒ 국제물류의 경우 많은 양의 재고품이 요구되기 때문에 관련 비용 및 전략이 요구된다. 이는 국가별로 재고의 보유 및 수송기간에 따른 안전재고의 보유, 외부요인에 인한 재고 보유, 공항만의 문제로 인한 지연, 통관 등의 문제로 인한 지연 및 재해재난에 따른 지연 등 여러 요인으로 인한 지연이 발생할 가능성이 높다.

ⓔ 국제물류는 해당국가의 경제환경에 따른 변화와 불확실성을 반영해야 한다. 이는 국가별 경제상황에 따른 재고에 영향을 주는 경우가 많기 때문에 해당국가의 경제상황에 대한 예측 및 전략이 필요하다.

? TIP 연기전략 사례

1. 베네통(Benetton)의 연기전략

① 베네통(Benetton)은 세계 패션브랜드로서 다양한 소비자의 니즈에 대응하기 위해서 노력하였다. 하지만 패션분야에서 소비자 트렌드는 매우 빠르게 변한다. 장기간에 생산 리드타임(Lead time) 때문에 점포소유자는 빈번하게 스웨터가 그들의 점포에 출시되기 전에 미리 7개월의 물량까지 울(Wool)스웨터에 대한 주문을 하여야 한다. 울(Wool)스웨터 제조공정은 일반적으로 털실을 받아서, 염색하고, 의류부분을 생산하고, 그러한 부분을 완전한 스웨터로 결합시키는 작업으로 구성되어 있다.

② 이러한 문제를 해결하기 위해서, 베네통은 스웨터가 완전하게 조립되기까지 의류염색을 연기하는 생산공정으로 바꾸었다. 따라서 컬러 선택은 더 많은 예측과 판매정보가 취득될 때까지 늦출 수 있었다. 염색공정의 연기 때문에 털실구매와 생산계획은 특정한 스웨터/컬러결합에 대한 예측보다도 오히려 제품군에 대한 합쳐진 예측을 기초로 한다. 이러한 바뀐 공정은 스웨터 생산을 약 10% 더 비싸게 생산하게 한다. 그러나 베네통은 향상된 예측, 더 낮은 잔여재고, 그리고 많은 경우에서 더 높아진 판매를 통해 많은 보상을 받았다.

2. Dell computer의 연기전략

① 처음의 델은 기존의 컴퓨터의 유통방식의 문제점으로 인해 기존과 다른 단순화된 프로세스로 컴퓨터 사업방식을 변경하여 사업을 시작하였다. 기존의 유통방식은 대규모 생산자가 유통업자에게 물건을 넘기는 방식이므로 중간에 유통마진의 문제가 생기고 그에 대한 부담은 모두 고객에게 넘어가게 된다. 이에 델은 컴퓨터를 개인이 직접 주문하고 도매경로를 생략하여 소비자에게 직접 전달될 수 있는 방법을 고안하게 된다. 이것이 직접판매 및 유통방식이고, 이것이 현재에는 대중화되어 재고비용과 구매비용을 낮추어 소비자 가치를 높인 좋은 모델이 되고 있다.

② 델 컴퓨터의 비즈니스 모델은 시장에서 이용 가능한 부품들을 바탕으로 컴퓨터를 조립하는 것이다. 이것은 컴퓨터의 부품들을 생산하는 것은 아니기 때문에 델 컴퓨터가 막대한 자산을 소유하고, 연구개발의 위험을 안아야 하고, 수많은 종업원들을 관리해야 할 필요성이 없다. 여러 부품 공급자들이 이러한 위험을 떠안는 대신 델 컴퓨터는 이 시장을 보다 빨리 확산시킬 수 있었다. 매우 급변하는 PC시장에서 재고가 쌓이는 것은 매우 위험한 것이다. 재고 진부화가 매우 빨리 이루어지기 때문이다. 대부분의 컴퓨터 기업들은 목표 재고량을 4주 정도로 설정하고 있으며 이를 실현하기 위해 노력하고 있다. 하지만 델 컴퓨터는 8일 정도의 재고량을 가지고 있으며 재고 회전율이 연간 46회에 이를 정도로 매우 혁신적이다.

③ 현재 세계 최대의 컴퓨터 생산업체이자 재고관리가 가장 완벽한 회사로 알려진 회사가 된 것은 다름아닌 고객이 원하는 제품만을 만드는 Postponement(지연) 전략이 이유일 것이다.

3. HP의 연기전략

① HP사의 제품 차별화 지연(Postponement of product differentiation) 전략은 로지스틱스에서 가급적 공용 부품을 사용하여, 모듈화·표준화된 반제품 상태로 생산·보관·운송하여 현지에 공급하고 최종 조립 및 제품의 차별화는 최종 소비자가 있는 현지에서 하도록 차별화 시점을 지연하여, 로지스틱스를 단순화시키는 방법으로 요약할 수 있다.

② 현실적으로 기업은 고객이 원하는 요구와 정보를 얼마만큼이나 충족시켜 줄 수 있는 상품을 만들 수 있는가에 따라 그 존폐 여부가 달려 있다. 초일류 기업으로 살아남기 위한 생존 전략으로 Mass Customization을 시도하는 것은 지극히 당연한 것이다.

③ HP의 Mass Customization방식은 지역별, 국가별 제품사양(전압, 폰트, 언어의 차이)에 대응하기에는 충분했지만 글로벌화에 따라 다양해져 가는 개개인의 차별화된 요구에 대응하기에는 한계가 있다고 생각된다.

④ 즉, 그들은 전체적인 제품의 틀은 만든 후에 전압장치(110V, 220V)나 핵심부품(컬러프린터, 흑백프린터)을 다르게 부착하여 생산을 최대한 늦춘 후에 마지막에 제품을 생산해서 재고를 줄이는 Postponement(지연)전략을 구사해 비용을 감축할 수 있었다.

④ 물품 보호를 위한 포장전략

㉠ 국제운송 중에는 외부적 요인에 의해 물품의 파손이나 분실의 가능성이 높기 때문에 이를 대비하기 위해 다양한 대안을 마련하고 있으며 화물손상을 줄이고 운송의 편의성을 높이는 포장 방법이 활용되고 있다.

㉡ 특히 국제물류 운송에 획기적인 발전을 가져온 컨테이너의 발명으로 군용으로 사용되던 컨테이너를 민간으로 가져와 국제물류의 획기적인 발전을 가져오게 된다.

⑤ 정보시스템의 활용전략

㉠ 국제물류에서 정보시스템의 구축은 필수적인 요소로서 지리적, 시간적으로 거리가 먼 국가 간의 거래에 있어 정보시스템의 중요성은 매우 의미가 있다.

㉡ 정보시스템을 활용한 국제물류 운영의 내용은 물품에 대한 영업에 대한 전반적인 내용과 지원 및 정보통합을 통한 물류시스템 구축 등이다.

03 국제물류의 역사

1 해상무역의 발전과 국제물류의 태동

① 해상무역의 시작은 BC 2500년으로 거슬러 올라가며 미노아인에 의해 에게해를 중심으로 교역이 시작되었으며, BC 1500년경에는 페니키아인에 의해 지중해 연안 도시가 건설되었고 이를 통해 지중해와 북해까지 이르는 교역범위가 형성되었다.

② 아시아 지역 중에는 중국에서 BC 1600년경에 은왕조시대에 범선을 통해 해상교역이 시작되었다.

③ 본격적인 해상교역로의 확대는 BC 1세기경에 인도양, 아라비아해, 페르시아만 등을 연결하는 해상교역로가 열렸고 이를 시작으로 북태평양 횡단로가 개척되었다. 이를 통해 유럽과 아시아 간의 교역과 물류가 시작되었다. 주요한 교역품으로는 금화 등의 화폐, 향료, 포도주, 광물 등이 있었고 인도로부터 조미료 및 향신료 등이 유럽으로 전달되었다.

④ 이러한 초기 국제무역의 형태가 완성되었고 이를 기반으로 알렉산드리아는 지중해, 홍해, 인도양을 아우르는 해상교역로를 완성시켰다.

2 병참과 물류

(1) 물류는 영어로 Logistics이다. Logistics의 원래의 의미는 병참학에서 왔으며 이는 군사적으로 군사물자를 효율적으로 전장으로 보급하고 관리하는 기술을 말한다. 이러한 병참은 전쟁의 승패를 좌우하는 결정적인 요소가 될 수 있으며 이러한 사례는 수많은 전쟁사에서 증명되었다. 이러한 병참학이 2차 세계대전을 거치며 매우 발달하였고 전후 많은 병참학과 전문가들이 민간으로 흡수되었고 여기에서 민간분야의 물류가 발전하게 되었다.

(2) 군사학에서 시작된 물류는 민간에 확대되면서 효율적 물자관리와 운영이라는 측면에서 기업의 물자관리를 혁신시켰고 이를 기반으로 물류분야는 많은 발전을 거듭하게 된다.

3 현대적인 개념의 물류

(1) 미국을 중심으로 한 물류의 개념 발전

① 미국 마케팅협회(AMA : American Marketing Association)의 정의 : 미국 마케팅협회에서는 물류를 '생산단계에서부터 소비 또는 이용에 이르기까지 상품의 이동 및 취급을 관리하는 것'으로 정의하였다. 여기서는 재화의 이동과 취급에 따른 관리 측면의 강조를 한 것이 특징이다.

② 물류관리협의회(NCPDM : National Council of Distribution anagement) : 생산 라인의 종단에서 완제품을 능률적으로 소비자에게 이동시키고 원자재를 공급원천으로부터 생산라인의 시발점까지 이동시키는 것으로 정의하고 있으며 여기에는 단순한 운송뿐만 아니라 보관, 하역 및 서비스 등도 포함되어 포괄적인 물류의 개념을 정의하고 있다.

③ 마케팅 핸드북의 정의 : 물류란 재화 및 서비스를 최초 생산자로부터 최종 소비자에게까지 이르는 물리적인 흐름과 관련되는 활동을 포괄적으로 일컫는 말이다. 재화 및 서비스를 잠재 사용자에게 필요한 시간과 장소에 전달시키기 위해서는 물류활동이 가장 중요한 역할을 한다고 정의하며, 판매물품에서 조달물류까지 포함하여 해석되고 있으며 국제물류까지 영역을 확대하였다. 미국의 물류에 대한 인식의 주류는 판매물류분야를 중심으로 마케팅 분야에 포함하여 사용되는 경향이 있다.

(2) 일본의 물류개념과 물류시스템 발전

① **1960년대 : 물류통합화의 시기**

일본은 1965년 중기경제계획 중에서 물류근대화에 대한 정부의 표명을 계기로 각 기관에서 물류문제의 검토를 시작하였다.

② **1970년대 초반 : 물류근대화의 시기**

일본에서 물류가 본격적으로 시작된 시기로 기계화, 자동화, 유닛화, 복합일관운송 등의 시스템화가 시작되었다.

③ **1970년대 후반 : 물류합리화의 시기**

비용 중심의 물류합리화 시기로서 1, 2차 오일파동으로 물류업계를 비롯한 모든 일본의 주요 제조업이 큰 타격을 받았기 때문에 물류비 절감 대책에 대한 관심이 크게 고조되었다.

④ **1980년대 초반 : 물류다양화의 시기**

물류의 구조적 변화가 일기 시작한 시기로 다품종 소량 다빈화 물류가 강조되고 JIT(Just In Time) 물류의 확산, 소비자 물류의 급증, 물류 VAN의 등장 같은 물류의 다양화 현상이 급격히 확산되었다.

⑤ **1980년대 후반 이후 : 물류효율화의 시기**

일본의 경우 1985년을 기점으로 통신의 자유화, 공기업의 민영화, 뉴미디어의 등장, 규제완화 등 물류환경이 변화하면서 물류의 시스템화가 급속히 진행되고, 또 물류시스템의 영역에 있어서도 물자유통에서 정보유통까지 범위가 확산되고 있으며, 물류로부터 로지스틱스로 영역이 확대되고 있다.

(3) 우리나라의 물류 발전역사

① **1970년대 이전 : 물류의 전근대기**

1945년 해방 이후부터 1970년까지 물류에 대한 인식이 거의 없는 상태였다. 해방 이후 15년간은 경제무질서의 시기로서 정치, 경제, 사회 등 제반 부문에서 혼란한 상황에 처해 있었다. 따라서 물류에 대한 인식을 포함하여 유통기구 또는 유통구조가 미비하여 기본적인 유통산업의 전근대성을 면할 수 없는 시기였다. 그러나 1960년대에 들어서서 정부의 주도하에 제1차, 제2차 경제개발 5개년 계획 추진을 바탕으로 공급에서의 물량 확대와 수요면에서 소비구조의 향상을 유도하는 과정에서 기본적인 유통질서의 개선을 위한 검토가 점차적으로 이루어지기 시작하였다. 이 기간 중 특기할 만한 것은 1968년과 1969년을 기점으로 슈퍼마켓이 등장하기 시작하였으며 물류의 기본이라 할 수 있는 경인고속도로가 개통되었다는 것이다. 따라서 이 시기는 물류의 자생적이고 주도적인 발전의 여지는 없었으며, 유통산업에 대한 기반마저도 정립되지 못해 거의 발전이 없는 실정이었다.

② **1970년대 : 물류 기반 조성기**

㉠ 1970년대는 우리나라 경제가 고도성장을 이룩한 기간으로 수출 중심의 경제개발, 중공업 중심의 제3차, 제4차 경제개발이 정부 주도하에 수행되면서 국내의 유통시설 및 유통경제

에 대한 정책을 시도하기 시작한 시기라고 할 수 있다. 특히 1970년은 유통근대화 5개년 계획이 수립된 해로서 1970년대에 있어서 유통경제에 대한 관심을 표명한 해라고 할 수 있다. 이는 경제개발 5개년 계획이 성공적으로 수행되어 생산 중심의 사고방식에서 소비부문에서의 관심이 높아져 감에 따라 유통에 대한 관심을 표명한 것이었다.

ⓛ 1970년대에는 유통조성, 사업기구의 신설이나 상류를 중심으로 한 백화점과 연쇄점의 시작과 발전이 거듭되었고 물류면에 있어서는 1970년 경부고속도로의 개통에 이어 1971년 영동고속도로, 1973년 호남, 남해고속도로, 1979년 동해고속도로와 구마고속도로의 개통에 따라 사회간접자본의 확충을 통한 운수교통이 크게 발전되었다.

ⓒ 특히 1971년 최초로 고속도로변에 농산물집화장(충북 옥산)을 설치한 것은 물류와 상류를 통합하는 체계적이고 효율적인 유통개선에 기여하게 되었으며, 1975년 화물운송에 컨테이너화를 촉진시키는 방안으로 트럭터미널을 개장하였다.

ⓐ 이외에도 유통정보에 관심이 고조되면서 1975년에 농협의 농산물가격 정보제공이 이루어지기 시작하였고, 1979년 수협의 수산물 유통정보센터가 설치되었다.

③ **1980년대 : 물류 현대화 시기**

㉠ 우리나라에서 물류의 중요성을 본격적으로 인식하기 시작한 시기는 1980년대로, 유통에 관한 기본법규를 정비하는 계획의 일환으로 「유통근대화촉진법」, 「소비자보호법」, 「독점규제 및 공정거래에 관한 법률」 등이 포괄적으로 제정, 보완되었으며 이것은 유통구조의 비능률적인 요소를 개선하여 유통의 사회적, 경제적 기능에 보다 능률화를 기할 수 있게 되었고, 물류시설을 확충함과 동시에 종래의 거래방식이나 제도 등을 바꾸어 나가는 유통근대화를 주된 목표로 하고 있다.

㉡ 1980년대의 주요 물류시설에 대한 투자로는 중부고속도로의 신설, 부산항 3단계 신선대 부두의 준공, 군산항 건설 등이 있다. 각종 물류관련 연구기관에서 물류에 관한 실태조사가 이루어져 많은 물류정보를 제공함으로써 구체적으로 우리나라 기업의 물류 관리의 현상과 개선책을 제시할 수 있는 기초자료를 제공하고 있다. 「기업물류비 계산 준칙」의 제정 및 공포는 기업들이 물류합리화 추진 과정에서 다양화, 고급화되고 있는 유통패턴과 관련하여 물류회계관리 및 정보관리에 많은 도움을 주게 되었다.

㉢ 상류와 물류를 연결하는 운송, 하역, 포장, 보관 등에 관한 제반 시설을 체계적으로 확충해서 유통에 영향을 끼치는 여러 여건을 개선해 나갈 수 있도록 제도적, 환경적 배경을 조성해 준 시기라고 볼 수 있다.

④ **1990년대 이후 : 물류의 발전기**

㉠ 1990년 이후의 물류는 정보화 및 국제물류의 필요성 등에 부응하여 지금까지의 발전과정을 기초로 제3의 이익 확보 내지 이익의 증대를 목표로 급진적으로 발전하는 시기가 될 것으로 전망된다. 1990년대에 들어오면서 물류에 대한 정부의 정책적 의지도 강화되는 동시에 기업 자체의 노력도 눈에 띄게 활성화되고 있다.

ⓒ 국내에서 국제물류대회가 개최(1994년)되었고, 제도적으로는 「화물유통촉진법」이 제정되었으며, 대단위 집배송단지와 복합화물터미널 등이 건립되었다. 물류관리사 제도의 도입 등이 이루어져 전 국가적으로 물류에 대한 관심이 확산되기 시작하였다.

⑤ 2000년대 이후 : 물류산업의 성장기

2000년 이후에는 정부에서 물류의 중요성을 크게 인식하여 주요 항구와 공항을 동북아 물류의 허브(Hub)로 만들고자 많은 투자와 노력을 기울이고 있으며, 또한 동북아 물류 로드맵을 수립하여 물류발전에 박차를 가하고 있다.

04 국제물류산업의 트렌드

1 국제물류의 트렌드

(1) 경영혁신을 위한 재고 절감과 빠른 SCM 요구의 증가

① 기업들은 SCM을 통한 재고 감축과 빠른 고객대응을 하고 있다. 이에 따라 기업들의 매출액에서 재고가 차지하는 비율이 지속적으로 감소하고 이를 통한 물류비용의 감소를 볼 수 있다.

② 생산거점의 글로벌화에 따라 빠른 SCM 구축과 이에 따른 신속한 재고 관리 및 대응이 필요하다. 소량 다빈화된 물류가 빈번해지고 이에 따른 국제 간 물동량이 지속적으로 증대되고 있다.

(2) 물류관련 IT 기술의 발달에 따른 물류 정보화 구현 및 물류 가시성 확보

위치기반기술의 발전으로 인한 글로벌 물류에 있어서 물류의 가시성 및 실시간 운행 관리 등이 가능해 졌다. 이러한 기술에는 RFID(Radio Frequency Identification), RTLS(Real-Time Locating Service), GNSS(Global Navigation Satellite System), Beacon 등이 있다.

(3) 아시아 지역의 물류 중심지로의 이동

① 국제 물류시장에서 아시아 지역의 중요성이 커지면서 물동량도 지속적으로 확대되고 있다. 특히 중국시장의 성장은 글로벌 물류시장에 큰 영향력을 행사하고 있다. 중국이 세계의 공장으로서의 역할을 하며 중국의 무역이 폭발적으로 성장하게 되었고 중국이 국제물류의 최대거점으로 성장하게 되었다. 이를 위한 많은 글로벌 물류기업이 중국 내 거점을 확대하기 위한 노력도 함께 진행되고 있다.

② 또한 극동아시아 지역과 동남아시아 지역의 시장 확대도 지속적으로 이루어지고 있어서 국제 물류시장에서 아시아 지역의 중요성은 지속적으로 확대될 전망이다.

(4) 물류기업 간 M&A의 확대에 따른 물류시장의 변화

① 세계 물류시장이 물류기업 간의 M&A로 인한 변화를 겪고 있다. 주요한 물류기업의 M&A로는 도이치포스트월드넷그룹이 DHL, 단자스 등을 합병하여 2009년 기준 매출액이 약 90여조 원 규모의 세계 최대 물류기업그룹이 되었고 UPS는 프리츠를 합병하였으며 총매출은 40조 원의 물류기업이 되었다.

② 또 다른 사례로는 최대 선사인 Maersk Line이 P&O Nedlloyd를 2005년 인수·합병하였으며, 동년 9월에는 CMA CGM사가 DELMAS사를 인수·합병하였다.

③ 국내에서는 금호아시아나그룹이 종합물류기업인 대한통운과 한국복합물류를 인수하였다가 다시 2013년 CJ그룹이 대한통운을 인수하여 CJ대한통운이 되었다.

④ 이외에도 1995년 미국의 Burlington Northern Inc사는 Santa Fe Pacific Corp사를 인수하였으며, 1996년 미국의 Union Pacific Corp사가 Southern Pacific Rail Corp를 인수하였고, 2005년 DP AG사는 Excel PLC사를 인수하였고, 2008년 프랑스 SNCF가 Geodis SA의 운송, 항공, 우편부문의 지분 58% 1,714백만 유로에 인수하였으며, 영국 정부는 London & Continental Railways Ltd.사(운송/철도)를 8,260백만 유로로 인수하였다.

⑤ 향후에도 물류기업 간의 M&A는 지속될 전망인데, 이는 고객기업의 물류서비스의 요구가 높아지고 또한 물류의 국제화가 지속됨에 따라 보다 큰 규모의 물류기업이 유리하기 때문이다.

(5) 국제물류환경의 변화

최근 우리나라를 비롯하여 세계 각국은 특정국가들과의 폐쇄적인 특혜무역협정을 활발히 체결하고 있다. 이는 국가주의(Nationalism)가 위축되고, 지역주의(Regionalism)가 팽창하는 경향을 반증하는 것이라 볼 수 있다. 또한 자유무역협정(FTA)의 체결이 가속화되는 국제물류 질서에 다음과 같은 많은 변화를 초래하고 있다.

① 1995년 WTO 출범 후 자유무역협정(FTA)의 지속적인 확산으로 체약국 간의 무역장벽 축소 또는 완화

② 국제 항공분야의 협력사업 강화

③ 중국 횡단철도(TCR), 한-러 횡단철도(TSR), New Silk Road 등과 같은 유라시아(EU – Asia) 철도 협력사업의 증대

④ 중국, 베트남, 인도 등의 국제 내륙운송로 개발 등을 둘러싼 국제협력 증대

⑤ 국제 간 전자무역 상거래 발전에 따른 과거 무역거래의 패턴 변화

⑥ 회수물류(Reverse logistics)나 부품물류 등 틈새물류시장의 성장

⑦ 제품의 수명주기가 짧아짐에 따라 신속한 국제운송 요구

⑧ 산업의 분업화와 글로벌 생산네트워크 확대 : 산업의 수직적 국제 분업화로 다국적 기업의 글로벌 생산네트워크 확대(물류수요 증폭, 항만 배후단지의 생산물류 거점화 진전)

⑨ e-Logistics의 활용으로 물류 가시성의 확대

⑩ 해외직접구매의 확산으로 물류정보시스템, 정확하고 체계적인 다빈도 소량운송 및 글로벌 공급망관리의 필요성이 증가하고 통관업무에 대한 전문 인력 수요 증가

⑪ 전 세계적인 기후변화, 온실가스(환경오염) 증대에 대한 규제 강화로 환경친화적인 물류, 녹색물류 부각(제한된 자원의 이용효율 극대화와 산출물 극대화에 초점)
  - 기후변화협약(2004년), 해양오염방지협약(IMO, 2013년) 발효

⑫ 9 · 11 테러(2001년) 이후 세계 각국의 지속적인 물류보안 강화 확대와 이로 인한 비용증가 수반(개발도상국과 개발도상국, 중소기업과 대기업 간 격차유발, 물류시장 구조에도 영향)

2 주요국의 글로벌 물류정책

(1) 한국

인천국제공항 확장과 배후단지를 개발하여 동북아시아 중심공항 육성전략을 실행하였다.

(2) 중국

① 실크로드 : 일대일로 계획을 통해 시안-중앙아시아-유럽을 잇는 육상 실크로드(일대)와 푸젠성 취안저우-동남아-아프리카-유럽을 잇는 해상 실크로드(일로)를 연결하는 무역로 구축을 추진하고 있다.

② TCR(중국횡단철도) : 중국대륙을 관통하는 철도로서 중국의 연운항, 서안, 난주, 우름치, 알라산쿠를 잇는 총연장 4,018km의 철도이다. 시베리아횡단철도(Trans Siberian Railroad ; TSR)와 연결되어 극동과 유럽을 잇는 철도망을 형성하고 있다. 남북한 철도연결사업이 성공적으로 완료되면 일본-한국-중국-유럽을 잇는 실크로드가 열리게 된다.

③ 컨테이너 해운산업 구조조정 : 컨테이너 해운산업 구조조정을 위하여 국영 해운기업의 인수합병을 실행하였다.

(3) 싱가포르

싱가포르 국영기업인 PSA(Port of Singapore Authority)는 캐나다 서안 내륙터미널 애슈크로프트터미널과 캐나다 동안 핼리팩스항 부두운영사 하르텀을 인수하고, 미국 동안 필라델피아항 부두운영회사인 펜터미널을 인수하는 등 해외 항만개발 사업을 실행하고 있다.

(4) 아랍에미리트

DPW(Dubai Port World)를 설립하고 M&A를 통한 글로벌 터미널 운영전략을 실행하기 위해 해외 터미널에 투자하고 있다.

3 국제운송의 발전 방향

(1) 삼성 SDS의 Cello

실시간으로 최적화된 경로를 찾아내고 리스크 관리를 해주며, 머신 러닝 기법과 가상현실(VR: Virtual Reality) 기술을 적용해 적재 최적화 및 창고 관리 서비스를 제공한다. 빅데이터와 클라우드를 활용해 물류 혁신에 앞장서고 있으며, 현재 Cello의 핵심 영역을 클라우드로 전환해 서비스를 제공하고 있는 통합 물류 솔루션이다.

(2) 항구의 스마트화

독일의 함부르크 항은 smartPORT를 표방하며 항구 및 연계 교통 인프라의 사물인터넷화 작업을 진행하고 육해상 운송수단과 물류의 실시간 모니터링을 통해 2025년까지 항구의 효율과 경쟁력을 극대화한다는 목표를 가지고 있다.

(3) 초고속 화물선

일본의 TSL(Techno Super Liner)은 최고 50노트, 약 90km/h의 속력으로 항해할 수 있는 일본의 선박이다.

(4) AGV(Automated Guided Vehicle) Supervisor 시스템

컨테이너 크레인과 장치장 사이에서 컨테이너를 무인으로 이송하는 장비로 컨베이어나 레일과 같은 고정된 기구물 없이 바닥면의 센서, 자기장, 비젼장치 등에 의해 움직이는 이송장치 시스템이다.

(5) MARPOL Annex VI : IMO 대기오염방지 협약

IMO는 이 협약의 시행을 통해 오존층을 파괴하는 CFC계 냉매와 Halon가스의 사용을 금지하고 배기가스 중에 포함된 황산화물과 질소산화물의 배출을 줄이기 위하여 황 함유량이 낮은 선박연료유를 사용하도록 규제하고 질소산화물의 배출허용치를 만족하는 선박의 사용을 의무화하였다.

4 신북방정책

신북방정책은 우리나라가 해양과 대륙을 잇는 가교 국가로서 정체성을 회복하고 북방 지역을 새로운 번영의 축으로 삼는 것을 목표로 한다.

(1) 대상 국가

러시아, 몰도바, 몽골, 벨라루스, 아르메니아, 아제르바이잔, 우즈베키스탄, 우크라이나, 조지아, 중국(동북3성), 카자흐스탄, 키르기스스탄, 타지키스탄, 투르크메니스탄 등

(2) 추진 전략

① 9-Bridge 전략 : 전력, 철도, 북극항로, 수산, 가스, 항만, 조선, 농업, 산업단지 등 9개 분야에 대한 동시다발적 협력사업 추진
② 서부/중부/동부 지역별로 차별화된 전략 추진
③ 경협확대를 위한 제도·금융 인프라 구축
④ 문화, 인력 등 다양한 분야로 협력 및 교류 확대
⑤ 기업 애로사항 해소 지원

(3) 기대효과

① 중국의 '일대일로', 러시아의 '신동방정책' 등 역내 국가들의 유라시아 통합 노력에 대응하여 해양과 대륙을 잇는 가교 국가의 정체성 회복
② 초국경 소다자 협력 활성화를 통해 한반도·동북아 평화체제 구축에 기여하고, 시장다변화, 4차 산업혁명 기술협력, 에너지·물류망 구축 등으로 신 성장 동력 확보
③ 북방경제권의 기업환경 개선추세와 러시아의 서방에 대한 역 제재, 북방지역 국가의 수입대체 산업육성 정책 등 우리 기업의 시장 확대 기회요인 활용

01 국제물류의 특성에 관한 일반적인 설명으로 옳지 않은 것은?

① 국가 간 장거리 운송서비스가 이루어지고 화물이 관세선을 통과한다.

② 주문부터 제품수령까지의 리드타임이 국내물류보다 상대적으로 길다.

③ 총물류비 중 국제운송비의 비중이 가장 크다.

④ 선하증권, 신용장, 통관서류와 같은 취급서류가 많아 국내물류보다 복잡하다.

⑤ 국내물류보다 운송모드의 수가 상대적으로 적어 관리가 용이하다.

> **[해설]** ⑤ 국제물류에서는 항공, 해상, 육상운송을 통해 운송이 이루어지므로 다양한 운송수단이 활용되고 복합운송주선인을 통한 복합운송이 이루어지기 때문에 국내물류에 비해 관리가 어렵다.

02 국제물류관리의 특징에 관한 설명으로 옳은 것은?

① 국내물류보다 운송절차가 단순하여 관리가 용이하다.

② 신제품을 해외시장에 공급하는 경우 리드타임을 감소시키는 것이 수익창출과 밀접한 관계가 있다.

③ 국가 간 물류시스템, 설비, 장비가 표준화되어 있어 관리상 제약이 거의 없다.

④ Point-to-Point 운송방식이 확대되고 있는 반면, Hub & Spoke 방식은 축소되는 추세이다.

⑤ 국제물류는 국가 간 수출입 통관절차가 단순하여 국내물류와 비교할 때 물류관리에 큰 차이가 없다.

> **[해설]** ② 리드타임은 제품 하나를 생산하는 데, 시작부터 마칠 때까지 소요되는 시간을 말하며, 리드타임 단축은 원가절감, 생산성 향상 등 수익창출과 밀접한 관계가 있다.
> ④ Hub & Spoke 방식이란 각 출발 지점(Spoke)에서 발생되는 물량들을 중심이 되는 거점(Hub)에 집중시킨 후, Hub에서 다시 일괄 분류작업을 거친 후 각 목적 지점(최종 Spoke)으로 보내지는 네트워크를 말하며, 이 방식은 적은 노선으로 많은 지점에 연결이 가능하기 때문에 적은 비용으로 폭넓은 네트워크를 구성할 수 있으며, 항공운송과 택배운송에 많이 사용되고 있다.

정답 **01** ⑤ **02** ②

03 **국제물류의 특성에 관한 설명으로 옳지 않은 것은?**

① 국제물류는 화주를 대신하여 서류절차를 대행하여 주고 운송업자를 선정하는 등의 업무를 수행하는 중개자가 있으며 대표적으로 국제복합운송인이 있다.

② 국제물류는 원활한 업무의 흐름을 위해 신용장 및 선하증권 통관서류 등 복잡한 서류절차에 대한 지식과 이해를 필요로 한다.

③ 국제물류에서는 물류비를 감소시키기 위하여 운송수단과 운송경로의 결정이 중요하다.

④ 국제물류는 운송·보관·포장·하역 등의 구성 요소들 간의 적절한 선택과 비용적 측면을 고려한 결정이 중요하다.

⑤ 국제물류는 장거리 운송에 따른 불확실성으로 인해 제품의 재고량은 감소한다.

> [해설] ⑤ 국제물류는 장거리 운송에 따른 불확실성으로 인해 제품의 재고량은 늘어난다.

04 **국제물류계획의 수립에 있어서 일반적인 전략이 아닌 것은?**

① 물류시스템의 설계는 Trade-off 분석을 통한 총비용 개념으로 접근한다.

② 물류표준화와 공동화를 통하여 비용절감을 추구한다.

③ 물류아웃소싱을 지양하고 자가물류체계를 확대한다.

④ 단위운송비를 낮추기 위하여 수송단위의 대형화를 추구한다.

⑤ JIT물류는 고객서비스 수준을 고려하여 선택적으로 사용한다.

> [해설] ③ 국제물류에서는 물류를 제3자에게 위탁해 처리하는 물류아웃소싱이 확대되고 있다.

05 **국제물류에 있어서 전문물류업체의 경영전략에 대한 설명으로 옳지 않은 것은?**

① 원가절감전략 : 물품생산을 위하여 소요되는 각종 비용을 절감하기 위하여 노력한다.

② 고객화전략 : 다양화 소비자들의 기호에 부응하기 위하여 고도의 서비스를 제공한다.

③ 산업집중전략 : 특정한 산업에서 발생할 수 있는 매우 특수한 상황에 대응하는 전략이다.

④ 운영전략 : 한 가지 서비스에 집중함으로써 전문성의 확보와 서비스의 품질을 높인다.

⑤ 다각화전략 : 물류업체가 경쟁력 확보를 위하여 사업을 다양화시키는 전략을 추구한다.

> [해설] ① 원가절감은 물품을 생산하는 업체의 경영전략이다.

정답 **03** ⑤ **04** ③ **05** ①

06 다음 설명에 해당하는 국제물류시스템 유형은?

> • 세계 여러 나라에 자회사를 가지고 있는 글로벌 기업이 지역물류거점을 설치하여 동일 경제권 내 각국 자회사 창고 혹은 고객에게 상품을 분배하는 형태
> • 유럽의 로테르담이나 동남아시아의 싱가포르 등 국제교통의 중심지에서 인접국가로 수배송서 비스를 제공하는 형태

① Classical system
② Transit system
③ Direct system
④ Just In Time system
⑤ Multi-country warehouse system

해설 Multi-country warehouse system(다국적(행)창고 시스템)에 대한 설명이다.
① **Classical system**(고전적 시스템) : 수출국 기업에서 해외의 자회사 창고로 상품을 출하한 후, 발주요청이 있을 때 해당 창고에서 최종 고객에게 배송하는 가장 보편적인 시스템이나 보관비용이 많이 든다는 단점이 있다.
② **Transit system**(통과시스템) : 수입국 자회사 창고는 단지 통과센터로의 기능만 수행하는 유형으로 수출 기업으로부터 출하빈도가 높기 때문에 해외자회사 창고에서의 보관비가 상대적으로 절감되는 장점이 있으나 단점은 출하가 빈번하여 시설 사용 예약, 하역과 선적 및 통관 비용이 증가하며 혼재수송 가능성이 낮아져 운임의 할인 혜택이 적어진다.
③ **Direct system**(직송시스템) : 수출국의 공장 또는 배송센터로부터 해외 자회사의 고객 또는 최종소비자나 판매점으로 상품을 직송하는 형태이다.
④ JIT(적시생산방식)

07 국제물류관리가 필요한 이유로 옳지 않은 것은?

① 물류가 국내제품의 수출경쟁력 증가에 기여하기 때문이다.
② 물류정보시스템의 발전으로 물류관리가 복잡해지고 난해해짐에 따라 효율성이 저하되기 때문이다.
③ 해외고객의 다양한 요구에 신속하고 정확하게 반응하기 위해서이다.
④ 제품의 수명주기가 짧아짐에 따라 국제물류의 신속성이 요구되기 때문이다.
⑤ 해외거점 확대, 해외조달, 아웃소싱이 증가함에 따라 공급망이 국내에서 해외로 확장되기 때문이다.

해설 ② 물류정보시스템의 발전으로 물품 및 영업에 대한 내용과 지원 및 정보통합이 가능하므로 물류관리가 편리해진다.

정답 **06** ⑤ **07** ②

08 국제물류의 활동 중 상품의 수급조절기능, 수송조절기능, 물류거점기능 등의 역할을 수행하는 것은?

① 보 관   ② 운 송

③ 포 장   ④ 하 역

⑤ 글로벌 소싱

> **해설**   국제물류에서 창고, CY 등에서 각 거점별 보관기능을 수행하며, 이러한 보관업무를 통해 상품을 집화하여 그 수급을 조절하고, 수송의 완급조절 역할을 수행한다.

09 국제물류와 국내물류를 비교 설명한 것 중 옳지 않은 것은?

① 국제물류는 통관 등 각종 수속 때문에 국내물류보다 시간이 더 소요된다.
② 국제물류는 국내물류보다 화물운송시간 지연, 화물손실 등 위험요소가 더 많다.
③ 국제물류에서의 하역의 기능은 국내물류에 비하여 중요성이 낮다.
④ 다수의 국가와 연결되는 국제물류는 일반적으로 국내물류보다 물류비용이 더 소요된다.
⑤ 통관, 포장방법, 언어, 거래관습 등에 따라 국제물류는 국내물류에 비하여 물품취급이 어렵다.

> **해설**   국제물류의 이동에 있어 창고에서부터 지게차 등을 이용하여 화물의 이동작업을 수행하거나 물류의 국제적 이동을 위한 컨테이너 적입과정을 거쳐 공항이나 항만 내륙의 거점에서 하역작업을 수행하므로 국제물류는 하역의 중요성이 국내물류보다 중요하다.

10 국제물류와 국내물류의 비교로 옳지 않은 것을 모두 고른 것은?

구분		국제물류	국내물류
ㄱ	운송방법	주로 복합운송이 이용된다.	주로 공로운송이 이용된다.
ㄴ	재고수준	짧은 리드타임으로 재고 수준이 상대적으로 낮다.	주문시간이 길고, 운송 등의 불확실성으로 재고 수준이 높다.
ㄷ	화물위험	단기운송으로 위험이 낮다.	장기운송과 환적 등으로 위험이 높다.
ㄹ	서류작업	구매주문서와 송장 정도로 서류 작업이 간단하다.	각종 무역운송서류가 필요하여 서류 작업이 복잡하다.
ㅁ	재무적위험	환리스크로 인하여 재무적 위험이 높다.	환리스크가 없어 재무적 위험이 낮다.

① ㄱ, ㄴ, ㄷ   ② ㄱ, ㄷ, ㅁ

③ ㄱ, ㄹ, ㅁ   ④ ㄴ, ㄷ, ㄹ

⑤ ㄴ, ㄹ, ㅁ

해설

구분		국제물류	국내물류
ㄱ	운송방법	주로 복합운송이 이용된다.	주로 공로운송이 이용된다.
ㄴ	재고수준	주문시간이 길고, 운송 등의 불확실성으로 재고 수준이 높다.	짧은 리드타임으로 재고 수준이 상대적으로 낮다.
ㄷ	화물위험	장기운송과 환적 등으로 위험이 높다.	단기운송으로 위험이 낮다.
ㄹ	서류작업	각종 무역운송서류가 필요하여 서류 작업이 복잡하다.	구매주문서와 송장 정도로 서류 작업이 간단하다.
ㅁ	재무적위험	환리스크로 인하여 재무적 위험이 높다.	환리스크가 없어 재무적 위험이 낮다.

11 국제물류관리의 효율화 방안으로 옳지 않은 것은?

① 운송수단 내 적재효율을 높이고 운송경로는 최단거리를 선택한다.

② 포장은 견고하게 하되 과포장을 피한다.

③ 화물의 재고현황을 파악하기 위해 POS 시스템과 같은 IT기술을 활용한다.

④ 혼재를 통해 운송의 효율을 높인다.

⑤ 효율적인 하역작업을 위해 하역횟수를 늘리고 1회당 하역량을 줄인다.

해설 ⑤ 효율적인 하역작업을 위해서는 1회당 하역량을 늘려 총 하역횟수는 줄여야 한다.

정답 **11** ⑤

CHAPTER 02

글로벌 물류환경의 이해와 전략

01 글로벌 물류환경의 이해

1 개 요

(1) 글로벌 경제환경은 20세기를 거쳐 큰 폭의 변화를 가지게 되는데 이는 글로벌 경제, 경영, 정치, 무역 등 환경 변화의 영향이 크다. 또한 WTO와 같은 글로벌 자유무역체계는 글로벌 시장을 더욱 치열한 경쟁시장으로 만들어 가고 있고 많은 기업들이 시장확대를 위한 노력을 기울이고 있다.

(2) 또한 외부적 경제환경의 변화와 함께 발전된 ICT(Information Communication Technology) 기술은 기업들의 경쟁환경을 크게 바꾸어 놓았다. 먼저, 기업들의 거래 조건이 오프라인만이 아닌 온라인 거래 환경의 발전이다. 이는 시장의 변화를 급격히 가지고 왔으며 인터넷과 같은 기술의 발전은 이를 가능케 했다.

여기에서 물류관리의 중요성이 급격히 대두되게 된다. 온라인상에서 이루어지는 수많은 소량배송들에 대한 물류지원이 원활히 이루어지지 않으면 거래의 확대를 기대하기가 어렵기 때문이다. 이를 위해 기업들의 전략적 제휴 등의 방법을 통해 물류전략을 개선하고 효율화하려는 노력을 기울이고 있다.

(3) 무역환경의 변화도 글로벌 물류환경에 큰 영향을 주고 있다. 초기의 국제화는 국내에서 해외로의 단순한 수출이었다면 이제는 전략적 국제화를 위해 소비지에 가까운 현지에서 고객서비스 확대를 위한 영업, 생산, 서비스 활동을 만들고 있다.

2 국제물류운송의 이해

기업 거래행위가 국제화를 거쳐 글로벌화되어 가면서 기업들의 거래는 더욱 장거리 대량 운송체계를 갖추어 가고 있다. 이를 위해 운송기능이 단순히 운송에서만 그치는 것이 아니라 생산, 운송, 서비스가 결합한 복합적인 물류기능으로 확대되고 있는 것이다.

02 글로벌 공급사슬관리(Supply Chain Management)

1 공급사슬관리(SCM)의 이해

(1) 공급사슬관리(SCM)의 개념

① 공급사슬관리(Supply Chain Management)는 원재료 공급업체의 원재료 공급으로부터 최종 단계 고객까지의 물류흐름을 효율화하기 위해서 계획하고 통제하는 계획 방법론이다. 공급사슬관리는 운영차원의 시스템이기보다는 계획단계의 상위 시스템으로서 가치를 고객에게 전달하는 과정에서 참여하는 모든 참여자, 즉 원재료 공급업체, 생산업체, 유통업체, 최종고객 및 기타 파트너 기업까지 아우르는 전체 참여자의 업무를 통합하고 계획하는 시스템이다. 이를 통해 공급의 과정 가운데 일어나는 물적 흐름과 정보흐름을 최적화시키고 이를 통한 효율화를 기하는 것이다.

② 공급사슬관리는 공급과정에서 모든 단계의 구성원들이 모두 윈윈할 수 있는 전략이므로 이를 위한 전제가 반드시 필요한데 정보의 공유 및 확산이다. 이를 통해 공급사슬상에서 일어나는 불필요한 재고의 존재와 흐름이 파악되고 이를 제거함으로써 고객을 만족시키기 위한 최상의 서비스를 창출하는 것이다.

③ 공급사슬관리의 핵심은 구성원들 간의 정보공유가 원활히 이루어지고 이를 통한 불확실성을 제거하고 물류의 흐름을 최적화시키는 것이다.

④ 공급사슬관리는 결국 기업내부 관점이 아니라 기업 외부관점에서 기업 간의 장벽을 허물고 기업 간 거래를 통합적으로 관리함으로써 시장에서 공급사슬 우위를 차지하는 것이다.

(2) 공급사슬관리의 효율화를 위한 조건

① 공급사슬관리는 고객 가치와 니즈를 정확히 파악하는 데서 시작해야 한다.

② 공급사슬상의 구성원들 간 상호 협력과 소통의 활성화이다. 물류 구성원 간 가장 중요한 파트너십 요소는 신뢰이다. 여기에는 소유, 장기계약, 상호 이해 등이 포함된다.

③ 이를 위해 공급사슬관리는 공급사슬 전체를 통합하는 시스템이 필요하다. 관련 제품의 수량, 제품 품질, 재고량 등에 관한 정확한 정보가 공급사슬 구성원들에게 필요한 시기에 적절히 공유되어야 한다. 관련 정보는 또한 공동 데이터베이스와 같은 방식으로 접근과 확인이 용이해야 한다.

④ 공급사슬상의 기본적인 제품과 서비스의 품질이 우수해야 한다. 물론 당연한 조건이지만 공급사슬관리가 아무리 최적화되었다 할지라도 기본적인 제품의 품질이 우수하지 않다면 좋은 결과가 나올 수 없다. 이를 위한 품질보증절차나 ISO 9000 품질인증시스템과 같은 관련 인증을 통해 신뢰를 유지하는 것도 좋은 방법이다.

2 공급사슬관리의 목적 및 채찍효과의 존재

(1) 공급사슬관리의 목적 및 효과

① 공급사슬관리를 통해 가장 큰 변화는 공급사슬상에서의 거래의 감소이다. 이는 거래비용을 줄이는 효과가 있기 때문에 시스템을 통한 거래비용의 감소는 중요한 공급사슬관리의 효과이다.

② 공급사슬관리의 변화 가운데 중요한 요소는 흐름의 개선이다. 즉, 공급사슬상의 흐름의 속도가 빨라지는 것이다. 이는 물품의 실제 운송속도가 빨라지는 것이기도 하고 관련 의사결정이 빨라지는 것이기도 하다. 하지만 속도가 빨라지기 위해서는 관련 비용과 상충이 일어난다. 이를 위해 경영자의 역할은 최적화된 속도와 비용의 균형을 맞추는 것이다.

③ 기업 간 협력은 기업생태계에서 반독점법 등에 의해 문제가 될 수 있다. 이는 공급사슬이 통합됨으로써 막강한 힘을 가지게 되는 것이다. 이러한 경우 경쟁기업이나 경쟁공급사슬이 경쟁에서 밀려날 수 있기 때문에 이와 관련해서 반독점법 규제가 있을 수 있다. 따라서 시장 환경을 정확히 파악하고 이에 대한 허용과 규제 여부 파악도 중요하다.

④ 공급사슬의 발생원인인 채찍효과(Bullwhip effect)를 제거하는 것이 공급사슬관리의 목표이다. 공급사슬 단계가 상류로 올라가면서 정보의 왜곡이 심화되고 확대되는 것이 채찍효과이다. 이를 제거하기 위해 등장한 것이 공급사슬관리이다. 하류 단계에서 수요의 예측된 정보가 상류로 전달되지 않아 일어나는 정보의 왜곡현상은 재고 규모가 큰 기업에서는 매우 중요한 문제이다. 따라서 원재료 공급업체로까지 공급사슬이 올라가는 경우 이러한 문제가 극대화되어 매우 큰 재고와 불규칙한 공급이 일어나게 되고 이는 결국 비용화되어 공급사슬 전반에 걸친 문제로 일어날 수 있다.

(2) 공급사슬의 채찍효과의 제거

공급사슬상의 정보 왜곡을 완벽히 제거하는 것은 어렵지만 관리를 통해 효과적 통제는 가능하다.

① 정확한 수요의 예측을 통해 정보를 전달한다. 특히 정보는 발생지 정보가 그대로 전달되도록 하는 것이다.

② 더욱 빠르고 즉시, 정보의 공유가 일어나도록 한다.

③ 공급사슬 전반에 걸친 리드타임의 단축을 통해 유연성을 높인다.

④ 주문의 일괄처리 방식으로 주문 규모를 줄이고 횟수를 늘린다.

⑤ 안정적인 가격 운영을 통해 공급사슬상에서의 수요를 안정화시킨다.

03 글로벌기업의 물류전략

1 글로벌기업의 물류전략

(1) 오늘날 기업들은 글로벌 경영을 추구하면서 기업의 시장을 확장함으로써 구매와 생산을 각 지역 거점에 배치하여 비용절감과 고객만족을 추구하면서 글로벌 경쟁의 우위를 차지하려고 노력하고 있다. 국제적으로 확장된 기업들은 그들의 공급사슬을 소유함에 따라 글로벌 물류 네트워크를 구성하는 것에 대한 어려운 문제에 직면하게 된다.

(2) 따라서 국제적인 기업은 기업의 공급업자와 고객들 간의 통합을 통해 경영의 효율화를 추구하며, 경영의 불확실성을 줄이고, 서비스의 질을 향상시키고, 고객의 만족을 추구하는 새로운 경영기법을 필요로 한다. 오늘날 새로운 경영환경은 글로벌화되면서 국외에 현지법인, 현지공장, 영업법인, 물류센터 등을 구축하고 있으며 글로벌 고객 및 공급선과의 정보교환, 네트워크 및 조직을 통합관리하는 글로벌 공급사슬관리를 도입하여 실행하는 것이 필수가 되고 있다.

2 글로벌기업의 물류전략 요소

(1) 프로세스(Process)

① 프로세스는 조직 간에 있어서는 고객으로부터 주문받는 과정을 의미하는 것이고, 기능부서 간에 있어서는 지리적으로 분산된 부서들이 동시에 업무를 진행하며 시간과 비용을 절감시키고 산출물의 질을 향상시킬 수 있는 시스템이며 원활하게 업무흐름을 재조정하는 것으로 정의한다(Davenport).

② 프로세스 중심사고
　⊙ 기업의 업무 기능별 분류보다는 비즈니스 프로세스를 강조
　ⓛ 사업프로세스 재설계(BPR)는 JIT와 TQM을 통해 IT와 비핵심분야의 아웃소싱과 연계하여 혁신성 강조(Pricewaters Coopers)

③ 프로세스에는 반드시 병목지점이 존재하기 때문에 병목자원에 대한 개선이 전체성과를 좌우하고 전체 프로세스 개선의 초석이 된다(Goldratt).

④ 기업이 지속적인 프로세스 개선을 통하여 선도기업이 되기 위해서는 물류서비스 품질프로세스의 6단계와 같이 시스템을 재설계하고 실행해야 한다(Langley & Holcomb).

(2) 정보기술(Information technology)

① Porter는 저가전략, 차별화전략, 집중화전략을 통해서 시장에 경쟁력의 핵심과 이익을 가질 수 있다고 말하고, 정보기술은 물류원가와 물적 유통이나 서비스 과정의 차별화를 말하며, 정보기술을 활용하여 물류업무를 처리하게 되면 물류비용을 줄일 수 있으며, 고객서비스가 향상되어 마케팅 측면의 원가우위를 달성할 수 있어 물류에서의 정보기술 역할의 중요성은 증대되고 있다.

② 정보기술은 조직의 구조, 전략, 업무처리방식, 조직구성원 및 조직문화에 직접적으로 영향을 미치며, 이들 조직이 환경변화에 적응하기 위해 조직구조와 전략 및 업무방식 등을 변화시키는 촉매역할을 한다.

③ Bowersox은 선진물류조직과 일반 기업 사이의 10가지 차별인자 중 한 가지를 최신 정보기술에 대하여 주도기업이 투자할 수 있는 능력이라고 보았다. 즉, 물류부문이 우수한 기업은 일반 기업에 비해 첨단 컴퓨터시스템을 폭넓고 신속하게 수용한다.

(3) 조직 구조(Structure of organization)

① Bowersox & Daugherty는 정보기술의 적용이 조직적 구조에서 전략적 제휴의 강화, 성과측정에 중요하게 작용하여 기업의 물류시스템의 전략과 구조에 영향을 준다고 보았다.

② Bowersox 등은 조직의 변화관리에서 기업 내부에 존재해 왔던 생산부서, 마케팅 부서 등이 독립적으로 운영되어, 생산부서에서의 우선순위와 목표는 긴 가동시간·최소한의 작업교체 및 표준화를 통해 운영효율에 초점을 맞추고, 마케팅 부서는 다양성·높은 서비스 수준 및 빈번한 제품의 변경을 통해 경쟁 우위를 확보하는 독립적인 부서이기주의로서는 글로벌 경쟁환경에서는 살아남을 수 없기 때문에 통합된 관리가 필요하다고 보았다.

③ Yip은 기업의 글로벌 전략의 성과는 해당기업이 속해 있는 산업환경과 해당기업의 내부여건에 걸맞은 글로벌 전략수단의 선택과 이를 현실적으로 집행할 수 있는 조직능력에 달려있다고 하며, 인력관리, 프로세스, 조직구조, 기업문화의 4가지로 구성된 조직구조 전략을 주장하였다.

(4) 아웃소싱(Outsourcing)

① 기업이 수행하는 다양한 활동 중 전략적으로 중요하면서도 가장 잘할 수 있는 분야(핵심역량)를 선택하여 모든 자원을 집중시키고, 다른 기업에서 잘할 수 있는 분야를 외부 전문기업에게서 조달함으로써 기업의 경쟁력을 제고시키는 경영혁신전략 기법이다.

② 물류아웃소싱의 한 형태로 제3자물류(TPL : Third Party Logistics). 화주기업과 물류기업의 수평적 관계, 물류전략의 공유와 지속적인 BPR의 추구, 정보시스템에 의한 물류활동 관리, 물류기능수행 기업과의 네트워크화

③ 물류 아웃소싱의 장점
    ㉠ 리드타임을 단축하여 경쟁력 확보
    ㉡ 재고감축 및 품질개선

  ⓒ 전문업체와의 계약에 따라 물류서비스의 최적화 유지 가능

  ⓔ 인력의 전문화와 장비의 융통성 있는 활용 가능

  ⓜ 별도의 예비인력 확보 및 물류운영에 대한 부담 해소

  ⓗ 효율적인 물류업무 수행 가능

  ⓢ 고객서비스의 개선

  ⓞ 핵심사업에 대한 집중력 증가

3 글로벌 물류전략의 특성

(1) 통합성(Integration)

① James는 사내의 물류기능통합을 넘어 내부적 통합, 외부적 통합의 4단계의 발전 모델을 제시하였다.

  ㉠ 1단계 : 생산, 구매 등 기능적 독립체의 통합

  ㉡ 2단계 : 배송과 재고, 구매와 자재관리 등 한정된 범위의 통합

  ㉢ 3단계 : 계획과 실행이 요구되는 전기능의 실시간 통합

  ㉣ 4단계 : 공급연계과정에서 공급자와 고객에 대한 통합

② 공급체인 간의 물류혁신의 10가지 메가트렌드에서 구매, 생산, 물류, 마케팅 부서 등이 각각의 프로세스 안에서는 통합이 되었으나 각 부서 간의 통합된 프로세스가 거의 없다.

③ 경영자는 프로세스의 통합을 중요시해야 한다.

④ 현실적으로 전사적 자원관리(ERP)를 통하여 구현이 가능해야 하고 외부 공급업체와의 프로세스 통합과 공급체인 파트너와 전문지식 및 시너지를 공유하여 지식을 포함하는 실제적 통합이 이루어져야 한다.

(2) 혁신성(Innovation)

① Bowersox는 공장 및 창고의 입지선정, 원자재 조달, 자동 수발주, 수배송 관리, 수요예측 등이 연계된 정보시스템의 기능을 활성화하여, 물류체질의 근본적인 혁신을 통한 물류성과의 향상을 중시하였다.

② 불확실한 환경하에서 기업의 경쟁우위를 확보하기 위한 정보기술의 요구(Needs)에는 조직구조와 프로세스, 정보기술의 3가지 요소를 갖춘 정보기술 능력(Capacity)이 필요하다.

③ Stainer는 물류관리의 전략적 모델에서 경쟁환경과 시장지향, 기술과 주주(종업원) 만족의 4가지 환경하에서 물류전략을 수행하기 위한 품질과 생산성과 리드타임과 혁신이 경쟁적 성공의 결정 요소이며, 이를 통해서 시장경쟁 우위와 재무성과를 올릴 수 있다고 하였다.

(3) 대응성(Responsiveness)

① Ballou는 글로벌 물류업무의 영역을 기업의 형태와 경영자의 인식방법에 따라 차이가 있지만

핵심요소와 보조활동으로 구분하였다.
- 핵심요소에는 수송, 재고, 판매분야와 고객서비스 요소
② Chopra & Meindl은 공급체인 의사결정 기본구조에서 경쟁전략과 공급체인 전략을 효율성과 대응성으로 구분하였다.
③ 공급체인 전략의 목적은 경쟁력 있는 전략구조에서 효율성과 대응성의 균형을 유지하는 것이다.
④ 기업은 4가지 요소의 공급체인 구조를 사용하여 공급체인 전략을 달성하기 위해서는 사전에 이들 요소들의 효율성과 대응성 사이에 상충관계를 잘 관리해야 한다.
⑤ 즉, 재고, 운송, 물류시설 및 정보기술의 4가지 공급체인 구조를 효율성과 대응성의 관점에서 물류전략을 결정해야 한다.

4 글로벌기업의 물류전략 사례(월마트)

(1) 개 요

① 월마트(Wal-mart)는 뚜렷한 전략적 목표와 이의 수행을 위한 운영상의 묘를 충분히 활용하여 업계의 1인자가 되었다. 저렴한 가격목표(EDLP : Every Day Low Price)를 달성하기 위하여 완벽한 정보시스템의 구축에 많은 투자를 하였고, 이를 활용한 완벽한 물류시스템의 구축으로 크게 성장하였다.
② 매장으로의 신속한 배달과 매장에서의 상품회전율을 높이는 데 정보시스템은 엄청난 역할을 하였고, 물류센터에서의 재고감소와 신속한 공급을 위한 Cross docking 시스템은 월마트의 불필요한 비용의 감소에 크게 기여하였다.
③ 또한 공급자들과의 파트너십을 공고히 하여 상호 간의 정보공유도 위와 같은 효과를 거두는 데 큰 역할을 하였다. 물론 이러한 성과의 이면에는 완벽한 정보시스템이 있었기 때문에 가능하였다.

(2) 월마트 소개

① 1963년 7월 2일 아칸소(Arkansas) 주에서 1호점을 개점한 지 40여 년 만에 월마트는 시어즈, 케이마트(Kmart)를 제치고 세계 제일의 소매기업이 되었다.
② 월마트의 사업전략은 "소비자는 보다 싼 가격의 제품을 원하고 있으며, 월마트는 이에 부응하여 항상 싼 가격으로 제품을 공급한다(Every Day Low Price : EDLP)."는 것이다. 동일하거나 비슷한 제품을 주위 상점보다 싼 가격에 살 수 있다면 그 상점은 매우 유리한 입장에 설 수 있다.
③ 월마트의 성공은 싼 가격에 제품을 공급할 수 있는 원가구조가 남달리 뛰어났다는 점이다. 월마트의 손익구조를 살펴볼 때 월마트의 영업이익률이 높다는 것을 알 수 있다. 이는 판매관리비가 상대적으로 작기 때문이라는 사실을 쉽게 판단할 수 있다. 그러면 어떻게 월마트가 이러한 원가구조를 가질 수 있었을까? 이에 대한 해답은 월마트의 창업자 샘 월튼(Sam Walton)의

가격에 대한 남다른 생각과 독특한 경영철학 그리고 저원가 구조의 핵심인 탁월한 물류시스템에 있다.

(3) 월마트의 경영철학

① 인간존중의 경영 : 월마트(Wal-mart)의 인적 자원관리의 가장 핵심적인 특징은 참여적 경영개념에 충실하다는 데서 찾을 수 있을 것이다. 월마트에서는 종업원을 동료라고 부르며 인사부를 'Employee department'라 하지 않고 'Peoples department'라고 부른다. 이는 인간존중의 정신이 조직 내에 스며 있는 것이라 할 수 있다. 월마트가 성공적으로 운영해 온 몇 가지 동반체제들은 다음과 같다.

    ㉠ 이익공유제도(Profit Sharing Plan) : 1년 이상 월마트에 근무했고, 매년 최소한 1,000시간 이상 일해 온 동료들은 이 제도의 적용을 받을 자격이 있다. 회사의 이익 성장에 근거한 공식을 사용하여 자격이 되는 해당 동료들의 임금의 1%를 그들을 위한 계획에 기부하고, 그 금액은 그 동료가 사직할 때 현금 혹은 월마트 주식으로 받게 된다. 이익공유를 관리하는 사람들은 매년 그 기부금을 월마트 주식에 투자하는 것이 낫다고 판단했고 그래서 그것은 공동계좌 혹은 동료들의 개인계좌에서 엄청나게 불어났다. 이 제도는 현재 폐지되었다.

    ㉡ 주식매입 할인제(Stock Purchasing Plan) : 월마트의 동료들은 시장가격보다 15% 저렴한 가격으로 급료에서 공제되는 방식을 통해 주식을 살 수 있다. 1970년 기업공개시에는 책임자들은 이익공유계획에 참여시켰으나, 일반동료들은 그 당시 그와 같은 계획에 포함되지 않았다. 그러나 경영자가 동료를 대하는 태도가 곧, 동료들이 고객을 대하는 태도를 형성한다는 믿음하에, 동료와 이익을 나눌수록(급료, 격려금, 보너스, 주식할인 등의 방법으로) 회사에 보다 많은 이익이 발생할 것으로 내다보았다. 즉, 이러한 방법들은 동료들로 하여금 회사 내에서 경제적인 이해관계를 갖도록 장려하는 것으로서 동료들이 회사의 발전에 따라 자신들이 얼마나 더 좋아질 수 있을지를 깨닫게 해주는 것이다. 동시에 동료를 동반자로서 대우한다는 의미를 포함하고 있다.

    ㉢ 손실량 감소장려제도 : 도난으로 인한 상품손실을 줄임으로써 회사가 얻는 이익 모두를 동료들과 공유하는 제도이다. 어떤 상품의 손실량을 목표 이하로 줄인다면, 그 매장의 모든 동료들은 200달러 정도에 달하는 보너스를 받게 된다. 이 제도를 통해 월마트는 손실률을 업계 평균의 반으로 줄일 수 있었다.

② 현장 중심의 경영

    ㉠ 샘 월튼의 경영방식에서 또 하나 특징으로 삼을 수 있는 것은 철저한 현장 중심의 경영을 실시하고 있다는 점이다. 벤튼빌(Bentonville)에 위치하고 있는 허름한 월마트의 본사에서는 사장을 비롯한 임원들의 모습을 찾아보기 힘들다. 월마트의 관리자들은 매주 매장을 돌며, 문제해결을 위해 직접 뛰고 있는 것이다. 본사에서의 활동이란 매주 금요일 오전에 열리는 머천다이징 회의와 토요일 오전의 정기회의가 전부이다. 사장 및 임원은 월요일에서 목요일까지는 현장에서 직접 매장경영을 지원하게 되며 목요일 밤이 되어야 벤튼빌에 있는

각자의 가정으로 돌아갈 수 있는 것이다. 현장에서의 활동은 다양하게 나타날 수 있다. 사장 및 모든 임원들이 몇 천 개의 매장을 돌면서 일일이 문제해결을 해줄 수는 없다. 이들의 역할은 문제가 있을 경우 문제해결을 위한 담당자를 연결해 주는 역할을 주업무로 하고 있다.

ⓒ 가령 한 매장의 A제품의 판매실적이 타 매장에 비해 부진할 경우 A제품의 판매실적이 가장 뛰어난 매장의 경영인을 직접 연결해 주는 역할을 임원이 하고 있다. 이러한 매장 간의 커뮤니케이션 활동을 강화하고 있는 것은 바로 현장에 있는 사람들이 그 문제를 가장 잘 알고 있으며, 이를 해결할 수 있는 능력 또한 갖추고 있다는 점을 월마트 경영진은 잘 알고 있는 것이다.

(4) 물류시스템

① Cross-docking System : 월마트가 고객의 욕구를 만족시킬 수 있었던 것은 탁월한 물류시스템에 기인한다. 즉, Cross-docking이라고 하는 시스템을 이용하여 재고를 최소한으로 하면서 계속적으로 물건을 재보충하는 것이다. 즉, 물건이 운반되어 창고에 공급되면, 창고에 도착한 상품은 분류되어 재포장되고 재고로 보관되지 않고 점포로 바로 배송된다. 상품이 창고에 머무르는 시간이 극히 짧아 상품을 한 적하장에서 다른 적하장으로 옮기는 데 최대 48시간 이상은 소요되지 않는다. 또한 각각의 상품들은 3가지 형태로 분류하여 시간관리를 하고 있는데, Fast moving item의 경우 즉시배송, Distributed item의 경우 24시간 내 공급, Staple item의 경우 48시간 내 공급의 원칙을 세워두고 있다. 이러한 Cross-docking을 이용해 월마트는 대량 구매하는 경우 통상 발생하는 재고 및 취급비용을 절감할 수 있다.

② 전용 운송시스템 구축 : 월마트의 물류하부구조의 또 다른 특징은 신속하고 민첩한 수송체계를 들 수 있다. 이 회사의 물류센터는 40여 개소에 퍼져 있는데 이곳에 들어온 물품은 2천여 대에 달하는 회사 직영의 트럭을 이용해 48시간 내에 월마트의 일선매장에 운송되고 있다. 이를 통해 월마트는 상품을 1주 3회씩 보충할 수 있다. 소매업계의 일반적인 기준은 이와는 대조적으로 2주에 1회나 1주에 1회 정도 상품진열을 보충하는 데 그치고 있다. 얼핏 생각하기에는 주 3회의 배송에 따른 비용이 엄청날 것이라고 볼 수 있다. 그러나 잦은 배송을 통해 월마트는 고객이 원할 때 상품이 진열되어 있지 않아 판매기회를 잃는 경우를 최소한으로 줄일 수 있으며, 매장이 안고 있는 재고부담을 최소로 경감시킬 수 있는 것이다.

③ POS 시스템 구축 : 월마트는 배송센터 외에도 POS와 위성통신망에도 엄청난 투자를 했다. 1983년 휴즈와 공동으로 위성을 쏘아 올리고 1987년까지 위성통신망을 구축했다. 그리고 1988년 말에는 모든 점포에 POS 레지스터(Register)의 도입을 완료했다. 월마트는 이러한 기반 시스템을 구축하는 데 7억 달러 이상을 투자한 것으로 알려지고 있다. 월마트는 POS 시스템을 위해 바코드와 슬롯 스캐너를 도입했다. 이를 도입함에 있어 월마트가 우선적으로 고려하였던 것은 고객의 대기시간을 단축시키자는 월마트의 인간 중심적이고 현장 중심적 경영철학을 다시 한번 엿볼 수 있다. 상점에서 물건이 팔리는 시점에서 모든 정보가 처리될 수 있도록 한

POS 시스템의 기본취지를 이행하기 위해서는 제품의 많은 정보가 스캐너에 의해 처리되어야 한다. 즉, 제품이 팔리는 시기, 제품의 특성 등이 스캐너에 의해 처리된 후, 이 데이터를 가지고 주문과정이 자동적으로 이루어지면, 제품의 진열 등이 효과적으로 이루어질 수 있는 것이다. 월마트가 처음 바코드를 도입할 당시만 해도 경쟁사들은 주로 금전등록기를 사용하고 있었다. 선진기업이라 할 수 있는 시어즈의 경우에는 OCRA 폰트 가격표를 사용하고 있었다. 월마트는 POS 시스템을 구축하여 주요 취급품목인 3천 2백여 제품에 대한 각 점포 판매실적을 벤튼빌 본사 컴퓨터로 1시간마다 취합할 수 있었다. 이 데이터는 본사에서 그치는 것이 아니라 제조업체에도 바로 전송된다. 전송된 데이터를 가지고 제조업체들은 각 배송센터에서 필요한 공급량을 미리 예측할 수 있으며, 이를 통해 즉시 납입이 가능하게 된다. 이로써 월마트 각 배송센터에서는 재고부담없이 제조업체에서 납입한 상품을 도착 즉시 점포별로 분류해 필요한 양만큼 공급할 수 있게 된 것이다.

④ **탄력적인 공급시스템인 QR 시스템 구축** : 고객이 원하는 제품을 원하는 시점에서 즉시 구입할 수 있도록 하기 위해서는 QR(Quick Response, 신속반응물류) 시스템의 구축이 기본이 되나, QR 시스템을 구축하기란 말처럼 쉬운 일이 아니다. 일반적으로 판매자는 제품이 어느 정도 팔릴 것인가를 예측하여 제품을 진열하고 나머지는 창고에 쌓아두게 된다. 그러나 예측이 정확히 이루어지기는 거의 불가능하다. 어떤 제품은 품귀현상이 일어나고 어떤 제품은 팔리지 않아 재고부담만 안게 되는 경우가 있다. 실제로 이러한 경우는 우리 주변에서 흔히 볼 수 있는 상황이다. 이를 근본적으로 개선시킬 수 있는 방법은 제품조달이 매우 빠른 속도로 이루어져, 소비자가 원하는 제품이 없을 경우 즉시 보충될 수 있게 하면 된다. 이것이 QR 시스템의 기본 목적이라고도 할 수 있다. QR 시스템을 구축하기 위해서는 그 기반구조가 튼튼해야 한다. 소비자의 구매상황을 실시간으로 점검해야 함은 물론이고 생산자에게 주문을 내는 활동 등도 실시간으로 연결되어 있어야 한다. 정보의 실시간 연결 이외에도 제품이 상점에 배달되는 유통시스템까지 정비되지 않으면 안 된다. 위성통신망의 활용과 POS 시스템의 구축을 통해 월마트는 보다 신속한 물류시스템을 구축할 수 있었다.

⑤ **공급자와의 파트너십 형성** : 월마트와 P&G의 전략동맹(Strategic alliance)은 유통경로상의 리더십이 기존의 제조업체에서 유통업체로 이전되었음을 보여주는 사례로 흔히 인용된다. 초기에 월마트와 P&G는 상호 적대적인 관계가 지속되고 있었다. 월마트가 "우리는 P&G의 상품을 취급하지 않겠다."고 하면 P&G는 "우리 상품을 취급하지 않으면 상품구색상 장사가 안 될 것이다."라고 반박하고 이에 대해 월마트는 "P&G의 상품을 취급하기는 하되 P&G 상품은 구석에 처박아 두고 콜게이트의 상품을 P&G보다 1페니 싸게 해서 입구에 진열해 놓겠다."라고 재반격에 나서곤 했던 것이다. 이런 적대관계의 밑바탕에는 P&G가 우월한 지위를 바탕으로 자사의 제품라인 11개에 대한 각각의 구매를 각 브랜드 매니저를 통하게 해 놓았다. 월마트는 대규모의 생필품 공급업사슬 P&G의 제품을 구매하기 위해 각 브랜드 매니저를 따로 따로 만나 구매하여야 하는 비효율성에 대해 줄곧 불만을 토로했었다. 그러나 P&G는 스스로 마켓 리더

라고 생각하여 월마트 같은 대형 유통업체의 요구에 쉽게 응하지 않았다. 월마트는 이런 식의 신경전이 서로의 효율적 개선에 도움이 되지 않는다는 판단하에 다음과 같은 제안을 한다. "월마트는 유력 메이커의 고객지향을 위해 노력하고 있으며 납입업자인 귀사와의 파트너십을 발전시켜 EDI와 소매의 컴퓨터 프로그램을 이용하고 상호 간에 정보를 공유함으로써 소비자의 이익을 증진시킬 수 있을 것이다. 아울러 월마트의 성장은 고객의 동향을 파악하기 쉽게 하며 물류를 개선하는 점에 있어서도 양 사가 공동으로 작업을 실시, 신속한 의사결정을 수행하여 능률적으로 개선시킬 수 있을 것이다."라고 알렸다. 이러한 제안을 P&G가 전격적으로 수용함으로써 P&G는 월마트의 POS 데이터를 EDI에 의해 신속하게 파악하고 QR에 의해 신속한 발주업무를 수행하게 되었다. 이미 위에서 언급한 바 있듯, 이런 방법으로 온라인이나 리얼타임으로 수주상품을 자동공급의 형태로 월마트의 배송센터에 일괄해서 직접 발송할 수 있게 된 것이다.

(5) 사회활동 참여를 통한 이미지 제고 전략

① 월마트는 기업의 규모에 비해 광고비가 매우 적은 편이다. 여타의 동종기업이 매출액 대비 2~3%의 광고비를 집행하고 있는 데 반해 월마트는 1% 미만의 광고비를 책정하고 있다.

② 그럼에도 불구하고 월마트가 경쟁사와 대등한 인지도를 갖게 된 것은 사회참여 성격이 짙은 캠페인을 벌임으로써 매스컴의 자연스런 주목을 끈 것과 무관하지 않다.

(6) 월마트 사례의 의미

① 월마트가 유통시장에서 마켓 리더로 등장할 수 있었던 성공요인은 저비용 원가구조를 바탕으로 하여 타 경쟁사보다 낮은 가격으로 소비자의 욕구를 실현시킬 수 있었던 것이 성공의 핵심이었다. 이러한 기본원칙적인 경영요소를 월마트가 훌륭히 해낼 수 있었던 원인은 샘 월튼의 인간 중심적이고 현장 중심적이라는 경영철학에서 비롯되었다고 할 수 있다. 많은 학자나 기업인들이 어떤 사업에서 성공하기 위한 다양한 조건들을 제시하고 있다. 이들의 의견은 대체로 다음의 세 가지로 집약될 수 있을 듯하다. 다른 기업과의 차별화된 기능을 가지고 있어야 하며, 관리효율이 뛰어나야 하며, 그리고 이러한 과정을 통해 노하우 등의 축적이 이루어져야 한다는 것 등이다.

② 월마트는 이러한 사업의 성공조건을 잘 갖추고 있는 기업이다. 차별화된 기능과 저비용 원가구조를 이룩할 수 있는 핵심적인 성공요소는 월마트의 탁월한 물류시스템에 있다고 할 수 있다. 즉, Cross-docking이라는 시스템을 통해 무재고를 실현하고, 자사의 전용수송체계를 효율적이고 탄력적으로 활용함으로써 타 경쟁업체보다 낮은 원가구조를 실현할 수 있었다. 또한 일찍부터 POS 시스템, 인공위성 통신망 구축 등 정보네트워크에 막대한 투자를 하였다. 이러한 미래 동시적인 선진경영(Foresight)을 통해 타 경쟁사보다 현격히 낮은 비용구조를 가지고 있었던 것이 성공요인이라 할 수 있다.

5 글로벌기업의 운영전략(Toyota Motors)

글로벌기업들은 4가지 운영전략의 목표를 전통적으로 설계하는 데 기술, 마케팅, 제조 및 물류이다. 4가지 영역에서의 주도적으로 동시에 이 역할을 해야 하는 동안에, 다른 시스템이 운영되는 글로벌 인프라로서 물류가 역할을 하여야 한다. 기업들은 글로벌 물류시스템 자체가 경쟁적 이점의 원천을 제공할 수 있다는 것을 인식하고 있다. Toyota는 글로벌 운영을 위한 JIT를 개발했다. 정보와 계획시스템을 정비함으로써 25개국에 있는 자사의 공장에 수많은 국가로부터 부품과 부분품을 아웃소싱할 수 있다. 전 세계에 수출하기 위해 일본에서 완제품을 생산하는 대신에 일본과 다른 나라로부터 부품과 부분품을 아웃소싱하고 국내시장에서 더 많은 자동차를 생산하는 것이 토요타의 전략이다.

04 글로벌 3PL

1 글로벌 3PL기업의 전략

(1) 복잡한 SC상에서 다양한 상거래의 동시화 추구

전 세계적으로 물류산업은 지금까지의 단순 배달서비스 제공에서 벗어나 통합적인 일괄 물류서비스 제공이 대세를 이루고 있다. 특히 최근 주목받고 있는 통합서비스는 SCM 없이는 불가능할 만큼 IT를 기반으로 하는 확장 개념의 물류서비스를 제공하고 있다. 이곳에 글로벌 물류기업들이 자리하고 있다.

(2) 세계 표준서비스 제공에 주력

① 최근 선도기업들의 경영전략은 디지털화를 기반으로 글로벌화를 추구하는 전략이다. Express 시장의 경우 DHL, UPS, FedEx, TNT 등 몇 개의 글로벌기업들이 전체 시장의 80%를 차지하고 있다. 그러나 아직까지 전 세계 항공, 해운, 3PL을 포함한 전 세계 종합 물류시장에서는 글로벌기업보다는 Local을 기반으로 한 물류기업들이 71%의 점유율을 보이고 있다.

② 반면 세계적인 물류기업 Top 7 Company(DHL 단자스, 판알피나, KWE, K+N, Exel, 쉥커, Bax글로벌 , Nippon Express)들은 29%의 점유율을 보이고 있다. 상대적으로 낮은 세계 점유율에도 불구하고 Top 7 Player들은 글로벌 물류의 선도자라는 입장에서 화주들의 세계화 전략에 부응하여 세계 어느 곳에서든지 세계 표준의 동일한 초일류 물류서비스를 제공하기 위해서 혼신의 힘을 쏟고 있다.

③ 여기서 주목할 부분은 최근 몇 년간 글로벌 물류기업들은 이전의 단순 익스프레스 배송시장에서 벗어나 다양한 물류기업의 M&A를 통해 통합적인 서비스를 제공하고 있다. 그 대표적인 예가 독일 우체국인 도이치 포스트의 거대 물류서비스 그룹이다. 도이치 포스트의 경우 육상, 해상 및 항공에 이르기까지 다양한 전 세계 물류대표기업을 인수 혹은 합병을 통해 글로벌한 물류서비스 표준을 제공하는 데 주력하고 있다. 이와 같은 현상은 비단 독일 우체국에 한정되어 있는 것은 아니다.

④ 미국을 대표하는 종합물류기업인 UPS의 경우도 세계적인 포워더인 멘로월드와이드와 프리츠를 인수하는 한편 자동차 물류시스템 제공사인 벡터를 인수해 SCM을 기반으로 육, 해, 공에 이르는 물류서비스를 제공하는 등 통합서비스에 전력을 기울이고 있다.

(3) 고객의 자금관리

① 글로벌 물류기업들의 SCM의 특징은 SCM이 어느 한 기업을 대상으로 하고 있는 것이 아니라 보다 복합적인 여러 산업계에서 다양한 기업을 연계하는 상황이라는 것이다. 이런 배경은 지금까지의 편향된 물류서비스에서 공급사슬망 구축이 최종 결과물을 내놓기 위해 연계된 모든 기업을 대상으로 하고 있기 때문으로 풀이된다. 따라서 향후 시장에서의 SCM 중요도는 더욱 그 위력을 발휘할 것으로 예상하고 있다. 이에 따라 글로벌 물류기업들은 빠르게 전환되고 있는 고객사들의 공급망 구축에 맞춰 이미 사전 작업에 들어가 원스톱서비스 제공에 전체 서비스망을 구축해 놓고 있다.

② 특이한 점은 통합물류서비스에서 한발 더 나아가 지금까지 금융기관이 맡고 있던 고객의 자금 부분까지 보증하는, 말 그대로 원스톱 일괄서비스에 그 초점을 맞추고 있다. 글로벌 물류기업들의 SCM 구축에서 가장 주목할 부분은 금융지원부분이다.

③ DHL 단자스의 경우 SCM 통합서비스는 수출입 물류, 창고 운영뿐만 아니라 VMI를 통한 재고관리비용까지 부담하는 종합물류이다. 일반적인 물류기업들이 추구하는 종합물류와 달리 DHL 단자스는 계열회사인 도이치 뱅크를 통해 화주의 재고비용을 부담하는 금융과 물류의 복합서비스를 추구하고 있다. 또한 세계 어느 산업계의 물류현장에 이르기까지 동일한 서비스를 균일하게 제공하는 데 초점을 맞추고 있다.

④ UPS의 경우도 UPS Supply Chain Group의 비전인 "Synchronizing Commerce for our Customers"를 표방하며, "우리 고객을 위한 (다양한) 상거래의 동시화"에 초점을 맞추고 있다.

(4) 다양한 니즈를 원스톱으로 충족

① 고객의 다양한 니즈를 원스톱으로 충족시키는 전략은 UPS의 SCM 중요도 및 가치를 가장 적절하게 표현하고 있다. "단 하나의 소스를 통한 상거래의 동시화"는 국내외 택배서비스에서 수·배송, 종합유통물류, 통합 IT 솔루션, 컨설팅 및 금융서비스에 이르기까지 하나의 UPS가 고객의 다양한 니즈를 원스톱으로 충족시키는 개념이다.

② DHL Express Korea는 Express Logistics 서비스 중의 하나인 SPC(Service Parts Logistics) 서비스에 초점을 맞추고 있다. DHL은 현재 썬마이크로시스템즈, HP, 도시바 등에 부품물류서비스를 제공하고 있으며, 이는 단순히 한국에서 뿐만 아니라, DHL의 글로벌 네트워크를 활용하여 Express와 Logistics의 개념을 통합한 서비스를 제공한다.

③ FedEx의 경우 인터넷 상거래가 활성화됨에 따라 물류망은 더욱 복잡해지고 신속하고 정확한 물류망 보유 여부가 기업경쟁력의 핵심요소로 부각되고 있는 만큼 오늘의 비즈니스에서 운송은 더 이상 단순히 물품을 창고로부터 최종 고객에게 가장 저렴한 비용으로 전달하는 것만을 의미하지 않는다고 생각한다. 따라서 SCM은 고객의 공급사에서부터 고객의 또 다른 고객에게 이르는 다양한 공급망을 연결해주는 링크로 인식해 그에 맞는 서비스를 지향하고 있다.

2 Fed Express

(1) 개 요

① Federal Express(이하 FedEx)는 1973년 4월에 현재 회장인 프레드릭 스미스(Frederick W. Smith Jr.)에 의해 창립되었으며, 테네시주 멤피스 공항을 중심기지(Hub Airport)로 미국의 25개 도시에 허브 앤 스포크(Hub and Spoke) 방식으로 야간 항공화물 운송사업(Aircraft Overnight Package-Delivery Business)을 시작하였다.

② 사업을 시작한 지 20여 년 만에 FedEx는 소화물 운송시장의 선두주자로 부상하였으며 미국 시장의 40% 이상을 점유하고 있다. 또한 FedEx의 활동범위는 미국, 캐나다 등 전 세계 300개 이상의 공항으로 계속적인 사업영역 확장을 시도하고 있다.

(2) 회사 소개

① **회사연혁** : FedEx는 1973년 4월에 서비스를 개시하여, 1976년에는 손익분기점을 넘어섰다. 이때부터 항공특송분야에서 선두를 달리는 기업으로 부상하였다. 이후 1977년 미국 정부의 항공시장 자율화에 힘입어 급성장하게 되었고 이로 인해 보잉 727과 같은 대형 항공기는 물론 소형 펠콘수송기의 취항을 가능하게 하였다. 또한 1980년에는 최초로 DC-10기의 구입 및 화물추적시스템을 도입하였으며, 1981년에는 저가격의 익일 배달서비스(Overnight service), 1982년에는 보다 향상된 서비스를 제공하기 위해 익일 배달서비스에서 익일 오전 10시 30분까지 배달하는 서비스로 개선하였다. 1984년에는 국제시장으로의 확장을 위하여 처음으로 Gelco International사를 인수하였고, 1986년에는 화물추적 및 정보능력 향상을 위해 슈퍼트 렉커를 도입하였다. 1989년에는 Tiger International사의 인수 및 Flying Tigers사와의 합병으로 세계 최대의 화물전용 항공사로 부상하였다. 1992년에는 아시아, 아프리카, 유럽, 북미, 남미 및 오스트레일리아 등 160여 개국에 서비스를 제공함은 물론 국제시장으로의 확장을 도모하였다. 또한 1998년 1월 FedEx는 미국 물류창고서비스 업체인 Caliber System Inc. 등 5개사를 통합하여 새로운 지주회사인 FDX Corp.를 출범시켰다.

② 경영 및 시장환경

⊙ 1974년 4월 이후 화물배달을 시작한 FedEx는 현재에는 매일 300만 개 이상의 화물을 배달하는 기업으로 성장하였다. FedEx의 제품은 빠르고 신뢰감 있는 서비스이며, 하루라는 제한된 시간 내에 화물을 배달하는 야간 운송시스템(Over-night delivery)을 목표로 하였다. 이러한 목표달성을 위해 FedEx는 P-S-P(People-Service-Profit)라는 경영원칙을 도입하였으며, P-S-P 철학은 기업이념에 잘 나타나 있다. "우리는 신속하고 정확한 배달을 필요로 하는 문서와 수화물의 믿음직하고 우수한 전 세계적 수송을 통하여 재정적 이익을 창출한다. 이를 위하여 배달 중인 수화물에 대한 통제가 전자추적(Electronic tracking)에 의해 이루어지며, 탁송과 배송의 모든 기록이 비용청구와 함께 고객에게 제공되어 진다. 우리는 모든 거래에 있어서 고객을 최대한으로 만족시키기 위하여 노력한다." FedEx가 고객서비스에 있어서 주력하는 분야는 '신속한 배달'과 '마음의 평화(Peace of Mind)', 즉 고객이 자신의 화물이 정확한 시간에 정확한 장소에 배달될 것에 대한 안심과 확신을 주는 것이다. 특히, 이 '마음의 평화'를 이루기 위하여 FedEx는 전산화된 추적시스템을 사용하고 있다.

⊙ FedEx가 이러한 고객지향적인 경영방침을 결정하게 된 것은 소화물 특송과 관련한 소비자의 변화를 적시에 인지하였기 때문이다. 소비자들은 FedEx의 서비스가 생기기 전까지 일정하지 않은 배달일자와 수탁물의 분실 등에 많은 불만을 가져왔다. 특히 미국의 경우 기존의 우편시스템이 이러한 역할을 담당해 주지 못하였고, 우편업무의 자유화 이후에 우후죽순처럼 생겨난 여러 서비스들도 대개의 경우 이러한 소비자의 불만사항을 해결해 주지는 못하였다. 반면에 경영환경의 변화로 기업들의 사업영역이 지역적으로 확대되면서 기업을 중심으로 신속하고 정확한 특송서비스에 대한 욕구가 크게 대두되었다.

(3) 운영체제

① Hub and Spoke의 개념 : 허브 앤 스포크의 기본개념은 현 회장인 프레드릭 스미스가 1968년에 미국 예일대학에 제출한 논문에서 기원하고 있다. 이것은 물건을 출발지에서 허브라고 불리는 중심축에 보내면 같은 시간대에 다른 곳에서 온 물건과 합류되고, 합류된 화물을 현대적 장비와 인력에 의해 목적지별로 재분류하여 물건을 싣고 온 비행기편에 다시 실어서 개별목적지로 출발하는 시스템을 말한다. 이러한 사업구상의 기본적인 아이디어는 다음의 네 가지로 요약된다.

⊙ 첫째, 항공산업에 있어서 승객과 화물은 전혀 다른 성격을 가진 별개의 대상이란 것이다. 이것은 승객의 요구와 화물을 발송하는 화주의 요구는 전혀 다르다는 발상에서 나온 것인데, 이러한 발상을 통해서 승객을 전혀 태우지 않는 항공화물 전용의 항공망의 필요성과 시장성을 감지한 것이다.

⊙ 둘째, 미국 전 지역에 대한 항공화물운송을 계획하였는데, 이것은 기존의 승객운송의 항공망을 염두에 둘 때 엄청나게 복잡하고 많은 비용이 드는 것이다. 예를 들면, 10개의 지역만을 생각하더라도 45편의 왕복항공이 요구된다. 스미스는 이 문제를 획기적으로 해결할 수

있는 효율적인 운송관리시스템을 고안하였는데, 그것이 바로 Hub and Spoke 방식이다. 이 방식은 다음과 같은 개념으로 이루어진다.

ⓐ 각 대상 지역에서 화물을 싣고 중심지로 모인다.

ⓑ 빠른 시간 안에 화물을 지역별로 재분류한다.

ⓒ 지역별로 재분류된 화물을 싣고 다시 원래의 지역으로 돌아간다.

ⓒ 셋째, 프레드릭 스미스는 기존의 항공운송업에서는 충족시켜 주지 못하고 있었던 항공화물을 이용한 고객의 욕구를 도출하게 되었다. 앞에서 언급한대로 기존의 항공운송 산업에서의 기본적인 상품의 구성은 운송속도와 비용으로 상충관계를 조절하는 체제로 구성되어 있었다. 먼저 운송속도와 비용의 측면에서 스미스는 다음과 같은 방식으로 개선을 꾀했다.

ⓐ **기존의 개념** : 적재, 운송, 전달의 세 부분이 분리되어 관리된다. 철도나 항만에 비교하여 비행운송시간을 운송속도로 파악한다.

ⓑ **스미스의 개념** : 고객의 관점에서 시간은 적재·비행운송·전달을 합친 시간이다. 이것을 동시에 관리함으로써 시간, 비용을 개선할 수 있다. 스미스는 이러한 개념에 덧붙여, 비용에는 관계없이 화물을 정확하고 신속하게 운송하기 위하여 항공편으로 운송하고자 하는 고객의 욕구를 도출해 내었다. 이것이 바로 운송의 신뢰성 개념이다. 이를 기초로 스미스는 대부분의 경우 운송시간이 무조건 짧다고 좋은 것이 아니라 화주가 원하는 시간의 범위 안에 정확하게 전달되는 것이 중요한 요소임을 인식하게 된 것이다. 고객의 신뢰성을 증진시킬 수 있는 이러한 방법을 가능하게 만드는 요인으로는 다음과 같은 것들이 있다.

㉮ 하나의 회사가 적재에서부터 운송, 전달까지의 전 과정을 담당한다.

㉯ 원하는 시간까지 정확하게 배달될 수 있는 시스템을 구상한다.

㉰ 자신이 보낸 화물의 상태와 위치를 수시로 파악할 수 있는 서비스를 제공한다.

ⓒ 넷째, 스미스는 항공화물의 관리를 위하여 야간 운송, 익일 오전 배달의 원칙을 세웠다. 이것은 앞에서 언급한 수송의 신뢰성에 기여할 수 있을 뿐 아니라 스미스의 중요한 사업 방향을 읽을 수 있는 부분이다. 그것은 바로 그가 고객의 선정에 있어서 기업체에 보다 높은 비중을 두고 있다는 점이다. 항공을 이용한 긴급한 물품의 수송은 일반인들보다는 기업의 경우에 더 많이 일어나는 것이 사실이다. 사업장이 끝나는 오후 늦게 화물을 적재하고 사업이 시작하는 오전에 화물을 수거할 수 있다면 기업의 입장에서는 매우 유리한 것이다. 이와 같이 신뢰성이 있는 화물의 운송이 가능하다면 대규모의 투자 없이도 기본적으로 재고를 감소시킬 수 있고 사업영역을 확장시킬 수 있는 매우 긍정적인 측면이 있다. 야간운송, 익일 오전 배달의 원칙은 이런 관점에서 볼 때 시스템의 효율성이나 신뢰성 제고뿐 아니라 기업의 화물을 운송한다는 장기적인 비전을 인식한 시스템을 설계한다는 것이다. 그는 사업을 시작하기에 앞서 컨설팅 업체로부터 항공화물 운송산업의 전망에 대한 자문 요청을 받았다. 그는 항공망이 부문별로 나누어져 있다는 사실과 긴급 화물과 관련된 수요가 이러한 기존의 항공망에서는 제대로 충족되고 있지 못하다는 것을 발견하고 이를 개선하기 위한 방법의 일환으로 사업을 시작하게 되었다.

② 주요 서비스별 특징

　㉠ IP(International Priority)서비스 : 내용물의 모양 및 형태에 따라 FedEx PAK, 박스 (BOX) 및 튜브(Tube)의 세 종류 중 하나를 선택할 수 있으며, 모든 재료는 무료로 제공된 다. 이것은 운송도중 파손이나 훼손되지 않도록 견고하게 포장된 물품으로서 도착지 상대 국에서 허용되는 규정 내의 크기, 모양 및 중량을 가진 물품이면 어떠한 것도 보낼 수 있는 서비스이다. 요금은 중량에 따라서 요금표상의 IP요금이 적용되며, 운임적용 중량은 실 중 량과 용적 중량 중 큰 쪽을 적용한다.

　㉡ IPD(International Priority Direct Distribution)서비스 : 미국 내에 있는 여러 수취인에게 여러 종류의 화물을 동시에 보낼 경우 FedEx가 이를 한 건(1 Master AWB)으로 취급하여 통관 후 약속된 시간 내에 개개의 수취인에게 직접 배달해 주는 신속하고 효율적인 Air Express Door to Door Service이다.

　㉢ IXF(International Express Freight)서비스 : 화물의 크기나 무게에 제한 없이 정확한 시간 에 목적지까지 가장 빨리 도착시키는 서비스로서 이는 정확한 시간에 목적지 공항에 가장 빨리 도착시키는 특급 화물서비스이다. 또한 최첨단 통신위성 추적시스템을 이용하여 고객 들에게 최종 목적지까지 화물을 추적할 수 있게 해준다.

　㉣ ATA(International Airport to Airport)서비스 : 화물의 크기나 무게에 관계없이 전 세계 어느 공항으로든지 운송해주며, 이것 또한 항공화물 대리점을 통해서 제공된다. 각국 및 대륙 간 정규 운항스케줄에 의한 국제항공화물서비스를 제공하며 1990년에는 국제항공운 송협회(IATA : International Air Transport Association)에 의해 세계 제일의 항공화물운 송사로 선정되기도 했다.

③ 정보시스템 : FedEx는 소비자의 욕구를 만족시키기 위하여 최초로 허브 앤 스포크(Hub & Spoke)시스템을 개발하여 일일배송(Overnight delivery)을 실현시켰다. 또한 여기서 그치지 않고 소비자를 위해 첨단시스템의 활용으로 고객서비스의 질을 개선해 나감은 물론 수화물 정 보의 수집, 관리를 위해 다음과 같은 정보시스템들이 개발되었다. 따라서 여기서는 정보시스 템을 위주로 하여 FedEx의 고객만족 시스템을 알아본다.

　㉠ COSMOS(The Customer Oriented Services and Management Operating Systems) : FedEx 의 역사와 함께 발전해 온 핵심적인 정보시스템으로 다수의 정보를 접수하고 추적하는 기 능을 수행한다. 이 시스템은 마치 항공사들이 사용하는 예약시스템처럼 고객에 관한 모든 정보가 본사인 멤피스 한 곳에서 처리되도록 설계되었다. 어떤 곳에서 전화를 받더라도 인 공위성을 통하여 멤피스로 정보가 전송되고 만약 해당 지사의 전화가 통화중이면 고객이 전화연결이 어렵다는 것을 느끼지 못하도록 자동적으로 멤피스 본사의 전화로 연결되도록 되어 있다. 이 시스템은 고객과의 의사소통이 원활하도록 해줄 뿐 아니라 사내의 의사소통 도 도와주고 있다. COSMOS는 데이터베이스 관리시스템으로써 모든 화물과 편지에 대해 그것이 고객의 요구에 따라 수신장소를 향하여 트럭에 적재되는 순간부터 도착하여 수신자 에게 전달되는 시점까지 철저하게 통제할 수 있는 시스템이다. 이를 위하여 바코드 스캐너

를 통해 해당 화물의 화주, 발송장소, 그리고 최종적으로 도착해야 할 수신장소가 입력되고 원거리 3,270개의 터미널을 통해 비행 중에도 계속하여 그 위치가 통제되며 수신자에게 도착할 때까지 열두 번의 자료갱신이 이루어진다. 화주가 현재 자신의 상품이 어디에 있는지를 묻는다면, 화물이 존재하는 현위치를 언제든지 확인할 수 있으며, 화물을 화주가 지정한 장소로 정시에 운송할 확률은 약 99% 정도로 높은 신뢰성을 제공한다.

ⓛ DADS(The Digital Assisted Dispatching System) : 기존의 COSMOS를 1979년에 발전시킨 것으로 탁송지의 수화물 수집에서부터 목적지에 배달되는 순간까지의 모든 과정을 추적할 수 있도록 한 것이다. 이를 위하여 수송차량에 DADS를 설치하여 추적이 가능하게 하였으며, 따라서 다음 주문까지 전화에 의존하던 초기의 방식에서 탈피하여 탁송에서부터 배달까지의 화물을 추적하는 것을 돕는 기능을 수행한다.

ⓒ Super Tracker : 1980년대에 이 시스템을 개발하기 위하여 FedEx는 많은 시간과 자원을 투입하였다. 이 시스템은 FedEx의 직원이 현장에 가지고 다닐 수 있는 소형 컴퓨터로 여기에 수화물에 대한 정보를 접수시에 입력하면 수송차량에 있는 DADS를 통하여 COSMOS에 직접 연결되는 기능을 통해 각 단계에서 언제라도 수화물을 추적할 수 있도록 하였다. 또한 고객과의 상담에 있어서도 개선이 이루어졌는데, 고객의 전화가 올 경우 선적에 관한 신청뿐만 아니라 다양한 문의도 전화로 이루어지기 때문에 이러한 기타 상황에 대한 질문에 답하는데 30초의 제한시간을 두고 있다. 따라서 질문에 대한 응답에 매우 자세한 지침이 규정되어 있다.

ⓔ 기술의 역할 : 이러한 고객서비스의 제공이 어려워지는 가장 큰 이유는 적절한 정보시스템을 구축하기 위한 기술이 없다는 것이다. 특히 추적시스템에 있어서 이러한 기술의 뒷받침은 필수적이라 할 수 있다. FedEx에서는 이러한 어려움을 극복하기 위하여 기술력 있는 중소기업들과 정보시스템 개발을 협력하고 있다. 고객과의 수화물 탁송과 대금결제에 있어서 물량이 많은 대기업들을 위해서는 특별한 서비스가 제공되고 있다. 즉, 거래정보를 교환함으로써 업무능률을 향상시키는 것이다.

④ 기타 서비스

ⓐ 위에서 열거한 서비스 외에도 FedEx에서는 수화물의 무게에 있어서 대개의 경우 2파운드 이하의 물건을 취급하나, 필요한 경우 컨테이너까지도 제공되는 서비스, 응급약품, 항공기 부품, 컴퓨터, 전자교환장치 같은 긴급히 필요하나 소량으로 쓰이는 부품들을 대신 보관해 주는 Parts bank 서비스, Return & Repair 서비스 등을 제공하고 있다.

ⓑ 또한 주말에 발송된 물품을 세관업무가 종결된 토요일에도 특별히 통관하여 배달해 주는 토요일 특별통관 및 배달서비스(SAT : Saturday Delivery), FedEx를 통하여 발송되는 모든 물품은 FedEx 지정 통관사가 직접 통관하나 고객이 원하는 경우 현지 통관업자를 지정하여 통관할 수 있는 통관업자 지정서비스(BSO : Broker Selection Option), 항공발송이 어려운 폭발물, 위험물 등도 취급 및 발송해 주는 위험물 취급 및 발송서비스(DG : Dangerous Goods), 발송한 물건을 확인해 주는 배달증명서비스(POD : Proof of Delivery), 발송된 물

건이 현지 세관에 도착하기 전에 컴퓨터 온라인을 통하여 사전 통관함으로써 통관시간을 단축시켜 주는 컴퓨터 사전통관서비스(EDI Clearance)가 있다.

ⓒ 또한 배달완료시간을 기존의 오전 12시에서 10시 30분으로 단축하였을 뿐만 아니라 정시에 배달이 되지 않았을 경우에는 운임을 환불해 주는 운임환불제(Money Back Gurantee, 미국에 한함)를 시행하고 있다.

ⓔ Powership제도는 운송업무를 보다 빠르고 정확하게 처리하기 위하여 FedEx가 제공하는 컴퓨터 하드웨어, 소프트웨어 및 주변장치를 말한다. 이것은 특송화물의 탁송빈도가적정수준 이상이 되면 FedEx가 무상으로 설치함은 물론 교육 및 하드웨어 정비도 책임지고 해주는 제도이다.

(4) FedEx 사례가 주는 전략적 교훈

FedEx가 세계 제일의 항공화물 운송업체가 될 수 있었던 것은 산업 및 시장환경의 변화에 대해 정보기술을 활용한 적극적인 대응은 물론 정보기술을 바탕으로 한 고품질의 서비스 제공으로 지속적인 경쟁우위를 지킬 수가 있었던 것이다. 즉, 현 회장인 스미스의 허브 앤 스포크의 발상으로부터 비롯된 사업구상은 고객욕구의 만족에 기반을 둔 것이었으며 이는 FedEx의 대표적인 전략 정보시스템인 COSMOS의 탄생과 다양한 서비스를 고객들에게 제공하게 된 것이다. 이러한 성공적인 기업으로의 성장이 가능하게 된 주요 경영활동을 요약하면 다음과 같다.

① **변화에 대한 최고경영층의 인식** : FedEx의 경영층은 현재의 경영환경이 급변함을 깨닫고 이 변화를 수용하기 위한 준비를 하여야만 다가올 미래에 대비할 수 있다고 판단, 신속한 배송과 정보의 확보를 위한 시스템의 구축에 과감한 투자를 결정하였다.

② **종업원에 대한 교육훈련의 강화** : FedEx에서 사용하는 정보시스템을 개발할 때마다 이를 사용할 종업원에 대한 시스템 사용교육을 장기간(평균 9개월) 동안 실시하여 시스템이 진가를 발휘할 수 있도록 하였다.

③ **필요한 기술의 확보** : 자사 내에 필요한 시스템을 개발할 기술이 없다고 판단되면 중소기업을 선정, 과감한 투자를 하여 핵심기술을 확보하는 전략을 펼쳤다.

④ **고객반응조사** : 새로운 시스템이 도입되면 이의 전면적인 시행 이전에 고객에 대한 조사를 철저히 시행하여 가능한한 시행착오를 최소화하였다.

⑤ **제품차별화를 위한 정보의 사용** : 빠르고 신용있는 배송 외에도 고객을 안심시키는 것이 서비스의 핵심이라고 판단, 이를 위하여 정보를 적극적으로 활용하였다.

⑥ **경쟁력 있는 전문분야에 집중** : FedEx는 다각화가 가능하였음에도 불구하고 로지스틱스에 기업의 여력을 집중함으로써 큰 성과를 올렸다.

05 글로벌 아웃소싱

1 기업의 국제화요인

물류와 운송에 대한 수요를 이해하는 데 첫 번째 단계는 기업이 왜 해외로 가는지, 왜 수입하고 수출하는지를 묻는 것이다. 여러 이유가 있겠지만, 세계시장에 진출하는 이유는 몇 가지로 모아진다.

(1) 해외고객

만일 고객이 해외에 있다면 그들을 쫓아 해외로 진출할 큰 이유가 있다. 고객은 자신이 있는 곳에 공급자가 함께 있기를 원한다. 만약 고객이 시장에 갔는데 원래 공급자를 찾을 수 없다면 경쟁업체를 찾아갈 것이다.

(2) 국제경쟁

만약 경쟁업체가 해외에서 활동한다면, 해외로 가서 경쟁하는 게 필요할 것이다.

(3) 규 제

위치해 있는 나라의 규제로 어떤 제품을 생산하지 못할 수 있다. 그렇다면 수입해야만 할 것이다. 대표적인 것이 환경규제이다. 만일 국내의 환경규제가 강하다면, 규제가 약한 나라에서 수입할 유인이 생겨난다.

(4) 새로운 확대된 시장

기업은 새로운 시장을 찾으려 할 수 있다. 국내시장이 포화상태에 접어들었을 때 그럴 수 있다. 그러나 기업이 새로운 시장을 찾으러 나서기 전까지는 수요가 생기지 않는다.

(5) 규모의 경제

좀더 많이 생산해 해외에 판매할수록 규모의 경제를 이룰 수 있다.

2 기업의 해외시장 진출방식

(1) 기업이 새로운 시장에 진출하고자 할 때, 여러 방법이 있으며 그 중 하나가 수출이다. 이 경우, 해외시장에 큰 투자 없이 주문을 받았을 때 단지 수출만하면 된다. 또 다른 방편은 해외시장에 100% 소유의 자회사를 세우는 것이다. 이 두 가지 극단적인 방법 사이에는 투자수준과 이에 따르는 리스크가 상이한 다양한 대안들이 존재한다.

(2) 해외시장의 진출방식에 대한 결정은 물류수요에 큰 영향을 미친다. 만일 수출을 선택하였다면 많은 규모의 국제물류가 발생할 것이다. 현지시장에서 생산하는 방법을 택한다면 국제물류수요는 매우 적을 것이다. 해외시장 진출전략이 물류수요를 결정할 뿐만 아니라 물류서비스의 비용과 품질이 진출 결정에 영향을 미치기도 한다. 운송비가 너무 높거나 물류서비스가 부족하다면 수출의 실행 가능성은 줄어든다. 또한 현지에 자회사를 세우기로 결정했더라도, 그 자회사는 부품 및 자재의 공급을 필요로 하므로 상당한 규모의 무역거래가 발생할 수도 있다. 실제로 국가 간 교역의 상당 부분이 통일기업의 자회사 간의 부품 및 자재공급을 위하여 발생한다.

3 글로벌 소싱

구매 또는 조달로 알려진 소싱은 제품, 자재, 서비스를 어디에서 누구로부터 공급받을 것인가에 대한 의사결정을 내리는 일련의 활동이다. 소싱은 물류와 강하고 긴밀한 관계를 맺고 있는 부문으로서 구매, 조달부서는 제품의 수요, 공급자의 특성, 물류의 실행 가능성 등 여러 요소를 고려해 의사결정을 한다. 소규모 기업이나 국내에서만 활동하는 기업에게 있어서 소싱과 관련된 의사결정은 구매대상 제품의 특징에 따라 이루어진다. 그러나 글로벌 소싱의 경우에는 운송과 관련된 물류이슈가 커다란 의사결정요인이 된다.

(1) 글로벌 소싱 결정

① 글로벌 소싱을 위한 소싱 결정은 제품을 직접 만들 것인지 아니면 사올 것인지에 대한 결정이다. 또한 만들거나 사올 경우(Make or buy decision) 어디서 만들고 어디서 사올 것인지를 결정하게 된다.

② 아웃소싱이란 원가절감을 위해서 생산이나 주요한 활동을 외부기업에게 의뢰하는 것을 말하고 외부기업이 타국에 존재할 경우 이를 글로벌 아웃소싱이나 오프쇼링(Offshoring)이라 한다.

(2) 기업의 가치사슬

기업의 가치사슬은 기업이 주요한 활동의 틀로서 부가가치를 생성하는 기업활동의 총체적 모형을 말하고 기업이 경쟁우위를 보유하기 위해 가치사슬 내의 다양한 활동을 통해 경쟁기업에 비해 차별화된 형태로 기업활동을 수행할 수 있다.

(3) 글로벌 소싱의 사례

① 나이키는 리복이나 아디다스와 마찬가지로 운동화 생산의 거의 전부를 해외 공급자와 계약을 맺고 있다. 나이키는 브랜드 마케팅을 할 뿐이고, 생산은 하지 않는다.

② 애플 컴퓨터는 운영체제와 다른 소프트웨어 플랫폼의 개선에 힘을 쓰는 동안 생산의 70%는 해외에 의존한다. 이러한 아웃소싱을 통해 애플은 제한된 자원을 핵심 경쟁 역량을 확보하는 데 집중하고 있다.

③ 델도 마찬가지로 독립 공급업체로 구성된 글로벌 제조 네트워크에 상당히 의존하고 있는 회사이다.

(4) 글로벌 소싱 전략

가치사슬을 통한 글로벌 소싱 전략의 수립 프로세스는 다음과 같다.

① 기업의 가치사슬에서 외부 소싱을 위한 분리 가능한 영역을 확인한다. 예를 들면, 연구개발, 생산, 회계, 고객서비스, 마케팅 등의 영역을 확인한다.

② 각 가치사슬 활동 가운데 기업의 경쟁 우위 요소를 규모의 경제 및 범위의 경쟁 등을 고려하여 파악한다.

③ 각 가치사슬 활동 간의 거래비용 수준을 정하고 이를 가장 저렴한 비용으로 처리할 수 있는 방안을 선택한다.

④ 각 가치사슬 요소들의 거래비용 및 비교우위를 파악하여 결정한다.

⑤ 결정된 국가별 비교우위가 기업의 의사결정 과정 및 조직의 특성 수준에서 유연하게 적용될 수 있도록 고려한다.

(5) 자동차 산업의 글로벌 소싱

① 세계의 자동차산업은 1990년대부터 세계적인 규모로 확대되고 있다. 이러한 추세로 인해 세계적인 완성차 업체가 시장을 장악하고 있는 상황이다. 이러한 완성차 업체들은 비용절감을 위해 전 세계에서 부품을 조달하는 글로벌 소싱을 적극적으로 구사했다. 이를 위해 특정 부품업체에 국한되지 않고 다양한 업체로부터 납품을 받아 비용절감을 하고자 하는 것이다.

② 우리나라 자동차 부품산업의 경우는 대부분의 부품업체들이 완성차 업체의 수직계열에 의한 전속 납품거래에 의존하고 있는 실정이다. 하지만 해외에서도 한국산 자동차 부품에 대한 인지도가 높아지면서 국산 자동차 부품의 수출도 확대되고 있다. 이는 기술수준은 떨어지지 않으면서 가격경쟁력을 갖추고 있기 때문이다. 일본의 경우 기술력은 우수하나 가격면에서 경쟁력이 떨어지기 때문에 시장에서 우리나라 부품회사에 경쟁력이 있다.

③ 우리나라의 동양기전, 삼립산업, 만도, 우신시스템, 광진상공 등 5개사는 2004년 미국 GM사로부터 올해의 우수 공급업체에 설정되는 등 성과를 보이고 있다.

특히, 만도의 경우 GM사와 8억 달러 규모의 제동장치 모듈을 공급하기로 계약하는 등의 성과를 냈다. 이는 단일 수주로는 국내 최대 규모이고 이후 다이러 크라이슬러와도 1억 6,100만 달러의 조향장치시스템을 공급하기로 했다. 이처럼 부품공급회사의 해외진출 전략이 성과를 보이고 있다.

④ 하지만 여전히 국내 부품공급기업의 경우 세계 글로벌 소싱시장에서 차지하고 있는 비중이 낮은 편이다. 따라서 앞으로 지속적으로 기술력 개발 등의 노력을 통해 해외 글로벌 시장에서 입지를 차지하기 위한 노력이 필요할 것이다.

01 현재 국제물류환경의 변화로 볼 수 없는 것은?

① 물류보안규제 강화

② 운송산업규제 강화를 통한 경쟁 촉진

③ 기업경영의 글로벌화 확산

④ 지속가능한 친환경 녹색물류의 확산

⑤ 지역주의 확산에 따른 세계경제의 블록화

[해설] ② 운송산업에 대한 규제를 강화하면 국제물류에서의 글로벌 경쟁을 방해하게 된다.

02 최근의 국제물류 환경변화에 관한 설명으로 옳지 않은 것은?

① 운송의 효율성을 높이기 위하여 선박이나 항공기가 고속화, 대형화되는 추세에 있다.

② 항공사 간의 제휴는 감소하는 추세에 있다.

③ 국제물류업체 간 서비스 경쟁이 심화되면서 전략적 제휴를 확대하고 있다.

④ 비용절감과 수송시간의 단축을 위하여 주요 거점항만 및 공항을 중심으로 Hub & Spoke 시스템이 구축되고 있다.

⑤ 화주에게 맞춤형 서비스를 제공하기 위하여 전문물류업체의 수가 증가하고 있다.

[해설] ② 국제물류는 항공운송수단이 큰 비중을 차지하고 있으므로, 전략적 제휴를 통한 공동물류 운영의 필요성이 증대되고 있다.

03 국제물류의 동향에 관한 설명으로 옳지 않은 것은?

① 운송거점으로서의 허브항만이 지역경제 협력의 거점으로 다각화되고 있다.

② 전자상거래의 발전으로 온라인 정보망과 오프라인 물류망간 동조화가 강화되고 있다.

③ 재화의 소비 이후 재사용 및 폐기까지 환경유해요소를 최소화하는 환경물류의 중요성이 증대되고 있다.

④ 국제물류의 기능변화에 따라 공급사슬 전체를 관리하는 제3자 물류(3PL)업체들의 역할이 강화되고 있다.

⑤ 국제물류기업은 항만이나 공항의 공용터미널을 지속적으로 활용하여 체선·체화를 감소시키고 있다.

[해설] 국제물류 물동량 증가에 따라 현실적으로 체선·체화는 증가하고 있는 추세이다.

정답 **01** ② **02** ② **03** ⑤

04 최근 물류 패러다임의 일반적인 변화 추세가 아닌 것은?

① 재고 과다형에서 재고 축소형으로의 변화

② 자가물류에서 제3자 물류로의 변화

③ 고투자 · 자본집약형에서 저투자 · 노동집약형으로의 변화

④ 독립 · 개별물류에서 공동 · 통합물류로의 변화

⑤ 국내물류관리에서 글로벌 SCM으로의 변화

[해설] ③ 저투자 노동집약형에서 고투자 자본집약형으로 변화하고 있다.

05 최근 국제물류를 둘러싼 환경변화에 관한 설명으로 옳지 않은 것은?

① 물류관리에 있어서 통합물류관리의 중요성이 증대되고 있다.

② 다국적 기업의 글로벌 생산네트워크 확대로 국제물류에 대한 수요가 증가하고 있다.

③ 9 · 11 테러 이후 국제물류 전반에서 물류보안이 강화되고 있다.

④ 비용절감, 규모의 경제달성 등을 위해 물류업체 간의 전략적 제휴와 인수 · 합병이 확대되고 있다.

⑤ 물류비 절감 차원에서 재고과다형 전략이 확산되고 있다.

[해설] ⑤ 물류비 절감 차원에서 재고최소화 전략이 확산되고 있다.

06 최근 국제물류 환경변화에 관한 설명으로 옳지 않은 것은?

① 국제물류시장의 치열한 경쟁으로 물류기업간 수평적 통합과 수직적 통합이 가속화되고 있다.

② 온실가스 감축을 위해 메탄올 연료를 사용하는 선박 건조가 증가하고 있다.

③ 4차 산업혁명 시대를 맞아 디지털 기술들을 활용하여 운영효율성과 고객만족을 제고하려는 물류기업들이 늘어나고 있다.

④ 기업경영의 글로벌화가 보편화되면서 글로벌 공급사슬에 대한 중요성이 증대되고 있다.

⑤ 코로나 팬데믹의 영향으로 전자상거래 비중이 감소하는 추세이다.

[해설] 코로나 팬데믹의 영향으로 오프라인보다는 온라인 주문 등이 증가하여 자연스레 전자상거래 비중이 증가하는 추세이다.

정답 **04** ③ **05** ⑤ **06** ⑤

07 SCM(Supply Chain Management, 공급사슬관리)에 대한 설명으로 옳지 않은 것은?

① SCM은 재고를 줄이려는 계획으로 적기에 공급과 생산을 이뤄 재고비용을 최대한 감소시키려는 것이다.

② SCM은 원재료 공급, 생산, 유통, 최종 고객까지 모든 집단이 서로 혜택을 누릴 수 있도록 경로관계를 원활하게 관리하여야 한다.

③ SCM은 공급사슬 파트너들 간에 정보를 공유함으로써 수요의 불확실성과 재고보유를 줄이고, 유연하고 신속한 제품흐름을 구축한다는 것이 목표이다.

④ SCM은 공급사슬(Supply chain)에서 제품 서비스 정보 등의 흐름을 효과적으로 통합관리함으로써 시장에서의 경쟁우위 확보를 목표로 한다.

⑤ 효율적인 공급사슬을 만드는 데 성공한 경우 큰 경쟁력을 갖게 되어 이익이 발생할 가능성이 높아진다.

> **해설** SCM는 원재료 구매에서부터 최종 고객까지의 전체 물류흐름을 계획하고 통제하는 통합적인 관리 방법이다. 재고를 줄이려는 계획은 JIT(Just-In-Time) 관리시스템을 말하는 것이다.

08 국제물류관리에 영향을 줄 수 있는 환경변화로 옳은 것을 모두 고른 것은?

> ㄱ. 해운동맹(Shipping conference)의 기능이 강화되고 그 수가 증가하고 있다.
> ㄴ. 항공기와 선박 등 운송수단의 효율성이 높아지고 있다.
> ㄷ. 물류보안의 강화로 엄격한 통관기준이 적용되는 추세이다.
> ㄹ. 탄소배출권거래제도 참여의무와 같은 환경장벽의 확대에 따라 국제운송비가 감소하는 추세이다.

① ㄱ, ㄷ   ② ㄱ, ㄹ

③ ㄴ, ㄷ   ④ ㄴ, ㄷ, ㄹ

⑤ ㄱ, ㄴ, ㄷ, ㄹ

> **해설** ㄱ. 1980년대 이후 해운업계의 경쟁이 치열해지면서 동맹에서 탈퇴해 낮은 가격의 서비스를 제공하는 업체들이 늘어나면서 해운동맹의 수는 감소하고 있다.
> ㄹ. 탄소배출권거래제도 참여의무에 따라 운송비가 상승한다.

정답 07 ①   08 ③

09 국제물류활동의 위험 및 불확실성을 증가시키는 요인이 아닌 것은?

① 안전재고량의 확보
② 글로벌 공급사슬의 리드타임 증가
③ 복잡한 통관절차 및 수출입 프로세스
④ 각국의 법규 및 관습의 차이
⑤ 전쟁이나 테러

해설 ① 안전재고량을 확보하게 되면 국제물류활동의 위험 및 불확실성이 감소한다.

10 단위당 비용(Unit cost)을 낮추거나 규모의 경제를 실현하기 위해 취해지고 있는 국제물류의 동향으로 옳지 않은 것은?

① 컨테이너 선박의 대형화
② 항만 수심의 증심(增深)
③ Post Panamax Crane의 출현
④ 정기선사 간 전략적 제휴 확대
⑤ 기항항만(Calling ports) 수의 확대

해설 기항항만 수가 확대되면 선박회전율이 저하되기 때문에 규모의 경제를 실현하기 어렵다.

11 월마트의 물류시스템에 대한 설명으로 옳지 않은 것은?

① 전용 운송시스템을 구축하여 신속하고 민첩한 수송체계를 갖추었다.
② Cross-docking이라고 하는 시스템을 이용하여 재고를 최소한으로 하면서 계속적으로 물건을 재보충한다.
③ POS 시스템을 구축하였다.
④ IXF 서비스를 구축하였다.
⑤ 고객이 원하는 제품을 원하는 시점에서 즉시 구입할 수 있도록 하기 위하여 QR(Quick Response, 신속반응물류) 시스템을 구축하였다.

해설 ④ IXF 서비스란 화물의 크기나 무게에 제한 없이 정확한 시간에 목적지까지 가장 빨리 도착시키는 서비스로서 FedEx의 주요 서비스 중 하나이다.

정답 **09** ① **10** ⑤ **11** ④

12 다음은 Federal Express가 사용하여 익일배송을 실현시킨 물류시스템에 대한 설명이다. 이 시스템에 해당하는 것은?

> 물품을 출발지에서 일정한 지역의 중심지에 보내면, 같은 시간대에 다른 곳에서 온 물품과 합류하여 최종 목적지별로 물품이 재분류된 후, 이를 싣고 온 비행기편으로 개별목적지로 출발하는 시스템이다.

① Road Feeder System
② Hub and Spoke System
③ Open Sky System
④ Pull System
⑤ Hybrid Combination System

[해설] Hub and Spoke System이란 물건을 출발지에서 허브라고 불리는 중심축에 보내면 같은 시간대에 다른 곳에서 온 물건과 합류되고, 합류된 화물을 현대적 장비와 인력에 의해 목적지별로 재분류하여 물건을 싣고 온 비행기편에 다시 실어서 개별목적지로 출발하는 시스템을 말한다.

13 상품이 생산국 창고에서 출하되어 특정경제권 내 물류거점 국가에 설치된 중앙창고로 수송된 다음, 각국의 자회사 창고나 고객 또는 유통경로의 다음 단계로 수송되는 국제물류시스템은?

① Direct System
② Transit System
③ Multi-country Warehouse System
④ Point to Point System
⑤ Classical System

[해설] Multi-country Warehouse System이란 국제물류시스템의 한 종류로 다국가 창고 시스템을 말한다.

14 해외직접구매의 확산이 물류부문에 미치는 영향으로 옳지 않은 것은?

① 물류정보시스템의 필요성 증가
② 국내외 제조업체들의 자가물류 증가
③ 통관업무를 담당하는 전문 인력에 대한 수요 증가
④ 정확하고 체계적인 다빈도 소량운송의 필요성 증가
⑤ 글로벌 공급망관리의 필요성 증가

[해설] 해외직접구매는 주로 특송, 항공운송, 해상운송이 이용되고 있다.

정답 **12** ② **13** ③ **14** ②

15 **글로벌기업과 그들의 물류전략을 연결한 것으로 옳지 않은 것은?**

① FedEx – Hub & Spoke System

② P&G – Continuous Replenishment Program

③ UPS – Super Tracker System

④ Walmart – Point of Sale System

⑤ ZARA – Quick Response System

해설 Super Tracker System은 FedEx의 물류전략 중 하나로 Federal Express의 직원이 현장에 가지고 다닐 수 있는 소형 컴퓨터로서 여기에 수화물에 대한 정보를 접수 시에 입력하면 수송차량에 있는 DADS를 통하여 COSMOS에 직접 연결되는 기능을 통해 각 단계에서 언제라도 수화물을 추적할 수 있도록 한 시스템이다.

16 **글로벌 3PL기업의 전략으로 옳지 않은 것은?**

① 단순 배달서비스 제공에서 벗어나 통합적인 일괄 물류서비스를 제공함으로써 복잡한 SC상에서 다양한 상거래의 동시화를 추구한다.

② IT를 기반으로 하는 확장 개념의 물류서비스를 제공하고 있다.

③ 디지털화를 기반으로 글로벌화를 추구하고 있다.

④ 고객의 자금관리는 금융기관이 전문적으로 관리하고 있다.

⑤ 국내외 택배서비스에서 수・배송, 종합유통물류, 통합 IT 솔루션, 컨설팅 및 금융서비스에 이르기까지 다양한 니즈를 원스톱으로 충족시키고 있다.

해설 ④ 고객의 자금관리는 글로벌 3PL기업의 전략 중 하나로 통합물류서비스에서 한발 더 나아가 지금까지 금융기관이 맡고 있던 고객의 자금부분까지 보증하는, 말 그대로 원스톱 일괄서비스를 추구하고 있다.

정답 **15** ③ **16** ④

CHAPTER 03

국제물류와 무역상무

01 국제무역의 개관

1 국제무역의 의의

국제무역(International trade)이란 서로 다른 국가 간에 물품(Goods)을 매체로 이루어지는 상거래를 말한다. 이러한 국제무역은 외국무역(Foreign trade), 세계무역(World trade), 해외무역(Overseas trade) 등으로 불리며, 보는 관점에 따라 의미의 차이가 다소 있기는 하지만 근본적인 개념에서는 크게 다르지 않다.

2 국제무역의 발생 원인

국경을 넘어 외국과 교역하는 무역이 발생하는 원인에 대하여는 예로부터 여러 학자들이 다양한 이론을 들어 설명한 바 있으나, 그것을 종합하여 보면 다음과 같이 쉬운 예로써 무역거래의 발생 이유를 설명할 수 있다.

① **재화의 범위 확대** : 국내에서는 전혀 생산되지 아니하는 재화를 무역을 통하여 획득할 수 있게 된다.

② **비교우위에 의한 국제분업** : 국내에서 생산은 되지만 품질이 낮거나 또는 상대적으로 비싼 재화의 경우 외국으로부터 당해 재화를 더욱 저렴한 가격에 구입할 수 있는 경우가 있다. 즉, 비교우위에 의해 무역이 발생하는 것이다.

③ **규모의 경제(Economics of scale) 실현** : 무역을 통하여 해외시장이 확대되고 이에 따라 물품의 대량생산이 가능해지면, 비용체감의 법칙(Law of diminishing cost)에 의해 물품의 단위원가가 절감되어 소비자들이 혜택을 볼 수 있다.

④ **고용 창출** : 새로운 해외시장을 확보함으로써 시설 확충과 더불어 더 많은 노동자를 고용하게 되어 실업자 구제에도 많은 도움을 주게 된다.

⑤ **유관업종의 발달** : 무역거래와 관련된 많은 유관업종들, 예를 들어 해운업, 보험업, 창고업, 수출입 agent 등의 업종들은 무역거래가 있기 때문에 생겨나고 존재하고 있다.

3 국제무역의 특성

국제무역은 주권이 다르고 먼 거리에 있는 외국 사이에 재화가 오가는 것이므로 국내거래와는 여러 면에서 차이를 보인다.

① **장거리 운송** : 무역거래에서는 장거리 운송에 따른 높은 운송비의 부담과 상품의 품질저하 문제를 안고 있다. 따라서 거리가 너무 먼 나라나 상품의 가격에 비해 부피가 크거나 무거운 상품은 운송비의 과중으로 무역거래의 대상이 되기 어렵다.

② **환율(Exchange rate) 문제** : 무역은 통화제도가 다른 국가들 간에 이루어지기 때문에 동일 화폐단위를 사용하는 국내거래와는 달리 환율이 당해 거래에 큰 영향을 미친다.

③ **상이한 언어, 법률, 제도 및 상관습** : 국내거래의 경우에는 동일한 언어, 법률과 제도 그리고 큰 차이가 없는 상관습에 따라 거래가 될 수가 있으나, 국제무역에서는 전혀 다른 외국의 법률이나 제도, 상관습의 제약을 받을 수가 있다. 따라서 이러한 장애를 극복하기 위하여 국제무역거래에서는 정형화된 무역관습, 각종 무역관련 국제규칙에 의존하게 된다.

④ **관세 및 비관세 장벽의 존재** : 수입상품에는 국내거래 상품과는 달리 관세가 부과, 징수되므로 그만큼 가격의 상승요인이 발생한다. 또한 각종 쿼터(Quota), 외환의 배정 등 수많은 제약으로 인해 거래가 어려워질 수도 있다.

⑤ **선물거래** : 통상적으로 무역계약의 대상이 될 수 있는 물품은 계약의 체결시에 실제로 존재하는 물품인 현물(Existing goods)과 계약의 체결 후에 제조 또는 획득될 물품인 선물(Future goods) 양자를 포함하는 것이나, 일반적으로 선물매매가 대부분을 차지한다.

⑥ **종속계약의 수반** : 무역거래에서는 기본적인 매매계약 이외에도 이에 부수되는 운송계약, 보험계약, 환계약, 기타 개별계약 등의 종속계약이 반드시 필요하게 된다. 그리고 중요한 것은 이러한 종속계약들 자체가 주계약인 매매계약과는 별개의 독립된 계약관계를 발생시킨다는 것이다.

4 국제무역의 구분

(1) 개 요

국제무역은 거래가 일어나는 지역에 따라 국내무역(Domestic Trade)과 국제무역(International Trade)으로 나뉘며, 거래되는 대상의 범위에 따라 광의의 무역과 협의의 무역으로 나뉜다. 물론 각 기준에 따라 다양한 구분이 가능하나, 무역영어 과목에서 다루어질 가능성이 높은 몇 개의 무역형태만 살펴보기로 하자.

(2) 직접무역과 간접무역

직접무역이란 양국의 거래 당사자가 직접 매매계약을 체결함으로써 이루어지는 무역거래를 말하며, 간접무역이란 무역거래에 제3자가 개입되는 형태로서 이에는 중계무역(Intermediate trade),

중개무역(Merchandising trade), 통과무역(Transit trade), 스위치무역(Switch trade), 우회무역(Round-About trade) 등이 있다.

① **중계무역**(Intermediate trade) : 중계무역이란 수출할 것을 목적으로 물품을 수입하여 제3국으로 수출하는 수출입을 말한다. 이는 수입한 물품을 가공을 거치지 아니하고 원형 그대로 수출한다는 점에서 가공무역과 구별되며, 단지 수출액(FOB 가격)과 수입액의 차이를 중계차익의 형태로 수취하는 거래방식이다.

② **중개무역**(Merchandising trade) : 수출국과 수입국의 중간에서 제3국의 상인이 수출입을 중개함으로써 거래가 이루어지는 무역이다. 그러나 중계무역과 달리 제3국의 상인은 당해 거래에 있어 거래당사자의 위치가 아닌 단순한 중개, 알선인에 불과하다.

③ **통과무역**(Transit trade) : 수출되는 물품이 수출국에서 수입국으로 직접 운송되지 않고 제3국을 경유하여 운송되는 형태이다. 제3자가 거래에 직접적인 개입을 하지 않는다는 점에서 중계무역과 차이가 있다.

④ **스위치무역**(Switch trade) : 수출입계약이 수출상과 수입상 사이에 직접 체결되고 물품도 직접 운송되지만, 대금의 결제에만 제3국의 업자를 개입시키는 무역 형태이다.

⑤ **우회무역**(Round-About trade) : 외환의 통제나 수입의 규제 또는 관세장벽의 회피를 위하여 제3국을 경유하는 형태의 무역을 말한다. 이는 무역의 한 형태라기보다 무역거래의 목적을 기준으로 한 개념이다.

(3) 연계무역(Counter trade)

연계무역(Counter trade)이란 동일 거래 당사자 간에 수출입이 연계된 무역거래로서, 물물교환(Barter trade), 구상무역(Compensation trade), 대응구매(Counter purchase), 산업협력 또는 제품환매무역(Industrial cooperation or Buy-Back trade) 등 현금 이외의 방식으로 대금지급의 전부 또는 일부가 이루어지는 거래를 총칭하는 포괄적인 용어이다.

① **물물교환**(Barter trade) : 환거래가 발생하지 않는 일대일 교환무역으로서, 대응수입의무를 제3국으로 전가할 수 없다.

② **구상무역**(Compensation trade) : 수출입물품의 대금을 그에 상응하는 수출 또는 수입으로 상계하는 수출입거래로서 수출입거래를 하나의 계약서로 작성하고 특수신용장이 사용되기도 한다. 대응수입의무를 제3국으로 전가할 수 있다.

③ **대응구매**(Counter purchase) : 대응수입계약조건에 따라 수출액의 일정비율에 상당하는 대응수입에 있어서는 구상무역과 비슷하나, 수출과 수입 시 별도의 계약서를 작성한다는 점과 신용장 사용방법이 다르다. 연계무역의 가장 대표적인 형태이며, 대응수입의무를 제3국으로 전가할 수 있다.

④ **산업협력 또는 제품환매무역**(Industrial cooperation or Buy-Back trade) : Plant, 기술 등의 수출에 대응하여 그 설비나 기술로 생산되는 제품을 수입하는 형태의 무역이다.

⑤ **절충교역거래(Off-Set trade)** : 방위산업 분야나 항공기산업 분야 등 고도 기술의 제품을 구매할 때, 수출자에게 그 제품에 쓰일 부품의 일부를 수입국에서 구매하거나 그 제품의 기술이전을 요구하는 형태의 거래방식이다.

(4) 기타 무역거래 형태

① **BWT(Bonded Warehouse Transaction)** : BWT는 '보세창고 도거래'라고도 하는데, 수출자가 자기의 책임으로 수입국 내에 지사나 대리인을 지정하여 수입국 보세창고에 물품을 입고한 후 구매자를 물색하여 계약을 체결하고 현지에서 판매하는 방식이다. 주로 범용성 원자재나 선용품(船用品) 등의 거래에 이용되며, 매매계약 성립시까지는 수입자가 미확정적인 경우가 많다.

② **OEM(Original Equipment Manufacturing) 방식** : OEM 방식은 '주문자 상표에 의한 생산방식'이라고 불리며, 수입상으로부터 상품의 생산을 의뢰받아 생산된 상품에 수입상이 요구한 상표를 부착하여 인도하는 무역거래 방식이다.

③ **KD(Knockdown, Knocked-Down) 방식** : 이는 완제품 생산에 필요한 부품 또는 반제품을 공급하는 수출상과 최종제품을 조립할 수 있는 설비와 능력을 갖춘 수입상 사이에 이루어지는 무역으로서, 물품은 Knockdown 상태로 거래되고 수입국에서 현지 조립 후에 판매된다.

> **⚡TIP** 용어의 정의
>
> Knockdown(Knocked-down) : 조립 가능한, 부분품으로 된

④ **Turnkey 방식** : 공장, 선박, 철도, 교량 등 광범위한 산업설비 수출입거래 중 특히 수입상이 원하는 플랜트의 설계에서부터 기계, 설비의 조달, 시설공사, 시운전에 이르기까지 모든 것을 수출상이 일괄적으로 이행하는 무역거래를 말한다. 이러한 방식에서는 기계, 설비라는 유형무역과 기술, 인력이라는 무형무역이 혼합되어 일어나게 된다.

5 국제무역 거래의 흐름

(1) 개 요

일반적으로 국제무역 거래는 다음과 같이 네 단계를 거치게 된다.

무역계약의 준비 ⇨ 무역계약의 성립 ⇨ 무역계약의 이행 ⇨ 무역계약의 종료

(2) **무역계약의 준비**(Preparation for trade contract) : 신규 거래의 창설

해외시장 조사(Overseas market research) → 거래처의 선정(Selection of business connections) → 거래의 권유(Business proposal, Circular letter) → 상품조회(Inquiry) → 신용조회(Credit inquiry) → 일반거래조건 협정서(Agreement on general terms and conditions) 작성

(3) 무역계약의 성립(Formation of Trade Contract)

청약(Offer) → 승낙(Acceptance) → 매매계약서의 작성

(4) 무역계약의 이행(Performance of Trade Contract) : 신용장 방식 기준

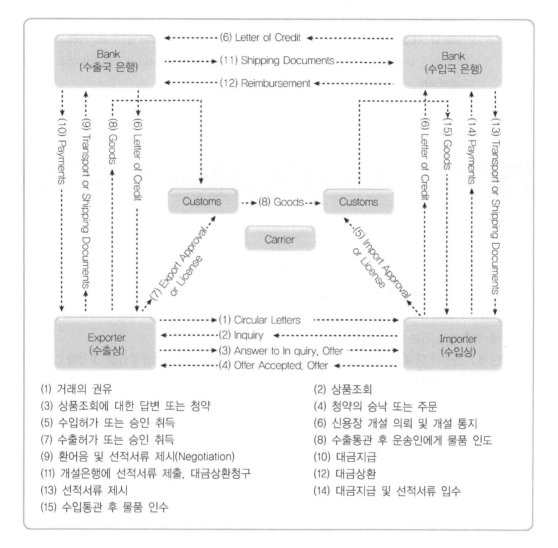

(1) 거래의 권유 (2) 상품조회
(3) 상품조회에 대한 답변 또는 청약 (4) 청약의 승낙 또는 주문
(5) 수입허가 또는 승인 취득 (6) 신용장 개설 의뢰 및 개설 통지
(7) 수출허가 또는 승인 취득 (8) 수출통관 후 운송인에게 물품 인도
(9) 환어음 및 선적서류 제시(Negotiation) (10) 대금지급
(11) 개설은행에 선적서류 제출, 대금상환청구 (12) 대금상환
(13) 선적서류 제시 (14) 대금지급 및 선적서류 입수
(15) 수입통관 후 물품 인수

(5) 무역계약의 종료(Termination of trade contract)

① 무역계약의 종료사유

ㄱ 계약이행(Performance)에 의한 해제

ㄴ 당사자 간 합의(Agreement)에 의한 해제

ㄷ **계약위반**(Breach of contract)**에 의한 해제** : 계약 위반에 대한 구제수단 청구가 Claim이다.

ⓒ 이행불능(Frustration)에 의한 해제 : 이행불능이란 매매 당사자의 고의나 과실 없이 발생한 후발적 사정으로 계약 목적이 좌절되는 것을 말한다.

② Claim

ⓐ 의의 : 매매 당사자 중 어느 일방(Claimant)이 타방(Claimee)의 매매계약 불이행으로 인한 손해의 배상 기타 의무의 이행을 청구하는 행위이다.

ⓑ Claim의 해결방법 : 청구권의 포기(Waiver of claim), 타협(Compromise)과 화해(Amicable Settlement), 알선(Intercession or Intermediation), 조정(Conciliation or Mediation), 중재(Arbitration), 소송(Litigation)

02 무역계약의 준비

1 개 요

무역계약은 매매계약의 하나로서 이러한 매매계약은 일반적으로 다음의 3단계를 거쳐 체결된다.

1단계 : 진출 목표가 되는 해외시장을 선별하는 해외시장조사 단계

2단계 : 해외목적시장이 선정되고 구체적으로 거래처를 물색하여 계약체결을 위한 실질적인 작업에 착수하게 되는 예비교섭 단계

3단계 : 전술한 단계를 거쳐 계약체결에 합의한 당사자가 유효한 계약성립을 청약하고 다른 당사자가 이에 대해 승낙하게 되는 계약의 성립 단계

2 해외시장조사(Overseas[Foreign] Market Research)

(1) 의 의

해외시장조사는 무역거래를 체결하기 위하여 이루어지는 첫 단계로서, 이에는 상대국가의 정치상황, 경제여건, 관습 등의 제반여건을 조사대상으로 하는 해외시장 환경조사와, 고객, 상품, 가격, 유통망 조사 등의 모든 마케팅전략이 포함된 개념이다.

(2) 해외시장조사의 목적

해외시장조사는 외국의 특정시장에서 자사물품의 판매가능성(Selling possibility)이나 구매가능성(Purchasing possibility)을 측정하고 해당물품의 매매에 필요한 각종 정보를 수집하기 위해 이루어진다.

(3) 해외시장조사의 대상 및 방법

① 해외시장조사의 대상 : 해외시장조사의 대상은 특정분야에 한정되어 있지 않다. 상대국의 경제 구조, 유통질서 등은 물론이고, 상품판매와 직접적으로 관련이 없어 보이는 인구, 종교, 관습, 교육수준까지도 파악하고 있어야 한다.

② 해외시장조사의 방법 : 해외시장조사의 방법으로는 크게 2차자료(통계, 서적 등)를 이용한 방법, 무역진흥공사(KOTRA) 등의 유관기관을 이용하는 방법, 그리고 자체 현지조사를 통한 방법이 있는데, 가장 최선의 방법은 자체적인 현지조사일 것이다.

3 　거래처의 선정(Selection of business connections)

(1) 의 의

철저한 해외시장조사 결과 거래대상시장에서 자사의 상품이 시장성이 있는 것으로 결정되면 대상 시장 내에서 신뢰할 수 있고 유력한 거래처를 선정하게 된다.

(2) 거래처 선정의 방법

거래처를 선정하는 단계에서는 세계적인 상공인명부(Trade directory)나 국내외 경제단체의 회보(Bulletin)를 참조하기도 하며, 공공기관에 소개를 의뢰하는 방법이 있고, 또한 직접 해외에 광고를 하거나 박람회, 전시회 등 각종행사에 참가하여 거래처를 물색하는 방법도 있다.

4 　거래 권유(Business proposal)와 상품조회(Inquiry)

(1) 의 의

거래처의 선정이 끝나면 수출의 경우에는 거래의 권유(Business proposal)를, 수입의 경우에는 상품조회(Inquiry)를 하게 된다. 거래 제의 서한(Circular letter)의 송부 또는 직접 상담 등에 의한 거래의 권유에 대하여 구매자가 그 상품에 관심이 있을 때 구체적인 사항에 대하여 문의를 하게 되는데, 이것이 상품조회이다. 상품조회는 계약체결 전 무역 상담과정에서 구매자 측의 물품구매에 대한 최초의 의사표시이다.

(2) 거래의 권유(Business proposal)

해외 매수인의 목록이 전술한 과정을 통해서 발굴되면 실제적인 무역거래를 위해서 거래관계를 개설하자는 취지의 제의를 하게 된다. 이러한 제의시에는 상대방을 알게 된 경위, 자사의 소개, 거래조건, 신용조회처 등을 기재하는 것이 보통이며, sample, catalog를 동봉하기도 한다.

이러한 거래의 권유는 거래를 위한 예비적 교섭(청약의 유인, Invitation to offer)으로서, 거래체결을 위한 확정적 의사표시인 청약(Offer)과는 구별된다.

(3) 상품조회(Inquiry, Trade inquiry, Business inquiry)

거래관계의 제의를 받은 당사자가 당해 물품에 대한 관심 또는 구매할 의사가 있는 경우에는 그에 대한 조회를 하게 되는데, 이를 '상품조회' 혹은 '문의'라고 한다.

또한 수령한 청약에 대해 세부 내용을 조회하는 경우도 있는데, 이러한 조회는 원청약의 효력을 소멸시키지 않는다.

5 신용조회(Credit inquiry)

(1) 의 의

무역거래에 있어서는 매수인의 파산, 사기 등의 신용위험(Credit risks)이 국내거래에 비해 대단히 크므로, 선정된 거래상대방과 계약을 체결하기 이전에는 상대방의 신용상태(Financial status)에 대한 엄격한 신용조사가 반드시 선행되어야 한다.

(2) 신용조회 내용

대상업체의 신용상태를 조사하는 경우 조사내용에 필수적으로 포함되어야 하는 내용으로는 Character(상도덕, 성격), Capital(자본, 자산), Capacity(거래나 영업의 능력)를 들 수 있는데, 이들을 3C's라 부른다.

① Character : 신용조사시 가장 중요시되는 항목으로서, 대상기업의 성실성(Integrity), 영업태도(Business Attitude), 채무변제 이행 열의(Willingness to meet obligation) 등이 포함된다.

② Capital : 당해 업체의 재무상태(Financial status)에 관한 내용으로서, 납입자본(Paid-up capital)과 수권자본(Authorized capital) 및 자기자본(Owned capital)과 타인자본(Borrowed capital)의 비율 등을 조사한다.

③ Capacity : 당해 업체의 영업능력이나 연간 매출액(Turnover) 등이 조사내용에 포함된다.

여기에 추가적으로 Conditions(거래조건), Collateral(담보능력), Currency(거래통화), Country(소속국가) 중 2가지를 추가해 5C's라 부르기도 한다.

(3) 신용조회 방법

① 신용조회처(Credit reference)에 의뢰하는 방법 : 상대방으로부터 제시된 신용조회처(Credit reference)에 의뢰하여 조사하는 방법으로는 은행조회(Bank reference)와 동업자조회(Trade reference)가 있다.

② 상업흥신소(Commercial agency)를 이용하는 방법 : 미국의 Dun & Bradstreet Inc.와 같이 신용조사를 전문으로 하고 있는 상업흥신소를 이용하는 방법이다.

③ 국내 관련기관을 통한 조사 : 해외거래처에 대한 신용조사를 해 주는 국내기관으로는 대한무역진흥공사, 한국신용보증기금, 한국수출보험공사 등이 있다. 이 방법은 비용 및 시간 등에 있어서 효율성을 도모할 수 있다.

6 일반거래조건 협정서(Agreement on General Terms and Conditions, General Agreement)의 작성

무역거래시에는 거래방법의 예측가능한 일관성 유지, 장래 발생할지도 모르는 무역분쟁이나 클레임의 예방과 해결을 위하여, 최초 거래개시 이전에 반드시 포괄적 준칙으로서 계약서 혹은 일반거래협정서를 체결하게 된다.

03 청약과 승낙

1 청약(Offer)

(1) 의 의

청약이란 청약자(Offeror)가 피청약자(Offeree)와 일정한 조건으로 계약을 체결하고 싶다는 취지의 의사표시로서, 일정내용의 계약을 성립시킬 목적으로 판매 또는 매매의 의사를 그 거래조건과 함께 제시하는, 법적 구속력을 가진 일방적이고도 확정적인 의사표시를 말한다.

(2) 청약의 요건

청약이 유효하게 성립되기 위해서는 다음과 같은 요건을 갖추어야 한다.
① 계약을 체결하려는 제안이 있어야 한다.
② 1인 또는 다수의 특정인에게 행해져야 한다.
③ 승낙이 있으면 그것에 구속된다는 의사를 나타낸 것이어야 한다.
④ 물품에 대한 명세(Description), 수량(Quantity), 가격(Price)의 3가지 조건이 명확해야 한다.

> 🕐 **핵심포인트**
>
> **청약의 유인(Invitation to treat, Invitation to[of] offer)**
> 1. 의 의
>   청약의 유인이란 청약의 준비행위이며 계약체결의 예비적 교섭(Preliminary negotiation)으로서, 타인을 유인하여 자기에게 청약하도록 하는 행위를 말한다.
> 2. 효 력
>   유인된 자가 의사표시를 하여도 그 자체로 계약이 성립되지는 않으며, 다시 유인한 측으로부터 승낙의 표시가 있어야 비로소 계약이 성립된다.

3. 유 형

청약의 유인에 해당하는 것으로는 최종확인 조건부청약(Offer Subject to our final Confirmation, Sub-con Offer), 정찰제 상품진열, 권유장(Circular letter), 광고(Advertisement), 카탈로그(Catalogue), 경매(Auction), 견적서(Quotation), 견적송장(Pro forma Invoice) 등이 있다.

4. 청약과의 비교

청약은 청약자의 의도를 기준으로 상대방의 승낙과 동시에 자신의 의사표시에 구속되려는 의도인 경우에 해당되며, 청약의 유인은 상대방의 승낙만으로 구속되지 않고 청약자 자신의 확인에 의해 구속되려는 의도인 경우를 말한다. 특정인에 대한 경우는 통상 청약이며, 불특정 다수에 대한 경우는 청약의 유인일 때가 많다.

(3) 청약서의 기재사항

일반적으로 청약서에는 확정적(Firm) 또는 취소불능(Irrevocable)의 표시, 품명(Commodity), 수량(Quantity), 단가(Unit price), 규격(Specification), 대금결제 방법(Payment terms), 원산지(Origin), 청약의 유효기간(Validity of offer) 등이 기재된다.

(4) 청약의 효력 발생 시기

① 개요 : 일반적으로 의사표시의 효력발생 시기에 관한 이론으로는 발신주의(Mailbox Rule, Dispatch theory), 도달주의(Receipt theory) 및 요지(了知)주의(Acknowledgment theory) 등 크게 세 가지가 있다.

② 청약의 효력발생 시기 : 일반적으로 청약의 효력발생 시기로는 그 청약이 상대방에게 도달한 때에 그 효력이 발생한다는 도달주의를 채택하고 있다. 따라서 청약의 불착 및 연착에 의한 불이익은 청약자가 부담하게 된다.

(5) 청약의 방법

별도로 당사자 간에 정한 바가 없는 경우에는 특별한 방법이 필요치 않다. 구두(By word of mouth) 또는 서면(Writing), 행위(Act) 모두 가능하다.

(6) 청약의 유효기간(Validity of offer)

유효기간이란 청약에 대한 승낙이 유효하게 되는 기간으로서, Firm offer의 경우 유효기간이 명시(Stated, Fixed, Specified)되어 있는 것이 보통이며, Free offer의 경우 승낙의 유효기간이 명시되어 있지 않고 다만 관행상 '합리적 또는 상당한(Reasonable)' 기간 동안 유효한 것으로 본다.

(7) 청약의 효력소멸사유

청약의 효력은 다음과 같은 경우 소멸된다.

① 피청약자의 승낙(Acceptance)
② 피청약자의 거절(Rejection)
③ 반대청약(Counter offer)
④ 청약의 철회(Withdrawal)
⑤ 청약의 취소(Revocation)
⑥ 당사자의 사망(Death)
⑦ 시간(유효기간)의 경과(Lapse of time)

(8) 청약의 종류

① 발행자에 따른 분류

㉠ **매도청약(Selling offer)** : 매도인의 매도의사 표시를 거래조건과 함께 제시하는 청약으로서, 무역거래에서의 일반적인 청약은 매도청약이다.

㉡ **매수청약** : 매수인의 매입의사를 말하며, 매입주문서 등의 형식으로 이루어진다.

② 발행지에 따른 분류

㉠ **국내발행청약** : 거래상대국의 물품공급업자나 본사를 대리하여 국내에서 발행하는 청약서로서, 대외무역법에서 규정한 갑류무역대리업자가 발행하는 물품매도확약서가 이에 해당된다.

㉡ **국외발행청약** : 거래상대국의 물품공급업자나 제3자가 국외에서 발행하는 의사표시를 한 매도청약을 말한다.

③ 확정 유무에 따른 분류

㉠ **확정청약(Firm offer)** : 청약자가 청약의 내용에 대한 승낙의 유효기간(Validity)을 지정하고 그 기간 내에 피청약자의 승낙이 있으면 계약이행의무가 확정되는 청약으로서, 유효기간이 없더라도 확정적(Firm) 또는 취소불능(Irrevocable)이라는 표현이 있는 청약을 말한다. 확정청약을 발행하면 유효기간 내에 다른 곳에 청약을 내지 못하며, 내용의 변경(Amend) 및 취소(Revoke)가 불가능하다. 그러나 확정청약이라 할지라도 청약이 피청약자에게 도달하기 전 또는 청약의 도달과 동시에 청약자의 변경, 취소 또는 철회의 통지가 피청약자에게 도달한다면 청약자가 그 내용을 변경, 취소 또는 철회할 수 있다.

㉡ **불확정청약(Free offer)** : 확정적 또는 취소불능이라는 문구가 없는 경우로서, 피청약자가 승낙을 하기 전까지는 청약자가 일방적으로 청약의 내용을 임의로 변경, 취소 또는 철회할 수 있다.

④ 교차청약과 대응청약

㉠ **교차청약(Cross offer)** : 당사자들이 동일한 내용의 청약을 서로 행한 경우로서, 우리 민법은 인정하고 있지만 영미법에서는 인정하지 않고 있다.

㉡ **대응 또는 반대청약(Counter offer)** : 청약자의 청약에 대해 피청약자가 청약내용 중의 일부를 추가(Additions), 제한(Limitations) 또는 변경(Modifications)하여 새로운 조건을

제의해 오는 청약을 말한다. 이러한 반대청약은 원청약에 대한 거절임과 동시에 새로운 확정청약으로 간주되기 때문에 청약에 대한 반대청약으로는 계약이 성립되지 않는다.

⑤ 조건부청약(Conditional offer)

   ㉠ **최종확인 조건부청약**(Offer subject to our final confirmation, Sub-con offer) : 피청약자가 승낙했어도 청약자의 최종확인이 있어야만 계약이 성립된다는 조건의 청약이므로, 사실상 피청약자의 승낙이 청약에 해당하고 청약자의 확인이 승낙에 해당한다.

   ㉡ **재고잔류 조건부청약**(Offer subject to being unsold) : 피청약자의 승낙만으로는 계약이 성립되지 아니하고 당해 물품의 재고가 남아 있을 경우에 한하여 계약이 성립하는 조건부청약을 말하며, Seller's Market일 때만 가능하다.

   ㉢ **선착순매매 조건부청약**(Offer subject to prior sales) : 피청약자의 승낙만으로는 계약이 성립되지 아니하고 재고물량의 범위 내에서 청약의 우선순위에 따라 계약이 성립하는 조건부 청약을 말한다. 위의 재고잔류 조건부청약과 흡사하다.

   ㉣ **점검매매 조건부청약**(Offer on approval) : 청약자가 청약과 함께 견본을 보내면서 피청약자가 그 견본을 사용해 본 후 만족하면 승낙할 것을 조건으로 하는 청약으로서, 신제품이나 해외시장 개척시 자주 사용된다. 이 경우 흔히 피청약자의 대금지급을 승낙의 표시로 정하는 경우가 많다.

   ㉤ **반품허용 조건부청약**(Offer on sale or return) : 다량의 현품을 청약과 함께 송부하여 피청약자에게 판매하고 피청약자가 일정기간 판매한 후 남은 잔량은 반품할 수 있다는 조건으로 하는 청약으로서, 서적판매와 같은 위탁판매방식에서 이용된다.

   ㉥ **무확약청약**(Offer without engagement) : 시황 조건부청약(Offer subject to market fluctuation)이라고도 하는데, 청약서에 제시된 가격이 미확정적이어서 시세변동에 따라 변경될 수 있도록 조건을 붙인 청약을 말한다.

2   승낙(Acceptance)

(1) 의 의

승낙이란 청약자의 청약에 대해 피청약자가 계약성립을 목적으로 행하는 무조건적(Unqualified, Unconditional)이고 절대적(Absolute)인 의사표시를 말한다. 이러한 승낙으로 인해 비로소 계약이 성립하게 된다.

(2) 승낙의 요건

무역계약의 성립을 위한 유효한 승낙이 되기 위해서는 다음 요건을 갖추어야 한다.

① 승낙은 청약의 내용과 완전 일치해야 한다(Mirror image rule, 완전일치의 원칙 또는 경상의 원칙).

② 승낙의 내용은 절대적이고 무조건적이어야 한다.

③ 승낙은 약정된(Specified) 기간 내 또는 합리적인(Reasonable) 기간 내에 해야 한다.

④ 피청약자만이 승낙을 할 수 있다.

⑤ 승낙의 내용은 상대방에게 약정된 형식으로 통지되어야 한다.

(3) 승낙의 방법

① 의의 : 청약서에 승낙 방법이 지정되어 있는 경우에는 그 방법에 따르고, 지정되어 있지 아니한 경우에는 합리적인 방법으로 하면 된다. 여기서 합리적 방법이란 가능한 한 빠른 방법이나 적어도 청약시 이용한 방법으로 회답하는 것을 말한다.

② 청약에 대한 침묵 : 청약에 대해 피청약자가 적극적인 행위나 회신을 하지 않는 경우 이는 승낙의 통지가 없는 것이므로, 당사자 간 약정이 있지 않는 한 침묵(Silence)이나 부작위(Inactivity)는 그 자체로 승낙이 되지 못한다.

(4) 승낙의 효력발생

① 효력발생 시기

　㉠ 발신주의 : 피청약자가 승낙의 의사를 발송한 때 계약이 성립되는 것으로서, 우리나라를 비롯한 영미법에서는 격지자 간 거래시에 적용된다.

　㉡ 도달주의 : 피청약자의 승낙의 의사표시가 청약자에게 도달한 때에 계약이 성립하는 것으로서, 우리나라를 비롯한 영미법에서는 대화자 간 거래시에 적용된다.

　㉢ 요지주의 : 승낙의 의사표시가 물리적으로 청약자에게 도달할 뿐만 아니라 현실적으로 청약자가 그 내용을 인지할 때 계약이 성립하는 것을 말한다.

　㉣ 비엔나협약과 독일법 : 대화자, 격지자 구분 없이 도달주의를 채택하고 있다

② 계약의 성립 : 청약에 대한 승낙이 유효하게 되는 시점부터 계약은 성립하는 것으로 본다.

3 　주문과 주문승낙

(1) 개 요

청약은 매도인이 발행하는 매도청약(Selling offer)이 일반적이다. 이와는 달리 주문이란 매수인이 발행하는 것으로서, 이를 승낙하는 것을 주문승낙이라 한다.

(2) 주문(Order)

① 의의 : 주문은 매수인이 구매하려는 물품의 내역과 거래조건을 명기하여 구매의사를 밝히는 것으로서, 구매청약(Buying offer)과 동일한 성격을 지닌다.

② 주문서의 내용 : 일반적으로 주문의 내용에는 청약의 그것과 같이 무역계약의 각종 조건, 즉 품질, 수량, 가격, 포장, 결제조건들이 포함되어 있다.

③ 주문방법 : 주문의 방법으로는 서신주문(Letter order)과 전신주문(Cable order)의 두 가지 방법이 있다.

(3) 주문승낙(Acknowledgment)

    ① **의의** : 주문승낙이라 함은 매수인의 주문에 대해 매도인이 주문 내용을 확인하고 계약을 성립
      시키려는 의사표시를 말한다.

    ② **주문승낙의 방법** : 매수인의 주문에 대해 매도인이 이를 승낙할 의사가 있는 경우 보통 승낙의
      표시로써 판매확인서(Sale note)를 송부하는데, 이를 주문승낙서(Acknowledgment of Order)
      라고 한다.

04 무역계약의 체결

1 무역계약의 개념

(1) 의 의

    무역계약(Trade Contract)이란 국가 간에 이루어지는 일종의 물품매매계약으로서, 수출지의 매
    도인이 수입지의 매수인에게 약정품의 소유권을 양도하여 상품을 인도할 것을 약정하고 매수인은
    이를 영수하여 대금을 지급할 것을 약정하는 계약을 말한다.

(2) 무역계약의 법적 성격

    ① **합의계약**(낙성계약, Consensual contract) : 매도인의 청약에 대한 매수인의 승낙 또는 매수
      인의 주문에 대한 매도인의 주문승낙과 같이 매매 당사자 간의 합의만 있으면 계약이 성립된
      다. 즉, 물품의 점유 이전, 소유권 이전, 문서 작성 등이 계약성립의 요건이 되는 것은 아니다.

    ② **쌍무계약**(Bilateral contract) : 계약의 성립에 의해 즉시 계약 당사자가 상호 채무를 부담하는
      계약을 말한다. 즉, 매도인은 물품인도의무를 부담하고 매수인은 대금지급의무를 부담하는 것
      을 말한다.

    ③ **유상계약**(Remunerative contract) : 계약당사자가 서로 대가적 관계에 있는 급부를 목적으로
      하는 계약으로서, 매도인의 상품인도라는 급부에 대해 매수인의 대금지급이라는 반대급부를
      내용으로 한다.

    ④ **불요식계약**(Informal contract) : 요식에 의하지 아니하고, 문서나 구두에 의한 명시계약이나
      묵시계약으로도 계약이 성립될 수 있다. 이와 같이 무역계약에서는 계약을 매매 당사자의 자유
      의사에 맡겨 당사자 간의 합의를 최우선으로 존중하는 계약자유의 원칙(Principles of party
      autonomy)이 적용된다.

(3) 무역계약의 성립요건

무역계약은 청약과 승낙에 의하여 계약이 성립되지만, 이것이 법적 구속력을 갖기 위해서는 먼저 다음과 같은 성립요건을 갖추어야 한다.
① 당사자 간의 합의
② 날인증서 또는 약인(Consideration)의 존재
③ 합법성, 진정성, 강행성
④ 당사자의 행위능력
⑤ 법률적 효과의 의사표시 및 구속의 표시

> **TIP** 용어의 정의
>
> 약인(consideration) : 영미법상 무역계약이 성립하기 위한 요건으로서 약인의 존재를 요구하는 바, 약인이란 약속과 교환하여 약속자가 받는 권리, 이익, 편의 또는 약속을 받는 자가 부담하는 부작위, 불이익, 손실, 의무 또는 이러한 것들의 약속, 즉 대가의 상호교환을 말한다.

(4) 무역계약의 대상

① **개요** : 무역계약의 대상(목적물)은 물품(Goods), 즉 부동산, 무체동산 및 금전 등을 제외한 모든 순수동산인 유체동산을 말한다.
② **특정된(Ascertained) 현물(Existing Goods)** : 매도인이 현재 소유 또는 점유하고 있는 것으로서 계약의 대상으로 확정된 계약물품 자체를 의미한다.
③ **불특정된(Unascertained) 선물(Future Goods)** : 매도인이 나중에 제조 또는 취득할 불특정된 선물로서, 단지 종류, 품질, 명세 등으로만 정해지거나 인식되는 물품이다. 이러한 선물은 충당(Appropriation)을 통해 현물이 된다.

> **TIP** 용어의 정의
>
> 충당(Appropriation) : 계약에 제공될 물품을 결정하는 것으로서, 불확정한 상태의 물품을 확정 상태의 물품으로 소속시키는 행위를 말한다. 충당에는 무조건충당과 조건부충당이 있다.

(5) 무역계약의 종류

① **개별계약(Case by case contract)** : 개별계약은 거래가 성립될 때마다 매매 당사자가 거래조건에 합의하여 계약서를 작성하는 것을 말하며, 판매확인서(Sales Note), 구매주문서(Purchase order form), 청약 등이 해당한다.
② **포괄계약(Master contract)** : 동일 거래처와 장기적으로 거래할 경우, 포괄적인 사항을 약정한 기본계약을 체결해 놓고, 필요에 따라 주문에 의해서 물품을 인도해 주는 방식의 계약이다. 보통 일반거래조건협정서(Agreement on general terms and conditions)를 작성하여 교환한다.

③ **독점계약**(Exclusive contract)

　　㉠ 의의 : 특정품목의 거래에 있어서, 수출업자는 수입국의 지정 수입업자 이외에는 동일품목을 청약하지 않으며, 수입업자는 수출국의 다른 업자로부터는 동일품목을 취급하지 않겠다는 조건으로 맺어지는 독점판매계약을 말한다.

　　㉡ 의무 : 수출업자는 저렴한 가격으로 청약을 해야 하고, 수입지의 타 업자에게 해당 물품을 공급해서는 안 되며, 또한 물품의 품질 역시 보장해 주어야 한다. 수입업자는 해당물품을 최대한 판매해야 하고, 수출국의 타 업자의 동종물품을 취급해서는 안 되며, 연간 최소판매량을 보장해 주어야 한다.

(6) 무역계약의 문서화 방식

① **개요** : 무역계약은 전술한 바와 같이 일방 당사자의 청약과 상대방의 승낙에 의하여 유효하게 성립이 된다. 또한 무역계약은 본질적으로 불요식계약이므로 문서로 계약서를 작성하는 것이 계약성립의 요건은 아니다. 그러나 무역거래는 계약의 성립에서부터 그 이행에 이르기까지 상당한 시일이 요구되며 당사자 간의 오해를 피하고 후일의 분쟁을 대비해서라도 문서로 작성하는 것이 필요하다.

② **판매확인서 방식**(Sales note) : 매도인이 매도청약의 내용과 동일한 판매확인서를 2통 작성하여 서명한 후 매수인에게 발송하고, 매수인이 이에 대해 이의가 없으면 2통에 각각 서명하여 1통은 자신이 보관하고 다른 1통은 다시 매도인에게 발송하여 교부하는 방식을 말한다.

③ **구매주문서 방식**(Purchase order form) : 구매주문서 방식은 매수인이 규모가 크고 정기적으로 상품을 대량 구매하는 경우에, 주문서를 근거로 해서 구매주문서를 2통 작성하여 매도인에게 보내면, 매도인이 서명한 후 한 통은 보관하고 한 통은 매수인에게 다시 발송하여 보관하는 방식이다.

④ **Memorandum 방식** : 액수가 큰 계약이나 복잡한 계약의 경우에 당사자가 모여서 계약서(Sales contract)를 작성하는 방식을 말한다.

⑤ **Offer sheet 또는 Order sheet 방식** : 매도인이 발행한 Offer sheet에 그대로 매수인이 승낙의 서명을 하거나, 또는 매수인이 발행한 Order sheet에 매도인이 서명을 하는 방식이다.

(7) 일반거래조건협정서(Agreement on general terms and conditions, General agreement)

① **의의** : 무역계약은 불요식계약(Informal contract)으로서 그 형식에 구애받지 아니한다. 그러나 무역계약은 법률, 상관습 등이 서로 다른 당사자 간에 이루어지는 것이므로 오해와 분쟁을 피하기 위하여 문서로 하는 것이 보통이다. 그리고 일정한 문서에 거래의 일반적인 사항을 미리 정해 두고 거래 시마다 특수한 내용을 추가하거나 수정하는 방법으로 계약을 체결하는데, 이렇게 계약의 일반적인 사항을 미리 정해서 작성해 놓은 문서를 '일반거래조건협정서'라 한다.

② **작성 시기** : 일반거래조건협정서는 당사자 간 거래관계의 개설에 합의가 있은 후 또는 일방의 청약에 대하여 타방의 승낙이 있은 후에 작성되는 것이 보통이다.

③ **일반거래조건협정서의 내용** : 일반거래조건협정서에 포함되는 내용을 보면 크게 다음과 같다.

　㉠ **거래형태(Mode of business)에 관한 조건(Privity clause)** : 양당사자가 본인(Principal)으로서 계약에 참여하는지 또는 대리인(Agent)으로서 계약에 참여하는지를 명시한다.

　㉡ **계약의 성립(Formation of contract)에 관한 조건** : 청약(Offer)과 승낙(Acceptance)에 관한 내용이 명시된다.

　㉢ **계약의 이행(Performance of contract)에 관한 조건** : 선적(Shipment), 결제(Payment), 보험(Insurance) 등의 조건을 명시한다.

　㉣ **계약물품(Contracted goods)에 관한 조건** : 물품의 품질(Quality), 수량(Quantity), 가격(Price), 포장(Packing) 등의 사항을 명시한다.

　㉤ **분쟁해결(Settlement of claim)에 관한 조건** : 클레임의 제기와 처리, 그리고 중재(Arbitration)에 관한 사항을 명시한다.

(8) 무역계약에 관한 국제협약 및 법규

① **국제물품매매계약에 관한 UN협약**(United Nations Convention on Contracts for the International Sale of Goods : UNCCISG, Vienna Convention) : 무역계약의 성립과 매매에 관한 준거법 채택에 관한 불확실성을 해소하기 위하여 UN국제무역법위원회(United Nations Commission on International Trade Law : UNCITRAL)가 제정한 국제물품매매법의 통일을 위한 국제협약이다.

② **영국의 물품매매법**(Sale of goods act) : 물품매매에 관한 전통적인 준거법으로서 1893년에 처음 제정되었으며, 물품의 매매 및 그에 부수되는 사항에 관한 영국의 성문법이다. 이 법은 계약법의 일부분을 구성하는 것이기 때문에 불완전한 점에 관하여는 계약에 관한 관습법 및 판례에 의해 보충되고 있다.

③ **미국의 통일상법전**(UCC : Uniform Commercial Code) : 미국에서는 각 주(州)가 독립성을 갖고 있어 미 연방헌법 하에서 각 주가 원칙적으로 사법(私法) 영역상의 입법관할권을 갖는다. 그러나 거래에 있어 신속과 안전을 꾀하기 위해서는 각 주(州)가 다른 계약법을 갖지 않고 표준 법전을 제정하는 것이 필요한바, 이것을 각 주가 채택한 방법에 따라 작성한 것이 미국 통일상법전이다. 흔히 UCC라고 약칭된다.

2 무역계약의 제 조건

(1) 개 요

무역계약서에 포함되는 제 조건 중에서 계약서에 반드시 포함하거나 문서화해야 할 거래조건을 무역계약의 기본조건이라 하며, 품질조건, 수량조건, 가격조건, 결제조건, 선적조건, 보험조건 및 중재조건 등이 여기에 속한다.

(2) 품질조건(Quality terms)

① 의의 : 무역계약에서 품질은 거래 당사자 간에 매우 중요한 약정조건 중의 하나로서, 품질결정의 방법, 품질결정의 시기, 품질의 증명방법 등을 명확히 약정해야 품질로 인한 분쟁을 사전에 방지하고 사후에 효과적으로 해결할 수 있다.

② 품질결정 방법

ㄱ 견본매매(Sale by sample) : 견본매매란 매매의 당사자가 제시한 견본과 같은 품질의 물품을 인도하도록 약정하는 것을 말한다. 이러한 견본매매는 무역거래에서 가장 널리 이용되고 있는 방법이다.

> **핵심포인트**
>
> **견본(Sample)의 종류**
>
> 1. 매도인 견본(Seller's sample)
>   실제 매매될 물품의 일부를 취하여 그 전부의 품질을 대표하고, 장차 매수인이 수령할 물품의 품질을 알리기 위하여 매도인이 송부하는 견본이다.
> 2. 매수인 견본(Buyer's sample)
>   매수인이 주문품의 품질을 확인시키기 위해 매도인에게 송부하는 견본으로서, 이는 품질의 기준을 약정하기 위한 원견본(Original sample)이 된다.
> 3. 반대견본(Counter sample, Similar sample)
>   매수인의 견본(Original sample)에 대해 매도인이 제조하여 보내는 견본을 반대견본(Counter sample)이라고 하며, 후일의 분쟁을 피하기 위하여 반드시 반대견본을 3개 이상 만들어서 하나는 매수인에게 송부하고, 하나는 자사보관용으로, 나머지 하나는 제조업자 또는 공장용으로 하여야 한다. 이때 자사보관용의 견본을 비치견본(File sample, Keep sample, Duplicate sample)이라 하며, 제조업자에게 보내는 견본을 제3견본(Triplicate sample)이라 한다.
> 4. 선적견본(Shipping sample, Advance sample)
>   만일 매수인의 요청에 의하여 생산 완료된 물품이 선적품과 동일한 품질의 것임을 알리기 위하여 실제로 선적될 물품 중에서 그 일부를 미리 견본으로 보내는 경우, 이를 선적견본이라고 한다.

ㄴ 표준품매매(Sale by standard) : 수확 예정인 농수산물이나 광물과 같은 1차산품의 경우에는, 공산품과는 달리 일정한 규격이 없기 때문에 특정 연도와 계절의 표준품을 기준으로 등급을 정하여 거래하게 된다. 여기서 표준품(Standard)이란 동종이질상품의 품질을 대표하는 상품의 소량을 말한다. 표준품매매에는 다음 세 가지가 있다.

ⓐ 평균중등품질(F.A.Q. : Fair Average Quality)조건 : 당해 연도, 당해 지역에서 생산되는 동종물품 가운데 중등품질의 것을 인도하기로 약정하는 품질조건을 말하며, 곡물거래와 선물거래시 주로 이용된다.

ⓑ **판매적격품질(G.M.Q. : Good Merchantable Quality)조건** : 표준품이 제시되더라도 내부 부패나 잠재 하자가 외관상 확인되기 어려운 경우 주로 쓰이는 방식으로서, 판매에 적합한 품질이 보장되어야 한다는 조건이다. 목재나 냉동 어류 등의 거래에 많이 쓰인다.

ⓒ **보통품질(U.S.Q. : Usual Standard Quality)조건** : 공인검사기관 또는 공인표준기준에 의한 보통품의 품질을 표준품의 품질로 결정하는 조건으로서, 원면의 품질결정에 사용된다.

ⓒ **상표매매(Sale by brand)** : 특정물품의 품명이 널리 알려진 경우 견본을 제시하지 않고도 상표(Trade mark)나 통명(Brand : 通名)에 의해 매매되는 것을 말한다.

ⓔ **규격매매(Sale by grade or type)** : 상품의 규격이 국제적으로 통일되어 있거나 수출국의 공적 규정으로 특정되어 있는 경우 그 규격에 의해 물품을 결정하는 방법으로서, 대표적인 규격의 예로는 ISO(International Standardization Organization), KS(Korean Standard) 등이 있다.

ⓜ **명세서매매(Sale by description)** : 대형기계류 등의 거래시에 그 물품의 구조나 성능 등에 대해 상세히 알려 주는 설명서(Description), 명세서(Specification), 설계도(Plan) 또는 청사진(Blueprint)을 첨부하여 품질조건을 약정하는 방법을 말한다.

ⓗ **점검매매(Sale by inspection)** : 매수인이 현품을 직접 확인한 후 매매계약을 체결하는 품질결정방식을 말한다. 이러한 방법은 BWT(Bonded Warehouse Transaction) 거래, COD (Cash on Delivery) 거래 등에서 활용되고 있으며, 점검매매 조건부청약(Offer on approval) 역시 점검매매 방식의 한 예이다.

③ **품질결정 시기** : 국제 간 거래는 장거리에 걸쳐 운송해야 하는 특성 때문에 적재시와 양륙시 물품의 변질이나 손상 등에 의해 품질의 차이가 생길 수 있다. 따라서 어느 시점의 품질을 기준으로 할 것인가의 결정은 사후 분쟁 방지를 위한 중요한 사항이 된다. 품질결정 시기는 물품의 적재, 양륙 시기에 따라 선적품질조건과 양륙품질조건으로 구분된다.

㉠ **선적품질조건(Shipped quality terms)** : 선적품질조건이란 인도 물품의 품질이 약정한 물품과 일치하는가의 여부를 선적완료시점을 기준으로 품질을 결정하는 조건을 말한다. 선적 이후에 발생하는 물품의 변질과 손상에 대해서는 매도인이 책임을 지지 않는다.
Incoterms 2020 중 E, F, C-Group조건, 표준품매매의 FAQ조건, 곡물의 경우 후술할 T.Q.조건이 이에 해당하며, S.D.조건도 원칙적으로 선적품질조건으로 간주된다.

㉡ **양륙품질조건(Landed quality terms)** : 양륙품질조건이란 인도 상품의 품질이 계약 품질과 일치하는가의 여부를 도착지의 양륙시점 품질에 의해 결정하는 방법이다. Incoterms 2020 중 D-Group 조건과 표준품매매의 GMQ 조건, 곡물거래시 R.T.조건이 여기에 해당된다.

㉢ **곡물의 품질결정시기**

ⓐ **T.Q.(Tale Quale)** : 선적품질조건의 일종으로서, 수출자는 약정한 물품의 품질을 선적시까지만 책임을 지는 조건이다. T.Q.(Tale Quale)의 의미는 'Such as it is' 또는 'Just as they come'이다.

ⓑ R.T.(Rye Terms) : 양륙품질조건의 일종으로서, 수출자는 약정한 물품의 품질을 양륙시까지 책임을 지는 조건이다. 이 조건은 원래 호밀(Rye) 거래에 주로 사용되었다고 해서 붙여진 이름이다.

ⓒ S.D.(Sea Damaged) : 원칙적으로는 선적품질조건이나 해상운송 중에 발생한 해수에 의한 품질 손해에 한해서 매도인이 부담하는 조건이다.

④ **품질증명 방법** : 약정물품에 대한 품질검사는 당사자의 협의에 의하지만, 원칙적으로 품질에 대한 입증책임을 선적품질조건의 경우에는 매도인이, 양륙품질조건의 경우에는 매수인이 진다. 품질의 입증은 전문감정인(Surveyor)의 감정보고서(Certificate of Quality or Surveyor's Report)에 의하는 것이 좋다.

(3) **수량조건**(Quantity Terms)

① **의의** : 격지자 간 거래에서는 거래 당사자 간에 수량의 단위, 수량결정 시기, 과부족용인조건 등 수량조건에 대해 명확히 약정해야 분쟁을 방지할 수 있다.

② **수량의 단위**

㉠ **의의** : 수량은 중량(Weight), 용적(Measurement), 개수(Piece, Dozen), 길이(Length), 포장(Package) 등으로 표시하는데, 개체물품이나 단위수량물품의 경우에는 구체적 수량을 약정하면 된다.

㉡ **중량**(Weight) : 중량을 나타내는 단위로는 kg, lb(pound), Ton 등을 사용하는데, Ton의 종류에는 다음과 같이 세 가지가 있다.

ⓐ Long Ton(English Ton or Gross Ton) : 2,240 lbs=1,016kg

ⓑ Metric Ton(French Ton or Kilo Ton) : 2,204 lbs=1,000kg

ⓒ Short Ton(American Ton or Net Ton) : 2,000 lbs=907.2kg

> **TIP** 용어의 정의
>
> Revenue(freight) Ton(운임톤) : 해상운임의 산정시 중량톤과 용적톤이 모호하거나 경합될 경우 적용되는데, 선사에서는 보통 둘 중에 더 높은 운임을 부과한다. 이를 운임톤이라 한다.

㉢ **용적**(Measurement) : 부피

목재와 같은 물품에는 수량단위로서 Cubic Meter(CBM or M3), Cubic Feet(CFT), Super Feet(S.F. : 1 square feet × 1 inch) 등을 사용하며, 액량의 경우에는 다음과 같은 단위를 사용한다.

ⓐ 1 barrel=31.5 gallon(미국) or 36 gallon(영국)

ⓑ 석유 1 barrel=42 gallon(미국) or 35 gallon(영국)

ⓒ 1 gallon=3.785 liters(미국 : U.S. gallon, American gallon, wine gallon) or 4.546 liters(영국 : imperial gallon)=4 quarts

ⓓ 1 quarts=1/4 gallon=2 pints=0.95 liter(미국) or 1.14 liter(영국)

ⓔ 1 liter＝0.264 gallon(미국) or 1,000cm^3

ⓕ 1 pint＝0.47 liter(미국) or 0.57 liter(영국)

ⓔ **개수(Piece, Dozen)** : 일반 물품의 경우 개수를 나타내는 단위로는 1개(piece), 1대(set) 등을 사용하며, 연필이나 양말 등의 물품은 1다스(dozen : 12 pieces)를 사용한다.

　ⓐ 1 Small Gross＝10 dozen＝12×10＝120 PCs

　ⓑ 1 Gross＝12 dozen＝12×12＝144 PCs

　ⓒ 1 Great Gross＝12 Gross＝12×12×12＝1,728 PCs

ⓜ **길이(Length)** : 길이의 경우 meter, inch, feet, yard 등을 단위로 사용한다.

　ⓐ 1 inch＝2.54cm

　ⓑ 1 feet＝30.48cm

　ⓒ 1 yard＝91.438cm

ⓗ **포장(Package)** : 비료, 밀가루, 면화와 같은 물품은 그 거래단위로서 상자(Case), 곤포(Bale), 포대(Bag), 묶음(Bundle) 등을 사용한다.

ⓢ **컨테이너의 수량단위** : 컨테이너의 경우 FEU(Forty Feet Equivalent Unit) 또는 TEU(Twenty Feet Equivalent Unit)를 사용한다.

③ **수량의 표현방법**

㉠ **의의** : 포장단위상품(Packing Unit)이나 개체물품(Individual Items)의 경우에는 수치와 수량단위만 정확히 표시해 선적하면 약정수량과 인도수량의 오차 없이 인도가 가능하다. 그러나 농수산물이나 광물자원 등과 같은 살물(Bulk Cargo)은 비포장 상태의 거래 물품으로서 정확한 수량 표현이 현실적으로 불가능하다. 따라서 계약서상에 미리 과부족용인약관(More or Less clause) 또는 개산수량(Approximate quantity)조건을 삽입하여 후일의 분쟁을 피하게 된다.

㉡ **과부족용인약관(M/L Clause)**

　ⓐ **의의** : 계약서상에 일정한 수량의 과부족 한도를 설정해 두고 그 범위 내에서 상품이 인도되면 계약의 불이행으로 보지 않고 클레임을 제기하지 않도록 하는 수량표현 방법을 말한다.

　ⓑ **신용장 방식의 거래시 과부족용인조항** : 신용장 방식의 거래시에는, 신용장 상에 수량의 과부족(Tolerance)에 대한 별도의 합의가 있으면 그대로 적용이 되고, 혹 따로 과부족 범위를 설정하지 않았다 해도 살물(Bulk cargo)의 경우라면 신용장 금액을 초과하지 않는 범위 내에서 수량의 5%의 과부족을 자동적으로 인정하게 된다. 다만 신용장의 조건이 명시적으로 과부족의 금지를 요구하는 경우에는 그러하지 아니하다.

　ⓒ **무신용장 방식의 거래시 과부족용인조항** : 무신용장 방식 거래에서는 과부족용인조항이 없는 경우 자동적으로 과부족을 허용하는 것이 아니므로, 계약서상에 다음과 같이 약정하는 것이 바람직하다.

ⓒ 개산수량(Approximate quantity)조건 : 과부족용인약관의 설정 없이 신용장에 표시된 금액, 수량, 단가와 관련하여 사용하는 About 및 Approximately와 같은 표현은 해당 금액, 수량, 단가의 10% 과부족을 허용하는 것으로 해석한다.

④ 정산기준가격 : 과부족용인약관이나 개산수량조건에 의해 수량을 표시할 경우 과부족 분에 대해 정산(Adjustment)이 필요하다. 그러므로 매매계약시 계약가격(Contract Price), 선적일 가격(Day-of-shipment price) 또는 도착일 가격(Day-of-arrival Price) 중 하나를 선택해 표시해 두는 것이 분쟁 해결에 유리하다. 특별한 약정이 없는 경우에는 계약체결시의 가격으로 정산하는 것이 일반적이다.

⑤ 수량결정시기

  ㉠ 의의 : 품질조건과 마찬가지로 수량의 결정시기 역시 선적수량조건과 양륙수량조건으로 나뉜다.

  ㉡ 선적수량조건(Shipped quantity terms) : 선적시의 검량 결과에 따라 계약이행 여부를 판정하는 조건으로서, 운송 도중의 감량에 대해서는 매도인이 책임을 부담하지 않는다. FOB 조건이나 CIF 조건을 이용한 거래에서 주로 이용된다.

  ㉢ 양륙수량조건(Landed quantity terms) : 목적항에서의 양륙시 검량 결과에 따라 계약이행 여부를 판정하는 조건으로 Incoterms 2020의 조건 중 D 조건에 의한 거래시 주로 사용된다.

⑥ 계량의 방법

  ㉠ 의의 : 상품의 수량 가운데서도 특히 중량에 있어서 그 계측의 문제는 매우 중요하다. 계측 방법은 포장의 포함 여부에 따라 다음과 같이 나뉜다.

  ㉡ 종 류

    ⓐ 총중량(Gross weight)조건 : 개체상품포장, 내포장 및 외포장의 무게를 모두 포함하는 조건으로서, 일부 액체 물품이나 밀가루 등의 특수물품에만 적용된다.

    ⓑ 순중량(Net weight, Half gross weight)조건 : 총중량조건에서 외포장을 제외한 중량으로 계량하는 방법을 말하며, 가장 보편적으로 사용되는 계량조건이다.

    ⓒ 정미중량(Net net weight)조건 : 총중량에서 외포장과 내포장 및 충전물을 제외한 중량으로서, 상품 자체의 순수중량만을 인정하는 조건을 말한다.

3 가격조건(Price terms)

(1) 의 의

가격조건(Price terms)이란 가격 제시와 관련된 수출입 요소비용의 부담, 귀속을 나타내는 여러 가지 비용적 요소를 말한다. 가격조건을 약정할 때에는 매매가격의 산출근거, 매매가격의 구성요소 및 매매가격의 표시통화 등을 고려하여야 한다.

(2) 매매가격의 산출근거

매매가격은 계약물품의 인도장소와 매도인의 비용부담 범위에 따라 결정되며, 또한 이에 따라 위험과 소유권의 이전 시점이 확정되는데, 실제 거래에서는 국제적으로 무역거래 관습으로부터 형성된 정형거래조건(Trade terms)에 의하여 매매가격이 산출되고 있으며, 가장 대표적인 정형거래조건에 관한 국제규칙이 바로 INCOTERMS이다.

(3) 매매가격의 구성요소

가격조건	가격 구성요소	비 고
FOB조건원가	1. 제조원가(Manufacturing cost) 2. 수출포장비(Export packing charge) 3. 물품검사비(Inspection fees) 4. 수출허가 등 제세공과금(Export license, Duties and taxes) 5. 통신비 및 잡비(Communication charge)	생산원가
	6. 국내운송비(Inland transport charge) 7. 국내운송보험료(Inland transport insurance) 8. 선적비용(Shipping charge), 부두사용료(Wharfage), 창고료(Storage) 9. 수출통관비용(Export clearance fees) 10. 검수·검량비(Measuring and/or Weighing charge)	운송비
	11. 금리(Interest) 12. 은행수수료(Banking charge and Commission)	금융비
	13. 예상이익(Expected profit)	예상이익(Margin)
CFR조건원가	14. 해상운임(Ocean freight)	해상운송비 추가
CIF조건원가	15. 해상보험료(Marine insurance premium)	해상보험료 추가

(4) 매매가격의 표시통화

각 국가는 고유의 통화를 사용하기 때문에 무역거래에 있어서 결제를 어떤 통화로 할 것인지에 대한 약정은 반드시 필요하다. 환율의 변동에 따르는 환위험을 회피하기 위해서 거래통화는 안정성과 교환성 및 유동성이 있어야 할 것이다.

4 포장조건(Packing Terms)

(1) 의 의

포장이란 수출입물품의 운송, 하역, 보관, 진열 및 매매에 있어서 그 물품의 내용 및 외형을 보호하고 상품으로서의 가치를 유지하기 위해서, 산물을 제외한 모든 물품에 대하여 적절한 재료나 용기로 둘러싸는 기술적인 작업 및 상태를 말한다. 포장은 개장, 내장, 외장으로 구분된다.

(2) 포장의 종류

① **개장**(낱포장, Unitary packing) : 물품 개개에 대한 소포장으로 내용물을 보호하거나 상품의 판매를 돕기 위하여 적합한 재료와 용기로 포장하는 것으로서, 최종적으로 소비자와 거래되는 상품단위의 포장이다.

② **내장**(속포장, Inner packing) : 포장상품의 내부포장으로서, 내용물의 운송, 보관, 판매 중의 손상을 방지하기 위하여 적절한 재료와 용기로 포장한 것을 말한다.

③ **외장**(겉포장, Outer packing) : 포장상품의 외부포장으로서, 운송 중의 파손, 변질, 도난, 분실 등을 방지하기 위해 포장하는 것을 말한다.

(3) 화인(Shipping mark, Cargo mark)

① **의의** : 화인이란 화물의 분류를 용이하게 하고 취급시 주의사항을 나타내기 위하여 화물의 외장에 표시하는 기호, 목적지, 주의문구, 번호 등을 말한다.

② **화인내용**

　㉠ **주화인**(Main mark) : 주화인은 다른 화물과의 식별을 용이하게 하기 위하여 일정한 기호로써 보통 외면에 삼각형, 다이아몬드형, 마름모, 타원형 등의 표시를 하고 그 안에 상호의 약자 등을 기재한다.

　㉡ **부화인**(Counter mark) : 주화인만으로 다른 화물과의 구별이 어려울 때 주화인 아래에 생산자 또는 공급자의 약자를 표시하는 것을 말한다.

　㉢ **화번**(Case number) : 포장물이 다수인 경우 매 포장마다 고유번호 또는 총 개수 중에서 몇 번째임을 표시하는 것을 말한다.

　㉣ **도착항표시**(Port mark) : 선적·양륙 작업을 용이하게 하고 화물이 잘못 배송되는 일이 없도록 목적지의 항구를 표시한 것이다.

　㉤ **중량표시**(Weight mark) : 주로 화물의 순중량(Net weight)과 총중량(Gross weight)을 표시한다.

　㉥ **원산지표시**(Country of origin mark) : 당해 화물의 원산지국을 표시한다.

　㉦ **주의표시**(Care mark, Side mark) : 화물의 운송 또는 보관시에 취급상 주의사항을 표시하는 것인데, 보통 포장의 측면에 표시하기 때문에 Side mark라 부르기도 한다. 이러한 주의표시에는 KEEP DRY, NO HOOK, WITH CARE, OPEN HERE, THIS SIDE UP, FRAGILE 등이 있다.

　㉧ **기타 표시** : 이밖에 화인에는 주문표시(지시표시 : Attention mark), 품질표시(Quality mark) 등이 표기되기도 한다.

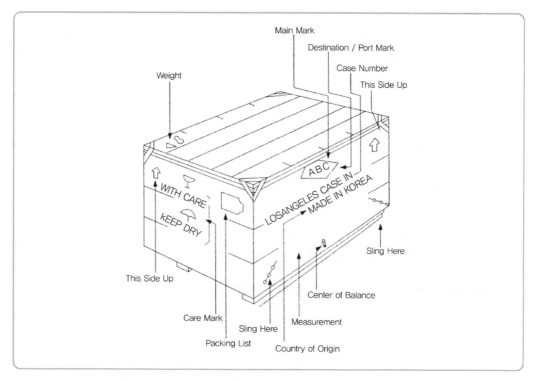

《 화인 》

---

5 선적조건(Shipment terms)

(1) 의 의

선적조건이란 매도인이 물품인도의무를 이행하기 위해 지정된 선적항에서 지정선박에 물품을 적재하거나 운송인 등에 인도하는 것과 관련하여 선적시기, 선적장소, 인도방법 등을 정한 조건을 말한다.

(2) 선적(Shipment)의 의미

선적(Shipment)이란 개념은 본선적재(Loading on board)뿐 아니라 발송(Dispatch), 운송을 위한 인수(Accepted for carriage), 우편수취(Post receipt), 수집(Pick-up) 및 수탁(Taking in charge)의 개념을 포함하는 것으로 이해되어야 한다.

(3) 선적시기

① 의의 : 선적시기를 약정하는 방법으로는 선적의 기간이나 최종선적기한을 정하는 특정조건(Specific terms)과 막연하게 조속히 선적하라는 즉시선적조건(General terms)으로 구별해 볼 수 있다.

② 특정조건

　　㉠ 의의 : 선적시기를 일정한 기간으로 하거나 특정기일까지로 약정하는 방법을 말한다.

　　㉡ 단월조건 : March Shipment – 3월 중 선적 가능

　　㉢ 연월조건 : March/April(March to April) Shipment – 3월부터 4월까지 선적 가능

　　㉣ 특정일 이전 선적조건(최종선적일 표시) : Shipment shall be made before May 15, 2017.
　　　– 2017년 5월 15일 이전에 선적

　　㉤ 특정일 이후 특정기간 선적 : Within 60 days after receipt of L/C – 신용장 수령 후 60일
　　　이내 선적

③ 즉시선적조건 : 선적시기를 명확하게 약정하지 않고 막연하게, 즉시 또는 조속히 선적하도록
요구하는 조건을 말한다. 이러한 즉시선적조건은 보통 Immediately, Promptly, Quickly, As
soon as possible, At once, Without delay 등의 용어를 사용하는데, 신용장통일규칙에서는
이러한 용어들이 사용된 경우 이를 무시하도록 하고 있다.

(4) 신용장통일규칙(UCP 600)에서의 일자 해석기준

① on or about의 해석 : on or about은 '당해 일자 또는 그때쯤'이라는 뜻으로서, 초일 및 종료일
을 포함하여 당해 일자의 5일 전부터 5일 후까지의 기간을 의미한다.

② 일자 용어(Date terminology)의 해석

　　㉠ to, until, till, from 및 between이 선적기간을 결정하기 위하여 사용되는 경우에는 언급
　　　된 일자를 포함하여 계산한다.

　　㉡ before 및 after가 선적기간을 결정하기 위하여 사용되는 경우에는 언급된 일자를 제외한다.

　　㉢ from 및 after가 환어음의 만기일을 결정하기 위하여 사용된 경우에는 언급된 일자를 제외
　　　한다.

　　㉣ first half, second half는 각각 해당 월의 1일부터 15일까지, 16일부터 말일까지로 해석되
　　　며, 양쪽 일자가 포함된다.

　　㉤ beginning, middle, end는 각각 해당 월의 1일부터 10일까지, 11일부터 20일까지, 21일부
　　　터 말일까지로 해석되며, 양쪽 일자가 포함된다.

> **핵심포인트**
>
> **ETD와 ETA**
> 해상운송은 그 운송기간이 장기간이며 운송 중에 수많은 변수가 있기 때문에 출발일이나 도착
> 일을 정확히 예견하기가 곤란하다. 따라서 대부분 실무에서는 출발일이나 도착일을 거론할 때
> ETD(Estimated Time of Departure, 출발예정일) 및 ETA(Estimated Time of Arrival, 도착
> 예정일)라는 용어를 사용한다.

(5) 선적방법

① 분할선적(Partial shipment)

- ㉠ **의의** : 분할선적이란 계약물품을 여러 번으로 나누어 시간적 간격을 두고 선적하는 것을 말한다. 한 계약분에 대한 분할선적 및 분할의 횟수는 특약이 없는 한 매도인의 임의이다.
- ㉡ **신용장통일규칙의 규정** : 신용장상에 분할선적에 대한 Partial shipments are prohibited와 같은 명시적인 금지 약정이 없는 한 분할선적은 허용되는 것으로 간주한다. 또한 물품의 집하 장소가 상이하여 수회에 걸쳐 다른 항구에서 선적함으로써 발행일자와 발행장소가 상이한 선하증권이 발행된 경우, 당 선하증권이 동일 항로, 동일 선박 및 동일 목적지를 나타내고 있는 경우에는 분할선적으로 간주되지 않는다.

② 할부선적(Installment shipment)

- ㉠ **의의** : 할부선적이란 계약물품을 매매계약에 따라 일정기간마다 일정분량별로 나누어서 선적하는 것을 말한다.
- ㉡ **신용장통일규칙의 규정** : 신용장에 일정 기간과 일정 수량을 지정한 할부선적을 규정하고 있는 경우에는, 각 할부 분을 일괄하여 선적하거나 몇 회분씩 한꺼번에 선적하는 등 그 기간과 수량을 위반하여서는 안 된다. 만약 신용장의 수익자가 할부 분마다 지정된 기간과 수량을 위반하여 선적한 경우, 신용장은 그 위반된 할부 분과 이후 모든 할부 분에 대하여 효력을 상실한다.

(6) 환적(Transshipment)

① 의의 : 환적이란 선적항에서 선적된 화물을 목적지로 가는 도중에 다른 선박이나 운송기관에 이적시키는 것을 말한다. 보통 환적을 위한 적재, 하역 작업 중에는 물품의 손상 우려가 크기 때문에 Transshipment prohibited라는 문구를 계약서에 삽입하게 된다.

② 신용장통일규칙의 규정

- ㉠ 신용장에서 환적을 금지하지 않는 한, 은행은 동일 및 단일(One and the same)의 선하증권으로 전 해상운송이 포괄될 경우, 물품이 환적될 것이라는 표시가 있는 선하증권을 수리한다.
- ㉡ 비록 신용장에서 환적을 금지한다고 해도, 은행은 전체 해상운송 구간이 하나의 동일한 선하증권으로 포괄될 때 관련화물이 컨테이너, 트레일러 및 래시선 등에 적재되었다는 표시가 있거나, 운송인에게 환적할 권리를 유보(The carrier reserves the right to transship)한다고 명시한 조항을 표시하고 있는 선하증권을 수리한다.

(7) 직항선적(Direct shipment)

직항선적(Direct shipment)이란 운송 도중에 다른 항구에 기항하지 않고 목적항으로 최단거리의 항로를 항해해서 물품을 도착시키는 선적조건을 말한다. 이는 곧 환적금지의 의미를 내포하고 있는 셈이다. 따라서 계약서 등에서 직항선적을 약정한 경우, 타 지역을 경유하는 항로에 선적하거나 환적을 전제로 한 선박에 적재하는 것은 계약위반이 된다.

(8) 선적지연과 선적일의 증명

① 선적지연(Delayed shipment)

　㉠ 의의 : 선적지연이란 매도인이 약정된 기한 내에 선적을 이행하지 않는 경우를 말한다.

　㉡ **선적지연에 대한 매도인의 책임(Responsibility)과 면책(Disclosure)** : 매도인의 고의, 과실에 의한 선적지연은 계약 위반이므로 매도인이 책임을 져야 하지만, 천재지변, 전쟁, 동맹파업 기타 불가항력(Force majeure)적인 사유로 인한 선적지연의 경우 매도인은 면책된다. 다만, 불가항력적 사건의 발생 또는 존재에 관한 입증책임은 매도인에게 있다.

② 선적일(Date of shipment)의 증명

　㉠ 의의 : 약정 기간 내에 선적이 완료되었음을 매도인 측에서 증명하는 것을 선적일의 증명이라 한다.

　㉡ **선적일의 증명** : 일반적으로 운송서류의 발행일(Date of issuance)을 선적일자로 보는 것이 관례이다. 그러나 수취 선하증권(Received B/L)이나 선적을 위해 화물을 수취(Received for shipment)했다는 표시가 있는 운송서류의 경우에는 운송서류의 발행일자가 아닌 본선적재부기(On board notation)상의 날짜를 선적일자로 본다.

6　결제조건(Payment terms)

(1) 의 의

무역거래는 매도인의 물품인도와 매수인의 대금결제로 계약이 이행되므로 결제조건은 선적조건과 함께 무역조건 중의 핵심사항이다. 결제조건에서는 대금결제 방식, 대금결제 시기, 대금결제 수단 및 대금결제 통화 등에 대해서 약정해야 한다.

(2) 대금결제 방식

① **신용장방식(Letter of credit basis)** : 신용장(Letter of Credit, L/C)이란 수입상의 신용을 확실한 은행의 신용으로 대체한 증서로서, 개설은행(Issuing bank)의 조건부 지급확약(Conditional undertaking)을 약정하는 증서이다. 개설은행은 신용장의 조건과 일치하는 서류와 상환으로 수익자(Beneficiary) 또는 수익자가 지시하는 제3자에게 신용장의 대금을 지급한다. 이는 무역대금 결제에 있어 은행이 가장 깊숙이 개입한 형태이다.

② **추심(推尋)결제방식(Collection basis)** : 수출자가 환어음(Bill of exchange, Draft)을 발행하여 선적서류를 첨부한 후 추심은행(Collecting bank)을 통해 수입자에게 제시하여 물품대금을 지급받거나 환어음의 인수(Acceptance)를 요구하는 결제방식이다. 신용장을 개설하지 않고 수출자가 수입자에게 신용을 제공하는 셈이며, 은행은 신용장 거래에서와 같은 대금의 지급 및 어음의 인수 등의 책임이 없다. 추심방식에는 지급인도조건(Documents against Payment, D/P)과 인수인도조건(Documents against Acceptance, D/A)이 있다.

③ **송금결제방식**(Remittance basis) : 송금결제방식이란 수출입 대금의 전액을 외화로 결제하는 방식을 말한다. 이 방식은 환어음을 사용하지 않고 관련서류도 직접 송부하므로 은행수수료 등의 비용을 절감할 수 있는 장점이 있다. 이 방식에서 은행은 단순한 송금창구 역할만을 하게 되며, 계정이체를 통한 송금 및 수표들을 통한 대금의 수취가 간편하다. 사전[단순] 송금방식과 사후[대금교환도] 송금방식으로 분류된다.

④ **팩터링방식**(Factoring basis) : 팩터링(Factoring)이란 물품의 수출에 의해 발생하는 수출업자(Supplier or client)의 외상매출채권(Account receivable)을 팩터링회사(Factor)가 인수하고, 수출업자를 대신하여 수입업자(Customer or debtor)에 관한 신용조사 및 신용위험의 인수, 매출채권의 기일 관리 및 대금의 회수, 금융의 제공, 기타 회계처리 등의 업무를 대행하는 금융서비스를 말한다. 팩터링은 전 세계 팩터의 회원 망을 통해 수입상의 신용을 바탕으로 이루어지는 무신용장 방식의 새로운 무역거래 방법이며, 기존의 신용장에 의한 거래에 비해 매우 간편한 방식이다.

⑤ **포피팅결제방식**(Forfaiting basis) : 무역거래에서 대금결제의 한 수단으로 사용되는 포피팅(Forfaiting)결제방식은 현금을 대가로 채권을 포기 또는 양도한다는 뜻으로, 무역거래 내에서 수출업자가 발행한 환어음이나 약속어음을 소구권 없이(Without recourse) 할인, 매입하여 신용판매를 현찰판매로 환원시키는 금융기법을 말한다.

⑥ **청산결제방식**(Open account, Current account) : 청산결제방식이란 서로 거래가 빈번한 회사끼리 매 거래마다 대금을 결제하지 않고, 장부상으로만 상쇄시키고 일정기간마다 한 번씩 차액을 청산하여 결제하는 방식이다.

(3) 대금결제 시기

① **의의** : 대금결제 시기는 물품의 인도와 대금결제 간의 시점에 따라서 선지급, 동시지급 및 후지급으로 나누어 볼 수 있다. 그러나 세 가지를 혼합한 방식도 사용되고 있다.

② **선지급**(Advanced payment)**조건** : 선지급조건에는 주문불 방식이라 불리우는 CWO(Cash With Order)방식과 단순송금방식, 그리고 전대신용장(Packing L/C, Red Clause L/C)을 이용하여 선수금을 지급받게 되는 전대신용장 방식이 있다.

③ **동시지급**(Concurrent payment)**조건** : 동시지급이란 물품 또는 물품을 화체(貨體)한 선적서류의 인도와 동시에 대금이 지급되는 결제 조건을 말한다. 송금방식 중 COD(Cash On Delivery, 현물상환지급) 방식과 CAD(Cash Against Documents, 선적서류상환지급) 방식이 여기에 속하며, 추심결제 방식 중에서는 D/P(Documents against Payment, 지급인도조건) 방식이 해당된다. 또한 일람출급환어음(Sight draft)을 요구하는 일람출급신용장(At sight L/C) 방식도 동시지급 조건에 속한다.

④ **후지급**(Deferred payment)**조건** : 후지급이란 일반적으로 외상거래를 말하며, 물품의 인도나 선적서류의 인도 후 일정기간 후에 대금을 결제하는 것을 말한다. 추심결제 방식 중 D/A(Documents against Acceptance, 인수인도조건)와 기한부신용장(Usance L/C) 방식이 여기

에 해당하며, 청산결제(Open account, Current account) 및 중장기 연불조건도 후지급의 일종으로 본다.

⑤ **혼합조건** : 혼합조건이란 선지급, 동시지급 및 후지급 방식을 혼합한 것으로서, 대표적인 방식으로는 누진지급(Progressive payment) 방식이 있다. 누진지급이란 물품 대금을 일시에 결제하지 아니하고 계약시, 선적시, 도착시 등으로 나누어 지불하거나 혹은 공정에 따라 분할하여지급하는 분할지급의 형태를 말한다.

(4) 대금결제 수단

국제 무역거래에서 사용되는 결제의 수단으로는 현금(Cash), 환어음(Draft), 송금환(T/T, M/T 등) 등이 있으며, 물물교환(Barter trade)시에는 물품 자체가 결제 수단의 역할을 하기도 한다.

(5) 대금결제 통화

결제시의 통화는 보통 거래 당사국의 통화 중 하나를 선택하거나 아니면 제3국의 통화 중에 한가지를 선택하게 되는데, 이는 보통 당사자 간의 합의로 결정된다.

7 보험조건(Insurance terms)

(1) 의 의

무역거래는 장거리 운송을 수반하므로 운송 과정에서 발생되는 선박의 좌초(Stranding), 침몰(Sinking) 등의 해상 고유의 위험(Perils of the sea)과 전쟁(War) 등과 같은 인위적인 위험을 담보받기 위해서는 적하보험(Cargo insurance)에 부보하게 되는데, 보험금액과 보상범위 등을 명확히 규정해야 한다.

(2) 보험계약자와 피보험자

보험계약자(Policy holder)란 보험료를 지불하고 보험자와 보험계약을 체결하는 자를 말하며, 피보험자(Insured)란 피보험이익이 있는 자로서 보험금을 지급받는 자를 지칭한다. 매매계약시에 당사자 중 어느 쪽이 보험계약자이며 어느 쪽이 피보험자인지를 결정하게 되는데, 일반적으로 보험계약자와 피보험자가 같은 경우가 대부분이지만 Incoterms의 조건 중 CIF와 CIP에서는 보험계약자(매도인)와 피보험자(매수인)가 달라지므로 유의하여야 한다.

(3) 보험금액의 약정

보험금액(Insurance amount)이란 손해 발생시 보험자가 부담하는 보상 책임의 최대 한도로서 미리 당사자가 정한 금액이다. 보통 해상적하보험에서의 보험금액은 송장(Invoice) 금액에 그 10%를 가산한 금액 또는 그 이상의 금액으로 약정하게 된다.

(4) 담보위험과 손해배상

① 의의 : 보험자와 보험계약자가 보험계약을 체결할 때에는 보험자가 담보해야 할 위험과 그 배상에 대한 조건 및 범위를 정하는 것이 주요 관건으로 대두된다.

② 협회적하약관(ICC : Institute Cargo Clause) : 해상적하보험에 있어서는 담보위험과 배상조건에 대해서 런던보험업자협회와 로이즈보험협회가 공동으로 제정한 협회적하약관이 존재한다.

　　㉠ ICC 구약관 : ICC 구약관에는 A/R(All Risks), WA(With Average), FPA(Free from Particular Average)의 3가지 부보조건이 있다.

　　㉡ ICC 신약관 : ICC 신약관에는 ICC(A), ICC(B), ICC(C)의 3가지 부보조건이 있다.

③ 담보위험과 손해배상의 범위 : 보험자의 담보위험은 각 조건마다 조금씩 다르며, 각 조건에 열거된 위험으로 생긴 손해에 대해서는 원칙적으로 보험자가 그 보험금액을 지급해 주지만, 열거된 위험의 많고 적음에 따라 보험료에 차이가 있으므로 보험계약자는 운송화물에 가장 적합한 보험조건을 선택하는 것이 바람직하다.

8 　분쟁해결에 관한 조건

(1) 의 의

무역계약 체결시에는 물품매매와 관련된 기본적인 조건 외에 훗날 발생할지도 모르는 분쟁과 그에 대한 해결책 및 구제수단(Remedies)에 대해서 미리 약정하는 것이 바람직하다.

(2) 클레임조항(Claim clause)

무역계약시에는 클레임의 제기 기한을 약정하는 것이 중요하며, 아울러 제기한 클레임의 정당성을 입증할 수 있는 공인된 감정인의 감정보고서(Surveyor's reports)를 첨부하는 것이 필요하다.

(3) 중재조항(Arbitration clause)

무역계약을 둘러싼 분쟁은 소송(Litigation)보다는 중재(Arbitration)에 의해 해결하는 것이 실제적으로 바람직하다. 그러나 중재는 분쟁 해결을 중재에 의한다는 당사자 간 중재합의 또는 중재협약을 필수요건으로 하므로 유의하여야 한다.

(4) 준거법조항(Governing law clause)

무역계약의 성립과 이행 그리고 그 해석에 관하여 어느 나라 법을 적용할 것인가를 계약서에 명확히 약정해야 한다.

(5) 재판관할조항(Jurisdiction clause)

무역계약에는 사적 자치의 원칙(Principle of party autonomy)이 존중됨으로써 분쟁의 해결을 중재에 의하지 않고 법원의 판결에 의하기도 하는데, 이때 어느 국가의 관할법원으로 할 것인가에 대한 재판관할조항을 설정해 두는 것이 좋다.

9 기타 조건

(1) 불가항력조항(Force majeure clause)

불가항력(Force majeure)이란 당사자의 통제를 넘어서는(Beyond one's control) 모든 사건을 의미하며, 계약당사자는 계약체결시에 불의의 사태로 인해 이행불능이 되는 경우에 대비해 불가항력 조항을 미리 삽입하는 것이 바람직하다. 불가항력과 유사한 개념으로는 이행 불능(Impossibility), 천재지변(Acts of god), 우발적 사고(Contingency), 계약의 좌절(Frustration) 등이 있다.

(2) 권리침해조항(Infringement clause)

매도인이 매수인의 지시 또는 주문으로 상품을 수출한 경우에 매수인의 국가나 제3국의 공업소유권(Industrial property right)이나 특허권 및 상표권을 침해할 경우가 생길 수 있다. 이러한 경우 매도인은 면책조항을 삽입하여 사전에 대비하여야 한다.

(3) 검사조항(Inspection clause)

검사조항은 품질조건이나 수량조건에서도 정해질 수 있지만, 구체적으로 검사기관, 검사장소, 검사비용의 부담 등을 약정할 필요가 있다.

(4) 통합조항(Entire agreement clause)

이 조항은 계약의 모든 내용은 양 당사자가 합의하여 작성한 것이며, 그 내용의 변경시에는 반드시 양 당사자의 합의하에 가능하다는 것을 규정하는 조항이다. 이로써 거래의 안정성을 추구할 수 있다.

(5) 계약양도조항(Assignment clause)

당사자 간 명시적 합의 없이는 당해 계약을 제3자에게 양도할 수 없다는 것을 약정하는 조항이다.

(6) 권리불포기조항(Non-waiver clause)

한쪽의 계약 당사자가 자신의 권리를 명시적으로 주장하지 아니하였다 하여 그 권리를 포기하는 것으로 볼 수는 없다는 취지의 계약조항이다.

(7) 계약분리조항(Severability clause)

계약분리조항 또는 계약독립조항이라고 한다. 관련된 계약 간 또는 같은 계약서 내의 조항 간에는 아무런 영향을 줄 수 없으며, 상호 간에 서로 독립(분리)되어 있다는 내용이다.

(8) 증가비용조항 또는 우발비용조항(Increased cost clause, Contingent cost clause, Escalation clause)

계약체결시 예상치 못했던 비용의 증가를 누구의 부담으로 할 것인가에 대한 약정조항이다.

(9) 사정변경 조항(Hardship clause)

불가항력적인 사태가 발생하였을 때 계약 당사자가 가격조정이나 기한의 연장 등의 계약 내용을 조정하기 위하여 상호 간에 성실하게 교섭한다는 것을 약속하는 약관을 말한다.

05 정형거래조건과 INCOTERMS

1 정형거래조건(Trade terms)

(1) 의 의

무역거래는 매매계약체결에 의해 당사자 간의 제 의무가 규정되는 쌍무계약이다. 그러나 당사자의 권리, 의무에 관한 계약의 내용을 거래 시마다 구체적으로 약정하고 또한 계약에 이를 명시한다는 것은 매우 번잡할 뿐만 아니라 나라마다 상이한 상관습으로 인해 무역분쟁의 위험이 적지 않다. 이러한 계약상의 제 문제를 해결하기 위하여 당사자의 의무를 정형화(Package)한 무역거래조건이 필요하며, 정형화된 무역거래조건을 정형거래조건이라고 한다.

(2) 정형거래조건의 필요성

국제무역 거래시에 매매 당사자가 가지는 권리와 의무 내용을 거래할 때마다 구체적으로 약정하고 이를 계약에 나열하는 것은 대단히 번잡하고 불편하며 나라마다 상관습이 상이해 이의 해석에 관한 무역분쟁의 발생위험이 상존해 있으므로 매매 거래에 따른 당사자의 의무 내용을 정형화할 필요가 있다.

(3) 정형거래조건의 기능

① 계약내용의 보완 : 정형거래조건은 매매 당사자 간에 명시적으로 체결된 계약 내용의 보완적 기능을 한다.
② 무역계약의 통일된 해석기준 : 당사자가 합의하여 채택한 정형거래조건은 매매계약에 관련된 복잡한 법률문제의 해석기준이 된다.

(4) 정형거래조건의 주요 내용

정형거래조건은 매매 거래당사자의 의무의 내용, 즉 매매에 따른 법률관계의 내용을 규정하고 있으며 주요 내용은 다음과 같다.
① 위험부담의 분기점 : 위험부담이란 물품의 소유권자가 물품의 멸실이나 손상에 대한 위험을 부담하는 것을 의미한다. 또한 위험부담의 분기점이란 매매 거래 대상물품이 수출국의 매도인으

로부터 매수인에게로 이동하는 과정 중의 어느 시점, 어느 장소에서 물품의 멸실이나 손상에 대한 위험부담이 매도인으로부터 매수인에게로 이전되는가 하는 기준으로, 이것은 인도시기와 인도장소에 관한 문제로 귀착된다.

따라서 각 정형거래조건에서는 거래 대상 물품이 멸실 또는 손상되었을 때에 그 위험부담, 즉 책임이 당사자 가운데 누구에게 귀속되는가를 규정하고 있다.

② **비용부담의 분기점** : 무역거래에 수반하여 발생하는 여러 가지의 요소비용 가운데 어떤 비용들을 매도인의 부담으로 하고 어떤 비용을 매수인의 부담으로 할 것인가의 문제로, 이것은 곧 가격조건에 관한 것이다. 즉, 정형거래조건은 매도인이 매수인에게 판매가격을 견적함에 있어서 물품의 가격에 포함시켜야 할 수출입 요소비용의 범위를 정형화한 것이다.

③ **매도인의 제공서류** : 무역거래는 격지자 간의 거래가 대부분이므로 서류가 대단히 중요한 역할을 한다. 따라서 정형거래조건에서는 매도인이 어떤 서류를 물품의 인도와 함께 제시할 것인가를 규정하고 있다. 서류에는 필수적 제공서류와 임의적 제공서류가 있다.

④ **당사자의 의무** : 정형거래조건은 매매 거래의 당사자의 기본의무뿐만 아니라 운송, 보험계약의 체결, 통관 절차의 이행 등의 부수적인 의무도 규정하고 있다.

(5) 정형거래조건에 관한 국제규칙

① **개정미국무역정의**(Revised American Foreign Trade Definitions) : 영국과 미국 간 FOB 내용이 다양하게 사용됨으로써 분쟁이 발생하였는바, 이들 용어의 통일을 위하여 1941년에 채택되었다.

② **미국의 통일 상법전**(Uniform Commercial Code) : 1953년에 제정된 이 법전은 물품매매에 관한 내용을 1, 2편으로 나누어 종합적으로 규정하고 있다. 특히 FOB, FAS, CIF, C&F, EX SHIP 조건과 같은 무역에 관한 정형거래조건을 규정하고 있는 최초의 성문법이다.

③ **CIF 계약을 위한 와르소 옥스퍼드 규칙**(Warsaw-Oxford Rules for CIF Contract) : 영국의 CIF 관습 및 판례를 토대로 전문 22개조로 구성된 CIF 계약에 관한 통일규칙을 제공한 것으로, 당사자 간에 임의로 채택 가능한 통일적 해석 기준이다.

④ **INCOTERMS**(ICC rules for the use of domestic and international trade terms) : 1936년에 제정되어 2020년까지 총 8차에 걸쳐 수정, 보완한 것으로, 국제무역의 대표적 정형거래조건이다.

2 INCOTERMS

(1) INCOTERMS의 제정

세계 각국에서 관용되고 있는 무역조건이 그 해석이나 적용이 다양하여 무역업자 간에 오해나 분쟁을 일으키고 결국에 소송으로 번지는 경우가 많기 때문에 국제무역의 확대 및 발전에 많은 혼란과 지장을 초래하게 되므로, 이를 사전에 예방하여 국제무역의 확대, 발전을 도모하고자 국제상업회의소(ICC : International Chamber of Commerce)가 1936년 '정형거래조건의 해석에 관한 국제규칙(International Rules for the Interpretation of Trade Terms, International Commercial Terms)'을 제정하였다.

(2) 개정 과정

INCOTERMS 1936의 제정 후 교통과 통신의 발달에 따른 무역관습의 변화에 대응하기 위하여 INCOTERMS 1953, 1967, 1976, 1980, 1990, 2000, 2010 및 2020까지 총 8차례에 걸쳐 개정 및 추가되어 오늘에 이르고 있으며, 특히 2010년 개정시에는 종래 명칭인 "정형거래조건의 해석에 관한 국제규칙(International Rules for the Interpretation of Trade Terms)"을 "국내 및 국제거래조건의 사용에 관한 ICC 규칙(ICC rules for the use of domestic and international trade terms)"으로 변경하였다.

(3) INCOTERMS 2020의 주요 개정 사항

① 개별규칙 내 조항순서 변경

    ㉠ 중요한 규정을 앞쪽에 배치

> A2/B2 Delivery/Taking delivery
> A3/B3 Transfer of risks
> A4/B4 Carriage
> A5/B5 Insurance
> A6/B6 Delivery/transport document

    ㉡ 비용조항은 중요도에도 불구 "비용일람표(one-stop list)"를 제공하는 목적에서 A9/B9 (Allocation of costs)에 배치

번호	Incoterms 2010	Incoterms 2020
A1/B1	General obligations of the seller/buyer	General obligations
A2/B2	Licenses, authorizations, security clearances and other formalities	Delivery/Taking delivery
A3/B3	Contracts of carriage and insurance	Transfer of risks
A4/B4	Delivery/Taking delivery	Carriage
A5/B5	Transfer of risks	Insurance
A6/B6	Allocation of costs	Delivery/transport document(공통)
A7/B7	Notices to the buyer/seller	Export/import clearance(공통)

A8/B8	Delivery document/Proof of delivery	Checking/packaging/marking(공통)
A9/B9	Checking-packaging-marking/ Inspection of goods	Allocation of costs
A10/B10	Assistance with information and related cost	Notices

② CIP의 최대부보의무

　　㉠ CIP의 경우 매도인은 최대부보의무를 부담 → ICC(A)약관

　　㉡ 물론 Incoterms는 임의규범이므로 필요한 경우 당사자들은 합의로 낮은 수준의 부보가능

　　㉢ 그러나 CIF는 일차산품의 해상무역에서 널리 사용되므로 개정되지 않고 최소부보의무 유지

③ FCA상 본선적재표기 선하증권

　　㉠ FCA 매매에서 해상운송의 경우 매도인/매수인(특히 신용장 개설시)이 본선적재부기(on-board notation)가 있는 선하증권("선적선하증권" 혹은 "본선적재선하증권")이 필요할 수 있다.

　　㉡ FCA에서 물품인도는 본선적재 전에 완료되나 운송인은 운송계약상 물품이 실제로 선적된 후에 비로소 선적선하증권을 발행할 의무와 권리가 있다.

　　㉢ 이에 FCA A6/B6에서 본선적재부기가 있는 선하증권에 관한 규정 신설

FCA A6 신설 규정 (선적선하증권 제공의무)	FCA B6 신설 규정 (지시 의무)
"매수인이 B6에 따라 매도인에게 운송서류를 발행하도록 **운송인에게 지시한 경우**에 매도인은 그러한 서류를 매수인에게 제공하여야 한다."	"당사자들이 합의한 경우에 매수인은 물품이 적재되었음을 기재한(본선적재표기가 있는 선하증권과 같은) 운송서류를 자신의 비용과 위험으로 매도인에게 발행하도록 **운송인에게 지시**하여야 한다."

④ DAT의 명칭이 DPU로 변경

　　㉠ DAT(Delivered at Terminal)를 DPU(Delivered at Place Unloaded)로 변경

　　㉡ DPU는 인도장소(목적지)가 터미널로 제한되지 않는다.

　　㉢ DPU와 DAP의 유일한 차이점

　　　　ⓐ DPU : 물품을 도착운송수단으로부터 양하한 후 인도한다.

　　　　ⓑ DAP : 물품을 도착운송수단에 실어둔 채 양하를 위하여 매수인의 처분하에 둠으로써 인도한다.

　　㉣ 이에 따라 이제 DAP는 DPU 앞에 배치

⑤ 매도인/매수인 자신의 운송수단에 의한 운송 허용

　　㉠ FCA의 경우 매수인은 지정 인도장소에서 물품을 수취하기 위하여 또는 그 인도장소에서 자신의 영업 구내까지 운송하기 위하여 자신의 운송수단(예컨대 차량)을 사용할 수 있다.

ⓒ DAP/DPU/DDP의 경우 매도인은 지정목적지까지 운송을 제3자에게 아웃소싱하지 않고 자신의 운송수단을 사용하여 운송할 수 있다.

⑥ 운송/비용조항에 보안관련 의무 삽입

㉠ 인코텀즈 2010 시행 후 테러 등에 대비한 보안문제에 따른 새로운 선적관행이 이제 상당히 정립되었다.

㉡ 이러한 보안통관은 운송 및 통관과 직결되기 때문에 각 인코텀즈 규칙의 A4(운송)와 A7(수출통관)에 보안관련 의무를 명시하고 있다.

㉢ 보안관련 비용도 A9/B9(비용분담)에 규정하고 있다.

⑦ 사용자를 위한 설명문

㉠ Incoterms 2000 "전문(Preamble)" → Incoterms 2010 "사용지침(Guidance Note)" → Incoterms 2020 "사용자를 위한 설명문(Explanatory Notes for Users)"

㉡ 개별 인코텀즈 규칙의 기본적 사항 설명

㉢ 사용자들이 거래에 적합한 인코텀즈 규칙을 정확하게 효율적으로 찾을 수 있도록 하였다.

㉣ 개별 인코텀즈 규칙의 해석이 필요할 때 지침을 제공한다.

⑧ 소개문(Introduction) 강화

㉠ Charles Debattista가 작성

ⓐ 인코텀즈 2020 초안그룹의 특별고문(Special Advisor)

ⓑ 영국 University of Southampton 상법교수 역임

ⓒ 국제거래, 해상법 전문가(변호사, 중재인)

㉡ Incoterms 2020 ICC 공식원서 서두에 있는 "Introduction(소개문)"은 인코텀즈 2020 규칙 자체의 일부를 구성하지 않는다.

㉢ 인코텀즈 2020 자체의 기초적 사항들을 비교적 상세하고 유익하게 설명하고 있다.

(4) INCOTERMS 2020의 구성

① 거래조건의 특성(위험 및 비용 부담 의무 등)에 따른 구분

Group E	Departure(출발지)	EXW	Ex Works(insert named place of delivery)
Group F	Main Carriage Unpaid (주운임 미지급)	FCA	Free Carrier(insert named place of delivery)
		FAS	Free Alongside Ship(insert named port of shipment)
		FOB	Free On Board(insert named port of shipment)
Group C	Main Carriage Paid (주운임 지급)	CFR	Cost and Freight(insert named port of destination)
		CIF	Cost, Insurance and Freight(insert named port of destination)
		CPT	Carriage Paid To(insert named place of destination)
		CIP	Carriage and Insurance Paid To(insert named place of destination)

Group D	Arrival(도착지)	DAP	Delivered At Place(insert named place of destination)
		DPU	Delivered At Place Unloaded(insert named place of destination)
		DDP	Delivered Duty Paid(insert named place of destination)

② 사용가능한 운송수단에 따른 구분

모든 운송에 사용가능한 조건 (RULES FOR ANY MODE OR MODES OF TRANSPORT)	EXW	Ex Works(insert named place of delivery)
	FCA	Free Carrier(insert named place of delivery)
	CPT	Carriage Paid To(insert named place of destination)
	CIP	Carriage and Insurance Paid To(insert named place of destination)
	DAP	Delivered At Place(insert named place of destination)
	DPU	Delivered At Place Unloaded(insert named place of destination)
	DDP	Delivered Duty Paid(insert named place of destination)
해상 및 내수로 운송에 사용가능한 조건 (RULES FOR SEA AND INLAND WATERWAY TRANSPORT)	FAS	Free Alongside Ship(insert named port of shipment)
	FOB	Free On Board(insert named port of shipment)
	CFR	Cost and Freight(insert named port of destination)
	CIF	Cost, Insurance and Freight(insert named port of destination)

(5) INCOTERMS 2020 11개 규칙의 개요

① 모든 운송방식에 적용되는 규칙(RULES FOR ANY MODE OR MODES OF TRANSPORT)

㉠ EX WORKS[EXW(insert named place of delivery) Incoterms® 2020]

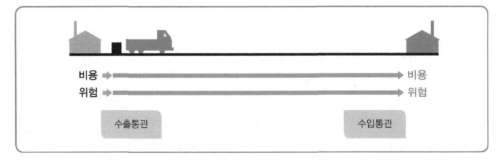

EXPLANATORY NOTES FOR USERS(사용자를 위한 설명문)

1. Delivery and risk – "Ex Works" means that the seller delivers the goods to the buyer

   ▶ when it places the goods at the disposal of the buyer at a named place (like a factory or warehouse), and

   ▶ that named place may or may not be the seller's premises.

   For delivery to occur, the seller does not need to load the goods on any collecting vehicle, nor does it need to clear the goods for export, where such clearance is applicable.

1. 인도와 위험 – "공장인도"는 매도인이 다음과 같이 한 때 매수인에게 물품을 인도하는 것을 의미한다.

   ▶ 매도인이 물품을 (공장이나 창고와 같은) 지정장소에서 매수인의 처분하에 두는 때, 그리고

   ▶ 그 지정장소는 매도인의 영업구내일 수도 있고 아닐 수도 있다.

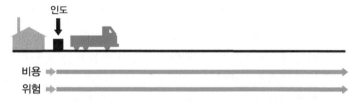

   인도가 일어나기 위하여 매도인은 물품을 수취용 차량에 적재하지 않아도 되고, 물품의 수출통관이 요구되더라도 이를 수행할 필요가 없다.

2. Mode of transport – This rule may be used irrespective of the mode or modes of transport, if any, selected.

2. 운송방식 – 본 규칙은 선택되는 어떤 운송방식이 있는 경우에 그것이 어떠한 단일 또는 복수의 운송방식인지를 불문하고 사용할 수 있다.

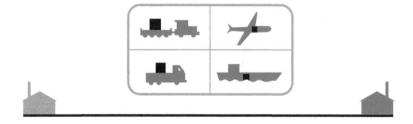

3. **Place or precise point of delivery** – The parties need only name the *place* of delivery. However, the parties are well advised *also* to specify as clearly as possible the precise *point* within the named place of delivery. A named precise *point* of delivery makes it clear to both parties when the goods are delivered and when risk transfers to the buyer; such precision also marks the point at which costs are for the buyer's account. If the parties do not name the point of delivery, then they are taken to have left it to the seller to select the point "that best suits its purpose". This means that the buyer may incur the risk that the seller may choose a point just before the point at which goods are lost or damaged. Best for the buyer therefore to select the precise point within a place where delivery will occur.

3. **인도장소 또는 정확한 인도지점** – 당사자들은 단지 인도장소만 지정하면 된다. 그러나 당사자들은 또한 지정인도장소 내에 정확한 지점을 가급적 명확하게 명시하는 것이 좋다. 그러한 정확한 지정인도지점은 양당사자에게 언제 물품이 인도되는지와 언제 위험이 매수인에게 이전하는지 명확하게 하며, 또한 그러한 정확한 지점은 매수인의 비용부담의 기준점을 확정한다. 당사자들이 인도지점을 지정하지 않는 경우에는 매도인이 "그의 목적에 가장 적합한" 지점을 선택하기로 한 것으로 된다. 이는 매수인으로서는 매도인이 물품의 멸실 또는 훼손이 발생한 지점이 아닌 그 직전의 지점을 선택할 수도 있는 위험이 있음을 의미한다. 따라서 매수인으로서는 인도가 이루어질 장소 내에 정확한 지점을 선택하는 것이 가장 좋다.

4. **A note of caution to buyers** – EXW is the Incoterms® rule which imposes the least set of obligations on the seller. From the buyer's perspective, therefore, the rule should be used with care for different reasons as set out below.

4. **매수인을 위한 유의사항** – EXW는 매도인에게 최소의 일련의 의무를 지우는 인코텀즈 규칙이다. 따라서 매수인의 관점에서 이 규칙은 아래와 같은 여러 가지 이유로 조심스럽게 사용하여야 한다.

5. **Loading risks** – Delivery happens–and risk transfers–when the goods are placed, not loaded, at the buyer's disposal. However, risk of loss of or damage to the goods occurring while the loading operation is carried out by the seller, as it may well be, might arguably lie with the buyer, who has not physically participated in the loading. Given this possibility, it would be advisable, where the seller is to load the goods, for the parties to agree in advance who is to bear the risk of any loss of or damage to the goods

during loading. This is a common situation simply because the seller is more likely to have the necessary loading equipment at its own premises or because applicable safety or security rules prevent access to the seller's premises by unauthorised personnel. Where the buyer is keen to avoid any risk during loading at the seller's premises, then the buyer ought to consider choosing the FCA rule (under which, if the goods are delivered at the seller's premises, the seller owes the buyer an obligation to load, with the risk of loss of or damage to the goods during that operation remaining with the seller).

5. 적재위험 – 인도는 물품이 적재된 때가 아니라 매수인의 처분하에 놓인 때에 일어난다. – 그리고 그때 위험이 이전한다. 그러나 매도인이 적재작업을 수행하는 동안에 발생하는 물품의 멸실 또는 훼손의 위험을 적재에 물리적으로 참여하지 않은 매수인이 부담하는 것은 으레 그렇듯이 논란이 될 수 있다. 이러한 가능성 때문에 매도인이 물품을 적재하여야 하는 경우에 당사자들은 적재 중 물품의 멸실 또는 훼손의 위험을 누가 부담하는지를 미리 합의하여 두는 것이 바람직하다. 단순히 매도인이 그의 영업구내에서 필요한 적재장비를 가지고 있을 가능성이 더 많기 때문에 혹은 적용가능한 안전규칙이나 보안규칙에 의하여 권한 없는 인원이 매도인의 영업구내에 접근하는 것이 금지되기 때문에 매도인이 물품을 적재하는 것은 흔한 일이다. 매도인의 영업구내에서 일어나는 적재작업 중의 위험을 피하고자 하는 경우에 매수인은 FCA 규칙을 선택하는 것을 고려하여야 한다(FCA 규칙에서는 물품이 매도인의 영업구내에서 인도되는 경우에 매도인이 매수인에 대하여 적재의무를 부담하고 적재작업 중에 발생하는 물품의 멸실 또는 훼손의 위험은 매도인이 부담한다).

6. Export clearance – With delivery happening when the goods are at the buyer's disposal either at the seller's premises or at another named point typically within the seller's jurisdiction or within the same Customs Union, there is no obligation on the seller to organise export clearance or clearance within third countries through which the goods pass in transit. Indeed, EXW may be suitable for domestic trades, where there is no intention at all to export the goods. The seller's participation in export clearance is limited to providing assistance in obtaining such documents and information as the buyer may require for the purpose of exporting the goods. Where the buyer intends to export the goods and where it anticipates difficulty in obtaining export clearance, the buyer would be better advised to choose the FCA rule, under which the obligation and cost of obtaining export clearance lies with the seller.

6. **수출통관** – 물품이 매도인의 영업구내에서 또는 전형적으로 매도인의 국가나 관세
동맹지역 내에 있는 다른 자정지점에서 매수인의 처분하에 놓인 때에 인도가 일어
나므로, 매도인은 수출통관이나 운송 중에 물품이 통과할 제3국의 통관을 수행할
의무가 없다. 사실 EXW는 물품을 수출할 의사가 전혀 없는 국내거래에 적절하다.
수출통관에 관한 매도인의 참여는 물품수출을 위하여 매수인이 요청할 수 있는 서
류와 정보를 취득하는 데 협력을 제공하는 것에 한정된다. 매수인이 물품을 수출하
기를 원하나 수출통관을 하는 데 어려움이 예상되는 경우에, 매수인은 수출통관을
할 의무와 그에 관한 비용을 매도인이 부담하는 FCA 규칙을 선택하는 것이 더 좋다.

ⓒ FREE CARRIER[FCA (insert named place of delivery) Incoterms® 2020]

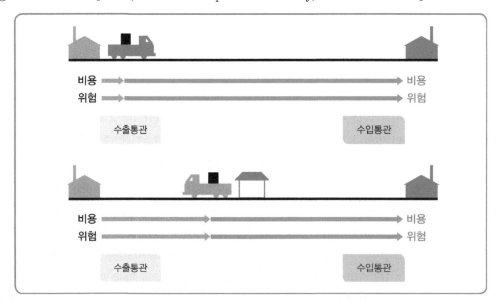

EXPLANATORY NOTES FOR USERS(사용자를 위한 설명문)

1. Delivery and risk – "Free Carrier (named place)" means that the seller delivers the goods to the buyer in one or other of two ways.
   ▶ First, when the named place is the seller's premises, the goods are delivered
      – when they are loaded on the means of transport arranged by the buyer.
   ▶ Second, when the named place is another place, the goods are delivered
      – when, having been loaded on the seller's means of transport,
      – they reach the named other place and
      – are ready for unloading from that seller's means of transport and
      – at the disposal of the carrier or of another person nominated by the buyer
   Whichever of the two is chosen as the place of delivery, that place identifies where risk transfers to the buyer and the time from which costs are for the buyer's account.

1. 인도와 위험 – "운송인인도(지정장소)"는 매도인이 물품을 매수인에게 다음과 같은 두 가지 방법 중 어느 하나로 인도하는 것을 의미한다.
   ▶ 첫째, 지정장소가 매도인의 영업구내인 경우, 물품은 다음과 같이 될 때 인도된다.
      – 물품이 매수인이 마련한 운송수단에 적재된 때

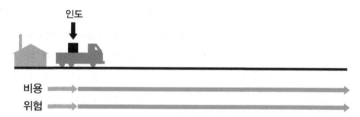

   ▶ 둘째, 지정장소가 그 밖의 장소인 경우, 물품은 다음과 같이 될 때 인도된다.
      – 매도인의 운송수단에 적재되어서
      – 지정장소에 도착하고
      – 매도인의 운송수단에 실린 채 양하준비된 상태로
      – 매수인이 지정한 운송인이나 제3자의 처분하에 놓인 때

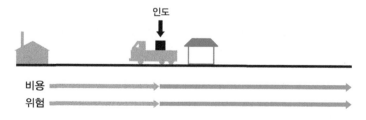

그러한 두 장소 중에서 인도장소로 선택되는 장소는 위험이 매수인에게 이전하는 곳이자 또한 매수인이 비용을 부담하기 시작하는 시점이 된다.

2. Mode of transport – This rule may be used irrespective of the mode of transport selected and may also be used where more than one mode of transport is employed.

2. 운송방식 – 본 규칙은 어떠한 운송방식이 선택되는지를 불문하고 사용할 수 있고 둘 이상의 운송방식이 이용되는 경우에도 사용할 수 있다.

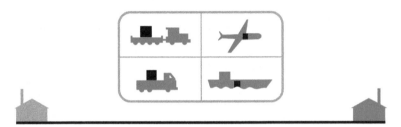

3. Place or point of delivery – A sale under FCA can be concluded naming only the place of delivery, either at the seller's premises or elsewhere, without specifying the precise point of delivery within that named place. However, the parties are well advised *also* to specify as clearly as possible the precise *point* within the named place of delivery. A named precise *point* of delivery makes it clear to both parties when the goods are delivered and when risk transfers to the buyer; such precision also marks the point at which costs are for the buyer's account. Where the precise point is not identified, however, this may cause problems for the buyer. The seller in this case has the right to select the point "that best suits its purpose": that point becomes the point of delivery, from which risk and costs transfer to the buyer. If the precise point of delivery is not identified by naming it in the contract, then the parties are taken to have left it to the seller to select the point "that best suits its purpose". This means that the buyer may incur the risk that the seller may choose a point just before the point at which goods are lost or damaged. Best for the buyer therefore to select the precise point within a place where delivery will occur.

3. 인도장소 또는 인도지점 – FCA 매매는 지정장소 내에 정확한 인도지점을 명시하지 않고서 매도인의 영업구내나 그 밖의 장소 중에서 어느 하나를 단지 인도장소로 지정하여 체결될 수 있다. 그러나 당사자들은 지정인도장소 내에 정확한 지점도 가급

적 명확하게 명시하는 것이 좋다. 그러한 정확한 지정인도지점은 양당사자에게 언제 물품이 인도되는지와 언제 위험이 매수인에게 이전하는지 명확하게 하며, 또한 그러한 정확한 지점은 매수인의 비용부담의 기준점을 확정한다. 그러나 정확한 지점이 지정되지 않는 경우에는 매수인에게 문제가 생길 수 있다. 이러한 경우에 매도인은 "그의 목적에 가장 적합한" 지점을 선택할 권리를 갖는다. 즉, 이러한 지점이 곧 인도지점이 되고 그곳에서부터 위험과 비용이 매수인에게 이전한다. 계약에서 이를 지정하지 않아서 정확한 인도지점이 정해지지 않은 경우에, 당사자들은 매도인이 "자신의 목적에 가장 적합한" 지점을 선택하도록 한 것으로 된다. 이는 매수인으로서는 매도인이 물품의 멸실 또는 훼손이 발생한 지점이 아닌 그 직전의 지점을 선택할 수도 있는 위험이 있음을 의미한다. 따라서 매수인으로서는 인도가 이루어질 장소 내에 정확한 지점을 선택하는 것이 가장 좋다.

4. 'or procure goods so delivered' – The reference to "procure" here caters for multiple sales down a chain (string sales), particularly, although not exclusively, common in the commodity trades.

4. '또는 그렇게 인도된 물품을 조달한다' – 여기에 "조달한다"(procure)고 규정한 것은 꼭 이 분야에서 그런 것만은 아니지만 특히 일차산품거래(commodity trades)에서 일반적인 수차에 걸쳐 연속적으로 이루어지는 매매(연속매매, 'string sales')에 대응하기 위함이다.

5. Export/import clearance – FCA requires the seller to clear the goods for export, where applicable. However, the seller has no obligation to clear the goods for import or for transit through third countries, to pay any import duty or to carry out any import customs formalities.

5. 수출/수입통관 – FCA에서는 해당되는 경우에 매도인이 물품의 수출통관을 하여야 한다. 그러나 매도인은 물품의 수입을 위한 또는 제3국 통과를 위한 통관을 하거나 수입관세를 납부하거나 수입통관절차를 수행할 의무가 없다.

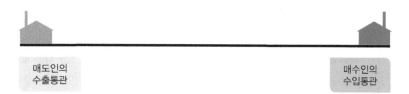

매도인의
수출통관

매수인의
수입통관

6. Bills of lading with an on-board notation in FCA sales – We have already seen that FCA is intended for use irrespective of the mode or modes of transport used. Now if goods are being picked up by the buyer's road-haulier in Las Vegas, it would be rather uncommon to expect a bill of lading with an on-board notation to be issued by the carrier *from Las Vegas*, which is not a port and which a vessel cannot reach for goods to be placed on board. Nonetheless, sellers selling FCA Las Vegas do sometimes find themselves in a situation where they need a bill of lading with an on-board notation (typically because of a bank collection or a letter of credit requirement), albeit necessarily stating that the goods have been placed on board in Los Angeles as well as stating that they were received for carriage in Las Vegas. To cater for this possibility of an FCA seller needing a bill of lading with an on-board notation, *FCA Incoterms*® *2020* has, for the first time, provided the following optional mechanism. If the parties have so agreed in the contract, the buyer must instruct its carrier to issue a bill of lading with an on-board notation to the seller. The carrier may or may not, of course, accede to the buyer's request, given that the carrier is only bound and entitled to issue such a bill of lading once the goods are on board in Los Angeles. However, if and when the bill of lading is issued to the seller by the carrier at the buyer's cost and risk, the seller must provide that same document to the buyer, who will need the bill of lading in order to obtain discharge of the goods from the carrier. This optional mechanism becomes unnecessary, of course, if the parties have agreed that the seller will present to the buyer a bill of lading stating simply that the goods have been received for shipment rather than that they have been shipped on board. Moreover, it should be emphasised that even where this optional mechanism is adopted, the seller is under no obligation to the buyer as to the terms of the contract of carriage. Finally, when this optional mechanism is adopted, the dates of delivery inland and loading on board will necessarily be different, which may well create difficulties for the seller under a letter of credit.

6. FCA 매매에서 본선적재표기가 있는 선하증권 – 이미 언급하였듯이 FCA는 사용되는 운송방식이 어떠한지를 불문하고 사용할 수 있다. 이제는 매수인의 도로운송인이 라스베이거스에서 물품을 수거(pick up)한다고 할 때, 라스베이거스에서 운송

인으로부터 본선적재표기가 있는 선하증권을 발급받기를 기대하는 것이 오히려 일반적이지 않다. 라스베이거스는 항구가 아니어서 선박이 물품적재를 위하여 그곳으로 갈 수 없기 때문이다. 그럼에도 FCA Las Vegas 조건으로 매매하는 매도인은 때로는 (전형적으로 은행의 추심조건이나 신용장조건 때문에) 무엇보다도 물품이 라스베이거스에서 운송을 위하여 수령된 것으로 기재될 뿐만 아니라 그것이 로스앤젤레스에서 선적되었다고 기재된 본선적재표기가 있는 선하증권이 필요한 상황에 처하게 된다. 본선적재표기가 있는 선하증권을 필요로 하는 FCA 매도인의 이러한 가능성에 대응하기 위하여 인코텀즈 2020 FCA에서는 처음으로 다음과 같은 선택적 기제를 규정한다. 당사자들이 계약에서 합의한 경우에 매수인은 그의 운송인에게 본선적재표기가 있는 선하증권을 매도인에게 발행하도록 지시하여야 한다. 물론 운송인으로서는 물품이 로스앤젤레스에서 본선적재된 때에만 그러한 선하증권을 발행할 의무가 있고 또 그렇게 할 권리가 있기 때문에 매수인의 요청에 응할 수도 응하지 않을 수도 있다. 그러나 운송인이 매수인의 비용과 위험으로 매도인에게 선하증권을 발행하는 경우에는 매도인은 바로 그 선하증권을 매수인에게 제공하여야 하고 매수인은 운송인으로부터 물품을 수령하기 위하여 그 선하증권이 필요하다. 물론 당사자들의 합의에 의하여 매도인이 매수인에게 물품의 본선적재 사실이 아니라 단지 물품이 선적을 위하여 수령되었다는 사실을 기재한 선하증권을 제시하는 경우에는 이러한 선택적 기제는 불필요하다. 또한 강조되어야 할 것으로 이러한 선택적 기제가 적용되는 경우에도 매도인은 매수인에 대하여 운송계약조건에 관한 어떠한 의무도 없다. 끝으로, 이러한 선택적 기제가 적용되는 경우에 내륙의 인도일자와 본선적재일자는 부득이 다를 수 있을 것이고, 이로 인하여 매도인에게 신용장상 어려움이 발생할 수 있다.

인도

화물수령증 등　　　　　　　　　　선적선하증권

ⓒ CARRIAGE PAID TO[CPT(insert named place of destination) Incoterms® 2020]

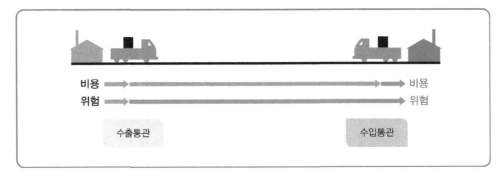

EXPLANATORY NOTES FOR USERS(사용자를 위한 설명문)

1. Delivery and risk – "Carriage Paid To" means that the seller delivers the goods–and transfers the risk–to the buyer
   ▶ by handing them over to the carrier
   ▶ contracted by the seller
   ▶ or by procuring the goods so delivered.
   ▶ The seller may do so by giving the carrier physical possession of the goods in the manner and at the place appropriate to the means of transport used.

   Once the goods have been delivered to the buyer in this way, the seller does not guarantee that the goods will reach the place of destination in sound condition, in the stated quantity or indeed at all. This is because risk transfers from seller to buyer when the goods are delivered to the buyer by handing them over to the carrier; the seller must nonetheless contract for the carriage of the goods from delivery to the agreed destination. Thus, for example, goods are handed over to a carrier in Las Vegas (which is not a port) for carriage to Southampton (a port) or to Winchester (which is not a port). In either case, delivery transferring risk to the buyer happens in Las Vegas, and the seller must make a contract of carriage to either Southampton or Winchester.

1. 인도와 위험 – "운송비지급인도"는 매도인이 다음과 같이 매수인에게 물품을 인도하는 것을 – 그리고 위험을 이전하는 것을 – 의미한다.
   ▶ 매도인과 계약을 체결한 운송인에게
   ▶ 물품을 교부함으로써

▶ 또는 그렇게 인도된 물품을 조달함으로써,

▶ 매도인은 사용되는 운송수단에 적합한 방법으로 그에 적합한 장소에서 운송인에게 물품의 물리적 점유를 이전함으로써 물품을 인도할 수 있다.

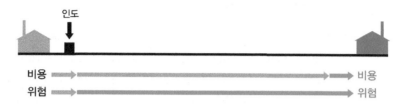

물품이 이러한 방법으로 매수인에게 인도되면 매도인은 그 물품이 목적지에 양호한 상태로 그리고 명시된 수량 또는 그 전량이 도착할 것을 보장하지 않는다. 왜냐하면 물품이 운송인에게 교부됨으로써 매수인에게 인도된 때 위험은 매도인으로부터 매수인에게 이전하기 때문이다. 그러나 매도인은 물품을 인도지로부터 합의된 목적지까지 운송하는 계약을 체결하여야 한다. 따라서 예컨대 (항구인) 사우샘프턴이나 (항구가 아닌) 윈체스터까지 운송하기 위하여 (항구가 아닌) 라스베이거스에서 운송인에게 물품이 교부된다. 이러한 각각의 경우에 위험을 매수인에게 이전시키는 인도는 라스베이거스에서 일어나고 매도인은 사우샘프턴이나 윈체스터로 향하는 운송계약을 체결하여야 한다.

2. Mode of transport – This rule may be used irrespective of the mode of transport selected and may also be used where more than one mode of transport is employed.

2. 운송방식 – 본 규칙은 어떠한 운송방식이 선택되는지를 불문하고 사용할 수 있고 둘 이상의 운송방식이 이용되는 경우에도 사용할 수 있다.

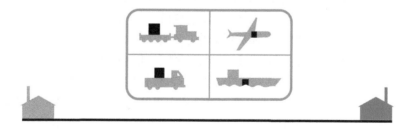

3. Places (or points) of delivery and destination – In CPT, two locations are important: the place or point (if any) at which the goods are delivered (for the transfer of risk) and the place or point agreed as the destination of the goods (as the point to which the seller promises to contract for carriage).

3. 인도장소(또는 인도지점)와 목적지 – CPT에서는 두 곳이 중요하다. 물품이 (위험이 전을 위하여) 인도되는 장소 또는 지점(있는 경우)이 그 하나이고, 물품의 목적지로 서 합의된 장소 또는 지점이 다른 하나이다(매도인은 이 지점까지 운송계약을 체결 하기로 약속하기 때문이다).

4. Identifying the place or point of delivery with precision – The parties are well advised to identify both places, or indeed points within those places, as precisely as possible in the contract of sale. Identifying the place or point (if any) of delivery as precisely as possible is important to cater for the common situation where several carriers are engaged, each for different legs of the transit from delivery to destination. Where this happens and the parties do not agree on a specific place or point of delivery, the default position is that risk transfers when the goods have been delivered to the first carrier at a point entirely of the seller's choosing and over which the buyer has no control. Should the parties wish the risk to transfer at a later stage (e.g. at a sea or river port or at an airport), or indeed an earlier one (e.g. an inland point some way away from a sea or river port), they need to specify this in their contract of sale and to carefully think through the consequences of so doing in case the goods are lost or damaged.

4. 정확한 인도장소 또는 인도지점 지정 – 당사자들은 매매계약에서 가급적 정확하게 두 장소(인도장소 및 목적지) 또는 그러한 두 장소 내의 실제 지점들을 지정하는 것이 좋다. 인도장소나 인도지점(있는 경우)을 가급적 정확하게 지정하는 것은 복 수의 운송인이 참여하여 인도지부터 목적지까지 사이에 각자 상이한 운송구간을 담 당하는 일반적인 상황에 대응하기 위하여 중요하다. 이러한 상황에서 당사자들이 특정한 인도장소나 인도지점을 합의하지 않는 경우에 [본 규칙이 규정하는] 보충적 입장은, 위험은 물품이 매도인이 전적으로 선택하고 그에 대하여 매수인이 전혀 통 제할 수 없는 지점에서 제1운송인에게 인도된 때 이전한다는 것이다. 그 후의 어느 단계에서 (예컨대 바다나 강의 항구에서 또는 공항에서) 또는 그 전의 어느 단계에 서 (예컨대 바다나 강의 항구로부터 멀리 있는 내륙의 어느 지점에서) 위험이 이전 되길 원한다면, 당사자들은 이를 매매계약에 명시하고 물품이 실제로 멸실 또는 훼 손되는 경우에 그렇게 하는 것의 결과가 어떻게 되는지를 신중하게 생각할 필요가 있다.

5. Identifying the destination as precisely as possible – The parties are also well advised to identify as precisely as possible in the contract of sale the point within the agreed place of destination, as this is the point to which the

seller must contract for carriage and this is the point to which the costs of carriage fall on the seller.

5. 가급적 정확한 목적지 지정 – 당사자들은 또한 매매계약에서 합의된 목적지 내의 지점을 가급적 정확하게 지정하는 것이 좋다. 그 지점까지 매도인은 운송계약을 체결하여야 하고 그 지점까지 발생하는 운송비용을 매도인이 부담하기 때문이다.

6. 'or procuring the goods so delivered' – The reference to "procure" here caters for multiple sales down a chain (string sales), particularly common in the commodity trades.

6. '또는 그렇게 인도된 물품을 조달함' – 여기에 "조달한다"(procure)고 규정한 것은 특히 일차산품거래(commodity trades)에서 일반적인 수차에 걸쳐 연속적으로 이루어지는 매매('연속매매', 'string sales')에 대응하기 위함이다.

7. Costs of unloading at destination – If the seller incurs costs under its contract of carriage related to unloading at the named place of destination, the seller is not entitled to recover such costs separately from the buyer unless otherwise agreed between the parties.

7. 목적지의 양하비용 – 매도인이 자신의 운송계약상 지정목적지에서 양하에 관하여 비용이 발생한 경우에 매도인은 당사자간에 달리 합의되지 않은 한 그러한 비용을 매수인으로부터 별도로 상환받을 권리가 없다.

8. Export/import clearance – CPT requires the seller to clear the goods for export, where applicable. However, the seller has no obligation to clear the goods for import or for transit through third countries, or to pay any import duty or to carry out any import customs formalities.

8. 수출/수입통관 – CPT에서는 해당되는 경우에 매도인이 물품의 수출통관을 하여야 한다. 그러나 매도인은 물품의 수입을 위한 또는 제3국 통과를 위한 통관을 하거나 수입관세를 납부하거나 수입통관절차를 수행할 의무가 없다.

매도인의
수출통관

매수인의
수입통관

㉣ CARRIAGE AND INSURANCE PAID TO[CIP(insert named place of destination) Incoterms®
2020]

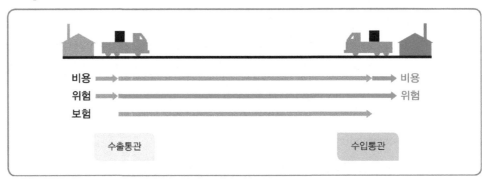

EXPLANATORY NOTES FOR USERS(사용자를 위한 설명문)

1. Delivery and risk – "Carriage and Insurance Paid To" means that the seller
   delivers the goods-and transfers the risk-to the buyer
   ▶ by handing them over to the carrier
   ▶ contracted by the seller
   ▶ or by procuring the goods so delivered.
   ▶ The seller may do so by giving the carrier physical possession of the
     goods in the manner and at the place appropriate to the means of
     transport used.

   Once the goods have been delivered to the buyer in this way, the seller does
   not guarantee that the goods will reach the place of destination in sound
   condition, in the stated quantity or indeed at all. This is because risk
   transfers from seller to buyer when the goods are delivered to the buyer
   by handing them over to the carrier; the seller must nonetheless contract
   for the carriage of the goods from delivery to the agreed destination. Thus,
   for example, goods are handed over to a carrier in Las Vegas (which is not
   a port) for carriage to Southampton (a port) or to Winchester (which is not
   a port). In either case, delivery transferring risk to the buyer happens in
   Las Vegas, and the seller must make a contract of carriage to either
   Southampton or Winchester.

1. 인도와 위험 – "운송비·보험료지급인도"는 매도인이 다음과 같이 매수인에게 물품을 인도하는 것을 – 그리고 위험을 이전하는 것을 – 의미한다.

   ▶ 매도인과 계약을 체결한 운송인에게
   ▶ 물품을 교부함으로써
   ▶ 또는 그렇게 인도된 물품을 조달함으로써.
   ▶ 매도인은 사용되는 운송수단에 적합한 방법으로 그에 적합한 장소에서 운송인에게 물품의 물리적 점유를 이전함으로써 물품을 인도할 수 있다.

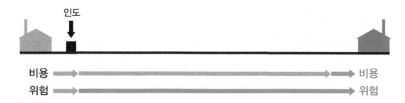

물품이 이러한 방법으로 매수인에게 인도되면, 매도인은 그 물품이 목적지에 양호한 상태로 그리고 명시된 수량 또는 그 전량이 도착할 것을 보장하지 않는다. 왜냐하면 물품이 운송인에게 교부됨으로써 매수인에게 인도된 때 위험은 매도인으로부터 매수인에게 이전하기 때문이다. 그러나 매도인은 물품을 인도지로부터 합의된 목적지까지 운송하는 계약을 체결하여야 한다. 따라서 예컨대 (항구인) 사우샘프턴이나 (항구가 아닌) 윈체스터까지 운송하기 위하여 (항구가 아닌) 라스베이거스에서 운송인에게 물품이 교부된다. 이러한 각각의 경우에 위험을 매수인에게 이전시키는 인도는 라스베이거스에서 일어나고 매도인은 사우샘프턴이나 윈체스터로 향하는 운송계약을 체결하여야 한다.

2. Mode of transport – This rule may be used irrespective of the mode of transport selected and may also be used where more than one mode of transport is employed.

2. 운송방식 – 본 규칙은 어떠한 운송방식이 선택되는지를 불문하고 사용할 수 있고 둘 이상의 운송방식이 이용되는 경우에도 사용할 수 있다.

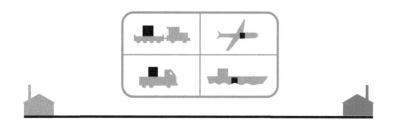

3. Places (or points) of delivery and destination – In CIP two locations are important: the place or point at which the goods are delivered (for the transfer of risk) and the place or point agreed as the destination of the goods (as the point to which the seller promises to contract for carriage).

3. 인도장소(또는 인도지점)와 목적지 – CIP에서는 두 곳이 중요하다. 물품이 (위험이 전을 위하여) 인도되는 장소 또는 지점이 그 하나이고, 물품의 목적지로서 합의된 장소 또는 지점이 다른 하나이다(매도인은 이 지점까지 운송계약을 체결하기로 약속하기 때문이다).

4. Insurance – The seller must also contract for insurance cover against the buyer's risk of loss of or damage to the goods from the point of delivery to at least the point of destination. This may cause difficulty where the destination country requires insurance cover to be purchased locally: in this case the parties should consider selling and buying under CPT. The buyer should also note that under the CIP Incoterms® 2020 rule the seller is required to obtain extensive insurance cover complying with Institute Cargo Clauses (A) or similar clause, rather than with the more limited cover under Institute Cargo Clauses (C). It is however, still open to the parties to agree on a lower level of cover.

4. 보험 – 매도인은 또한 인도지점부터 적어도 목적지점까지 매수인의 물품의 멸실 또는 훼손 위험에 대하여 보험계약을 체결하여야 한다. 이는 목적지 국가가 자국의 보험자에게 부보하도록 요구하는 경우에는 어려움을 야기할 수 있다. 이러한 경우에 당사자들은 CPT로 매매하는 것을 고려하여야 한다. 또한 매수인은 인코텀즈 2020 CIP 하에서 매도인은 협회적하약관의 C-약관에 의한 제한적인 담보조건이 아니라 협회적하약관의 A-약관이나 그와 유사한 약관에 따른 광범위한 담보조건으로 부보하여야 한다는 것을 유의하여야 한다. 그러나 당사자들은 여전히 더 낮은 수준의 담보조건으로 부보하기로 합의할 수 있다.

5. Identifying the place or point of delivery with precision – The parties are well advised to identify both places, or indeed points within those places, as precisely as possible in the contract of sale. Identifying the place or point (if any) of delivery as precisely as possible is important to cater for the common situation where several carriers are engaged, each for different legs of the transit from delivery to destination. Where this happens and the parties do not agree on a specific place or point of delivery, the default

position is that risk transfers when the goods have been delivered to the first carrier at a point entirely of the seller's choosing and over which the buyer has no control. Should the parties wish the risk to transfer at a later stage (e.g. at a sea or river port or at an airport), or indeed an earlier one (e.g. an inland point some way away from a sea or river port), they need to specify this in their contract of sale and to carefully think through the consequences of so doing in case the goods are lost or damaged.

5. 정확한 인도장소 또는 인도지점 지정 – 당사자들은 매매계약에서 가급적 정확하게 두 장소 (인도장소 및 목적지) 또는 그러한 두 장소 내의 실제 지점들을 지정하는 것이 좋다. 인도장소나 인도지점(있는 경우)을 가급적 정확하게 지정하는 것은 복수의 운송인이 참여하여 인도지부터 목적지까지 사이에 각자 상이한 운송구간을 담당하는 일반적인 상황에 대응하기 위하여 중요하다. 이러한 상황에서 당사자들이 특정한 인도장소나 인도지점을 합의하지 않는 경우에 [본 규칙이 규정하는] 보충적 입장은, 위험은 물품이 매도인이 전적으로 선택하고 그에 대하여 매수인이 전혀 통제할 수 없는 지점에서 제1운송인에게 인도된 때 이전한다는 것이다. 그 후의 어느 단계에서 (예컨대 바다나 강의 항구로부터 멀리 있는 내륙의 어느 지점에서) 위험이 이전되길 원한다면, 당사자들은 이를 매매계약에 명시하고 물품이 실제로 멸실 또는 훼손되는 경우에 그렇게 하는 것의 결과가 어떻게 되는지를 신중하게 생각할 필요가 있다.

6. Identifying the destination as precisely as possible – The parties are also well advised to identify as precisely as possible in the contract of sale the point within the agreed place of destination, as this is the point to which the seller must contract for carriage and insurance and this is the point to which the costs of carriage and insurance fall on the seller.

6. 가급적 정확한 목적지 지정 – 당사자들은 매매계약에서 합의된 목적지 내의 지점을 가급적 정확하게 지정하는 것이 좋다. 그 지점까지 매도인은 운송계약과 보험계약을 체결하여야 하고 그 지점까지 발생하는 운송비용과 보험비용을 매도인이 부담하기 때문이다.

7. 'or procuring the goods so delivered' – The reference to "procure" here caters for multiple sales down a chain (string sales), particularly common in the commodity trades.

7. '또는 그렇게 인도된 물품을 조달함' – 여기에 "조달한다"(procure)고 규정한 것은 특히 일차산품거래(commodity trades)에서 일반적인 수차에 걸쳐 연속적으로 이루어지는 매매('연속매매', 'string sales')에 대응하기 위함이다.

8. Costs of unloading at destination – If the seller incurs costs under its contract of carriage related to unloading at the named place of destination, the seller is not entitled to recover such costs separately from the buyer unless otherwise agreed between the parties.

8. 목적지의 양하비용 – 매도인이 자신의 운송계약상 지정목적지에서 양하에 관하여 비용이 발생한 경우에 매도인은 당사자간에 달리 합의되지 않은 한 그러한 비용을 매수인으로부터 별도로 상환받을 권리가 없다.

9. Export/import clearance – CIP requires the seller to clear the goods for export, where applicable. However, the seller has no obligation to clear the goods for import or for transmit through third countries, or to pay any import duty or to carry out any import customs formalities.

9. 수출/수입 통관 – CIP에서 해당되는 경우에 매도인이 물품의 수출통관을 하여야 한다. 그러나 매도인은 물품의 수입을 위한 또는 제3국 통과를 위한 통관을 하거나 수입관세를 납부하거나 수입통관절차를 수행할 의무가 없다.

㉲ DELIVERED AT PLACE[DAP(insert named place of destination) Incoterms® 2020]

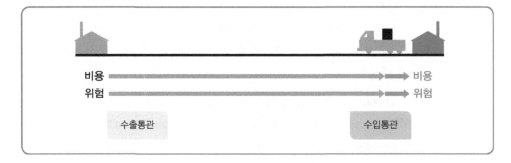

EXPLANATORY NOTES FOR USERS(사용자를 위한 설명문)

1. Delivery and risk – "Delivered at Place" means that the seller delivers the goods–and transfers risk–to the buyer
   ▶ when the goods are placed at the disposal of the buyer
   ▶ on the arriving means of transport ready for unloading
   ▶ at the named place of destination or
   ▶ at the agreed point within that place, if any such point is agreed.

   The seller bears all risks involved in bringing the goods to the named place of destination or to the greed point within that place. In this Incoterms® rule, therefore, delivery and arrival at destination are the same.

1. 인도와 위험 – "도착지인도"는 다음과 같이 된 때 매도인이 매수인에게 물품을 인도하는 것을 – 그리고 위험을 이전하는 것을 – 의미한다.
   ▶ 물품이 지정목적지에서 또는
   ▶ 지정목적지 내에 어떠한 지점이 합의된 경우에는 그 지점에서
   ▶ 도착운송수단에 실어둔 채 양하준비된 상태로
   ▶ 매수인의 처분하에 놓인 때

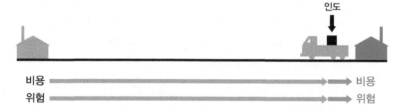

매도인은 물품을 지정목적지까지 또는 지정목적지 내의 합의된 지점까지 가져가는 데 수반되는 모든 위험을 부담한다. 따라서 본 인코텀즈 규칙에서 인도와 목적지의 도착은 같은 것이다.

2. Mode of transport – This rule may be used irrespective of the mode of transport selected and may also be used where more than one mode of transport is employed.

2. 운송방식 – 본 규칙은 어떠한 운송방식이 선택되는지를 불문하고 사용할 수 있고 둘 이상의 운송방식이 이용되는 경우에도 사용할 수 있다.

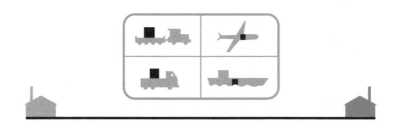

3. Identifying the place or point delivery/destination precisely – The parties are well advised to specify the destination place or point as clearly as possible and this for several reasons. First, risk of loss of or damage to the goods transfers to the buyer at that point of delivery/destination—and it is best for the seller and the buyer to be clear about the point at which that critical transfer happens. Secondly, the costs before that place or point of delivery/destination are for the account of the seller and the costs after that place or point are for the account of the buyer. Thirdly, the seller must contract or arrange for the carriage of the goods to the agreed place or point of delivery/destination. If it fails to do so, the seller is in breach of its obligations under the Incoterms® DAP rule and will be liable to the buyer for any ensuing loss. Thus, for example, the seller would be responsible for any additional costs levied by the carrier to the buyer for any additional on-carriage.

3. 정확한 인도장소/목적지 또는 인도/목적지점 지정 – 당사자들은 몇 가지 이유로 가급적 명확하게 목적지나 목적지점을 명시하는 것이 좋다. 첫째, 물품의 멸실 또는 훼손의 위험은 그러한 인도/목적지점에서 매수인에게 이전한다. – 따라서 매도인과 매수인은 그러한 결정적인 이전이 일어나는 지점에 대하여 명확하게 해두는 것이 가장 좋다. 둘째, 그러한 인도장소/목적지 또는 인도/목적지점 전의 비용은 매도인이 부담하고 그 후의 비용은 매수인이 부담한다. 셋째, 매도인은 물품을 합의된 인도장소/목적지 또는 인도/목적지점까지 운송하는 계약을 체결하거나 그러한 운송을 마련하여야 한다. 그렇게 하지 않는 경우에 매도인은 인코텀즈 DAP 규칙상 그의 의무를 위반한 것이 되고 매수인에 대하여 그에 따른 손해배상책임을 지게 된다. 따라서 매도인은 추가적인 후속운송(on-carriage)을 위하여 운송인이 매수인에게 부과하는 추가비용에 대하여 책임을 지게 된다.

4. 'or procuring the goods so delivered' – The reference to "procure" here caters for multiple sales down a chain (string sales), particularly common in the commodity trades.

4. '또는 그렇게 인도된 물품을 조달함' – 여기에 "조달한다"(procure)고 규정한 것은 특히 일차산품거래(commodity trades)에서 일반적인 수차에 걸쳐 연속적으로 이루어지는 매매('연속매매', 'string sales')에 대응하기 위함이다.

5. Unloading costs – The seller is not required to unload the goods from the arriving means of transportation. However, if the seller incurs costs under its contract of carriage related to unloading at the place of delivery/ destination, the seller is not entitled to recover such costs separately from the buyer unless otherwise agreed between the parties.

5. 양하비용 – 매도인은 도착운송수단으로부터 물품을 양하(unload)할 필요가 없다. 그러나 매도인이 자신의 운송계약상 인도장소/목적지에서 양하에 관하여 비용이 발생한 경우에 매도인은 당사자간에 달리 합의되지 않는 한 그러한 비용을 매수인으로부터 별도로 상환받을 권리가 없다.

6. Export/import clearance – DAP requires the seller to clear the goods for export, where applicable. However, the seller has no obligation to clear the goods for import or for post-delivery transit through third countries, to pay any import duty or to carry out any import customs formalities. As a result, if the buyer fails to organise clearance, the goods will be held up at a port or inland terminal in the destination country. Who bears the risk of any loss that might occur while the goods are thus held up at the port of entry in the destination country? The answer is the buyer: delivery will not have occurred yet, B3(a) ensuring that the risk of loss of or damage to the goods is with the buyer until transit to a named inland point can be resumed. If, in order to avoid this scenario, the parties intend the seller to clear the goods for import, pay any import duty or tax and carry out any import customs formalities, the parties might consider using DDP.

6. 수출/수입통관 – DAP에서는 해당되는 경우에 매도인이 물품의 수출통관을 하여야 한다. 그러나 매도인은 물품의 수입을 위한 또는 인도 후 제3국 통과를 위한 통관을 하거나 수입관세를 납부하거나 수입통관절차를 수행할 의무가 없다. 따라서 매수인이 수입통관을 못하는 경우에 물품은 목적지 국가의 항구나 내륙터미널에 묶이게 될 것이다. 그렇다면 물품이 목적지 국가의 입국항구(port of entry)에 묶여있는

동안에 발생하는 어떤 멸실의 위험은 누가 부담하는가? 그 답은 매수인이다. 즉, 아직 인도가 일어나지 않았고, B3(a)는 내륙의 지정지점으로의 통과가 재개될 때까지 물품의 멸실 또는 훼손의 위험을 매수인이 부담하도록 하기 때문이다. 만일 이러한 시나리오를 피하기 위하여 물품의 수입통관을 하고 수입관세나 세금을 납부하고 수입통관절차를 수행하는 것을 매도인이 하도록 하고자 하는 경우에 당사자들은 DDP를 사용하는 것을 고려할 수 있다.

Ⓗ DELIVERED AT PLACE UNLOADED[DPU(insert named place of destination) Incoterms® 2020]

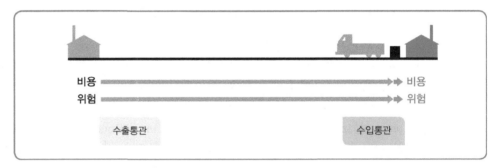

EXPLANATORY NOTES FOR USERS(사용자를 위한 설명문)

1. **Delivery and risk** − "Delivered at Place Unloaded" means that the seller delivers the goods − and transfer risk − to the buyer
   ▶ when the goods,
   ▶ once unloaded from the arriving means of transport,
   ▶ are placed at the disposal of the buyer
   ▶ at a named place of destination or
   ▶ at the agreed point within that place, if any such point is agreed.

The seller bears all risks involved in bringing the goods to and unloading them at the named place of destination. In this Incoterms® rule, therefore, the delivery and arrival at destination are the same. DPU is the only Incoterms® rule that requires the seller to unload goods at destination. The seller should therefore ensure that it is in a position to organise unloading at the named place. Should the parties intend the seller not to bear the risk and cost of unloading, the DPU rule should be avoided and DAP should be used instead.

1. 인도와 위험 – "도착지양하인도"는 다음과 같이 된 때 매도인이 매수인에게 물품을 인도하는 것을 – 그리고 위험을 이전하는 것을 – 의미한다.

   ▶ 물품이
   ▶ 지정목적지에서 또는
   ▶ 지정목적지 내에 어떠한 지점이 합의된 경우에는 그 지점에서
   ▶ 도착운송수단으로부터 양하된 상태로
   ▶ 매수인의 처분하에 놓인 때

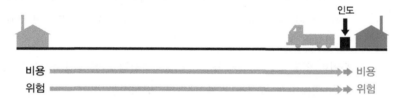

매도인은 물품을 지정목적지까지 가져가서 그곳에서 물품을 양하하는데 수반되는 모든 위험을 부담한다. 따라서 본 인코텀즈 규칙에서 인도와 목적지의 도착은 같은 것이다. DPU는 매도인이 목적지에서 물품을 양하하도록 하는 유일한 인코텀즈 규칙이다. 따라서 매도인은 자신이 그러한 지정장소에서 양하를 할 수 있는 입장에 있는지를 확실히 하여야 한다. 당사자들은 매도인이 양하의 위험과 비용을 부담하기를 원하지 않는 경우에는 DPU를 피하고 그 대신 DAP를 사용하여야 한다.

2. Mode of transport – This rule may be used irrespective of the mode of transport selected and may also be used where more than one mode of transport is employed.

2. 운송방식 – 본 규칙은 어떠한 운송방식이 선택되는지를 불문하고 사용할 수 있고 둘 이상의 운송방식이 이용되는 경우에도 사용할 수 있다.

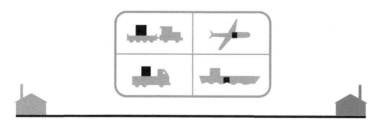

3. Identifying the place or point of delivery/destination precisely – The parties are well advised to specify the destination place or point as clearly as possible and this for several reasons. First, risk of loss of or damage to the goods transfers to the buyer at that point of delivery/destination—and it is best for the seller and the buyer to be clear about the point at which that critical transfer happens. Secondly, the costs before that place or point of delivery/destination are for the account of the seller and the costs after that place or point are for the account of the buyer. Thirdly, the seller must contract or arrange for the carriage of the goods to the agreed place or point of delivery/destination. If it fails to do so, the seller is in breach of its obligations under this rule and will be liable to the buyer for any ensuing loss. The seller would, for example, be responsible for any additional costs levied by the carrier to the buyer for any additional on-carriage.

3. 정확한 인도장소/목적지 또는 인도/목적지점 지정 – 당사자들은 몇 가지 이유로 가급적 명확하게 목적지나 목적지점을 명시하는 것이 좋다. 첫째, 물품의 멸실 또는 훼손의 위험은 그러한 인도/목적지점에서 매수인에게 이전한다. – 따라서 매도인과 매수인은 그러한 결정적인 이전이 일어나는 지점에 대하여 명확하게 해두는 것이 가장 좋다. 둘째, 그러한 인도장소/목적지 또는 인도/목적지점 전의 비용은 매도인이 부담하고 그 후의 비용은 매수인이 부담한다. 셋째, 매도인은 물품을 합의된 인도장소/목적지 또는 인도/목적지점까지 운송하는 계약을 체결하거나 그러한 운송을 마련하여야 한다. 그렇게 하지 않는 경우에 매도인은 본 규칙상 그의 의무를 위반한 것이 되고 매수인에 대하여 그에 따른 손해배상책임을 지게 된다. 따라서 예컨대 매도인은 추가적인 후속운송(on-carriage)을 위하여 운송인이 매수인에게 부과하는 추가비용에 대하여 책임을 지게 된다.

4. 'or procuring the goods so delivered' – The reference to "procure" here caters for multiple sales down a chain (string sales), particularly common in the commodity trades.

4. '또는 그렇게 인도된 물품을 조달함' – 여기에 "조달한다"(procure)고 규정한 것은 특히 일차산품거래(commodity trades)에서 일반적인 수차에 걸쳐 연속적으로 이루어지는 매매('연속매매', 'string sales')에 대응하기 위함이다.

5. Export/import clearance – DPU requires the seller to clear the goods for export, where applicable. However, the seller has no obligation to clear the goods for import or for post-delivery transit through third countries, to pay any import duty or to carry out any import customs formalities. As a result, if the buyer fails to organise import clearance, the goods will be held up at a port or inland terminal in the destination country. Who bears the risk of any loss that might occur while the goods are thus held up at the port of entry in the destination country? The answer is the buyer: delivery will not have occurred yet, B3(a) ensuring that the risk of loss of or damage to the goods is with the buyer until transit to a named inland point can be resumed. If, in order to avoid this scenario, the parties intend the seller to clear the goods for import, pay any import duty or tax and carry out any import customs formalities, the parties might consider using DDP.

5. 수출/수입통관 – DPU에서는 해당되는 경우에 매도인이 물품의 수출통관을 하여야 한다. 그러나 매도인은 물품의 수입을 위한 또는 인도 후 제3국 통과를 위한 통관을 하거나 수입관세를 납부하거나 수입통관절차를 수행할 의무가 없다. 따라서 매수인이 수입통관을 못하는 경우에 물품은 목적지 국가의 항구나 내륙터미널에 묶이게 될 것이다. 그렇다면 물품이 목적지 국가의 입국항구(port of entry)나 내륙터미널에 묶여있는 동안에 발생하는 어떤 멸실의 위험은 누가 부담하는가? 그 답은 매수인이다. 즉, 아직 인도가 일어나지 않았고, B3(a)는 내륙의 지정지점으로의 통과가 재개될 때까지 물품의 멸실 또는 훼손의 위험을 매수인이 부담하도록 하기 때문이다. 이러한 시나리오를 피하기 위하여 물품의 수입신고를 하고 수입관세나 세금을 납부하고 수입통관절차를 수행하는 것을 매도인이 하도록 하는 경우에 당사자들은 DDP를 사용하는 것을 고려할 수 있다.

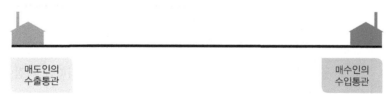

ⓐ DELIVERED DUTY PAID[DDP(insert named place of destination) Incoterms® 2020]

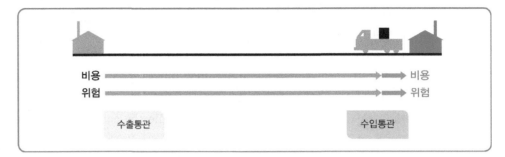

EXPLANATORY NOTES FOR USERS(사용자를 위한 설명문)

1. Delivery and risk – "Delivered Duty Paid" means that the seller delivers the goods to the buyer
   ▶ when the goods are place at the disposal of the buyer,
   ▶ cleared for import,
   ▶ ready for unloading,
   ▶ at the named place of destination or at the agreed point within that place, if any such point is agreed.

   The seller bears all risks involved in bringing the goods to the named place of destination or to the agreed point within that place. In this Incoterms® rule, therefore, delivery and arrival at destination are the same.

1. 인도와 위험 – "관세지급인도"는 다음과 같이 된 때 매도인이 매수인에게 물품을 인도하는 것을 의미한다.

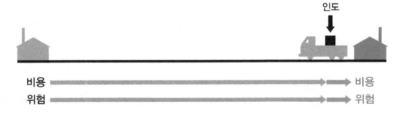

   ▶ 물품이 지정목적지에서 또는 지정목적지 내의 어떠한 지점이 합의된 경우에는 그러한 지점에서
   ▶ 수입통관 후
   ▶ 도착운송수단에 실어둔 채
   ▶ 양하준비된 상태로
   ▶ 매수인의 처분하에 놓인 때

매도인은 물품을 지정목적지까지 또는 지정목적지 내의 합의된 지점까지 가져가는 데 수반되는 모든 위험을 부담한다. 따라서 본 인코텀즈 규칙에서 인도와 목적지의 도착은 같은 것이다.

2. Mode of transport – This rule may be used irrespective of the mode of transport selected and may also be used where more than one mode of transport is employed.

2. 운송방식 – 본 규칙은 어떠한 운송방식이 선택되는지를 불문하고 사용할 수 있고 둘 이상의 운송방식이 이용되는 경우에도 사용할 수 있다.

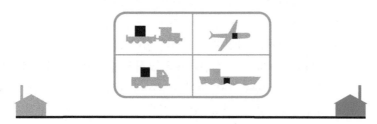

3. A note of caution to sellers: maximum responsibility – DDP, with delivery happening at destination and with the seller being responsible for the payment of import duty and applicable taxes is the Incoterms® rule imposing on the seller the maximum level of obligation of all eleven Incoterms® rules. From the seller's perspective, therefore, the rule should be used with care for different reasons as set out in paragraph 7.

3. 매도인을 위한 유의사항: 최대책임 – DDP에서는 인도가 도착지에서 일어나고 매도인이 수입관세와 해당되는 세금의 납부책임을 지므로 DDP는 11개의 모든 인코텀즈 규칙 중에서 매도인에게 최고수준의 의무를 부과하는 규칙이다. 따라서 매도인의 관점에서, 본 규칙은 아래 7번 단락에서 보는 바와 같이 여러 가지 이유로 조심스럽게 사용하여야 한다.

4. Identifying the place or point of delivery/destination precisely – The parties are well advised to specify the destination place or point as clearly as possible and this for several reasons. First, risk of loss of or damage to the goods transfers to the buyer at that point of delivery/destination—and it is best for the seller and the buyer to be clear about the point at which that critical transfer happens. Secondly, the costs before that place or point of delivery/destination are for the account of the seller, including the costs of import clearance, and the costs after that place or point, other than the

costs of import, are for the account of the buyer. Thirdly, the seller must contract or arrange for the carriage of the goods to the agreed place or point of delivery/destination. If it fails to do so, the seller is in breach of its obligations under the Incoterms® rule DDP and will be liable to the buyer for any ensuing loss. Thus, for example, the seller would be responsible for any additional costs levied by the carrier to the buyer for any additional on-carriage.

4. 정확한 인도장소/목적지 또는 인도/목적지점 지정 - 당사자들은 몇 가지 이유로 가급적 명확하게 목적지나 목적지점을 명시하는 것이 좋다. 첫째, 물품의 멸실 또는 훼손의 위험은 그러한 인도/목적지점에서 매수인에게 이전한다 - 따라서 매도인과 매수인은 그러한 결정적인 이전이 일어나는 지점에 대하여 명확하게 해두는 것이 가장 좋다. 둘째, 수입통관비용을 포함하여 그러한 인도장소/목적지 또는 인도/목적지점 전의 비용은 매도인이 부담하고 수입비용을 제외한 그 후의 비용은 매수인이 부담한다. 셋째, 매도인은 물품을 합의된 인도장소/목적지 또는 인도/목적지점까지 운송하는 계약을 체결하거나 그러한 운송을 마련하여야 한다. 그렇게 하지 않는 경우에 매도인은 인코텀즈 DDP 규칙상 그의 의무를 위반한 것이 되고 매수인에 대하여 그에 따른 손해배상책임을 지게 된다. 따라서 예컨대 매도인은 추가적인 후속운송(on-carriage)을 위하여 운송인이 매수인에게 부과하는 추가비용에 대하여 책임을 지게 된다.

5. 'or procuring the goods so delivered' - The reference to "procure" here caters for multiple sales down a chain (string sales), particularly common in the commodity trades.

5. '또는 그렇게 인도된 물품을 조달함' - 여기에 "조달한다"(procure)고 규정한 것은 특히 일차산품거래(commodity trades)에서 일반적인 수차에 걸쳐 연속적으로 이루어지는 매매('연속매매', 'string sales')에 대응하기 위함이다.

6. Unloading costs - If the seller incurs costs under its contract of carriage related to unloading at the place of delivery/destination, the seller is not entitled to recover such costs separately from the buyer unless otherwise agreed between the parties.

6. 양하비용 - 매도인은 자신의 운송계약상 인도장소/목적지에서 양하에 관하여 비용이 발생한 경우에 당사자간에 달리 합의되지 않은 한 그러한 비용을 매수인으로부터 별도로 상환받을 권리가 없다.

7. Export/import clearance – As set out in paragraph 3, DDP requires the seller to clear the goods for export, where applicable, as well as for import and to pay any import duty or to carry out any customs formalities. Thus if the seller is unable to obtain import clearance and would rather leave that side of things in the buyer's hands in the country of import, then the seller should consider choosing DAP or DPU, under which rules delivery still happens at destination, but with import clearance being left to the buyer. There may be tax implications and this tax may not be recoverable from the buyer: see A9(d).

7. 수출/수입통관 – 앞의 3번 단락에서 보듯이, DDP에서는 해당되는 경우에 매도인이 물품의 수출통관 및 수입통관을 하여야 하고 또한 수입관세를 납부하거나 모든 통관절차를 수행하여야 한다. 따라서 매도인은 수입통관을 완료할 수 없어서 차라리 이러한 부분을 수입국에 있는 매수인의 손에 맡기고자 하는 경우에 인도는 여전히 목적지에서 일어나지만 수입통관은 매수인이 하도록 되어 있는 DAP나 DPU를 선택하는 것을 고려하여야 한다. 세금문제가 개재될 수 있는데 이러한 세금은 매수인으로부터 상환받을 수 없다. A9(d)를 보라.

② 해상운송과 내수로운송에 적용되는 규칙(RULES FOR SEA AND INLAND WATERWAY TRANSPORT)
　㉠ FREE ALONGSIDE SHIP[FAS(insert named port of shipment) Incoterms® 2020]

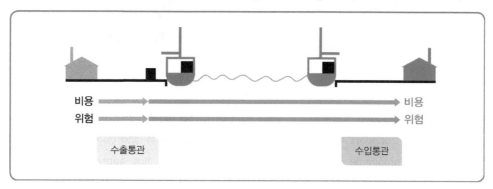

EXPLANATORY NOTES FOR USERS(사용자를 위한 설명문)

1. Delivery and risk – "Free Alongside Ship" means that the seller delivers the goods to the buyer

   ▶ when the goods are placed alongside the ship (e.g. on a quay or a barge)

   ▶ nominated by the buyer

   ▶ at the named port of shipment

   ▶ or when the seller procures goods already so delivered.

   The risk of loss of or damage to the goods transfers when the goods are alongside the ship, and the buyer bears all costs from that moment onwards.

1. 인도와 위험 – "선측인도"는 다음과 같이 된 때 매도인이 물품을 매수인에게 인도하는 것을 의미한다.

   ▶ 지정선적항에서

   ▶ 매수인이 지정한 선박의

   ▶ 선측에 [예컨대 부두 또는 바지(barge)에] 물품이 놓인 때

   ▶ 또는 이미 그렇게 인도된 물품을 조달한 때

   물품의 멸실 또는 훼손의 위험은 물품이 선측에 놓인 때 이전하고, 매수인은 그 순간부터 향후의 모든 비용을 부담한다.

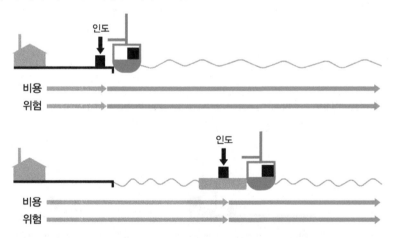

2. Mode of transport – This rule is to be used only for sea or inland waterway transport where the parties intend to deliver the goods by placing the goods alongside a vessel. Thus, the FAS rule is not appropriate where goods are handed over to the carrier before they are alongside the vessel, for example where goods are handed over to a carrier at a container terminal. Where this is the case, parties should consider using the FCA rule rather than the FAS rule.

2. 운송방식 – 본 규칙은 당사자들이 물품을 선측에 둠으로써 인도하기로 하는 해상운송이나 내수로운송에만 사용되어야 한다. 따라서 FAS 규칙은 물품이 선측에 놓이기 전에 운송인에게 교부되는 경우, 예컨대 물품이 컨테이너 터미널에서 운송인에게 교부되는 경우에는 적절하지 않다. 이러한 경우에 당사자들은 FAS 규칙 대신에 FCA 규칙을 사용하는 것을 고려하여야 한다.

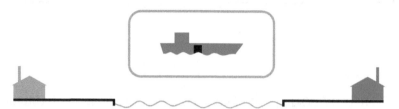

3. Identifying the loading point precisely – The parties are well advised to specify as clearly as possible the loading point at the named port of shipment where the goods are to be transferred from the quay or barge to the ship, as the costs and risks to that point are for the account of the seller and these costs and associated handling charges may vary according to the practice of the port.

3. 정확한 적재지점 지정 – 당사자들은 지정선적항에서 물품이 부두나 바지(barge)로부터 선박으로 이동하는 적재지점을 가급적 명확하게 명시하는 것이 좋다. 그 지점까지의 비용과 위험은 매도인이 부담하고, 이러한 비용과 그와 관련된 처리비용(handling charges)은 항구의 관행에 따라 다르기 때문이다.

4. 'or procuring the goods so delivered' – The seller is required either to deliver the goods alongside the ship or to procure goods already so delivered for shipment. The reference to "procure" here caters for multiple sales down a chain (string sales), particularly common in the commodity trades.

4. '또는 그렇게 인도된 물품을 조달함' – 매도인은 물품을 선측에서 인도하거나 선적을 위하여 이미 그렇게 인도된 물품을 조달하여야 한다. 여기에 "조달한다"(procure)고 규정한 것은 특히 일차산품거래(commodity trades)에서 일반적인 수차에 걸쳐 연속적으로 이루어지는 매매(연속매매, 'string sales')에 대응하기 위함이다.

5. Export/import clearance – FAS requires the seller to clear the goods for export, where applicable. However, the seller has no obligation to clear the goods for import or for transit through third countries, to pay any import duty or to carry out any import customs formalities.

5. 수출/수입통관 – FAS에서는 해당되는 경우에 매도인이 물품의 수출통관을 하여야 한다. 그러나 매도인은 물품의 수입을 위한 또는 제3국 통과를 위한 통관을 하거나 수입관세를 납부하거나 수입통관절차를 수행할 의무가 없다.

ⓛ FREE ON BOARD[FOB(insert named port of shipment) Incoterms® 2020]

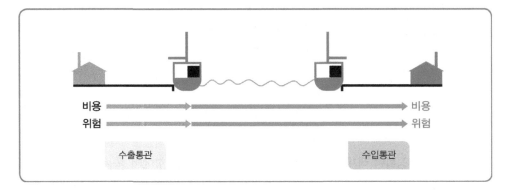

EXPLANATORY NOTES FOR USERS(사용자를 위한 설명문)

1. Delivery and risk – "Free on Board" means that the seller delivers the goods to the buyer

 ▶ on board the vessel

 ▶ nominated by the buyer

 ▶ at the named port of shipment

 ▶ or procures the goods already so delivered.

 The risk of loss of or damage to the goods transfers when the goods are on board the vessel, and the buyer bears all costs from that moment onwards.

1. 인도와 위험 – "본선인도"는 매도인이 다음과 같이 물품을 매수인에게 인도하는 것을 의미한다.

 ▶ 지정선적항에서

 ▶ 매수인이 지정한

▶ 선박에 적재함.

▶ 또는 이미 그렇게 인도된 물품을 조달함.

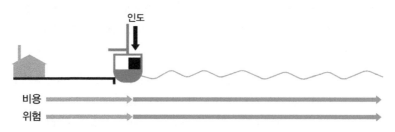

물품의 멸실 또는 훼손의 위험은 물품이 선박에 적재된 때 이전하고, 매수인은 그 순간부터 향후의 모든 비용을 부담한다.

2. Mode of transport – This rule is to be used only for sea or inland waterway transport where the parties intend to deliver the goods by placing the goods on board a vessel. Thus, the FOB rule is not appropriate where goods are handed over to the carrier before they are on board the vessel, for example where goods are handed over to a carrier at a container terminal. Where this is the case, parties should consider using the FCA rule rather than the FOB rule.

2. 운송방식 – 본 규칙은 당사자들이 물품을 선박에 적재함으로써 인도하기로 하는 해상운송이나 내수로운송에만 사용되어야 한다. 따라서 FOB 규칙은 물품이 선박에 적재되기 전에 운송인에게 교부되는 경우, 예컨대 물품이 컨테이너 터미널에서 운송인에게 교부되는 경우에는 적절하지 않다. 이러한 경우에 당사자들은 FOB 규칙 대신에 FCA 규칙을 사용하는 것을 고려하여야 한다.

3. 'or procuring the goods so delivered' – The seller is required either to deliver the goods on board the vessel or to procure goods already so delivered for shipment. The reference to "procure" here caters for multiple sales down a chain (string sales), particularly common in the commodity trades.

3. '또는 그렇게 인도된 물품을 조달함' – 매도인은 물품을 선박에 적재하여 인도하거나 선적을 위하여 이미 그렇게 인도된 물품을 조달하여야 한다. 여기에 "조달한다" (procure)고 규정한 것은 특히 일차산품거래(commodity trades)에서 일반적인 수차에 걸쳐 연속적으로 이루어지는 매매('연속매매', 'string sales')에 대응하기 위함이다.

4. Export/import clearance – FOB requires the seller to clear the goods for export, where applicable. However, the seller has no obligation to clear the goods for import or for transit through third countries, to pay any import duty or to carry out any import customs formalities.

4. 수출/수입통관 – FOB에서는 해당되는 경우에 매도인이 물품의 수출통관을 하여야 한다. 그러나 매도인은 물품의 수입을 위한 또는 제3국 통과를 위한 통관을 하거나 수입관세를 납부하거나 수입통관절차를 수행할 의무가 없다.

ⓒ COST AND FREIGHT[CFR(insert named port of destination) Incoterms® 2020]

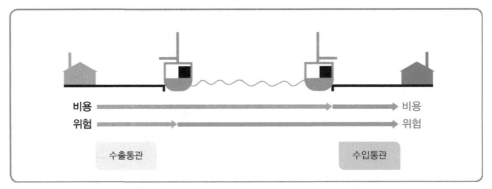

EXPLANATORY NOTES FOR USERS(사용자를 위한 설명문)

1. Delivery and risk – "Cost and Freight" means that the seller delivers the goods to the buyer

   ▶ on board the vessel

   ▶ or procures the goods already so delivered.

   The risk of loss of or damage to the goods transfers when the goods are on board the vessel, such that the seller is taken to have performed its obligation to deliver the goods whether or not the goods actually arrive at their destination in sound condition, in the stated quantity or, indeed, at all. In CFR, the seller owes no obligation to the buyer to purchase insurance cover: the buyer would be well-advised therefore to purchase some cover for itself.

1. 인도와 위험 – "운임포함인도"는 매도인이 물품을 매수인에게 다음과 같이 인도하는 것을 의미한다.

   ▶ 선박에 적재함.

   ▶ 또는 이미 그렇게 인도된 물품을 조달함.

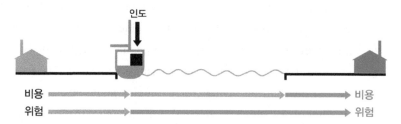

물품의 멸실 또는 훼손의 위험은 물품이 선박에 적재된 때 이전하고, 그에 따라 매도인은 명시된 수량의 물품이 실제로 목적지에 양호한 상태로 도착하는지를 불문하고 또는 사실 물품이 전혀 도착하지 않더라도 그의 물품인도의무를 이행한 것으로 된다. CFR에서 매도인은 매수인에 대하여 부보의무가 없다. 따라서 매수인은 스스로 부보하는 것이 좋다.

2. Mode of transport – This rule is to be used only for sea or inland waterway transport. Where more than one mode of transport is to be used, which will commonly be the case where goods are handed over to a carrier at a container terminal, the appropriate rule to use is CPT rather than CFR.

2. 운송방식 – 본 규칙은 해상운송이나 내수로운송에만 사용되어야 한다. 물품이 컨테이너터미널에서 운송인에게 교부되는 경우에 일반적으로 그러하듯이 둘 이상의 운송방식이 사용되는 경우에 사용하기 적절한 규칙은 CFR이 아니라 CPT이다.

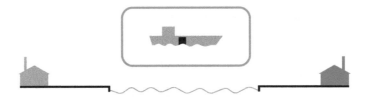

3. 'or procuring the goods so delivered' – The reference to "procure" here caters for multiple sales down a chain (string sales), particularly common in the commodity trades.

3. '또는 그렇게 인도된 물품을 조달함' – 여기에 "조달한다"(procure)고 규정한 것은 특히 일차산품거래(commodity trades)에서 일반적인 수차에 걸쳐 연속적으로 이루어지는 매매('연속매매', 'string sales')에 대응하기 위함이다.

4. Ports of delivery and destination – In CFR, two ports are important: the port where the goods are delivered on board the vessel and the port agreed as the destination of the goods. Risk transfers from seller to buyer when the goods are delivered to the buyer by placing them on board the vessel at the shipment port or by procuring the goods already so delivered. However, the seller must contract for the carriage of the goods from delivery to the agreed destination. Thus, for example, goods are placed on board a vessel in Shanghai (which is a port) for carriage to Southampton(also a port). Delivery here happens when the goods are on board in Shanghai, with risk transferring to the buyer at that time; and the seller must make a contract of carriage from Shanghai to Southampton.

4. 인도항(port of delivery)과 목적항(port of destination) – CFR에서는 두 항구가 중요하다. 물품이 선박에 적재되어 인도되는 항구와 물품의 목적항으로 합의된 항구가 그것이다. 위험은 물품이 선적항에서 선박에 적재됨으로써 또는 이미 그렇게 인도된 물품을 조달함으로써 매수인에게 인도된 때 매도인으로부터 매수인에게 이전한다. 그러나 매도인은 물품을 인도지부터 합의된 목적지까지 운송하는 계약을 체결하여야 한다. 따라서 예컨대 물품은 (항구인) 사우샘프턴까지 운송을 위하여 (항구인) 상하이에서 선박에 적재된다. 그러면 물품이 상하이에서 적재된 때 여기서 인도가 일어나고, 그 시점에 위험이 매수인에게 이전한다. 그리고 매도인은 상하이에서 사우샘프턴으로 향하는 운송계약을 체결하여야 한다.

5. Must the shipment port be named? – While the contract will always specify a destination port, it might not specify the port of shipment, which is where risk transfers to the buyer. If the shipment port is of particular interest to the buyer, as it may be, for example, where the buyer wishes to ascertain that the freight element of the price is reasonable, the parties are well advised to identify it as precisely as possible in the contract.

5. 선적항은 반드시 지정되어야 하는가? – 계약에서 항상 목적항을 명시할 것이지만, 위험이 매수인에게 이전하는 장소인 선적항은 명시하지 않을 수도 있다. 예컨대 매수인이 매매대금에서 운임요소가 합리적인지 확인하고자 하는 경우에 그러하듯이 선적항이 특히 매수인의 관심사항인 경우에 당사자들은 계약에서 선적항을 가급적 정확하게 특정하는 것이 좋다.

6. Identifying the destination point at the discharge port – The parties are well advised to identify as precisely as possible the point at the named port of destination, as the costs to that point are for the account of the seller. The seller must make a contract or contracts of carriage that cover(s) the transit of the goods from delivery to the named port or to the agreed point within that port where such a point has been agreed in the contract of sale.

6. 양륙항 내 목적지점 지정 – 당사자들은 지정목적항 내의 지점을 가급적 정확하게 지정하는 것이 좋다. 그 지점까지 비용을 매도인이 부담하기 때문이다. 매도인은 물품을 인도지로부터 지정목적항까지 또는 그 지정목적항 내의 지점으로서 매매계약에서 합의된 지점까지 물품을 운송하는 단일 또는 복수의 계약을 체결하여야 한다.

7. Multiple carriers – It is possible that carriage is effected through several carriers for different legs of the sea transport, for example, first by a carrier operating a feeder vessel from Hong Kong to Shanghai, and then onto an ocean vessel from Shanghai to Southampton. The question which arises here is whether risk transfers from seller to buyer at Hong Kong or at Shanghai: where does delivery take place? The parties may well have agreed this in the sale contract itself. Where, however, there is no such agreement, the default position is that risk transfers when the goods have been delivered to the first carrier, i.e. Hong Kong, thus increasing the period during which the buyer incurs the risk of loss or damage. Should the parties wish the risk to transfer at a later stage (here, Shanghai) they need to specify this in their contract of sale.

7. 복수의 운송인 – 예컨대 먼저 홍콩에서 상하이까지 피더선(feeder vessel)을 운항하는 운송인이 담당하고 이어서 상하이에서 사우샘프턴까지 항해선박(ocean vessel)이 담당하는 경우와 같이, 상이한 해상운송구간을 각기 담당하는 복수의 운송인이 운송을 수행하는 것도 가능하다. 이때 과연 위험은 매도인으로부터 매수인에게 홍콩에서 이전하는지 아니면 상하이에서 이전하는지 의문이 발생한다. 즉, 인도는 어디서 일어나는가? 당사자들이 매매계약 자체에서 이를 잘 합의하였을 수도 있다. 그러나 그러한 합의가 없는 경우에 [본 규칙이 규정하는] 보충적 입장은, 위험은 물품이 제1운송인에게 인도된 때, 즉 홍콩에서 이전하고, 따라서 매수인이 멸실 또는 훼손의 위험을 부담하는 기간이 증가한다는 것이다. 당사자들은 그 뒤의 어느 단계에서 (여기서는 상하이) 위험이 이전하기를 원한다면 이를 매매계약에 명시하여야 한다.

8. Unloading costs – If the seller incurs costs under its contract of carriage related to unloading at the specified point at the port of destination, the seller is not entitled to recover such costs separately from the buyer unless otherwise agreed between the parties.

8. 양하비용 – 매도인은 자신의 운송계약상 목적항 내의 명시된 지점에서 양하에 관하여 비용이 발생한 경우에 당사자간에 달리 합의되지 않은 한 그러한 비용을 매수인으로부터 별도로 상환받을 권리가 없다.

9. Export/import clearance – CFR requires the seller to clear the goods for export, where applicable. However, the seller has no obligation to clear the goods for import or for transit through third countries, to pay any import duty or to carry out any import customs formalities.

9. 수출/수입통관 – CFR에서는 해당되는 경우에 매도인이 물품의 수출통관을 하여야 한다. 그러나 매도인은 물품의 수입을 위한 또는 제3국 통과를 위한 통관을 하거나 수입관세를 납부하거나 수입통관절차를 수행할 의무가 없다.

매도인의
수출통관

매수인의
수입통관

ⓔ COST, INSURANCE AND FREIGHT[CIF(insert named port of destination) Incoterms® 2020]

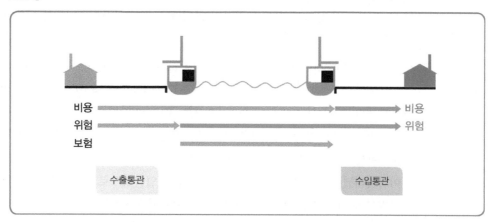

EXPLANATORY NOTES FOR USERS(사용자를 위한 설명문)

1. Delivery and risk — "Cost Insurance and Freight" means that the seller delivers the goods to the buyer

▶ on board the vessel

▶ or procures the goods already so delivered.

The risk of loss of or damage to the goods transfers when the goods are on board the vessel, such that the seller is taken to have performed its obligation to deliver the goods whether or not the goods actually arrive at their destination in sound condition, in the stated quantity or, indeed, at all.

1. 인도와 위험 — "운임·보험료포함인도"는 매도인이 물품을 매수인에게 다음과 같이 인도하는 것을 의미한다.

▶ 선박에 적재함.

▶ 또는 이미 그렇게 인도된 물품을 조달함.

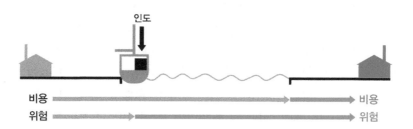

물품의 멸실 또는 훼손의 위험은 물품이 선박에 적재된 때 이전하고, 그에 따라 매도인은 명시된 수량의 물품이 실제로 목적지에 양호한 상태로 도착하는지를 불문하고 또는 사실 물품이 전혀 도착하지 않더라도 그의 물품인도의무를 이행한 것으로 된다.

2. Mode of transport – This rule is to be used only for sea or inland waterway transport. Where more than one mode of transport is to be used, which will commonly be the case where goods are handed over to a carrier at a container terminal, the appropriate rule to use is CIP rather than CIF.

2. 운송방식 – 본 규칙은 해상운송이나 내수로운송에만 사용되어야 한다. 물품이 컨테이너터미널에서 운송인에게 교부되는 경우에 일반적으로 그러하듯이 둘 이상의 운송방식이 사용되는 경우에 사용하기 적절한 규칙은 CIF가 아니라 CIP이다.

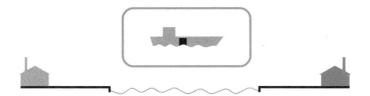

3. 'or procuring the goods so delivered' – The reference to "procure" here caters for multiple sales down a chain (string sales), particularly common in the commodity trades.

3. '또는 그렇게 인도된 물품을 조달함' – 여기에 "조달한다"(procure)고 규정한 것은 특히 일차산품거래(commodity trades)에서 일반적인 수차에 걸쳐 연속적으로 이루어지는 매매('연속매매', 'string sales')에 대응하기 위함이다.

4. Ports of delivery and destination – In CIF, two ports are important: the port where the goods are delivered on board the vessel and the port agreed as the destination of the goods. Risk transfers from seller to buyer when the goods are delivered to the buyer by placing them on board the vessel at the shipment port or by procuring the goods already so delivered. However, the seller must contract for the carriage of the goods from delivery to the agreed destination. Thus, for example, goods are placed on board a vessel in Shanghai (which is a port) for carriage to Southampton (also a port). Delivery here happens when the goods are on board in Shanghai, with risk transferring to the buyer at that time; and the seller must make a contract of carriage from Shanghai to Southampton.

4. 인도항(port of delivery)과 목적항(port of destination) – CIF에서는 두 항구가 중요하다. 물품이 선박에 적재되어 인도되는 항구와 물품의 목적항으로 합의된 항구가 그것이다. 위험은 물품이 선적항에서 선박에 적재됨으로써 또는 이미 그렇게 인도된 물품을 조달함으로써 매수인에게 인도된 때 매도인으로부터 매수인에게 이전한다. 그러나 매도인은 물품을 인도지부터 합의된 목적지까지 운송하는 계약을 체결하여야 한다. 따라서 예컨대 물품은 (항구인) 사우샘프턴까지 운송을 위하여 (항구인) 상하이에서 선박에 적재된다. 그러면 물품이 상하이에서 선적된 때 여기서 인도가 일어나고, 그 시점에 위험이 매수인에게 이전한다. 그리고 매도인은 상하이에서 사우샘프턴으로 향하는 운송계약을 체결하여야 한다.

5. Must the shipment port be named? – While the contract will always specify a destination port, it might not specify the port of shipment, which is where risk transfers to the buyer. If the shipment port is of particular interest to the buyer, as it may be, for example, where the buyer wishes to ascertain that the freight or the insurance element of the price is reasonable, the parties are well advised to identify it as precisely as possible in the contract.

5. 선적항은 반드시 지정되어야 하는가? – 계약에서 항상 목적항을 명시할 것이지만 위험이 매수인에게 이전하는 장소인 선적항은 명시하지 않을 수도 있다. 예컨대 매수인이 매매대금 에서 운임요소 또는 보험요소가 합리적인지 확인하고자 하는 경우에 그러하듯이 선적항이 특히 매수인의 관심사항인 경우에 당사자들은 계약에서 선적항을 가급적 정확하게 지정하는 것이 좋다.

6. Identifying the destination point at the discharge port – The parties are well advised to identify as precisely as possible the point at the named port of destination, as the costs to that point are for the account of the seller. The seller must make a contract or contracts of carriage that cover the transit of the goods from delivery to the named port or to the agreed point within that port where such a point has been agreed in the contract of sale.

6. 양륙항 내 목적지점 지정 – 당사자들은 지정목적항 내의 지점을 가급적 정확하게 지정하는 것이 좋다. 그 지점까지 비용을 매도인이 부담하기 때문이다. 매도인은 물품을 인도지로부터 지정목적항까지 또는 매매계약에서 그러한 지점이 합의된 경우에는 그 지정목적항 내의 지점까지 운송하는 단일 또는 복수의 계약을 체결하여야 한다.

7. Multiple carriers – It is possible that carriage is effected through several carriers for different legs of the sea transport, for example, first by a carrier operating a feeder vessel from Hong Kong to Shanghai, and then onto an ocean vessel from Shanghai to Southampton. The question which arises here is whether risk transfers from seller to buyer at Hong Kong or at Shanghai: where does delivery take place? The parties may well have agreed this in the sale contract itself. Where, however, there is no such agreement, the default position is that risk transfers when the goods have been delivered to the first carrier, i.e. Hong Kong, thus increasing the period during which the buyer incurs the risk of loss or damage. Should the parties wish the risk to transfer at a later stage (here, Shanghai) they need to specify this in their contract of sale.

7. 복수의 운송인 – 예컨대 먼저 홍콩에서 상하이까지 피더선(feeder vessel)을 운항하는 운송인이 담당하고 이어서 상하이에서 사우샘프턴까지 항해선박(ocean vessel)이 담당하는 경우와 같이, 상이한 해상운송구간을 각기 담당하는 복수의 운송인이 운송을 수행하는 것도 가능하다. 이때 과연 위험은 매도인으로부터 매수인에게 홍콩에서 이전하는지 아니면 상하이에서 이전하는지 의문이 발생한다. 즉 인도는 어디서 일어나는가? 당사자들이 매매계약 자체에서 이를 잘 합의하였을 수 있다. 그러나 그러한 합의가 없는 경우에, [본 규칙이 규정하는] 보충적 입장은, 위험은 물품이 제1운송인에게 인도된 때, 즉 홍콩에서 이전하고, 따라서 매수인이 멸실 또는 훼손의 위험을 부담하는 기간이 증가한다는 것이다. 당사자들은 그 뒤의 어느 단계에서 (여기서는 상하이) 위험이 이전하기를 원한다면 이를 매매계약에 명시하여야 한다.

8. Insurance – The seller must also contract for insurance cover against the buyer's risk of loss of or damage to the goods from the port of shipment to at least the port of destination. This may cause difficulty where the destination country requires insurance cover to be purchased locally: in this case the parties should consider selling and buying under CFR. The buyer should also note that under the CIF Incoterms® 2020 rule the seller is required to obtain limited insurance cover complying with Institute Cargo Clauses (C) or similar clause, rather than with the more extensive cover under Institute Cargo Clauses (A). It is, however, still open to the parties to agree on a higher level of cover.

8. 보험 – 매도인은 또한 선적항부터 적어도 목적항까지 매수인의 물품의 멸실 또는 훼손 위험에 대하여 보험계약을 체결하여야 한다. 이는 목적지 국가가 자국의 보험자에게 부보하도록 요구하는 경우에는 어려움을 야기할 수 있다. 이러한 경우에 당사자들은 CFR로 매매하는 것을 고려하여야 한다. 또한 매수인은 인코텀즈 2020 CIF 하에서 매도인은 협회적하약관의 A-약관에 의한 보다 광범위한 담보조건이 아니라 협회적하약관의 C-약관이나 그와 유사한 약관에 따른 제한적인 담보조건으로 부보하여야 한다는 것을 유의하여야 한다. 그러나 당사자들은 여전히 더 높은 수준의 담보조건으로 부보하기로 합의할 수 있다.

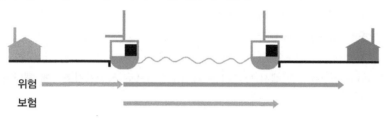

9. Unloading costs – If the seller incurs costs under its contract of carriage related to unloading at the specified point at the port of destination, the seller is not entitled to recover such costs separately from the buyer unless otherwise agreed between the parties.

9. 양하비용 – 매도인은 자신의 운송계약상 목적항 내의 명시된 지점에서 양하에 관하여 비용이 발생한 경우에 당사자간에 달리 합의되지 않은 한 그러한 비용을 매수인으로부터 별도로 상환받을 권리가 없다.

10. Export/import clearance – CIF requires the seller to clear the goods for export, where applicable. However, the seller has no obligation to clear the goods for import or for transit through third countries, to pay any import duty or to carry out any import customs formalities.

10. 수출/수입통관 – CIF에서는 해당되는 경우에 매도인이 물품의 수출통관을 하여야 한다. 그러나 매도인은 물품의 수입을 위한 또는 제3국 통과를 위한 통관을 하거나 수입관세를 납부하거나 수입통관절차를 수행할 의무가 없다.

핵심포인트

CIF 조건의 특징

1. 서류에 의한 상징적 인도(Symbolic Delivery)

   CIF 조건은 매수인이 매도인으로부터 제공받은 서류와 상환으로 물품대금을 지급하는 거래 조건이기 때문에 서류에 의한 상징적 인도(Symbolic Delivery ⇔ Actual Delivery)로 볼 수 있다.

2. 선적지 매매(Shipment Contract) 인도조건

   CIF 조건의 위험이전 분기점(Critical Point)은 지정 선적항에서의 본선이므로 매도인의 매매계약이행은 선적지에서 완료가 된다.

3. 복합가격 인도조건

   CIF 조건은 매도인이 매수인에게 물품가격(Cost)에 운임(Freight)과 보험료(Insurance Premium)를 포함해서 매매하는 가격조건이므로 복합가격조건에 해당한다.

---

(6) 선적지 계약(Shipment(Departure) Contract)과 양륙지 계약(Arrival Contract)

① **선적지 계약** : 물품의 멸실이나 손상에 대한 매도인의 책임이 선적지에서 종료되는, 즉 물품에 대한 위험부담의 분기점이 수출국 내의 어느 지점으로 되는 계약 형태를 '선적지(적출지) 계약' 이라 한다. INCOTERMS의 조건 중 E, F, C Group을 이용할 경우가 해당된다.

② **양륙지 계약** : 물품에 대한 위험부담의 분기점이 수입국 내의 어느 지점으로 되는 계약 형태를 '양륙지(도착지) 계약'이라 한다. INCOTERMS의 조건 중 D Group을 이용할 경우가 해당된다.

(7) 물품에 대한 위험이전 및 비용부담의 분기점

거래조건	물품에 대한 위험이전 및 비용부담의 분기점
EXW	• **위험 이전** : 매도인의 작업장 구내에서 매수인이 임의처분할 수 있도록 물품을 인도했을 때 • **비용 부담** : 매도인은 '위험 이전'까지의 제비용 부담
FCA	• **위험 이전** : 매도인이 매수인이 지정한 운송인에게 수출통관된 물품을 인도했을 때(매도인 영업구내에선 적재인도, 영업구내가 아닌 경우 실린 채 인도) • **비용 부담** : 매도인은 '위험 이전'까지의 제비용 부담 * 추가의무부 : 선적 선하증권 요구 가능, 자가 운송 허용
CPT	• **위험 이전** : 물품이 약정된 일자 또는 기간 내에 지정목적지까지 운송할 운송인의 보관 하에 또는 후속운송인이 있을 경우 최초의 운송인에게 물품인도 시 • **비용 부담** : 매도인은 FCA 조건 + 지정된 목적지까지의 물품운송비(복합운송개념에서 운송비) 부담

CIP	• 위험 이전 : 물품이 약정된 일자 또는 기간 내에 지정목적지까지 운송할 운송인의 보관 하에 또는 후속운송인이 있을 경우 최초의 운송인에게 물품인도 시 • 비용 부담 : 매도인은 CPT 조건 + 지정된 목적지까지의 적하보험료 부담 * 부보 : ICC(A) or ICC(A/R)
DAP	• 위험 이전 : 지정목적지에서 도착운송수단에 실린 채 양하 준비된 상태로 매수인의 처분 하에 놓인 때 • 비용 부담 : 매도인은 '위험 이전'까지의 제비용 부담 (자가 운송 허용)
DPU	• 위험 이전 : 도착운송수단으로부터 양하된 상태로 지정목적항이나 지정목적지의 지정 터미널에서 매수인의 처분 하에 놓인 때 • 비용 부담 : 매도인은 '위험 이전'까지의 제비용 부담 (자가 운송 허용)
DDP	• 위험 이전 : 약정된 일자 또는 기간 내에 매도인이 지정된 수입국 내의 목적지점에 물품을 반입해 매수인의 임의처분 하에 인도한 때 • 비용 부담 : 매도인은 '위험 이전'까지의 제비용 부담 (자가 운송 허용) + 관세
FAS	• 위험 이전 : 물품이 지정선적항의 부두에 또는 부선으로 본선의 선측에 인도했을 때, 또는 그렇게 인도된 물품을 조달한 때 • 비용 부담 : 매도인은 '위험 이전'까지의 제비용 부담
FOB	• 위험 이전 : 물품이 지정선적항에서 본선에 적재했을 때(on board) 또는 그렇게 인도된 물품을 조달한 때 • 비용 부담 : 매도인은 '위험 이전'까지의 제비용 부담
CFR	• 위험 이전 : 물품이 지정선적항에서 본선에 적재했을 때(on board) 또는 그렇게 인도된 물품을 조달한 때 • 비용 부담 : 매도인은 적재 시까지 제비용 + 목적항까지의 운임 부담 (정기선의 경우 양하비 부담)
CIF	• 위험 이전 : 물품이 지정선적항에서 본선에 적재했을 때(on board) 또는 그렇게 인도된 물품을 조달한 때 • 비용 부담 : 매도인은 적재 시까지 제비용 + 목적항까지 운임 및 보험료 부담 (정기선의 경우 양하비 부담) * 부보 : ICC(C) or ICC(FPA)

(8) 수출입 통관에 관한 당사자의 의무

① 수출통관 이행 : 원칙적으로 수출과 관련된 허가 취득 및 통관 이행은 매도인의 의무이나, 예외적으로 EXW 조건에서는 매수인의 의무이다.

② 수입통관 이행 : 원칙적으로 수입과 관련된 허가 취득 및 통관 이행은 매수인의 의무이나, 예외적으로 DDP 조건에서는 매도인의 의무이다.

(9) 운송수단 및 이에 적합한 INCOTERMS 2020의 조건

① 모든 운송 형태(Any mode of transport) : EXW, FCA, CPT, CIP, DAP, DPU 및 DDP 조건은 복합운송을 포함하여 운송수단의 형태에 상관없이 사용이 가능하다.

② 해상운송 및 내수로 운송수단에만(Maritime and inland waterway transport only) : FAS, FOB, CFR 및 CIF 조건은 해상운송 및 내수로 운송에만 사용이 가능하다.

(10) 운송계약 및 보험계약에 관한 당사자의 의무

① 운송계약
- ㉠ 매도인의 의무인 경우 : CFR, CIF, CPT, CIP, DAP, DPU, DDP
- ㉡ 매수인의 의무인 경우 : FCA, FAS, FOB
- ㉢ 의무 없음 : EXW 조건에서는 매수인이 일반적으로 운송계약을 체결하나, 이것이 매도인에 대한 의무는 아니다.

② 보험계약
- ㉠ 매도인의 의무인 경우 : CIF, CIP
- ㉡ 매도인의 의무는 아니지만 자신을 위해 체결하는 경우 : DAP, DPU, DDP
- ㉢ 매수인의 의무는 아니지만 자신을 위해 체결하는 경우 : EXW, FCA, FAS, FOB, CFR, CPT

06 대금결제

1 송금결제방식

(1) 의 의

송금(Remittance)결제방식이란 수출입 대금의 전액을 외화로 영수하는 조건의 결제방식을 말한다. 수입업자가 물품(또는 서류)의 인도 전후 또는 인도와 동시에 수출업자에게 송금하여 결제를 완료하는 방법이며, 사전송금방식과 사후송금방식이 있다.

(2) 송금결제방식의 종류

① **사전송금방식**(단순송금방식, Payment in Advance, Advance Remittance)
- ㉠ 의의 : 수입업자가 대금의 전액을 상품의 선적 전에 외화수표 등으로 수출업자에게 미리 송금하여 지불하고, 수출업자는 일정기간 이내에 이에 상응하는 상품을 선적하는 방법이다. 소액견본매매, 시험용품매매 등에 주로 이용된다.
- ㉡ 종류 : 주문과 동시에 물품 대금을 지불하는 주문불방식(CWO : Cash With Order) 거래가 이에 해당하며, 대금 지급시에는 송금환수표(D/D), 우편환(M/T), 전신환(T/T) 등이 이용된다.

② **사후송금방식**(대금교환도 조건, Later Remittance)
- ㉠ 의의 : 수출품이나 서류의 인도와 동시에 또는 인도 후 일정기간 이내에 수출대금 전액을

외국환은행을 통하여 송금하는 방식을 말한다. 대금교환의 대상에 따라 COD와 CAD로 구분된다.

ⓒ 종 류

    ⓐ **현물상환방식**(COD : Cash On Delivery) : 수출업자가 상품을 선적한 후 선적서류를 수입국 소재의 자신의 대리점 또는 해외지사에 송부하여 상품이 목적지에 도착하면 수입업자가 검사를 한 후 상품을 인도받으면서 대금을 현금으로 결제하는 방식을 말한다. 주로 귀금속 등 고가품의 거래시 사용되며, 수출업자로서는 매수인이 물품에 대해 만족하지 못할 경우 대금을 지급받지 못할 위험이 있다.

    ⓑ **서류상환방식**(CAD : Cash Against Documents) : 수출업자가 상품을 선적한 후 선적서류를 수출국 소재 수입업자의 지사나 대리인에게 제시하면 서류와 상환으로 대금을 결제하는 방식으로서, 통상 수입업자의 대리인 등이 수출국 내에서 물품의 제조 과정을 지켜보고 검사를 하게 된다.

핵심포인트

송금결제방식에서 대금 지급 수단

1. 송금환수표(D/D : Demand Draft)

  수입업자가 미리 물품 대금에 상당한 현금을 은행에 불입하고 은행이 송금수표를 발행해 주면 수입업자가 수출업자 앞으로 직접 우송해 결제하는 방식으로서, 장시간이 소요되고 분실위험이 있지만 비용이 저렴하므로 소액 송금시 사용된다.

2. 우편환(M/T : Mail Transfer)

  수입업자의 요청에 따라 송금은행이 송금수표를 발행하는 대신에 지급은행에 대해 일정한 금액을 지급하여 줄 것을 위탁하는 지급지시서에 해당하는 우편환을 발행해 이를 송금은행이 직접 지급은행 앞으로 우송하는 방식으로, 송금수표보다 안전하지만 전신환송금보다 오래 걸리므로 긴급을 요하지 않는 송금이나 소액 송금에 주로 이용된다.

3. 전신환(T/T : Telegraphic Transfer)

  수입상의 요청에 따라 송금은행이 지급은행에 대해 일정금액을 지급해 줄 것을 위탁하는 지급지시서를 전신환의 형식으로 발행하여 이를 송금은행이 직접 지급은행 앞으로 송금하는 방식으로서 신속·편리하며 가장 안전하지만 비용부담이 크다.

4. 전자화폐(Electronic Money)

  전자화폐(Electronic Money, Electronic Cash, Digital Money)란 은행 등 발행자가 IC칩이 내장된 카드나 공중정보통신망과 연결된 PC 등에 일정 화폐가치를 전자기호로 저장하고 이의 지급을 보장함으로써 통신회선으로 자금 결제가 이루어지도록 하는 화폐를 말한다. 최근 들어 전자화폐에 의한 대금결제도 급속히 증가하는 추세에 있다.

2 환어음(Bill of Exchange, Draft)

(1) 의 의

환어음이란 채권자인 어음발행인(Drawer)이 채무자인 지급인(Drawee)에 대하여 그 채권금액을 지명인 또는 소지인에게 일정한 시일 및 장소에서 무조건 지불할 것을 위탁하는 요식유가증권이자 유통증권을 말하며, 외국환을 결제하기 위한 지급위탁수단으로 무역거래에서 가장 널리 사용되고 있다.

(2) 환어음의 발행형식

환어음은 보통 2통이 발행(Set bill, 조어음)되며, 이 중 하나가 결제되면 나머지 하나는 자동적으로 무효(Null and void)가 된다.

(3) 환어음의 당사자

① **발행인(Drawer)** : 환어음을 발행하고 서명하는 자로서 수출업자인 채권자를 말하며, 환어음은 반드시 발행인의 기명날인이 있어야 그 효력이 발생한다.

② **지급인(Drawee)** : 환어음의 지급을 위탁받은 채무자로서, 신용장방식에서는 개설은행이 지급인이 되고 추심방식거래에서는 수입업자가 지급인이 된다.

③ **수취인(Payee)** : 환어음 금액을 지급받을 자로서 발행인 또는 발행인이 지정하는 제3자가 된다. 지급신용장의 경우 발행인이 수취인이 되며 매입신용장의 경우 매입은행이 된다.

④ **소지인(Holder)** : 환어음을 현재 점유하고 있는 자를 소지인이라고 하고, 환어음의 소지인이 문면상 완전하고 정규의 환어음을 소지하는 경우는 선의의 소지인(Bona fide holder)이라고 한다.

(4) 환어음의 종류

① **운송서류 첨부 여부에 따른 분류**

㉠ **화환어음(Documentary bill of exchange)** : 선하증권을 비롯한 상업서류가 첨부된 어음으로서, 상품대금을 결제하기 위해 사용된다.

㉡ **무담보어음(Clean bill of exchange)** : 상업서류가 첨부되지 않는 어음을 말하는데 보험료, 수수료, 운임 등의 결제시 사용된다.

② **지급만기일에 따른 분류**

㉠ **일람불어음(Sight bill)** : 환어음이 지급인에게 제시되면 즉시 대금결제가 이루어지는 어음을 말한다.

㉡ **기한부어음(Usance bill)** : 환어음이 발행되거나 제시된 후 일정기간이 지난 후에 지급되는 어음을 말한다.

ⓐ **일람 후 정기출급(After sight)** : 환어음이 지급인에게 제시된 후 일정기간이 경과한 후에 지급되는 환어음을 말한다. **예** at 30 days after sight ; 30 d/s

ⓑ 일부 후 정기출급(After date) : 환어음을 발행한 날로부터 일정기간이 경과한 후에 지급되는 환어음이다. **예** at 30 days after date ; 30 d/d

ⓒ 확정일 출급 : 환어음상에 확정된 장래의 특정 일자에 지급되는 환어음을 말한다.

예 on May 25, 2016

③ 환어음상의 지급인(Drawee)에 따른 분류

㉠ 은행어음(Bank bill) : 환어음상의 지급인이 은행으로 되어 있는 환어음으로서, 신용장 거래에서의 지급인은 보통 개설은행(Issuing bank)이다. UCP에 의하면 신용장 거래시의 환어음은 개설의뢰인(Applicant)을 지급인으로 하여 발행하지 못하도록 하고 있다.

㉡ 개인어음(Private bill) : 환어음의 지급인이 개인이나 기업인 경우로서, D/A, D/P 등 추심결제방식에 이용된다.

④ 상환청구 가능 여부에 따른 분류

㉠ 상환청구가능어음(With recourse bill) : 환어음에 대한 지급거절이 있을 경우 환어음을 매입한 선의의 소지인이 어음발행인에게 대금상환청구를 할 수 있는 어음을 말한다. 우리나라에서는 상환청구가능어음만을 인정한다.

㉡ 상환청구불능어음(Without recourse bill) : 환어음에 대한 지급거절이 있을 경우 환어음을 매입한 선의의 소지인이 어음발행인에게 대금상환청구를 할 수 없는 어음을 말한다.

⑤ 대금결제방식에 따른 분류

㉠ 신용장부화환어음(Documentary bill of exchange with letter of credit) : 어음상의 지급인이 개설은행으로 되어 있는 은행어음으로서, 개설은행의 보증이 따르기 때문에 매입 또는 인수은행은 위험부담 없이 매입 또는 인수를 한다.

㉡ 화환추심어음(Bill of documentary collection) : D/A 또는 D/P 등 추심결제방식의 결제에서 사용되는 어음으로서, 보통 수입상이 지급인이 되는 개인어음을 말한다.

⑥ 당사자의 국가 귀속 여부에 따른 분류

㉠ 내국환어음(Inland bill) : 환어음의 당사자가 동일국 내에 있는 경우의 환어음을 말한다.

㉡ 외국환어음(Foreign bill) : 어음의 당사자가 2개국 이상에 걸쳐 있는 경우의 환어음을 말하는데, 무역결제에 사용되는 어음은 외국환어음이다.

(5) 환어음의 배서(Endorsement)

① 배서의 효력 : 배서는 환어음을 유통시키는 대표적 방법으로서, 어음상의 권리가 이전되는 동시에 배서인은 피배서인 기타 자기의 후자 전원에 대해 인수 및 지급해야 하는 것을 담보한다. 그리고 배서가 연속될 때 어음 소지인은 권리자로 추정된다.

② 배서의 형식

㉠ 기명식 배서(Full endorsement) : 피배서인을 명시한 배서로서, 유통시키기 위해서는 피배서인의 배서가 필요하다.

예 pay to A bank

ⓛ **지시식 배서**(Order endorsement) : 피배서인의 지시에 따른다는 문언을 기재해 양도하는 경우를 말한다.

> **예** pay to the order of A bank

ⓒ **백지식 배서**(Blank endorsement) : 피배서인을 지정하지 않고 배서인이 단순히 배서 문구만을 기재하고 서명하는 배서이다.

> **예** pay to the order of

ⓔ **추심위임 배서** : 화환추심어음을 수입지에 보내어 추심하고자 하는 경우에는 어음에 'pay to the order of A bank for collection'이라고 기재한 후 배서하게 된다.

(6) 환어음의 기재 사항

BILL OF EXCHANGE

① NO. 2345   ② Date : January 22, 2001 ③ Seoul, Korea

④ For US$50,000.

⑤ At 90 days after sight of this First Exchange (Second of the same tenor and date being unpaid) pay to ⑥ The Bank of Seoul, Ltd. or order the sum of ⑦ SAY US DOLLARS FIFTY THOUSAND ONLY IN US CURRENCY.

Value received and charge the same to account of ⑧ Bangkok Trading Co., Ltd., Bangkok.

⑨ Drawn under The National Bank of Bangkok, Bangkok, Thailand.

⑩ L/C No. 13825 ⑪ dated 10th December, 2000

⑫ To the Bank of Bangkok, Thailand.

SEOUL INDUSTRIAL CO.,LTD

⑬ Kwang soo Lee

Kwang soo Lee

Export Manager

---

① 환어음 번호	② 발행일	③ 발행지
④ 금액	⑤ 지급만기일	⑥ 수취인
⑦ 문자금액	⑧ 신용장 개설의뢰인	⑨ 신용장 개설은행
⑩ 신용장 번호	⑪ 신용장 발행일자	⑫ 지급인과 지급지
⑬ 발행인의 기명날인		

① **필수적 기재사항** : 번호들 중 어느 하나가 누락되어도 환어음으로서의 법적 효력이나 구속력을 갖지 못한다.

　㉠ **환어음 문언 표시** : 환어음의 상단에 'BILL OF EXCHANGE'란 문언을 표시하여 환어음임을 나타내어야 하며, 2부 이상 발행될 경우에는 정본(First bill of exchange)과 부본(Second bill of exchange)임을 표시하는 것이 바람직하다.

　㉡ **무조건 지급위탁 문언 및 금액** : 지급인에게 일정한 금액을 지급하라는 조건 없는 위탁 문언이 있어야 하며 'Pay to(수취인) The sum of(지급통화와 금액)'으로 표시한다. 문자와 숫자가 같이 병기되고, 화폐종류도 명확히 표시해야 하며, 문자와 숫자가 다를 경우에는 문자가 우선한다.

　㉢ **지급인(Drawee) 표시** : 지급인은 보통 환어음 하단 좌측에 'To …' 다음에 기재되는 자이다. 통상적으로 신용장이 지급인을 지시하는 문구는 'Documentary credit which is available by negotiation of your draft at sight drawn on ~'이며, 이 문구 중에서 on 이하에 나타나는 것이 바로 지급인이 된다. 신용장부환어음의 경우 지급인은 보통 개설은행이 되며, UCP에서는 신용장 거래시 발행의뢰인 앞으로 환어음을 발행하는 행위를 규제하고 있다.

　㉣ **지급기일의 표시** : 환어음의 대금을 실제 지급하는 날을 말하며, 다음과 같은 방법으로 표시한다. 만약에 어음의 만기일의 표시가 없으면 일람출급으로 간주한다.

　　ⓐ **일람출급환어음** : 어음이 지급인에게 제시되는 날이 어음 만기일이 된다.

　　　예 at sight

　　ⓑ **일람 후 정기출급환어음** : 어음이 지급인에게 제시되는 날을 기준으로 만기일을 계산한다. 예 at 30 days after sight

　　ⓒ **일부 후 정기출급환어음** : 어음의 발행일 기준으로 만기일을 계산한다.

　　　예 at 60 days after date

　　ⓓ **확정일출급환어음** : 어음의 만기일을 기재하고 있는 어음을 말한다.

　　　예 on a fixed date

　　TIP 용어의 정의

　　　　Grace Period : 어음의 만기일에 지급인이 지급을 못하는 경우 어음상의 권리자는 즉시 어음의 부도 처리를 하지 않고 며칠간의 유예기간을 주는 경우가 있는데, 이를 은혜일(Grace period)이라 한다. 영국과 아일랜드가 지급지로 되는 경우에는 만기일에 3일간의 은혜일이 인정되고 있다.

ⓜ **지급지의 표시** : 지급인의 주소가 명확해야 하며, 신용장에 별도의 명시가 없는 한 도시명 정도로 표기된다.

ⓗ **수취인의 표시** : 환어음의 금액을 지급받을 자인 수취인을 표시하는 방법은 다음과 같다.
ⓐ **기명식 환어음** : pay to A bank
ⓑ **지시식 환어음** : pay to the order of A bank(기명지시식), pay to A bank or order(선택지시식)

ⓢ **발행일 및 발행지의 표시** : 어음이 발행된 날과 장소로서, 어음상에 기재된 일자와 장소를 말한다.

ⓞ **발행인의 기명날인** : 환어음은 반드시 발행인의 서명 또는 기명날인이 있어야 효력이 발생한다.

3 추심(推尋)결제방식

(1) 의 의

추심(Collection)이란 은행이 접수된 지시에 따라 지급 또는 인수를 받거나, 지급인도 또는 인수인도로 서류를 인도하거나, 기타의 조건으로 금융서류 및 상업서류를 인도할 목적으로 서류를 취급하는 것을 말한다. 추심결제방식은 무신용장 방식의 대표적 결제방법으로서 최근 교역량의 증가, 본·지사 간의 거래 증가, 수출 거래선의 다변화 등으로 점점 증가하고 있는 추세이다.

(2) 추심거래의 당사자

① **의의** : 매매계약에 의존하여 환어음이나 선적서류를 추심하는 과정에서 관여하는 자를 추심거래의 당사자라고 한다. 추심거래의 당사자에는 추심의뢰인, 추심의뢰은행, 추심은행, 제시은행 및 지급인이 있다.

② **추심의뢰인(Principal)** : 약정 물품을 선적하고 자신의 거래은행에 수출대금의 추심을 의뢰하는 수출업자(Exporter) 또는 발행인(Drawer)을 말한다.

③ **추심의뢰은행(Remitting Bank)** : 수출업자로부터 추심을 의뢰받은 수출국의 수출자 거래은행으로서, 추심의뢰인의 지시에 엄격히 따라야 하며 추심의뢰인의 사전 동의 없이 지시 내용을 변경해서는 안 된다.

④ **추심은행(Collecting Bank)** : 수출지의 추심의뢰은행으로부터 송부되어 온 관계서류와 추심의뢰서를 수입업자에게 제시하여 수출대금을 지급받는 은행으로서, 추심의뢰은행의 지시에만 따르며 어음의 지급에 대해서는 하등의 책임을 지지 않는다.

⑤ **제시은행(Presenting Bank)** : 지급인에게 추심서류의 제시를 하는 수입국의 추심은행으로서, 추심은행이 수입업자의 거래은행이 아닌 경우에 제시은행이 존재하게 된다.

⑥ **지급인(Drawee)** : 수출지 추심의뢰은행의 추심의뢰에 대해 최종 지급을 하거나 인수를 담당하는 수입업자(Importer)이다.

(3) 추심결제방식의 종류

① 서류 첨부 여부에 따라

    ㉠ **무화환추심**(Clean collection) : 무화환추심이란 상업서류를 첨부하지 않은 금융서류만의 추심을 의미한다.

    ㉡ **화환추심**(Documentary collection) : 화환추심이란 상업서류를 첨부한 추심을 말한다. 주로 추심에 의한 무역거래 대금결제는 화환추심에 의한다.

② 어음상의 조건에 따라

    ㉠ **지급인도조건**(D/P : Documents against Payment) : 수출자가 물품 선적 후 수입자를 지급인으로 하는 일람출급환어음(Sight bill)을 발행하여 선하증권 등 운송서류를 첨부시켜 자기의 거래은행을 통하여 그 추심을 의뢰하게 되면, 추심은행이 이를 수입상에게 제시하여 환어음을 결제받아 대금을 지급받고 운송서류를 인도하는 거래방식이다. 즉, 서류상환 불거래이므로 대금의 지급 없이는 은행은 선적서류를 내주지 않는다.

    ㉡ **인수인도조건**(D/A : Documents against Acceptance) : 수출자가 물품 선적 후 수입자를 지급인으로 하는 기한부어음(Usance bill)을 발행하여 선하증권 등 운송서류를 첨부시켜 자기의 거래은행을 통하여 그 추심을 의뢰하게 되면, 추심은행이 수입상으로부터 어음의 인수(Acceptance)를 받고 서류를 인도한다. 그리고 어음의 만기일에 대금을 수입상으로부터 지급받아 추심을 의뢰한 은행으로 송금하여 결제하는 방식이다.

(4) 추심거래 과정

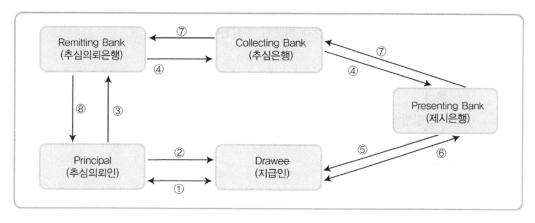

① **매매계약 체결** : 수출업자와 수입업자는 매매계약을 체결하고, 수출대금은 D/A 또는 D/P 조건으로 결제할 것을 결정한다.

② **물품 선적** : 수출업자는 약정된 선적기일 내에 선적하고 선하증권 등 기타 필요한 서류를 구비한다.

③ **추심서류 제시 및 추심의뢰** : 수출자는 구비된 선적서류와 함께 화환어음을 발행한 후 추심의뢰 은행에 제시하여 수입업자 앞으로 추심을 의뢰한다.

④ **발송** : 추심의뢰은행은 추심에 필요한 모든 지시사항을 기재한 추심지시서(Collection instruction)를 작성하여 수출상의 환어음과 선적서류에 첨부한 후 수입지의 추심은행 앞으로 송부하고 수입상 앞으로 추심해 줄 것을 요청한다.

⑤ **추심의뢰 도착 통지** : 추심은행 또는 제시은행은 수입업자에게 선적서류와 화환어음이 도착하였음을 통지한다.

⑥ **어음의 지급 또는 인수와 서류 인도** : 수입업자는 D/P 조건인 경우에는 어음대금을 지급한 후에, D/A 조건인 경우에는 일정기일 후에 지급하겠다는 인수행위를 한 후 선적서류를 추심은행 또는 제시은행으로부터 인수받는다.

⑦ **송금** : 수출대금은 제시은행, 추심은행, 추심의뢰은행을 통하여 수출업자 앞으로 송금된다.

⑧ **수출대금 회수** : 추심의뢰은행은 송금받은 환어음대금을 수출대금으로 지급함으로써 추심의 모든 거래 과정이 완료된다.

(5) 추심결제방식의 효용 및 한계성

① **개요** : 신용장방식이 수출업자에게 유리한 방식이라면, D/A나 D/P와 같은 추심결제방식은 수입업자에게 다소 유리한 결제방법이 된다.

② **추심결제방식의 효용**
  ㉠ **수입업자의 입장**
    ⓐ 수출업자의 신용공여로 거래가 성사되므로 자금부담의 문제가 없다.
    ⓑ D/A 조건인 경우 물품판매대금으로 어음대금지불이 가능하기 때문에 자기자금 없이 수입할 수 있다.
    ⓒ 신용장 개설에 비해 시간과 비용이 절감된다.
  ㉡ **수출업자의 이점**
    ⓐ 수입업자가 선호하는 결제방식이므로 수출경쟁력 강화의 전략수단으로 활용이 가능하다.
    ⓑ 신용장방식과 동일한 무역금융 혜택을 누릴 수 있다.
    ⓒ 수출보험제도를 통해 D/A나 D/P에 따른 대금회수불능의 위험을 제기할 수 있다.

③ **추심결제방식의 한계성**
  ㉠ 은행의 지급확약 부존재
  ㉡ 수출업자의 대금회수불능 위험
  ㉢ 대금회수의 지연
  ㉣ 당사자 간 분쟁발생시 해결책 미비

4 신용장결제방식

(1) 신용장의 개념

① 신용장의 의의 : 신용장(Letter of Credit : L/C)이란 개설의뢰인의 요청과 지시에 의해 개설은행이 신용장 조건과 일치하는 운송서류를 담보로 하여 수익자가 발행한 화환어음을 인수, 지급, 매입할 것을 수익자, 매입은행 및 선의의 어음소지인에게 확약하는 조건부 지급확약서이다.

② 신용장의 기능

㉠ 개요 : 신용장은 매매 당사자 사이에 공신력이 있는 은행을 개입시켜 대금지급을 확약함으로써 대금지급의 불확실성을 제거하여 국제무역거래가 원활하게 이루어질 수 있도록 핵심적인 역할을 한다.

㉡ 신용위험(Credit risk)의 회피(대금회수 보장) : 신용장의 개설로 수출자는 은행으로부터 수출대금 회수를 보장받음으로써 신용위험을 회피할 수 있다.

㉢ 상업위험(Mercantile risk) 제거(상품입수 보장) : 수입상은 신용장의 개설로 대금지급의무를 이행하는 대신에 신용장에 의해 계약상품의 입수를 보장받을 수 있다.

㉣ 금융 기능 : 수출자는 선적 즉시 매입(Negotiation)을 통해 대금을 지급받을 수 있고, 반면 수입자는 수입 자금이 없어도 T/R(Trust Receipt : 수입화물대도) 등을 통해 결제기간을 연장할 수 있다.

㉤ 수출입거래의 확정 기능 : 신용장의 발행으로 매매계약서와는 별개로 수출자와 수입자 사이에 작성된 매매계약을 재확정하는 기능을 갖는다.

핵심포인트

국제무역에서의 제 위험

1. 신용위험(Credit risk)
   매도인의 대금회수불능 위험을 말한다.
2. 상업위험(Mercantile risk)
   매수인의 상품인수불능 위험을 말한다.
3. 비상위험(Political risk)
   수입국에서의 수입 금지나 제한 조치, 환거래의 제한 또는 금지 조치, 외국에서의 전쟁·내란·파업과 같은 비상사태 등 수출계약 당사자에게 귀책이 없는 사유로 인해 발생하는 수출불능 또는 대금회수불능의 위험을 말한다.
4. 환위험(Exchange risk)
   환시세 등의 변동으로 인한 위험이다.

③ 신용장의 효용

　㉠ 수출자의 입장

　　ⓐ **대금회수의 확실성 보장** : 수입업자의 대금지급을 개설은행이 지급확약하기 때문에 대금 회수와 관련된 위험과 불안을 제거할 수 있다.

　　ⓑ **계약이행 보장** : 취소불능신용장의 경우 개설된 후에는 임의로 취소하기가 어렵기 때문에 기존의 계약 상황을 유지할 수 있다.

　　ⓒ **무역금융의 혜택** : 수출신용장을 담보로 수출품 생산 및 원자재 구매에 대한 자금을 저리로 융자받을 수 있다.

　　ⓓ **유리한 할인율** : 개설은행의 지급확약이 있으므로 수출어음에 대해서 할인시장에서 유리한 조건으로 할인받을 수 있다.

　　ⓔ **수출대금 즉시 회수** : 선적 후 신용장 조건에 일치하는 운송서류를 은행에 제시하여 수출대금을 즉시 회수할 수 있다.

　　ⓕ **환결제 위험 방지** : 수입국의 외환규제시에도 자국의 신용도 유지를 위해 이미 발행된 신용장에 대한 지급 규제는 하지 않는 것이 일반적 관례이다.

　㉡ 수입자의 입장

　　ⓐ **매매계약시 유리한 계약체결** : 대금지급의 확실성을 수출업자에게 보장할 수 있기 때문에 자신에게 유리한 가격과 조건으로 계약체결을 유도할 수 있다.

　　ⓑ **금융상의 부담 경감** : 기한부신용장의 경우 은행의 신용을 이용할 수 있다는 장점이 있다.

　　ⓒ **물품의 인도시기 등 예측** : 신용장에는 선적기한이 명시되어 있으므로 수입업자는 물품의 인도시기, 대금의 지급시기 등을 예측할 수 있다.

　　ⓓ **수입상 자신의 신용 제고** : 수입상은 은행의 신용으로 수입대금을 결제함으로써 수입상 자신의 신용을 제고시킨다.

(2) 신용장의 특성 및 한계성

① 신용장의 특성

　㉠ **개요** : 은행들은 거래 상품에 대한 전문적인 지식이 부족하며 매매계약 내용을 잘 알지 못하므로 매매계약 이외의 당사자들이 매매계약에 의해 제한받는 것은 불합리하다. 따라서 신용장에 다음과 같은 특성들을 부여함으로써 은행이 안심하고 신용장거래에 참여할 수 있도록 하고 있다.

　㉡ **독립성(Principle of independence)** : 독립성의 원칙이란 신용장이 그 본질상 매매계약이나 다른 계약에 근거를 두고 있다 하더라도 그러한 계약과는 독립된 거래로서, 그러한 계약과는 무관하며 구속을 받지 아니하고 독립되어 있다는 원칙을 말한다.

　㉢ **추상성(Principle of abstraction, 서류거래의 원칙)** : 신용장의 추상성이란 신용장 거래에서 주요 당사자인 은행이 신용장에서 요구하는 서류만을 기초로 대금지급 여부를 판단한다는 것을 의미한다.

  ② 엄밀 일치의 원칙(Doctrine of strict compliance) : 엄밀[엄격] 일치의 원칙이란 신용장 거래의 법적 기본원칙이 서류에 의한 거래이므로, 은행은 제출된 소정의 서류가 신용장의 조건과 엄밀하게 일치하는지를 점검하여 신용장의 조건과 문면상 일치함이 판명되면 지급할 의무가 있다는 원칙을 말한다.

② 신용장의 한계성

  ㉠ 의의 : 신용장은 공신력 있는 은행의 지급보증에 의해 무역거래를 원활히 하고 이를 확대하는 핵심적인 수단이지만, 대금결제 면에서의 한계성 및 신용장의 특성에 따른 한계성을 내포하고 있다.

  ㉡ 대금결제 면에서의 한계 : 신용장은 그 자체가 직접적 지급 수단이 아닌 조건부 지급보증서에 불과하기 때문에 보통의 지급 수단처럼 자유롭게 유통될 수 없다.

  ㉢ 독립성, 추상성의 한계(사기의 위험성) : 신용장은 물품계약과는 별도의 독립적인 계약이므로, 수출업자가 계약 물품과 상이한 물품을 선적했더라도 서류에 의한 신용장 조건만 이행하면 수입업자는 대금을 지급해야 하는 불합리성이 있다.

(3) 신용장 거래의 관계 당사자

① 의의 : 신용장 거래에 관계되는 자를 통틀어서 관계 당사자(Parties concerned, parties thereto)라 하는데, 권리, 의무의 직접적 주체가 되는 기본 당사자와 신용장 거래의 편의를 도모하기 위해 존재하는 기타 당사자로 구분된다.

② 기본 당사자

  ㉠ 개설의뢰인(Applicant, Opener, Buyer, Accountee, Consignee, Drawee, Importer, Customer) : 매매계약의 당사자인 수입업자이며, 자기 거래은행에 신용장을 개설할 것을 의뢰하는 자를 말한다.

  ㉡ 개설은행(Issuing bank, Opening bank, Establishing bank, Grantor, Issuer, Credit Writing bank) : 수입상의 거래은행으로서 개설의뢰인의 지시와 요청에 따라 수출상 앞으로 신용장을 개설하고 수출상이 발행하는 환어음에 대한 지급 등을 확약하는 은행으로서, 대금지급에 관한 주채무자를 말한다.

  ㉢ 수익자(Beneficiary, Seller, Accounter, Consignor, Drawer, User, Exporter, Addressee, Accreditee) : 신용장 개설의뢰인의 지시에 따라 개설은행이 발행한 신용장의 혜택을 받는 수출업자를 말한다.

  ㉣ 확인은행(Confirming bank, Confirmer) : 개설은행이 지급, 인수 또는 매입을 확약한 취소불능신용장에 대하여 발행은행의 수권이나 요청에 따라 추가로 수익자에게 지급, 인수 또는 매입을 확약하는 은행을 말한다. 이러한 확인은행의 확인(Confirmation)은 개설은행의 그것과는 독립적(Independent, Separate)인 확약이자 개설은행에 대한 여신행위이다. 확인은행은 개설은행의 확인 요구에 반드시 응해야 할 의무는 없으며, 대부분의 확인신용장의 경우 통지은행이 확인은행을 겸한다.

UCP상의 기본 당사자

신용장통일규칙 제10조에 의하면 신용장의 독립성·추상성에 의거하여 개설의뢰인을 기본 당 사자에서 제외시키고 있다. 그러나 실제로 개설은행은 개설의뢰인의 대리인으로서 본인의 지 시에 따라서만 행동하도록 제한되어 있기 때문에, 본인의 동의 없이 행한 취소 또는 변경에 대해서 추후에 상환받을 수 없는 위험이 있다. 이러한 이유로 인하여 개설은행은 개설의뢰인 의 동의가 없으면 신용장의 취소나 변경이 불가능하다.

③ 기타 당사자

ㄱ. **통지은행**(Advising bank, Notifying bank, Transmitting bank, Adviser) : 개설된 신용 장을 수익자에게 통지해 주는 은행으로서, 수출국 내에 있는 개설은행의 본·지점이나 환 거래은행인 경우가 많다. 개설은행으로부터 직접 신용장을 통지받는 경우 수익자는 그 진 위 여부를 판단하는 데 어려움이 있으므로 통지은행을 경유하게 되는 것이다.

ㄴ. **지급은행**(Paying bank) : 개설은행과 예치환거래계약을 체결하여 자행에 개설은행 명의로 예금계정을 설치해 두고, 신용장의 조건과 일치되는 서류가 제시될 때 또는 환어음이 자행 을 지급인으로 하여 제시될 때 개설은행의 예금계정에서 차감하면서 지급을 이행하는, 개 설은행의 예치환은행(Depositary bank)이다. 그러나 대금지급에 관한 최종 책임은 개설은 행이 진다.

ㄷ. **연지급은행**(Deferred paying bank) : 수익자가 신용장에서 요구하는 서류를 제시할 때 개 설은행이나 확인은행의 지시에 따라 수익자에게 만기일을 기재한 연지급확약서를 발급해 주는 은행으로서, 만기일에 환어음의 교부 없이 지급을 행하는 은행을 말한다. 유럽의 경우 고액의 인지세가 부과되기 때문에 연지급신용장이 많이 사용된다.

ㄹ. **인수은행**(Accepting bank) : 개설은행의 예치환거래은행으로서 신용장의 조건과 일치하는 서류가 첨부된 기한부 환어음을 제시하면 당해 기한부 환어음을 인수하도록 수권된 은행을 말하며, 인수은행의 인수거절시에는 개설은행이 최종적인 책임을 진다.

ㅁ. **매입은행**(Negotiating bank, Discounting bank) : 매입신용장이 발행된 경우 개설은행 앞 으로 발행된 환어음이나 서류를 매입하도록 수권된 은행을 말한다. 매입시 개설은행으로부터 상환받을 수 있는 기간까지의 환가료(Exchange commission)를 공제 후 수익자에게 지급한 다. 어음매입 후 개설은행으로부터 상환거절시 수익자에 대해 소구권(Recourse)을 갖는다.

핵심포인트

지급 · 연지급 · 인수 · 매입

1. **(일람)지급(Payment)**
   (일람)지급이라 함은 개설은행의 요청에 따라 지정된 수출지의 특정 은행(예치환거래은행) 또는 발행은행 자신이 매입은행 또는 수익자가 제시하는 서류를 받고 약정된 신용장금액을 액면가액 그대로 지급하는 것을 말한다.

2. **연지급(Deferred payment)**
   연지급이라 함은 신용장에서 연지급을 수권받은 은행이 신용장에서 요구하는 서류와 상환으로 연지급약정서를 수익자에게 교부한 후 실제 대금은 규정된 만기일에 가서 지급하는 것을 말한다. 일반적으로 연지급신용장하에서는 환어음이 사용되지 않는다.

3. **인수(Acceptance)**
   인수라 함은 개설은행의 요청에 따라 지정된 수출지의 인수은행이 수익자에 대하여 기한부 환어음을 만기일에 가서 지급할 것을 약속하는 행위이다.

4. **매입(Negotiation)**
   매입이라 함은 수출지의 은행이 수출상이 제시하는 서류 또는 어음을 할인가격으로 사는 것을 말한다. 따라서 어음을 선의(Bona fide)로 매입한 매입은행은 어음대금을 지급받지 못한 경우 자신에게 어음을 양도한 자에게 소구권을 행사할 수 있다. 다만, 개설은행은 자신이 지급확약을 한 어음에 대하여 그 이전 당사자에게 소구권을 행사할 수 없다.

ⓑ **상환은행(Reimbursing bank)과 결제은행(Settling bank)** : 개설은행의 지시에 따라 지급 · 인수 및 매입은행에 대해 신용장의 대금을 상환해 주는 은행을 말한다. 제3국의 통화로 결제하는 경우 등에 이용된다. 보통 개설은행의 입장에서는 결제은행이 되고, 매입은행의 입장에서는 상환은행이 된다.

ⓢ **양도은행(Transferring bank)** : 양도신용장의 경우 신용장의 양도 절차를 의뢰받아 양도를 취급하는 은행으로서, 보통 지급 · 인수 · 매입한 은행이 양도은행이 된다. 그러나 자유매입신용장(Open L/C)의 경우에는 신용장상에서 별도로 양도은행을 지정해야 한다.

핵심포인트

수권은행과 예치환은행

1. **수권은행(Authorized bank)**
   수권은행은 지정은행(Nominated bank)이라고도 하는데, 신용장상의 수익자 또는 수익자가 지시한 제3자에게 신용장 대금의 지급 · 연지급 · 인수 · 매입을 하도록 지정 혹은 수권받은 은행을 말한다. 보통 개설은행의 지점(Branch)이나 예치환은행인 경우가 많다.

2. **예치환은행(Depositary bank)**
   흔히 말하는 거래은행이다. Correspondent bank라고도 하는데, 실무에서는 줄여서 '코레스(Corres)은행'으로 부르고 있다.

(4) 신용장 거래의 흐름

일반적인 매입신용장을 이용한 신용장 거래의 흐름은 다음과 같다.

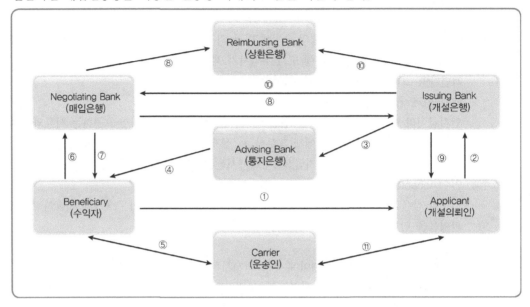

◀ 신용장 거래의 흐름 ▶

① **매매계약체결** : 수입상과 수출상 간에 매매계약을 체결하고 대금결제는 신용장방식으로 할 것을 약정한다.

② **신용장 개설 의뢰** : 수입상은 자신의 거래은행에 신용장 개설을 의뢰한다.

③ **신용장의 개설 및 송부** : 개설의뢰인으로부터 신용장 개설 의뢰를 받은 개설은행은 신용장을 개설하여 수출자가 소재하고 있는 외국의 통지은행에 신용장을 송부한다.

④ **신용장 내도 통지** : 통지은행은 수출자에게 신용장 도착을 통지한다.

⑤ **계약 물품의 선적** : 신용장을 받은 수출자는 상품을 선적한 후 선하증권 등의 운송서류를 취득한다.

⑥ **환어음 및 선적서류의 매입 의뢰** : 수출상은 운송인으로부터 발급받은 운송서류를 비롯하여 보험증권, 상업송장 등 신용장에서 요구하는 서류를 구비하여 매입은행에 화환어음 매입을 의뢰한다.

⑦ **어음매입대금 지급** : 매입은행은 수익자가 제시한 서류를 매입하고 환가료를 할인한 후 매입대금을 지급한다.

⑧ **어음 · 선적서류 송부 및 어음대금 청구** : 매입은행은 수익자에게 지급한 어음대금을 결제받기 위해 신용장 개설은행에 어음 및 운송서류를 송부하여 어음대금을 청구한다. 개설은행이 별도의 상환은행을 지정한 경우에는 선적서류를 개설은행 앞으로 송부하고 환어음대금의 상환은 상환은행 앞으로 청구한다.

⑨ 수입대금 지급 및 서류 인도 : 개설은행은 수입자로부터 수입대금을 결제받고 운송서류를 인도한다.

⑩ 상환대금의 결제 : 개설은행은 매입은행 또는 상환은행이 있는 경우 상환은행에 신용장 대금을 상환한다.

⑪ 운송서류 제시 및 화물 인도 : 수입자는 선박회사에 선하증권을 제시하고 화물을 인도받는다.

(5) 신용장의 종류

① 개요 : 신용장은 오랜 상관습에 따라 여러 가지 형태로 변형·발전되어 왔기 때문에 분류하는 방법도 다양하다. 그러므로 신용장 분류상 국제적으로 통일된 기준은 없으며, 하나의 신용장이라도 보는 시각에 따라 여러 가지 성질을 동시에 갖고 있다.

② 신용장의 용도(경제적 기능)에 따른 분류

　㉠ 상업신용장(Commercial L/C) : 국가와 국가 간의 상품거래에 따른 대금결제에 사용되는 신용장으로서, 이는 선적서류 또는 이를 첨부한 화환어음이 요구되는 화환신용장과 선적서류가 요구되지 않는 무담보신용장으로 구분된다.

　㉡ 여행자신용장(Traveller's L/C) : 여행자의 현금 휴대에 따른 위험과 불편을 제거하기 위해, 여행자가 여행지에서 신용장 발행은행의 본·지점에 일람출급환어음의 매입을 의뢰하면 즉시 그 대금을 지급하여 주는 신용장이다.

③ 운송서류의 첨부 여부에 따른 분류

　㉠ 화환신용장(Documentary L/C) : 수출업자가 환어음의 담보로 운송서류를 제시하도록 규정되어 있는 것으로서, 대부분의 신용장이 이에 해당된다.

　㉡ 무화환신용장(Clean L/C) : 운송서류의 제시의무가 없고 주로 자금의 융자에 대한 지급보증용으로 사용된다. 대표적으로는 여행자신용장과 보증신용장(Stand – by L/C)을 그 예로 들 수 있다.

④ 취소가능 여부에 따른 분류

　㉠ 취소가능신용장(Revocable L/C) : 신용장 개설은행이 수익자에게 미리 통지하지 않고 (Without prior notice) 일방적으로 신용장을 취소하거나 그 조건을 변경할 수 있는 신용장을 말한다. 그러나 신용장을 지급·인수·매입한 은행이 취소나 변경의 통지를 받기 전에 지급·인수·매입을 행한 경우 개설은행은 그에 대한 상환의무를 진다.

　㉡ 취소불능신용장(Irrevocable L/C) : 신용장 거래 관계당사자 전원의 동의 없이는 조건 변경 및 취소를 할 수 없는 신용장을 말한다. 모든 신용장은 취소가능·불능 여부를 명백히 표시해야 하며, 명시가 없을 때에는 취소불능으로 간주한다.

⑤ 제3은행의 확인 유무에 따른 분류

　㉠ 확인신용장(Confirmed L/C) : 개설은행 이외의 제3은행이 수익자가 발행하는 환어음의 지급·인수·매입을 확약하고 있는 신용장을 말한다.

ⓛ 미확인신용장(Unconfirmed L/C) : 개설은행 이외의 제3은행이 수익자가 발행하는 환어음의 지급·인수·매입을 확약하고 있지 않는 신용장을 말한다.

⑥ 매입 허용 여부에 따른 분류

ⓐ 매입신용장(Negotiation L/C) : 수익자가 발행한 환어음이 매입될 것을 예상하고 발행은행이 수익자뿐만 아니라 배서인 및 선의의 소지인에게도 지급확약을 확대하고 있는 신용장을 말한다. 매입신용장하에서는 일람출급이나 기한부어음이 발행되며, 이중매입의 염려가 있으므로 어음의 배서가 필요하다.

ⓑ 지급[지정]신용장(Payment L/C, Straight L/C) : 환어음의 배서인이나 선의의 소지인에 대한 지급 또는 매입의 약정은 없고, 단지 수익자가 개설은행이나 그 지정은행에 직접 환어음을 제시하면 지급하겠다는 약정만 있는 신용장을 말한다. 지급신용장 또는 인수신용장이 여기에 해당한다.

⑦ 매입은행 지정 여부에 따른 분류

ⓐ 자유매입[개방]신용장(Freely Negotiable L/C, Open L/C) : 매입은행이 지정되어 있지 않으며, 수익자는 매입은행을 임의로 지정할 수 있다.

ⓑ 제한매입신용장(Restricted L/C) : 신용장상에 매입은행이 특정 은행으로 지정되어 있는 신용장으로서, 신용장에 의해 지정된 은행만이 최종 매입에 응할 수 있다. 이러한 제한매입신용장은 개설은행의 본·지점 간 수수료 증대와 환거래은행과의 거래 편의를 위해 사용된다.

⑧ 양도가능 여부에 따른 분류

ⓐ 양도가능신용장(Transferable L/C) : 신용장 상에 'Transferable'이라는 문구가 있어 최초의 수익자가 신용장 금액의 전부 또는 일부를 제3자에게 양도할 수 있도록 허용하고 있는 신용장으로서, 양도는 1회에 한해 가능하다.

ⓑ 양도불능신용장(Non-Transferable L/C) : 신용장상에 'Transferable'이라는 표시가 없는 신용장을 말하며, 이와 같은 신용장은 양도 사유가 발생하여도 양도할 수 없다.

⑨ 대금지급 시기에 따른 분류

ⓐ 일람출급신용장(Sight L/C) : 신용장에 의해서 발행되는 어음이 지급인에게 제시되면 즉시 그 어음대금을 지급받을 수 있도록 한 신용장을 말한다.

ⓑ 기한부신용장(Usance L/C, Time L/C, Tenor L/C) : 신용장에 의해서 발행되는 어음이 지급인에게 제시된 후 일정기간이 경과한 후에 지급받을 수 있도록, 어음지급기일이 명시된 기한부어음을 발행할 수 있는 신용장을 말한다.

ⓒ 분할지급신용장(Payment by Installment L/C) : 지급기한이 서로 다른 복수의 환어음을 요구하여 수회에 걸쳐 분할하여 지급이 이루어지도록 하는 신용장을 말한다.

⑩ 상환청구권의 유무에 따른 분류

ⓐ 상환청구가능신용장(With Recourse L/C) : 신용장 상에 별도 표시가 없거나 'With Recourse' 표시가 있는 신용장으로서, 신용장에 의거하여 발행된 환어음의 매입은행이나 선의의 소지

인(Bona fide holder)이 어음의 지급인으로부터 대금지급의 거절을 당한 경우, 어음발행인에게 상환청구를 할 수 있는 어음을 말한다.

  ⓒ **상환청구불능신용장**(Without Recourse L/C) : 어음의 매입이 이루어진 후 매입은행 또는 선의의 소지인이 선지급한 대금을 수출상으로부터 되돌려 받을 수 없는 신용장으로서, 우리나라에서는 인정하지 않지만 영미법계에서는 상환청구불능이라는 문구가 있는 경우 인정된다.

⑪ **수익자의 구분에 따른 분류**

  ㉠ **원신용장**(Master L/C, Original L/C) : 최초의 신용장 수익자가 외국으로부터 개설받은 수출신용장을 말한다. 내국신용장 개설의 근거가 된다.

  ⓒ **내국신용장**(Local L/C, Secondary L/C, Domestic L/C) : 수출업자(First beneficiary)의 의뢰에 따라 외국환은행이 수출업자 앞으로 내도한 신용장을 견질로 하여 국내 제조업자 또는 공급업자(Second beneficiary) 앞으로 발행하는 신용장을 말한다.

> **TIP** 구매확인서
>
> 무역금융한도 부족, 비금융대상 수출신용장 등으로 인하여 내국신용장 개설이 어려운 상황에서 국내에서 외화획득용 원료 등의 구매를 원활하게 하고자 외국환은행장이 내국신용장 취급규정에 준하여 발급하는 증서이다.

⑫ **신용장 개설 방법에 따른 분류**

  ㉠ **우편신용장**(Mailing L/C) : 개설은행 자신의 신용장 양식을 사용하여 개설하고 이에 개설은행의 책임자가 서명하여 우편으로 통지은행에 송부하게 되는 신용장을 말한다.

  ⓒ **전신신용장**(Cable L/C) : 이 신용장은 통신수단의 발달로 인해 은행이 전보(Telegram) 또는 텔렉스(Telex) 등의 전신을 이용하여 개설한 신용장으로서, 우편신용장보다 신속하다는 것이 장점이다.

핵심포인트

Short cable과 Full cable
과거 전신료를 절약하기 위해 또는 신속한 선적이 필요할 때, 개설된 신용장의 주요 내용만을 간략히 타전하는 것을 Short cable이라 한다. 개설된 신용장의 원본은 후에 우편으로 송부하게 된다. 반면, 처음부터 신용장의 전문을 타전하는 것을 Full cable이라 한다.

⑬ **신용장 사용 방법에 따른 분류**

  ㉠ **일람지급신용장**(Sight Payment L/C) : 신용장에서 요구하는 서류와 상환으로 즉시 지급이 이루어지거나, 지정된 지급은행을 지급인으로 발행된 환어음이 제시되면 즉시 대금이 지급되도록 규정된 신용장이다.

  ⓒ **연지급신용장**(Deferred Payment L/C) : 신용장에서 요구하는 서류가 제시되면 정해진 일자에 지급할 것을 확약하는 조건의 신용장으로서, 기한부라는 점은 인수신용장과 같지만 어음이 발행되지 않으므로 배서가 필요없다.

ⓒ **인수신용장**(Acceptance L/C) : 신용장에서 요구하는 기한부어음이 지급인에게 제시되면 환어음의 인수를 하고 어음의 만기가 도래했을 때 대금을 지급하는 신용장이다.

ⓔ **매입신용장**(Negotiable L/C) : 신용장에서 요구되는 일람출급어음 또는 기한부어음이 지급인에게 제시되기 전에 타은행에 의하여 할인·매입될 수 있는 조건으로 개설된 신용장을 말한다.

⑭ **수출업자의 자금조달의 편의를 위한 신용장**

ⓖ **전대신용장**(Packing L/C, Red Clause L/C, Advance Payment L/C) : 개설은행이 매입은 행으로 하여금 수출상에게 선적 전에 일정한 조건으로 수출대금을 전대할 수 있도록 수권 하는 문언을 신용장상에 기재하고 그 선수금의 상환을 확약한 신용장이다. 수익자는 무화 환어음과 영수증을 가지고 지정은행에 매입을 의뢰하며, 전대기간 중의 이자는 수익자가 부담한다.

ⓛ **연장신용장**(Extended Credit) : 신용장 발행의뢰인의 요청으로 상품을 선적하기 전에 수익 자가 발행은행 앞으로 무화환어음을 발행하며, 이것을 통지은행이 매입하고, 무담보어음이 발행된 후 일정기간 내에 해당상품에 관한 일체의 선적서류를 어음매입은행에 제공할 것을 조건으로 하는 신용장을 말한다.

⑮ **수출입의 연계에 따른 분류**

ⓖ **동시개설신용장**(Back-to-Back L/C) : 원래의 의미는 원신용장을 견질로 하여 발행되는 제2신용장을 의미한다. 일국에서 수입신용장을 개설할 경우 수출국에서도 동시에 동액의 신용장이 개설되어 온 경우에 한하여 수입신용장이 유효하다는 문언이 있는 신용장을 말 한다.

ⓛ **기탁신용장**(Escrow L/C) : 수입업자가 지급한 수출대금을 양자가 합의한 수익자의 기탁계 정에 입금하고, 수입업자로부터 수출업자가 사후에 수입하는 경우 이에 대한 대금지급용으 로만 사용하도록 제한되어 있는 신용장을 말한다. 동시개설신용장에 비해 물품 선택이 자 유롭고, 미사용 잔액은 현금 지급이 가능하다.

ⓒ **토마스신용장**(Tomas L/C) : 수출입업자 쌍방이 동액의 신용장을 동시에 개설하는 것이 아 니라, 일방이 먼저 개설하고 수입 물품이 결정되지 않은 상대방은 일정기간 후에 신용장을 개설하겠다는 보증서를 발행함으로써, 앞서 발행된 신용장이 유효하다는 조건이 부가된 신용장을 말한다. 일본과 중국 간에 최초 사용된 것으로서 광의의 동시개설신용장의 일종 이다.

⑯ **신용 공여의 주체에 따른 분류**

ⓖ **Seller's Usance L/C** : 수출상이 수입상에게 대금지급을 일정기간 후에 하도록 허용해 주 는 기한부신용장으로서, 매입은행은 수출상에게 대금지급을 하지 않은 채 서류만 받아서 발행은행에 송부하며, 수출상은 이 어음을 인수은행에 제시하거나 금융시장에서 할인하여 자금화할 수 있다.

ⓒ Buyer's Usance L/C : 이 신용장은 신용장에 의하여 발행된 환어음의 기간에 관계없이 수입상이 어음의 대금을 즉시 지급하고, 그 연지급어음을 자신의 신용으로 할인하여 자금을 융통하는 방식을 취한 연지급신용장이다.

ⓒ Banker's Usance L/C : 수출상이 발행한 기한부어음을 만기일 전에 은행이 이를 매입하여 수출상에게 대금을 일시불로 지급해 주고, 수입상에게는 기한부어음의 만기일까지 대금결제를 유예시켜 주는 방식의 신용장을 말한다.

수입상에게 외상기간 동안의 신용을 공여해 주는 주체가 매입은행 또는 발행은행일 경우로서 어음인수의 주체가 매입은행이면 해외은행 인수신용장(Overseas Banker's Acceptance L/C)이라 하고, 발행은행이면 국내은행 인수신용장(Domestic Import Usance L/C)이라 한다.

⑰ 특수 신용장

㉠ 보증신용장(Stand-by L/C)

ⓐ 의의 : 오늘날 사용이 점차 증가하는 것으로, 신용장 개설은행이 지급보증 상대은행으로 하여금 특정인에게 금융지원 등의 여신행위를 하도록 하고 채무의 상환을 이행하지 않을 경우 개설은행 자신이 지급을 이행하겠다는 약속증서로서, 금융·보증의 목적으로 사용되는 일종의 무담보신용장(Clean L/C)을 말한다.

ⓑ 내용 : 국내상사의 해외지사 운영자금 또는 국제입찰 참가에 수반되는 입찰보증(Bid bond), 계약이행보증(Performance bond) 등을 현지은행에서 공급받는 경우에 주로 사용된다. 화환신용장은 서류와 상환으로 대금을 지급하지만, 보증신용장은 채무 불이행을 입증하는 서류 제시에 의해 대금이 지급되는 것을 보증한다.

㉡ 회전신용장(Revolving L/C, Self-continuing L/C)

ⓐ 의의 : 수출입업자 사이에 동종의 상품 거래가 상당기간 계속해서 이루어질 것이 예상된 경우, 거래시마다 신용장을 개설하는 불편과 부담을 덜기 위하여 일정기간 동안 신용장 금액이 자동 갱신되어 다시 사용할 수 있도록 하는 조건으로 개설된 신용장을 말한다.

ⓑ 갱신 시기 : 발행된 환어음의 지급통지가 있을 때, 환어음 매입 후 상당기간 부도통지가 없을 때, 일정한 기간마다 정기적으로 갱신 시기를 정하는 방법이 있다.

ⓒ 갱신 방법 : 갱신되기 전에 미사용 잔액이 있을 경우 그대로 누적시키는 방법(Cumulative method)과 미사용 잔액의 누적 없이 갱신하는 방법(Non-Cumulative method)이 있다.

(6) 신용장통일규칙(UCP)

① 의의 : 신용장통일규칙(Uniform Customs and Practice for Documentary Credit)이란 신용장 업무를 취급할 때 지켜야 할 제반사항 및 해석의 기준을 규정한 국제규약으로서, 각국의 상관습 등의 차이로 인해 국제무역 거래시 발생하는 많은 문제를 해결하기 위한 국제적인 통일 준거규칙으로서 제정되었다.

② UCP의 제정 및 개정 과정

    ⊙ UCP의 제정 : 국제상업회의소(ICC : International Chamber of Commerce)는 1920년대에, 이미 무역에 있어 대금결제방식으로 널리 자리 잡고 있는 신용장에 대한 국제적인 통일규칙을 제정하고자 1926년부터 제정 작업에 착수했고, 1933년 ICC 제7차 총회에서 정식으로 신용장통일규칙을 발효시키기에 이르렀다.

    ⓒ UCP의 개정 과정 : 신용장통일규칙이 제정된 후 신용장 거래와 관련된 새로운 관행이 계속 등장하였으며, 통신기술의 발달과 함께 그 속도는 점차 가속화되었다. 이러한 관행의 변화에 맞추어 신용장통일규칙도 계속하여 개정되었는데, 현재 사용되고 있는 신용장통일규칙은 2007년 7월부터 시행된 제6차 개정 신용장통일규칙(Uniform Customs and Practice for Documentary Credits 2007 Revision, ICC Publication No. 600)이다.

③ UCP 600의 주요 특징

    ⊙ 명칭에 '규칙(rule)'이라는 단어를 삽입함으로써 당사자 간 합의에 의하여 그 적용, 변경 및 배제가 가능함을 명확히 하였다.

    ⓒ 기존의 UCP 500에 비해 간결하고 정확한 표현 방법을 채택하고, 동일 용어의 반복적 사용을 회피하였다.

    ⓒ 서류심사기간 및 불일치서류의 통지기간이 단축되었다.

④ eUCP

    ⊙ 제정배경 : 화환신용장을 위한 통일규칙으로 사용되어 왔던 기존 UCP의 경우에는 종이서류에 기반을 둔 화환신용장 거래에 적용되도록 제정되었기 때문에, 전자신용장이나 선적서류의 전자적 제시에 적용할 수 없는 내용들로 구성되어 있어 원칙적으로 전자신용장 거래에는 적용하기가 부적합하였다. 이에 따라 국제상업회의소(ICC)는 전자신용장 및 무역서류의 전자적 제시를 통한 거래의 증가를 반영하여 UCP의 개정과는 별도로, 전자 제시에 적용할 내용을 새로이 제정하여 UCP의 추록으로서의 역할을 하도록 eUCP를 제정하였다. 이는 ICC가 새로운 통일규칙을 제정하는 대신 전자 제시에 대한 UCP의 적용상의 법적 미비점을 보완할 목적을 갖고 있는 것이다.

    ⓒ eUCP의 구성 : eUCP는 UCP에 대한 보충규정으로서 전자 제시와 관련된 내용만을 다루고 있으며, 12개조로 구성되어 있다. 이것은 UCP에 대한 보충규정일 뿐만 아니라 UCP와의 혼동을 방지하기 위하여 각 조항의 번호 앞에 'e'를 추가하였다.

    ⓒ eUCP의 특징

        ⓐ 절충주의의 채택 : eUCP는 UCP를 개정한 것이 아니라 UCP를 보충하는 것이다. 즉, eUCP는 전자기록이 단독으로 제시되는 경우뿐만 아니라 전자기록이 종이서류와 혼합되어 제시되는 경우를 수용할 목적으로 UCP를 보충하는 것이다.

        ⓑ UCP와의 일관성 유지 : eUCP의 모든 조항은 전자기록의 제시와 관련된 경우를 제외하고는 UCP의 조항과 모순되지 않는다.

ⓒ **지속적인 개정의 시사** : eUCP는 필요한 경우 UCP의 개정과는 별개로 지속적인 기술의 발전으로 인하여 개정될 수 있음을 시사하고 있다. 이러한 이유로 eUCP는 현재의 1.1과 같은 판(Version)을 표시하고 있다.

ⓓ **전자 제시에 적합한 용어의 정의** : eUCP는 전자 제시에 적용할 수 있는 용어를 새롭게 규정하고 있다.

ⓔ **기술 중립성 유지** : eUCP는 전자 제시를 촉진시키기 위해 필요한 특정 기술이나 시스템을 정의하지 않음으로써 기술 중립성을 유지하고 있다.

⑤ 신용장 통일규칙 전문(UCP 600)

Article 1   Application of UCP

The Uniform Customs and Practice for Documentary Credits, 2007 Revision, ICC Publication No. 600("UCP") are rules that apply to any documentary credit ("credit")(including, to the extent to which they may be applicable, any standby letter of credit) when the text of the credit expressly indicates that it is subject to these rules. They are binding on all parties thereto unless expressly modified or excluded by the credit.

제1조 【신용장통일규칙의 적용】

화환신용장에 관한 통일규칙 및 관례 2007년 개정 출판물번호 제600호(UCP)는 신용장의 본문이 이 규칙에 따른다고 명시적으로 표시하고 있는 경우 모든 화환신용장(신용장)(적용 가능한 범위에서 모든 보증신용장을 포함한다)에 적용되는 규칙이다. 신용장에 의하여 명시적으로 수정되거나 또는 배제되지 아니하는 한 이 규칙은 모든 관계당사자를 구속한다.

Article 2   Definitions

For the purpose of these rules :

Advising bank means the bank that advises the credit at the request of the issuing bank.

Applicant means the party on whose request the credit is issued.

Banking day means a day on which a bank is regularly open at the place at which an act subject to these rules is to be performed.

Beneficiary means the party in whose favour a credit is issued.

Complying presentation means a presentation that is in accordance with the terms and conditions of the credit, the applicable provisions of these rules and international standard banking practice.

Confirmation means a definite undertaking of the confirming bank, in addition to that of the issuing bank, to honour or negotiate a complying presentation.

Confirming bank means the bank that adds its confirmation to a credit upon the issuing bank's authorization or request.

Credit means any arrangement, however named or described, that is irrevocable and thereby constitutes a definite undertaking of the issuing bank to honour a complying presentation.

Honour means :

a. to pay at sight if the credit is available by sight payment.

b. to incur a deferred payment undertaking and pay at maturity if the credit is available by deferred payment.

c. to accept a bill of exchange("draft") drawn by the beneficiary and pay at maturity if the credit is available by acceptance.

Issuing bank means the bank that issues a credit at the request of an applicant or on its own behalf.

Negotiation means the purchase by the nominated bank of drafts(drawn on a bank other than the nominated bank) and/or documents under a complying presentation, by advancing or agreeing to advance funds to the beneficiary on or before the banking day on which reimbursement is due to the nominated bank.

Nominated bank means the bank with which the credit is available or any bank in the case of a credit available with any bank.

Presentation means either the delivery of documents under a credit to the issuing bank or nominated bank or the documents so delivered.

Presenter means a beneficiary, bank or other party that makes a presentation.

제2조 【정의】

이 규칙에서,

통지은행이라 함은 발행은행의 요청에 따라 신용장을 통지하는 은행을 말한다.

발행의뢰인이라 함은 신용장이 발행되도록 요청하는 당사자를 말한다.

은행영업일이라 함은 이 규칙에 따라 업무가 이행되는 장소에서 은행이 정상적으로 영업을 하는 일자를 말한다.

수익자라 함은 그 자신을 수익자로 하여 신용장을 발행받는 당사자를 말한다.

일치하는 제시라 함은 신용장의 제조건, 이 규칙 및 국제표준은행 관행의 적용 가능한 규정에 따른 제시를 말한다.

확인이라 함은 발행은행의 확약에 추가하여 일치하는 제시를 지급이행 또는 매입할 확인은행의 확약을 말한다.

확인은행이라 함은 발행은행의 수권 또는 요청에 따라 신용장에 확인을 추가하는 은행을 말한다.

신용장이라 함은 그 명칭이나 기술에 관계없이 취소불능이며, 일치하는 제시에 대하여 지급이행 하겠다는 발행은행의 확약으로 구성된 모든 약정을 말한다.

지급이행이라 함은 다음을 말한다.

a. 신용장이 일람지급에 의하여 사용될 수 있는 경우 일람 후 지급하는 것

b. 신용장이 연지급에 의하여 사용될 수 있는 경우 연지급확약의무를 부담하고 만기일에 지급하는 것

c. 신용장이 인수에 의하여 사용될 수 있는 경우 수익자에 의하여 발행된 환어음을 인수하고 만기일에 지급하는 것

발행은행이라 함은 발행의뢰인의 요청에 따르거나 또는 발행은행 자신을 위하여 신용장을 발행하는 은행을 말한다.

매입이라 함은 지정은행에서 상환이 행해져야 할 은행영업일 또는 그 이전에 수익자에게 대금을 선지급하거나 또는 선지급하기로 약정함으로써, 신용장 조건에 따라 제시되는 환어음(지정은행이 아닌 은행을 지급인으로 하여 발행된) 및/또는 서류를 지정은행이 구매하는 것을 말한다.

지정은행이라 함은 신용장이 사용될 수 있도록 지정된 은행 또는 모든 은행에서 사용될 수 있는 신용장의 경우에는 모든 은행을 말한다.

제시라 함은 발행은행 또는 지정은행에게 신용장에 따른 서류를 인도하는 행위 또는 그렇게 인도된 서류를 말한다.

제시인이라 함은 제시를 행하는 수익자, 은행 또는 기타 당사자를 말한다.

Article 3   Interpretations

For the purpose of these rules :

Where applicable, words in the singular include the plural and in the plural include the singular.

A credit is irrevocable even if there is no indication to that effect.

A document may be signed by handwriting, facsimile signature, perforated signature, stamp, symbol or any other mechanical or electronic method of authentication.

A requirement for a document to be legalized, visaed, certified or similar will be satisfied by any signature, mark, stamp or label on the document which appears to satisfy that requirement.

Branches of a bank in different countries are considered to be separate banks.

Terms such as "first class", "well known", "qualified", "independent", "official", "competent" or "local" used to describe the issuer of a document allow any issuer except the beneficiary to issue that document.

Unless required to be used in a document, words such as "prompt", "immediately" or "as soon as possible" will be disregarded.

The expression "on or about" or similar will be interpreted as a stipulation that an event is to occur during a period of five calendar days before until five calendar days after the specified date, both start and end dates included.

The words "to", "until", "till", "from" and "between" when used to determine a period of shipment include the date or dates mentioned, and the words "before" and "after" exclude the date mentioned.

The words "from" and "after" when used to determine a maturity date exclude the date mentioned.

The terms "first half" and "second half" of a month shall be construed respectively as the 1st to the 15th and the 16th to the last day of the month, all dates inclusive.

The terms "beginning", "middle" and "end" of a month shall be construed respectively as the 1st to the 10th, the 11th to the 20th and the 21st to the last day of the month, all dates inclusive.

제3조【해석】

이 규칙에서,

적용 가능한 경우에 있어서 단수형의 단어는 복수형을 포함하고, 복수형의 단어는 단수형을 포함한다.

신용장은 취소불능의 표시가 없는 경우에도 취소불능이다.

서류는 수기, 모사서명, 천공서명, 스탬프, 상징, 또는 기타 모든 기계적 또는 전자적 인증방법에 의하여 서명될 수 있다.

공인(legalized), 사증(visaed), 증명된(certified) 또는 이와 유사한 서류의 요건은 그러한 요건을 충족하는 것으로 보이는 서류상의 모든 서명, 표시, 스탬프 또는 부전에 의하여 충족된다.

다른 국가에 있는 어떤 은행의 지점은 독립된 은행으로 본다.

'일류의(first class)', '저명한(well known)', '자격 있는(qualified)', '독립적인(independent)', '공인된(official)', '유능한(competent)' 또는 '국내의(local)'와 같은 용어는 수익자를 제외한 모든 서류 발행인을 설명하기 위하여 사용되는 경우에 이를 허용한다.

서류에서 사용될 것이 요구되지 아니하는 한, '신속한(prompt)', '즉시(immediately)' 또는 '가능한 한 빨리(as soon as possible)'와 같은 단어는 무시된다.

'경에(on or about)' 또는 이와 유사한 표현은 사건이 명시된 일자 이전의 5일부터 그 이후의 5일까지의 기간 동안에 발생하는 약정으로서, 초일 및 종료일을 포함하는 것으로 해석된다.

'to', 'until', 'till', 'from', 'between'이라는 단어는 선적기간을 결정하기 위하여 사용되는 경우에는 언급된 당해 일자를 포함하며, 'before', 'after'라는 단어는 언급된 당해 일자를 제외한다.

'from', 'after'라는 단어는 만기일(환어음의 만기일)을 결정하기 위하여 사용된 경우에는 언급된 당해 일자를 제외한다.

어느 개월의 '전반(first half)', '후반(second half)'이라는 용어는 각각 해당 개월의 1일부터 15일까지 그리고 16일부터 말일까지로 하고 양끝의 일자를 포함하는 것으로 해석한다.

어느 개월의 '상순(beginning)', '중순(middle)' 및 '하순(end)'이라는 용어는 각각 해당 개월의 1일부터 10일까지, 11일부터 20일까지, 그리고 21일부터 말일까지로 하고 양끝의 일자를 포함하는 것으로 해석한다.

Article 4　　Credits v. Contracts

a. A credit by its nature is a separate transaction from the sale or other contract on which it may be based. Banks are in no way concerned with or bound by such contract, even if any reference whatsoever to it is included in the credit. Consequently, the undertaking of a bank to honour, to negotiate or to fulfil any other obligation under the credit is not subject to claims or defences by the applicant resulting from its relationships with the issuing bank or the beneficiary.

A beneficiary can in no case avail itself of the contractual relationships existing between banks or between the applicant and the issuing bank.

b. An issuing bank should discourage any attempt by the applicant to include, as an integral part of the credit, copies of the underlying contract, pro forma invoice and the like.

제4조 【신용장과 계약】

a. 신용장은 그 성질상 그것이 근거를 두고 있는 매매계약 또는 기타 계약과는 독립된 거래이다. 은행은 그러한 계약에 관한 어떠한 참조사항이 신용장에 포함되어 있다 하더라도 그러한 계약과는 아무런 관계가 없으며 또한 이에 구속되지 아니한다. 결과적으로 신용장에 의하여 지급이행하거나 매입하거나 또는 기타 모든 의무를 이행한다는 은행의 확약은 발행은행 또는 수익자와 발행의뢰인과의 관계로부터 생긴 발행의뢰인에 의한 클레임 또는 항변에 지배받지 아니한다.

수익자는 어떠한 경우에도 은행상호 간 또는 발행의뢰인과 발행은행 간에 존재하는 계약관계를 원용할 수 없다.

b. 발행은행은 발행의뢰인이 신용장에 반드시 필요한 부분으로서 근거계약의 사본, 견적송장 등을 포함시키려고 하는 어떠한 시도도 저지하여야 한다.

Article 5　　Documents v. Goods, Services or Performance

Banks deal with documents and not with goods, services or performance to which the documents may relate.

제5조 【서류와 물품, 용역 또는 이행】

은행은 서류를 취급하는 것이며, 그 서류와 관련될 수 있는 물품, 용역 또는 이행을 취급하는 것이 아니다.

Article 6   Availability, Expiry Date and Place for Presentation

a. A credit must state the bank with which it is available or whether it is available with any bank. A credit available with a nominated bank is also available with the issuing bank.

b. A credit must state whether it is available by sight payment, deferred payment, acceptance or negotiation.

c. A credit must not be issued available by a draft drawn on the applicant.

d. i. A credit must state an expiry date for presentation. An expiry date stated for honour or negotiation will be deemed to be an expiry date for presentation.

ii. The place of the bank with which the credit is available is the place for presentation. The place for presentation under a credit available with any bank is that of any bank. A place for presentation other than that of the issuing bank is in addition to the place of the issuing bank.

e. Except as provided in sub-article 29(a), a presentation by or on behalf of the beneficiary must be made on or before the expiry date.

제6조 【사용 가능성, 유효기일 및 장소】

a. 신용장에는 그 신용장이 사용될 수 있는 은행을 명기하거나, 그 신용장이 모든 은행에서 사용될 수 있는지의 여부를 명기하여야 한다. 지정은행에서 사용될 수 있는 신용장은 발행은행에서도 사용될 수 있다.

b. 신용장은 그것이 일람지급, 연지급, 인수 또는 매입 중 어느 것에 의하여 사용될 수 있는지를 명기하여야 한다.

c. 발행의뢰인을 지급인으로 하여 발행된 환어음에 의하여 사용될 수 있는 신용장은 발행되어서는 아니 된다.

d. i. 신용장은 제시를 위한 유효기일을 명기하여야 한다. 지급이행 또는 매입을 위하여 명기된 유효기일은 제시를 위한 유효기일로 본다.

ii. 신용장이 사용될 수 있는 은행의 장소는 제시 장소이다. 모든 은행에서 사용될 수 있는 신용장에서의 제시 장소는 모든 은행이 된다. 발행은행이 아닌 제시 장소는 발행은행이라는 장소에 추가된다.

e. 제29조 제a항에서 규정된 경우를 제외하고는 수익자에 의하거나 또는 수익자를 대리하여 행해지는 제시는 유효기일에 또는 그 이전에 행하여져야 한다.

Article 7   Issuing Bank Undertaking

a. Provided that the stipulated documents are presented to the nominated bank or to the issuing bank and that they constitute a complying presentation, the issuing bank must honour if the credit is available by :
  i. sight payment, deferred payment or acceptance with the issuing bank ;
  ii. sight payment with a nominated bank and that nominated bank does not pay ;
  iii. deferred payment with a nominated bank and that nominated bank does not incur its deferred payment undertaking or, having incurred its deferred payment undertaking, does not pay at maturity ;
  iv. acceptance with a nominated bank and that nominated bank does not accept a draft drawn on it or, having accepted a draft drawn on it, does not pay at maturity ;
  v. negotiation with a nominated bank and that nominated bank does not negotiate.

b. An issuing bank is irrevocably bound to honour as of the time it issues the credit.

c. An issuing bank undertakes to reimburse a nominated bank that has honoured or negotiated a complying presentation and forwarded the documents to the issuing bank. Reimbursement for the amount of a complying presentation under a credit available by acceptance or deferred payment is due at maturity, whether or not the nominated bank prepaid or purchased before maturity. An issuing bank's undertaking to reimburse a nominated bank is independent of the issuing bank's undertaking to the beneficiary.

제7조 【발행은행의 확약】

a. 명시된 서류가 지정은행 또는 발행은행에 제시되고 그 서류가 일치하는 제시를 구성하는 한, 신용장이 다음 중의 어느 것에 의하여 사용될 수 있는 경우에는 발행은행은 지급이행하여야 한다.
  i. 발행은행에서 일람지급, 연지급, 또는 인수 중의 어느 것에 의하여 사용될 수 있는 경우
  ii. 지정은행에서 일람지급에 의하여 사용될 수 있고 그 지정은행이 지급하지 아니한 경우
  iii. 지정은행에서 연지급에 의하여 사용될 수 있고, 그 지정은행이 연지급확약을 부담하지 아니한 경우 또는 그 지정은행이 연지급확약을 부담하였지만 만기일에 지급하지 아니한 경우
  iv. 지정은행에서 인수에 의하여 사용될 수 있고, 그 지정은행이 자행을 지급인으로 하여 발행된 환어음을 인수하지 아니한 경우 또는 그 지정은행이 자행을 지급인으로 하여 발행된 환어음을 인수하였지만 만기일에 지급하지 아니한 경우
  v. 지정은행에서 매입에 의하여 사용될 수 있고 그 지정은행이 매입하지 아니한 경우

b. 발행은행은 신용장을 발행하는 시점부터 지급이행할 취소불능의 의무를 부담한다.

c. 발행은행은 일치하는 제시에 따라 지급이행 또는 매입하고 그 서류를 발행은행에 발송하는 지정은행에게 상환할 것을 약정한다. 인수 또는 연지급에 의하여 사용될 수 있는 신용장에 따른 일치하는 제시금액(인수금액, 연지급확약금액)에 대한 상환은 지정은행이 만기일 전에 선지급 또는 구매하였는지의 여부와 관계없이 만기일에 이행되어야 한다. 발행은행이 지정은행에 대하여 상환하겠다는 확약은 수익자에 대한 발행은행의 확약으로부터 독립적이다.

Article 8   Confirming Bank Undertaking

a. Provided that the stipulated documents are presented to the confirming bank or to any other nominated bank and that they constitute a complying presentation, the confirming bank must :

  i . honour, if the credit is available by

    a) sight payment, deferred payment or acceptance with the confirming bank ;

    b) sight payment with another nominated bank and that nominated bank does not pay ;

    c) deferred payment with another nominated bank and that nominated bank does not incur its deferred payment undertaking or, having incurred its deferred payment undertaking, does not pay at maturity ;

    d) acceptance with another nominated bank and that nominated bank does not accept a draft drawn on it or, having accepted a draft drawn on it, does not pay at maturity ;

    e) negotiation with another nominated bank and that nominated bank does not negotiate.

  ii . negotiate, without recourse, if the credit is available by negotiation with the confirming bank.

b. A confirming bank is irrevocably bound to honour or negotiate as of the time it adds its confirmation to the credit.

c. A confirming bank undertakes to reimburse another nominated bank that has honoured or negotiated a complying presentation and forwarded the documents to the confirming bank. Reimbursement for the amount of a complying presentation under a credit available by acceptance or deferred payment is due at maturity, whether or not another nominated bank prepaid or purchased before maturity. A confirming bank's undertaking to reimburse another nominated bank is independent of the confirming bank's undertaking to the beneficiary.

d. If a bank is authorized or requested by the issuing bank to confirm a credit but is not prepared to do so, it must inform the issuing bank without delay and may advise the credit without confirmation.

제8조 【확인은행의 확약】

a. 명시된 서류가 확인은행 또는 기타 모든 지정은행에 제시되고 그 서류가 일치하는 제시를 구성하는 한, 확인은행은

ⅰ. 신용장이 다음 중의 어느 것에 의하여 사용될 수 있는 경우에는 지급이행하여야 한다.

　a) 확인은행에서 일람지급, 연지급 또는 인수 중의 어느 것에 의하여 사용될 수 있는 경우

　b) 다른 지정은행에서 일람지급에 의하여 사용될 수 있고 그 지정은행이 지급하지 아니한 경우

　c) 다른 지정은행에서 연지급에 의하여 사용될 수 있고, 그 지정은행이 연지급확약을 부담하지 아니한 경우 또는 그 지정은행이 연지급확약을 부담하였지만 만기일에 지급하지 아니한 경우

　d) 다른 지정은행에서 인수에 의하여 사용될 수 있고, 그 지정은행이 자행을 지급인으로 하여 발행된 환어음을 인수하지 아니한 경우 또는 그 지정은행이 자행을 지급인으로 하여 발행된 환어음을 인수하였지만 만기일에 지급하지 아니한 경우

　e) 다른 지정은행에서 매입에 의하여 사용될 수 있고 그 지정은행이 매입하지 아니한 경우

ⅱ. 신용장이 확인은행에서 매입에 의하여 사용될 수 있는 경우에는 상환청구 없이 매입하여야 한다.

b. 확인은행은 신용장에 자행의 확인을 추가하는 시점부터 지급이행 또는 매입할 취소불능의 의무를 부담한다.

c. 확인은행은 일치하는 제시에 따라 지급이행 또는 매입하고, 그 서류를 확인은행에 발송한 다른 지정은행에게 상환할 것을 약정한다. 인수 또는 연지급에 의하여 사용될 수 있는 신용장에 따른 일치하는 제시금액에 대한 상환은 다른 지정은행이 만기일 전에 선지급 또는 구매하였는지의 여부와 관계없이 만기일에 이행되어야 한다. 다른 지정은행에 상환할 확인은행의 확약은 수익자에 대한 확인은행의 확약으로부터 독립한다.

d. 어떤 은행이 발행은행에 의하여 신용장을 확인하도록 수권 또는 요청받았으나 이를 행할 용의가 없는 경우 그 은행은 지체 없이 발행은행에게 통고하여야 하고 확인 없이 신용장을 통지할 수 있다.

Article 9　　Advising of Credits and Amendments

a. A credit and any amendment may be advised to a beneficiary through an advising bank. An advising bank that is not a confirming bank advises the credit and any amendment without any undertaking to honour or negotiate.

b. By advising the credit or amendment, the advising bank signifies that it has satisfied itself as to the apparent authenticity of the credit or amendment and that the advice accurately reflects the terms and conditions of the credit or amendment received.

c. An advising bank may utilize the services of another bank("second advising bank") to advise the credit and any amendment to the beneficiary. By advising the credit or amendment, the second advising bank signifies that it has satisfied itself as to the apparent authenticity of the advice it has received and that the advice accurately reflects the terms and conditions of the credit or amendment received.

d. A bank utilizing the services of an advising bank or second advising bank to advise a credit must use the same bank to advise any amendment thereto.

e. If a bank is requested to advise a credit or amendment but elects not to do so, it must so inform, without delay, the bank from which the credit, amendment or advice has been received.

f. If a bank is requested to advise a credit or amendment but cannot satisfy itself as to the apparent authenticity of the credit, the amendment or the advice, it must so inform, without delay, the bank from which the instructions appear to have been received. If the advising bank or second advising bank elects nonetheless to advise the credit or amendment, it must inform the beneficiary or second advising bank that it has not been able to satisfy itself as to the apparent authenticity of the credit, the amendment or the advice.

제9조 【신용장 및 조건변경의 통지】

a. 신용장 및 모든 조건변경은 통지은행을 통하여 수익자에게 통지될 수 있다. 확인은행이 아닌 통지은행은 지급이행 또는 매입할 어떠한 확약 없이 신용장 및 모든 조건변경을 통지한다.

b. 통지은행이 신용장 또는 조건변경 사항을 통지하였다는 것은 통지은행 자신에 의하여 신용장 또는 조건변경의 외관상의 진정성이 확인되었다는 것과, 자신의 통지가 자신이 수령한 신용장 또는 조건변경의 제조건을 정확히 반영하였다는 것을 의미한다.

c. 통지은행은 수익자에게 신용장 및 어떠한 조건변경 사항을 통지하기 위하여 타은행(제2통지은행)의 서비스를 이용할 수 있다. 제2통지은행이 신용장 또는 조건변경 사항을 통지하였다는 것은 제2통지은행 자신에 의하여 신용장 또는 조건변경의 외관상의 진정성이 확인되었다는 것과, 자신의 통지가 자신이 수령한 신용장 또는 조건변경의 제조건을 정확히 반영하였다는 것을 의미한다.

d. 신용장을 통지하기 위하여 통지은행 또는 제2통지은행의 서비스를 이용하는 은행은 이에 대한 모든 조건변경을 동일한 은행을 이용하여 통지하여야 한다.

e. 어떤 은행이 신용장 또는 조건변경을 통지하도록 요청을 받았으나 요청받은 은행이 이를 통지하지 않기로 결정하는 경우에, 그 은행은 신용장, 조건변경 또는 통지를 송부해 온 은행에게 이를 지체 없이 통고하여야 한다.

f. 어떤 은행이 신용장 또는 조건변경을 통지하도록 요청받았지만 신용장, 조건변경 또는 통지의 외관상의 진정성에 관하여 스스로 충족하지 못한다고 판단하는 경우에, 그 은행은 그 지시를

송부해 온 것으로 보이는 은행에게 지체 없이 이러한 상황을 통고하여야 한다. 그럼에도 불구하고 통지은행 또는 제2통지은행이 그 신용장 또는 조건변경을 통지하기로 결정한 경우에는, 그 은행은 수익자 또는 제2통지은행에게 신용장 조건변경 또는 통지의 외관상의 진정성에 관하여 스스로 충족할 수 없다는 것을 통고하여야 한다.

Article 10   Amendments

a. Except as otherwise provided by article 38, a credit can neither be amended nor cancelled without the agreement of the issuing bank, the confirming bank, if any, and the beneficiary.

b. An issuing bank is irrevocably bound by an amendment as of the time it issues the amendment. A confirming bank may extend its confirmation to an amendment and will be irrevocably bound as of the time it advises the amendment. A confirming bank may, however, choose to advise an amendment without extending its confirmation and, if so, it must inform the issuing bank without delay and inform the beneficiary in its advice.

c. The terms and conditions of the original credit(or a credit incorporating previously accepted amendments) will remain in force for the beneficiary until the beneficiary communicates its acceptance of the amendment to the bank that advised such amendment. The beneficiary should give notification of acceptance or rejection of an amendment. If the beneficiary fails to give such notification, a presentation that complies with the credit and to any not yet accepted amendment will be deemed to be notification of acceptance by the beneficiary of such amendment. As of that moment the credit will be amended.

d. A bank that advises an amendment should inform the bank from which it received the amendment of any notification of acceptance or rejection.

e. Partial acceptance of an amendment is not allowed and will be deemed to be notification of rejection of the amendment.

f. A provision in an amendment to the effect that the amendment shall enter into force unless rejected by the beneficiary within a certain time shall be disregarded.

제10조 【조건변경】

a. 제38조에 의하여 별도로 규정된 경우를 제외하고는 신용장은 발행은행, 확인은행(확인은행이 있는 경우) 및 수익자의 합의 없이는 변경 또는 취소될 수 없다.

b. 발행은행은 그 자신이 조건변경서를 발행한 시점부터 그 조건변경서에 대하여 취소불능의 의무를 부담한다. 확인은행은 그 자신의 확인을 조건변경에까지 확장할 수 있으며, 그 변경을 통지한 시점부터 취소불능의 의무를 부담한다. 그러나 확인은행은 그 자신의 확인을 확장함이 없이 조건변경을 통지하기로 결정할 수 있으며, 이러한 경우에는 발행은행에게 지체 없이 통고하고 그 자신의 통지서로 수익자에게 통고하여야 한다.

c. 원신용장 또는 이전에 승낙된 조건변경을 포함하고 있는 신용장의 제조건은 수익자가 조건변경에 대한 그 자신의 승낙을 그러한 조건변경을 통지해 온 은행에게 통보할 때까지는 수익자에게는 여전히 유효하다. 수익자는 조건변경에 대하여 승낙 또는 거절의 통고(notification)를 행하여야 한다. 수익자가 그러한 통고를 행하지 아니한 경우, 신용장 및 아직 승낙되지 않은 조건변경에 일치하는 제시는 수익자가 그러한 조건변경에 대하여 승낙의 통고를 행하는 것으로 본다. 그 순간부터 신용장은 조건이 변경된다.

d. 조건변경을 통지하는 은행은 조건변경을 송부해 온 은행에게 승낙 또는 거절의 모든 통고를 통지하여야 한다.

e. 조건변경의 부분승낙은 허용되지 아니하며, 그 조건변경의 부분승낙은 거절의 통지로 본다.

f. 조건변경이 특정 기한 내에 수익자에 의하여 거절되지 아니하는 한 유효하게 된다는 취지의 조건변경서상의 규정은 무시된다.

Article 11   Teletransmitted and Pre-Advised Credits and Amendments

a. An authenticated teletransmission of a credit or amendment will be deemed to be the operative credit or amendment, and any subsequent mail confirmation shall be disregarded.

If a teletransmission states "full details to follow"(or words of similar effect), or states that the mail confirmation is to be the operative credit or amendment, then the teletransmission will not be deemed to be the operative credit or amendment. The issuing bank must then issue the operative credit or amendment without delay in terms not inconsistent with the teletransmission.

b. A preliminary advice of the issuance of a credit or amendment("pre-advice") shall only be sent if the issuing bank is prepared to issue the operative credit or amendment. An issuing bank that sends a pre-advice is irrevocably committed to issue the operative credit or amendment, without delay, in terms not inconsistent with the pre-advice.

제11조 【전송 및 사전통지신용장과 조건변경】

a. 신용장 또는 조건변경의 인증된(authenticated) 전송은 유효한 신용장 또는 조건변경으로 보며, 추후의 모든 우편확인서는 무시된다. 전송이 '완전한 명세는 추후 통지함(full details to follow)' 또는 이와 유사한 표현을 명기하고 있거나 또는 우편확인서를 유효한 신용장 또는 조건변경으로 한다는 것을 명기하고 있는 경우에, 그러한 전송은 유효한 신용장 또는 조건변경으로 보지 아니하며, 발행은행은 전송과 모순되지 아니한 조건으로 지체 없이 유효한 신용장 또는 조건변경을 발행하여야 한다.

b. 신용장의 발행 또는 조건변경의 예비통지, 사전통지는 발행은행이 유효한 신용장 또는 조건변경을 발행할 용의가 있는 경우에만 송부된다. 사전통지를 송부하는 발행은행은 지체 없이 사

전통지와 모순되지 아니한 조건으로 유효한 신용장 또는 조건변경을 발행할 것을 취소불능적으로 약속한다.

Article 12   Nomination

a. Unless a nominated bank is the confirming bank, an authorization to honour or negotiate does not impose any obligation on that nominated bank to honour or negotiate, except when expressly agreed to by that nominated bank and so communicated to the beneficiary.

b. By nominating a bank to accept a draft or incur a deferred payment undertaking, an issuing bank authorizes that nominated bank to prepay or purchase a draft accepted or a deferred payment undertaking incurred by that nominated bank.

c. Receipt or examination and forwarding of documents by a nominated bank that is not a confirming bank does not make that nominated bank liable to honour or negotiate, nor does it constitute honour or negotiation.

제12조 【지정】

a. 지정은행이 확인은행이 아닌 한 지급이행 또는 매입할 수권은 그 지정은행이 명시적으로 합의하고 이를 수익자에게 통보하는 경우를 제외하고는 그 지정은행에게 어떠한 의무도 부과되지 아니한다.

b. 환어음을 인수하거나 또는 연지급확약을 부담할 은행을 지정함으로써 발행은행은 지정은행이 인수한 환어음 또는 부담한 연지급확약을 선지급 또는 구매하도록 그 지정은행에게 권한을 부여한다.

c. 확인은행이 아닌 지정은행에 의한 서류의 수령 또는 심사 및 발송은 지급이행 또는 매입할 의무를 그 지정은행에게 부담시키는 것은 아니며, 그것은 지급이행 또는 매입을 구성하지 아니한다.

Article 13   Bank-to-Bank Reimbursement Arrangements

a. If a credit states that reimbursement is to be obtained by a nominated bank ("claiming bank") claiming on another party("reimbursing bank"), the credit must state if the reimbursement is subject to the ICC rules for bank-to-bank reimbursements in effect on the date of issuance of the credit.

b. If a credit does not state that reimbursement is subject to the ICC rules for bank-to-bank reimbursements, the following apply :

i. An issuing bank must provide a reimbursing bank with a reimbursement

25

authorization that conforms with the availability stated in the credit. The reimbursement authorization should not be subject to an expiry date.

ⅱ. A claiming bank shall not be required to supply a reimbursing bank with a certificate of compliance with the terms and conditions of the credit.

ⅲ. An issuing bank will be responsible for any loss of interest, together with any expenses incurred, if reimbursement is not provided on first demand by a reimbursing bank in accordance with the terms and conditions of the credit.

ⅳ. A reimbursing bank's charges are for the account of the issuing bank. However, if the charges are for the account of the beneficiary, it is the responsibility of an issuing bank to so indicate in the credit and in the reimbursement authorization. If a reimbursing bank's charges are for the account of the beneficiary, they shall be deducted from the amount due to a claiming bank when reimbursement is made. If no reimbursement is made, the reimbursing bank's charges remain the obligation of the issuing bank.

c. An issuing bank is not relieved of any of its obligations to provide reimbursement if reimbursement is not made by a reimbursing bank on first demand.

제13조【은행 간 상환약정】

a. 신용장에서 지정은행(청구은행)이 상환을 다른 당사자(상환은행)에게 청구하여 받는 것으로 명기하고 있는 경우에는, 그 신용장은 상환이 신용장의 발행일에 유효한 은행 간 대금상환에 관한 ICC 규칙에 따르는지의 여부를 명기하여야 한다.

b. 신용장에서 상환이 은행 간 대금상환에 관한 ICC 규칙에 따른다고 명기하고 있지 아니한 경우에는 다음과 같이 적용된다.

ⅰ. 발행은행은 신용장에 명기된 내용에 따라 유효하게 상환수권을 상환은행에 부여하여야 한다. 상환수권은 유효기일에 지배받지 아니하여야 한다.

ⅱ. 청구은행은 상환은행에게 신용장의 제조건과의 일치증명서를 제공하도록 요구되지 아니한다.

ⅲ. 상환이 최초의 청구시에 신용장의 제조건에 따라 상환은행에 의하여 이행되지 아니한 경우, 발행은행은 부담된 모든 경비와 함께 이자손실의 책임을 부담하여야 한다.

ⅳ. 상환은행의 비용은 발행은행의 부담으로 하여야 한다. 그러나 그 비용을 수익자의 부담으로 하고자 하는 경우에는, 발행은행은 신용장 및 상환수권서에 이러한 내용을 지시할 책임이 있다. 상환은행의 비용이 수익자의 부담으로 되는 경우에 그러한 비용은 상환이 이루어질 때 청구은행에 의하여 발생하는 금액으로부터 공제되어야 한다. 상환이 행해지지 아니한 경우에는 상환은행의 비용은 발행은행의 의무로 남는다.

c. 발행은행은 상환이 최초의 청구시에 상환은행에 의하여 이행되지 아니하는 경우에는 상환을 이행해야 할 자신의 의무로부터 면제되지 아니한다.

Article 14   Standard for Examination of Documents

a. A nominated bank acting on its nomination, a confirming bank, if any, and the issuing bank must examine a presentation to determine, on the basis of the documents alone, whether or not the documents appear on their face to constitute a complying presentation.

b. A nominated bank acting on its nomination, a confirming bank, if any, and the issuing bank shall each have a maximum of five banking days following the day of presentation to determine if a presentation is complying. This period is not curtailed or otherwise affected by the occurrence on or after the date of presentation of any expiry date or last day for presentation.

c. A presentation including one or more original transport documents subject to articles 19, 20, 21, 22, 23, 24 or 25 must be made by or on behalf of the beneficiary not later than 21 calendar days after the date of shipment as described in these rules, but in any event not later than the expiry date of the credit.

d. Data in a document, when read in context with the credit, the document itself and international standard banking practice, need not be identical to, but must not conflict with, data in that document, any other stipulated document or the credit.

e. In documents other than the commercial invoice, the description of the goods, services or performance, if stated, may be in general terms not conflicting with their description in the credit.

f. If a credit requires presentation of a document other than a transport document, insurance document or commercial invoice, without stipulating by whom the document is to be issued or its data content, banks will accept the document as presented if its content appears to fulfil the function of the required document and otherwise complies with sub-article 14 (d).

g. A document presented but not required by the credit will be disregarded and may be returned to the presenter.

h. If a credit contains a condition without stipulating the document to indicate compliance with the condition, banks will deem such condition as not stated and will disregard it.

i. A document may be dated prior to the issuance date of the credit, but must not be dated later than its date of presentation.

j. When the addresses of the beneficiary and the applicant appear in any stipulated document, they need not be the same as those stated in the credit or in any other stipulated document, but must be within the same country as the respective addresses mentioned in the credit. Contact details(telefax, telephone, email and the like) stated as part of the beneficiary's and the applicant's address will be disregarded. However, when the address and contact details of the applicant appear as part of the consignee or notify party details on a transport document subject to articles 19, 20, 21, 22, 23, 24 or 25, they must be as stated in the credit.

k. The shipper or consignor of the goods indicated on any document need not be the beneficiary of the credit.

l. A transport document may be issued by any party other than a carrier, owner, master or charterer provided that the transport document meets the requirements of articles 19, 20, 21, 22, 23 or 24 of these rules.

제14조 【서류심사의 기준】

a. 지정에 따라 행동하는 지정은행, 확인은행(확인은행이 있는 경우) 및 발행은행은 서류가 문면 상 일치하는 제시를 구성하는지 여부를 결정하기 위하여 서류만을 기초로 하여 그 제시를 심 사하여야 한다.

b. 지정에 따라 행동하는 지정은행, 확인은행(확인은행이 있는 경우) 및 발행은행은 제시가 일치 하는지 여부를 결정하기 위하여 제시일의 다음날부터 최대 제5은행 영업일을 각각 가진다. 이 기간은 제시를 위한 모든 유효기일 또는 최종일의 제시일에 또는 그 이후의 사건에 의하여 단 축되거나 또는 별도로 영향을 받지 아니한다.

c. 제19조, 제20조, 제21조, 제22조, 제23조, 제24조, 또는 제25조에 따른 하나 또는 그 이상의 운송서류의 원본을 포함하는 제시는 이 규칙에 기술된 대로 선적일 이후 21일보다 늦지 않게 수익자에 의하여 또는 대리하여 이행되어야 한다. 그러나 어떠한 경우에도 신용장의 유효기일 보다 늦지 않아야 한다.

d. 서류상의 자료는 신용장, 그 서류 자체 및 국제표준은행 관행의 관점에서 검토하는 경우, 그 서류 기타 모든 명시된 서류 또는 신용장상의 자료와 동일할 필요는 없지만 이와 상충되어서 는 아니 된다.

e. 상업송장 이외의 서류에 있어서 물품, 용역 또는 이행의 명세는, 명기된 경우 신용장상의 이들 명세와 상충되지 아니하는 일반 용어로 기재될 수 있다.

f. 신용장에서 서류가 누구에 의하여 발행되는 것인가를 또는 서류의 자료 내용을 명시하지 않고, 운송서류, 보험서류 또는 상업송장 이외의 서류의 제시를 요구하는 경우에는 그 서류의 내용 이 요구된 서류의 기능을 충족하는 것으로 보이고, 기타의 방법으로 제14조 제d항과 일치한다 면 은행은 그 서류를 제시된 대로 수리한다.

g. 제시되었지만 신용장에 의하여 요구되지 않은 서류는 무시되고 제시인에게 반송될 수 있다.

h. 신용장이 어떤 조건과의 일치성을 표시하기 위하여 서류를 명시하지 않고 그 조건만을 포함하 고 있는 경우에는, 은행은 그러한 조건을 명기되지 아니한 것으로 보고 이를 무시하여야 한다.

i. 서류는 신용장의 일자보다 이전의 일자로 기재될 수 있으나, 그 서류의 제시일보다 늦은 일자 가 기재되어서는 아니 된다.

j. 수익자 및 발행의뢰인의 주소가 서류상에 보이는 경우에는 이들 주소는 신용장 또는 기타 신용 장에 명시된 모든 서류에 명기된 것과 동일할 필요는 없으나, 신용장에 언급된 각각의 주소와

동일한 국가 내에 있어야 한다. 수익자 및 발행의뢰인의 주소의 일부로서 명기된 연락처 명세 (팩스, 전화, 전자우편 등)는 무시된다. 그러나 발행의뢰인의 모든 주소 및 연락처 명세가 제19조, 제20조, 제21조, 제22조, 제23조, 제24조, 또는 제25조에 따라 운송서류상의 수화인 또는 착화통지처 명세의 일부로 보이는 경우에는 이러한 주소 및 연락처명세는 신용장에 명기된 대로이어야 한다.

k. 모든 서류상에 표시된 물품의 송화인 또는 탁송인은 신용장의 수익자일 필요는 없다.

l. 운송서류가 이 규칙의 제19조, 제20조, 제21조, 제22조, 제23조 또는 제24조의 요건을 충족하는 한 그 운송서류는 운송인, 선주 또는 용선자 이외의 모든 당사자에 의하여 발행될 수 있다.

Article 15   Complying Presentation

a. When an issuing bank determines that a presentation is complying, it must honour.

b. When a confirming bank determines that a presentation is complying, it must honour or negotiate and forward the documents to the issuing bank.

c. When a nominated bank determines that a presentation is complying and honours or negotiates, it must forward the documents to the confirming bank or issuing bank.

제15조 【일치하는 제시】

a. 발행은행은 제시가 일치한다고 결정하는 경우, 그 발행은행은 지급이행하여야 한다.

b. 확인은행이 제시가 일치한다고 결정하는 경우, 그 확인은행은 지급이행 또는 매입하고 발행은행에게 서류를 발송하여야 한다.

c. 지정은행이 제시가 일치한다고 결정하고 지급이행 또는 매입하는 경우, 그 지정은행은 확인은행 또는 발행은행에게 서류를 발송하여야 한다.

Article 16   Discrepant Documents, Waiver and Notice

a. When a nominated bank acting on its nomination, a confirming bank, if any, or the issuing bank determines that a presentation does not comply, it may refuse to honour or negotiate.

b. When an issuing bank determines that a presentation does not comply, it may in its sole judgement approach the applicant for a waiver of the discrepancies. This does not, however, extend the period mentioned in sub-article 14 (b).

c. When a nominated bank acting on its nomination, a confirming bank, if any, or the issuing bank decides to refuse to honour or negotiate, it must give a single notice to that effect to the presenter.

The notice must state :

ⅰ. that the bank is refusing to honour or negotiate ; and

ⅱ. each discrepancy in respect of which the bank refuses to honour or negotiate ; and

ⅲ. a) that the bank is holding the documents pending further instructions from the presenter ; or

b) that the issuing bank is holding the documents until it receives a waiver from the applicant and agrees to accept it, or receives further instructions from the presenter prior to agreeing to accept a waiver ; or

c) that the bank is returning the documents ; or

d) that the bank is acting in accordance with instructions previously received from the presenter.

d. The notice required in sub-article 16 (c) must be given by telecommunication or, if that is not possible, by other expeditious means no later than the close of the fifth banking day following the day of presentation.

e. A nominated bank acting on its nomination, a confirming bank, if any, or the issuing bank may, after providing notice required by sub-article 16 (c)(ⅲ) (a) or (b), return the documents to the presenter at any time.

f. If an issuing bank or a confirming bank fails to act in accordance with the provisions of this article, it shall be precluded from claiming that the documents do not constitute a complying presentation.

g. When an issuing bank refuses to honour or a confirming bank refuses to honour or negotiate and has given notice to that effect in accordance with this article, it shall then be entitled to claim a refund, with interest, of any reimbursement made.

제16조 【불일치 서류, 권리포기 및 통지】

a. 지정에 따라 행동하는 지정은행, 확인은행(확인은행이 있는 경우) 또는 발행은행은 제시가 일치하지 아니한 것으로 결정하는 경우에는 지급이행 또는 매입을 거절할 수 있다.

b. 발행은행은 제시가 일치하지 아니한다고 결정하는 경우에는, 독자적인 판단으로 발행의뢰인과 불일치에 관한 권리포기의 여부를 교섭할 수 있다. 그러나 이것은 제14조 제b항에서 언급된 기간을 연장하지 아니한다.

c. 지정에 따라 행동하는 지정은행, 확인은행(확인은행이 있는 경우) 또는 발행은행은 지급이행 또는 매입을 거절하기로 결정한 경우에는 제시인에게 그러한 취지를 1회 통지하여야 한다. 그 통지는 다음을 명기하여야 한다.

ⅰ. 은행이 지급이행 또는 매입을 거절하고 있다는 것, 그리고

ⅱ. 은행이 지급이행 또는 매입을 거절하게 되는 각각의 불일치사항, 그리고

ⅲ. a) 은행이 제시인으로부터 추가지시를 받을 때까지 서류를 보관하고 있다는 것, 또는

　　　b) 발행은행이 발행의뢰인으로부터 권리포기를 수령하고 서류를 수리하기로 합의할 때까지 또는 권리포기를 승낙하기로 합의하기 전에 제시인으로부터 추가지시를 수령할 때까지 발행은행이 서류를 보관하고 있다는 것, 또는

　　　c) 은행이 서류를 반송하고 있다는 것, 또는

　　　d) 은행이 제시인으로부터 이전에 수령한 지시에 따라 행동하고 있다는 것

d. 제16조 제c항에서 요구된 통지는 전기통신(telecommunication)으로 또는 그 이용이 불가능한 때에는 기타 신속한 수단으로 제시일의 다음 제5은행 영업일의 마감시간까지 행해져야 한다.

e. 지정에 따라 행동하는 지정은행, 확인은행(확인은행이 있는 경우) 또는 발행은행은 제16조 제c항 제ⅲ호 (a) 또는 (b)에 의하여 요구된 통지를 행한 후에 언제든지 제시인에게 서류를 반송할 수 있다.

f. 발행은행 또는 확인은행이 이 조의 규정에 따라 행동하지 아니한 경우에는 그 은행은 서류가 일치하는 제시를 구성하지 아니한다고 주장할 수 없다.

g. 발행은행이 지급이행을 거절하거나 또는 확인은행이 지급이행 또는 매입을 거절하고 이 조에 따라 그러한 취지를 통지한 경우에는, 그 은행은 이미 행해진 상환금에 이자를 추가하여 그 상환금의 반환을 청구할 권리가 있다.

Article 17　　Original Documents and Copies

　a. At least one original of each document stipulated in the credit must be presented.

　b. A bank shall treat as an original any document bearing an apparently original signature, mark, stamp, or label of the issuer of the document, unless the document itself indicates that it is not an original.

　c. Unless a document indicates otherwise, a bank will also accept a document as original if it :

　　　i. appears to be written, typed, perforated or stamped by the document issuer's hand ; or

　　　ii. appears to be on the document issuer's original stationery ; or

　　　iii. states that it is original, unless the statement appears not to apply to the document presented.

　d. If a credit requires presentation of copies of documents, presentation of either originals or copies is permitted.

　e. If a credit requires presentation of multiple documents by using terms such as "in duplicate", "in two fold" or "in two copies", this will be satisfied by the presentation of at least one original and the remaining number in copies, except when the document itself indicates otherwise.

제17조 【원본서류 및 사본】

a. 적어도 신용장에 명시된 각 서류의 1통의 원본은 제시되어야 한다.

b. 서류 그 자체가 원본이 아니라고 표시하고 있지 아니하는 한 명백히 서류발행인의 원본 서명, 표기, 스탬프 또는 부전(附箋)을 기재하고 있는 서류는 원본으로 취급한다.

c. 서류가 별도로 표시하지 아니하는 한, 서류가 다음과 같은 경우에는 은행은 서류를 원본으로서 수리한다.

　i. 서류발행인에 의하여 수기, 타자, 천공, 또는 스탬프된 것으로 보이는 경우, 또는

　ii. 서류발행인의 원본용지상에 기재된 것으로 보이는 경우, 또는

　iii. 제시된 서류에 적용되지 아니하는 것으로 보이지 아니하는 한, 원본이라는 명기가 있는 경우

d. 신용장이 서류의 사본의 제시를 요구하는 경우에는 원본 또는 사본의 제시는 허용된다.

e. 신용장 '2통(in duplicate)', '2부(in two fold)', '2통(in two copies)'과 같은 용어를 사용함으로써 여러 통의 서류의 제시를 요구하는 경우에, 이것은 서류 자체에 별도의 표시가 있는 경우를 제외하고는 적어도 원본 1통과 사본으로 된 나머지 통수의 제시에 의하여 충족된다.

Article 18　　Commercial Invoice

a. A commercial invoice :

　i. must appear to have been issued by the beneficiary(except as provided in article 38) ;

　ii. must be made out in the name of the applicant(except as provided in sub-article 38(g)) ;

　iii. must be made out in the same currency as the credit ; and

　iv. need not be signed.

b. A nominated bank acting on its nomination, a confirming bank, if any, or the issuing bank may accept a commercial invoice issued for an amount in excess of the amount permitted by the credit, and its decision will be binding upon all parties, provided the bank in question has not honoured or negotiated for an amount in excess of that permitted by the credit.

c. The description of the goods, services or performance in a commercial invoice must correspond with that appearing in the credit.

제18조 【상업송장】

a. 상업송장은

　i. 수익자에 의하여 발행된 것으로 보여야 하며(제38조에 규정된 경우를 제외한다),

　ii. 발행의뢰인 앞으로 작성되어야 하며(제39조 제g항에 규정된 경우를 제외한다),

　iii. 신용장과 동일한 통화로 작성되어야 하며, 그리고

　iv. 서명될 필요가 없다.

b. 지정에 따라 행동하는 지정은행, 확인은행(확인은행이 있는 경우) 또는 발행은행은 신용장에 의하여 허용된 금액을 초과한 금액으로 발행된 상업송장을 수리할 수 있으며, 그러한 결정은 모든 당사자를 구속한다. 다만, 문제의 은행은 신용장에 의하여 허용된 금액을 초과한 금액으로 지급이행 또는 매입하지 아니하여야 한다.

c. 상업송장상의 물품, 용역 또는 이행의 명세는 신용장에 보이는 것과 일치하여야 한다.

Article 19   Transport Document Covering at Least Two Different Modes of Transport

a. A transport document covering at least two different modes of transport(multimodal or combined transport document), however named, must appear to :

　i . indicate the name of the carrier and be signed by :
　　• the carrier or a named agent for or on behalf of the carrier, or
　　• the master or a named agent for or on behalf of the master.
　　Any signature by the carrier, master or agent must be identified as that of the carrier, master or agent.
　　Any signature by an agent must indicate whether the agent has signed for or on behalf of the carrier or for or on behalf of the master.

　ii . indicate that the goods have been dispatched, taken in charge or shipped on board at the place stated in the credit, by :
　　• pre-printed wording, or
　　• a stamp or notation indicating the date on which the goods have been dispatched, taken in charge or shipped on board.
　　The date of issuance of the transport document will be deemed to be the date of dispatch, taking in charge or shipped on board, and the date of shipment. However, if the transport document indicates, by stamp or notation, a date of dispatch, taking in charge or shipped on board, this date will be deemed to be the date of shipment.

　iii. indicate the place of dispatch, taking in charge or shipment and the place of final destination stated in the credit, even if :
　　a) the transport document states, in addition, a different place of dispatch, taking in charge or shipment or place of final destination, or
　　b) the transport document contains the indication "intended" or similar qualification in relation to the vessel, port of loading or port of discharge.

　iv. be the sole original transport document or, if issued in more than one original, be the full set as indicated on the transport document.

　v . contain terms and conditions of carriage or make reference to another source containing the terms and conditions of carriage(short form or blank back transport document). Contents of terms and conditions of carriage will not be examined.

vi. contain no indication that it is subject to a charter party.

b. For the purpose of this article, transhipment means unloading from one means of conveyance and reloading to another means of conveyance(whether or not in different modes of transport) during the carriage from the place of dispatch, taking in charge or shipment to the place of final destination stated in the credit.

c. i. A transport document may indicate that the goods will or may be transhipped provided that the entire carriage is covered by one and the same transport document.

ii. A transport document indicating that transhipment will or may take place is acceptable, even if the credit prohibits transhipment.

제19조 【적어도 두 가지의 다른 운송방식을 표시하는 운송서류】

a. 적어도 두 가지의 다른 운송방식을 표시하는 운송서류(복합운송서류)는 그 명칭에 관계없이 다음과 같이 보여야 한다.

 i. 운송인의 명칭을 표시하고 다음의 자에 의하여 서명되어 있는 것
  • 운송인 또는 운송인을 대리하는 지정대리인, 또는
  • 선장 또는 선장을 대리하는 지정대리인
   운송인, 선장 또는 대리인에 의한 모든 서명은 운송인, 선장 또는 대리인의 것이라는 것을 확인하고 있어야 한다.
   대리인에 의한 모든 서명을 그 대리인이 운송인을 대리하여 서명하였는지, 또는 선장을 대리하여 서명하였는지를 표시하여야 한다.

 ii. 다음에 의하여 물품이 신용장에 명기된 장소에서 발송, 수탁 또는 본선선적되었음을 표시하고 있는 것
  • 사전 인쇄된 문언, 또는
  • 물품이 발송, 수탁 또는 본선선적된 일자를 표시하고 있는 스탬프 또는 표기
   운송서류의 발행일은 발송, 수탁 또는 본선선적일 및 선적일로 본다. 그러나 운송서류가 스탬프 또는 표기에 의하여 발송, 수탁 또는 본선선적일을 표시하고 있는 경우에는 이러한 일자를 선적일로 본다.

 iii. 비록 다음과 같더라도 신용장에 명기된 발송, 수탁 또는 선적지 및 최종목적지를 표시하고 있는 것
  a) 운송서류가 추가적으로 다른 발송, 수탁 또는 선적지 또는 최종목적지를 명기하고 있더라도, 또는
  b) 운송서류가 선박, 적재항, 또는 양륙항에 관하여 예정된 또는 이와 유사한 제한의 표시를 포함하고 있더라도

 iv. 단일의 운송서류 원본인 것 또는 1통 이상의 원본으로 발행된 경우에는 운송서류상에 표시된 대로 전 통인 것

ⅴ. 운송의 제 조건을 포함하고 있거나 또는 운송의 제 조건을 포함하는 다른 자료를 참조하고 있는 것(약식 또는 배면백지식 운송서류). 운송의 제 조건의 내용은 심사되지 아니한다.

ⅵ. 용선계약에 따른다는 어떠한 표시도 포함하고 있지 아니한 것

b. 이 조에서 환적이란 신용장에 명기된 발송, 수탁 또는 선적지로부터 최종 목적지까지의 운송 과정 중에 한 운송수단으로부터의 양화 및 다른 운송수단으로의 재적재를 말한다.

c. ⅰ. 운송서류는 물품이 환적될 것이라거나 또는 될 수 있다고 표시할 수 있다. 다만, 전 운송은 동일한 운송서류에 의하여 커버되어야 한다.

ⅱ. 신용장이 환적을 금지하고 있는 경우에도 환적이 행해질 것이라거나 또는 행해질 수 있다고 표시하고 있는 운송서류는 수리될 수 있다.

Article 20   Bill of Lading

a. A bill of lading, however named, must appear to :

  ⅰ. indicate the name of the carrier and be signed by :
- the carrier or a named agent for or on behalf of the carrier, or
- the master or a named agent for or on behalf of the master.

    Any signature by the carrier, master or agent must be identified as that of the carrier, master or agent.

    Any signature by an agent must indicate whether the agent has signed for or on behalf of the carrier or for or on behalf of the master.

  ⅱ. indicate that the goods have been shipped on board a named vessel at the port of loading stated in the credit by :
- pre-printed wording, or
- an on board notation indicating the date on which the goods have been shipped on board.

    The date of issuance of the bill of lading will be deemed to be the date of shipment unless the bill of lading contains an on board notation indicating the date of shipment, in which case the date stated in the on board notation will be deemed to be the date of shipment.

    If the bill of lading contains the indication "intended vessel" or similar qualification in relation to the name of the vessel, an on board notation indicating the date of shipment and the name of the actual vessel is required.

  ⅲ. indicate shipment from the port of loading to the port of discharge stated in the credit.

    If the bill of lading does not indicate the port of loading stated in the credit as the port of loading, or if it contains the indication "intended" or similar qualification in relation to the port of loading, an on board notation indicating the port of loading as stated in the credit, the date of shipment and the name of the vessel is required. This provision applies even when loading on board or shipment on a named vessel is indicated by pre-printed wording on the bill of lading.

    iv. be the sole original bill of lading or, if issued in more than one original, be the full set as indicated on the bill of lading.

    v. contain terms and conditions of carriage or make reference to another source containing the terms and conditions of carriage (short form or blank back bill of lading). Contents of terms and conditions of carriage will not be examined.

    vi. contain no indication that it is subject to a charter party.

b. For the purpose of this article, transhipment means unloading from one vessel and reloading to another vessel during the carriage from the port of loading to the port of discharge stated in the credit.

c. i. A bill of lading may indicate that the goods will or may be transhipped provided that the entire carriage is covered by one and the same bill of lading.

    ii. A bill of lading indicating that transhipment will or may take place is acceptable, even if the credit prohibits transhipment, if the goods have been shipped in a container, trailer or LASH barge as evidenced by the bill of lading.

d. Clauses in a bill of lading stating that the carrier reserves the right to tranship will be disregarded.

제20조 【선하증권】

a. 선하증권은 그 명칭에 관계없이 다음과 같이 보여야 한다.

  i. 운송인의 명칭을 표시하고 다음의 자에 의하여 서명되어 있는 것

    • 운송인 또는 운송인을 대리하는 지정대리인, 또는

    • 선장 또는 선장을 대리하는 지정대리인

    운송인, 선장 또는 대리인에 의한 모든 서명은 운송인, 선장 또는 대리인의 것이라는 것을 확인하고 있어야 한다.

    대리인에 의한 모든 서명은 그 대리인이 운송인을 대리하여 서명하였는지 또는 선장을 대리하여 서명하였는지를 표시하여야 한다.

  ii. 다음에 의하여 물품이 신용장에 명기된 적재항에서 지정선박에 본선선적되었음을 표시하고 있는 것

    • 사전 인쇄된 문언, 또는

    • 물품이 본선선적된 일자를 표시하고 있는 본선적재 표기

    선하증권의 발행일은 선적일로 본다. 다만, 선하증권이 선적일을 표시하고 있는 본선적재 표기를 포함하고 있는 경우에는 그러하지 아니하며, 이 경우 본선적재 표기상에 명기된 일자는 선적일로 본다.

선하증권이 선박의 명칭에 관하여 "예정된 선박" 또는 이와 유사한 제한의 표시를 포함하고 있는 경우에는 선적일 및 실제 선박의 명칭을 표시하고 있는 본선적재 표기가 요구된다.

iii. 신용장에 명기된 적재항으로부터 양륙항까지의 선적을 표시하고 있는 것.

선하증권이 적재항으로서 신용장에 명기된 적재항을 표시하고 있지 아니한 경우에는, 또는 적재항에 관하여 "예정된" 또는 이와 유사한 제한의 표시를 포함하고 있는 경우에는, 신용장에 명기된 대로 적재항, 선적일 및 선박의 명칭을 표시하고 있는 본선적재 표기가 요구된다. 이 규정은 비록 지정된 선박에의 본선적재 또는 선적이 선하증권상에 사전에 인쇄된 문언에 의하여 표시되어 있더라도 적용된다.

iv. 단일의 선하증권 원본인 것, 또는 1통 이상의 원본으로 발행된 경우에는 선하증권상에 표시된 대로 전 통인 것

v. 운송의 제 조건을 포함하고 있거나, 또는 운송의 제조건을 포함하는 다른 자료를 참조하고 있는 것(약식 또는 배면백지식 선하증권). 운송의 제조건의 내용은 심사되지 아니한다.

vi. 용선계약에 따른다는 어떠한 표시도 포함하고 있지 아니한 것

b. 이 조에서 환적이란, 신용장에 명기된 적재항으로부터 양륙항까지의 운송 과정 중에 한 선박으로부터의 양화 및 다른 선박으로의 재적재를 말한다.

c. i. 선하증권은 물품이 환적될 것이라거나 또는 될 수 있다고 표시할 수 있다. 다만, 전 운송이 동일한 선하증권에 의하여 커버되어야 한다.

ii. 신용장이 환적을 금지하고 있는 경우에도 물품이 선하증권에 의하여 입증된 대로 컨테이너, 트레일러 또는 래쉬선에 선적된 경우에는 환적이 행해질 것이라거나 또는 행해질 수 있다고 표시하고 있는 선하증권은 수리될 수 있다.

d. 운송인이 환적할 권리를 유보한다고 명기하고 있는 선하증권상의 조항은 무시된다.

Article 21   Non-Negotiable Sea Waybill

a. A non-negotiable sea waybill, however named, must appear to :
  i. indicate the name of the carrier and be signed by :
   • the carrier or a named agent for or on behalf of the carrier, or
   • the master or a named agent for or on behalf of the master.
    Any signature by the carrier, master or agent must be identified as that of the carrier, master or agent.
    Any signature by an agent must indicate whether the agent has signed for or on behalf of the carrier or for or on behalf of the master.
  ii. indicate that the goods have been shipped on board a named vessel at the port of loading stated in the credit by :
   • pre-printed wording, or
   • an on board notation indicating the date on which the goods have been shipped on board.

The date of issuance of the non-negotiable sea waybill will be deemed to be the date of shipment unless the non-negotiable sea waybill contains an on board notation indicating the date of shipment, in which case the date stated in the on board notation will be deemed to be the date of shipment.

If the non-negotiable sea waybill contains the indication "intended vessel" or similar qualification in relation to the name of the vessel, an on board notation indicating the date of shipment and the name of the actual vessel is required.

iii. indicate shipment from the port of loading to the port of discharge stated in the credit.

If the non-negotiable sea waybill does not indicate the port of loading stated in the credit as the port of loading, or if it contains the indication "intended" or similar qualification in relation to the port of loading, an on board notation indicating the port of loading as stated in the credit, the date of shipment and the name of the vessel is required. This provision applies even when loading on board or shipment on a named vessel is indicated by pre-printed wording on the non-negotiable sea waybill.

iv. be the sole original non-negotiable sea waybill or, if issued in more than one original, be the full set as indicated on the non-negotiable sea waybill.

v. contain terms and conditions of carriage or make reference to another source containing the terms and conditions of carriage(short form or blank back non-negotiable sea waybill). Contents of terms and conditions of carriage will not be examined.

vi. contain no indication that it is subject to a charter party.

b. For the purpose of this article, transhipment means unloading from one vessel and reloading to another vessel during the carriage from the port of loading to the port of discharge stated in the credit.

c. i. A non-negotiable sea waybill may indicate that the goods will or may be transhipped provided that the entire carriage is covered by one and the same non-negotiable sea waybill.

ii. A non-negotiable sea waybill indicating that transhipment will or may take place is acceptable, even if the credit prohibits transhipment, if the goods have been shipped in a container, trailer or LASH barge as evidenced by the non-negotiable sea waybill.

d. Clauses in a non-negotiable sea waybill stating that the carrier reserves the right to tranship will be disregarded.

제21조 【비유통성 해상화물운송장】

a. 비유통성 해상화물운송장은 그 명칭에 관계없이 다음과 같이 보여야 한다.

   i. 운송인의 명칭을 표시하고 다음의 자에 의하여 서명되어 있는 것

- 운송인 또는 운송인을 대리하는 지정대리인, 또는
- 선장 또는 선장을 대리하는 지정대리인

    운송인, 선장 또는 대리인에 의한 모든 서명은 운송인, 선장 또는 대리인의 것이라는 것을 확인하고 있어야 한다.

    대리인에 의한 모든 서명은 그 대리인이 운송인을 대리하여 서명하였는지 또는 선장을 대리하여 서명하였는지를 표시하여야 한다.

   ii. 다음에 의하여 물품이 신용장에 명기된 적재항에서 지정선박에 본선적재되었음을 표시하고 있는 것

- 사전 인쇄된 문언, 또는
- 물품이 본선선적된 일자를 표시하고 있는 본선적재 표기

    비유통성 해상화물운송장의 발행일은 선적일로 본다. 다만, 비유통성 해상화물운송장이 선적일을 표시하고 있는 본선적재 표기를 포함하고 있는 경우에는 그러하지 아니하며, 이 경우 본선적재 표기상에 명기된 일자는 선적일로 본다.

    비유통성 해상화물운송장이 선박의 명칭에 관하여 "예정된 선박" 또는 이와 유사한 제한의 표시를 포함하고 있는 경우에는 선적일 및 실제 선박의 명칭을 표시하고 있는 본선적재 표기가 요구된다.

   iii. 신용장에 명기된 적재항으로부터 양륙항까지의 선적을 표시하고 있는 것

    비유통성 해상화물운송장이 적재항으로서 신용장에 명기된 적재항을 표시하고 있지 아니한 경우, 또는 적재항에 관하여 "예정된" 또는 이와 유사한 제한의 표시를 포함하고 있는 경우에는, 신용장에 명기된 대로 적재항, 선적일 및 선박의 명칭을 표시하고 있는 본선적재 표기가 요구된다. 이 규정은 비록 지정된 선박에의 본선적재 또는 선적이 비유통성 해상화물운송장에 사전에 인쇄된 문언에 의하여 표시되어 있더라도 적용된다.

   iv. 단일의 비유통성 해상화물운송장 원본인 것, 또는 1통 이상의 원본으로 발행된 경우에는 비유통성 해상화물운송장상에 표시된 대로 전 통인 것

   v. 운송의 제조건을 포함하고 있거나 또는 운송의 제 조건을 포함하는 다른 자료를 참조하고 있는 것(약식 또는 배면백지식 비유통성 해상화물운송장). 운송의 제 조건의 내용은 심사되지 아니한다.

   vi. 용선계약에 따른다는 어떠한 표시도 포함하고 있지 아니한 것

b. 이 조에서 환적이란 신용장에 명기된 적재항으로부터 양륙항까지의 운송 과정 중에 한 선박으로부터의 양화 및 다른 선박으로의 재적재를 말한다.

c. i. 비유통성 해상화물운송장은 물품이 환적될 것이라거나 또는 될 수 있다고 표시할 수 있다. 다만, 전 운송이 동일한 비유통성 해상화물운송장에 의하여 커버되어야 한다.

   ii. 신용장이 환적을 금지하고 있는 경우에도 물품이 비유통성 해상화물운송장에 의하여 입증

된 대로 컨테이너, 트레일러 또는 래쉬선에 선적된 경우에는 환적이 행해질 것이라거나 또는 행해질 수 있다고 표시하고 있는 비유통성 해상화물운송장은 수리될 수 있다.

d. 운송인이 환적할 권리를 유보한다고 명기하고 있는 비유통성 해상화물운송장상의 조항은 무시된다.

Article 22   Charter Party Bill of Lading

a. A bill of lading, however named, containing an indication that it is subject to a charter party (charter party bill of lading), must appear to :

  ⅰ. be signed by :

- the master or a named agent for or on behalf of the master, or
- the owner or a named agent for or on behalf of the owner, or
- charterer or a named agent for or on behalf of the charterer.

Any signature by the master, owner, charterer or agent must be identified as that of the master, owner, charterer or agent.

Any signature by an agent must indicate whether the agent has signed for or on behalf of the master, owner or charterer.

An agent signing for or on behalf of the owner or charterer must indicate the name of the owner or charterer.

  ⅱ. indicate that the goods have been shipped on board a named vessel at the port of loading stated in the credit by :

- pre-printed wording, or
- an on board notation indicating the date on which the goods have been shipped on board.

The date of issuance of the charter party bill of lading will be deemed to be the date of shipment unless the charter party bill of lading contains an on board notation indicating the date of shipment, in which case the date stated in the on board notation will be deemed to be the date of shipment.

  ⅲ. indicate shipment from the port of loading to the port of discharge stated in the credit. The port of discharge may also be shown as a range of ports or a geographical area, as stated in the credit.

  ⅳ. be the sole original charter party bill of lading or, if issued in more than one original, be the full set as indicated on the charter party bill of lading.

b. A bank will not examine charter party contracts, even if they are required to be presented by the terms of the credit.

제22조 【용선계약 선하증권】

a. 용선계약에 따른다는 표시를 포함하고 있는 선하증권(용선계약 선하증권)은 그 명칭에 관계없이 다음과 같이 보여야 한다.

　i. 다음의 자에 의하여 서명되어 있는 것
- 선장 또는 선장을 대리하는 지정대리인, 또는
- 선주 또는 선주를 대리하는 지정대리인, 또는
- 용선자 또는 용선자를 대리하는 지정대리인

　　선장, 선주, 용선자 또는 대리인에 의한 모든 서명은 선장, 선주, 용선자 또는 대리인의 것이라는 것을 확인하고 있어야 한다.

　　대리인에 의한 모든 서명은 그 대리인이 선장, 선주 또는 용선자 중 누구를 대리하여 서명하였는지를 표시하여야 한다.

　　선주 또는 용선자를 대리하여 서명하는 대리인은 선주 또는 용선자의 명칭을 표시하여야 한다.

　ii. 다음에 의하여 물품이 신용장에 명기된 적재항에서 지정선박에 본선선적되었음을 표시하고 있는 것
- 사전 인쇄된 문언, 또는
- 물품이 본선적재된 일자를 표시하고 있는 본선적재 표기

　　용선계약선하증권의 발행일은 선적일로 본다. 다만, 용선계약선하증권이 선적일을 표시하고 있는 본선적재 표기를 포함하고 있는 경우에는 그러하지 아니하며, 이 경우 본선적재 표기상에 명기된 일자는 선적일로 본다.

　iii. 신용장에 명기된 적재항으로부터 양륙항까지의 선적을 표시하고 있는 것. 또한 양륙항은 신용장에 명기된 대로 항구의 구역 또는 지리적 지역으로 표시될 수 있다.

　iv. 단일의 용선계약선하증권 원본인 것, 또는 1통 이상의 원본으로 발행된 경우에는 용선계약 선하증권상에 표시된 대로 전 통인 것

b. 용선계약서가 신용장의 조건에 따라 제시되도록 요구되더라도 은행은 그 용선계약서를 심사하지 아니한다.

Article 23　　Air Transport Document

　　a. An air transport document, however named, must appear to :

　　　i. indicate the name of the carrier and be signed by :
- the carrier, or
- a named agent for or on behalf of the carrier.

　　　Any signature by the carrier or agent must be identified as that of the carrier or agent.

　　　Any signature by an agent must indicate that the agent has signed for or on behalf of the carrier.

ii. indicate that the goods have been accepted for carriage.

iii. indicate the date of issuance. This date will be deemed to be the date of shipment unless the air transport document contains a specific notation of the actual date of shipment, in which case the date stated in the notation will be deemed to be the date of shipment.

Any other information appearing on the air transport document relative to the flight number and date will not be considered in determining the date of shipment.

iv. indicate the airport of departure and the airport of destination stated in the credit.

v. be the original for consignor or shipper, even if the credit stipulates a full set of originals.

vi. contain terms and conditions of carriage or make reference to another source containing the terms and conditions of carriage. Contents of terms and conditions of carriage will not be examined.

b. For the purpose of this article, transhipment means unloading from one aircraft and reloading to another aircraft during the carriage from the airport of departure to the airport of destination stated in the credit.

c. i. An air transport document may indicate that the goods will or may be transhipped, provided that the entire carriage is covered by one and the same air transport document.

ii. An air transport document indicating that transhipment will or may take place is acceptable, even if the credit prohibits transhipment.

제23조【항공운송서류】

a. 항공운송서류는 그 명칭에 관계없이 다음과 같이 보여야 한다.

ⅰ. 운송인의 명칭을 표시하고 다음의 자에 의하여 서명되어 있는 것

• 운송인, 또는

• 운송인을 대리하는 지정대리인

운송인 또는 대리인에 의한 모든 서명은 운송인 또는 대리인의 것이라는 것을 확인하고 있어야 한다.

대리인에 의한 모든 서명은 그 대리인이 운송인을 대리하여 서명하였음을 표시하여야 한다.

ⅱ. 물품이 운송을 위하여 수취되었음을 표시하고 있는 것

ⅲ. 발행일을 표시하고 있는 것. 이 일자는 선적일로 본다. 다만, 항공운송서류가 실제의 선적일에 관한 특정 표기를 포함하고 있는 경우에는 그러하지 아니하며, 이 경우 그 표기에 명기된 일자는 선적일로 본다.

운항번호 및 일자에 관하여 항공운송서류상에 보이는 기타 모든 정보는 선적일을 결정하는 데 고려되지 아니한다.

ⅳ. 신용장에 명기된 출발공항과 도착공항을 표시하고 있는 것

ⅴ. 신용장이 원본의 전 통을 명시하고 있는 경우에도 탁송인 또는 송화인용 원본인 것

ⅵ. 운송의 제 조건을 포함하고 있거나 또는 운송의 제 조건을 포함하는 다른 자료를 참조하고 있는 것. 운송의 제 조건의 내용은 심사되지 아니한다.

b. 이 조에서 환적이란 신용장에 명기된 출발공항으로부터 도착공항까지의 운송 과정 중에 한 항공기로부터의 양화 및 다른 항공기로의 재적재를 말한다.

c. ⅰ. 항공운송서류는 물품이 환적될 것이라거나 또는 될 수 있다고 표시할 수 있다. 다만, 전 운송은 동일한 항공운송서류에 의하여 커버되어야 한다.

ⅱ. 신용장이 환적을 금지하고 있는 경우에도 은행은 환적이 행해질 것이라거나 또는 행해질 수 있다고 표시하고 있는 항공운송서류는 수리할 수 있다.

Article 24   Road, Rail or Inland Waterway Transport Documents

a. A road, rail or inland waterway transport document, however named, must appear to :

   ⅰ. indicate the name of the carrier and :

- be signed by the carrier or a named agent for or on behalf of the carrier, or

- indicate receipt of the goods by signature, stamp or notation by the carrier or a named agent for or on behalf of the carrier.

    Any signature, stamp or notation of receipt of the goods by the carrier or agent must be identified as that of the carrier or agent.

    Any signature, stamp or notation of receipt of the goods by the agent must indicate that the agent has signed or acted for or on behalf of the carrier.

    If a rail transport document does not identify the carrier, any signature or stamp of the railway company will be accepted as evidence of the document being signed by the carrier.

   ⅱ. indicate the date of shipment or the date the goods have been received for shipment, dispatch or carriage at the place stated in the credit. Unless the transport document contains a dated reception stamp, an indication of the date of receipt or a date of shipment, the date of issuance of the transport document will be deemed to be the date of shipment.

   ⅲ. indicate the place of shipment and the place of destination stated in the credit.

b. ⅰ. A road transport document must appear to be the original for consignor or shipper or bear no marking indicating for whom the document has been prepared.

    ⅱ. A rail transport document marked "duplicate" will be accepted as an original.

    ⅲ. A rail or inland waterway transport document will be accepted as an original whether marked as an original or not.

c. In the absence of an indication on the transport document as to the number of originals issued, the number presented will be deemed to constitute a full set.

d. For the purpose of this article, transhipment means unloading from one means of conveyance and reloading to another means of conveyance, within the same mode of transport, during the carriage from the place of shipment, dispatch or carriage to the place of destination stated in the credit.

e. ⅰ. A road, rail or inland waterway transport document may indicate that the goods will or may be transhipped provided that the entire carriage is covered by one and the same transport document.

    ⅱ. A road, rail or inland waterway transport document indicating that transhipment will or may take place is acceptable, even if the credit prohibits transhipment.

제24조 【도로, 철도 또는 내륙수로 운송서류】

a. 도로, 철도 또는 내륙수로 운송서류는 그 명칭에 관계없이 다음과 같이 보여야 한다.

   ⅰ. 운송인의 명칭을 표시하고 있는 것, 그리고

- 운송인 또는 운송인을 대리하는 지정대리인에 의하여 서명되어 있는 것, 또는
- 운송인 또는 운송인을 대리하는 지정대리인에 의하여 행해진 서명, 스탬프 또는 표기에 의하여 물품의 수령을 표시하고 있는 것

    물품의 수령에 관한 운송인 또는 대리인에 의한 모든 서명, 스탬프 또는 표기는 운송인 또는 대리인의 것이라는 것을 확인하고 있어야 한다.

    물품의 수령에 관한 대리인에 의한 모든 서명, 스탬프 또는 표기는 그 대리인이 운송인을 대리하여 서명 또는 행동하였음을 표시하여야 한다. 철도 운송서류가 운송인을 확인하지 아니한 경우에는 철도회사의 모든 서명, 또는 스탬프는 운송인에 의하여 서명되어 있는 서류의 증거로서 수리되어야 한다.

   ⅱ. 선적일 또는 물품이 신용장에 명기된 장소에서 선적, 발송 또는 운송을 위하여 수령된 일자를 표시하고 있는 것. 운송서류가 일자 기재의 수령 스탬프, 수령일의 표시 또는 선적일을 포함하고 있지 않은 경우, 운송서류의 발행일은 선적일로 간주된다.

   ⅲ. 신용장에 명기된 선적지 및 목적지를 표시하고 있는 것

b. ⅰ. 도로 운송서류는 탁송인 또는 송화인용 원본인 것으로 보이거나 또는 그 서류가 누구를 위하여 작성되었는지를 표시하는 어떠한 표시도 기재하지 아니한 것으로 보여야 한다.

   ⅱ. 부본(duplicate)이 표시된 철도 운송서류는 원본으로서 수리된다.

iii. 철도 또는 내륙수로 운송서류는 원본이라는 표시의 유무에 관계없이 원본으로서 수리 된다.

c. 발행된 원본의 통수에 관하여 운송서류상에 표시가 없는 경우에는 제시된 통수는 전 통을 구성 하는 것으로 본다.

d. 이 조에서 환적이란 신용장에 명기된 선적, 발송 또는 운송지로부터 목적지까지의 운송 과정 중에 동일한 운송방식 내에서 한 운송수단으로부터의 양화 및 다른 운송수단으로의 재적재를 말한다.

e. ⅰ. 도로, 철도 또는 내륙수로 운송서류는 물품이 환적될 것이라거나 또는 될 수 있다고 표시 할 수 있다. 다만, 전 운송은 동일한 운송서류에 의하여 커버되어야 한다.

ⅱ. 신용장이 환적을 금지하고 있는 경우에도 환적이 행해질 것이라거나 또는 행해질 수 있다 고 표시하고 있는 도로, 철도 또는 내륙수로 운송서류는 수리될 수 있다.

Article 25   Courier Receipt, Post Receipt or Certificate of Posting

a. A courier receipt, however named, evidencing receipt of goods for transport, must appear to :

ⅰ. indicate the name of the courier service and be stamped or signed by the named courier service at the place from which the credit states the goods are to be shipped ; and

ⅱ. indicate a date of pick-up or of receipt or wording to this effect. This date will be deemed to be the date of shipment.

b. A requirement that courier charges are to be paid or prepaid may be satisfied by a transport document issued by a courier service evidencing that courier charges are for the account of a party other than the consignee.

c. A post receipt or certificate of posting, however named, evidencing receipt of goods for transport, must appear to be stamped or signed and dated at the place from which the credit states the goods are to be shipped. This date will be deemed to be the date of shipment.

제25조 【특송화물수령증, 우편수령증 또는 우송증명서】

a. 운송물품의 수령을 입증하는 특송화물수령증은 그 명칭에 관계없이 다음과 같이 보여야 한다.

ⅰ. 특송업자의 명칭을 표시하고 신용장에서 물품이 선적되어야 한다고 명기하고 있는 장소에 서 지정된 특송업자에 의하여 스탬프 또는 서명된 것, 그리고

ⅱ. 접수일 또는 수령일 또는 이러한 취지의 문언을 표시하고 있는 것. 이 일자는 선적일로 본다.

b. 특송요금이 지급 또는 선지급되어야 한다는 요건은 특송요금이 수화인 이외의 당사자의 부담 이라는 것을 입증하는 특송업자에 의하여 발행된 운송서류에 의하여 충족될 수 있다.

c. 운송물품의 수령을 입증하는 우편수령증 또는 우송증명서는 그 명칭에 관계없이 신용장에서 물품이 선적되어야 한다고 명기하고 있는 장소에서 스탬프 또는 서명되고 일자가 기재된 것으로 보여야 한다. 이 일자는 선적일로 본다.

Article 26   "On Deck", "Shipper's Load and Count", "Said by Shipper to Contain" and Charges Additional to Freight

a. A transport document must not indicate that the goods are or will be loaded on deck. A clause on a transport document stating that the goods may be loaded on deck is acceptable.

b. A transport document bearing a clause such as "shipper's load and count" and "said by shipper to contain" is acceptable.

c. A transport document may bear a reference, by stamp or otherwise, to charges additional to the freight.

제26조 【"갑판적", "송화인의 적재 및 수량 확인", "송화인의 신고 내용에 따름" 및 운임의 추가비용】

a. 운송서류는 물품이 갑판에 적재되었거나 또는 될 것이라고 표시해서는 아니 된다. 물품이 갑판에 적재될 수 있다고 명기하고 있는 운송서류상의 조항은 수리될 수 있다.

b. "송화인의 적재 및 수량 확인(shipper's load and count)" 및 "송화인의 신고 내용에 따름(said by shipper to contain)"과 같은 조항을 기재하고 있는 운송서류는 수리될 수 있다.

c. 운송서류는 스탬프 또는 기타의 방법으로 운임에 추가된 비용에 대한 참조를 기재할 수 있다.

Article 27   Clean Transport Document

A bank will only accept a clean transport document. A clean transport document is one bearing no clause or notation expressly declaring a defective condition of the goods or their packaging. The word "clean" need not appear on a transport document, even if a credit has a requirement for that transport document to be "clean on board."

제27조 【무고장 운송서류】

은행은 무고장 운송서류만을 수리한다. 무고장 운송서류는 물품 또는 그 포장에 하자 있는 상태를 명시적으로 표시하는 조항 또는 단서를 기재하고 있지 아니한 것을 말한다. 신용장에서 그 운송서류가 무고장 본선적재(clean on board)이어야 한다는 요건을 가지는 경우에도 '무고장'이라는 단어는 운송서류상에 보일 필요가 없다.

Article 28 Insurance Document and Coverage

a. An insurance document, such as an insurance policy, an insurance certificate or a declaration under an open cover, must appear to be issued and signed by an insurance company, an underwriter or their agents or their proxies.

   Any signature by an agent or proxy must indicate whether the agent or proxy has signed for or on behalf of the insurance company or underwriter.

b. When the insurance document indicates that it has been issued in more than one original, all originals must be presented.

c. Cover notes will not be accepted.

d. An insurance policy is acceptable in lieu of an insurance certificate or a declaration under an open cover.

e. The date of the insurance document must be no later than the date of shipment, unless it appears from the insurance document that the cover is effective from a date not later than the date of shipment.

f. i. The insurance document must indicate the amount of insurance coverage and be in the same currency as the credit.

   ii. A requirement in the credit for insurance coverage to be for a percentage of the value of the goods, of the invoice value or similar is deemed to be the minimum amount of coverage required.

   If there is no indication in the credit of the insurance coverage required, the amount of insurance coverage must be at least 110% of the CIF or CIP value of the goods.

   When the CIF or CIP value cannot be determined from the documents, the amount of insurance coverage must be calculated on the basis of the amount for which honour or negotiation is requested or the gross value of the goods as shown on the invoice, whichever is greater.

   iii. The insurance document must indicate that risks are covered at least between the place of taking in charge or shipment and the place of discharge or final destination as stated in the credit.

g. A credit should state the type of insurance required and, if any, the additional risks to be covered. An insurance document will be accepted without regard to any risks that are not covered if the credit uses imprecise terms such as "usual risks" or "customary risks."

h. When a credit requires insurance against "all risks" and an insurance document is presented containing any "all risks" notation or clause, whether or not bearing the heading "all risks", the insurance document will be accepted without regard to any risks stated to be excluded.

i. An insurance document may contain reference to any exclusion clause.

j. An insurance document may indicate that the cover is subject to a franchise or excess(deductible).

제28조 【보험서류 및 담보】

a. 보험증권, 포괄예정보험에 의한 보험증명서 또는 확정통지서와 같은 보험서류는 보험회사, 보험업자 또는 이들 대리인 또는 이들 대리업자에 의하여 발행되고 서명된 것으로 보여야 한다. 대리인 또는 대리업자에 의한 모든 서명은 그 대리인 또는 대리업자가 보험회사를 대리하여 서명하였는지 또는 보험업자를 대리하여 서명하였는지를 표시하여야 한다.

b. 보험서류가 1통 이상의 원본으로 발행되었다고 표시하고 있는 경우에는 모든 원본이 제시되어야 한다.

c. 부보각서(보험승낙서)는 수리되지 아니한다.

d. 보험증권은 포괄예정보험에 의한 보험증명서 또는 통지서를 대신하여 수리될 수 있다.

e. 보험서류에서 담보가 선적일보다 늦지 않은 일자로부터 유효하다고 보이지 아니하는 한 보험서류의 일자는 선적일보다 늦어서는 아니 된다.

f. ⅰ. 보험서류는 보험담보의 금액을 표시하여야 하고 신용장과 동일한 통화이어야 한다.

   ⅱ. 보험담보가 물품가액 또는 송장가액 등의 비율이어야 한다는 신용장상의 요건은 최소담보금액이 요구된 것으로 본다.

   요구된 보험담보에 관하여 신용장에 아무런 표시가 없는 경우에는 보험담보의 금액은 적어도 물품의 CIF 가격 또는 CIP 가격의 110%이어야 한다.

   CIF 가격 또는 CIP 가격이 서류로부터 결정될 수 없는 경우에는 보험담보금액은 지급이행 또는 매입이 요청되는 금액, 또는 송장에 표시된 물품 총가액 중에서 보다 큰 금액을 기초로 하여 산정되어야 한다.

   ⅲ. 보험서류는 적어도 위험이 신용장에 명기된 대로 수탁 또는 선적지와 양륙 또는 최종 목적지 간에 담보되었음을 표시하여야 한다.

g. 신용장은 요구된 보험의 종류를 명기하여야 하고, 만일 부보되어야 하는 부가위험이 있다면 이것도 명기하여야 한다. 신용장이 통상적 위험 또는 관습적 위험과 같은 부정확한 용어를 사용하는 경우에는 보험서류는 부보되지 아니한 어떠한 위험에 관계없이 수리되어야 한다.

h. 신용장이 전 위험(all risks)에 대한 보험을 요구하고 있는 경우 전 위험이라는 표제를 기재하고 있는지의 여부와 관계없이 전 위험의 표기 또는 조항을 포함하고 있는 보험서류가 제시된 경우에는 그 보험서류는 제외되어야 한다고 명기된 어떠한 위험에 관계없이 수리되어야 한다.

i. 보험서류는 모든 면책조항(exclusion clause)의 참조를 포함할 수 있다.

j. 보험서류는 담보가 소손해면책률 또는 초과공제면책률을 조건으로 한다는 것을 표시할 수 있다.

Article 29   Extension of Expiry Date or Last Day for Presentation

a. If the expiry date of a credit or the last day for presentation falls on a day when the bank to which presentation is to be made is closed for reasons other than those referred to in article 36, the expiry date or the last day for presentation, as the case may be, will be extended to the first following banking day.

b. If presentation is made on the first following banking day, a nominated bank must provide the issuing bank or confirming bank with a statement on its covering schedule that the presentation was made within the time limits extended in accordance with sub-article 29 (a).

c. The latest date for shipment will not be extended as a result of sub-article 29 (a).

제29조 【유효기일의 연장 또는 제시를 위한 최종일】

a. 신용장의 유효기일 또는 제시를 위한 최종일이 제36조에 언급된 사유 이외의 사유로 제시를 받아야 하는 은행의 휴업일에 해당하는 경우에는, 그 유효기일 또는 제시를 위한 최종일은 경우에 따라 최초의 다음 은행영업일까지 연장된다.

b. 제시가 최초의 다음 은행영업일에 행해지는 경우에는 지정은행은 발행은행 또는 확인은행에게 제시가 제29조 제a항에 따라 연장된 기간 내에 제시되었다는 설명을 서류송부장(covering schedule)으로 제공하여야 한다.

c. 선적을 위한 최종일은 제29조 제a항의 결과로서 연장되지 아니한다.

Article 30   Tolerance in Credit Amount, Quantity and Unit Prices

a. The words "about" or "approximately" used in connection with the amount of the credit or the quantity or the unit price stated in the credit are to be construed as allowing a tolerance not to exceed 10% more or 10% less than the amount, the quantity or the unit price to which they refer.

b. A tolerance not to exceed 5% more or 5% less than the quantity of the goods is allowed, provided the credit does not state the quantity in terms of a stipulated number of packing units or individual items and the total amount of the drawings does not exceed the amount of the credit.

c. Even when partial shipments are not allowed, a tolerance not to exceed 5% less than the amount of the credit is allowed, provided that the quantity of the goods, if stated in the credit, is shipped in full and a unit price, if stated in the credit, is not reduced or that sub-article 30 (b) is not applicable. This tolerance does not apply when the credit stipulates a specific tolerance or uses the expressions referred to in sub-article 30 (a).

제30조 【신용장 금액, 수량, 단가의 과부족】

a. 신용장에 명기된 신용장의 금액 또는 수량 또는 단가와 관련하여 사용된 약(about) 또는 대략 (approximately)이라는 단어는 이에 언급된 금액, 수량 또는 단가의 10%를 초과하지 아니하는 과부족을 허용하는 것으로 해석된다.

b. 신용장이 명시된 포장단위 또는 개개의 품목의 개수로 수량을 명기하지 아니하고 어음발행의 총액이 신용장의 금액을 초과하지 아니하는 경우에는 물품수량이 5%를 초과하지 아니하는 과부족은 허용된다.

c. 분할선적이 허용되지 아니하는 경우에도 신용장 금액의 5%를 초과하지 아니하는 부족은 허용된다. 다만, 물품의 수량이 신용장에 명기되어 있다면 전부 선적되어야 하며, 단가가 신용장에 명기되어 있다면 감액되어서는 아니 되는 경우이거나, 또는 제30조 제b항이 적용될 수 없어야 한다. 이 부족은 신용장이 특정 과부족을 명시하거나 또는 제30조 제a항에 언급된 표현을 사용하는 경우에는 적용되지 아니한다.

Article 31　　Partial Drawings or Shipments

　　a. Partial drawings or shipments are allowed.

　　b. A presentation consisting of more than one set of transport documents evidencing shipment commencing on the same means of conveyance and for the same journey, provided they indicate the same destination, will not be regarded as covering a partial shipment, even if they indicate different dates of shipment or different ports of loading, places of taking in charge or dispatch. If the presentation consists of more than one set of transport documents, the latest date of shipment as evidenced on any of the sets of transport documents will be regarded as the date of shipment.

　　A presentation consisting of one or more sets of transport documents evidencing shipment on more than one means of conveyance within the same mode of transport will be regarded as covering a partial shipment, even if the means of conveyance leave on the same day for the same destination.

　　c. A presentation consisting of more than one courier receipt, post receipt or certificate of posting will not be regarded as a partial shipment if the courier receipts, post receipts or certificates of posting appear to have been stamped or signed by the same courier or postal service at the same place and date and for the same destination.

제31조 【분할 어음발행 또는 선적】

a. 분할어음발행 또는 분할선적은 허용된다.

b. 동일한 운송수단에 그리고 동일한 운송을 위하여 출발하는 선적을 증명하는 2조 이상의 운송서류를 구성하는 제시는 이들 서류가 동일한 목적지를 표시하고 있는 한, 이들 서류가 상이한

선적일 또는 상이한 적재항, 수탁지 또는 발송지를 표시하고 있더라도 분할선적이 행해진 것으로 보지 아니한다. 그 제시가 2조 이상의 운송서류를 구성하는 경우에는 운송서류의 어느 한 조에 증명된 대로 최종 선적일은 선적일로 본다.

동일한 운송방식에서 2 이상의 운송수단상의 선적을 증명하는 2조 이상의 운송서류를 구성하는 제시는, 그 운송수단이 동일한 일자에 동일한 목적지를 향하여 출발하는 경우에도 분할선적이 행해진 것으로 본다.

c. 2통 이상의 특송화물수령증, 우편수령증 또는 우송증명서를 구성하는 제시는 그 특송화물 수령증, 우편수령증 또는 우송증명서가 동일한 장소 및 일자, 그리고 동일한 목적지를 위하여 동일한 특송업자 또는 우편서비스에 의하여 스탬프 또는 서명된 것으로 보이는 경우에는 분할선적으로 보지 아니한다.

Article 32   Instalment Drawings or Shipments

If a drawing or shipment by instalments within given periods is stipulated in the credit and any instalment is not drawn or shipped within the period allowed for that instalment, the credit ceases to be available for that and any subsequent instalment.

제32조 【할부 어음발행 또는 선적】

일정기간 내에 할부에 의한 어음발행 또는 선적이 신용장에 명시되어 있고, 어떠한 할부분이 그 할부분을 위하여 허용된 기간 내에 어음발행 또는 선적되지 아니한 경우에는, 그 신용장은 그 할부분과 그 이후의 모든 할부분에 대하여 효력을 상실한다.

Article 33   Hours of Presentation

A bank has no obligation to accept a presentation outside of its banking hours.

제33조 【제시시간】

은행은 그 은행영업시간 이외의 제시를 수리할 의무가 없다.

Article 34   Disclaimer on Effectiveness of Documents

A bank assumes no liability or responsibility for the form, sufficiency, accuracy, genuineness, falsification or legal effect of any document, or for the general or particular conditions stipulated in a document or superimposed thereon ; nor does it assume any liability or responsibility for the description, quantity, weight, quality, condition, packing, delivery, value or existence of the goods, services or other performance represented by any document, or for the good faith or acts or omissions, solvency, performance or standing of the consignor, the carrier, the forwarder, the consignee or the insurer of the goods or any other person.

제34조 【서류의 효력에 관한 면책】

은행은 모든 서류의 형식, 충분성, 정확성, 진정성, 위조성, 또는 법적 효력에 대하여 또는 서류에 명시되거나 또는 이에 부가된 일반조건(general conditions) 또는 특별조건(particular conditions)에 대하여 어떠한 의무 또는 책임도 부담하지 아니하며, 또한 은행은 모든 서류에 표시되어 있는 물품, 용역 또는 기타 이행의 명세, 수량, 중량, 품질, 상태, 포장, 인도, 가치, 또는 존재에 대하여, 또는 물품의 송화인, 운송인, 운송주선인, 수화인 또는 보험자 또는 기타 당사자의 성실성 또는 작위 또는 부작위, 지급능력, 이행능력 또는 신용상태에 대하여 어떠한 의무 또는 책임도 부담하지 아니한다.

Article 35   Disclaimer on Transmission and Translation

A bank assumes no liability or responsibility for the consequences arising out of delay, loss in transit, mutilation or other errors arising in the transmission of any messages or delivery of letters or documents, when such messages, letters or documents are transmitted or sent according to the requirements stated in the credit, or when the bank may have taken the initiative in the choice of the delivery service in the absence of such instructions in the credit.

If a nominated bank determines that a presentation is complying and forwards the documents to the issuing bank or confirming bank, whether or not the nominated bank has honoured or negotiated, an issuing bank or confirming bank must honour or negotiate, or reimburse that nominated bank, even when the documents have been lost in transit between the nominated bank and the issuing bank or confirming bank, or between the confirming bank and the issuing bank.

A bank assumes no liability or responsibility for errors in translation or interpretation of technical terms and may transmit credit terms without translating them.

제35조 【송달 및 번역에 관한 면책】

모든 통신문, 서신 또는 서류가 신용장에 명기된 요건에 따라 송달 또는 송부된 경우, 또는 은행이 신용장에 그러한 지시가 없으므로 인도 서비스의 선정에 있어서 자발적으로 행하였을 경우에는, 은행은 그러한 통신문의 송달 또는 서신이나 서류의 인도 중에 지연, 분실, 훼손, 또는 기타 오류로 인하여 발생하는 결과에 대하여 어떠한 의무 또는 책임도 부담하지 아니한다.

지정은행이 제시가 일치하고 있다고 결정하고 그 서류를 발행은행 또는 확인은행에 발송하는 경우에는, 서류가 지정은행과 발행은행 또는 확인은행 간 또는 확인은행과 발행은행 간 송달 중에 분실된 경우라 하더라도 지정은행이 지급이행 또는 매입하였는지의 여부에 관계없이, 발행은행 또는 확인은행은 지급이행 또는 매입하거나 또는 그 지정은행에 상환하여야 한다.

은행은 전문용어의 번역 또는 해석상의 오류에 대하여 어떠한 의무 또는 책임도 부담하지 아니하며, 신용장의 용어를 번역함이 없이 이를 송달할 수 있다.

Article 36   Force Majeure

A bank assumes no liability or responsibility for the consequences arising out of the interruption of its business by Acts of God, riots, civil commotions, insurrections, wars, acts of terrorism, or by any strikes or lockouts or any other causes beyond its control.

A bank will not, upon resumption of its business, honour or negotiate under a credit that expired during such interruption of its business.

제36조 【불가항력】

은행은 천재, 폭동, 소요, 반란, 전쟁, 테러행위에 의하거나 또는 동맹파업 또는 직장폐쇄에 의하거나 또는 기타 은행이 통제할 수 없는 원인에 의한 은행업무의 중단으로 인하여 발생하는 결과에 대하여 어떠한 의무 또는 책임도 부담하지 아니한다.

은행은 그 업무를 재개하더라도 그러한 업무의 중단 동안에 유효기일이 경과한 신용장에 의한 지급이행 또는 매입을 행하지 아니한다.

Article 37   Disclaimer for Acts of an Instructed Party

a. A bank utilizing the services of another bank for the purpose of giving effect to the instructions of the applicant does so for the account and at the risk of the applicant.

b. An issuing bank or advising bank assumes no liability or responsibility should the instructions it transmits to another bank not be carried out, even if it has taken the initiative in the choice of that other bank.

c. A bank instructing another bank to perform services is liable for any commissions, fees, costs or expenses("charges") incurred by that bank in connection with its instructions.
   If a credit states that charges are for the account of the beneficiary and charges cannot be collected or deducted from proceeds, the issuing bank remains liable for payment of charges.
   A credit or amendment should not stipulate that the advising to a beneficiary is conditional upon the receipt by the advising bank or second advising bank of its charges.

d. The applicant shall be bound by and liable to indemnify a bank against all obligations and responsibilities imposed by foreign laws and usages.

제37조 【피지시인의 행위에 대한 면책】

a. 발행의뢰인의 지시를 이행하기 위하여 타은행의 서비스를 이용하는 은행은 그 발행의뢰인의 비용과 위험으로 이를 행한다.

b. 발행은행 또는 통지은행이 타은행의 선정에 있어서 자발적으로 행한 경우라 하더라도 그 은행이 타은행에게 전달한 지시가 수행되지 아니하는 경우에는 발행은행 또는 통지은행은 어떠한 의무 또는 책임도 부담하지 아니한다.

c. 타은행에게 서비스를 이행하도록 지시하는 은행은 그 지시와 관련하여 그러한 타은행에 의하여 부담되는 모든 수수료, 요금, 비용 또는 경비(이하 '비용'이라 한다)에 대하여 책임을 부담한다.
   신용장에 비용이 수익자의 부담이라고 명기하고 있고 비용이 대금으로부터 징수 또는 공제될 수 없는 경우에는 발행은행은 비용의 지급에 대하여 책임을 부담한다.
   신용장 또는 조건변경은 수익자에 대한 통지가 통지은행 또는 제2통지은행에 의한 통지비용의 수령을 조건으로 한다고 명시하여서는 아니 된다.

d. 발행의뢰인은 외국의 법률과 관행에 의하여 부과되는 모든 의무와 책임에 구속되며, 이에 대하여 은행에게 보상할 책임이 있다.

Article 38 Transferable Credits

a. A bank is under no obligation to transfer a credit except to the extent and in the manner expressly consented to by that bank.

b. For the purpose of this article :
   Transferable credit means a credit that specifically states it is "transferable."
   A transferable credit may be made available in whole or in part to another beneficiary("second beneficiary") at the request of the beneficiary("first beneficiary").

Transferring bank means a nominated bank that transfers the credit or, in a credit available with any bank, a bank that is specifically authorized by the issuing bank to transfer and that transfers the credit. An issuing bank may be a transferring bank.

Transferred credit means a credit that has been made available by the transferring bank to a second beneficiary.

c. Unless otherwise agreed at the time of transfer, all charges(such as commissions, fees, costs or expenses) incurred in respect of a transfer must be paid by the first beneficiary.

d. A credit may be transferred in part to more than one second beneficiary provided partial drawings or shipments are allowed.

A transferred credit cannot be transferred at the request of a second beneficiary to any subsequent beneficiary. The first beneficiary is not considered to be a subsequent beneficiary.

e. Any request for transfer must indicate if and under what conditions amendments may be advised to the second beneficiary. The transferred credit must clearly indicate those conditions.

f. If a credit is transferred to more than one second beneficiary, rejection of an amendment by one or more second beneficiary does not invalidate the acceptance by any other second beneficiary, with respect to which the transferred credit will be amended accordingly. For any second beneficiary that rejected the amendment, the transferred credit will remain unamended.

g. The transferred credit must accurately reflect the terms and conditions of the credit, including confirmation, if any, with the exception of :
   − the amount of the credit,
   − any unit price stated therein,
   − the expiry date,
   − the period for presentation, or
   − the latest shipment date or given period for shipment, any or all of which may be reduced or curtailed.

   The percentage for which insurance cover must be effected may be increased to provide the amount of cover stipulated in the credit or these articles.

   The name of the first beneficiary may be substituted for that of the applicant in the credit.

   If the name of the applicant is specifically required by the credit to appear in any document other than the invoice, such requirement must be reflected in the transferred credit.

h. The first beneficiary has the right to substitute its own invoice and draft, if any, for those of a second beneficiary for an amount not in excess of that stipulated in the credit, and upon such substitution the first beneficiary can draw under the credit for the difference, if any, between its invoice and the invoice of a second beneficiary.

i. If the first beneficiary is to present its own invoice and draft, if any, but fails to do so on first demand, or if the invoices presented by the first beneficiary create discrepancies that did not exist in the presentation made by the second beneficiary and the first beneficiary fails to correct them on first demand, the transferring bank has the right to present the documents as received from the second beneficiary to the issuing bank, without further responsibility to the first beneficiary.

j. The first beneficiary may, in its request for transfer, indicate that honour or negotiation is to be effected to a second beneficiary at the place to which the credit has been transferred, up to and including the expiry date of the credit. This is without prejudice to the right of the first beneficiary in accordance with sub-article 38 (h).

k. Presentation of documents by or on behalf of a second beneficiary must be made to the transferring bank.

제38조 【양도가능신용장】

a. 은행은 그 은행에 의하여 명시적으로 동의된 범위 및 방법에 의한 경우를 제외하고는 신용장을 양도할 의무를 부담하지 아니한다.

b. 이 조에서

양도가능신용장이란 '양도가능(transferable)'이라고 특별히 명기하고 있는 신용장을 말한다. 양도가능신용장은 수익자(제1수익자)의 요청에 의하여 전부 또는 일부가 다른 수익자(제2수익자)에게 사용될 수 있도록 될 수 있다.

양도은행은 신용장을 양도하는 지정은행 또는 모든 은행에서 사용될 수 있는 신용장에 있어서는 발행은행에 의하여 양도하도록 특별히 수권되고 그 신용장을 양도하는 은행을 말한다. 발행은행은 양도은행일 수 있다.

양도된 신용장은 양도은행에 의하여 제2수익자에게 사용될 수 있도록 되는 신용장을 말한다.

c. 양도를 이행할 때에 별도의 합의가 없는 한 양도와 관련하여 부담된 모든 비용(이를테면 수수료, 요금, 비용, 경비 등)은 제1수익자에 의하여 지급되어야 한다.

d. 분할어음발행 또는 분할선적이 허용되는 한 신용장은 2 이상의 제2수익자에게 분할 양도될 수 있다.

양도된 신용장은 제2수익자의 요청에 의하여 그 이후의 어떠한 수익자에게도 양도될 수 없다. 제1수익자는 그 이후의 수익자로 보지 아니한다.

e. 양도를 위한 모든 요청은 조건변경이 제2수익자에게 통지될 수 있는지 그리고 어떤 조건으로 제2수익자에게 통지될 수 있는지를 표시하여야 한다. 양도된 신용장은 이러한 조건을 명확히 표시하여야 한다.

f. 신용장이 2 이상의 제2수익자에게 양도된 경우, 하나 또는 그 이상의 제2수익자에 의한 조건변경의 거절은 기타 모든 제2수익자에 의한 승낙을 무효로 하지 아니하며, 이로 인하여 양도된 신용장은 조건변경될 것이다. 조건변경을 거절한 제2수익자에 대하여는 양도된 신용장은 조건변경 없이 존속한다.

g. 양도된 신용장은 확인된 경우를 포함하여 다음의 경우를 제외하고는 신용장의 제조건을 정확히 반영하여야 한다.
   – 신용장의 금액
   – 신용장에 명기된 단가
   – 유효기일
   – 제시를 위한 기간, 또는
   – 최종선적일 또는 정해진 선적기간
      이들 중의 일부 또는 전부는 감액 또는 단축될 수 있다.
      보험부보가 이행되어야 하는 비율은 이 규칙 또는 신용장에 명기된 부보금액을 충족시킬 수 있도록 증가될 수 있다.
      제1수익자의 명의는 신용장상의 신용장 발행의뢰인의 명의로 대체될 수 있다.
      발행의뢰인의 명의가 송장 이외의 모든 서류에 표시되도록 신용장에 의하여 특별히 요구되는 경우에는 그러한 요구는 양도된 신용장에 반영되어야 한다.

h. 제1수익자는 신용장에 명시된 금액을 초과하지 아니하는 금액에 대하여 제2수익자의 송장 및 환어음을 그 자신의 송장 및 환어음(송장 및 환어음이 있는 경우)으로 대체할 권리를 가지고 있으며, 그러한 대체시에 제1수익자는 자신의 송장과 제2수익자의 송장 사이에 차액이 있다면 그 차액에 대하여 신용장에 따라 어음을 발행할 수 있다.

i. 제1수익자가 그 자신의 송장 및 환어음(송장 및 환어음이 있는 경우)을 제공하여야 하지만 최초의 요구시에 이를 행하지 아니하는 경우, 또는 제1수익자에 의하여 제시된 송장이 제2수익자에 의하여 행해진 제시에 없었던 불일치를 발생시키고 제1수익자가 최초의 요구시에 이를 정정하지 아니한 경우에는, 양도은행은 제1수익자에 대한 더 이상의 책임 없이 제2수익자로부터 수령한 서류를 발행은행에 제시할 권리를 가진다.

j. 제1수익자는 그 자신의 양도요청으로 지급이행 또는 매입이 신용장의 유효기일을 포함한 기일까지 신용장이 양도된 장소에서 제2수익자에게 이행되어야 한다는 것을 표시할 수 있다. 이것은 제38조 제h항에 따른 제1수익자의 권리를 침해하지 아니한다.

k. 제2수익자에 의하거나 또는 대리하는 서류의 제시는 양도은행에 행해져야 한다.

> ### Article 39   Assignment of Proceeds
>
> The fact that a credit is not stated to be transferable shall not affect the right of the beneficiary to assign any proceeds to which it may be or may become entitled under the credit, in accordance with the provisions of applicable law. This article relates only to the assignment of proceeds and not to the assignment of the right to perform under the credit.

제39조 【대금의 양도】

신용장이 양도 가능한 것으로 명기되어 있지 아니하다는 사실은 적용 가능한 법률의 규정에 따라 그러한 신용장에 의하여 수권되거나 또는 될 수 있는 대금을 양도할 수익자의 권리에 영향을 미치지 아니한다. 이 조는 대금의 양도에만 관련되어 있으며, 신용장에 따라 이행할 권리의 양도에 관련되는 것은 아니다.

5 기타 결제방식

(1) 국제 팩토링(Factoring) 결제방식

① **의의** : 팩토링이란 판매자(Client, Supplier)가 구매자(Customer, Debtor)에게 물품이나 서비스를 제공함에 따라 발생하는 외상매출채권(Account receivable)과 관련하여 팩토링회사(Factor)가 판매자를 대신하여 구매자에 대한 신용조사, 신용위험의 인수, 매출채권의 기일 관리, 대금회수, 전도금융의 제공, 기타 회계처리 등의 업무를 대행해 주는 금융서비스를 말한다. 기존의 Del Credere Agent(지급보증 대리인)의 서비스와 유사한 방식인 국제 팩토링은 전 세계 팩터(Factor)의 회원 망을 통해 수입상의 신용을 바탕으로 이루어지는 무신용장 방식의 새로운 무역거래 방법이며, 기존의 신용장에 의한 거래에 비해 매우 간편한 방식이다.

② **국제 팩토링 방식의 효용** : 국제 팩토링 방식은 신용장 거래에서의 신용장개설수수료 등과 같은 부담이 없고 그 절차가 간편하기 때문에 중소기업들이 선호하는 방식이다.

③ **국제 팩토링 방식의 거래절차**

ㄱ **물품 주문** : 수출상은 수입상으로부터 물품을 주문받는다.

ㄴ **신용승인(Credit approval) 의뢰 및 요청** : 수출상이 수출 팩터의 소정양식인 신용승인신청서에 의하여 수입상에 대한 신용조사를 의뢰하면 수출 팩터는 수입 팩터에게 수입상의 신용승인을 요청한다.

ㄷ **신용조사** : 신용승인을 의뢰받은 수입 팩터는 수입상의 신용조사를 한다.

ㄹ **신용조사 결과 및 신용승인 통지** : 수입상의 신용조사 결과를 토대로 수입 팩터가 수출 팩터에게 신용조사의 결과 및 신용한도를 통지하면, 수출 팩터는 수입상의 신용한도를 기초로 하여 수출상에게 수입상의 신용을 통지한다.

ㅁ **수출입계약 체결** : 수출상은 수입상과 국제 팩토링 방식에 의한 수출입계약을 체결한다.

ⓑ 물품 선적 및 송장 등 매출채권 양도 : 수출업자는 계약에 따른 약정 상품을 선적하고 필요 서류를 작성하여 매출채권과 함께 수출 팩터에게 양도한다.

ⓢ 전도금융 제공 및 수수료 청구 : 수출 팩터는 제반서류 확인 후 송장금액의 100% 이내에서 전도금융을 제공하고 관련 수수료를 수출상에게 청구한다.

ⓞ 송장 등 매출채권양도 및 수수료 송금 : 수출 팩터는 매출채권 양도 및 제반 수수료를 수입 팩터에게 우송한다.

ⓩ 만기일 대금지급 및 수출대금 송금 : 수입상은 수입대금의 지급기일이 되면 수입대금을 수입 팩터에게 지급하며, 수입 팩터는 그 대금을 즉시 수출 팩터에게 송금한다.

ⓧ 수출대금 지급 및 전도금융 상계 : 수출 팩터는 수입 팩터로부터 송금되어 온 수출대금을 수출상에게 지급하게 되는데, 이때 수출 팩터는 제공한 전도금융금액과 송금되어 온 수출대금을 상계하여 정산한다.

(2) 포피팅(Forfaiting) 결제방식

① 의의 : 무역거래에서 대금결제의 한 방법으로 사용되는 포피팅은 현금을 대가로 채권을 포기 또는 양도한다는 뜻으로, 무역거래 내에서 수출업자가 발행한 환어음이나 약속어음을 소구권 없이(Without recourse) 할인, 매입하여 신용판매를 현찰판매로 환원시키는 금융기법을 말한다. 포피팅은 전통적인 무역금융과 국제 팩토링의 중간에 위치한 금융수단으로서, 주로 신용장 하에서 발행된 기한부환어음을 포피터(Forfaiter)가 할인, 매입하는 중장기 금융이라 할 수 있다.

② 포피팅과 국제 팩토링 : 소구권이 없다는 점에서는 양자가 동일하지만, 국제 팩토링은 10만 달러 이내의 소액을 대상으로 하는 단기금융인데 반해, 포피팅은 일반적으로 거래 규모가 크고 중장기 금융이라는 점이 다르다.

③ 포피팅의 필요성 : 개발도상국들의 수입자들은 부족한 외환 사정 등으로 중장비 등을 구매할 때 연불조건 거래를 많이 요구하게 되는데, 이러한 연불조건은 수출상으로서는 대금을 회수받지 못할 위험성이 있다. 수출상의 이러한 불안을 제거하기 위해 필요한 결제방식이 포피팅 결제방식이다.

④ 거래 절차

㉠ 수입계약 체결 및 물품 인도 : 수출자는 수입자와 결제방법에 포피팅을 추가하는 조건으로 무역계약을 체결하고 수출 물품을 조달하여 이를 수입자에게 인도한다.

㉡ 어음 제출 및 보증과 어음 인도 : 수입자가 지급보증은행에 자기발행 약속어음이나 수출자의 환어음을 제출하면, 지급보증은행은 별도의 지급보증서를 발급하거나 환어음이나 어음상에 Aval을 추가하여 수출자에게 인도한다.

> **TIP** Aval
> 은행지급보증서 대신에 사용하는 간단한 형식의 보증으로서, 보증은행이 약속어음 또는 환어음 자체에 보증한다는 뜻을 기입하여 채무를 성실히 이행할 것을 확약하는 취소불능의 무조건 보증을 말한다.

ⓒ 포피팅 약정 및 어음 인도 : 수출자는 포피터와 포피팅계약을 체결하고 포피터에게 어음을
양도하게 되는데, 포피터는 수출업자에게 어음대금을 할인하여 지급한다.

ⓔ 어음 제시 및 어음대금 지급 : 포피터는 어음의 만기일에 어음을 지급보증은행에 제시하고
지급보증은행은 포피터에게 대금을 지급한다.

(3) 청산결제(Open account, Current account, Clearing account) 방식

① 의의 : 청산계정(Open account)이란 두 나라 또는 수출입거래 당사자가 일정기간 동안 거래를
지속하다가 쌍방의 수출입대금을 상계하고 나머지 잔금만을 결제하기 위해 설정한 계정을 말
한다. 청산결제방식은 국제 결제의 관행이 점차 개방화되는 추세에 부응하여 EU 회원국 내
무역거래에서 이용되고 있는 수단으로서, 물품대금을 장부상에서 상쇄하고 일정기간마다 차액
만을 정산하는, 장부에 의한 결제방식이다.

② 효 용

㉠ 무역결제 상의 번거로움을 피할 수 있다.

㉡ 결제에 따른 비용절감으로 수출입 단가를 인하할 수 있다.

㉢ 국제 결제의 관행이 점차 개방화되는 추세에 부응할 수 있다.

㉣ 신용위험(Credit risk)이 없는 본·지점 간 또는 수출입업자 간에 유용하다.

㉤ 외환보유고가 적은 나라가 무역거래시 유용하다.

(4) 기 타

① 수입화물 선취보증(Letter of Guarantee : L/G)

㉠ 의의 : 수입화물은 이미 도착하였으나 운송서류가 도착하지 않았을 경우에 운송서류 도착
이전에 수입화물을 인도받기 위하여 수입상과 개설은행이 운송서류 도착시 선박회사에 제
출할 것을 연대보증하여 선하증권의 원본 대신 제출하는 보증서를 말한다.

L/G는 형식상 수입업자가 선박회사 앞으로 발행하는 것으로 보이지만, 실질적으로는 수입
상이 신청서류를 갖추어 개설은행에 신청함으로써 개설은행이 발행하는 증서이다.

㉡ 필요성

ⓐ 수입상 : 선하증권이 없이는 수입통관을 할 수 없게 되어 창고료 등 추가비용이 발생하고,
화물손상 및 판매시기를 놓칠 수 있기 때문에 신속하게 물품을 인도받을 필요가 있다.

ⓑ 은행 : 수입상 거래은행은 담보로 되어 있는 수입화물이 수입상에게 인도되지 않음으로
써 수입상의 대금결제를 불필요하게 지체시키게 된다.

ⓒ 선박회사 : 수입화물이 적기에 인도되지 않음으로써 양륙 지체 등 운항상의 문제가 발생한다.

㉢ 내용 : L/G는 개설은행이 선박회사에 다음의 내용을 약정하는 것이다.

ⓐ 선하증권 원본을 도착 즉시 선사에 제출하겠다는 내용

ⓑ L/G 발급으로 인한 모든 손해와 비용은 일체 은행이 부담하고 선사에는 하등의 책임도
묻지 않겠다는 내용

② 수입화물대도(Trust Receipt : T/R)

ㄱ 의의 : 수입화물대도란 국제무역 거래에서 수입상이 어음대금을 결제하기 전이라도 수입화물을 처분할 수 있도록 하는 동시에, 개설은행은 그 화물에 대하여 담보권을 상실하지 않도록 하는 제도를 말한다. 즉, 수입상의 대금결제를 개설은행 자신이 담당하기로 하고 은행 앞으로 도착하는 운송서류는 수입상에게 넘겨준 후 처분하여 수입대금을 개설은행에 지불하도록 편의를 제공하는 제도이다.

ㄴ 취 지

ⓐ 수입상 : 수입화물을 적기에 판매함으로써 손해 방지가 가능하다.

ⓑ 개설은행 : 물품의 소유권 확보로 인한 물품 보관비용 및 멸실이나 손상 등의 위험에 대한 책임부담을 제거할 수 있다.

ㄷ T/R의 효력

ⓐ 신탁계약의 일종으로서, 은행은 신탁공여자가 되고 수입상은 신탁수혜자가 된다.

ⓑ 수입화물에 대한 소유권은 은행이 보유하나 점유권 및 처분권은 수입상이 보유한다.

ⓒ 수입상으로부터 당해 화물을 입수한 자는 선의의 제3자가 되므로 은행은 제3자에게 대항할 권리가 없다.

07 해상보험

1 해상보험의 개념

(1) 해상보험(Marine insurance)의 의의

해상보험이란 해상운송 도중에 일어난 사고에 대하여 보험자가 손해를 보상하여 줄 것을 약속하고 피보험자는 그 대가로서 보험료를 지불할 것을 약속하는 손해보험의 일종이다.

또한 해상보험계약이란 보험자가 피보험자에 대해 그 계약에 의해 합의한 방법 및 범위 내에서 해상손해, 즉 해상사업에 수반하는 손해를 보상할 것을 약속하는 계약이다.

(2) 해상보험계약의 법률적 성질

① 낙성계약(Consensual contract) : 보험계약은 당사자 일방이 약정한 보험료를 지급하고 상대방이 재산 또는 생명이나 신체에 관하여 불확정한 사고가 생길 경우에 일정한 보험금액 및 기타의 급여를 지급할 것을 약정함으로써 효력이 생긴다.

② 유상계약(Remunerative contract) : 보험자는 계약상 합의된 방법과 범위 내에서 피보험자의 손해를 보상할 것을 확약하는 대가로 보험료를 지급받는 유상계약이다.

③ **쌍무계약**(Bilateral contract) : 보험계약 당사자 쌍방이 의무를 지는 계약으로서, 보험계약자는 보험료지급의무를 지고, 보험자는 피보험목적물에 손해가 발생할 경우에 보험금지급의무를 진다.

④ **부합계약**(Contract of adhesion) : 계약자유의 원칙에 따라 계약조건을 상호 협의하여 정하지 않고, 보험자가 제시하는 약관을 보험계약자가 이를 승인함으로써 성립되는 계약이다.

⑤ **사행계약**(Aleatory contract) : 보험계약에서 피보험자는 불확실한 사고의 유발에 따라 이익과 손해가 결정되므로 보험계약은 사행계약이다. 그러나 보험계약의 목적이 해상사업에 생길지도 모를 위험을 제거하는 데 있기 때문에 어떤 행운을 잡아 횡재를 하고자 하는 사행행위나 도박의 목적으로 체결되는 것은 무효이다.

⑥ **불요식계약**(Informal contract) : 계약의 성립요건으로서 일정한 절차나 형식이 필요 없는 계약이다. 그러나 계약의 성립과 함께 보험증권이 작성되어 교부되므로 요식화되어 가고 있다.

⑦ **최대선의계약**(Contract of utmost good faith) : 사행성을 갖고 있는 계약이므로 계약 당사자의 최대선의가 기초하고 있지 않으면 큰 문제가 생길 수 있다.

(3) 해상보험계약의 당사자

① **보험자**(Insurer, Assurer, Underwriter) : 보험계약을 인수한 자로서 보험사고 발생시 그 손해를 보상해 주는, 즉 보험금을 지급할 의무를 지는 자를 말한다.

② **보험계약자**(Policy holder) : 자기 명의로 보험자와 보험계약을 체결하고 보험료를 지불할 의무가 있는 당사자이다. 보험계약자와 피보험자는 매매계약 형태에 따라 동일인이 될 수도 있고 다른 사람이 될 수도 있는데, CIF, CIP 계약에서 보험계약자는 매도인이 되며 매수인은 피보험자가 되므로 보험계약자와 피보험자는 서로 다른 사람이 될 수 있다. 반면 FOB, FCA 계약에서는 매수인이 보험계약자이며 동시에 피보험자가 된다.

③ **피보험자**(Insured, Assured) : 보험목적물에 대해 경제적 이해관계, 즉 피보험이익(Insurable interest)을 갖고 피보험 재산에 대해 손해가 발생하면 보험자로부터 보상을 받는 자를 말한다.

④ **기 타**

　㉠ **보험대리점**(Insurance agent) : 보험자를 위하여 보험계약 체결의 대리 또는 중개를 업으로 하는 자를 말한다.

　㉡ **보험중개인**(Insurance broker) : 독립적으로 보험계약 체결의 중개 사업을 영위하는 자로서, 유럽에서 발달되어 있다.

(4) 피보험목적물(Subject-matter insured)

피보험목적물은 해상보험에서 보험을 통하여 보호되는 객체를 말하며, 보험목적물이라고도 한다. 보통 적화, 선박, 운임 등이 해상보험에서 피보험목적물이 된다.

(5) 피보험이익(Insurable interest)

① 의의 : 피보험목적물에 대하여 특정인이 갖는 경제상의 이해관계, 즉 보험목적물에 대해서 특정인이 보험계약을 체결할 수 있고 이로 인해 불확실한 미래의 사고로부터 재산상의 손실을 보상받을 수 있는 이익을 말한다.

② 피보험이익의 요건 : 보험계약이 법적 효력을 발생하기 위해서는 다음과 같은 요건을 반드시 갖추어야 한다.

  ㉠ 적법성 : 피보험이익은 법의 금지규정에 위반되거나 공서양속에 반하지 않는 것이어야 한다.

  ㉡ 경제성 : 피보험이익은 금전으로 산정할 수 있는 이익, 즉 경제적 이익이어야 한다. 따라서 가보로 물려받은 골동품과 같은 감정적, 도덕적 이익은 피보험이익이 아니다.

  ㉢ 확정성 : 피보험이익은 반드시 계약체결시점에 현존하고 확정되어 있는 것은 아니지만 적어도 보험사고 발생시까지는 이익의 존재 및 귀속이 확정될 수 있는 것이어야 한다. 피보험이익이 현재 확정되어 있지 않아도 장래 확정될 것이 확실한 경우에는 보험계약의 대상이 될 수 있다. 따라서 FOB 조건에서는 물품이 아직 매도인의 창고에 있을 경우에도 매수인의 보험부보가 가능하다.

③ 피보험이익의 대표적 이해관계자

  ㉠ 선주 : 선박의 소유이익의 주체로서 선박비용에 대해서도 피보험이익을 가진다.

  ㉡ 화주 : 대표적인 피보험이익의 당사자로서, 적하보험계약 체결시 송장가격의 10%를 예상이익으로 간주해 함께 보험에 부보한다.

  ㉢ 운임취득자 : 운임은 운송행위의 완성에 대해 지불하는 보수이므로 운송이 중단되면 운임을 받을 수 없다. 그러므로 운임취득자도 운임에 대한 피보험이익을 누릴 수 있다.

  ㉣ 보험자 : 보험자가 피보험자의 입장에서 다른 보험자와 재보험계약을 체결한 경우 보험자는 자기가 인수한 금액만큼 피보험이익을 가지게 된다.

④ 피보험이익의 내용 : 피보험이익이 될 수 있는 것들은 선박(Marine hull), 적하(Marine cargo), 운임(Freight), 선비(Disbursement), 희망이익(Expected profit) 등이 있다.

(6) 해상보험의 기본원칙

① **최대선의 원칙**(Utmost Good Faith) : 피보험자의 고지의무

  ㉠ 의의 : 해상보험은 계약대상에 대한 보험자의 실사가 병행되지 않기 때문에 보험계약자는 자기가 알고 있는 모든 중요사항을 보험자에게 최대선의의 원칙에 입각하여 고지하여야 한다. 보험계약자가 만약 중요한 사실을 고지하지 아니한 경우 보험자는 재량에 따라 보험계약을 취소 또는 해지할 수 있다.

  ㉡ 고지(Disclosure)의무 : 보험계약자가 보험계약 체결 전에 자기가 알고 있는 일체의 중요한 사항을 보험자에게 알리는 것을 말한다. 여기서 일체의 중요한 사항이란 보험자가 보험료를 산정하거나 위험의 인수 여부를 결정함에 있어서 영향을 미치는 일체의 상황을 말한다. 고지는 보험계약 체결 이전까지 구두나 서면으로 하며, 위험을 감소시키는 일체의 사항,

보험자가 알고 있거나 알고 있는 것으로 추정되는 사항, 보험자가 고지나 통지받을 권리를 포기한 사항, 명시담보나 묵시담보에 해당되어 고지가 불필요한 사항 등에 관하여는 고지하지 아니하여도 상관없다.

② 담보(Warranties)

    ⊙ 의의 : 담보란 피보험자가 지켜야 할 약속을 의미하며, 피보험자의 약속이기 때문에 담보내용은 반드시 지켜져야 한다. 피보험자가 담보조건을 위반하였을 경우에는 그 시점부터 보험계약은 자동적으로 무효가 된다.

    ⓒ 담보의 종류

        ⓐ **명시담보(Express warranty)** : 당사자 간의 합의에 의하여 보험증권사에 담보의 구체적인 내용이 문언으로 기재되어 있거나, 담보의 내용이 별도로 인쇄된 서류가 보험증권상에 첨부되어 있는 담보를 말한다.

        ⓑ **묵시담보(Implied warranty)** : 법률상의 확정에 의한 담보로 보험증권상에 명시되어 있지 않으나 피보험자가 묵시적으로 제약을 받지 않으면 안 될 조건으로 법적으로 계약서에 포함되어 있다고 간주하는 담보를 말한다. 묵시담보는 명시담보와 동일한 효력을 가지는데, 내항성담보(Warranty of seaworthiness)나 적법담보(Warranty of legality) 등이 여기에 속한다.

③ **근인주의(Doctrine of proximate cause)** : 보험자가 보상해 주는 손해는 반드시 보험증권상에 담보된 위험이거나 그 위험에 근인하여 발생해야 한다는 의미이다. 여기서 근인은 사건 발생과 시간적으로 가장 가까운 원인(The closest cause of the loss in time)이 아니라, 특정 사고를 야기한 가장 직접적이고 지배적인 원인(The direct cause of the loss in efficiency)을 의미한다.

④ **소급보상의 원칙** : 일반보험과 다른 해상보험의 독특한 특징으로서, 보험계약 체결 전에 발생한 손해일지라도 계약 당사자 간 계약 체결시 그 발생 여부에 대해 알지 못했다면 유효한 것으로 해석되어 보험자가 그 위험을 부담한다. 소급보상원칙은 피보험자에 의해서 악용될 여지가 있기 때문에 보험계약 당사자 모두가 보험사고의 발생 사실을 모르고 있는 경우에만 적용된다.

⑤ **손해보상의 원칙** : 보험증권에서 담보되는 손실이 발생한 경우 이득금지의 원칙이 적용되어 보험자는 손해발생시 실손해금액을 한도로 지급한다는 의미로서, 해상손해 이외의 손해는 보상하지 않는다.

(7) 보험가액과 보험금액

① **보험가액(Insurable value)**

    ⊙ 의의 : 보험사고 발생시 피보험자가 입게 되는 손해액의 최고한도이며 피보험이익의 평가액을 말한다. 보험가액은 시간·장소 및 물가에 따라 유동적이기 때문에 보험계약 체결시에 보험자와 피보험자가 상호 합의하여 보험가액을 평가하고 협정보험가액을 결정한다.

ⓒ 종 류

ⓐ **협정보험가액** : 보험계약 체결시 당사자 간 협정에 의해 보험가액을 결정하는 것으로서 보험가액 불변의 원칙이 적용된다. 보험계약 체결시 보험목적물의 보험가액을 당사자 간 미리 정하느냐의 여부에 따라서 기평가보험(Valued policy)과 미평가보험(Unvalued policy)으로 구분된다.

ⓑ **법정보험가액** : 보험가액을 법규로 정하는 방법을 말한다.

② **보험금액**(Insured amount) : 손해 발생시 보험자가 부담하는 보상책임의 최고 한도액이며 보험계약 체결시 보험자와 피보험자 간에 약정한 금액으로서, 통상 CIF 또는 CIP 가액에 10%를 추가한다. 그러나 손해방지비용은 보험금액과 관계없이 별도로 취급하여 보상한다.

③ **보험가액과 보험금액의 관계**

㉠ **전부보험**(Full insurance) : 보험가액과 보험금액이 동일한 경우로서 가장 이상적인 보험가입 형태이며, 피보험자는 실손해보상을 받을 수 있다.

㉡ **일부보험**(Under insurance) : 보험가액보다 보험금액이 적은 경우(보험가액 〉 보험금액)로서, 손해발생시 피보험자는 비례보상방식에 의해 지급받게 된다.

㉢ **초과보험**(Over insurance) : 보험가액보다 보험금액이 큰 경우(보험가액 〈 보험금액)로서, 실손보상방식에 따라 지급되므로 초과되는 부분의 보험계약은 무효가 된다.

㉣ **중복보험**(Double insurance) : 동일한 보험계약의 목적에 대해 보험기간을 공통으로 하는 두 개 이상의 보험계약이 존재하고 이 보험금액의 합계액이 보험가액을 초과하는 경우를 말한다. 피보험자는 각 보험자에게 금액의 비율에 따라 비례적으로 보상받으나, 이 경우에도 보험금액의 합계는 보험가액을 초과할 수 없다.

㉤ **공동보험**(Co-insurance) : 동일한 보험계약의 목적에 대해 2인 이상의 보험자가 담보하는 경우로서, 보험금액의 합계는 보험가액과 동일하게 된다.

④ **보험료**(Premium) : 보험료는 보험자의 손해보상에 대한 약속의 반대급부로서 보험계약자가 지불하는 금전을 말한다. 보험자는 보험료가 납부되기 전에는 보험증권의 발행의무가 없다.

⑤ **보험금**(Claim) : 보험금은 담보된 위험에 의하여 손해가 발생시 보험자가 피보험자에게 실지로 지급하는 금액이다.

2 해상위험과 해상손해

(1) 개 요

해상보험계약의 목적은 운송 도중의 위험에 의한 우연한 사고로 발생할 수 있는 손해를 보상 받기 위함이다. 따라서 보험이 담보하는 위험과 이에 대한 손해의 범위를 정확히 파악하는 일은 보험계약의 목적달성을 위해 매우 중요하다고 할 수 있다.

(2) 해상위험(Marine perils, Maritime perils)

① 의의 : 해상위험이란 항해의 결과로써 또는 항해에 수반하는 모든 위험을 총칭하는 말이다.

② 해상위험의 요건

   ㉠ 해상보험에 의해 보험자는 담보위험에 의한 손해만을 보상하기 때문에 위험은 손해의 근인이어야 한다.

   ㉡ 위험은 그 발생이 우연적인 것이어야 한다.

   ㉢ 위험은 장래뿐만 아니라 과거의 사건이라 하더라도 보험계약 체결시 보험계약자가 이미 발생한 사실을 모르고 있을 경우에는 위험이 될 수 있다.

   ㉣ 위험은 반드시 불가항력적인 사건이어야 할 필요는 없다.

③ 해상위험의 종류 : Lloyd's S.G. Policy상의 위험약관을 보면 다음과 같다.

   ㉠ 해상고유의 위험(Perils of the Sea) : 바다에서의 우연한 사고 또는 재해를 말하며, 풍파의 통상적인 작용은 포함하지 않는다.

      ⓐ S.S.C. 위험(Sinking, Stranding, Collision)
      - **침몰**(Sinking) : 선박이 부력 및 선행능력을 상실하고 선체의 대부분이 수중에 가라앉는 것
      - **좌초**(Stranding) : 선박이 암초나 기타의 견고한 물체 위에 우연하고도 이상하게 올라앉아 일정기간 진퇴가 불가능한 상태로서, 선박이 모래톱에 걸터앉은 형태인 경우는 교사(Grounding)라고도 함.
      - **충돌**(Collision) : 다른 선박이나 타물과의 접촉

      ⓑ 악천후(Heavy Weather)

      ⓒ 행방불명(Missing)

   ㉡ 해상위험(Perils on the Sea)

      ⓐ 화재(Fire)

      ⓑ 투하(Jettison) : 항해 중 긴급한 위험에 직면했을 때 선박을 가볍게 하여 전손을 막기 위해서 화물 또는 선박 저장품이나 의장품의 일부를 의도적으로 바다에 던지는 행위를 말한다.

      ⓒ 선장 및 선원의 악행(Barratry)

      ⓓ 해적(Pirates)

      ⓔ 표도(Rovers)

      ⓕ 강도(Thieves)

   ㉢ 전쟁위험(War Perils)

      ⓐ 군함(Men of War)

      ⓑ 외적(Enemies)

      ⓒ 습격(Surprisal)과 포획(Capture)

ⓓ 해상탈취(Taking at sea) 및 나포(Seizure)

ⓔ 공무원 및 국민의 체포, 억지, 억류(Arrests, Restraints and detainment of kings, Princes and people)

ⓕ 포획면허장 및 보복포획면허장(Letters of mart and countermart)

ⓔ **기타 일체의 위험(All other perils)** : 위에서 열거한 화물 및 상품 또는 선박 및 기타에 대하여 혹은 그들 일부에 대하여 파손, 훼손 또는 손상을 발생케 했거나 또는 발생케 할 기타 일체의 위험을 말하는 것으로, 해상보험증권에 나열된 위험 중 위의 열거에서 빠진 위험을 총괄한다고 볼 수 있다.

(3) 해상손해(Maritime loss)

① **의의** : 해상손해란 항해사업에 관련된 적하·선박 기타의 보험목적물이 해상위험으로 인하여 피보험이익의 전부 또는 일부가 멸실되거나 손상되어 피보험자가 입게 되는 재산상의 불이익이나 경제상의 부담을 의미한다.

② **해상손해의 종류**

㉠ **물적 손해(Physical loss)** : 보험목적물의 멸실이나 손상으로 인한 직접손해로서 전손(Total loss)과 분손(Partial loss)으로 구분되는데, 다시 전손은 현실전손(Actual Total loss)과 추정전손(Constructive total loss)으로 구분되고, 분손은 단독해손(Particular average)과 공동해손(General average)으로 구분된다.

㉡ **비용손해(Expenses)** : 위험 발생의 결과로 피보험자에 의해 또는 그를 위하여 비용이 지출되는 경우의 손해를 말하며, 구조료(Salvage charge), 특별비용(Particular charge), 손해방지비용(Sue & labour charge) 등이 있다.

㉢ **책임손해(Liability loss)** : 피보험선박이 다른 선박과의 충돌로 인해 피보험선박 자체가 입게 될 물적 손해와 그 충돌로 인한 상대 선박의 선주 및 그 화물의 화주에 대해 피보험자가 책임져야 하는 손해배상금을 보험자가 담보해 주는 것을 말한다.

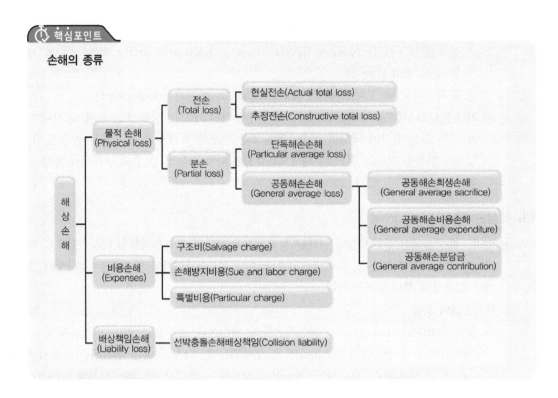

③ 물적 손해

    ㉠ **전손**(Total loss) : 계약된 화물 전부가 해상위험에 의해서 멸실 또는 손상되는 것을 말하며, 현실전손과 추정전손으로 구분된다.

        ⓐ **현실전손**(Actual total loss, Absolute total loss) : 보험의 목적물이 현실적으로 전멸된 경우를 말한다. 선박이나 화물의 실질적 멸실, 지배력의 상실, 선박의 행방불명, 본래 목적의 상실 등이 현실전손의 사유에 포함된다.

        ⓑ **추정전손**(Constructive total loss) : 보험의 목적물이 현실적으로 전멸하지는 않았으나 그 손해 정도가 심하여 종래 그 목적물이 가진 용도에 사용할 수 없는 경우를 말한다. 추정전손은 해상보험에서만 독특하게 인정되는 손해로서, 위부행위(Abandonment)가 성립될 경우에 한하여 인정된다. 추정전손은 다음의 경우에 해당한다.

        • 선박 또는 화물의 점유권 박탈로 인해 피보험자가 그것을 회복할 가망이 없을 때 또는 그것을 회복하는 비용이 회복 후의 가액을 초과하는 경우

        • 선박의 수선 또는 수리비가 수선 후 그 목적물이 갖는 시가보다 클 때

        • 화물의 수선비와 도착지까지의 운반비의 합계액이 도착 후의 화물가액을 초과하는 때

위부와 대위

1. 위부(Abandonment)

① 의의 : 위부란 보험의 목적물에 대한 추정전손의 경우 피보험자가 보험금액의 전부를 청구하기 위해 보험목적물에 잔존하는 피보험자의 일체의 이익과 소유권에 기인한 일체의 권리를 보험자에게 이전시키는 것을 말한다.

② 위부의 통지 및 승인 : 추정전손의 경우 피보험자가 보험금액의 전부를 수령하기 위하여는 위부의 취지를 보험자에게 통지하여야 한다. 만일 이러한 위부의 통지를 게을리하면 분손으로 처리된다. 승인은 보험자의 행위에 의하여 묵시적 또는 명시적으로 모두 가능하며, 위부 통지 후의 보험자의 단순한 침묵은 승인이 아니다.

③ 위부의 효과 : 유효한 위부를 통해 피보험자의 일체의 이익과 권리가 보험자에게 이전된다.

2. 대위(Subrogation)

① 의의 : 보험자가 피보험자에게 보험금을 지급한 경우 피보험목적물에 대한 일체의 권리와 손해 발생에 과실이 있는 제3자에 대한 구상권 등을 승계하게 되는 것을 말한다. 위부는 추정전손의 경우에만 적용되지만, 대위는 전손과 분손 모두의 경우에 적용된다.

② 취지 : 또 다른 보험자로부터 보상금을 지급받거나 또는 귀책사유가 있는 자로부터 2중으로 손해배상을 받는 일이 없도록 하기 위한 목적이다.

③ 종 류

㉠ 잔존물 대위 : 보험자가 보험금 전액을 지불하였을 경우 잔존물에 관해 피보험자가 보유하고 있던 모든 권리를 취득하는 것을 말한다.

㉡ 구상권 대위 : 보험사고가 제3자에 의해 발생한 경우 피보험자에게 지급한 손해배상 한도 내에서 보험자가 피보험자의 제3자에 대한 권리를 승계받는 것을 말한다.

㉡ 분손(Partial loss) : 피보험이익의 일부만이 손상을 입는 경우를 말하며, 전손이 아닌 손해는 모두 분손으로 간주한다. 분손은 손해부담 형태에 따라 단독해손과 공동해손으로 구분한다.

ⓐ 단독해손(Particular average) : 피보험자가 단독으로 책임지는 보험목적물의 부분적인 손해를 말하며, 공동해손이 아닌 경우를 말한다. 해손정산인(Surveyor)에 의해 손해액이 사정된다.

ⓑ 공동해손(General average)

㉮ 의의 : 공동의 위험에 처한 선박과 적하를 그 위험으로부터 보호하기 위해 임의적, 합리적으로 취한 행위에 의하여 이례적으로 발생하는 손해 또는 비용으로서, 모든 이해관계인이 공동으로 부담하게 된다.

ⓑ 성립요건
- 공동의 해상사업이 존재해야 한다. 즉, 동일 해상사업에 관련된 단체가 복수이어야 한다.
- 공동의 위험에 조우해야 한다. 즉, 해상위험이 항해사업에 참여한 모든 이익단체에 동일한 영향을 주어야 한다.
- 이례적인 희생이나 비용이어야 한다. 즉, 정상적으로 발생된 손해가 아닌 절박한 위험에 의한 손해이어야 한다.
- 손해가 우연이 아닌 의도적(Intentional)으로 유발한 사고에 의하여야 하며, 공동해손행위에는 합리적(Reasonable)이고 신중하게 대처해야 한다.
- 손해는 공동해손의 직접적 결과이어야 한다.

ⓓ 공동해손의 구성
- **공동해손희생손해**(General average sacrifice) : 공동의 안전을 위하여 선박이나 적하의 일부를 희생시킴으로써 발생하는 손해로서 적하의 투하, 선박이나 적하의 임의좌초, 선박의 장의 손상 등이 해당된다.
- **공동해손비용손해**(General average expenditure) : 공동의 위험에 대처하기 위해 선장이나 선주가 이례적으로 지출한 비용손해를 말하며 구조비, 피난비용, 자금조달비용, 정산비용 등이 해당된다.
- **공동해손분담금**(General average contribution) : 공동해손행위에 의해 구조된 모든 재산은 항해 종료시에 공동해손에 의해 이익을 얻는 이해관계자가 그 손해액을 공평하게 분담하게 되는데, 이때 분담하는 금액을 말한다.

ⓔ **공동해손의 정산** : 해상운송계약에서 정해진 해사법에 따라 정산하는데, 오늘날 공동해손에 관한 국제 통일 규칙인 YAR에 준거 공동해손을 정산한다. 별도의 규정이 없는 한 양륙항에서 공동해손정산인(G/A Adjuster)에 의한 공동해손정산서에 의해 결정된다.

④ 비용손해
ⓐ 의의 : 물체의 멸실이나 손상과는 관계없이 보험사고의 발생으로 부득이하게 손해 경감이나 방지를 위해 지출된 비용을 말한다. 일반적으로 보험목적물은 명시된 위험에 대해서만 담보되며 사전에 체결한 보험금액만 보상하나, 사전에 명시될 수 없는 비용이나 책임손해는 보험금액을 초과해 보상이 된다.
ⓑ **손해방지비용**(Sue and labour charges) : 보험계약자 또는 피보험자는 손해를 방지·경감할 의무를 지고 있는데, 이 손해방지의무를 이행하기 위해 소요되는 비용을 말한다. 물적 손해 등 다른 손해에 대한 보상액과 손해방지비용의 합계액이 보험금액을 초과하는 경우에도 보험자는 이를 부담한다.
ⓒ **구조료**(Salvage charges) : 보험사고가 발생한 때에 계약상의 의무 없이 임의로 구조한 자에게 해상법에 의해 지급되는 보수를 말하며, 보험자가 피보험자를 대신해 지급한다. 손해방

지행위의 주체는 피보험자 또는 그 대리인이지만, 구조행위의 주체는 보험당사자를 제외한 제3자이어야 한다. 여기서의 구조란 임의구조를 가리키는데, 임의구조란 어떤 계약행위 없이 순수하게 임의적으로 해상에서 인명이나 재산을 구조하는 것을 말한다.

  ㉣ **특별비용**(Particular charges) : 피보험목적물의 안전이나 보존을 위해 피보험자나 피보험자의 대리인에 의해서 지출된 비용을 말한다. 특별비용에는 손해방지비용과 손해방지비용에 속하지 않는 고유의 특별비용이 있어 명확하진 않지만, 특별비용은 손해방지비용을 포함하는 것으로 본다. 특별비용에는 긴급사태로 인한 피난항에서의 양륙비, 창고보관료, 재포장비, 재선적비, 재운송비 등이 있다.

⑤ **배상책임손해**(Collision liability) : 피보험선박이 다른 선박과의 충돌로 인해 피보험선박 자체가 입게 될 물적 손해와 그 충돌로 인한 상대 선박의 선주 및 그 화물의 화주에 대해 피보험자가 책임져야 하는 손해배상금을 보험자가 담보해 주는 것을 말한다.

(4) 보험기간과 보험계약기간

① **보험기간**(Duration of insurance or risk)

  ㉠ **의의** : 보험자의 위험부담이 존속하는 기간, 즉 보험자의 위험부담의 시간적 한계를 말한다.

  ㉡ **보험기간 결정방법**

    ⓐ **항해보험**(Voyage insurance) : 일반적으로 적하보험의 경우에서처럼 보험기간을 '항구에서 항구까지'로 일정 항해를 기준으로 결정하는 보험을 말한다.

    ⓑ **기간보험**(Time insurance) : 일반적으로 선박보험의 경우에서처럼 보험기간이 '언제부터 언제까지'를 기준으로 결정되는 보험을 말한다.

② **보험계약기간**(Duration of policy)

  ㉠ **의의** : 보험기간의 개시 여부에 관계없이 보험계약이 유효하게 존속하는 기간, 즉 보험계약 체결일로부터 종료일까지의 기간을 말한다.

  ㉡ **보험기간과의 차이** : 일반적으로 보험기간과 일치하지만 소급약관을 포함한 소급보험과 예정보험의 경우 반드시 일치하지는 않는다.

(5) 예정보험과 확정보험

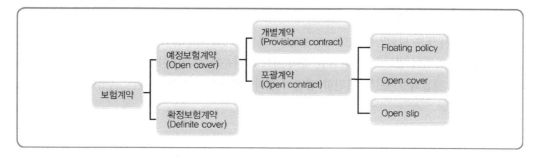

◀ 보험의 종류 ▶

① **확정보험**(Definite cover) : 보험계약 체결 당시에 계약 내용이 확정되어 있는 보험을 말한다.

② **예정보험**(Open cover) : 보험계약 체결 당시에 보험증권에 기재할 보험계약 내용의 일부가 확정되어 있지 않은 보험을 말한다.

     ⊙ **개별계약**(Provisional contract) : 개별예정보험이란 개개의 보험의 목적에 대하여 체결하는 예정보험을 말하는데, 위험 개시와 동시에 보험자의 책임이 개시된다. 선명미상보험(Floating policy)과 금액미상보험(Unvalued policy)이 있다.

     ⊙ **포괄계약**(Open contract) : 일정한 기준에 의하여 정한 다수의 보험의 목적에 관해 포괄적으로 이루어지는 예정보험으로서, 장차 출하될 불특정 화물에 대하여 부보하는 것을 말한다. 이 계약하에서 발행되는 보험서류를 포괄예정보험증명서(Open cover)라 하고, 이를 기초로 개개의 상품의 선적시마다 발행되는 약식서류가 보험증명서(Insurance certificate)이다.

        ⓐ Floating policy : 미리 총부보금액을 약정하고 각 선적시마다 보험자에게 통지하면 약정부보금액 범위 내에서 자동으로 부보되는 형식이다.

        ⓑ Open cover : 약정기간(보통 1년) 동안 모든 선적화물이 자동 부보되므로 매 선적 때의 무보험 상태의 위험성을 덜어준다. 매 선적 후 보험증권을 발급받아야 보험의 법적 효력이 발생하며, 보험료는 Floating Policy와 같이 일시에 지급하는 것이 아니라 매월 또는 분기별로 지급한다.

        ⓒ Open slip(Open cover) : 보험자와 피보험자 중 일방 당사자가 중도에 해지하지 않는 한 금액과 기간의 제한 없이 영구히 모든 선적화물이 자동 부보되고 담보기간이 무한한 형태이다. 계약시에 총책임한도액이 정해진다.

(6) 보험관련 서류

① **보험증권**(Insurance policy) : 보험자와 피보험자가 매 건별로 보험계약을 체결할 경우 보험자가 발급하는 보험계약의 증명서류이다. 보험증권에는 모든 보험계약 내용이 확정되어 있다.

② **포괄예정보험증명서**(Open cover) : 전술한 포괄예정보험 계약을 체결한 경우 이를 증명하기 위해 보험자가 발급하는 보험증권이다.

③ **보험증명서**(Insurance certificate) : 포괄예정보험의 피보험자가 선적할 때마다 보험자로부터 발급받는 약식 서류이다.

④ **부보각서 또는 보험인수증**(Cover note) : 보험중개업자가 발급해 주는 서류이다. 이 서류는 보험자의 자격이 있는 자가 발급한 것이 아니고 단순한 중개인이 발급한 서류이므로 보험계약이 확실히 체결되었는지는 확인할 방법이 없다. 따라서 이러한 서류는 은행에서 자동 수리되지 않는다.

(7) 보험관련 국제규칙 및 법규

① 영국의 해상보험법(Marine Insurance Act : MIA) 1906

② (신)협회적하약관(Institute Cargo Clause : ICC) 2009

③ 공동해손에 관한 요크 앤트워프 규칙(York-Antwerp Rules : YAR) 1994

3 협회적하약관

(1) 개 요

협회적하약관이란 해상적하보험의 보상 범위에 관한 보험조건을 규정한 것이다. 이 약관은 1912년 원래 Lloyd's S.G. Policy Form에 첨부하여 사용하기 위해 런던보험업자가 제정한 특별약관에서부터 시작되었다. 이는 구협회약관에서 신협회약관으로 발전·변모되어 왔으며, 1982년부터 신약관이 사용되고 있다.

그러나 최근, 보험시장의 주변상황과 국제물류의 실무관행이 변화가 급속하게 이루어지고 있고, 테러리즘의 위협, 다양한 해상사기(Maritime fraud)와 도난사건(유령선) 등 보험자가 직면하고 있는 위험들이 변화하고 있다고 판단되어 ICC(1982)의 개정검토가 불가피하다고 결정하였으며 이에 2009년에 개정된 협회적하약관이 발표되었다.

(2) 구협회적하약관

① 기본조건의 종류

    ㉠ **전위험담보조건**(A/R : All Risks) : 전위험담보조건으로 불리우나 항해의 지연이나 화물 고유의 하자 등에 기인한 손해는 보상하지 아니한다.

    ㉡ **분손담보조건**(WA : With Average) : 전손 및 분손 모두를 보험자가 담보하는 조건이다.

    ㉢ **분손부담보조건**(FPA : Free from Particular Average) : 분손(단독해손)은 원칙적으로 담보하지 않는 조건이다.

② WA 3%와 WAIOP(With Average Irrespective of Percentage)

    WA 3%에서 3%는 기본면책비율(Franchise)로서, 3% 미만의 손해가 발생하면 보험회사는 보상하지 않고 3% 이상 손해가 발생하였을 때 전부 보상하여 준다는 내용이다. 다만, Excess나 Deductible이라는 문구가 있었을 경우에는 3% 이상의 손해가 발생했을 때 기본면책비율인 3%를 공제한 차액만 보상해 준다. 면책비율을 적용받지 않고 어떠한 소손해도 전부 보상받고 싶으면 WAIOP(With Average Irrespective of Percentage) 조건의 보험을 부보하여야 한다.

(3) 신협회적하약관

◀ 신협회적하약관의 구성 ▶

구 분	약관명
담보위험 (Risks covered)	1조 : 위험약관(Risks Clause) 2조 : 공동해손 조항(General Average Clause) 3조 : 쌍방과실충돌 조항(Both to Blame Clause)
면책조항 (Exclusions)	4조 : 일반 면책약관(General Exclusion Clause) 5조 : 불내항성, 부적합성 면책약관 　　　(Unseaworthiness and Unfitness Exclusion Clause) 6조 : 전쟁 면책약관(War Exclusion Clause) 7조 : 동맹파업 면책약관(Strikes Exclusion Clause)
보험기간 (Duration)	8조 : 운송약관(Transit Clause) 9조 : 운송계약종료약관(Termination of Contract of Carriage Clause) 10조 : 항해변경약관(Change of Voyage Clause)
보험금청구 (Claims)	11조 : 피보험이익약관(Insurable Interest Clause) 12조 : 계반비용약관(Forwarding Charges Clause) 13조 : 추정전손약관(Constructive Clause) 14조 : 증액약관(Increased Value Clause)
보험이익 (Benefit of insurance)	15조 : 보험이익불공여약관(Not to Insure Clause)
손해경감 (Minimizing loses)	16조 : 피보험자의무약관(Duty of Assured Clause) 17조 : 포기약관(Waiver Clause)
지연의 방지 (Avoidance of delay)	18조 : 신속조치약관(Reasonable Despatch Clause)
법률 및 관례 (Law and practice)	19조 : 영국 법률 및 관례약관(English Law and Practice Clause)

① 기본조건
　㉠ ICC(A) : 구약관의 A/R과 유사한 것으로서 그 명칭만 변경되었을 뿐 실질적인 내용의 차이는 별로 없다. ICC(A)는 일정한 면책위험을 제외하고는 모든 위험을 담보한다.
　㉡ ICC(B) : 구 약관의 WA 조건의 담보위험이 명확하지 않던 것을 보완하여 보험자가 보상하여야 할 담보위험을 제1조 위험약관에 구체적으로 열거함으로써 피보험자가 담보위험의 범위를 용이하게 이해할 수 있도록 명확히 하였다.
　㉢ ICC(C) : 구 약관의 FPA와 유사한 조건이다.

◀ 담보위험 ▶

약관 조항	담보위험	A	B	C	비 고
제1조	1. 화재·폭발	○	○	○	좌기의 사유에 상당인과관계 가 있는 멸실·손상
	2. 선박·부선의 좌초·교사·침몰·전복	○	○	○	
	3. 육상운송용구의 전복·탈선	○	○	○	
	4. 선박·부선·운송용구의 타물과의 충돌·접촉	○	○	○	
	5. 조난항에서의 화물의 양화	○	○	○	
	6. 지진·분화·낙뢰	○	○	×	
	7. 공동해손의 희생	○	○	○	좌기 사유로 인 한 멸실·손상
	8. 투하	○	○	○	
	9. 갑판 유실	○	○	×	
	10. 해수·조수·하천수의 운송용구·컨테이너·지게자동차 ·보관 장소에의 침수	○	○	×	
	11. 적재·양화 중의 수몰·낙하에 의한 포장 1개당의 전손	○	○	×	
	12. 상기 이외의 일체의 위험	○	×	×	
제2조	공동해손조항	○	○	○	
제3조	쌍방과실충돌조항	○	○	○	

○ : 보상되는 담보위험, × : 보상되지 않는 담보위험

◀ 면책위험 ▶

약관 조항	면책위험	A	B	C
제4조	1. 피보험자의 고의적인 불법행위	×	×	×
	2. 통상의 누손, 중량 또는 용적의 통상의 감소, 자연 소모	×	×	×
	3. 포장 또는 포장준비의 불완전·부적합	×	×	×
	4. 물품 고유의 하자·성질	×	×	×
	5. 지연	×	×	×
	6. 선박 소유자·관리자·용선자 또는 운항자의 지급불능 또는 채무불이행	×	×	×
	7. 어떤 자의 불법행위에 의한 의도적인 손상 또는 파괴	○	×	×
	8. 원자핵무기에 의한 손해	×	×	×
제5조	9. 피보험자 또는 그 사용인이 인지하는 선박의 내항성결여·부적합	×	×	×
제6조	10. 전쟁위험(War Exclusion)	×	×	×
제7조	11. 동맹파업(SRCC)	×	×	×

전술한 바와 같이 제6조와 제7조는 특별약관에 가입하면 보험자로부터 보상받을 수 있음.

② **특수조건** : 신협회적하약관에서는 특수조건이 기본조건의 제6조와 제7조에 각각 포함되어 있지만 면책위험에 속하므로 전쟁 및 동맹파업위험을 담보받기 위해서는 별도 특약을 해야 한다. 본 조건은 ICC(A), ICC(B), ICC(C) 조건에 동일하게 적용된다.

　　㉠ Institute War Clause : 협회전쟁약관

　　㉡ Institute Strike Clause : 협회동맹파업약관

③ **부가조건** : 기본조건 이외에 특정위험을 담보받고자 할 경우 또는 ICC(B), ICC(C)의 경우 할증 보험료를 지불하고 다음과 같은 위험에 대해 추가로 부보할 수 있다.

　　㉠ **도난, 발화, 불착위험**(TPND : Theft, Pilferage and Non Delivery) : Theft는 도난, Pilferage는 발화(拔貨), Non Delivery는 타항에서의 양하 또는 분실을 원인으로 한 포장 전체의 불착을 의미한다.

　　㉡ **빗물 및 담수에 의한 손해**(RFWD : Rain, Fresh Water Damage) : 비, 눈, 하천, 호수, 기타 해수 이외의 물로 젖은 손해를 담보한다. 이 조건은 섬유품, 잡화 등 젖기 쉬운 화물에 추가로 담보한다.

　　㉢ **석유 및 화물과의 접촉**(COOC : Contact with Oil & Other Cargo) : 기름 등 선내의 청소 불충분으로 인한 오손 및 타화물과의 접촉으로 인한 손해가 이 약관으로 담보된다. 타화물과의 접촉은 적치의 불량 또는 선박의 심한 동요로 발생한다.

　　㉣ **갑판 유실**(WOB : Washing Over Board) : 화물이 항해 중 본선상의 갑판에서 유실된 경우를 말하며, 특약에 의해서만 담보된다.

　　㉤ **갈고리의 위험**(Hook & Hole) : 작업 중 손갈고리 등으로 화물이 찍혀서 생기는 손해로서 섬유품, 잡화 등에 추가로 담보한다.

　　㉥ **파손위험**(Breakage) : 해상위험 이외의 위험으로 인한 손해를 담보한다. 유리, 도자기 등 깨지기 쉬운 화물에 추가로 담보되는 위험이다.

　　㉦ **곡손의 위험**(Denting & Bending) : 접촉이나 충격이 심해 화물이 표면이나 내부가 구부러지는 손해를 말하며, 파손과 더불어 해상 고유의 위험에 의해서 생길 수도 있으나 화물취급상의 부주의로 생기는 경우도 있다.

　　㉧ **누손**(Leakage), **부족손**(Shortage) : 분상화물 및 액체화물은 파손으로 용기나 포장이 깨져 내용품이 새어나오거나 흐트러지게 된다. 이러한 손해가 고유위험 조항 이외의 위험으로 발생한 경우에는 특약에 의하지 않고는 담보가 되지 않는다.

　　㉨ **습기**(Sweating)**와 가열**(Heating)**에 의한 위험** : 선창 내의 열이 너무 올라 생기는 위험과 그 열이 갑자기 내림으로써 생기는 수증기의 응결로 일어나는 위험으로서, 온대지방이나 열대지방을 항해하는 선박에 일어나는 현상이다.

④ **확장담보조건**

　　㉠ **내륙운송확장담보조건**(ITE : Inland Transit Extension) : 최종 목적지가 보험증권상의 도착할 행정구역을 벗어난 지역인 경우와 항구를 벗어난 육상운송시 육상운송을 연장 담보받기 위한 경우 보험회사에 추가 보험료를 지불하고 체결하는 특약으로서, 통상 보험증권상

에 ITE 약관 삽입으로 체결한다. ICC상의 보험기간은 창고 간 담보가 원칙이며, 우리나라 해상적하보험요율은 항구 간 담보조건의 요율이다.

ⓒ **내륙보관확장담보조건(ISE : Inland Storage Extension)** : 보세구역에서 담보기간을 초과할 경우 화주가 추가 보험료를 지불하고 수입화물의 보험기간을 연장하여 창고 보관 중의 손해를 보상받기 위해 체결하는 특약이다.

핵심포인트

컨테이너 운영자 화물손해배상 책임보험(container operator's cargo indemnity insurance)

컨테이너보험의 일종으로 컨테이너 운영자(Freight Forwarder 등의 운송인)가 컨테이너 운송화물의 멸실·손상에 대하여 법률상 또는 운송계약상의 화주에 대한 배상책임을 이행함으로써 입는 경제적 손실을 보상하는 보험이다.

담보책임의 범위는 법률상 또는 보험증권 첨부의 B/L상에 규정된 운송계약상의 배상액 외에 권리보전, 손해방지, 보험자에 대한 협력, 보험자의 동의를 얻기 위한 소송 등에 관한 비용에 관해서도 합리적으로 지출될 범위 내의 것을 담보한다. 더욱이 보험증권에 명시된 컨테이너 수용 화물에 부과된 공동해손, 구조비의 분담액에 대해서 피보험자가 화물의 화주에게 법률상 배상 잔무가 있는 경우와 운송계약 위반 때문에 화주로부터 회수할 수 없는 경우의 손해도 전보된다.

항공화물화주보험(Shipper's Interest Insurance)

특정 항공사의 항공기로 운송되는 화물이 운송 중에 발생한 사고로 손해를 입었을 경우 그 손해를 보험회사가 관련 항공사에 또는 화물의 화주가 직접보상을 원하는 경우에는 화주에 직접 보상하기로 하는 보험계약을 보험회사와 특정 항공사 사이에 체결한 보험을 말한다.

그러므로 항공화물화주보험은 화물의 화주가 보험계약자가 되는 것이 아니라 항공사가 보험계약자가 되어 특정보험회사와 동 보험계약을 체결한 이후에 화물의 화주가 해당 항공사에 동 보험의 계약체결을 하고자 하는 경우 해당 항공사가 관련 보험회사를 대리하여 보험계약을 체결하고 보험료를 납부받는 형태의 보험이다. 참고로 화주항공보험(Shipper's Interest Insurance)은 화주의 화물을 항공기로 운항 중 발생할 수 있는 위험에 대한 담보보험이다.

---

08 무역계약의 종료

1 무역계약의 종료

(1) 의 의

계약의 종료(Termination of contract)란 유효하게 성립된 계약의 효력이 소멸되고 계약이 없었던 상태로 되돌리는 것으로서, 계약의 해제(Discharge of contract)를 말한다. 무역계약의 대부분은 정당한 이행으로 소멸되지만 계약 위반·이행불능의 경우 등은 무역 클레임의 대상이 되기도 한다.

(2) 무역계약의 종료사유

① **계약이행(Performance)에 의한 종료** : 양 당사자가 계약서상에 명시된 모든 채무를 이행하였을 경우 당해 계약은 종료된다.

② **당사자 간 합의(Agreement)에 의한 종료** : 당사자가 기존계약을 종료하기로 합의함으로써 계약의 효력이 소멸되는 것이다.

③ **기간의 만료에 의한 종료** : 무역계약에서 계약의 유효기간을 정해두고 있는 경우 당해 기간의 만료시 당사자 사이에 갱신의 합의가 없다면 계약기간의 만료시점에 계약은 종료된다.

④ **이행불능(Frustration)에 의한 해제** : 이행불능이란 매매 당사자의 고의나 과실 없이 발생한 후발적 사정으로 계약 목적이 좌절되는 것을 말한다.
매매 당사자의 고의·과실 없이 발생한 후발적 사정으로 계약이 해제됨에 따라 당사자가 추구했던 계약 목적이 좌절되는 법리로서, 당사자의 사망·목적물의 멸실·후발적 위법·사정의 본질적 변화 등의 경우 계약은 발생시점으로 소급되어 자동 소멸된다.

⑤ **계약 위반(Breach of Contract)에 의한 종료** : 계약 당사자의 책임 있는 사유로 인해 계약 내용을 이행하지 못한 경우 상대방은 계약해제의 의사표시를 하게 되고 계약은 소멸된다. 계약해제의 당사자는 손해배상 등의 책임을 져야 한다.

> **핵심포인트**
>
> **이행불능과 불가항력의 비교**
>
> 1. 의 의
>
> ① **이행불능(Frustration)** : 이행불능이란 매매 당사자의 고의나 과실 없이 발생한 후발적 사정으로 계약이 해제됨으로써 당사자가 추구했던 계약 목적이 좌절되는 법리를 말한다. 이행불능이 성립될 수 있는 경우는 당사자의 사망·목적물의 멸실·후발적 위법(법률 변경·수출입 금지조치) 등과 같은 사정의 본질적 변화에 기인한 경우가 해당된다.
>
> ② **불가항력(Force majeure)** : 당사자의 통제를 넘어서는 모든 사건을 의미하는 포괄적 개념으로 천재지변·전쟁, 파업·수출입봉쇄·나포 등과 같이 정부의 법적 또는 행정적 간섭 같은 인위적 사건들이 대부분이다.
>
> 2. 차이점
>
> 이행불능과 불가항력 모두 당사자의 귀책사유 없이 계약 이행이 불가능하다는 것은 공통점이다. 그러나 이행불능의 경우에는 계약 자체가 발생시점으로 소급되어 효력이 소멸되는 반면, 불가항력의 경우에는 자동적으로 계약이 해제되는 것이 아니며 계약 조건의 불이행에 따른 면책만 인정된다.

(3) 무역계약의 종료 효과

무역계약이 종료되면 당사자들은 계약관계로부터 벗어나게 되지만, 당해 계약과 관련된 채권·채무관계까지 면책되는 것은 아니다. 따라서 자신의 귀책사유로 인해 상대방에게 손해를 끼친 당사자는 이에 대한 손해배상의 의무를 여전히 부담해야 할 것이다.

2 계약의 위반과 구제

(1) 계약 위반의 의의

계약 위반(Breach of contract)이란 매매 당사자가 자신의 귀책사유로 인하여 계약의 내용대로 자신의 채무를 이행하지 않는 것을 말하는데, 채무불이행(Non-performance)이라고도 하며, 일방 당사자의 계약 위반은 당사자 사이에 분쟁이나 손해를 발생시킬 소지가 크다.

(2) 계약 위반의 유형

① 이행지체 : 채무자가 이행이 가능하고 이행기가 도래하였음에도 채무를 이행하지 않고 이를 태만히 하는 것을 말한다.
② 불완전이행 : 계약이 이행되었으나 품질 불량·수량 부족 등 그 이행이 계약 내용에 부합하지 못한 경우를 말한다.
③ 이행거절 : 당사자 일방이 계약이행 시기가 도래하여도 자기 의무를 이행할 의사가 없거나 이행이 불가능함을 표명한 것을 말한다.

(3) 구제(Remedy)

구제(Remedy)란 일방 당사자의 계약상 권리가 침해되는 경우 이러한 침해를 방지·시정·보상하려는 조치로서 손해배상청구, 계약이행·대금청구 등을 예로 들 수 있다. 구제수단들을 청구하는 구체적 행위를 클레임(Claim)이라 한다.

3 무역 클레임(Claim)

(1) 의 의

무역계약은 전술한 바와 같이 여러 가지 사유에 의해 종료된다. 대부분의 무역거래는 당사자 사이의 정당한 의무이행으로 소멸되지만, 이행불능과 계약 위반의 경우에는 양 당사자 사이의 손해의 구제에 대한 분쟁이 발생하게 되는데, 여기서 클레임이란 거래 당사자의 어느 일방이 계약 내용의 일부나 전부를 불이행하거나 불완전이행함으로써 발생되는 손해의 배상 혹은 어떤 행위의 이행을 상대방에게 청구하는 것을 말한다.
클레임을 제기하는 당사자를 Claimant, 피제기 당사자를 Claimee라 한다.

(2) 무역 클레임의 발생 원인

① 직접적 원인

㉠ 계약성립 관련 원인 : 청약과 승낙에 대한 내용·기간 등의 차이와 해석의 차이에 의해 클레임이 발생할 수 있다.

㉡ 계약서 내용 관련 원인 : 계약서의 내용이 불완전하거나 모호할 경우에는 클레임의 원인이 될 수 있으므로, 계약서를 작성할 때에는 모든 합의사항을 명확하게 기재하여야 한다.

㉢ 계약이행 관련 원인 : 선적 지연·품질 불량·수량 부족·포장 불량·결제 지연 등과 같이 계약 당사자가 계약 내용을 이행하지 않거나 불성실하게 이행하는 경우에도 클레임의 원인이 된다.

② 간접적 원인 : 이 밖에 언어의 차이, 상이한 관습 및 법률, 도량형의 차이 등으로 인해서도 클레임이 발생할 수 있다.

(3) 무역 클레임의 내용에 따른 분류

① 금전을 내용으로 하는 클레임

㉠ 손해배상청구 : 선적 불이행·계약 물품의 상이 등과 같은 사유로 발생한 손해를 금전으로 계산해 청구하는 것을 말한다.

㉡ 대금지급 거절 : 도착된 물품이 계약 물품과 상이할 때 또는 신용장에서 요구하는 조건과 제출하는 서류가 불일치할 때 대금지급을 거절할 수 있다.

㉢ 대금감액 청구 : 도착된 물품의 품질 불량·포장 불량 등의 사유로 계약 내용과 불일치하는 상품이 도착했을 때 상품대금의 감액을 요청할 수 있다.

㉣ 기대이익의 보상 : 당해 물품이 정상적으로 수입되어 판매되었을 경우 얻을 수 있었던 이익을 상실한 것에 대해 보상을 요구하는 것을 말한다.

② 금전 이외의 청구를 내용으로 하는 클레임

㉠ 상품 인수 거절 : 화물이 도착한 후 매수인이 그 상품의 품질상의 하자를 발견했을 때 그 화물의 전부 또는 일부의 인수를 거절할 수 있다.

㉡ 계약 이행 청구 : 계약의 불이행시 상대방에 대해 계약의 이행을 청구할 수 있다.

㉢ 대체품 청구 : 매수인이 도착 화물의 인수를 거절하고 선적지로 반송 후 계약 물품을 다시 선적하도록 하는 것을 말한다.

㉣ 잔여분의 계약해제 : 1차 도착 상품이 불량한 경우 클레임을 제기함과 동시에 미선적분에 대해서도 계약의 해제를 요청할 수 있다.

(4) 클레임의 성격에 따른 분류

① 일반적 클레임 : 매매 당사자 중 어느 일방의 과실이나 태만에 의해 계약이 완전히 이행되지 못하였을 때 발생되는 보통의 클레임이다.

② Market Claim : 상업적인 거래에 있어서 실질적인 손해가 없거나 극히 적음에도 불구하고 매도인의 경미한 과실을 구실로 하여 가격인하나 계약취소를 요구해 오는 클레임으로서, 시장 상황이 급격히 변동하여 자신에게 불리하게 작용하는 경우 이를 만회하기 위해 자주 발생한다.

③ 의도적 클레임(계획적 클레임) : 사전에 계획적으로 계약서나 신용장에 함정조항을 설정해 놓고 계약 후 시황이 자기에게 불리해질 경우 이를 악용하는 클레임을 말한다.

(5) 무역 클레임의 예방

클레임이 발생할 경우 당사자 사이에 우호적으로 해결하는 것도 중요하나, 더욱 중요한 것은 사전에 클레임을 예방하는 것이다. 따라서 매매 당사자는 계약 전에 상대방에 대한 철저한 신용조사를 거쳐야 하며, 계약서를 작성할 때 명료하고 정확한 조건을 기재하여 훗날 클레임으로 인해 서로가 피해를 보는 일이 없도록 해야 할 것이다.

4 무역 클레임의 해결 방안

(1) 개 요

클레임은 당사자 사이의 타협에 의해 우호적으로 해결하는 것이 가장 바람직하지만, 그렇지 못할 경우 불가피하게 제3자를 개입시켜 해결하게 된다.

(2) 당사자 간 해결

① 청구권 포기(Waiver of claim) 또는 단순 경고(Warning) : 클레임의 액수가 적거나 서로간의 장기적인 이익을 위해 분쟁을 회피하는 경우에 원래 의도했던 클레임을 포기하는 것을 말한다.

② 타협(Compromise)과 화해(Amicable settlement) : 당사자가 합리적인 선에서 타협점을 찾아 분쟁을 해결하는 우호적 해결방안으로서, 그 요건을 당사자가 서로 양보하여 분쟁을 종결하고, 그 뜻을 약정하는 것이다.

(3) 제3자 개입에 의한 해결

① 알선(Intermediation, Intercession, Recommendation) : 당사자의 일방 또는 쌍방이 공정한 제3자인 전문기관에 조언을 의뢰하여 그 조언에 당사자가 합의하면 분쟁이 해결된다. 그러나 법적 강제력이 없고, 당사자는 제3자의 알선에 응할 어떤 의무가 없으며, 또한 이를 거부할 수도 있기 때문에 그 실효성은 확실치 못하다.

② 조정(Mediation, Conciliation) : 양 당사자가 공정한 제3자를 조정인(Mediator)으로 선임하고, 조정인이 제시하는 조정안에 양 당사자가 합의함으로써 분쟁을 해결하는 방법을 말한다. 조정이 성립되면 중재판정과 동일한 효력이 있으나, 조정안은 구속력이 없기 때문에 한쪽이 거부하면 이루어지지 않는다.

③ **중재**(Arbitration) : 당사자가 공정한 제3자를 중재인(Arbitrator)으로 선정하여 그의 판정 (Awards)에 복종함으로써 최종적으로 분쟁을 해결하는, 민간인에 의한 자주적 분쟁해결 방법 이다. 중재판정은 강제성을 가지고 있으며, 그 효력은 법원의 확정판결과 동일하다. 중재의 장점으로는 신속한 분쟁해결·비용절감·비공개 진행 등을 들 수 있다.

④ **소송**(Litigation) : 소송은 국가 공권력인 법원의 판결에 의해 강제적으로 해결하는 방법이지 만, 그 판결은 외국에서의 승인 및 집행이 보장되지 않는다. 따라서 소송의 경우 피제기자가 거주하는 국가에서 소송을 제기해야 하는 불편함이 따른다.

TIP 소송과 중재의 비교

구분	소송	중재
비용	비교적 비싸다	비교적 저렴하다(합리적)
심리과정	공개주의 원칙	비공개주의 원칙
외국에서의 집행	어려움	가능
심급	통상 3심제	단심제

5 상사중재제도

(1) 의 의

상사중재란 상행위로 인해 발생하는 법률관계를 분쟁 당사자들의 신청에 의해 제3자를 중재인으 로 선정하고 중재인의 판정에 최종적으로 복종함으로써 분쟁을 해결하는 자주적 분쟁해결방식이 며, 이러한 중재를 구체적으로 이행하기 위해 입법화된 것이 상사중재제도이다.

(2) 상사중재계약(Arbitration Agreement)

① **의의** : 사법상의 법률관계에 관하여 당사자 사이에 현재 발생되어 있거나 장래에 발생할 분쟁 의 전부 또는 일부를 중재에 의해서 해결하도록 하는 합의이다.

② **요 건**
　㉠ 당사자 사이에 합의가 있어야 한다.
　㉡ 법원에 의한 재판을 받을 권리를 포기해야 한다. 즉, 직소금지(直訴禁止)의 원칙이 적용된다.
　㉢ 제3자인 중재인의 판정에 복종해야 한다.
　㉣ 민사 및 상사 분쟁에 국한된다.
　㉤ 중재계약은 반드시 서면으로 작성되어야 한다.

③ **형식** : 중재계약의 형식에는 매매계약서에 중재조항을 삽입하여 사전에 약정하는 방식과 매매 계약서상에는 중재조항을 삽입하지 아니하고 별도의 양식에 의거 독립계약서를 작성하는 방식 이 있다.

(3) 상사중재의 장단점

① 장 점

㉠ 단심제이므로 신속한 분쟁해결이 가능하다.

㉡ 신속히 분쟁을 해결할 수 있어서 비용과 시간이 절약된다.

㉢ 심문절차가 비공개로 진행되기 때문에 사업상의 비밀이나 회사의 명성을 유지할 수 있다.

㉣ 상호교섭과 자유로운 분위기 속에서 진행된다.

㉤ 국내적으로는 법원의 확정판결과 동일한 효력을 가지며, 국제적으로는 뉴욕협약에 가입한 회원국에서도 그 승인 및 집행을 보장해 주므로 소송보다 더 큰 효력이 있다.

㉥ 당사자의 자유의사에 의한 중재합의에 따라 자신이 선임하는 중재인의 판정에 복종한다.

㉦ 분쟁 당사자들은 상황에 맞는 전문가를 중재인으로 선택할 수 있다.

② 단 점

㉠ 판례가 없고 중재인의 판정기준이 중재인의 자의나 주관에 따라 좌우될 가능성이 있다.

㉡ 중재인은 사실문제에 대해서는 신속·정확하게 판단할 수 있으나, 법률문제에 있어서는 판단능력이 미흡하다.

㉢ 상소제도가 인정되지 않기 때문에 중재에 있어서는 판정을 번복할 만한 중대한 결함이 없는 한 불복신청이 인정되지 않는다.

㉣ 신속한 처리를 위해 정당한 통지 후엔 당사자가 불참해도 심리가 진행된다.

③ 중재인

㉠ 중재인은 해당분야 전문가인 민간인으로서 중재인 풀에서 합의에 의해 지정된다.

㉡ 중재인의 수는 당사자 간의 합의로 정하되, 합의가 없으면 3명으로 한다.

㉢ 당사자 간에 다른 합의가 없으면 중재인은 국적에 관계없이 선정될 수 있다.

㉣ 중재인은 자기가 내린 판결을 철회하거나 변경할 수 없다.

㉤ 중재인은 당사자의 대리인으로서 당사자의 이익을 옹호하여 절충식으로 판정하여 중재판정의 의미가 퇴색될 수도 있다.

(4) 중재판정(Award)

① 의의 : 중재인이 내리는 최종적 결정으로서, 양 당사자를 구속하기 때문에 공평하고 정당해야 하며, 중재계약의 범위 내에서 행해져야 한다.

② 효 력

㉠ 당사자 사이에서는 법원의 확정판결과 동일한 효력을 가지며, 단심제로 종결된다.

㉡ 「외국 중재판정의 승인 및 집행에 관한 UN 협약(United Nations Convention on the Recognition and Enforcement of Foreign Arbitral Awards 1958 ; New York Convention)」에 의해 회원국 사이에는 그 집행도 가능하다.

㉢ 중재인이라 하더라도 자기가 내린 중재판정을 철회하거나 변경할 수 없다.

(5) 외국 중재판정의 승인 및 집행에 관한 UN 협약(뉴욕 협약)

국제상사분쟁의 효율적 해결을 도모하고자 각국 사이의 외국 중재재판에 대한 상호분쟁의 해결방법으로 1958년 6월 10일 UN에서 「외국 중재판정의 승인 및 집행에 관한 UN 협약(United Nations Convention on the Recognition and Enforcement of Foreign Arbitral Awards 1958)」이 채택되었다. 우리나라는 1973년 5월 42번째로 가입하였다.

01 다음 중 국제무역에 관한 설명으로 옳지 않은 것은?

① 국제무역에서는 동일 화폐단위를 사용하므로 환율이 당해 거래에 영향을 미치지 않는다.

② 무역거래에서는 장거리 운송을 기반으로 하는 경우가 많다.

③ 수입상품에는 관세가 부과, 징수되므로 그만큼 가격 상승요인이 발생한다.

④ 무역거래에서는 기본적인 매매계약 이외에도 이에 부수되는 운송계약, 보험계약, 환계약, 기타 개별계약 등의 종속계약이 반드시 필요하게 된다.

⑤ 국제무역 거래에서는 정형화된 무역관습, 각종 무역관련 국제규칙이 필요하다.

[해설] ① 국제무역은 통화제도가 다른 국가들 간에 이루어지기 때문에 동일 화폐단위를 사용하는 국내거래와는 달리 환율이 거래에 큰 영향을 미친다.

02 다음에서 설명하고 있는 무역거래 형태는 무엇인가?

> 수출할 것을 목적으로 물품을 수입하여 제3국으로 수출하는 수출입을 말하는 것으로 수입한 물품을 가공을 거치지 아니하고 원형 그대로 수출하고, 수출액(FOB 가격)과 수입액의 차이를 수취하는 거래방식이다.

① 중개무역   ② 우회무역

③ OEM 방식   ④ 중계무역

⑤ BWT

[해설] ① **중개무역**(Merchandising trade) : 수출국과 수입국의 중간에서 제3국의 상인이 수출입을 중개함으로써 거래가 이루어지는 무역이다. 제3국의 상인은 당해 거래에 있어 거래당사자의 위치가 아닌 단순한 중개, 알선인에 불과하다.

② **우회무역**(Round-About trade) : 외환의 통제나 수입의 규제 또는 관세장벽의 회피를 위하여 제3국을 경유하는 형태의 무역을 말한다.

③ **OEM**(Original Equipment Manufacturing) **방식** : OEM 방식은 '주문자 상표에 의한 생산방식'이라고 불리며, 수입상으로부터 상품의 생산을 의뢰받아 생산된 상품에 수입상이 요구한 상표를 부착하여 인도하는 무역거래 방식이다.

정답 01 ① 02 ④

⑤ BWT(Bonded Warehouse Transaction) : BWT는 '보세창고도 거래'라고도 하는데, 수출자가 자기의 책임으로 수입국 내에 지사나 대리인을 지정하여 수입국 보세창고에 물품을 입고한 후 구매자를 물색하여 계약을 체결하고 현지에서 판매하는 방식이다. 주로 범용성 원자재나 선용품(船用品) 등의 거래에 이용되며, 매매계약 성립시까지는 수입자가 미확정적인 경우가 많다.

03 청약의 요건으로 옳지 않은 것은?

① 계약체결의 예비적 교섭으로 타인을 유인하여 자기에게 청약하도록 하는 청약의 유인이 있어야 한다.
② 계약을 체결하려는 제안이 있어야 한다.
③ 1인 또는 다수의 특정인에게 행해져야 한다.
④ 승낙이 있으면 그것에 구속된다는 의사를 나타낸 것이어야 한다.
⑤ 물품에 대한 명세(Description), 수량(Quantity), 가격(Price)의 3가지 조건이 명확해야 한다.

[해설] ① 청약의 유인은 청약의 요건이 아니다.

04 청약의 효력소멸사유로 옳지 않은 것은?

① 청약자의 승낙　　　　　② 피청약자의 거절
③ 반대청약　　　　　　　　④ 당사자의 사망
⑤ 시간(유효기간)의 경과

[해설] 청약의 효력소멸사유
㉠ 피청약자의 승낙(Acceptance)
㉡ 피청약자의 거절(Rejection)
㉢ 반대청약(Counter offer)
㉣ 청약의 철회(Withdrawal)
㉤ 청약의 취소(Revocation)
㉥ 당사자의 사망(Death)
㉦ 시간(유효기간)의 경과(Lapse of time)

정답 **03** ① **04** ①

05 청약자가 청약의 내용에 대한 승낙의 유효기간을 지정하고 그 기간 내에 피청약자의 승낙이 있으면 계약이행의무가 확정되는 청약으로서, 유효기간이 없더라도 확정적(Firm) 또는 취소불능(Irrevocable)이라는 표현이 있는 청약은 무엇인가?

① 교차청약　　　　　　　　　　② 확정청약
③ 불확정청약　　　　　　　　　　④ 무확약청약
⑤ 반대청약

해설　① **교차청약**(Cross offer) : 당사자들이 동일한 내용의 청약을 서로 행한 경우로서, 우리 민법은 인정하고 있지만 영미법에서는 인정하지 않고 있다.

③ **불확정청약**(Free offer) : 확정적 또는 취소불능이라는 문구가 없는 경우로서, 피청약자가 승낙을 하기 전까지는 청약자가 일방적으로 청약의 내용을 임의로 변경, 취소 또는 철회할 수 있다.

④ **무확약청약**(Offer without engagement) : 시황 조건부청약(Offer subject to market fluctuation)이라고도 하는데, 청약서에 제시된 가격이 미확정적이어서 시세변동에 따라 변경될 수 있도록 조건을 붙인 청약을 말한다.

⑤ **대응 또는 반대청약**(Counter offer) : 청약자의 청약에 대해 피청약자가 청약내용 중의 일부를 추가(additions), 제한(limitations) 또는 변경(modifications)하여 새로운 조건을 제의해 오는 청약을 말한다. 이러한 반대청약은 원청약에 대한 거절임과 동시에 새로운 확정청약으로 간주되기 때문에 청약에 대한 반대청약으로는 계약이 성립되지 않는다.

06 무역계약의 성립을 위한 유효한 승낙이 되기 위하여 갖추어야 하는 요건으로 옳지 않은 것은?

① 승낙은 청약의 내용과 완전 일치해야 한다.
② 승낙의 내용은 절대적이고 무조건적이어야 한다.
③ 승낙은 약정된(Specified) 기간 내 또는 합리적인(Reasonable) 기간 내에 해야 한다.
④ 피청약자 외에도 해당 무역계약과 관계있는 이해관계인은 승낙을 할 수 있다.
⑤ 승낙의 내용은 상대방에게 약정된 형식으로 통지되어야 한다.

해설　④ 피청약자만이 승낙을 할 수 있다.

07 국제물품매매계약에 관한 UN협약(비엔나협약, 1980)에 관한 설명으로 옳지 않은 것은?

① 동 협약은 경매에 의한 매매, 강제집행 또는 기타 법률상의 권한에 의한 매매 등의 국제매 매계약에는 적용이 배제된다.

② 청약은 그것이 취소불능한 것이라도 어떠한 거절의 통지가 청약자에게 도달한 때에는 그 효력이 상실된다.

③ 매수인이 물품을 인수한 당시와 실질적으로 동등한 상태의 물품을 반환할 수 없는 경우에 는 매수인의 계약해제권은 상실되나 매도인에 대한 대체품 인도청구권은 상실되지 않는다.

④ 매수인은 손해배상 이외의 구제를 구하는 권리행사로 인하여 손해배상을 청구할 수 있는 권리를 박탈당하지 아니한다.

⑤ 청약은 그것이 취소불능한 것이라도 그 철회가 청약의 도달 전 또는 그와 동시에 피청약자 에게 도달하는 경우에는 이를 철회할 수 있다.

해설 매수인이 물품을 수령한 상태와 실질적으로 동등한 물품을 반환하는 것이 불가능한 경우에는 매수인은 계 약의 해제를 선언하거나 매도인에게 대체품의 인도를 요구하는 권리를 상실한다.

08 무역계약의 품질조건에 관한 설명으로 옳지 않은 것은?

① Sales by Sample은 거래될 물품의 견본에 의하여 품질을 결정하는 방법이다.

② Rye Terms는 호밀(Rye)거래에서 사용되기 시작한 것으로 물품도착시 손상되어 있는 경우 그 손해를 매도인이 책임지는 양륙품질조건이다.

③ FAQ는 양륙지에서 해당 연도에 생산되는 동종의 수확물 가운데 평균적이며, 중등의 품질 을 표준으로 하여 거래물품의 품질을 결정하는 방법이다.

④ Sales by Specification은 기계류나 선박 등의 거래에서 거래대상 물품의 소재, 구조, 성능 등에 대해 상세한 명세서나 설명서 등에 의하여 품질을 결정하는 방법이다.

⑤ GMQ는 목재, 원목, 냉동어류 등과 같이 물품의 잠재적 하자나 내부의 부패상태를 알 수 없는 경우, 상관습에 비추어 수입지에서 판매가 가능한 상태일 것을 전제조건으로 하여 거 래물품의 품질을 결정하는 방법이다.

해설 ③은 양륙품질조건에 대한 설명이다.
FAQ는 당해 연도, 당해 지역에서 생산되는 동종물품 가운데 중등품질의 것을 인도하기로 약정하는 품질조 건을 말하며, 곡물거래와 선물거래시 주로 이용된다.

정답 **07** ③ **08** ③

09 매수인이 현품을 직접 확인한 후 매매계약을 체결하는 품질결정방식으로 BWT(Bonded Warehouse Transaction) 거래, COD(Cash on Delivery) 거래에서 주로 활용되고 있는 품질결정방식은?

① 명세서매매
② 점검매매
③ 견본매매
④ 표준품매매
⑤ 규격매매

[해설] ① **명세서매매**(Sale by description) : 대형기계류 등의 거래시에 그 물품의 구조나 성능 등에 대해 상세히 알려 주는 설명서(Description), 명세서(Specification), 설계도(Plan) 또는 청사진(Blueprint)을 첨부하여 품질조건을 약정하는 방법을 말한다.

③ **견본매매**(Sale by sample) : 견본매매란 매매의 당사자가 제시한 견본과 같은 품질의 물품을 인도하도록 약정하는 것을 말한다. 무역거래에서 가장 널리 이용되고 있는 방법이다.

④ **표준품매매**(Sale by standard) : 수확 예정인 농수산물이나 광물과 같은 1차산품의 경우에는, 공산품과는 달리 일정한 규격이 없기 때문에 특정 연도와 계절의 표준품을 기준으로 등급을 정하여 거래하게 된다. 여기서 표준품(Standard)이란 동종이질상품의 품질을 대표하는 상품의 소량을 말한다. 표준품매매에는 평균중등품질조건(FAQ), 판매적격품질조건(GMQ), 보통품질조건(USQ)이 있다.

⑤ **규격매매**(Sale by grade or type) : 상품의 규격이 국제적으로 통일되어 있거나 수출국의 공적 규정으로 특정되어 있는 경우 그 규격에 의해 물품을 결정하는 방법으로서, 대표적인 규격의 예로는 ISO (International Standardization Organization), KS(Korean Standard) 등이 있다.

10 화물의 분류를 용이하게 하고 취급시 주의사항을 나타내기 위하여 화물의 외장에 표시하는 화인의 내용으로 옳지 않은 것은?

① 주화인(Main mark) : 주화인은 다른 화물과의 식별을 용이하게 하기 위하여 일정한 기호로써 보통 외면에 삼각형, 다이아몬드형, 마름모, 타원형 등의 표시를 하고 그 안에 상호의 약자 등을 기재한다.

② 부화인(Counter mark) : 주화인만으로 다른 화물과의 구별이 어려울 때 주화인 아래에 화주의 약자를 표시하는 것을 말한다.

③ 도착항표시(Port mark) : 선적·양륙 작업을 용이하게 하고 화물이 잘못 배송되는 일이 없도록 목적지의 항구를 표시한 것이다.

④ 원산지표시(Country of origin mark) : 당해 화물의 원산지국을 표시한다.

⑤ 주의표시(Care mark, Side mark) : 화물의 운송 또는 보관시에 취급상 주의사항을 표시한다.

[해설] ② **부화인**(Counter mark) : 주화인만으로 다른 화물과의 구별이 어려울 때 주화인 아래에 생산자 또는 공급자의 약자를 표시하는 것을 말한다.

정답 **09** ② **10** ②

11 신용장통일규칙(UCP 600)에서의 일자 해석기준에 대한 설명으로 옳지 않은 것은?

① on or about은 '당해 일자 또는 그때쯤'이라는 뜻으로서, 초일 및 종료일을 포함하여 당해 일자의 5일 전부터 5일 후까지의 기간을 의미한다.

② to, until, till, from 및 between이 선적기간을 결정하기 위하여 사용되는 경우에는 언급된 일자를 포함하여 계산한다.

③ from 및 after가 환어음의 만기일을 결정하기 위하여 사용된 경우에는 언급된 일자를 포함하여 계산한다.

④ first half, second half는 각각 해당 월의 1일부터 15일까지, 16일부터 말일까지로 해석되며, 양쪽 일자가 포함된다.

⑤ before 및 after가 선적기간을 결정하기 위하여 사용되는 경우에는 언급된 일자를 제외한다.

[해설] ③ from 및 after가 환어음의 만기일을 결정하기 위하여 사용된 경우에는 언급된 일자를 제외한다.

12 무역거래에서의 대금결제 방식 중 하나로 수출자가 환어음을 발행하여 선적서류를 첨부한 후 추심은행을 통해 수입자에게 제시하여 물품대금을 지급받거나 환어음의 인수를 요구하는 결제방식은 무엇인가?

① 송금결제방식(Remittance basis)　　② 신용장방식(Letter of credit basis)

③ 추심(推尋)결제방식(Collection basis)　　④ 팩터링방식(Factoring basis)

⑤ 포피팅결제방식(Forfaiting basis)

[해설] 추심결제방식에 대한 설명이다.

13 Incoterms® 2020의 개정 내용에 관한 설명으로 옳지 않은 것은?

① FCA에서 본선적재 선하증권에 관한 옵션 규정을 신설하였다.

② FCA, DAP, DPU 및 DDP에서 매도인 또는 매수인 자신의 운송수단에 의한 운송을 허용하고 있다.

③ CIF규칙은 최대담보조건, CIP규칙은 최소담보조건으로 보험에 부보하도록 개정하였다.

④ 인코텀즈 규칙에 대한 사용지침(Guidance Note)을 설명문(Explanatory Note)으로 변경하여 구체화하였다.

⑤ 운송의무 및 보험비용 조항에 보안관련 요건을 삽입하였다.

[해설] INCOTEMRS 2020에서는 CIF규칙은 최소담보조건은 그대로이나, CIP규칙은 최대담보조건으로 보험에 부보하도록 개정하였다.

정답 **11** ③ **12** ③ **13** ③

14 Incoterms® 2020의 조건 중 복합운송에 사용할 수 있는 조건은?

① FAS 　　　　　　　　　　② CFR

③ CIP 　　　　　　　　　　④ FOB

⑤ CIF

[해설] CIP 조건은 모든 운송수단에서 사용가능하고, FOB, FAS, CFR, CIF 조건은 해상 운송 및 내수로 운송을 위해서만 사용할 수 있다.

15 다음에서 Incoterms® 2020 규칙이 다루고 있는 것을 모두 고른 것은?

> ㄱ. 관세의 부과
> ㄴ. 매도인과 매수인의 비용
> ㄷ. 매도인과 매수인의 위험
> ㄹ. 대금지급의 시기, 장소 및 방법
> ㅁ. 분쟁해결의 방법, 장소 또는 준거법

① ㄱ, ㄴ 　　　　　　　　　② ㄴ, ㄷ

③ ㄱ, ㄴ, ㄷ 　　　　　　　④ ㄱ, ㄹ, ㅁ

⑤ ㄴ, ㄷ, ㄹ, ㅁ

[해설] INCOTERMS는 매도인과 매수인의 인도, 비용, 위험을 다루고 있다. 물품의 소유권 이전, 관세부과, 대금지급 관련 규정, 분쟁해결 등에 대해서는 다루고 있지 않다.

16 다음 Incoterms에 대한 설명으로 옳지 않은 것은?

① Incoterms는 매매계약에 따른 계약의 위반과 계약당사자의 권리구제 등의 사항에 관하여는 다루지 아니한다.

② Incoterms는 그 자체가 국제적인 협약이나 조약과 같은 강제력을 갖는다.

③ Incoterms는 계약당사자들의 상호 합의에 따라 채택하여 적용할 수 있다.

④ Incoterms는 매매당사자의 권리·의무관계를 규정하고 있다.

⑤ Incoterms는 2020년도에 제8차 개정이 되었으며, 현재 11가지 정형거래조건으로 구성되어 있다.

[해설] ② Incoterms는 국제관습으로 강제력은 없다.

[정답] **14** ③ **15** ② **16** ②

17 Incoterms® 2020에서 각 조건의 물품에 대한 위험이전시기로 옳지 않은 것은?

① EXW : 매도인이 지정장소에서 매수인의 처분하에 두는 때

② DDP : 물품이 지정목적지에서 또는 지정목적지 내의 어떠한 지점이 합의된 경우에는 그러한 지점에서 수입통관 후 도착운송수단에 실어둔 채 양하준비된 상태로 매수인의 처분하에 놓인 때

③ FOB : 지정된 선적항에서 본선에 적재되는 때

④ CIF : 지정된 선적항에서 본선에 적재되는 때

⑤ FCA : 매도인이 지정한 운송인 또는 기타 당사자에게 물품을 인도한 때

해설 ⑤ **FCA조건의 위험이전** : 지정장소가 매도인의 영업구내인 경우 물품이 매수인이 마련한 운송수단에 적재된 때, 지정장소가 그 밖의 장소인 경우 물품이 매도인의 운송수단에 적재되어서 지정장소에 도착하고 매도인의 운송수단에 실린 채 양하준비된 상태로 매수인이 지정한 운송인이나 제3자의 처분하에 놓인 때

18 Incoterms® 2020의 FOB 조건과 CIF 조건에 관한 설명으로 옳지 않은 것은?

① CIF 조건에서 매도인은 물품을 본선상에 적재하여 인도하거나 이미 그렇게 인도된 물품을 조달함으로써 인도하여야 한다.

② FOB 조건에서 매수인은 수입허가 및 통과를 위하여 필요한 허가, 수입과 통과를 위한 보안통관 선적전검사 및 그 밖의 공적 인가와 같은 통과국 및 수입국에 의하여 부과되는 모든 절차를 수행하고 그에 관한 비용을 부담하여야 한다.

③ CIF 조건에서 특정한 거래에서 다른 합의나 관행이 없는 경우에 매도인은 자신의 비용으로 협회적하약관이나 그와 유사한 약관의 C-약관에서 제공하는 담보조건에 따른 적하보험을 취득하여야 한다.

④ FOB 조건에서 적용 가능한 경우에, 매수인은 물품의 수입에 부과되는 모든 관세, 세금, 기타 공과금과 수입통관비용 및 제3국을 통과하여 운송하는 데 드는 비용을 부담하여야 한다.

⑤ CIF 조건에서 매수인은 자신의 비용으로 통상적인 조건으로 운송계약을 체결하여야 하며, 매매물품의 품목을 운송하는 데 통상적으로 사용되는 종류의 선박으로 통상적인 항로로 운송해야 한다.

해설 ⑤ CIF 조건에서 운송계약은 매도인의 비용으로 통상적인 조건으로 체결되어야 하며 매매물품과 같은 종류의 물품을 운송하는 데 통상적으로 사용되는 종류의 선박으로 통상적인 항로로 운송하는 내용이어야 한다.

정답 **17** ⑤ **18** ⑤

19 Incoterms® 2020에서 각 규칙별 매수인의 의무조항으로 옳지 않은 것은?

① B1 General obligations ② B2 Delivery

③ B3 Transfer of risks ④ B4 Carriage

⑤ B5 Insurance

[해설] Incoterms® 2020에서의 당사자의 의무 중 B2의 매수인의 의무조항은 Taking delivery(인도의 수령)이다.

20 Incoterms® 2020의 정형거래조건 중 운송계약체결이 매수인의 의무인 조건은?

① DPU ② DAP

③ CPT ④ FCA

⑤ CIP

[해설] 운송계약체결이 매수인의 의무인 경우는 FCA, FAS, FOB 조건이다.

21 Incoterms® 2020의 내용이다. (   )에 들어갈 용어로 옳은 것은?

(ㄱ) means that the seller delivers the goods-and transfers the risk-to the buyer by handing them over to the carrier contracted by the seller or by procuring the goods so delivered. The (ㄴ) may do so by giving the carrier physical possession of the goods in the manner and at the place appropriate to the means of transport used.

① ㄱ : CPT, ㄴ : buyer ② ㄱ : CPT, ㄴ : seller

③ ㄱ : DDP, ㄴ : seller ④ ㄱ : CIP, ㄴ : buyer

⑤ ㄱ : DDP, ㄴ : buyer

[해설] CPT 조건은 매도인이 매도인과 계약을 체결한 운송인에게 물품을 교부함으로써 또는 그렇게 인도된 물품을 조달함으로써 매수인에게 물품을 인도하는 것을 – 그리고 위험을 이전하는 것을 – 의미한다. 매도인은 사용되는 운송수단에 적합한 방법으로 그에 적합한 장소에서 운송인에게 물품의 물리적 점유를 이전함으로써 물품을 인도할 수 있다.

정답 19 ② 20 ④ 21 ②

22 다음 Incoterms® 2020 무역거래조건 중 매도인이 수입통관절차를 밟아야 하는 것은?

① DPU ② CIP

③ EXW ④ DDP

⑤ FOB

> 해설 DDP조건은 매도인은 도착지까지 물품을 운송하는 데 필요한 모든 비용과 위험을 부담하며, 물품의 수출통관뿐 아니라 수입통관의 의무가 있으며, 수출과 수입을 위한 모든 관세 및 세관 절차 이행의 의무가 있다. DDP는 매도인에게 가장 최대 의무를 나타낸다.

23 다음 Incoterms® 2020에서 규정하는 무역거래조건은?

> The seller delivers the goods—and transfer risk— to the buyer when the goods, once unloaded from the arriving means of transport, are placed at the disposal of the buyer at a named place of destination or at the agreed point within that place, if any such point is agreed.

① FOB ② CIF

③ DPU ④ DDP

⑤ EXW

> 해설 ③ DPU 조건은 물품이 지정목적지에서 또는 지정목적지 내에 어떠한 지점이 합의된 경우에는 그 지점에서 도착운송수단으로부터 양하된 상태로 매수인의 처분하에 놓인 때 매도인이 매수인에게 물품을 인도하는 것을 – 그리고 위험을 이전하는 것을 – 의미한다.

24 Incoterms® 2020에서 각 규칙별 매도인과 매수인의 의무조항으로 옳지 않은 것은?

① A1 General obligations

② A4 Carriage

③ A7 Export/import clearance

④ A8 Checking/packaging/marking

⑤ A9 Notices

> 해설 Incoterms® 2020에서의 당사자의 의무 중 A9의 매도인의 의무조항은 Allocation of costs이다.

25 다음 설명에 해당하는 Incoterms® 2020의 무역거래조건은?

> Two locations are important: the place or point (if any) at which the goods are delivered (for the transfer of risk) and the place or point agreed as the destination of the goods (as the point to which the seller promises to contract for carriage).

① CIF
② FOB
③ CPT
④ DDP
⑤ DPU

해설 CPT 조건은 두 곳이 중요하다. 물품이 (위험이전을 위하여) 인도되는 장소 또는 지점(있는 경우)이 그 하나이고, 물품의 목적지로서 합의된 장소 또는 지점이 다른 하나이다(매도인은 이 지점까지 운송계약을 체결하기로 약속하기 때문이다).

26 서울에 소재하는 매도인 A가 프랑스 파리에 소재하는 매수인 B와 거래한다. 거래물품의 최종 도착지는 파리이고, 거래물품은 '서울 → 부산 → 로테르담 → 파리 경로'로 운송된다. 이 경우 로테르담에서 파리 구간의 운송계약과 운임을 매도인 A가 부담하게 되는 Incoterms® 2020 거래규칙은?

① EXW
② CFR
③ FOB
④ CPT
⑤ CIF

해설 CPT 조건은 어떠한 운송방식이 선택되는지를 불문하고 사용할 수 있고 둘 이상의 운송방식이 이용되는 경우에도 사용할 수 있다. CPT 조건은 매도인은 인도장소로부터, 그 인도장소에 합의된 인도지점이 있는 때에는 그 지점으로부터 지정목적지까지 또는 합의가 있는 때에는 그 지정목적지의 어느 지점까지 물품을 운송하는 계약을 체결하거나 조달하여야 한다. 운송계약은 매도인의 비용으로 통상적인 조건으로 체결되어야 하며 매매물품과 같은 종류의 물품을 운송하는 데 사용되는 통상적인 항로로 관행적인 방법으로 운송하는 내용이어야 한다.

정답 25 ③ 26 ④

27 Incoterms® 2020에서 FCA 조건의 특징에 관한 내용이다. (   ) 안에 들어갈 내용을 순서대로 바르게 나열한 것은?

> A sale under FCA can be concluded naming only the place of delivery, either at the (   ) premises or elsewhere, without specifying the precise point of delivery within that named place. However, the parties are well advised also to specify as clearly as possible the precise *point* within the named (   ).

① seller's – place of shipment

② buyer's – place of shipment

③ seller's or buyer's – place of delivery

④ buyer's – place of delivery

⑤ seller's – place of delivery

> [해설] FCA 매매는 지정장소 내에 정확한 인도지점을 명시하지 않고서 매도인의 영업구내나 그 밖의 장소 중에서 어느 하나를 단지 인도장소로 지정하여 체결될 수 있다. 그러나 당사자들은 지정인도장소 내에 정확한 지점도 가급적 명확하게 명시하는 것이 좋다.

28 Incoterms® 2020에서 DAP 규칙에 대한 내용이다. 괄호 안에 알맞은 것은?

> The (   ) (   ) to unload the goods from the arriving means of transportation. However, if the seller incurs costs under its contract of carriage related to unloading at the place of delivery/destination, the seller is not entitled to recover such costs separately from the buyer unless otherwise agreed between the parties.
> DAP requires the seller to clear the goods for export, where applicable. The parties intend the seller to clear the goods for import, pay any import duty or tax and carry out any import customs formalities, the parties might consider using (   ).

① seller – is not required – DDP

② seller – is required – DDP

③ seller – is not required – DPU

④ buyer – is required – DDP

⑤ buyer – is not required – DPU

해설 DAP 조건은 매도인은 도착운송수단으로부터 물품을 양하(unload)할 필요가 없다. 그러나 매도인이 자신의 운송계약상 인도장소/목적지에서 양하에 관하여 비용이 발생한 경우에 매도인은 당사간에 달리 합의되지 않는 한 그러한 비용을 매수인으로부터 별도로 상환받을 권리가 없다.
DAP에서는 해당되는 경우에 매도인이 물품의 수출통관을 하여야 한다. 물품의 수입통관을 하고 수입관세나 세금을 납부하고 수입통관절차를 수행하는 것을 매도인이 하도록 하고자 하는 경우에 당사자들은 DDP를 사용하는 것을 고려할 수 있다.

29 Incoterms® 2020 내용 중 (   ) 안에 들어갈 용어로 옳은 것은?

(ㄱ) **B6 Delivery/transport document** : If the parties have so agreed, the (ㄴ) must instruct the carrier to issue to the seller, at the buyer's cost and risk, a transport document stating that the goods have been loaded (such as a bill of lading with an onboard notation).

① ㄱ : FOB, ㄴ : seller
② ㄱ : FCA, ㄴ : buyer
③ ㄱ : CFR, ㄴ : seller
④ ㄱ : CIF, ㄴ : buyer
⑤ ㄱ : CIP, ㄴ : buyer

해설 FCA 조건은 당사자들이 합의한 경우에 매수인은 물품이 적재되었음을 기재한 (본선적재표기가 있는 선하증권과 같은) 운송서류를 자신의 비용과 위험으로 매도인에게 발행하도록 운송인에게 지시하여야 한다.

30 Incoterms® 2020에 대한 설명으로 옳은 것은?
① EXW 조건은 INCOTERMS상의 11개 인도조건 중 매도인의 최대의무(Maximum obligation) 부담조건이다.
② FCA 조건은 해상 및 내수로 운송에 사용가능한 조건이다.
③ CFR 조건은 모든 운송에 사용가능한 조건이다.
④ CIF 조건은 위험이 이전되고 비용은 다른 장소에서 이전되므로, 두 개의 분기점을 가지고 있다.
⑤ DDP 조건은 INCOTERMS상의 11개 인도조건 중 매도인의 최소의무(Minimum obligation) 부담조건이다.

정답 **29** ② **30** ④

해설 ① EXW 조건은 INCOTERMS상의 11개 인도조건 중 매도인의 최소의무(Minimum obligation) 부담조건이다.
② FCA 조건은 선택된 운송형태에 관계없이 사용 가능하며, 하나 이상의 운송방식이 사용되는 경우에도 사용될 수 있다.
③ CFR 조건은 복합운송에서는 사용될 수 없으며, 해상 및 내수로 운송에 사용 가능한 조건이다.
⑤ DDP 조건은 INCOTERMS상의 11개 인도조건 중 매도인의 최대의무(Maximum obligation) 부담조건이다.

31 Incoterms® 2020의 일부 내용이다. 다음 ( ) 안에 들어갈 용어로 옳은 것은?

( ) means that the seller delivers the goods—and transfers risk—to the buyer when the goods are placed at the disposal of the buyer on the arriving means of transport ready for unloading at the named place of destination or at the agreed point within that place, if any such point is agreed.

① Delivered at Place
② Delivered at Place Unloaded
③ Ex Works
④ Free on Board
⑤ Free Carrier

해설 DAP 조건은 물품이 지정목적지에서 또는 지정목적지 내에 어떠한 지점이 합의된 경우에는 그 지점에서 도착운송수단에 실어둔 채 양하준비된 상태로 매수인의 처분하에 놓인 때 매도인이 매수인에게 물품을 인도하는 것을—그리고 위험을 이전하는 것을—의미한다.

32 Incoterms® 2020에서 FOB 조건에 대한 설명으로 옳지 않은 것은?

① FOB는 선적항에서 물품인도를 조건으로 하는 선적지 매매조건이다.
② FOB는 매도인이 지정선적항에서 매수인이 지정한 선박에 적재하거나 또는 이미 그렇게 인도된 물품을 조달하여 매수인에게 인도하는 것을 의미한다.
③ FOB는 매도인이 운송계약을 체결할 의무를 부담한다.
④ FOB는 해상 및 내수로 운송에 사용가능한 조건이다.
⑤ FOB는 물품에 대한 위험이전의 분기점과 비용 부담의 분기점이 일치한다.

해설 FOB는 매수인이 운송계약을 체결할 의무를 부담한다.

정답 31 ① 32 ③

33 다음 Trade Term은 Incoterms® 2020 중 어느 조건을 설명하는 것인지 선택하시오.

> This term requires the seller to clear the goods for export, where applicable, as well as for import and to pay any import duty or to carry out any customs formalities.

① EXW   ② DPU

③ CIF   ④ DDP

⑤ FOB

[해설] DDP에서는 해당되는 경우에 매도인이 물품의 수출통관 및 수입통관을 하여야 하고 또한 수입관세를 납부하거나 모든 통관절차를 수행하여야 한다.

34 FOB 조건으로 한 수입가격이 1,000만 달러, 부산항까지 해상운임이 200만 달러, 부산에서 서울까지 육상운임이 100만 달러, 해상적하보험료가 50만 달러, 수입관세율이 8%, 부가가치세가 10%인 경우 관세와 부가가치세는 각각 얼마인가?

① 관세 80만 달러, 부가가치세 8만 달러

② 관세 80만 달러, 부가가치세 100만 달러

③ 관세 100만 달러, 부가가치세 10만 달러

④ 관세 100만 달러, 부가가치세 135만 달러

⑤ 관세 108만 달러, 부가가치세 130만 달러

[해설] 관세는 CIF 가격을 기준으로 하여 계산하므로 (수입가격 1,000만 달러 + 해상운임 200만 달러 + 해상적하보험료 50만 달러) × 8% = 100만 달러
부가가치세는 CIF 가격에 관세를 더하여 계산하므로 (수입가격 1,000만 달러 + 해상운임 200만 달러 + 해상적하보험료 50만 달러 + 관세 100만 달러) × 10% = 135만 달러

35 Incoterms® 2020에서 각 조건별로 규정된 비용의 이전시기로 옳지 않은 것은?

① CIP : 지정된 도착지까지의 운임

② CFR : 지정된 도착항까지의 운임

③ DAP : 도착지의 지정된 장소에서 운송수단상에서 매수인의 임의처분하에 적치된 때

④ FAS : 지정된 선적항에서 본선의 선측에 매수인의 임의처분하에 적치된 때

⑤ EWX : 매도인의 구내에서 매수인의 임의처분 상태로 적치된 때

[해설] CIP : 지정된 도착지까지의 운송비와 보험료

정답 **33** ④   **34** ④   **35** ①

36 Incoterms® 2020의 주요개정 사항 중의 하나이다. (   )에 들어갈 것으로 옳은 것은?

> The name of the rule (   ) has been changed to (   ), emphasising the reality that the place of destination could be any place and not only a "terminal". However, if that place is not in a terminal, the seller should make sure that the place where it intends to deliver the goods is a place where it is able to unload the goods.

① ㄱ : DAT, ㄴ : DPU

② ㄱ : DDT, ㄴ : DPU

③ ㄱ : DPU, ㄴ : DAT

④ ㄱ : CIF, ㄴ : CIP

⑤ ㄱ : FOB, ㄴ : FCA

> 해설 DAT 규칙의 명칭이 DPU(Delivered at Place Unloaded)로 변경되었고, 이는 "터미널" 뿐만 아니라 어떤 장소든지 목적지가 될 수 있는 현실을 강조하기 위함이다. 그러나 그러한 목적지가 터미널에 있지 않는 경우에 매도인은 자신이 물품을 인도하고자 하는 장소가 물품의 양하가 가능한 장소인지 꼭 확인하여야 한다.

37 환어음의 필수 기재사항에 대한 설명으로 옳지 않은 것은?

① 환어음의 상단에 'Bill of Exchange'란 문언을 표시하여 환어음임을 나타내어야 한다.

② 지급인에게 일정한 금액을 지급하라는 조건 없는 위탁 문언이 있어야 하며 'Pay to (수취인) The sum of (지급통화와 금액)'으로 표시한다.

③ 환어음의 금액을 지급받을 자인 수취인을 기명식으로 표시하여야 한다.

④ 환어음은 반드시 발행인의 서명 또는 기명날인이 있어야 효력이 발생한다.

⑤ 환어음이 발행된 날과 발행된 장소를 표시하여야 한다.

> 해설 환어음의 금액을 지급받을 자인 수취인을 표시하는 방법
> • 기명식 환어음 : pay to A bank
> • 지시식 환어음 : pay to the order of A bank(기명지시식), pay to A bank or order(선택지시식)
> • 소지인식 환어음 : pay to bearer

정답 **36** ① **37** ③

38 다음에서 설명하는 추심결제방식의 종류로 옳은 것은?

> 수출자가 물품 선적 후 수입자를 지급인으로 하는 일람출급환어음(Sight bill)을 발행하여 선하증권 등 운송서류를 첨부시켜 자기의 거래은행을 통하여 그 추심을 의뢰하게 되면, 추심은행이 이를 수입상에게 제시하여 환어음을 결제받아 대금을 지급받고 운송서류를 인도하는 거래방식

① 무화환추심(Clean collection)
② 화환추심(Documentary collection)
③ 지급인도조건(D/P)
④ 인수인도조건(D/A)
⑤ 서류상환방식(CAD)

해설 ① **무화환추심** : 상업서류를 첨부하지 않은 금융서류만의 추심
② **화환추심** : 상업서류를 첨부한 추심
④ **인수인도조건** : 수출자가 물품 선적 후 수입자를 지급인으로 하는 기한부어음(Usance bill)을 발행하여 선하증권 등 운송서류를 첨부시켜 자기의 거래은행을 통하여 그 추심을 의뢰하게 되면, 추심은행이 수입상으로부터 어음의 인수(Acceptance)를 받고 서류를 인도한 후 어음의 만기일에 대금을 수입상으로부터 지급받아 추심을 의뢰한 은행으로 송금하여 결제하는 방식

39 신용장 결제방식에 대한 설명으로 옳지 않은 것은?

① 신용장의 개설로 수출자는 은행으로부터 수출대금 회수를 보장받을 수 있다.
② 신용장은 매매 당사자 사이에 은행을 개입시켜 대금지급을 확약함으로써 대금지급의 불확실성을 제거할 수 있다.
③ 신용장은 직접적 지급 수단으로서 보통의 지급 수단처럼 자유롭게 유통될 수 있다.
④ 수입자는 신용장의 개설로 대금지급의무를 이행하는 대신에 신용장에 의해 계약상품의 입수를 보장받을 수 있다.
⑤ 신용장거래는 은행에 제출된 서류가 신용장 조건과 엄밀하게 일치된 경우에 대금이 지급된다.

해설 신용장은 직접적 지급 수단이 아닌 조건부 지급보증서에 불과하기 때문에 보통의 지급 수단처럼 자유롭게 유통될 수 없다.

40 다음에서 설명하는 있는 신용장의 종류는?

> 수출업자의 의뢰에 따라 외국환은행이 수출업자 앞으로 내도한 신용장을 견질로 하여 국내 제
> 조업자 또는 공급업자 앞으로 발행하는 신용장

① Sight L/C ② Local L/C
③ Usance L/C ④ Transferable L/C
⑤ Confirmed L/C

[해설] 내국신용장(Local L/C, Secondary L/C, Domestic L/C)에 대한 설명이다.

41 신용장거래에 관한 설명으로 옳은 것은?

① 신용장은 취소가능 혹은 불가능에 관한 아무런 표시가 없으면 취소가능한 것으로 간주한다.
② 신용장 당사자의 합의에 의해 신용장조건을 변경하는 경우, 조건변경의 부분승낙은 허용되
지 않으며 거절로 간주한다.
③ 선적일자의 표기에서 until, from, before, between은 당해 일자를 포함한다.
④ 신용장의 유효기일과 신용장에 규정된 선적기일이 지정된 은행의 휴업일에 해당하는 경우
두 기일 모두 다음 최초영업일까지 연장된다.
⑤ 신용장거래에서 은행은 무고장 운송서류만을 수리하므로 "무고장(clean)"이라는 단어가 운
송서류에 명확하게 표기되어야 한다.

[해설] ① 모든 신용장은 취소가능·불능 여부를 명백히 표시해야 하며, 명시가 없을 때에는 취소불능으로 간주
한다.
③ to', 'until', 'till', 'from', 'between'이라는 단어는 선적기간을 결정하기 위하여 사용되는 경우에는 언급된
당해 일자를 포함하며, 'before', 'after'라는 단어는 언급된 당해 일자를 제외한다.
④ 신용장의 유효기일이 은행의 휴업일에 해당하는 경우에는, 그 유효기일은 최초의 다음 은행영업일까지
연장되지만, 선적을 위한 최종일은 연장되지 아니한다.
⑤ 은행은 무고장 운송서류만을 수리한다. 무고장 운송서류는 물품 또는 그 포장에 하자 있는 상태를 명시
적으로 표시하는 조항 또는 단서를 기재하고 있지 아니한 것을 말한다. 신용장에서 그 운송서류가 무고
장 본선적재(Clean on board)이어야 한다는 요건을 가지는 경우에도 '무고장'이라는 단어는 운송서류상
에 보일 필요가 없다.

정답 **40** ② **41** ②

42 다음 신용장에 규정된 선하증권 조항 중 각 밑줄 친 부분에 관한 설명으로 옳지 않은 것은?

① FULL SET OF CLEAN ② ON BOARD OCEAN BILL OF LADING MADE OUT ③ TO THE ORDER OF ABC BANK MARKED ④ "FREIGHT COLLECT" AND ⑤ NOTIFY ACCOUNTEE

① 전통(全通)으로 구성된 선하증권을 의미한다.
② 본선적재 후 발행되는 선적선하증권을 의미한다.
③ 지시식 선하증권을 의미한다.
④ 이 경우 적용되는 Incoterms 2010의 규칙은 CFR 또는 CIF 규칙이다.
⑤ 착화통지처는 신용장 발행의뢰인이다.

[해설] CFR 또는 CIF 조건은 운임이 선불이므로 Freight Prepaid라고 표기한다.

43 신용장의 종류에 대한 설명으로 옳지 않은 것은?

① Transferable L/C란 신용장 상에 'Transferable'이라는 문구가 있어 최초의 수익자가 신용장 금액의 전부 또는 일부를 제3자에게 양도할 수 있도록 허용하고 있는 신용장이다.
② Confirmed L/C란 개설은행 이외의 제3의 은행이 수익자가 발행하는 환어음의 지급·인수·매입을 확약하고 있는 신용장을 말한다.
③ Usance L/C란 신용장에 의해서 발행되는 어음이 지급인에게 제시되면 즉시 그 어음대금을 지급받을 수 있도록 한 신용장을 말한다.
④ Packing L/C란 개설은행이 매입은행으로 하여금 수출상에게 선적 전에 일정한 조건으로 수출대금을 전대할 수 있도록 수권하는 문언을 신용장상에 기재하고 그 선수금의 상환을 확약한 신용장이다.
⑤ Payment by Installment L/C란 지급기한이 서로 다른 복수의 환어음을 요구하여 수회에 걸쳐 분할하여 지급이 이루어지도록 하는 신용장을 말한다.

[해설] ③ Usance L/C란 신용장에 의해서 발행되는 어음이 지급인에게 제시된 후 일정기간이 경과한 후에 지급받을 수 있도록 어음지급기일이 명시된 기한부어음을 발행할 수 있는 신용장을 말한다.

정답 **42** ④ **43** ③

44 화환신용장 통일규칙(UCP 600) 내용의 일부이다. 다음 (   ) 안에 들어갈 단어로 옳은 것은?

> The words "to", "until", "till", "(   )" and "between" when used to determine a period of shipment include the date or dates mentioned.

① after 　　　　　② before
③ prompt 　　　　④ from
⑤ immediately

〔해설〕 'to', 'until', 'till', 'from', 'between'이라는 단어는 선적기간을 결정하기 위하여 사용되는 경우에는 언급된 당해 일자를 포함한다.

45 신용장 거래의 당사자에 대한 설명으로 옳지 않은 것은?

① Issuing Bank : 개설은행이 지급, 인수 또는 매입을 확약한 취소불능신용장에 대하여 발행은행의 수권이나 요청에 따라 추가로 수익자에게 지급, 인수 또는 매입을 확약하는 은행을 말한다.
② Deferred Paying Bank : 수익자가 신용장에서 요구하는 서류를 제시할 때 개설은행이나 확인은행의 지시에 따라 수익자에게 만기일을 기재한 연지급확약서를 발급해 주는 은행으로서, 만기일에 환어음의 교부 없이 지급을 행하는 은행을 말한다.
③ Beneficiary : 신용장 개설의뢰인의 지시에 따라 개설은행이 발행한 신용장의 혜택을 받는 수출업자를 말한다.
④ Applicant : 매매계약의 당사자인 수입업자이며, 자기 거래은행에 신용장을 개설할 것을 의뢰하는 자를 말한다.
⑤ Negotiating Bank : 매입신용장이 발행된 경우 개설은행 앞으로 발행된 환어음이나 서류를 매입하도록 수권된 은행을 말한다.

〔해설〕 ①은 확인은행(Confirming)에 대한 설명이다.
Issuing Bank : 수입상의 거래은행으로서 개설의뢰인의 지시와 요청에 따라 수출상 앞으로 신용장을 개설하고 수출상이 발행하는 환어음에 대한 지급 등을 확약하는 은행으로서, 대금지급에 관한 주채무자를 말한다.

〔정답〕 **44** ④ **45** ①

46 신용장 통일규칙(UCP 600) 제2조 정의(Definitions)에서 다음 (   ) 안에 들어갈 내용을 순서대로 바르게 나열한 것은?

> (   ) means a day on which a bank is regularly open at the place at which an act subject to these rules is to be performed.
>
> (   ) means either the delivery of documents under a credit to the issuing bank or nominated bank or the documents so delivered.

① Caldender Day – Presentation
② Banking Day – Presentation
③ Caldender Day – Presenter
④ Banking Day – Presenter
⑤ Banking Day – Complying Presentation

[해설] 은행영업일이라 함은 이 규칙에 따라 업무가 이행되는 장소에서 은행이 정상적으로 영업을 하는 일자를 말한다.
제시라 함은 발행은행 또는 지정은행에게 신용장에 따른 서류를 인도하는 행위 또는 그렇게 인도된 서류를 말한다.

47 신용장 통일규칙(UCP 600)상 금액, 수량, 단가의 과부족에 대한 규정으로 옳지 않은 것은?

① 신용장에 명기된 신용장의 금액 또는 수량 또는 단가와 관련하여 사용된 약(About) 또는 대략(Approximately)이라는 단어는 이에 언급된 금액, 수량 또는 단가의 5%를 초과하지 아니하는 과부족을 허용하는 것으로 해석된다.
② 신용장이 명시된 포장단위 또는 개개의 품목의 개수로 수량을 명기하지 아니하고 어음발행의 총액이 신용장의 금액을 초과하지 아니하는 경우에는 물품수량이 5%를 초과하지 아니하는 과부족은 허용된다.
③ 분할선적이 허용되지 아니하는 경우에도 신용장 금액의 5%를 초과하지 아니하는 부족은 허용된다.
④ 물품의 수량이 신용장에 명기되어 있다면 전부 선적되어야 한다.
⑤ 단가가 신용장에 명기되어 있다면 감액되어서는 안 된다.

[해설] ① 신용장에 명기된 신용장의 금액 또는 수량 또는 단가와 관련하여 사용된 약(About) 또는 대략(Approximately)이라는 단어는 이에 언급된 금액, 수량 또는 단가의 10%를 초과하지 아니하는 과부족을 허용하는 것으로 해석된다.

정답 46 ② 47 ①

48 신용장 통일규칙(UCP 600)상 양도가능신용장(Transferable L/C)에 대한 설명으로 옳지 않은 것은?

① 양도가능신용장이란 '양도가능(transferable)'이라고 특별히 명기하고 있는 신용장을 말한다.

② 양도은행은 신용장을 양도하는 지정은행 또는 모든 은행에서 사용될 수 있는 신용장에 있어서는 발행은행에 의하여 양도하도록 특별히 수권되고 그 신용장을 양도하는 은행을 말한다.

③ 양도된 신용장은 양도은행에 의하여 제2수익자에게 사용될 수 있도록 되는 신용장을 말한다.

④ 양도를 이행할 때에 별도의 합의가 없는 한 양도와 관련하여 부담된 모든 비용, 이를 테면 수수료, 요금, 비용, 경비 등은 제1수익자에 의하여 지급되어야 한다.

⑤ 분할어음발행 또는 분할선적이 허용되는 한 신용장은 둘 이상의 제2수익자에게 분할양도될 수 없다.

해설 ⑤ 분할어음발행 또는 분할선적이 허용되는 한 신용장은 둘 이상의 제2수익자에게 분할양도될 수 있다.

49 신용장통일규칙(UCP 600) 제14조 서류심사 기준에 대한 설명으로 옳지 않은 것은?

① 지정에 따라 행동하는 지정은행, 확인은행(확인은행이 있는 경우) 및 발행은행은 서류가 문면상 일치하는 제시를 구성하는지 여부를 결정하기 위하여 서류만을 기초로 하여 그 제시를 심사하여야 한다.

② 지정에 따라 행동하는 지정은행, 확인은행(확인은행이 있는 경우) 및 발행은행은 제시가 일치하는지 여부를 결정하기 위하여 제시일의 다음날부터 최대 제5은행 영업일을 각각 가진다.

③ 서류상의 자료는 신용장, 그 서류 자체 및 국제표준은행 관행의 관점에서 검토하는 경우, 그 서류 기타 모든 명시된 서류 또는 신용장상의 자료와 동일할 필요는 없지만 이와 상충되어서는 아니 된다.

④ 제시되었지만 신용장에 의하여 요구되지 않은 서류는 무시되고 제시인에게 반송될 수 있다.

⑤ 서류는 신용장의 일자보다 이전의 일자로 기재되거나 그 서류의 제시일보다 늦은 일자로 기재될 수 있다.

해설 ⑤ 서류는 신용장의 일자보다 이전의 일자로 기재될 수 있으나, 그 서류의 제시일보다 늦은 일자가 기재되어서는 아니 된다.

정답 **48** ⑤ **49** ⑤

50 신용장통일규칙(UCP 600)에서 규정하고 있는 보험서류에 대한 내용으로 옳지 않은 것은?

① 보험서류가 1통 이상의 원본으로 발행되었다고 표시하고 있는 경우에는 1통의 원본이 제시 되어야 한다.

② 신용장은 요구된 보험의 종류를 명기하여야 하고, 만일 부보되어야 하는 부가위험이 있다 면 이것도 명기하여야 한다.

③ 보험서류는 모든 면책조항(Exclusion clause)의 참조를 포함할 수 있다.

④ 보험서류는 보험담보의 금액을 표시하여야 하고 신용장과 동일한 통화이어야 한다.

⑤ 보험서류는 적어도 위험이 신용장에 명기된 대로 수탁 또는 선적지와 양륙 또는 최종 목적 지 간에 담보되었음을 표시하여야 한다.

> [해설] ① 보험서류가 1통 이상의 원본으로 발행되었다고 표시하고 있는 경우에는 모든 원본이 제시되어야 한다.

51 신용장통일규칙(UCP 600)이 적용되는 신용장에서 항공운송서류를 요구할 때 그 서류가 갖추어야 할 요건이 아닌 것은?

① 신용장에 기재된 출발공항과 도착공항의 표시가 있어야 한다.

② 운송을 위해 물품을 수령했다는 표시가 있어야 한다.

③ 항공운송서류에는 서류의 발행일이 표시되어 있어야 한다.

④ 신용장이 운송서류의 원본 전부(full set)를 요구하더라도 수화인용 원본만 있으면 된다.

⑤ 운송인의 명칭(상호)을 표시하고 운송인 또는 그 대리인이 서명해야 한다.

> [해설] 신용장이 운송서류의 원본 전부(full set)를 요구하더라도 탁송인 또는 송하인용 원본이 있으면 된다.

52 신용장통일규칙(UCP 600)상의 양도가능 신용장에 관한 내용이다. (   ) 안에 들어갈 내용으로 옳지 않은 것은?

> The transferred credit must accurately reflect the terms and conditions of the credit, including confirmation, if any, with the exception of : (   ) any or all of which may be reduced or curtailed.

① the expiry date　　　　　　② the period for presentation

③ the latest shipment　　　　　④ given amount for shipment

⑤ any unit price stated therein

해설 given period for shipment

53 다음에서 설명하고 있는 결제방식으로 옳은 것은?

> 두 나라 또는 수출입거래 당사자가 일정기간 동안 거래를 지속하다가 쌍방의 수출입대금을 상계하고 나머지 잔금만을 결제하는 방식으로, 물품대금을 장부상에서 상쇄하고 일정기간마다 차액만을 정산하는 장부에 의한 결제방식이다.

① Forfaiting   ② Open Account
③ Factoring   ④ Collection
⑤ Payment in Advance

해설 청산결제방식에 대한 설명이다.

54 신용장통일규칙(UCP 600)상 은행의 면책에 대한 설명으로 옳지 않은 것은?

① 은행은 모든 서류의 형식, 충분성, 정확성, 진정성, 위조성, 또는 법적 효력에 대하여 또는 서류에 명시되거나 또는 이에 부가된 일반조건(General conditions) 또는 특별조건(Particular conditions)에 대하여 어떠한 의무 또는 책임도 부담하지 아니한다.

② 은행은 천재, 폭동, 소요, 반란, 전쟁, 테러행위에 의하거나 또는 동맹파업 또는 직장폐쇄에 의하거나 또는 기타 은행이 통제할 수 없는 원인에 의한 은행업무의 중단으로 인하여 발생하는 결과에 대하여 어떠한 의무 또는 책임도 부담하지 아니한다.

③ 은행은 모든 서류에 표시되어 있는 물품, 용역 또는 기타 이행의 명세, 수량, 중량, 품질, 상태, 포장, 인도, 가치, 또는 존재에 대하여 어떠한 의무 또는 책임도 부담하지 아니한다.

④ 은행은 전문용어의 번역 또는 해석상의 오류에 대하여 어떠한 의무 또는 책임도 부담하지 아니하며, 신용장의 용어를 번역하여 송달하여야 한다.

⑤ 은행은 그러한 통신문의 송달 또는 서신이나 서류의 인도 중에 지연, 분실, 훼손, 또는 기타 오류로 인하여 발생하는 결과에 대하여 어떠한 의무 또는 책임도 부담하지 아니한다.

해설 ④ 은행은 전문용어의 번역 또는 해석상의 오류에 대하여 어떠한 의무 또는 책임도 부담하지 아니하며, 신용장의 용어를 번역함이 없이 이를 송달할 수 있다.

55 수입화물은 이미 도착하였으나 운송서류가 도착하지 않았을 경우에 운송서류 도착 이전에 수입화물을 인도받기 위하여 수입상과 개설은행이 운송서류 도착시 선박회사에 제출할 것을 연대보증하여 선하증권의 원본 대신 제출하는 증서는 무엇인가?

① L/G
② C/O
③ D/O
④ T/R
⑤ L/I

[해설] 수입화물 선취보증(Letter of Guarantee)

56 해상보험의 법률적 성질에 대한 설명으로 옳지 않은 것은?

① 낙성계약
② 쌍무계약
③ 요식계약
④ 최대선의계약
⑤ 사행계약

[해설] 해상보험은 불요식계약이다.

57 Trust Receipt에 대한 설명으로 옳지 않은 것은?

① 수입상이 어음대금을 결제하기 전이라도 수입화물을 처분할 수 있도록 하는 동시에, 개설은행은 그 화물에 대하여 담보권을 상실하지 않도록 하는 제도이다.
② 신탁계약의 일종으로서, 은행은 신탁공여자가 되고 수입상은 신탁수혜자가 된다.
③ 수입화물에 대한 소유권은 은행이 보유하나 점유권 및 처분권은 수입상이 보유한다.
④ 수입상으로부터 당해 화물을 입수한 자는 선의의 제3자가 되므로 은행은 제3자에게 대항할 권리가 있다.
⑤ 수입상은 T/R을 이용하여 수입화물을 적기에 판매함으로써 손해 방지가 가능하다.

[해설] 수입상으로부터 당해 화물을 입수한 자는 선의의 제3자가 되므로 은행은 제3자에게 대항할 권리가 없다.

정답 55 ① 56 ③ 57 ④

58 해상보험에 대한 설명으로 옳지 않은 것은?

① 보험계약자는 보험계약 체결 전에 자기가 알고 있는 일체의 중요한 사항을 보험자에게 알려야 할 고지의무가 있다.

② 피보험자가 담보조건을 위반하였을 경우에는 그 시점부터 보험계약은 자동적으로 무효가 된다.

③ 묵시담보란 당사자 간의 합의에 의하여 보험증권사에 담보의 구체적인 내용이 문언으로 기재되어 있거나, 담보의 내용이 별도로 인쇄된 서류가 보험증권상에 첨부되어 있는 담보를 말한다.

④ 보험자가 보상해 주는 손해는 반드시 보험증권상에 담보된 위험이거나 그 위험에 근인하여 발생해야 한다는 근인주의 원칙이 적용된다.

⑤ 보험계약 체결 전에 발생한 손해일지라도 계약 당사자 간 계약 체결시 그 발생 여부에 대해 알지 못했다면 유효한 것으로 해석되어 보험자가 그 위험을 부담한다.

[해설] 묵시담보란 법률상의 확정에 의한 담보로 보험증권 상에 명시되어 있지 않으나 피보험자가 묵시적으로 제약을 받지 않으면 안 될 조건으로 법적으로 계약서에 포함되어 있다고 간주하는 담보를 말한다.

59 다음 (　　　) 안에 들어갈 말로 옳은 것은?

> 보험금액이란 손해 발생시 보험자가 부담하는 보상책임의 최고 한도액이며 보험계약 체결시 보험자와 피보험자 간에 약정한 금액으로서, 통상 (　　　　　　　　　　　)를 추가한다.

① CIF 또는 CIP 가액에 5%

② CIF 또는 CIP 가액에 10%

③ CIF 또는 CIP 가액에 20%

④ FOB 또는 FAS 가액에 5%

⑤ FOB 또는 FAS 가액에 10%

[해설] **보험금액**(Insured amount) : 손해 발생시 보험자가 부담하는 보상책임의 최고 한도액이며 보험계약 체결시 보험자와 피보험자 간에 약정한 금액으로서, 통상 CIF 또는 CIP 가액에 10%를 추가한다. 그러나 손해방지 비용은 보험금액과 관계없이 별도로 취급하여 보상한다.

정답 **58** ③ **59** ②

60 다음 해상보험에 관한 설명 중 옳지 않은 것은?

① Total Loss Only란 보험목적물이 전부 멸실 또는 손실되었을 경우에 한해서 담보책임을 지는 조건이다.

② Abandonment와 관련된 손해는 Constructive Total Loss이다.

③ 공동해손의 정산기준은 국제규칙인 York-Antwerp Rules이다.

④ 신협회적하약관상 가장 제한적인 담보조건은 ICC(A) 조건이다.

⑤ 보험목적물이 실질적으로 멸실되었거나, 성질의 상실로 인한 가치가 완전히 상실되었을 경우 Actual Total Loss로 간주한다.

해설 ④ 신협회적하약관상 가장 제한적인 담보조건은 ICC(C) 조건이다.

61 Lloyd's S.G. Policy상의 위험약관상 해상고유의 위험으로 옳지 않은 것은?

① 선장 및 선원의 악행(Barratry)

② 침몰(Sinking) : 선박이 부력 및 선행능력을 상실하고 선체의 대부분이 수중에 가라앉는 것

③ 악천후(Heavy Weather)

④ 행방불명(Missing)

⑤ 충돌(Collision) : 다른 선박이나 타물과의 접촉

해설 해상고유의 위험은 침몰, 좌초, 충돌, 악천후, 행방불명이며, 선장 및 선원의 악행(Barratry)은 해상위험이다.

62 해상보험에 관한 설명으로 옳지 않은 것은?

① 해상적하보험에는 구협회적하약관(Old Institute Cargo Clause)과 신협회적하약관(New Institute Cargo Clause) 등이 있다.

② 소손해 면책약관(Franchise)은 경미하게 발생한 손해에 대하여는 보험자가 보상하지 않도록 규정한 특별약관이다.

③ 담보위험(Risks covered)이란 보험자가 부담하는 위험으로, 당해 위험으로 발생한 손해에 대하여 보험자가 보상하기로 약속하는 위험을 말한다.

④ 피보험이익(Insurable interest)이란 피보험자가 실제로 보험에 가입한 금액으로 손해발생 시 보험자가 부담하는 보상책임의 최고액을 말한다.

⑤ 공동해손(General average)이란 보험목적물이 공동의 안전을 위하여 희생되었을 때, 이해관계자가 공동으로 그 손해액을 분담하는 손해를 말한다.

정답 60 ④ 61 ① 62 ④

> [해설] ④는 보험금액에 대한 설명이다.
> **보험금액** : 피보험자가 실제로 보험에 가입한 금액으로 손해발생시 보험자가 부담하는 보상책임의 최고액을 말한다.
> **피보험이익** : 피보험목적물에 대하여 특정인이 갖는 경제상의 이해관계, 즉 보험목적물에 대해서 특정인이 보험계약을 체결할 수 있고 이로 인해 불확실한 미래의 사고로부터 재산상의 손실을 보상받을 수 있는 이익을 말한다.

63 다음에서 설명하고 있는 것은 무엇인가?

> 보험의 목적물에 대한 추정전손의 경우 피보험자가 보험금액의 전부를 청구하기 위해 보험목적물에 잔존하는 피보험자의 일체의 이익과 소유권에 기인한 일체의 권리를 보험자에게 이전시키는 것

① 대 위   ② 피보험이익
③ 위 부   ④ 공동해손분담금
⑤ 현실전손

> [해설]
> ① **대위** : 보험자가 피보험자에게 보험금을 지급한 경우 피보험목적물에 대한 일체의 권리와 손해 발생에 과실이 있는 제3자에 대한 구상권 등을 승계하게 되는 것을 말한다. 위부는 추정전손의 경우에만 적용되지만, 대위는 전손과 분손 모두의 경우에 적용된다.
> ④ **공동해손분담금**(General average contribution) : 공동해손행위에 의해 구조된 모든 재산은 항해 종료시에 공동해손에 의해 이익을 얻은 이해관계자가 그 손해액을 공평하게 분담하게 되는데, 이때 분담하는 금액을 말한다.
> ⑤ **현실전손**(Actual total loss, Absolute total loss) : 보험의 목적물이 현실적으로 전멸된 경우를 말한다. 선박이나 화물의 실질적 멸실, 지배력의 상실, 선박의 행방불명, 본래 목적의 상실 등이 현실전손의 사유에 포함된다.

64 해상보험계약의 용어 설명으로 옳지 않은 것은?

① Warranty란 보험계약자(피보험자)가 반드시 지켜야 할 약속을 말한다.
② Duty of disclosure란 피보험자 등이 보험자에게 보험계약 체결에 영향을 줄 수 있는 모든 중요한 사실을 알려 주어야 할 의무를 말한다.
③ Insurable interest란 피보험자가 보험의 목적물에 대하여 가지는 권리 또는 이익으로 피보험자와 보험의 목적과의 경제적 이해관계를 말한다.
④ Duration of insurance란 보험자의 위험부담책임이 시작되는 때로부터 종료될 때까지의 기간을 말한다.
⑤ Insured amount란 피보험위험으로 인하여 발생한 손해를 보험자로부터 보상받는 대가로 보험계약자가 보험자에게 지급하는 수수료를 말한다.

> **해설** 보험금액(Insured Amount)이란 피보험자가 실제로 보험에 가입한 금액으로서 손해발생 시 보험자가 부담하는 보상책임의 최고한도액은 보험금액이다.
> 피보험위험으로 인하여 발생한 손해를 보험자로부터 보상받는 대가로 보험계약자가 보험자에게 지급하는 수수료는 보험료(Premium)이다.

65 해상보험 용어에 관한 설명으로 옳지 않은 것은?

① 위부(Abandonment)는 피보험 목적물을 전손으로 추정하도록 하기 위하여 잔존물의 소유권과 제3자에 대한 배상청구권을 보험자에게 양도하는 것이다.

② 대위(Subrogation)는 피보험자가 보험자로부터 손해보상을 받으면 피보험자가 보험의 목적이나 제3자에 대하여 가지는 권리를 보험자에게 당연히 이전시키도록 하는 것이다.

③ 보험료(Premium)는 보험계약을 체결할 때 보험계약자가 위험을 전가하기 위해 지불하는 금액을 말한다.

④ 특별비용(Particular Charge)은 피보험 목적물의 안전, 보존을 위하여 피보험자 또는 대리인에 의하여 지출된 비용으로 공동해손비용과 구조비 이외의 비용이다.

⑤ 공동보험(Coinsurance)은 피보험이익 및 위험에 관해 복수의 보험계약이 존재하며 그 보험금액의 합계액이 보험가액을 초과하는 경우이다.

> **해설** ⑤ 중복보험에 대한 설명이다.
> 중복보험이란 피보험이익 및 위험에 관해 복수의 보험계약이 존재하며 그 보험금액의 합계액이 보험가액을 초과하는 것을 말한다.

66 다음의 해상손해의 종류 중 비용손해에 해당하는 것끼리 묶인 것은?

① 구조비, 현실전손, 단독해손

② 손해방지비용, 특별비용, 공동해손

③ 현실전손, 추정전손, 단독해손

④ 구조비, 손해방지비용, 특별비용

⑤ 현실전손, 손해방지비용, 공동해손

> **해설** • 물적손해 : 현실전손, 추정전손, 단독해손, 공동해손
> • 비용손해 : 구조료, 특별비용, 손해방지비용 등

67 해상손해와 관련된 설명으로 옳지 않은 것은?

① Salvage Charge는 해난에 봉착한 재산에 발생할 가능성 있는 손해를 방지하기 위하여 자발적으로 화물을 구조한 자에게 「해상법」에 의하여 지불하는 보수이다.

② Subrogation은 피보험자가 전손보험금을 청구하기 위해서 피보험목적물의 잔존가치와 제3자에 대한 구상권 등 일체의 권리를 보험자에게 넘기는 행위이다.

③ Sue and Labor Charge는 보험목적의 손해를 방지 또는 경감하기 위하여 피보험자 또는 그의 사용인 및 대리인이 지출한 비용을 말한다.

④ Constructive Total Loss는 보험의 목적인 화물의 전멸이 추정되는 경우의 손해를 말한다.

⑤ Abandonment는 Constructive Total Loss의 경우에 적용된다.

> **[해설]** Subrogation은 보험자가 피보험자에게 보험금을 지급한 경우 피보험목적물에 대한 일체의 권리와 손해 발생에 과실이 있는 제3자에 대한 구상권 등을 승계하게 되는 것을 말한다.

68 대위(Subrogation)에 대한 설명으로 옳지 않은 것은?

① 보험자가 피보험자에게 보험금을 지급한 경우 피보험목적물에 대한 일체의 권리와 손해 발생에 과실이 있는 제3자에 대한 구상권 등을 승계하게 되는 것을 말한다.

② 대위는 전손의 경우에만 적용된다.

③ 또 다른 보험자로부터 보상금을 지급받거나 또는 귀책사유가 있는 자로부터 2중으로 손해배상을 받는 일이 없도록 하기 위한 목적이다.

④ 잔존물 대위 : 보험자가 보험금 전액을 지불하였을 경우 잔존물에 관해 피보험자가 보유하고 있던 모든 권리를 취득하는 것을 말한다.

⑤ 구상권 대위 : 보험사고가 제3자에 의해 발생한 경우 피보험자에게 지급한 손해배상 한도 내에서 보험자가 피보험자의 제3자에 대한 권리를 승계받는 것을 말한다.

> **[해설]** 대위는 전손과 분손 모두의 경우에 적용된다.

69 신협회적하약관 ICC(C)에서 보험자가 담보하는 위험이 아닌 것은?

① 투 하   ② 갑판 유실
③ 공동해손의 희생   ④ 선박·부선·운송용구의 타물과의 충돌·접촉
⑤ 조난항에서의 화물의 양화

> **[해설]** 갑판 유실은 ICC(A), ICC(B)에서 담보한다.

정답 67 ② 68 ② 69 ②

70 **무역분쟁해결 방법에 관한 설명으로 옳지 않은 것은?**

① ADR(Alternative Dispute Resolution)에는 타협, 조정, 중재가 있다.

② 중재판정은 당사자 간에 있어서 법원의 확정판결과 동일한 효력을 가진다.

③ 소송은 국가기관인 법원의 판결에 의하여 분쟁을 강제적으로 해결하는 방법이다.

④ 뉴욕협약(1958)에 가입한 국가 간에는 중재판정의 승인 및 집행이 보장된다.

⑤ 상사중재의 심리절차는 비공개로 진행되므로, 기업의 영업상 비밀이 누설되지 않는다.

> **해설** 무역분쟁의 해결에 이용되는 ADR(Alternative Dispute Resolution)에는 알선, 조정, 중재가 있다.

71 **국제상사분쟁해결에 관한 설명으로 옳지 않은 것은?**

① 중재는 심문절차나 그 판정문에 대해 비공개 원칙을 견지하고 있다.

② '외국중재판정의 승인과 집행에 관한 UN협약(뉴욕협약, 1958)'에 가입된 회원국가 간에 내려진 중재판정은 상대국에 그 효력을 미칠 수 있다.

③ 당사자에 의한 무역클레임 해결방법에는 클레임 포기, 화해 등이 있고, 제3자에 의한 해결방법으로는 알선, 조정, 중재, 소송 등이 있다.

④ 중재를 통한 분쟁해결은 계약체결시 당사자 간의 중재합의에 의해 할 수 있지만, 분쟁이 발생한 후에는 당사자가 합의를 하더라도 중재로 분쟁을 해결할 수 없다.

⑤ 중재는 단심제이고 한 번 내려진 중재판정은 중재 절차에 하자가 없는 한 확정력을 갖는다.

> **해설** 중재를 통한 분쟁해결은 계약체결시 당사자 간의 중재합의에 의해 할 수 있고, 분쟁이 발생한 후에는 당사자가 합의를 하더라도 중재로 분쟁을 해결할 수 있다.

72 **상사중재에 대한 요건으로 옳지 않은 것은?**

① 당사자 사이에 합의가 있어야 한다.

② 법원에 의한 재판을 받을 수 있다.

③ 제3자인 중재인의 판정에 복종해야 한다.

④ 민사 및 상사 분쟁에 국한된다.

⑤ 중재계약은 반드시 서면으로 작성되어야 한다.

> **해설** 법원에 의한 재판을 받을 권리를 포기해야 한다.

정답 70 ① 71 ④ 72 ②

73 **국제물류분쟁을 해결하는 방법 중 상사중재에 관한 설명으로 옳은 것은?**

① 뉴욕협약에 가입된 국가 간에는 중재판정의 승인 및 집행을 보장받는다.

② 중재는 2심·3심에서 항소·상고가 가능하다.

③ 중재는 원칙적으로 공개적으로 진행된다.

④ 중재는 법원의 확정판결과 동일한 효력이 없다.

⑤ 중재는 소송에 비해 분쟁해결에 시간과 비용이 많이 든다.

해설 ② 중재는 단심제이다.
　　　③ 중재는 원칙적으로 비공개로 진행된다.
　　　④ 중재는 법원의 확정판결과 동일한 효력이 있다.
　　　⑤ 중재는 소송에 비해 분쟁해결에 시간과 비용이 줄어든다.

74 **무역클레임 해결방법과 상사중재에 관한 설명으로 옳지 않은 것은?**

① 알선은 제3자가 개입하여 해결하는 방법으로 법적 구속력은 없다.

② 소송은 공개주의가 원칙이고, 중재는 비공개주의가 원칙이다.

③ 중재조항에는 준거법, 중재기관, 중재인이 포함되어야 한다.

④ 중재판정은 법원의 확정판결과 동일한 효력을 가진다.

⑤ 중재는 단심제이다.

해설 준거법, 중재지, 중재기관이 포함되어야 한다.

정답 **73** ①　**74** ③

PART 02

국제물류운송

물류관리사

CHAPTER 04

국제육상운송

01 육상운송

1 국제도로운송

(1) 개요 및 특징

국제도로운송은 물품을 육로를 이용하여 서로 다른 국가 간의 특정 장소로 국제도로 운송조약에 따라 운송하는 것을 말한다. 일반적으로 트럭에 의한 도로운송이 이루어지는데, 차량 자체의 기술과 컨테이너를 이용한 화물의 단위화 등 운송시스템이 효율적으로 발전되고 있다.

국제도로운송은 최초 투자액의 규모가 작고, 소액의 자본으로 운영이 가능하고, 출발 또는 도착시간 등 운송스케줄의 조정이 용이하며, 소량화물운송이나 단거리운송에 효과적이다. 육상운송은 해상운송 등의 보조수단으로 주로 사용되며, "Door to door" 서비스가 가능하고, 화물의 인수 및 분배과정도 편리하다.

그러나 벌크화물과 같은 중량화물 운송이 다소 불편하고, 연료소모량이 많으며, 적재량에 한계가 있다는 단점이 있다. 또한 장거리 운송시 비용이 많이 든다.

(2) 국제도로 운송수단

① **일반트럭** : 1톤 미만의 소형트럭부터 12톤까지의 대형트럭 등이 있으며 소량화물에 적합하다.
② **트레일러** : 트레일러는 자체동력이 없으므로 트랙터에 견인되어 화물운송에 이용된다.
③ **전용특장차** : 자동차에 기계를 설치하여 하역 등 여러 작업을 할 수 있는 차량으로 냉동차, 행거차, 탱크로리, 콘크리트믹서차 등이 있다.

2 국제철도운송

(1) 개요 및 특징

국제철도운송은 물품을 철도차량을 이용하여 서로 다른 국가 또는 대륙구간으로 운송함으로써 해상과 육상 사이에서 교량적 역할을 주로 피기 백(Piggy-back)방식에 의해 담당하고 있다.

국제철도운송은 연료비와 운송비용이 저렴하고 장거리 또는 대량화물 운송이 용이하며 서비스의 신뢰성이 높다는 장점이 있다.

그러나 철도시설과 터미널설비를 위한 거액의 건설비용이 필요하고 Door to door 서비스가 곤란하며 도로운송에 비해 운송시간, 운송배차 등에서 탄력성이 떨어진다.

> **TIP** 용어의 정의
>
> 피기 백(Piggy-back)방식 : 출입문 → 도로 → 철도 → 도로 → 출입문과 같은 경로로 수송되는 화물을 옮겨 싣는 일이 없이 송하인에서 수하인까지 운반하기 위해 화물을 적재한 트레일러를 철도화차에 실어 수송하는 방식이다.

(2) 국제철도 운송수단

① 기관차 : 연료를 이용하여 동력을 발생시키는 원동기로 화차를 견인할 수 있도록 제작된 철도 차량이다.

② 컨테이너 적재용 화차 : 컨테이너를 적재할 수 있는 차량으로 용도 또는 컨테이너 적재방식 등에 따라 무개화차, 이단적화차, 컨테이너화차, 천장개방화차, 박스화차 등으로 구분할 수 있다.

> **TIP** 철도차량 컨테이너 하역방식
>
> 1. Ramp point without crane
>   하역시설이 없으므로 동력장치가 있는 트레일러 헤드로 밴 트레일러를 견인하거나 트랙터로 컨테이너 샷시를 하역하는 방식이다.
> 2. Ramp point with crane
>   크레인, 트레일러, Piggy-backer 등이 장치되어 있는 역에서 트레일러 없이 컨테이너를 화차에 하역하는 방식이다.

(3) 유라시아(EU - Asia)철도 협력사업의 증대

① TCR(Trans China Railroad, 중국 횡단철도)

TCR은 중국대륙을 관통하는 철도로서 중국의 연운항, 서안, 난주, 우름치, 알라산쿠를 잇는 총연장 4,018km의 철도이다. 시베리아횡단철도(Trans Siberian Railroad ; TSR)와 연결되어 극동과 유럽을 잇는 철도망을 형성하고 있다. 남북한 철도연결사업이 성공적으로 완료되면 일본-한국-중국-유럽을 잇는 실크로드가 열리게 된다.

② TSR(Trans Siberian Railway, 시베리아 횡단철도)

TSR은 러시아의 모스크바에서 시작해 시베리아 대륙을 가로질러 극동의 블라디보스토크를 연결하는 총길이 9,288km인 세계에서 가장 긴 철도이다.

㉠ 장 점

ⓐ 부산에서 로테르담까지의 운송거리가 수에즈운하를 경유하는 올 워터 서비스(All Water Service)에 비해 단축될 수 있다.

ⓑ 우즈베키스탄, 투르크메니스탄 등 항만이 없는 내륙국가와의 국제운송에도 유용하다.

㉡ 단 점

ⓐ 극동지역과 유럽 간의 대외교역 불균형에 따른 컨테이너 수급문제와 동절기인 결빙문제가 발전에 걸림돌이 되고 있다.

ⓑ 한국·중국·유럽은 두 레일의 간격인 궤간이 1435mm인 표준궤, 러시아 철도는 1520mm 인 광궤를 사용하므로 러시아를 거쳐 유럽까지 가려면 국가마다 다른 철도 궤도의 폭에 맞춰 열차 바퀴를 교환하거나 환승·환적해야 한다.

3 보세운송

(1) 개 요

보세운송이란 외국물품을 보세상태로 국내에서 내국운송수단으로 운송하는 것을 말한다. 보세운송은 수입화주에 대한 편의를 제공하고, 특허보세구역·종합보세구역·자유무역지역의 운영지원을 한다.

(2) 보세운송 구간

외국물품은 개항, 보세구역, 보세구역 외 장치허가를 받은 장소, 세관관서, 통관역, 통관장 또는 통관우체국에 한정하여 외국물품 그대로 운송할 수 있다. 다만, 수출신고가 수리된 물품은 해당 물품이 장치된 장소에서 상기 장소로 운송할 수 있다.

(3) 보세운송 신고 및 승인

보세운송을 하려는 자는 세관장에게 보세운송의 신고를 하여야 한다. 다만, 다음의 어느 하나에 해당하는 물품을 운송하고자 하는 경우에는 세관장의 승인을 받아야 한다.
① 보세운송된 물품 중 다른 보세구역 등으로 재보세운송하고자 하는 물품
② 「검역법」·「식물방역법」·「가축전염병예방법」 등에 따라 검역을 요하는 물품
③ 「위험물안전관리법」에 따른 위험물
④ 「화학물질관리법」에 따른 유해화학물질
⑤ 비금속설
⑥ 화물이 국내에 도착된 후 최초로 보세구역에 반입된 날부터 30일이 경과한 물품
⑦ 통관이 보류되거나 수입신고수리가 불가능한 물품
⑧ 보세구역 외 장치허가를 받은 장소로 운송하는 물품
⑨ 귀석·반귀석·귀금속·한약재·의약품·향료 등과 같이 부피가 작고 고가인 물품
⑩ 화주 또는 화물에 대한 권리를 가진 자가 직접 보세운송하는 물품
⑪ 통관지가 제한되는 물품
⑫ 적하목록상 동일한 화주의 선하증권 단위의 물품을 분할하여 보세운송하는 경우 그 물품
⑬ 불법 수출입의 방지 등을 위하여 세관장이 지정한 물품
⑭ 법 및 법에 의한 세관장의 명령을 위반하여 관세범으로 조사를 받고 있거나 기소되어 확정판결을 기다리고 있는 보세운송업자 등이 운송하는 물품

(4) 신고인 또는 승인신청인

보세운송의 신고 또는 승인신청은 화주, 관세사·관세법인 또는 통관취급법인 또는 보세운송업자의 명의로 하여야 한다.

(5) 보세운송 통로 및 기간의 제한

① 세관장은 보세운송물품의 감시·단속을 위하여 필요하다고 인정될 때에는 운송통로를 제한할 수 있다.

② 보세운송은 관세청장이 정하는 기간 내에 끝내야 한다. 다만, 세관장은 재해나 그 밖의 부득이한 사유로 필요하다고 인정될 때에는 그 기간을 연장할 수 있다.

(6) 도착보고

보세운송의 신고를 하거나 승인을 받은 자는 해당 물품이 운송 목적지에 도착하였을 때에는 도착지의 세관장에게 보고하여야 한다.

(7) 보세운송기간 경과시 관세의 징수

보세운송 신고를 하거나 승인을 받아 보세운송하는 외국물품이 지정된 기간 내에 목적지에 도착하지 아니한 경우 보세운송을 신고하였거나 승인을 받은 자로부터 즉시 그 관세를 징수한다. 다만, 해당 물품이 재해나 그 밖의 부득이한 사유로 망실되거나 미리 세관장의 승인을 받아 그 물품을 폐기하였을 때에는 그러하지 아니하다.

(8) 보세운송의 담보제공

세관장은 보세운송의 신고를 하거나 승인을 받으려는 물품에 대하여 관세의 담보를 제공하게 할 수 있다.

(9) 보세운송절차 생략

수출신고가 수리된 물품은 관세청장이 따로 정하는 것을 제외하고는 보세운송절차를 생략한다.

(10) 간이보세운송

세관장은 보세운송을 하려는 물품의 성질과 형태, 보세운송업자의 신용도 등을 고려하여 보세운송업자나 물품을 지정하여 보세운송 신고절차의 간소화, 검사의 생략 또는 담보 제공의 면제를 할 수 있다.

02 물류기지

1 트럭터미널

개별화물을 소형트럭으로 트럭터미널까지 운송하여 트럭터미널에서 대형트럭에 다른 화물들과 혼재하여 운송하는 경우에 트럭터미널이 이용된다. 트럭터미널은 화물의 환적, 혼재, 보관, 포장 등의 역할을 할 수 있다.

2 철도역

철도로 운송하는 화물은 하역, 보관, 포장 등의 기능을 수행하기 위하여 일정한 철도역에 집결하여야 한다. 그러한 기능이 수행되는 철도역은 보관창고, 하역시설, 작업장 등의 시설을 갖추어야 한다.

03 육상운송과 관련된 국제협약

1 CMR 협약

(1) 개 요

국제도로운송협약(CMR)은 1956년 제네바에서 유럽국가들이 서명하여 1961년 발효되었고 1978년에 개정되었다. 이 협약은 유럽 등에서 국경을 지나 자동차도로에서 이루어지는 육상운송계약을 규율하기 위하여 국제도로운송의 적용범위와 운송인의 책임에 대하여 주로 규정하고 있으며 적용범위는 국제도로운송이 이루어지는 국가들 중 한 국가 이상이 가입되어 있으면 적용된다.

(2) 운송인의 배상책임

CMR 협약은 육상운송인에게 엄격한 책임을 지우면서도 금액에 의하여 책임을 제한한다는 특징이 있다. 이 협약에서는 화주의 위법행위 및 부주의, 화주 지시, 물품 고유의 결함, 운송인에게 피할 수 없고 그 결과를 방지할 수 없었던 사정에 해당되지 않는 한 책임유무와 관계없이 손해배상책임을 부담시키며 운송인은 운송주선인이나 사용인의 주의해태의무로 인한 운송물의 멸실, 훼손, 연착에 대해서도 책임을 부담한다. 그러나 이러한 엄격책임에 반하여 손해배상액은 제한된다.

2 CIM 협약과 COTIF 협약

(1) 개 요

국제철도운송협약(CIM)은 1961년 채택된 국제협약이며, 이 협약은 1980년 채택된 국제철도운송에 관한 협약(COTIF)에 부속된 규칙으로 흡수되었다. COTIF 협약은 1985년에 발효되었으며, 주로 철도화물운송에 대한 운송계약의 체결, 계약이행, 운송인의 책임 및 당사자 간 법률관계와 재판관할법원에 대하여 규정하고 있다.

(2) 운송인의 배상책임

CIM협약에 의한 철도운송인은 화물의 손해에 대하여 매우 포괄적인 책임을 진다. 그러나 화주의 고의, 숨은 하자 또는 불가항력 등 운송인이 피할 수 없었고 그 결과를 방지할 수 없었던 사정으로 인하여 발생한 화물의 멸실, 훼손, 인도지연에 대하여는 면책된다. 다만, 면책사유로 인한 것임을 운송인이 입증하여야 한다.

01 국제도로운송의 특징에 대한 설명으로 옳지 않은 것은?

① 최초 투자액의 규모가 작은 편이다.

② 소량화물운송이나 단거리운송에 효과적이다.

③ 육상운송은 해상운송 등의 보조수단으로 주로 사용된다.

④ Door to door 서비스는 곤란하다.

⑤ 장거리 운송시 비용이 많이 드는 편이다.

해설 국제도로운송은 Door to door 서비스가 가능하다.

02 국제철도운송의 특징에 대한 설명으로 옳지 않은 것은?

① 장거리 또는 대량화물 운송이 어려운 편이다.

② 철도시설과 터미널설비를 위한 거액의 건설비용이 필요하다.

③ 도로운송에 비해 운송시간, 운송배차 등에서 탄력성이 떨어진다.

④ 연료비와 운송비용이 저렴한 편이다.

⑤ Door to door 서비스가 곤란하다.

해설 국제철도운송은 장거리 또는 대량화물 운송이 용이한 편이다.

03 출입문 → 도로 → 철도 → 도로 → 출입문과 같은 경로로 수송되는 화물을 옮겨 싣는 일이 없이 송하인에서 수하인까지 운반하기 위해 화물을 적재한 트레일러를 철도화차에 실어 수송하는 방식을 무엇이라고 하는가?

① Fo-Fo 방식　　　　　　　　② Ro-Ro 방식

③ Piggy-Back 방식　　　　　　④ Kangaroo 방식

⑤ Trailer On Flat Car 방식

해설 피기 백(Piggy-back)방식에 대한 설명이다.

04 외국물품을 보세상태로 국내에서 내국운송수단으로 운송하는 보세운송을 하는 경우 보세운송을 할 수 있는 구간으로 옳지 않은 것은?

① 보세구역에서 세관

② 보세구역에서 다른 보세구역

③ 세관에서 통관장

④ 물품이 장치된 장소에서 개항

⑤ 개항에서 보세구역 외 장치허가를 받은 장소

[해설] 보세운송 구간은 개항, 보세구역, 보세구역 외 장치허가를 받은 장소, 세관관서, 통관역, 통관장 또는 통관우체국에 한정하여 외국물품 그대로 운송할 수 있다. 다만, 수출신고가 수리된 물품은 해당 물품이 장치된 장소에서 상기 장소로 운송할 수 있다.

05 보세운송을 하는 경우 세관장의 승인을 받아야 하는 물품이 아닌 것은?

① 검역을 요하는 물품

② 부피가 작고 고가인 물품

③ 유해화학물질

④ 통관지가 제한되는 물품

⑤ 화물이 국내에 도착된 후 30일이 경과한 물품

[해설] ⑤ 화물이 국내에 도착된 후 최초로 보세구역에 반입된 날부터 30일이 경과한 물품은 세관장의 승인을 받아야 하는 물품이다.

06 다음 중 보세운송에 관한 설명 중 옳지 않은 것은?

① 세관장은 보세운송물품의 감시·단속을 위하여 필요하다고 인정될 때에는 운송통로를 제한할 수 있다.

② 보세운송의 신고를 하거나 승인을 받은 자는 해당 물품이 운송 목적지에 도착하였을 때에는 도착지의 세관장에게 신고하여야 한다.

③ 세관장은 보세운송의 신고를 하거나 승인을 받으려는 물품에 대하여 관세의 담보를 제공하게 할 수 있다.

④ 수출신고가 수리된 물품은 관세청장이 따로 정하는 것을 제외하고는 보세운송절차를 생략한다.

⑤ 보세운송의 신고 또는 승인신청은 화주, 관세사·관세법인 또는 통관취급법인 또는 보세운송업자의 명의로 하여야 한다.

정답 **04** ④ **05** ⑤ **06** ②

[해설] ② 보세운송의 신고를 하거나 승인을 받은 자는 해당 물품이 운송 목적지에 도착하였을 때에는 도착지의 세관장에게 보고하여야 한다.

07 다음 중 CMR협약에 대한 설명으로 옳지 않은 것은?

① CMR협약은 국경을 지나 자동차도로에서 이루어지는 육상운송계약을 규율하기 위하여 국제도로운송의 적용범위와 운송인의 책임에 대하여 주로 규정하고 있다.

② CMR협약의 적용범위는 국제도로운송이 이루어지는 국가들이 모두 가입되어 있는 경우에 적용된다.

③ CMR협약은 육상운송인에게 엄격한 책임을 지우면서도 금액에 의하여 책임을 제한하고 있다.

④ CMR협약에서는 화주의 위법행위 및 부주의, 화주의 지시, 물품 고유의 결함, 운송인에게 피할 수 없고 그 결과를 방지할 수 없었던 사정에 해당되지 않는 한 책임유무와 관계없이 손해배상책임을 부담시킨다.

⑤ CMR협약에서 운송인은 운송주선인이나 사용인의 주의해태의무로 인한 운송물의 멸실, 훼손, 연착에 대해서도 책임을 부담한다.

[해설] CMR협약의 적용범위는 국제도로운송이 이루어지는 국가들 중 한 국가 이상이 가입되어 있으면 적용된다.

CHAPTER 05
국제해상운송

01 해상운송의 개요

1 해상운송의 의의

해상운송이란 해상에서 선박을 이용하여 사람을 이동시키거나 화물을 운송하고 그 대가로 운임을 받는 상행위를 말한다. 해상운송은 예전에는 항구와 항구 간(Port to port)운송의 한계가 있었으나 요즘에는 컨테이너의 출현과 운송수단 및 운송서비스의 발달로 Door to door 또는 Warehouse to warehouse 운송까지 그 범위가 확대되고 있다.

2 해상운송의 특성

(1) 대량운송

도로운송의 경우 트레일러에 컨테이너 한두 대 정도를 운송할 수 있고, 철도운송의 경우 화차당 20톤의 물품을 적재하여 10량에서 20량 정도를 운송할 수 있다. 그에 비해 컨테이너 전용선의 경우 일반적으로 1,000대 이상의 컨테이너 수송이 가능하므로 도로 또는 철도운송보다 훨씬 더 많은 화물을 대량으로 운송할 수 있다.

(2) 저렴한 운송비

해상운송은 대량운송이 가능하기 때문에 단위당 운송비가 저렴하며, 항공기나 철도 등의 운송비보다 저렴하다.

(3) 원거리운송

해상운송은 운송비가 저렴하기 때문에 원거리 운송에 효과적이다.

(4) 자유로운 운송로

도로나 철도의 경우 도로 또는 철로라는 일정한 통로를 통하여 운송이 가능하기 때문에 해당 통로의 제약을 받지만, 해상운송은 바다를 이용하기 때문에 운송로가 자유롭다.

(5) 저속성

도로, 철도 또는 항공운송에 비해 해상을 통해 선박으로 운송되는 해상운송은 운송속도가 느리다.

(6) 국제성

해상운송은 대부분 국제운송으로 이루어지고 그에 따라 해운시장도 국제적으로 형성되고 있다.

3 해상운송 관련사업

(1) 해상여객운송사업

해상여객운송사업이란 해상 또는 해상과 접하고 있는 내륙수로에서 여객선 또는 수면비행선박으로 사람 또는 사람과 물건을 운송하거나 이와 관련된 업무를 처리하는 사업을 말한다. 해상여객운송사업의 종류는 다음과 같다.

① **내항정기여객운송사업** : 국내항과 국내항 사이를 정해진 항로와 일정표에 따라 운항하는 해상여객운송사업

② **내항부정기여객운송사업** : 국내항과 국내항 사이를 일정한 일정표에 따르지 아니하고 운항하는 해상여객운송사업

③ **외항정기여객운송사업** : 국내항과 외국항 사이 또는 외국항과 외국항 사이를 정해진 항로와 일정표에 따라 운항하는 해상여객운송사업

④ **외항부정기여객운송사업** : 국내항과 외국항 사이 또는 외국항과 외국항 사이를 일정한 일정표에 따르지 아니하고 운항하는 해상여객운송사업

⑤ **순항여객운송사업** : 선박 안에 숙박시설, 식음료시설 등을 갖춘 일정 규모 이상의 여객선으로 관광목적으로 해상을 순회하여 운항하는 해상여객운송사업

⑥ **복합해상여객운송사업** : 상기 ①부터 ④의 운송사업과 ⑤의 사업을 함께 수행하는 해상여객운송사업

(2) 해상화물운송사업

해상화물운송사업이란 해상 또는 해상과 접하고 있는 내륙수로에서 선박으로 물품을 운송하거나 이와 관련된 업무를 처리하는 사업으로서 항만운송사업 외의 사업을 말한다. 해상화물운송사업의 종류는 다음과 같다.

① **내항화물운송사업** : 국내항과 국내항 사이에서 운항하는 해상화물운송사업

② **외항정기화물운송사업** : 국내항과 외국항 사이 또는 외국항과 외국항 사이를 정해진 항로와 일정표에 따라 운항하는 해상화물운송사업

③ **외항부정기화물운송사업** : 상기 ①과 ② 이외의 해상화물운송사업

(3) 해운중개업

해운중개업이란 해상화물운송의 중개, 선박의 대여·용대선 또는 매매를 중개하는 사업을 말한다.

(4) 해운대리점업

해상여객운송사업이나 해상화물운송사업을 경영하는 자를 위하여 통상적으로 그 사업에 속하는 거래를 대리하는 사업을 말한다.

(5) 선박대여업

해상여객운송사업이나 해상화물운송사업을 경영하는 자 외에 본인이 소유하고 있는 선박을 다른 사람에게 대여하는 사업을 말한다.

(6) 선박관리업

선박관리업은 국내외의 해상운송인, 선박대여업을 경영하는 자, 관공선 운항자, 조선소, 해상구조물 운영자 또는 선박소유자로부터 기술적이고 상업적인 선박관리, 해상구조물관리 또는 선박시운전 등의 업무를 수탁하여 관리활동을 하는 업을 말한다.

4 해상운송 관련 국제기구

(1) CMI(국제해사법 위원회)

국제해사법 위원회는 1897년 창설되었고 우리나라는 1978년 가입하였다. 해사법 및 해사관행 및 관습의 통일을 위해 설립되었다.

(2) IMO(국제해사기구)

국제해사기구는 유엔해사위원회에서 1958년 설립되었고 우리나라는 1962년 가입하였으며, 국제무역에 종사하는 선박에 영향을 미치는 모든 종류의 기술적 문제와 관련되는 정부 규제 및 실행 분야에서 각국 정부가 서로 협력하는 것을 목적으로 설립되었다. 그 구체적 내용은 정부간 해사기술의 상호협력, 해사안전 및 오염방지 대책, 국제 간 법률문제 해결, 개도국의 해사기술협력 및 각종 회의소집과 국제해사 관련 협약의 시행 권고, 정부 간 차별조치 철폐, 해운업의 불공정하고 제한적인 관행 문제의 심의 등이다.

> **TIP** MARPOL
>
> 선박으로부터 오염 방지를 위한 국제협약(International Convention for the Prevention of Marine Pollution from Ships).
> IMO에서 1973년 채택한 선박에 의한 오염 방지를 위한 국제조약 및 이에 관련된 1978년의 의정서를 말한다.

(3) ICS(국제해운회의소)

국제해운회의소는 1921년 영국에서 설립되었고 선주의 이익 증진을 위하여 국제적인 문제에 대해 의견을 교환하고 정책을 입안하는 등의 일을 한다.

(4) UNCITRAL(국제상거래법위원회)

국제상거래법위원회는 1966년 UN에 의해 국제상거래법의 단계적인 조화와 통일을 목적으로 하여 설립된 UN 직속기관으로 국제무역법 분야에서 UN의 중심적인 법률 기관이며, 중재, 조정, 국제 물품 매매, 전자 상거래 등 각종 국제규칙의 제정에 상당한 영향력을 행사하고 있으며, 1973년 제3차 신용장통일규칙 개정에도 적극적으로 참여하였다.

(5) ISF(국제해운연맹)

국제해운연맹은 1909년에 설립된 선주협회를 회원으로 하는 단체로 해상노동 문제를 국제적으로 검토하여 처리하기 위하여 설립된 단체이다. 국제해운연맹은 선원자격규정, 사고방지, 선원노동조건 등 선원문제에 대하여 각국 선주의 의견을 대표하고 있다.

(6) FIATA(국제운송주선인협회연합회)

국제운송주선인협회연합회는 1926년 설립되었고 우리나라는 1977년에 가입하였으며 운송주선인(Freight Forwarder)의 연합체이다.

(7) BIMCO(발트국제해사협의회)

1905년도에 설립된 세계에서 가장 영향력 있는 해운동맹의 하나로 설립목적은 회원사에 대한 정보제공 및 자료발간, 선주의 단합 및 용선제도 개선, 해운업계의 친목 및 이익도모 등이다.

02 선 박

1 선박의 개념

선박이란 부양성, 적재성 및 이동성을 갖춘 구조물로 영리목적으로 수상에서 화물 및 여객의 운송에 사용된다.

> **TIP** 선박의 법적 정의
>
> 〈선박법〉
> "선박"이란 수상 또는 수중에서 항행용으로 사용하거나 사용할 수 있는 배 종류를 말하며 그 구분은 다음 각 호와 같다.
> 1. 기선 : 기관(機關)을 사용하여 추진하는 선박[선체(船體) 밖에 기관을 붙인 선박으로서 그 기관을 선체로부터 분리할 수 있는 선박 및 기관과 돛을 모두 사용하는 경우로서 주로 기관을 사용하는 선박을 포함한다]과 수면비행선박(표면효과 작용을 이용하여 수면에 근접하여 비행하는 선박을 말한다)
> 2. 범선 : 돛을 사용하여 추진하는 선박(기관과 돛을 모두 사용하는 경우로서 주로 돛을 사용하는 것을 포함한다)
> 3. 부선 : 자력항행능력(自力航行能力)이 없어 다른 선박에 의하여 끌리거나 밀려서 항행되는 선박

〈선박안전법〉
"선박"이라 함은 수상(水上) 또는 수중(水中)에서 항해용으로 사용하거나 사용될 수 있는 것(선외기를 장착한 것을 포함한다)과 이동식 시추선·수상호텔 등 해양수산부령이 정하는 부유식 해상구조물을 말한다.

〈상법〉
"선박"이란 상행위나 그 밖의 영리를 목적으로 항해에 사용하는 선박을 말한다.

2 선박의 법적 성질

선박은 민법 제99조 '토지 및 그 정착물은 부동산이다. 부동산 이외의 물건은 동산이다.' 규정에 의해 동산에 해당되며, 선박법에 따라 선박의 등기를 한 후에 선박의 등록을 신청하여야 한다. 또한 선박은 선박의 명칭, 국적, 선적항, 국기 게양권 등을 가지고 있다.

3 선박의 분류

(1) 컨테이너선

컨테이너를 적재하여 대량의 컨테이너를 운송할 수 있는 선박이다.

① Full container ship : 컨테이너 전용 화물선으로 컨테이너만을 적재하도록 설계되어 있다.

② Semi container ship : 컨테이너 화물과 일반 화물을 동시에 수송할 수 있도록 일부 선창을 컨테이너 전용창으로 하여 갑판 상에 컨테이너를 적재하는 선박이다. 일반화물을 취급하기 위해 선상에 크레인을 갖추고 있다.

③ Convertible container ship : 컨테이너 적재를 주된 목적으로 하고 있지만 벌크화물의 적재도 가능한 겸용 컨테이너선이다.

④ Barge carrier ship : 바지선에 컨테이너 등 화물을 적재하여 크레인으로 본선에 바지선 자체를 적재 및 하역할 수 있는 선박이다.

(2) 전용선

전용선은 특정한 화물만을 적재하여 운송할 수 있도록 설계된 선박으로 운송하는 화물의 특성을 고려한 하역장비, 보관시설 등을 갖추고 있다. 운송하는 화물의 종류에 따라 산물전용선, 광석전용선, 석탄전용선, 원목전용선, 곡물전용선, 자동차전용선 등이 있다.

(3) 겸용선

겸용선은 공선항해비율을 줄이기 위하여 선박에 여러 종류의 화물을 적재할 수 있도록 설계된 선박을 말한다. 겸용선의 종류에는 석탄·원유겸용선, 광석·산물·원유겸용선, 석탄·산물·원유겸용선, 컨테이너·산물겸용선, 자동차·산물겸용선, 컨테이너·자동차겸용선 등이 있다.

(4) 특수선

특수선은 특수화물을 적재하여 운송할 수 있도록 설계된 선박으로 LASH선, Ro-Ro선, 냉동선, 동물운반선 등이 있다.

① LASH(Lighter Aboard Ship)선 : 화물을 적재한 부선을 본선에 적재하여 운송하는 선박이다.
② Ro-Ro(Roll On-Roll Off)선 : 로로선은 경사판(Ramp)을 이용하여 하역할 수 있도록 설계된 선박으로 자동차, 트럭, 트레일러 등이 스스로 선박에 적재 또는 양륙할 수 있도록 본선의 선수 또는 선미에 접이식 경사판이 있다.

(5) Tanker(유조선)

유조선은 원유, 가스 등 액화되거나 기화된 화물의 운송에 이용할 수 있도록 설계된 선박을 말하는 것으로 원유유조선, 정제유조선, LPG선, 특수액체운반선 등이 있다.

(6) Lo-Lo(Lift On-Lift Off)선

컨테이너를 선박 또는 안벽에 있는 Gantry crane 등으로 들어서 선박에 적재하는 방식의 선박이다.

4 선박의 크기

선박의 크기는 선박 자체의 중량이나 용적으로도 표시하지만, 일반적으로 그 선박에 적재할 수 있는 화물의 양이나 용적으로 표시한다. 중량의 경우 사용되는 1ton은 선박 자체의 크기를 나타낼 경우 100Cubic feet이지만 적재화물의 경우 40Cubic feet를 1ton으로 하고 있다.

(1) 용적톤수(Space Tonnage)

부피 단위를 기준으로 선박의 크기를 나타내는 방법으로 선박의 용적을 입방미터(m^3)로 나타내어 일정한 계수를 곱하여 톤으로 한다.

① 총톤수(Gross Tonnage : GT) : 총톤수는 선박내부의 총용적으로 상갑판하의 적량과 상갑판상의 밀폐된 정도의 적량을 합한 것으로 $100ft^3$을 1톤으로 나타내고, 선박의 안전과 위생항해 등에 사용되는 장소인 기관실, 조타실, 취사실, 출입구실, 통풍 또는 채광을 요하는 장소 등은 제외된다. 총톤수는 상선이나 어선의 크기를 표시하고 해운력의 비교 자료가 되며, 관세, 등록세 등의 세금과 도선료, 검사수수료 등의 수수료 산출기준이 된다.
② 순톤수(Net Tonnage : NT) : 순톤수는 총톤수에서 기관실, 선원실 및 해도실 등 선박의 운항과 관련된 장소의 용적을 제외한 것으로 순수하게 여객이나 화물 수송, 즉 상행위에 직접적으로 사용되는 장소만을 계산한 용적으로 $100ft^3$을 1톤으로 나타낸다. 순톤수는 항세, 톤세 등의 세금과 운하통과료, 항만시설 사용료, 등대사용료 등 수수료 산출기준이 된다.

③ **재화용적톤수**(Measurement Tonnage : MT) : 재화용적톤수는 40ft^{3}을 1톤으로 나타내고, 선창 내 화물을 탑재할 수 있는 총 용적을 말하는 것으로 선박의 재화적재능력을 용적으로 표시한 것이다.

(2) 중량톤수(Weight Tonnage)

무게 단위를 기준으로 선박의 크기를 나타내는 방법으로 선박이 적재할 수 있는 무게의 한도를 나타낸다.

① **배수톤수**(Displacement Tonnage : DT) : 배수톤수는 선체의 수면하의 부분인 배수용적에 상당하는 물의 중량을 선박의 중량으로 나타내는 방식으로 선박이 화물을 만재하여 흘수선까지 내려갔을 때의 배의 중량을 말한다. 상선에는 적용하지 않으며 군함, 전함의 경우에 사용된다.

② **재화중량톤수**(Dead Weight Tonnage : DWT) : 선박의 하기 만재흘수선까지 잠긴 상태에서의 배수톤수인 만재배수톤수와 화물을 적재하지 아니한 상태에서 선박 자체의 중량인 경하배수톤수와의 차이를 말한다. 선박에 적재할 수 있는 화물의 최대중량을 나타내기 때문에 선박의 매매나 용선료 등의 산출기준이 된다.

(3) 운하톤수(Canal Tonnage : CT)

선박이 운하를 통과할 때 통행료를 산정하는 기준이 되는 톤수로 수에즈운하와 파나마운하 통행료 산정은 특별히 정한 적량 측도 규정에 따른다.

① **파나막스형 선박** : 파나마 운하를 통행할 수 있는 최대 크기의 선박을 말한다.

② **포스트파나막스형 선박** : 파나마 운하를 통행할 수 없는 초대형 선박을 말한다.

③ **수막스형 선박** : 수에즈 운하를 통행할 수 있는 최대 크기의 선박을 말한다.

5 선박의 국적과 편의치적

(1) 개 요

선박의 국적은 선주와 승무원의 국적에 따라 여러 가지 형태의 국적인정 방법이 있다. 편의치적이란 일반적으로 선주가 속한 국가의 선박 소유시의 요구조건과 의무부과를 피하기 위하여 파나마, 온두라스 등 이른바 조세도피국의 국적을 취득하는 것을 말하며, 이러한 선박을 편의치적선이라 한다.

(2) 편의치적의 장점

① 편의치적은 선박의 등록절차가 간단하다.

② 최초 등록료와 톤세 정도만 징수하기 때문에 세제상의 이점이 있다.

③ 높은 임금을 요구하는 자국선원을 승선시키지 않아도 된다.

④ 운항 및 안전기준의 이행을 회피할 수 있다.

⑤ 정부의 간섭을 거의 받지 않으며, 기항지 제약을 받지 않는다.

⑥ 금융기관의 선박에 대한 유치권 행사가 용이하다.

(3) 편의치적의 단점

① 세원의 도피에 따른 해운과세의 국제적 불균형을 초래한다.
② 선박의 안전성이나 선원의 기술수준이 저하된다.
③ 선원들이 악덕 편의치적 선주의 착취대상이 될 수 있다.
④ 편의치적을 통하여 기업이 취득한 수익은 치적국의 국제수지에 별다른 도움을 주지 않는다.

(4) 제2치적(역외치적)

제2치적(역외치적)은 편의치적을 대신해 등장한 제도로써, 선주 또는 선박회사가 소속된 국가의 자치령을 지정하여 선박을 등록하고 선박에 자국 국기를 게양하도록 하지만, 외국인 선원의 고용을 허용하고 조세부담을 경감시킨 제도이다. 역외치적은 1980년대 해운경쟁이 심해지면서 선진국의 선대가 대량으로 편의치적을 하자, 자국선대의 해외이적을 방지하기 위해 자국의 자치령 또는 속령에 치적할 경우 선원고용의 융통성과 세제혜택을 허용하기 시작한 것에서 시작되었고, 현재 프랑스, 스페인, 네덜란드, 덴마크, 벨기에, 포르투갈 등 많은 나라가 역외치적을 허용하고 있다.

TIP 항만국 통제

> 항만국 통제(Port State Control)는 자국 항만에 기항하는 외국국적 선박에 대해 국제협약이 정한 기준에 따라 선박의 안전기준 등을 점검하는 행위를 말한다.
> 선박이 등록된 국가가 선박에 대한 감독권한을 갖는 기국주의(旗國主義)의 예외로서, 연안국(沿岸國)의 자위책(自慰策)이 제도화된 것이다. 선박안전법은 우리나라 영해 안에 있는 외국선박의 구조·시설 등이 기준에 적합한지 여부를 확인하고 그 기준에 미달한 때에는 필요조치를 명할 수 있는 근거를 두고 있다.

(5) 선급제도(Ship's Classificaition)

① 개념 : 국가별로 상이한 법규에 의해 선박이 건조되므로 선박의 감항성에 대한 객관적·전문적 판단을 위해서 생긴 제도이다. 세계적으로 보험의 인수여부 및 보험료 결정을 위해 1760년 'Green Book'이라는 선박등록부를 만들면서 시작되었다.
국제선급협회연합회(IACS, International Association of Classification Society, 국제선급협회)는 각국의 선급에 대한 검사를 하고 있으며 이 검사 결과에 따라 그 선급의 위상이 정하여진다.
② 특징
우리나라는 독자적인 선급제도의 필요성에 의해 한국선급협회를 창설하였다.
1968년 국제선급협회(IACS)가 창설되었으며 우리나라는 정회원으로 가입되어 있으며, 선급을 계속 유지하기 위해서는 매년 일반검사를 받고 4년마다 정밀검사를 받아야 한다.

핵심포인트

선박의 주요명칭

1. 흘수

흘수는 선박이 수중에 잠기는 깊이를 말하는 것으로 선저의 최하단부인 용골(Keel)의 하면까지의 수직거리로서 그 고저를 표시한다. 흘수에는 선수흘수 및 선미흘수로 나눌 수 있고, 이를 평균한 것을 평균흘수라고 한다.

또한 흘수는 경화중량통수의 흘수인 경화흘수, 선박 양현의 중앙부에 그어져있는 흘수선까지 침하하였을 때의 흘수인 만재흘수, 항해 중의 현실적 흘수인 현실흘수로 구분할 수 있다.

2. 만재흘수선

① 개념

ㄱ 최대 적재량을 실은 선박이 물속에 잠기는 깊이를 말하는 것으로 선박의 항행안전을 위한 예비부력을 확보할 수 있는 상태에서 허락된 최대의 흘수이다.

ㄴ 만재흘수선은 선박의 안전을 위하여 화물의 과적을 방지하고 선박의 감항성이 확보되도록 설정된 최대한도의 흘수이다.

② 특징

ㄱ 만재흘수선 마크는 선박 중앙부의 양현 외측에 표시되어 있다.

ㄴ 만재흘수선은 선박의 항행대역과 계절구간에 따라 적용범위가 다르다.

ㄷ 마크는 영구적인 방법으로 부착해야 하며, 밝은 바탕에는 검은색, 어두운 바탕에는 흰색이나 노란색으로 페인트칠한다.

LTF	열대 담수 목재 만재흘수선	**TF**	열대 담수 만재흘수선
LF	하기 담수 목재 만재흘수선	F	하기 담수 만재흘수선
LT	열대 목재 만재흘수선	T	열대 만재흘수선
LS	하기 목재 만재흘수선	S	하기 만재흘수선
LW	동기 목재 만재흘수선	W	동기 만재흘수선
LWNA	동기 북대서양 목재 만재흘수선	WNA	동기 북대서양 만재흘수선

3. 건현

건현이란 해면 이상에 부출되어 있는 선박의 선측을 말하며 상갑판에서 흘수 면까지의 수직거리로 표시된다. 즉, 배의 깊이에서 흘수 부분을 뺀 길이가 된다.

4. 밸러스트(Ballast)

선박이 공선상태이거나 선박에 적재한 화물의 양이 적어 선박의 균형을 유지하기 어려운 경우 선박의 바닥에 싣는 중량물이다. 일반적으로 해수를 밸러스트 탱크(Ballast tank)에 채우는 Water ballast를 사용하지만, 자갈, 모래 등을 적재하는 Solid ballast가 사용되기도 한다.

5. 적화계수

1톤의 화물을 적재하였을 때 해당 화물이 차지하는 선창 용적을 ft^3 단위로 표시한 수치를 말한다. 선창에 실을 수 있는 화물량은 적화계수에 따라서 달라진다.

① 하역장비의 대형화와 항만 생산성 제고 압력의 증대
② 대형선박 투입으로 기항항만 수 감소
③ 항만운영에 있어서 자본투입 감소 등

03 항 만

1 항만의 개념

항만이란 선박이 안전하게 출입하고 정박할 수 있는 내항을 말하는 것으로 해상교통과 육상교통의 중계지로서 운송된 화물의 적재와 양륙이 원활하게 이루어질 수 있는 시설을 갖추고 산업활동이 이루어지는 장소를 말한다. 항만은 선박의 자유로운 입출항과 안전하고 신속한 하역이 보장되어야 하기 때문에 다음의 요건을 갖추어야 한다.

① 충분한 수심과 넓은 접안시설
② 하역장비 및 창고
③ 육상교통과의 연계
④ 입출항에 필요한 세관 및 검역시설

TIP 항만의 법적 정의(항만법)

"항만"이란 선박의 출입, 사람의 승선·하선, 화물의 하역·보관 및 처리, 해양친수활동 등을 위한 시설과 화물의 조립·가공·포장·제조 등 부가가치 창출을 위한 시설이 갖추어진 곳을 말한다.

2 항만의 구조

(1) Berth(안벽, 선석)

해안 및 하안에 평행하게 축조된 석조제로서 항내에서 선박 접안을 위하여 수직으로 만들어진 옹벽이다.

(2) Pier(잔교)

선박을 접안, 계류하여 화물의 하역과 여객이 승하선을 할 수 있도록 목재, 철재 또는 콘크리트로 만들어진 교량형 구조물이다.

(3) Apron(적양장)

Pier에 접한 부분에 일정한 폭으로 나란히 뻗어있는 공간으로 하역 장비인 Gantry crane이 설치되어 Crane rail을 따라 필요한 위치로 이동하면서 컨테이너의 적하 및 양하 작업이 이루어지는 장소를 말한다.

(4) 박지(Anchorage)

선박이 계류·정박하는 장소로 선박의 정박에 적합하도록 항내에 지정된 넓은 수면으로 계류나 접안하지 아니하고 닻을 이용하여 함정이 정박하는 데 적합한 해역을 말한다.

(5) Turning Basin(선회장)

항만시설 가운데 수역시설의 하나로서, 선박이 부두에 접안 시 또는 이안 후 항행을 위하여 방향을 바꾸거나 회전할 때 필요한 수역을 말한다. 선회장은 안전한 조선이 되도록 충분한 넓이로 계획되어야 하며, 일반적으로 자력에 의한 회두의 경우 선박길이의 3배, 예인선에 의한 회두인 경우에는 선박길이의 2배를 직경으로 하는 원형 면적이 필요하다.

(6) Marshalling yard

하역했거나 적재할 컨테이너를 정렬해 두는 장소로서 Apron과 접한 일부공간이며, 컨테이너를 구분할 수 있도록 Slot으로 구획되어 진다. CY의 상당 부분을 차지하며 컨테이너 터미널 운영에 있어 중심이 되는 중요한 부분이다.

(7) CFS(Container Freight Station, 컨테이너 화물 조작장)

LCL화물을 인수 및 인도하여 컨테이너에 적입하여 FCL화물로 만들거나 FCL화물을 해체하여 LCL화물로 분배하여 여러 화주에게 인도하는 장소를 말한다.

(8) CY(Container Yard, 컨테이너 장치장)

컨테이너 야적장으로 FCL화물을 인수, 인도 또는 보관하는 장소를 말한다.

(9) Control Tower(통제소)

컨테이너 터미널의 작업에 관한 일련적인 시스템을 통제하는 곳으로 본선의 하역작업이나 CY에서의 컨테이너배치작업을 통제하고 감독하는 곳이다.

(10) CY Gate

외부와 컨테이너 터미널 사이에서 컨테이너의 반출입이 이루어지는 장소로 이곳에서 컨테이너의 인수 및 인도에 필요한 서류를 확인한다.

04 정기선운송

1 정기선

(1) 정기선의 개념

정기선은 일정한 항로를 미리 정해진 운임과 운항일정에 따라 규칙적이고 반복적으로 운항하는 선박을 말한다.

(2) 정기선의 특성

① 정기적인 운항일정 : 일정한 항로와 정해진 기항지를 통해 정기적이고 반복적으로 정해진 일정에 따라 운항하기 때문에 화주는 본인의 화물운송에 적합한 선박을 선택하여 제때에 화물을 인도하거나 인수할 수 있다.

② 많은 선박과 막대한 자본투입 : 화물의 다과에 상관없이 정해진 운항일정에 따라 운항하여야 하기 때문에 많은 선박을 투입하여야 하고 이러한 선박 운항에 필요한 시설과 운영비가 들기 때문에 막대한 자본투입이 필요하다.

③ 안정되지만 고가의 운임 : 공시된 운임표에 따라 운임이 적용되기 때문에 운임은 안정되어 있지만 부정기선에 비해 고가의 운임이 적용된다.

④ 일반화물운송인 : 불특정 다수의 화주로부터 여러 종류의 화물을 혼재하여 운송하는 일반화물운송인이다.

핵심포인트

정기선 운송과 부정기선 운송 비교

구 분	정기선 운송	부정기선 운송
선박형태	컨테이너선 고가, 구조복잡	겸용선, 전용선 저가, 구조단순
조직	대형조직	소형조직
운항형태	규칙적이고 반복적인 운항일정	불규칙적인 항로와 운항일정
운송인	일반화물운송인	계약운송인
화물형태	다수화주의 소량화물, 일반화물, 포장화물, 컨테이너화물	벌크화물
화물가치	고가	저가
운송계약	개품운송계약(선하증권)	용선운송계약(용선계약서)
운임	사전에 공표된 동일운임	수요와 공급에 따른 변동운임
화물 집화	영업부 조직	중개인
여객취급	제한적 취급(Car-ferry)	취급없음

2 정기선 운임 산정기준

정기선 운임의 계산은 용적, 중량 또는 용적이나 중량 중 큰 것에서 하나를 기준으로 하고 운임계산톤(Freight ton)으로 표시한다.

> **TIP** Freight ton
>
> 화물운임을 계산할 때 기준이 되는 ton으로 중량운임률, 용적운임률, 종가운임률 등을 산정할 때 주로 사용된다. 일반적으로는 중량톤과 용적톤 중 높은 쪽을 운임톤으로 하여 기본운임률을 곱하여 산정한다.

(1) 중량기준

1,000kg을 1Metric Ton(M/T)을 중량톤으로 하여 운임을 산정하는 방식으로, 지역에 따라 차이가 있다. 영국계 국가에서는 Long Ton(2,240 lbs), 미국계 국가에서는 Short Ton(2,000 lbs), 유럽대륙에서는 Metric Ton(2,204 lbs)이 주로 이용된다.

(2) 용적기준

중량보다 부피가 큰 용적화물일 경우에는 용적을 기준으로 운임을 산정하는데 $1m^3$를 1M/T로 하여 운임을 산정하는 방식이다. 용적톤은 보통 $40ft^3$를 1톤으로 하지만, 유럽에서는 1세제곱미터, 목재류에는 1,000B/M(Board Measure, 480B/M=40cft) 등이 각기 1톤으로 계산되기도 한다.

(3) 가격기준

귀금속이나 견직물과 같은 고가품의 경우에는 취급하는 데 있어 특별한 주의가 필요하고 손해배상액도 고액이기 때문에 송장가격에 따라 일정운임이 적용되며, 일반 화물보다 비싼 운임이 부과된다.

(4) 컨테이너기준

화물 종류나 중량에 상관없이 컨테이너 한 대를 기준으로 운임을 적용하는 방식이다.

3 정기선 운임 종류

(1) 지급시기에 따른 분류

① **선지급운임(Freight prepaid)** : 선지급운임은 수출자가 선적지에서 미리 지급하는 운임으로 CIF 또는 CFR 조건에 따른 가격조건에 적용된다. 이 운임은 정형거래조건인 Incoterms 2020에 따라 결정되며, 계산기준은 수출자가 선적지에서 신고한 용적 또는 중량을 기준으로 하며, 적용환율은 선하증권 작성일이나 선적지 본선입항일의 환율에 따른다.

② **후지급운임(Freight to collect)** : 후지급운임은 수입자가 화물 도착지에서 지급하는 운임으로 FAS 또는 FOB 조건에 따른 가격조건에 적용된다. 계산기준은 수출자가 선적지에서 신고한 용적 또는 중량을 기준으로 하며, 적용환율은 도착지 본선입항일의 환율에 따른다.

(2) 부과방법에 따른 분류

① **종가운임**(Ad valorem rates) : 종가운임은 귀금속 등 고가품의 경우에 화물의 송장가격에 일정률을 곱하여 산출한다. 고가품은 보관이나 관리에 주의가 필요하고 손해에 대한 배상액도 고액이기 때문에 일반화물에 비해 높은 운임이 부과된다.

② **최저운임**(Minimum freight) : 최저운임은 화물의 용적이나 중량이 이미 설정된 운임산출 톤 단위에 미달되는 경우에 부과되는 운임을 말한다.

③ **소포운임**(Parcel freight) : 소포운임은 소포처럼 용적이나 중량이 적어 최저운임에도 미달하는 경우에 부과되는 운임을 말한다.

④ **차별운임**(Discrimination rate) : 차별운임은 화물, 장소 또는 화주에 따라 차별적으로 부과되는 운임을 말한다.

⑤ **무차별운임**(Freight all kinds rate, FAK) : 무차별운임은 화물, 장소 또는 화주에 관계없이 운송거리를 기준으로 일률적으로 부과되는 운임을 말한다.

(3) 특수운임

① **특별운임**(Special rate) : 특별운임은 해운동맹이 비동맹선사와 경쟁을 위해 일정기간 동안 일정조건이 충족될 경우에 정상 요율을 할인하여 적용하는 운임을 말한다.

② **경쟁운임**(Open rate) : 경쟁운임은 정기선요율에 있어서 자동차, 시멘트, 비료, 광산물과 같은 선적단위가 큰 대량화물에 있어서는 해운동맹이 비동맹보다 경쟁력이 약한 경우 대량화물에 대해서는 요율을 별도로 정하지 않고 그 동맹선 회원사가 임의로 적용할 수 있는 운임을 말하는 것으로 경쟁력을 높이기 위해 사용된다.

③ **접속운임**(O.C.P. rate) : 미대륙에는 육상운송의 종착지 또는 정거장에 속하는 23개의 Overland Common Point(O.C.P.)가 있는데, 접속운임은 북미 태평양 연안 항만에서 양륙되어 북미 동부내륙으로 육상운송되는 화물(OCP carge)에 대하여 실제 운송거리보다 낮은 해상운임률을 적용하는 정책운임을 말한다. 미국 서해안에서 사우스다코다주, 노스다코다주, 네브라스카주, 말도나도주, 뉴멕시코주 등으로 운송되는 화물의 경우 대서양 및 걸프지역보다 운임이 많이 들 수 있으므로 할인요금을 적용하는 것이다.

④ **통운임**(Through freight) : 통운임은 일관된 운송계약에 의하여 최초의 적출지에서부터 최후의 목적지에 이르기까지의 전 운송구간에 대하여 통운송을 하는 경우 각 운송구간의 운임과 접속비용을 합하여 산출한 운임을 말한다.

⑤ **지역운임**(Local freight) : 지역운임은 화물의 전 운송과정에 있어서 주항구로부터 일부 내륙지역까지 운송에 대하여 별도로 책정한 운임을 말한다.

⑥ **박스운임**(Box rate) : 박스운임은 화물의 종류나 중량에 관계없이 무조건 컨테이너 한 대당 일정한 운임을 적용하는 것을 말한다.

(4) 할증운임

① **중량·장척·산화물 할증료**(Heavy·Lengthy·Bulky Carge surcharge) : 중량·장척·산화물 할증료는 중량화물, 장척화물 또는 산화물에 대하여 기본운임에 할증하여 부과하는 운임을 말한다.

② **양륙항 선택할증료**(Optional surcharge) : 양륙항 선택할증료는 양륙항이 정해지지 않은 상태에서 선적된 화물에 대하여 출항 후 양륙항을 선택하는 경우 부과되는 할증운임을 말한다.

③ **양륙항 변경할증료**(Diversion surcharge) : 양륙항 변경할증료는 지정된 양륙항을 운송 도중에 변경하는 경우 부과되는 할증운임을 말한다.

④ **피지항 할증료**(Out port surcharge) : 피지항 할증료는 해운동맹이 지정한 주항구 이외의 피지항에서 하역할 경우에 부과되는 할증운임을 말한다.

⑤ **체선·체화 할증료**(Congestion surcharge) : 체선·체화 할증료는 특정항구에서 체선으로 장기간의 정박이 필요한 경우 그 항구를 목적지로 하는 화물에 대하여 부과하는 할증운임을 말한다.

⑥ **유가할증료**(BAF : Bunker Adjustment Factor) : 유가할증료는 선박의 주연료인 벙커유의 가격변동에 따른 손실을 보전하기 위하여 연료가격이 일정수준 이상으로 상승하거나 특별히 가격이 높은 지역으로 항해할 경우에 부과되는 할증운임을 말한다.

⑦ **통화할증료**(CAF : Currency Adjustment Factor) : 통화할증료는 환율변동으로 선사가 입을 수 있는 손실을 보전하기 위하여 부과되는 할증운임을 말한다.

⑧ **환적료**(Transhipment surcharge) : 환적료는 화물이 운송 도중에 환적되는 경우 부과되는 할증운임을 말한다.

(5) 추가운임

① **터미널화물처리비**(THC : Terminal Handling Charge) : 터미널화물처리비는 화물이 컨테이너 터미널에 입고된 시점부터 본선의 선측까지 또는 본선의 선측에서 컨테이너 터미널의 게이트를 통과할 때까지의 화물 이동에 소요되는 화물처리비용을 말한다.

② **CFS 작업료**(CFS charge) : CFS 작업료는 LCL 화물을 FCL 화물로 적입하는 혼재작업이나 FCL 화물을 LCL 화물로 적출하는 분류작업에 대한 비용을 말한다.

③ **도착지화물 인도비용**(DDC : Destination Delivery Charge) : 도착지화물 인도비용은 북미에 도착하는 화물의 경우에 도착항에서 터미널 작업비용과 목적지까지의 내륙운송비용을 합하여 해상운임과는 별도로 발생하는 비용을 말한다.

④ **컨테이너세**(Container tax) : 컨테이너세는 운송시설의 확충을 위하여 항만 배후도로를 운송하는 컨테이너차량에 대하여 부과하는 지방세로 일종의 교통유발부담금을 말한다.

⑤ **서류발급비**(Document fee) : 서류발급비는 선사에서 선하증권, 화물인도지시서 등의 서류를 발급하는 비용을 말한다.

⑥ **체선료**(Demurrage charge) : 체선료는 선적 또는 양하 일수가 약정된 정박기간을 초과하는 경우 초과일수에 대하여 용선자가 선주에게 지불하는 금액으로, 1일 또는 1톤당 지불한다.

⑦ **지체료**(Detention charge) : 지체료는 화주가 허용된 시간 이내에 컨테이너 또는 트레일러를 선사의 CY로 반환하지 않을 경우 선사에 지불하여야 하는 비용을 말한다.

⑧ **공적운임**(Dead freight) : 공적운임은 실제로 선적한 화물량이 선복예약수량보다 적은 경우에 해당 부족분에 대하여 지불하는 운임을 말한다. 용선계약에만 적용되며, 일종의 손해배상금 형태로서의 위약금 성격을 지닌다.

⑨ **부두사용료**(Wharfage) : 부두사용료는 부두의 유지, 개조를 위하여 항만청에 납부하는 비용을 말한다.

4 정기선의 운송계약 및 운송절차

(1) 개품운송계약

개품운송계약은 선사가 다수의 화주로부터 화물의 운송을 개별적으로 인수하는 계약으로 다수의 화주의 화물을 혼재하여 운송한다. 일반적으로 정기선 화물운송에서 이용한다.

(2) 개품운송계약에 의한 수출자의 선적절차

① **계약체결** : 화주가 운항일정을 확인하고 선사에 선적요청서를 제출하면 선사는 운송계약예약서를 작성함으로써 운송계약이 성립한다. 선사는 선복예약서(Booking Note)를 화주에게 교부한다.

② **적화예약목록 송부** : 운송계약이 체결되면 선사는 적화예약목록을 화주와 본선에 통지한다.

③ **용적·중량증명서 발행** : 선사는 검량회사에 용적·중량증명서 발행을 요구한다.

④ **수출통관** : 화주는 수출신고를 한 후 세관으로부터 수출신고수리를 받는다.

⑤ **선적지시서 교부** : 선사는 선적요청서를 선복예약목록과 확인대조하고, 선적지시서(S/O : Shipping Order)를 화주에게 발행한다.

⑥ **물품인도, 선적 및 검수** : 화주 또는 화물운송주선업자는 물품을 창고 또는 Apron에 반입한 후 선적지시서, 본선수취증(M/R : Mate's Receipt) 및 수출신고필증을 선적대리점에 제출한다. 선적지시서와 수출신고필증의 대조확인 후 본선적재가 이루어지며, 선적 이후에는 선적에 대한 검수 후 검수표가 발행된다.

⑦ **본선수취증**(M/R : Mate's Receipt) **서명** : 일등항해사는 이상이 없는 경우 본선수취증에 서명하여 검수인에게 교부하고 물품은 선창에 적부시킨다.

⑧ **선하증권 발급** : 화주는 본선수취증을 선사에 제출하여 선하증권을 발급받는다.

⑨ **적부도 등 서류 인도** : 본선은 선적완료 후 Hatch list, 적부도(Stowage plan), 선복보고서, 적화감정보고서 등을 작성하여 선사에 인도한다.

⑩ **적하목록**(M/F : Manifest) **및 운임표 등 송부** : 선사는 적하목록을 작성하여 본선과 대리점에 송부하고 운임표와 선적사고화물목록을 작성하여 도착지에 송부한다.

> **?TIP** 파손화물보상장(L/I : Letter of Indemnity)을 발행하는 경우
>
> 물품 검수인은 선적지시서 기재내용과 적부된 화물이 일치하지 않거나 화물에 이상이 있는 경우에는 검수표에 해당 내용을 기재하고, 일등항해사는 이러한 내용이 기입된 본선수취증을 서명하여 교부하는데 이러한 본선수취증을 고장부본선수취증이라 한다. 고장부본선수취증이 발행된 경우 고장부선하증권이 발행되는데 이는 신용장거래에서 적절하지 않으므로 화주는 선사에 파손화물보상장을 발행하고 부고장 선하증권을 발급받아야 한다.

(3) 수입자의 양륙절차

① **선적통지** : 수입자는 선적통지(Shipping notice)를 받은 후 본선 입항예정일을 확인한다.

② **서류 입수** : 수입자는 통관 및 물품인수에 필요한 선하증권, 상업송장, 포장명세서 등을 입수한다.

③ **적하목록 제출** : 본선이 입항하면 선사에 적하목록을 제출한다.

④ **물품도착통지** : 본선이 입항하면 선사는 수입자에게 본선도착사실을 통지하고 화물인수를 요청한다.

⑤ **선하증권 제출** : 수입자는 수출자 또는 은행으로부터 입수한 선하증권을 선사에 제출한다.

⑥ **화물인도지시서(D/O : Delivery Order) 제출** : 선사는 선하증권과 상환으로 화물인도지시서를 수입자에게 교부하고 수입자는 이를 본선에 제출한다.

⑦ **수입통관** : 수입자는 양륙된 화물을 보세구역에 반입한 후 수입신고를 하고 수입신고수리를 받는다.

⑧ **물품반출** : 수입자는 보세구역에 수입신고필증을 제시하고 물품을 반출한다.

5 정기선과 해운동맹

(1) 해운동맹의 의의

해운동맹은 특정항로에 배선하고 있는 둘 이상의 해운업자들이 상호 간의 독립성을 유지하면서 경쟁을 피하고 상호 이익을 증진하기 위해 해상화물의 운임, 기타 영업조건에 대해 협정 또는 계약을 체결하는 국제 해운카르텔을 의미한다.

(2) 해운동맹의 목적

해운동맹의 목적은 가맹선사 상호 간의 운임, 기항지, 배선수, 적취비율 등을 협정함으로써 부당경쟁을 피하고 비동맹선과의 경쟁에 공동대처하며 일정한 운임률을 안정적으로 유지함으로써 유리한 지위를 차지하고자 하는 것이다.

(3) 해운동맹의 종류

① **개방식 동맹** : 일정수준의 서비스능력을 갖춘 선사인 경우에는 동맹선사에 자유롭게 가입할 수 있는 미국식의 해운동맹을 말한다.

② **폐쇄식 동맹** : 가입과 탈퇴에 제한이 있으며, 동맹선사들의 기득권을 존중하고 기존 질서유지를 원하는 보수주의적 성향이 강한 유럽식의 동맹을 말한다.

(4) 해운동맹의 장점

① **안정된 운임** : 해운동맹은 동맹선사 간의 운임협정을 통하여 장기적으로 운임률과 운임변동률의 안정을 도모하고 있다.

② **정기운송의 유지** : 해운동맹을 통해 일정한 항로를 정기적으로 운항하므로 무역량이 증대되고 국제운송의 안정과 국가 간의 물품의 유통이 원활하게 된다.

③ **양질의 운송서비스 제공** : 해운동맹은 항로의 안정성이 확보되므로 정기항로에 양질의 운송선이 확보되고 신속하고 안전한 항해가 가능하다.

④ **배선의 합리성** : 해운동맹의 결성으로 동맹선사 간에 배선계획을 조정하기 때문에 과다경쟁을 방지할 수 있고 합리적인 배선이 가능하다.

⑤ **균등운임** : 해운동맹은 모든 화주에게 균등한 운임률을 적용한다.

(5) 해운동맹의 단점

① **독점성** : 해운동맹은 독점적 성격이 있기 때문에 운송인의 과대이윤을 추구하며 클레임을 회피하며 운임변경의 일방적인 결정 등 화주에게 불리한 조치를 취할 수 있다.

② **운임의 자의적 결정** : 해운동맹은 운임결정이 운임의 원가적인 측면보다는 동맹의 정책에 따라 결정하므로 운임률이 불합리하게 책정될 수 있고, 운임환불시 임의로 유보기간과 계산기간을 정할 수 있다.

③ **화주의 구속** : 해운동맹은 계약운임제 및 운임연환급제 등 여러 방법을 활용하여 화주를 필요 이상으로 구속하는 경향이 있다.

④ **합리성 결여** : 해운동맹은 집합독점이므로 합리성이 결여되기 쉽다.

(6) 해운동맹의 운영방식

① **대내적 운영방법** : 각 해운동맹은 가맹선사들 사이의 내부경쟁을 막기 위하여 다음과 같은 규제 방법을 사용하고 있다.

　㉠ **공동계산협정(Pooling agreement)** : 특정(이익이 큰) 항로에 취항 중인 가맹선사들이 일정 기간 동안의 운임수입 중 전부나 일부를 갹출해서 공동기금을 형성한 후 미리 정한 비율에 따라 이를 각 사에 배분하는 방법이다.

　㉡ **항해(배선)협정(Sailing agreement)** : 동맹이 일정항로 상의 배선·선복량·항해빈도수 등 운항의 제 조건을 할당, 제한 및 협정하여 과당 경쟁을 방지하기 위한 것을 말한다.

　㉢ **운임협정(Rate agreement)** : 모든 해운동맹에 공통되는 기본적인 협정이다. 사전에 협정한 동일한 운임률을 사용하도록 하여 운임경쟁을 막기 위한 것으로서, 협정운임률의 변경 시에는 가맹선사들의 동의가 필요하다.

      ㉣ **공동운항**(Joint Service) : 동일한 항로에 배선하고 있는 둘 이상의 선사가 배선을 통일하여 운항하는 것으로, 정기선 항로에서 2개 이상의 선사가 선박을 합작기업형태로 운항하는 것을 말한다.

      ㉤ **중립감시기구**(Neutral Body) : 동맹 회원 선사 간의 건전한 상거래 질서의 유지를 위하여 설립한 감시기구를 말한다.

  ② **대외적 운영방법**(화주 구속 수단)

      ㉠ **계약(이중)운임제**(Contract rate system, Dual rate system) : 계약운임제란 화주가 동맹 선사에만 선적하기로 계약한 경우 공표운임률보다 낮은 계약운임을 적용하는 이중운임제도로서, 만약 계약화주가 사전 양해 없이 맹외(盟外)선박을 이용하게 되면 위약금을 물거나 계약거부 등의 제재조치가 따른다.

      ㉡ **운임연환급제**(Deferred rebate system, 운임연할려제) : 운임연환급제란 화주가 일정기간 맹외선박에 일체 선적하지 않았을 때에 그 기한 내의 지급운임의 일정부분을 환급받을 자격을 얻게 되고, 다음 일정기간도 동맹선만 이용하면 그 금액을 환급해 주는 제도이다. 가장 가혹한 화주 구속 수단으로 알려져 있다.

      ㉢ **충실보상제**(Fidelity rebate system, 운임할려제) : 충실보상제란 일정기간 화물을 동맹선에만 선적한 화주에 대해 그 기간 동안 선박회사가 받은 운임의 일정비율을 통상 4개월이 지나면 환급해 주는 제도로서, 운임연환급제와는 달리 유보기간이 없다.

      ㉣ **투쟁선**(Fighting ship, 맹외 대항선) : 동맹선에만 전적으로 선적한다는 계약을 동맹과 체결한 동맹화주에게는 표정운임률(Tariff Rate) 보다 낮은 운임률을 적용하고, 이러한 계약을 체결하지 아니한 일반화주에게는 표정운임률을 적용하는 방식이다. 계약운임제의 대상에서 제외된 화물을 비동맹화물 또는 자유화물(Open Cargo)이라고 한다.

05 부정기선 운송

1 부정기선

(1) 부정기선의 개념

부정기선(Tramper)이란 고정된 항로 없이 수요에 따라 운항되며, 항로나 항해에 아무런 제한을 받지 않고 화물이 있는 경우 또는 화주의 요구가 있는 경우에만 화주와 용선계약을 체결하고 운송하는 선박을 말한다. 부정기선이 주로 운송하고 있는 화물은 운송 수요가 급증하는 화물과 살화물(Bulk cargo) 등이 그 대상이다.

(2) 부정기선의 특성

① 운송계약은 용선계약(Contract of carriage by charter party)에 의한다.

② 고정 항로가 없기 때문에 항로의 선택이 자유롭다.

③ 운임이 수요 · 공급에 따라 수시로 변동하고, 정기선보다 대체로 운임률이 낮다.

④ 선복의 공급이 물동량변화에 대하여 비탄력적이므로 선복수급이 불균형하게 된다.

2 용선운송계약

(1) 용선운송계약의 의의

용선운송계약은 화물을 운송하기 위해 화주가 선박회사로부터 선복의 일부 또는 전부를 빌리는 계약을 말하며, 철광석 · 곡물 등과 같이 일시에 대량운송이 필요한 화물의 운송에 이용되고, 보통 부정기선이 사용된다. 용선운송계약에서는 개품운송계약에서와 달리 화주와 선주 간에 용선계약서(Charter party)를 작성하게 된다.

(2) 용선운송계약의 형태

용선운송계약은 일부용선계약(Partial charter)과 전부용선계약(Whole charter)으로 구분해 볼 수 있다.

① **일부용선계약**(Partial charter) : 용선운송계약시 선복의 전부를 빌리는 것이 아니고 일부만 차용하는 경우 체결되는 계약이다.

② **전부용선계약**(Whole charter) : 전부용선계약이란 용선계약시 선복의 전체를 빌리는 계약을 말하는데, 다음과 같이 나뉜다.

㉠ **기간(정기)용선계약**(Time charter) : 선주(Owner)가 내항성을 갖추고 선박에 필요한 선박 용구 및 선원을 갖추어 일정기간 용선자(Charterer)에게 용선하며, 용선자는 그 기간을 기준으로 용선료를 지불하는 계약이다. 선주는 감가상각비, 보험료 등의 간접비와 선원비, 수리비, 선용품비 등 직접비를 부담하고, 용선자는 용선료 외에 연료비, 항만사용료, 하역비 등 운항비를 부담하게 된다. 또한 선장에 대한 지휘권을 용선자가 보유한다. 용선자는 자신의 화물을 운송하는 경우도 있지만, 대부분 운임과 용선비의 차액을 노리는 전문해운업자들이 이용하는 용선 형태이다.

ⓛ 항해용선계약(Voyage charter) : 화주가 선박을 특정 항구에서 특정 항구까지 일항차 또는 수개항차에 걸쳐 용선하는 운송계약이다. 용선료는 적하의 '톤당 얼마'와 같이 운송화물의 중량에 따라 지급한다. 선주가 선비 및 운항관련 비용 모두를 부담하기 때문에 화주의 부담은 없다. 항해용선은 다음과 같이 분류된다.

　　ⓐ 선복용선계약(Lump sum charter) : 항해용선계약과 동일하나 화물의 중량에 관계없이 용선료를 '한 항해당 얼마'라고 포괄적으로 약정하는 점이 다르다. 화주는 물품을 자신이 빌린 선복에 다 채우든 못 채우든 선복운임(Lump sum freight)을 모두 부담한다.

　　ⓑ 일대용선계약(Daily charter) : 본선의 적재일부터 양륙항에서 화물인도 완료시까지 '1일당 얼마'라고 용선요율을 정하여 선복을 임차하는 계약이다.

ⓒ 나용선계약(Bareboat charter) : 용선자가 선박을 제외한 선원·장비·소모품 일체에 관한 책임을 지며, 선주는 단지 선체만 빌려주는 용선계약을 말한다. 우리나라의 경우 선박 부족으로 외국 선박을 나용선해서 선원, 장비를 갖추어 재용선(Sub-charter)하고 있다. 통상 장기간에 걸쳐 체결되고, 계약이 만료되면 소유권이 선주로부터 용선인에게 이전된다 하여 Demise charter라고도 한다.

(3) 용선운송계약의 체결절차

① 송하인은 중개인(Broker)을 통하여 선복(Ship's space)을 의뢰한다.
② 중개인은 여러 조건을 고려하면서 선사에 선복을 조회(Inquiry)한다.
③ 조회를 받은 선사는 조건이 맞는 경우 화주에게 직접 용선계약을 체결할 것을 내용으로 하는 Firm offer를 제시한다.
④ 선사가 제시한 오퍼의 유효기간 내에 화주가 승낙을 하면 용선계약이 성립되며, 증빙서류로서 선복확약서(Fixture note)를 작성한다.
⑤ 추후에 선복확약서를 근거로 정식 용선계약서(Charter party)를 작성한다.

(4) 항해용선계약의 주요내용

① Not Before Clause : 선박이 도착예정일보다 늦게 도착하거나 빨리 도착하는 경우에 부선료나 하역대기료 등 화주에게 손실이 발생하게 되며 이러한 손실로 인해 하역수배 등 지장을 받을 염려가 있을 때 본선이 선적준비완료 예정일 이전에 도착하여도 하역을 하지 않는다는 조항이다.
② 유치권 조항(Lien clause) : 화주가 운임 등 경비를 지급하지 않는 경우에 선주가 운임 또는 용선료의 지급을 확보하기 위하여 선주 측에 화물압류의 권리가 있다는 조항이다.
③ 공동해손 조항(General average clause) : 공동해손에 대해서는 다른 법규나 관습을 배제하고, 1974년의 요크 앤트워프 규칙(York Antwerp Rules 1994)이 적용된다.
④ 면책조항(Exception clause) : 일정한 종류의 위험이나 우발사고 또는 태만으로 인해 손해가 발생한 경우에 선주가 책임지지 않는다는 선주면책조항이다. 면책조항에는 전쟁조항, 동맹파

업조항, 결빙조항, 선주면책조항, 이로조항 등이 있다.

⑤ **해약조항**(Canceling clause) : 계약된 날짜에 선박이 준비되지 않은 경우 선주는 용선주의 손실에 대하여 배상책임이 있으며 용선자가 계약을 취소할지 여부에 대하여 선택할 수 있도록 한 조항이다.

⑥ **휴항조항**(Off hire clause) : 정기용선계약에 있어서 선체의 고장이나 해난 때문에 용선자가 용선을 사용할 수 없게 된 경우 그 기간을 휴항(Off hire)으로서 용선을 일시 정지한 기간으로 간주한다. Off hire 기간은 용선기간에서 제외되고 용선료의 지급도 중지된다. 불가항력에 의한 휴항의 처리와 휴항의 상태가 어느 정도 계속되면 Off hire가 되는가 등은 휴항약관(Off hire clause)의 규정에 따른다.

(5) 항해용선계약서의 표준약관 GENCON(1994)의 주요내용

① **선박소유자의 책임 조항** : 선박소유자나 그 사용인이 선박의 감항능력에 대한 주의의무를 해태하지 아니한 이상 선박소유자는 물건의 멸실, 훼손 또는 인도지연에 대하여 어떠한 책임도 지지 않는다는 규정이다.

② **이로조항** : 이로는 원칙적으로 금지되나, 인명재산의 구조목적 기타 이로를 할 수 있는 이로자유약관 조항을 규정한 것이다.

③ **Not Before Clause** : 선박이 도착예정일보다 늦게 도착하거나 빨리 도착하는 경우에 부선료나 하역대기료 등 화주에게 손실이 발생하게 되며 이러한 손실로 인해 하역수배 등 지장을 받을 염려가 있을 때 본선이 선적준비완료 예정일 이전에 도착하여도 하역을 하지 않는다는 조항이다.

④ **정박기간** : 선적·양륙을 위한 정박기간과 그 기산에 관한 규정이다. 선적기간과 양륙기간은 이를 각각 따로 정하는 방법과 통산하여 한꺼번에 정하는 방법이 있다. 정박기간의 개시는 선적(양륙)준비 완료통지가 오전에 있는 경우에는 당일 오후 1시, 동 통지가 오후에 있는 경우에는 익일 오전 6시에 각각 기산한다. 또 정박기간 개시 이전 용선자에 의하여 사용된 시간도 정박기간에 산입된다. 계약서 16번 난에는 (a)(b)와 (c) 두 가지 중 하나만 선택적으로 기재한다.

⑤ **체선료** : 체선료는 일수 단위 뿐만 아니라 그 이하의 부분적 비례에 따라 계산하며, 선박소유자의 청구서를 받는 즉시 지급하여야 한다. 체선료가 지급되지 아니하는 경우 선박소유자는 96 연속시간 이내에 이행지체를 해결하도록 용선자에게 서면으로 통지하여야 한다. 체선료가 이러한 시한이 종료되기까지 지급되지 아니하고 선박이 선적항에 있는 경우 선박소유자는 언제나 용선계약을 해제하고 그로 인한 손해의 배상을 청구할 수 있다.

⑥ **유치권 조항** : 선박소유자는 용선료, 공적운임, 체선료, 손해배상금액, 그 밖에 이 용선계약에 따라 지급받을 기타 금액과 이를 확보하기 위한 구상비용을 위하여 화물 및 화물과 관련하여 지급될 운임부대비용 위에 유치권을 가진다.

⑦ **휴항조항**(Off hire clause) : 정기용선계약에 있어서 선체의 고장이나 해난 때문에 용선자가 용선을 사용할 수 없게 된 경우 그 기간을 휴항(Off hire)으로서 용선을 일시 정지한 기간으로

간주한다. Off hire 기간은 용선기간에서 제외되고 용선료의 지급도 중지된다. 불가항력에 의한 휴항의 처리와 휴항의 상태가 어느 정도 계속되면 Off hire가 되는가 등은 휴항약관(Off hire clause)의 규정에 따른다.

⑧ **계약해제 조항** : 선박의 선적준비가 완료되지 아니하는 경우 용선자의 계약 해제권 행사에 관한 요건과 절차를 규정한 것이다. 제1차적으로 용선자는 용선계약서에 기재된 계약해제일자에 해제권을 행사할 수 있으며, 당사자 간에 새로운 선적준비 완료일자를 합의한 경우에는 그 일자로부터 7일째가 제2차적 계약해제일이 된다. 제2차적 계약해제일은 확정적이며, 더 이상 연장할 수 없다.

⑨ **공동해손 및 뉴 제이슨 조항**(New Jason Clause) : 공동해손 정산장소는 당사자간의 특약이 없는 한 요크앤트워프규칙에 따라 런던으로 하고 있다. 사고 장소가 미국 영해인 경우에 대비하여 미국법의 적용과 뉴 제이슨조항(New Jason Clause)을 규정하였다. 뉴 제이슨조항은 선박소유자가 미국해상물건운송법 기타 법령에 의하여 면책되는 한 설사 선박소유자에게 과실이 있더라도 화주는 공동해손을 분담하여야 한다는 내용이다. 우리법상으로도 사고의 원인에 관계없이 공동해손이 성립하므로 그 효력에는 문제가 없다.

(6) 표준항해용선계약서

1. Shipbroker(선박중개인)	이 표준항해용선계약서는 Baltic and International Maritime Council Uniform General Charter, GENCON 1994를 모델로 하여 작성한 것임.
	2. Place and date(장소 및 일자)
3. Owners/Place of business(선박소유자/영업소)	4. Chaterers/Place of business(용선자/영업소)
5. Vessel's name(선박명)	6. GT/NT(총톤수/순톤)

7. DWT all told on summer load line in metric tons(하계 만재흘수선을 기준으로 한 재화중량 톤수를 M/T로 표기)	8. Present Position(선박의 현재위치)
9. Expected ready to load(선적준비예정일)	
10. Loading port or place(선적항 또는 장소)	11. Discharging port or place(양륙항 또는 장소)

12. Cargo (also state quantity and margin in Owners' option, if agreed; if full and complete cargo not agreed state "part cargo") [화물 (만약 합의하였다면, 선박소유자의 선택권이 있는 수량과 여유분이라고 기재하고, 화물의 중량과 용적의 최대한 적재가 합의되지 않았다면 "부분화물"이라고 기재)]

13. Freight rate (also state whether freight prepaid or payable on delivery)(용선료(선지급 또는 착지급 기재))	14. Freight payment (state currency and method of payment; also beneficiary and bank account(용선료의 지급(통화, 지급방법, 수령인, 은행계좌 기재))
15. State if vessel's cargo handling gear shall not be used(선박의 화물처리장치사용여부)	16. Laytime (if separate laytime for load. and disch. is agreed, fill in a) and b). If total laytime for load. and disch., fill in c) only) (정박기간 (선적과 양륙의 별도정박기간 합의시 a)와 b)기재, 선적과 양륙의 통산정박기간 합의시 c)만 기재))
17. Shippers/Place of business(선적의뢰인/ 영업소)	(a) Laytime for loading(선적기간)
18. Agents(loading)(대리인(선적))	(b) Laytime for discharging(양륙기간)
19. Agents(discharging)(대리인(양륙))	(c) Total laytime for loading and discharging (선적·양륙의 통산 정박기간)

20. Demurrage rate and manner payable (loading and discharging)(체선료 및 지급방법(선적 및 양륙))	21. Cancelling date(계약해제일자)
	22. General Average to be adjusted at(공동해손정산장소)
23. Freight Tax(state if for the Owners' account) (용선료세금(선박소유자계산 기재))	24. Brokerage commission and to whom payable(중개수수료 및 수령인)
25. Law and Arbitration(state 19 (a), 19 (b) or 19 (c) of Cl. 19; if 19 (c) agreed also state Place of Arbitration)(if not filled in 19 (a) shall apply) (준거법(19조) 및 중재/재판관할(20조))	
(a) State maximum amount for small claims/ shortened arbitration	26. Additional clauses covering special provisions, if agreed(합의된 특약조항)

It is mutually agreed that this Contract shall be performed subject to the conditions contained in this Charter Party which shall include Part I as well as Part II. In the event of a conflict of conditions, the provisions of Part I shall prevail over those of Part II to the extent of such conflict. 이 계약은 제1부와 제2부로 구성되는 이 용선계약서에 규정된 조건에 따라 이행할 것을 상호 합의한다. 규정조건이 상충되는 경우에는 그 상충의 범위 내에서 용선계약서 제1부의 규정이 제2부 규정에 우선하는 것으로 한다.

Signature(Owners)(서명(선박소유자))	Signature(Charterers)(서명(용선자))

3 하역비 부담조건

하역비란 운송화물을 선적하거나 양륙하는 데 소요되는 비용을 말하며, 정기선 운송의 경우에는 이러한 하역비용을 포함하여 운임이 결정되기 때문에 하역비에 대한 약정이 필요 없으나, 용선은 주로 하역비용이 많이 드는 대량화물을 대상으로 하기 때문에 선적비와 하역비를 누가 부담할 것인가를 약정해야 한다.

(1) Berth term(Liner term, Gross term)

선적시 및 양륙시의 하역비를 모두 선주가 부담하는 조건으로서, 정기선 운송에 많이 이용되며 이러한 비용은 이미 해상운임에 포함되어 있다.

(2) FIO(Free In & Out)

선적 및 양하시의 하역비를 모두 화주가 부담하는 조건으로서, 용선운송에서 많이 이용된다.

(3) FI(Free In)

선적항에서의 선적시에 그 하역비를 화주가 부담하는 조건으로서, 양륙시에는 선주가 부담한다.

(4) FO(Free Out)

선적항에서의 선적시에는 하역비를 선주가 부담하고, 도착항에서의 양륙시에는 화주가 부담하는 하역조건을 말한다.

(5) FIO stowed and trimmed

선적항 및 양륙항에서의 선적비·양하비·본선 내 적부비 및 선창 내 화물정리비까지를 화주가 부담하는 조건이다.

4 정박기간

(1) 정박기간(Laydays, Laytime)의 표시

용선계약에서 화주가 계약 화물의 전량을 선적 또는 양륙하기 위해서 본선을 선적항 또는 양륙항에 정박시킬 수 있는 기간으로서, 기간 초과시 화주가 체선료를 지급하고 기간 단축시 선사가 조출료를 지급하게 된다. 정박기간은 화물의 종류·항구 상황·상관습 등을 고려하여 CQD, Running Laydays, WWD와 같은 방법으로 계산한다.

① **관습적 조속하역**(Customary Quick Despatch : CQD) : 이는 일정기간을 약정하지 않고 본선이 정박 중인 항구의 관습적 하역방법이나 하역능력 등에 따라 가능한 한 빨리 하역하도록 약정하는 것이다. 이때 불가항력에 의한 하역 불능은 기간에 산입되지 않고 일요일·공휴일 및 야간작업의 산입 여부는 항구의 관습에 따른다.

② **지속기간**(Running Laydays) : 하역작업이 시작된 날로부터 종료시까지의 경과일수로 정박기간을 정하는 방법으로서, 불가항력·일요일 및 공휴일 모두 정박기간에 계산된다.

③ **청정작업일**(Weather Working Days : WWD) : 하역이 가능한 기후하의 작업일만을 정박기간으로 하는 방법으로서, 가장 많이 사용된다. 하역가능일은 화물의 종류·수량에 따라 상이한 경우가 있으므로 선장과 선주가 협의하여 결정한다. WWDSHEX(Weather Working Days Sundays and Holidays Excepted)라 부기되어 있으면 일요일과 공휴일의 작업은 정박기간에서 제외되며, WWDSHEXUU(Weather Working Days Sundays and Holidays Excepted Unless Used)라고 부기되면 일요일과 공휴일에 한 작업은 정박기간에 포함된다.

(2) 정박기간의 시기와 종기

① **시기** : 일반적으로 하역준비완료통지서(Notice of Readiness : N/R)가 전달된 시점부터 시작하는 것으로 본다. 이 통지를 오전에 한 경우 오후 1시부터, 오후에 한 경우 다음날 오전 6시부터 기산하는 것이 일반적이다.

② 종기 : 정박기간의 종기는 하역종료시, 출항준비완료시, 하역지출항시의 세 가지 기준이 있는데 일반적으로는 하역종료시를 기준으로 한다.

(3) 체선료와 조출료

① 체선료(Demurrage) : 약정된 기일 이내에 하역을 종료하지 못한 경우 초과된 정박기간에 대하여 화주가 선주에게 위약금조로 지급하는 금액을 말한다.

② 조출료(Dispatch money) : 용선계약서상 허용된 정박기일 종료 이전에 하역이 완료된 경우 그 절약된 기간에 대해 선주 또는 용선자가 화주에게 지급하는 보수금을 말한다.

🕐 핵심포인트

개품운송계약과 용선운송계약의 비교

구 분	개품운송계약	용선운송계약
거래 내용	선주는 다수의 화주로부터 위탁받은 개개 화물의 운송을 인수한다.	선주는 특정의 상대방과 특약하여 선복을 빌려 주어 운송을 인수한다.
선 박	정기선	부정기선
화 주	불특정 다수 화주	특정 화주
화 물	잡화와 같은 비교적 작은 화물, 소량 화물, 컨테이너화물, 포장화물	살화물(Bulk cargo)
문서화	선하증권	용선계약서
운임률	공시운임률	수급에 의한 시세
하역비	Berth term(Liner term)	FI, FO, FIO
준거법	성문법(Hague rule 등)이 존재	보통법(계약자유의 원칙)

06 선하증권

1 의 의

선하증권이란 화주와 선박회사 간 해상운송계약에 의해 선박회사가 발행하는 것으로서, 선박회사가 화주로부터 위탁받는 화물을 선적 또는 선적을 목적으로 수탁한 사실과 화물을 지정된 목적지까지 운송하여 증권의 소지자에게 증권과 상환으로 운송화물을 인도할 것을 약속한 수취증권이자 유가증권이다.

2 선하증권의 기능

(1) 화물수령증(Receipt of goods)

선박회사나 그 대리인이 송하인으로부터 선하증권에 기재된 화물과 똑같은 계약서상의 물품을 인수·수령했다는 화물 영수의 추정적 증거로서, 수령증의 기능을 가진다.

(2) 운송계약의 증거(Evidence of contract)

선하증권은 운송계약을 전제로 발행되는 계약 존재의 입증의 증거가 된다. 개품운송계약에서는 선하증권 자체가 운송계약의 증빙이 되며, 선주가 선하증권을 발행하면 선주와 화주 간에 운송계약이 존재하는 것으로 간주된다.

(3) 권리증권(Document of title)

선하증권에 기재된 물품을 대표하는 권리증권으로서, 증권의 소유자나 배서인은 선하증권의 양도나 배서에 의해 물품을 타인에게 처분할 수 있다.

3 선하증권의 법적 성질

(1) 유가증권성

선하증권은 물품의 동일성을 보증하는 권리와 의무를 표시하고 물품의 처분권 및 인도청구권이 명시되어 있고 이러한 사항들이 법적으로 보증되는 유가증권의 성질이 있다.

① 유통증권성 : 선하증권은 화물의 권리를 대표하는 유가증권으로 배서나 교부에 의해 권리가 이전되는 유통성이 있다.

② 요인증권성 : 선하증권은 증권상의 권리가 그 원인이 되어 있는 법률관계와 관련이 있는 증권으로 운송계약에 따라 운송인이 화물을 인수하였다는 원인에 의해 발행된다.

③ 요식증권성 : 선하증권은 법률 또는 선하증권 준거법에 명시된 법적 기재사항이 있어야 효력이 발생되는 요식증권이다.

(2) 지시증권성

선하증권은 증권상의 관리자가 타인을 새로운 권리자로 지시함으로써 물품의 권리를 양도할 수 있다.

(3) 인도증권성

선하증권을 정당한 소지인에게 인도한다는 것은 해당 선하증권에 기재된 물품을 인도하는 것과 동일한 효력이 있다.

(4) 채권증권성

선하증권의 정당한 소지인은 선하증권을 발급한 운송인에 대해 화물인도를 요구할 수 있는 채권과 같은 성질을 가진다.

(5) 제시증권성

선하증권의 제시가 없는 한 채무자가 변제를 할 필요가 없는 제시증권이다.

(6) 상환증권성

화물의 인도는 선하증권과의 상환으로만 청구할 수 있다.

(7) 처분증권성

선하증권을 작성한 경우에는 물품에 대한 처분은 선하증권으로 하여야 한다.

4 선하증권의 종류

(1) 적재 여부에 따라

① 선적선하증권(Shipped or On board B/L) : 화물이 실제로 특정 선박에 선적되었다는 취지가 기재된 선하증권으로서, 선하증권의 법적 성질이나 요건이 모두 갖추어진 것이다. 증권의 발행일자가 곧 본선적재일자가 된다.

② 수취선하증권(Received B/L) : 화물이 선적을 위하여 수취되었다는 취지가 기재된 선하증권으로서, 수취선하증권 발행 후 선적이 실제로 이루어진 날을 기입하여 선박회사 또는 그의 대리인이 서명하면(On Board Notation, 본선적재부기) 선적선하증권과 동일한 효력을 가진다. 수취선하증권에는 Port B/L과 Custody B/L 등이 있다.

(2) Remarks의 유무에 따른 분류

① 무사고선하증권(Clean B/L) : 계약 화물이 본선에 양호한 상태로, 신청 수량대로 적재되어 B/L의 비고란에 화물의 고장 문언이 기재되지 않고 발행된 선하증권을 말한다.

② 사고부선하증권(Foul, Dirty, Claused B/L) : 선적된 물품의 포장 상태가 불완전하거나 수량이 부족하면 이를 증권상의 비고란에 기재하게 되는데, 이런 사실이 기재된 선하증권을 말한다. 이러한 선하증권은 매입은행이 이를 거절할 수 있기 때문에 송하인은 파손화물보상장(L/I)을 선박회사에 제출하고 무사고선하증권을 교부받을 수 있다.

TIP 파손화물보상장(Letter of Indemnity : L/I)

1. 의 의
   수출업자가 화물 또는 포장의 손상시에 대체품이 없거나 시간 부족·원재료 부족 등으로 사고 물품을 그냥 선적해야 할 경우, 무사고선하증권을 발급받기 위해 선박회사에 제출하는 손상화물에 대한 보증서를 말한다.

2. 활용절차 및 활용예시
   ① 활용절차 : 해상운송에서 운송인은 화물을 인수할 당시에 포장상태가 불완전하거나 수량이 부족한 사실이 발견되면 사고부 선하증권(Foul B/L)을 발행한다. 사고부 선하증권은 은행에서 매입을 하지 않으므로, 송화인은 운송인에게 일체의 클레임에 대해서 송화인이 책임진다는 서류를 제출하고 무사고 선하증권을 수령한다.
   ② 활용예시 : L/I신용장으로 거래하는 화물을 선적한 선박의 일등 항해사가 선적물품에 하자가 있음을 발견하고 본 선수취증의 비고란(Remarks)에 이러한 사실을 기재하였다. 이 경우 화주는 L/I를 선사에 제출하고 Clean B/L을 발급받아 은행에 매입을 요청하는 조치를 할 수 있다.

3. L/I의 효과
   ① 수출업자 : 화물이 파손되어 클레임 제기시 파손화물보상장을 근거로 선박회사에 보상책임을 진다.
   ② 선박회사 : 운송 중 화물이 파손되어 수하인이 운송 클레임 제기시 L/I를 근거로 수출업자에게 보상책임을 청구할 수 있다. 하지만 선박회사는 L/I를 근거로 선하증권 소지인이 제기하는 운송클레임에 대한 면책을 주장할 수는 없다.
   ③ 수입업자 : L/I에 의해 가장 손해를 보는 입장으로서 추가선적이나 가격공제, 할인 등을 수출자에게 요구할 수 있다.
   ④ 보험회사 : L/I에 대한 아무런 책임이 없고, 수출업자가 L/I의 발행사실을 보험회사에 고지하지 않으면 사기로 간주한다.

(3) 수취인 표시방법에 따른 분류

① **기명식 선하증권(Straight B/L)** : 화물의 수취인으로 수입상을 수하인란에 기재한 선하증권으로서, 기명된 수하인이 배서를 해야만 유통 가능하다.

② **지시식 선하증권(Order B/L)** : 수하인란에 특정한 명칭이 없이 지시인만 기재하여 유통을 목적으로 하는 선하증권이다. 국제거래에서는 대부분 Order B/L을 사용하며 수입자 이름과 주소는 수하인란이 아니고 Notify party(착화통지처)란에 기재된다.

(4) 운송지역에 따른 분류

① **해양선하증권(Ocean B/L)** : 대양항로, 즉 국제해상운송에 의해 발행된 선하증권으로서, 무역거래시 사용하는 선하증권의 대부분이 해당된다.

② **내국선하증권(Local B/L)** : 내국선하증권이란 국내의 항구 간을 운항하는 선박에 의해 발행된 선하증권을 말한다.

(5) 유통가능 여부에 따른 분류

① **유통가능선하증권(Negotiable B/L)** : 선하증권은 주로 원본 3통이 한 세트로 발행된다. 유통가능선하증권이란 화물을 찾을 수 있고 은행에 제출할 수 있는 선하증권을 말하는데, Negotiable 또는 Original이라는 표시가 있다.

② 유통불능선하증권(Non-negotiable B/L) : 유통불능선하증권이란 원본 이외의 선하증권으로서 선하증권상에 Non-negotiable 또는 Copy라고 표시되어 있다.

(6) Master B/L(Groupage B/L)과 House B/L

① Master B/L(집단선하증권) : 운송화물이 LCL화물이거나 소량이면 운송회사가 같은 목적지로 가는 화물을 모아서 하나의 그룹으로 만들어 선박회사에게 인도하는데, 이때 선박회사가 운송 중개업자에게 발행하는 선하증권을 말한다.

② House B/L(혼재선하증권) : 운송업자가 선사로부터 집단선하증권을 발급받고 이러한 집단선하증권에 기초하여 운송업자 자신이 개개의 화주에게 발행하는 선하증권으로서, 수입상은 이 서류로 화물을 수령한다.

(7) Port B/L과 Custody B/L

① Port B/L : 선적될 화물은 부두 상에서 운송인의 보관하에 있고 지정된 선박이 입항은 되었으나 화물이 본선상에 아직 적재되지 않는 경우에 발행되는 수취선하증권의 일종이다.

② Custody B/L : 화물이 운송인에게 인도되었으나 지정된 선박이 아직 항구에 도착하지 않았을 때 발행하는 수취선하증권이다.

(8) 약식선하증권(Short Form B/L)

절차의 간소화를 위해 선하증권상에 기재된 장문의 약관을 생략한 것으로서, 분쟁이 발생하면 Long Form B/L의 약관에 따른다는 문언이 기재되어 있다.

(9) 기간경과선하증권(Stale B/L)

발행된 후 21일이 지난 뒤 은행에 제시하는 선하증권을 말하며, 특별히 'Stale B/L Acceptable'이라는 명시적인 조항이 없는 한 은행은 이러한 선하증권을 수리하지 않는다.

(10) 제3자선하증권(Third-party B/L)

B/L상의 송하인이 신용장상의 수익자가 아닌 제3자로 기재된 선하증권이다. 중계무역 등에서 사용된다.

(11) 선선하증권(Back-dating B/L)

선주와 화주가 계획적으로 선적 지연화물의 선하증권을 약정일 내(선적일 전)의 일부로 발행하는 것을 말한다.

(12) 전자식선하증권(Electronic B/L)

기존의 종이 선하증권을 발행하지 않고, 선하증권의 내용을 구성하는 정보를 전자적 방법에 의해 운송인의 컴퓨터에 보관하고 운송인이 부여한 '개인키(Private Key)'를 상용함으로써 물품에 대한 지배권 및 처분권의 권리를 그 권리자의 지시에 따라 수하인에게 그 정보를 전송하는 형식의 선하증권을 말한다. 관련 국제규칙으로는 「전자식 선하증권에 관한 CMI 규칙」이 있다.

(13) 적색선하증권(Red B/L)

선하증권과 보험증권을 결합시킨 선하증권으로서, 증권에 기재된 화물이 항해 중 사고가 발생하면 선박회사가 보상해 주는 선하증권이다. 선박회사는 해당 보험료를 운임에 포함시켜 화주에게 부담시키게 된다.

(14) 통과선하증권(Through B/L)

운송화물이 목적지에 도착할 때까지 서로 다른 둘 이상의 운송기관, 즉 해운(海運), 육운(陸運), 공운(空運)을 교대로 이용하여 운송되는 경우, 환적할 때마다 운송계약을 맺는 절차 및 비용을 절약하기 위하여, 첫 번째의 해상운송업자가 그 전운송구간(全運送區間)에 대해서 발행하는 선하증권이다. Through B/L의 경우, 해상운송인은 육상 운송수단을 수배하지만 송하인의 대리인으로서 행동할 뿐 책임이 있는 것은 아니다. Through B/L의 발행인은 해상운송의 이행과 해상구간의 손실만을 책임진다.

(15) 권리포기선하증권(Surrendered B/L)

해상운송인에게 화물의 운송을 의뢰한 송하인이 원본선하증권을 입수하고 수입자에게 발송하기 전에 수입국에 운송화물이 도착한 경우 수입상이 원본선하증권을 받아 화물을 인수하는 것은 물품인수의 지체를 야기하므로, 원본선하증권을 선사에 제출하고 운송화물을 수하인에게 직접 교부해줄 것을 의뢰하는 경우, 선사에 반환된 B/L을 말한다.

(16) Switch B/L

Switch B/L은 중계무역에 사용되는 B/L로 중계업자가 원매도인을 노출시키지 않기 위하여 화물을 실제 수출한 지역에 속한 선사가 발행한 B/L을 근거로 제3의 장소에서 원매도인을 중계업자로 교체하여 발급하는 B/L을 말한다.

5 선하증권의 발행 형식

(1) 기명식

수하인란에 특정인의 상호, 주소를 기입하는 방식으로 통상적인 유통이 불가능하다.

(2) 지시식

수하인란에 일정한 지시 문언이 기재된 선하증권으로 송하인의 배서로 자유로이 양도될 수 있다.
① **단순지시식** : 수하인란에 'To order'로 표기
② **기명지시식** : 수하인란에 'To order of ABC'로 표기

③ 선택지시식 : 수하인란에 'ABC or To order'로 표기

(3) 소지인식

수하인란에 'Bearer'로 표시한 것으로서 단순소지인식과 선택소지인식이 있는데, 선택소지인식은 수하인란에 'ABC or Bearer'로 기재한다.

(4) 무기명식

수하인란은 공란으로 두는 것을 말하며, 이 경우 선하증권은 소지인식처럼 취급된다.

6 선하증권의 양도

선하증권의 양도는 화물의 양도와 동일한 법률적 효력을 가지며, 양도의 대표적인 방법은 배서이다.

(1) 백지식 배서(Blank endorsement)

지시식 선하증권을 발행하여 피배서인은 적지 않고 백지 배서하면 그 다음부터 증권을 인수받는 사람에게 실질적 소유권이 이전하여 무기명식 발행과 동일한 효과가 있다.

(2) 기명식 배서(Full endorsement)

피배서인의 성명이나 상호를 기입하여 배서인이 서명하는 배서를 말한다. 선하증권에서 최초의 배서인은 선하증권상의 수하인이 된다.

(3) 지시식 배서(Order endorsement)

피배서인의 성명이나 상호가 명기되지 않고 지시인, 즉 송하인 또는 신용장 개설은행의 지시를 받아 그들이 지정한 자에게 화물을 인도하라는 문언과 함께 배서인이 서명한다.

(4) 소지인식 배서(Bearer endorsement)

피배서인은 지정하지 않고 단순히 소지인에게 인도하라는 취지의 인도 문언과 함께 배서인이 서명하는 방법이다.

> **TIP** 해상화물운송장(Sea Waybill)
>
> (1) 의 의
>   운송계약의 증거로서 해상운송에서 송하인과 운송인 간에 발행되는 단순한 화물의 수취증을 말한다. 이는 수하인이 본인이라는 것만 확인되면 물품을 인도하는 운송증권이다.
> (2) 특 징
>   ① 단순한 화물의 수취증이다.
>   ② 기명식으로 발행된다.
>   ③ 권리증권이 아니다.
>   ④ 비유통증권이다.

핵심포인트

AWB과 B/L의 차이점

① 유가증권성 : 선하증권은 증권 자체가 매매의 대상이 되는 유가증권이고, 반면 AWB는 단지 계약의 증빙으로서 화물 담보의 기능이 없으므로 유가증권이 아니다.

② 매매·양도의 법률적 효과 : B/L의 양도는 화물의 매매·양도와 동일한 법률적 효과를 발생시키지만, AWB의 양도는 그러하지 아니하다.

③ 권리증권 여부 : B/L은 정당한 배서에 의해 누구에게나 양도하는 권리증권이나, AWB는 기명식으로 발행되므로 운송장에 기재된 수하인이 아니면 화물을 인수할 수 없다.

④ 발행 방식 : B/L은 기명식·지시식 및 무기명식 중 하나로 발행되나, AWB는 기명식으로만 발행이 가능하다.

⑤ 발행 시기 : B/L은 선적식 서류인데 반해, AWB는 수취식 서류이다.

⑥ 발행 주체 : B/L은 선박회사나 그 대리인에 의해 발행되고, AWB는 송하인이 작성해서 항공사에 교부하지만 실제적으로는 항공화물대리점이 발행한다.

7 선하증권 이면약관 주요내용

(1) 지상약관(Paramount clause)

지상약관은 당해 해상운송계약이 어느 나라의 법에 준하느냐를 규정하고 있으며 모순되는 두 개의 법 적용이 문제가 되면 어느 나라 법을 우선적으로 적용하는지에 대한 문제를 정하는 조항으로 준거법을 결정하는 조항이다.

(2) 이로조항(Deviation clause)

인명 및 재산, 선박구조, 피난, 화객의 적양, 연료, 식량 등 필수물자의 적재를 위해서 항로 밖을 항행하거나 예정항이 아닌 다른 항에 기항할 수 있다는 취지를 특약하는 조항으로 이 조항에 대한 선박회사의 면책을 인명 및 재산의 구조를 위한 경우와 상당한 이유가 있는 경우로 한정하고 있다.

(3) 부지조항(Unknown clause)

선하증권에 있는 선주면책조항의 하나로 화물이 포장되어 있는 경우에는 그 내용물을 검사할 수 없기 때문에 "화물의 외관상 양호한 상태"로 선적하고 "외관상 이것과 유사한 양호한 상태"로 화물을 인도한다고 기재하고 선적화물의 내용, 중량, 용적, 내용물의 수량, 물품, 종류 및 가격에 대하여 선사는 책임지지 않는다는 취지를 특약하는 조항이다.

(4) 갑판적 화물(On deck cargo)

장척의 목재 및 철재, 각종 부패성 화물, 산동물 등 화물의 특성에 따라 선창 내에 적재할 수 없는 경우에는 갑판적하는 것이 일반적이며 이 경우 화주의 청구 및 승낙이 있어야 하는데, 선주는 선하증권에 "본선은 갑판적 화물의 위험에 대해서는 책임을 부담하지 않는다"라는 면책조항을 설정하고 있다.

(5) 히말라야약관(Himalaya clause)

히말라야약관은 이행보조자의 면책약관으로 이 약관에 의해 운송인이 발행한 선하증권에서 이행보조자는 운송인과 동일한 면책과 책임제한을 받으며, 화물의 손상에 대해서 화주로부터 선하증권의 책임과 면책의 범위를 벗어난 손해배상청구를 받지 않게 되었다.

(6) 쌍방과실충돌약관(Both to blame collision clause)

쌍방과실충돌약관은 미국과 영국의 피보험자보호에 대한 현저한 차이에 의하여 생겨난 약관이다. 영국은 쌍방과실에 의한 충돌의 결과로 각 선박의 적하에 손해가 생긴 경우 각 선박의 화주는 상대방선박의 과실비율에 따라 보상하며, 이 경우 선주는 항해과실로 인한 면책적용에 의해 자선화주에게는 면책된다. 그러나 미국은 연대책임을 지게 되므로 화주는 선박의 충돌로 인해 발생된 적하의 손해에 대하여 선하증권의 조항에 의해 자기 선박의 선주에게 손해배상청구를 할 수 없으나 상대선주로부터 전손액을 회수할 수 있기 때문에 자기 선박의 선주가 결과적으로 상대선주를 통하여 자선화주에게 간접적으로 배상을 하게 되는 것이다. 이에 따라 선하증권에서 쌍방과실충돌약관을 두어 선주가 자기 선박의 적하에 대하여 부담한 손해를 자기 선박의 화주에게 청구할 수 있도록 하고 있다.

07 해상운송 관련 국제규칙

1 헤이그 규칙(Hague Rules)

(1) 의 의

헤이그 규칙은 해상운송과 관련한 최초의 국제규칙으로 선하증권에 관한 규정의 통일을 위하여 1924년 브뤼셀에서 제정하여 1931년 발효되었다.

(2) 주요내용

① **적용범위** : 헤이그 규칙은 체약국에서 작성한 B/L에 한하여 적용되며, 적용되는 화물은 산동물, 갑판적 화물, 비상업적 특수화물을 제외한 모든 화물이다.
② **해상운송인의 책임** : 헤이그 규칙은 해상운송인 자신의 관리하에 있는 운송화물의 안전을 위하여 주의를 게을리하여 생긴 운송화물에 대한 멸실·손상에 대하여 배상책임을 지는 과실책임주의를 원칙으로 한다.

　　㉠ **선박의 감항성(Seaworthiness) 담보 주의의무** : 해상운송인은 선박이 항해 중에 일어날 수 있는 통상적인 위험을 극복하고 운송화물을 목적지까지 안전하게 운반하는 데 적합한 감항성 또는 감항능력을 유지하기 위하여 상당한 주의(Due diligence)를 다할 의무가 있으며, 이 의무를 게을리하여 생긴 결과에 대한 배상책임을 진다.

　　　화주가 운송인의 보관하에 손해가 발생하였고 감항능력주의의무 위반이라고 주장할 경우 운송인이 이를 반증하지 못한다면 운송인이 배상책임을 부담하지만, 운송인은 불감항으로 인한 손해가 아님을 입증하거나 자기 또는 그 사용인이 상당한 주의를 다하였다는 선박의 불감항에 관한 무과실을 입증할 경우 배상책임을 지지 않는다.

　　㉡ **화물에 대한 주의의무(상업과실 책임)** : 운송인은 화물을 적재, 취급, 선내작업, 운송, 보관, 관리 및 양하하는 데 적절하고 주의깊게 관리할 의무가 있으며, 이를 게을리함으로써 생긴 화물의 손해에 관하여 배상책임을 진다.

③ **해상운송인의 면책**

　　㉠ **항해상의 과실** : 운송인은 항행 또는 선박의 취급에 관한 선장, 해원, 도선사 또는 사용인의 작위, 부주의 또는 과실로 인하여 생긴 화물의 손해에 대하여 책임을 지지 않는다. 해상운송인은 항해상 과실에 대하여 면책되기 위해서는 그 손해와 항해상의 과실 사이에 상당인과관계가 있음을 입증하여야 한다.

　　㉡ **화재** : 운송인은 자기 자신의 고의 또는 과실로 인한 것이 아닌 한 화재로 인한 화물의 손해에 대하여 손해배상책임이 없다.

　　㉢ **면책 카탈로그** : 헤이그 규칙에서는 항해상의 과실, 화재를 포함하여 총 17가지의 운송인의 면책을 규정하는 면책 카탈로그를 규정하고 있으며, 그 주요내용으로는 항해상의 과실, 화재, 해상고유의 위험, 불가항력, 전쟁위험, 공적위험, 공권력 작용, 검역상 제한, 송하인 과실, 노사분쟁, 폭동 또는 내란, 해상구조, 화물고유의 하자와 포장 및 화인의 불충분, 잠재적 하자, 운송인 측의 무과실 등이 있다.

④ **책임기간** : 운송인의 책임기간은 물품이 선박에 적재된 순간부터 선박으로부터 물품이 양하되는 기간까지 이른바 "Tackle to Tackle" 원칙을 적용하고 있다. 따라서 화물의 선적 전과 양하 후의 운송구간에 관하여는 면책특약이 가능하다.

⑤ **손해배상 한도** : 헤이그 규칙에서는 1package, unit당 100파운드로 책임을 제한하였다.

⑥ **제소기간 한도** : 헤이그 규칙에서는 제소기간을 1년으로 한정하였다.

2 　헤이그-비스비 규칙

(1) 의 의

헤이그-비스비 규칙은 헤이그 규칙 제정 이후 무역환경의 변화와 헤이그 규칙의 문제점을 보완하기 위한 조약으로 CMI에 의해 1968년에 채택되고 1977년에 발효되었다.

(2) 주요내용

① **적용범위의 확장** : 헤이그-비스비 규칙은 선하증권이 체약국에서 발행된 경우, 운송이 체약국의 항구로부터 개시된 경우, 선하증권에 이 조약의 규정 또는 이 조약을 국내법화한 나라의 법률이 계약에 적용되는 경우에 적용된다고 규정하여 그 범위를 확장하였다.

② **손해배상 한도** : 헤이그-비스비 규칙은 1package, unit당 667SDR 또는 kg당 2SDR 중 높은 금액을 채택하였다.

③ **컨테이너 조항 신설** : 컨테이너에 내장된 화물의 포장 또는 단위의 개수가 선하증권에 기재되어 있으면 이들 개개의 포장 또는 단위를 책임제한액의 산정기준으로 하게 되었다.

3 함부르크 규칙

(1) 의 의

함부르크 규칙은 다수의 개발도상국의 주도하에 UNCITRAL에서 작성하여 1978년 함부르크에서 채택되고 1992년에 발효된 해상화물 운송에 관한 유엔협약이다. 함부르크 규칙은 신조약제정의 형식을 취하고 있으나 실질적으로는 헤이그 규칙 및 헤이그-비스비 규칙을 보완한 것이라고 볼 수 있다.

(2) 주요내용

① **적용범위의 확장** : 함부르크 규칙은 적재항 또는 양륙항이 체약국에 있는 경우에 적용되어 헤이그 규칙보다 적용범위를 확장하여 규정하고 있다. 또한 적용되는 운송화물에 대한 특별한 제한이 없으므로 모든 화물에 적용되어 헤이그 규칙 및 헤이그-비스비 규칙과는 달리 산동물, 갑판적 화물 등도 적용가능하다.

② **해상운송인의 책임** : 함부르크 규칙은 과실책임주의를 채용하고 있으며 운송인은 화물의 멸실, 훼손 또는 인도지연의 원인으로 된 사고가 운송인의 관리 아래 있는 동안에 일어날 때에는 그 멸실, 훼손 또는 지연으로 인하여 생긴 손해에 대하여 책임을 진다. 다만, 운송인이 자신, 그 사용인 및 대리인이 사고 및 그 결과를 배제하기 위하여 합리적으로 요구되는 모든 조치를 취하였다는 것을 증명한 때에는 책임을 지지 아니한다. 또한 함부르크 규칙에서는 운송인의 책임기간이 화물을 관리하는 전 기간으로 확대되면서 헤이그 규칙에서 규정하고 있던 선박의 감항성 담보 주의의무는 삭제된 결과가 되었다.

③ **해상운송인의 면책**

㉠ **항해상의 과실면책 폐지** : 함부르크 규칙에서는 항해과실은 과실책임주의를 기반으로 운송인이 무과실을 입증하여야 하므로 운송인의 면책이 폐지되었다. 이에 따라 종래에 공동해손으로 처리해 오던 손해 또는 비용의 대부분이 운송인의 단독부담으로 되어 P&I 보험료가 크게 인상되었다.

ⓛ 화재 : 함부르크 규칙에서는 화재에 대한 면책규정을 두고 있지 않으므로 화재의 책임에 대하여는 운송인의 책임에 대한 일반원칙을 따르게 된다. 다만, 운송인의 과실책임원칙에 대한 예외로서 화재의 경우 화주 측에 입증책임을 지움으로써 실질적으로는 면책이나 다름 없다.

ⓒ 면책 카탈로그 폐지 : 함부르크 규칙에서는 면책 카탈로그를 폐지하고 운송인의 책임 일반원칙을 적용하여 운송인의 과실여부에 따라 손해배상의 책임 및 면책을 판단하고 있다.

④ 책임기간 : 함부르크 규칙에서는 운송인의 책임기간에 대해 헤이그 규칙보다 확대하여 운송인이 적재항에서부터 양하항까지 화물을 관리하는 전 기간에 걸쳐 책임을 지도록 하고 있어 운송인의 책임기간을 확장한 "Port to Port"원칙이 적용된다.

⑤ 손해배상 한도 : 함부르크 규칙에서는 운송인의 책임한도액은 화물이 멸실·손상된 경우 포장당 또는 선적단위당 835SDR이나 kg당 2.5SDR 중 높은 금액으로 하고, 지연손해의 경우 지연화물 운임의 2.5배로 규정하고 있다.

⑥ 제소기간 : 함부르크 규칙에서의 제소기간은 2년으로 헤이그 규칙의 1년보다 그 기간이 연장되었다.

4 로테르담 규칙

(1) 의 의

해상운송인의 면책사유가 광범위하여 화주들의 불만을 해소하기 위하여 화주의 이익을 반영한 함부르크 규칙은 국제적으로 널리 사용되지 못하였기 때문에 CMI와 UNCITRAL은 새로운 국제운송 법규인 로테르담 규칙을 제정하였다.

(2) 주요내용

① 적용범위의 확장 : 로테르담 규칙은 함부르크 규칙과 마찬가지로 적재항(수령지) 또는 양하항(인도지)이 체약국인 경우에 적용되는데, 이는 해상운송뿐만 아니라 복합운송에도 적용할 목적으로 적용범위를 수령지와 인도지까지로 확대하고 있다. 또한 적용되는 화물은 기본적으로 제한은 없으나, 산동물이나 갑판적 화물은 일부 제한될 수 있다.

② 해상운송인의 책임

ⓐ 운송인 입증책임의 완화 : 로테르담 규칙은 과실책임주의를 채택하고 있으며 화물의 멸실이나 훼손, 인도지연에 대한 책임을 부여하기 위해 청구자는 멸실이나 훼손 또는 인도지연, 또는 그것을 야기한 사건이나 상황이 운송인의 책임기간 중에 발생하였음을 증명하여야 한다. 그러나 운송인이 그러한 멸실이나 훼손의 원인이 운송인의 과실에 의한 것이 아님을 입증하면 책임을 지지 않게 된다.

ⓑ 선박의 감항성(Seaworthiness) 담보 주의의무 : 로테르담 규칙은 운송인으로 하여금 ⓐ 선박의 감항능력의 확보와 유지, ⓑ 선원, 장비, 운송용품을 갖추고 유지, ⓒ 선박의 선창과

모든 기관의 확보와 유지, ⓓ 운송을 위해 운송인에 의해 제공되는 컨테이너의 수령, 운송 그리고 보존을 위해 적합 또는 안전 유지 및 보관 등의 주의의무가 있다고 규정하고 있다. 다만, 감항능력 주의의무 위반에 대한 입증책임은 송하인에게 있다고 규정하고 있다.

③ **해상운송인의 면책**

　　㉠ **항해과실에 대한 일반원칙 적용** : 로테르담 규칙은 항해과실에 대한 면책을 폐지함에 따라 함부르크 규칙처럼 항해과실을 운송인 책임의 일반원칙에 따라 처리하도록 하고 있다.

　　㉡ **화재** : 로테르담 규칙은 화재에 대해 화재가 실제로 발생했고 손실을 야기한 원인임을 입증하면 운송인은 면책된다. 그러나 이러한 면책은 이는 해상구간에서 본선 상에 화재가 발생한 경우로 한정한다.

　　㉢ **면책 카탈로그 적용** : 로테르담 규칙은 항해과실면책을 삭제하였지만 헤이그 규칙에 있던 면책 카탈로그를 15개로 축소하여 규정하고 있다.

④ **책임기간** : 로테르담 규칙에서 운송인의 책임기간은 운송을 위해 화물을 수령한 때부터 화물이 인도될 때까지로 책임기간을 육지까지 확장하고 있기 때문에 "Door to door" 원칙이 적용된다.

⑤ **손해배상 한도** : 로테르담 규칙에서는 운송인의 책임한도액을 포장당 875SDR, 1kg당 3SDR 중 높은 금액으로 규정하고 있으며, 인도지연이 있는 경우 운임의 2.5배 이내에서 손해배상을 하여야 한다. 다만, 이 금액은 포장당 875SDR, 1kg당 3SDR의 한도를 초과하지 못한다.

⑥ **제소기간** : 로테르담 규칙은 재판관할과 중재에 관한 규정을 두고 있으며, 이의제기 기간을 인도장소에서 혹은 7영업일 이내, 지연손해는 21일로 규정하고 있고 제소기간은 2년이다.

01 선박의 명칭에 대한 설명으로 옳지 않은 것은?

① 밸러스트(Ballast) : 선박이 공선상태이거나 선박에 적재한 화물의 양이 적어 선박의 균형을 유지하기 어려운 경우 선박의 바닥에 싣는 중량물

② 적화계수 : 1톤의 화물을 적재하였을 때 해당 화물이 차지하는 선창 용적을 ft³ 단위로 표시한 수치

③ 흘수 : 흘수는 선박이 수중에 잠기는 깊이를 말하는 것으로 선저의 최하단부인 용골(Keel)의 하면까지의 수직거리

④ 건현 : 해면 이상에 부출되어 있는 선박의 선측을 말하며 배의 깊이에서 흘수 부분을 뺀 길이

⑤ 만재흘수선 : 최소 적재량을 실은 선박이 물속에 잠기는 깊이

> 해설 ⑤ 만재흘수선이란 최대 적재량을 실은 선박이 물속에 잠기는 깊이를 말한다.

02 항만의 시설과 장비에 관한 설명으로 옳지 않은 것은?

① Quay는 해안에 평행하게 축조된, 선박 접안을 위하여 수직으로 만들어진 옹벽을 말한다.

② Marshalling Yard는 선적할 컨테이너나 양륙완료된 컨테이너를 적재 및 보관하는 장소이다.

③ Yard Tractor는 Apron과 CY 간 컨테이너의 이동을 위한 장비로 야드 샤시(chassis)와 결합하여 사용한다.

④ Straddle Carrier는 컨테이너 터미널에서 양다리 사이에 컨테이너를 끼우고 운반하는 차량이다.

⑤ Gantry Crane은 CY에서 컨테이너를 트레일러에 싣고 내리는 작업을 수행하는 장비이다.

> 해설 Gantry Crane은 CY가 아닌 Apron에 부설된 레일을 따라 움직이거나 레일 위에서 움직이기 때문에 자유로운 이동은 불가능하다.

정답 01 ⑤ 02 ⑤

03 **해상운송과 관련된 용어의 설명으로 옳지 않은 것은?**

① 선박은 선박의 외형과 이를 지탱하기 위한 선체와 선박에 추진력을 부여하는 용골로 구분된다.

② 총톤수는 관세, 등록세, 도선료의 부과기준이 된다.

③ 재화중량톤수는 선박이 적재할 수 있는 화물의 최대중량을 표시하는 단위이다.

④ 선교란 선박의 갑판 위에 설치된 구조물로 선장이 지휘하는 장소를 말한다.

⑤ 발라스트는 공선 항해 시 선박의 감항성을 유지하기 위해 싣는 짐으로 주로 바닷물을 사용한다.

[해설] 선체와 선박에 추진력을 부여하는 것은 기관이다.
※ 용골(Keel)이란 선체를 구성하는 기초로 선체의 최하부의 중심선에 있는 종강력재이다.

04 **다음에서 설명하고 있는 선박의 톤수는?**

선박의 하기 만재흘수선까지 잠긴 상태에서의 배수톤수인 만재배수톤수와 화물을 적재하지 아니한 상태에서 선박 자체의 중량인 경하배수톤수와의 차이를 말한다. 선박에 적재할 수 있는 화물의 최대중량을 나타내기 때문에 선박의 매매나 용선료 등의 산출기준이 된다.

① 순톤수(Net Tonnage : NT)

② 재화용적톤수(Measurement Tonnage : MT)

③ 운하톤수(Canal Tonnage : CT)

④ 총톤수(Gross Tonnage : GT)

⑤ 재화중량톤수(Dead Weight Tonnage : DWT)

[해설] ① **순톤수**(NT) : 총톤수에서 기관실, 선원실 및 해도실 등 선박의 운항과 관련된 장소의 용적을 제외한 것으로 순수하게 여객이나 화물 수송, 즉 상행위에 직접적으로 사용되는 장소만을 계산한 용적으로 100ft³을 1톤으로 나타낸다.
② **재화용적톤수**(MT) : 40ft³을 1톤으로 나타내고, 선창 내 화물을 탑재할 수 있는 총 용적을 말하는 것으로 선박의 재화적재능력을 용적으로 표시한 것이다.
③ **운하톤수**(CT) : 선박이 운하를 통과할 때 통행료를 산정하는 기준이 되는 톤수로 수에즈운하와 파나마운하 통행료 산정은 특별히 정한 적량 측도 규정에 따른다.
④ **총톤수**(GT) : 선박내부의 총용적으로 상갑판하의 적량과 상갑판상의 밀폐된 정도의 적량을 합한 것으로 100ft³을 1톤으로 나타내고, 선박의 안전과 위생항해 등에 사용되는 장소인 기관실, 조타실, 취사실, 출입구실, 통풍 또는 채광을 요하는 장소 등은 제외된다.

정답 **03** ① **04** ⑤

05 선박의 분류에 대한 설명으로 옳은 것은?

① Full Container Ship : 컨테이너 적재를 주된 목적으로 하고 있지만 벌크화물의 적재도 가능한 겸용 컨테이너선
② LASH : 원유, 가스 등 액화되거나 기화된 화물 운송에 이용할 수 있도록 설계된 선박
③ Ro-Ro(Roll On-Roll Off)선 : 경사판(Ramp)을 이용하여 하역할 수 있도록 설계된 선박
④ 전용선 : 선박에 여러 종류의 화물을 적재할 수 있도록 설계된 선박
⑤ Tanker : 화물을 적재한 부선을 본선에 적재하여 운송하는 선박

[해설] ① Full Container Ship : 컨테이너 전용 화물선으로 컨테이너만을 적재하도록 설계되어 있다.
② LASH : 화물을 적재한 부선을 본선에 적재하여 운송하는 선박
④ 전용선 : 특정한 화물만을 적재하여 운송할 수 있도록 설계된 선박
⑤ Tanker : 원유, 가스 등 액화되거나 기화된 화물 운송에 이용할 수 있도록 설계된 선박

06 다음에서 설명하고 있는 선박은 무엇인가?

> 일반적으로 선주가 속한 국가의 선박소유시의 요구조건과 의무부과를 피하기 위하여 파나마, 온두라스 등 이른바 조세도피국의 국적을 취득한 선박

① 역외치적선
② 포스트파나막스형 선박
③ 편의치적선
④ 파나막스형 선박
⑤ 수막스형 선박

[해설] ① 역외치적(제2치적)은 편의치적을 대신해 등장한 제도로써, 선주 또는 선박회사가 소속된 국가의 자치령을 지정하여 선박을 등록하고 선박에 자국 국기를 게양하도록 하지만, 외국인 선원의 고용을 허용하고 조세부담을 경감시킨 제도이다.
② 포스트파나막스형 선박 : 파나마 운하를 통행할 수 없는 초대형 선박을 말한다.
④ 파나막스형 선박 : 파나마 운하를 통행할 수 있는 최대 크기의 선박을 말한다.
⑤ 수막스형 선박 : 수에즈 운하를 통행할 수 있는 최대 크기의 선박을 말한다.

정답 **05** ③ **06** ③

07 정기선 운송과 부정기선 운송을 비교 설명한 것으로 옳지 않은 것은?

① 정기선 운송은 규칙적이고 반복적인 운항일정이 있지만, 부정기선 운송은 불규칙적인 항로와 운항일정으로 운항된다.

② 정기선 운송은 용선운송계약이 이루어지고, 부정기선 운송은 개품운송계약이 이루어진다.

③ 정기선 운송은 동일운임이지만, 부정기선운송은 수요와 공급에 따라 운임이 변동된다.

④ 정기선 운송은 일반적으로 컨테이너선이 많고, 부정기선 운송은 겸용선이나 전용선이 많다.

⑤ 정기선 운송의 조직은 대형조직이지만, 부정기선 운송의 조직은 소형인 경우가 많다.

[해설] ② 정기선 운송은 개품운송계약이 이루어지고, 부정기선 운송은 용선운송계약이 이루어진다.

08 정기선 운임에 대한 설명으로 옳지 않은 것은?

① 통운임(Through freight) : 일관된 운송계약에 의하여 최초의 적출지에서부터 최후의 목적지에 이르기까지의 전 운송구간에 대하여 통운송을 하는 경우 각 운송구간의 운임과 접속비용을 합하여 산출한 운임

② 유가할증료(BAF) : 선박의 주연료인 벙커유의 가격변동에 따른 손실을 보전하기 위하여 연료가격이 일정수준 이상으로 상승하거나 특별히 가격이 높은 지역으로 항해할 경우에 부과되는 할증운임

③ 통화할증료(CAF) : 환율변동으로 선사가 입을 수 있는 손실을 보전하기 위하여 부과되는 할증운임

④ 터미널화물처리비(THC) : 화물이 컨테이너 터미널에 입고된 시점부터 본선의 선측까지 또는 본선의 선측에서 컨테이너 터미널의 게이트를 통과할 때까지의 화물 이동에 소요되는 화물처리비용

⑤ 체선료(Demurrage charge) : 화주가 허용된 시간 이내에 컨테이너 또는 트레일러를 선사의 CY로 반환하지 않을 경우 선사에 지불하여야 하는 비용

[해설] ⑤ 체선료(Demurrage charge)는 선적 또는 양하 일수가 약정된 정박기간을 초과하는 경우 초과일수에 대하여 용선자가 선주에게 지불하는 금액으로 1일 또는 1톤당 얼마를 지불하는 금액을 말한다.

정답 **07** ② **08** ⑤

09 정기선 해상운송의 특징에 관한 내용으로 올바르게 연결되지 않은 것은?

① 운항형태 – Regular sailing

② 운송화물 – Heterogeneous cargo

③ 운송계약 – Charter party

④ 운송인 성격 – Common carrier

⑤ 운임결정 – Tariff

> [해설] Charter party의 경우 부정기선 해상운송의 특징이다. 정기선운송의 운송계약은 개품운송계약(COA : Contract of Affreightment in a General Ship)이며, 계약체결증거는 선하증권(B/L)이다.

10 개품운송계약에 관한 설명으로 옳지 않은 것은?

① 불특정 다수의 화주로부터 개별적으로 운송요청을 받아 이들 화물을 혼재하여 운송하는 방식이다.

② 주로 단위화된 화물을 운송할 때 사용되는 방식이다.

③ 법적으로 요식계약(formal contract)의 성격을 가지고 있기 때문에 개별 화주와 운송계약서를 별도로 작성하여야 한다.

④ 해상운임은 운임율표에 의거하여 부과된다.

⑤ 일반적으로 정기선해운에서 사용되는 운송계약 형태이다.

> [해설] 개품운송계약은 불특정 다수의 화주를 대상으로 하며 선박회사에서 일방적으로 결정한 정형화된 약관을 화주가 포괄적으로 승인하는 부합계약 형태를 취한다.

11 다음 (   )에 들어갈 용어로 옳은 것은?

> (ㄱ)은 운송인이 불특정 다수의 송화인으로부터 운송을 위해 화물을 인수하고 운송위탁자인 송화인이 이에 대한 반대급부로 운임을 지급할 것을 약속하는 계약을 의미하는 것으로, 운송인이 발급하는 (ㄴ)이/가 물품의 권리를 나타내는 증거가 된다.

① ㄱ : 용선계약, ㄴ : 용선계약서

② ㄱ : 용선계약, ㄴ : 선하증권

③ ㄱ : 개품운송계약, ㄴ : 선하증권

④ ㄱ : 개품운송계약, ㄴ : 용선계약서

⑤ ㄱ : 개품운송계약, ㄴ : 수입화물선취보증장

정답 09 ③ 10 ③ 11 ③

[해설] 개품운송계약은 선사가 다수의 화주로부터 화물을 운송을 개별적으로 인수하는 계약으로 다수의 화주의 화물을 혼재하여 운송한다. 개품운송계약시 선하증권이 발급된다.

12 정기용선계약에서 선주가 부담하는 비용이 아닌 것은?

① 선원의 급료 ② 선박의 감가상각비

③ 선용품비 ④ 선박의 연료비

⑤ 선박보험료

[해설] 정기용선계약에서는 선주는 감가상각비, 보험료 등의 간접비와 선원비, 수리비, 선용품비 등 직접비를 부담하고, 용선자는 용선료 외에 연료비, 항만사용료, 하역비 등 운항비를 부담하게 된다.

13 용선자가 선박을 제외한 선원·장비·소모품 일체에 관한 책임을 지며, 선주는 단지 선체만 빌려주는 용선계약은 무엇인가?

① 나용선계약(Bareboat Charter)

② 기간용선계약(Time Charter)

③ 일대용선계약(Daily Charter)

④ 선복용선계약(Lump Sum Charter)

⑤ 일부용선계약(Partial Charter)

[해설] ② **기간(정기)용선계약** : 선주(Owner)가 내항성을 갖추고 선박에 필요한 선박용구 및 선원을 갖추어 일정 기간 용선자(Charterer)에게 용선하며, 용선자는 그 기간을 기준으로 용선료를 지불하는 계약이다. 선주는 감가상각비, 보험료 등의 간접비와 선원비, 수리비, 선용품비 등 직접비를 부담하고, 용선자는 용선료 외에 연료비, 항만사용료, 하역비 등 운항비를 부담하게 된다.

③ **일대용선계약** : 본선의 적재일부터 양륙항에서 화물인도 완료시까지 '1일당 얼마'라고 용선요율을 정하여 선복을 임차하는 계약이다.

④ **선복용선계약** : 항해용선계약과 동일하나 화물의 중량에 관계없이 용선료를 '한 항해당 얼마'라고 포괄적으로 약정하는 점이 다르다. 화주는 물품을 자신이 빌린 선복에 다 채우든 못 채우든 선복운임(Lump sum freight)을 모두 부담한다.

⑤ **일부용선계약** : 용선운송계약시 선복의 전부를 빌리는 것이 아니고 일부만 차용하는 경우 체결되는 계약이다.

정답 **12** ④ **13** ①

14 항해용선계약에 명시되는 계약조항에 대한 설명으로 옳지 않은 것은?

① 면책조항(Exception clause) : 일정한 종류의 위험이나 우발사고 또는 태만으로 인해 손해가 발생한 경우에 화주가 책임지지 않는다는 면책조항이다.

② Not before clause : 본선이 선적준비완료 예정일 이전에 도착하여도 하역을 하지 않는다는 조항이다.

③ 공동해손 조항(General average clause) : 공동해손에 대해서는 다른 법규나 관습을 배제하고, 1974년의 요크 앤트워프 규칙이 적용된다.

④ 유치권 조항(Lien clause) : 화주가 운임 등 경비를 지급하지 않는 경우에 선주가 운임 또는 용선료의 지급을 확보하기 위하여 선주 측에 화물압류의 권리가 있다는 조항이다.

⑤ 해약조항(Canceling clause) : 계약된 날짜에 선박이 준비되지 않은 경우 선주는 용선주의 손실에 대하여 배상책임이 있으며 용선자가 계약을 취소할지 여부에 대하여 선택할 수 있도록 한 조항이다.

해설 ① 면책조항(Exception Clause)이란 일정한 종류의 위험이나 우발사고 또는 태만으로 인해 손해가 발생한 경우에 선주가 책임지지 않는다는 선주면책조항이다.

15 다음에서 설명하고 있는 하역비 부담조건은 무엇인가?

> 선적항에서의 선적시에 그 하역비를 화주가 부담하는 조건으로서, 양륙시에는 선주가 부담한다.

① Berth Term
② FIO(Free In & Out)
③ FI(Free In)
④ FO(Free Out)
⑤ FIO Stowed and Trimmed

해설 ① Berth term : 선적시 및 양륙시의 하역비를 모두 선주가 부담하는 조건
② FIO(Free In & Out) : 선적 및 양하시의 하역비를 모두 화주가 부담하는 조건
③ FI(Free In) : 선적항에서의 선적시에 그 하역비를 화주가 부담하는 조건으로서, 양륙시에는 선주가 부담한다.
④ FO(Free Out) : 선적항에서의 선적시에는 하역비를 선주가 부담하고, 도착항에서의 양륙시에는 화주가 부담한다.
⑤ FIO stowed and trimmed : 선적항 및 양륙항에서의 선적비·양하비·본선 내 적부비 및 선창 내 화물 정리비까지를 화주가 부담하는 조건이다.

정답 14 ① **15** ③

16 다음 중 선박이 정박하여 하역작업 개시일부터 종료일까지 일요일이나 공휴일을 모두 포함한 일수를 정박기간으로 계산함으로써 용선자에게 가장 불리한 조건은?

① WWD SHEX unless used
② Running Laydays
③ WWD SHEX
④ WWD
⑤ CQD

> **해설** ② 지속기간(Running Laydays)이란 하역작업이 시작된 날로부터 종료시까지의 경과일수로 정박기간을 정하는 방법으로서, 불가항력·일요일 및 공휴일 모두 정박기간에 계산되기 때문에 용선자에게 가장 불리한 방법이다.

17 다음은 정박기간을 계산하는 시기에 대한 설명이다. (   ) 안에 들어갈 말이 순서대로 바른 것은?

> 정박기간의 계산은 일반적으로 하역준비완료통지서(Notice of Readiness : N/R)가 전달된 시점부터 시작하는 것으로 보며, 이 통지를 오전에 한 경우 (   )부터, 오후에 한 경우 (   )부터 기산하는 것이 일반적이다.

① 오후 12시, 오후 6시
② 오후 12시, 다음날 오전 6시
③ 오후 1시, 오후 6시
④ 오후 1시, 다음날 오전 6시
⑤ 오후 1시, 다음날 오전 9시

> **해설** 정박기간의 시기는 일반적으로 하역준비완료통지서(Notice of Readiness : N/R)가 전달된 시점부터 시작하는 것으로 본다. 이 통지를 오전에 한 경우 오후 1시부터, 오후에 한 경우 다음날 오전 6시부터 기산하는 것이 일반적이다.

정답 **16** ② **17** ④

18 선하증권에 대한 설명으로 옳지 않은 것은?

① 선하증권은 화물의 권리를 대표하는 유가증권으로 배서나 교부에 의해 권리가 이전되는 유통성이 있다.

② 선하증권은 증권상의 관리자가 타인을 새로운 권리자로 지시함으로써 물품의 권리를 양도할 수 있다.

③ 선하증권은 제시가 없더라도 채무자는 변제할 필요가 있다.

④ 화물의 인도는 선하증권과의 상환으로만 청구할 수 있다.

⑤ 선하증권은 법률 또는 선하증권 준거법에 명시된 법적 기재사항이 있어야 효력이 발생되는 요식증권이다.

[해설] 선하증권의 제시가 없는 한 채무자가 변제를 할 필요가 없는 제시증권이다.

19 계약 화물이 본선에 양호한 상태로, 신청 수량대로 적재되어 B/L의 비고란에 화물의 고장 문언이 기재되지 않고 발행된 선하증권은 무엇인가?

① Foul B/L
② On board B/L
③ Received B/L
④ Straight B/L
⑤ Clean B/L

[해설] • **무사고선하증권**(Clean B/L) : 계약 화물이 본선에 양호한 상태로, 신청 수량대로 적재되어 B/L의 비고란에 화물의 고장 문언이 기재되지 않고 발행된 선하증권을 말한다.
• **사고부선하증권**(Foul, Dirty, Claused B/L) : 선적된 물품의 포장 상태가 불완전하거나 수량이 부족하면 이를 증권상의 비고란에 기재하게 되는데, 이런 사실이 기재된 선하증권을 말한다.

20 수출업자가 화물 또는 포장의 손상시에 대체품이 없거나 시간 부족·원재료 부족 등으로 사고 물품을 그냥 선적해야 할 경우, 무사고선하증권을 발급받기 위해 선박회사에 제출하는 손상화물에 대한 보증서는 무엇인가?

① L/I
② D/O
③ T/R
④ C/O
⑤ L/G

[해설] ① 파손화물보상장(Letter of Indemnity)에 대한 설명이다.

21 **선하증권에 대한 설명으로 옳은 것은?**

① 유통불능선하증권이란 원본 이외의 선하증권으로서 선하증권상에 아무 표시도 없다.

② House B/L이란 운송화물이 LCL화물이거나 소량이면 운송회사가 같은 목적지로 가는 화물을 모아서 하나의 그룹으로 만들어 선박회사에게 인도하는데, 이때 선박회사가 운송중개업자에게 발행하는 선하증권을 말한다.

③ Stale B/L이란 발행된 후 21일이 지난 뒤 은행에 제시하는 선하증권을 말하며, 특별히 'Stale B/L Acceptable'이라는 명시적인 조항이 없더라도 은행은 이러한 선하증권을 수리한다.

④ Third-Party B/L이란 B/L상의 송하인이 신용장상의 수익자가 아닌 제3자로 기재된 선하증권을 말한다.

⑤ Port B/L이란 화물이 운송인에게 인도되었으나 지정된 선박이 아직 항구에 도착하지 않았을 때 발행하는 수취선하증권을 말한다.

> [해설]
> ① 유통불능선하증권이란 원본 이외의 선하증권으로서 선하증권상에 Non-negotiable 또는 Copy라고 표시되어 있다.
> ② House B/L이란 운송업자가 선사로부터 집단선하증권을 발급받고 이러한 집단선하증권에 기초하여 운송업자 자신이 개개의 화주에게 발행하는 선하증권이다.
> ③ Stale B/L이란 발행된 후 21일이 지난 뒤 은행에 제시하는 선하증권을 말하며, 특별히 'Stale B/L Acceptable'이라는 명시적인 조항이 없는 한 은행은 이러한 선하증권을 수리하지 않는다.
> ⑤ Port B/L이란 선적될 화물은 부두 상에서 운송인의 보관하에 있고 지정된 선박이 입항은 되었으나 화물이 본선상에 아직 적재되지 않는 경우에 발행되는 수취선하증권을 말한다.

22 **선하증권으로서 필요한 기재사항은 갖추고 있으나 일반선하증권에서 볼 수 있는 이면약관이 없는 선하증권은?**

① Stale B/L ② House B/L

③ Through B/L ④ Short Form B/L

⑤ Forwarder's B/L

> [해설]
> 약식선하증권(Short Form B/L)이란 절차의 간소화를 위해 선하증권상에 기재된 장문의 약관을 생략한 것으로서, 분쟁이 발생하면 Long Form B/L의 약관에 따른다는 문언이 기재되어 있다.

정답 **21** ④ **22** ④

23 선하증권(B/L)과 항공화물운송장(AWB)을 비교설명한 것 중 옳지 않은 것은?

① B/L의 양도는 화물의 매매·양도와 동일한 법률적 효과를 발생시키지만, AWB의 양도는 그러하지 아니하다.

② B/L은 선적식 서류인데 반해, AWB는 수취식 서류이다.

③ B/L은 정당한 배서에 의해 누구에게나 양도하는 권리증권이나, AWB는 기명식으로 발행되므로 운송장에 기재된 수하인이 아니면 화물을 인수할 수 없다.

④ B/L은 증권 자체가 매매의 대상이 되는 유가증권이고, 반면 AWB는 단지 계약의 증빙으로서 화물 담보의 기능이 없으므로 유가증권이 아니다.

⑤ B/L은 기명식으로만 발행되나, AWB는 기명식·지시식 및 무기명식 중 하나로 발행될 수 있다.

> **해설** ⑤ B/L은 기명식·지시식 및 무기명식 중 하나로 발행되나, AWB는 기명식으로만 발행이 가능하다.

24 선하증권의 약관내용으로 인명 및 재산, 선박구조, 피난, 화객의 적양, 연료, 식량 등 필수물자의 적재를 위해서 항로 밖을 항행하거나 예정항이 아닌 다른 항에 기항할 수 있다는 취지를 특약하는 조항은 무엇인가?

① 부지조항 ② 이로조항
③ 히말라야약관 ④ 갑판적 화물
⑤ 지상약관

> **해설** ① **부지조항** : 선하증권에 있는 선주면책조항의 하나로 화물이 포장되어 있는 경우에는 그 내용물을 검사할 수 없기 때문에 "화물의 외관상 양호한 상태"로 선적하고 "외관상 이것과 유사한 양호한 상태"로 화물을 인도한다고 기재하고 선적화물의 내용, 중량, 용적, 내용물의 수량, 물품, 종류 및 가격에 대하여 선사는 책임지지 않는다는 취지를 특약하는 조항이다.
> ③ **히말라야약관** : 이행보조자의 면책약관으로 이 약관에 의해 운송인이 발행한 선하증권에서 이행보조자는 운송인과 동일한 면책과 책임제한을 받으며, 화물의 손상에 대해서 화주로부터 선하증권의 책임과 면책의 범위를 벗어난 손해배상청구를 받지 않게 되었다.
> ④ **갑판적 화물** : 장척의 목재 및 철재, 각종 부패성 화물, 산동물 등 화물의 특성에 따라 선창 내에 적재할 수 없는 경우에는 갑판적하는 것이 일반적이며 이 경우 화주의 청구 및 승낙이 있어야 하는데, 선주는 선하증권에 "본선은 갑판적 화물의 위험에 대해서는 책임을 부담하지 않는다"라는 면책조항을 설정하고 있다.
> ⑤ **지상약관** : 당해 해상운송계약이 어느 나라의 법에 준하느냐를 규정하고 있으며 모순되는 두 개의 법 적용이 문제가 되면 어느 나라 법을 우선적으로 적용하는지에 대한 문제를 정하는 조항으로 준거법을 결정하는 조항이다.

25 운송인의 책임에 관한 설명으로 옳지 않은 것은?

① Hague Rules(1924)는 운송인의 의무 및 책임의 최소한을 규정하고 있다.

② Hague Rules(1924)는 운송인과 화주 간의 위험배분에 관해 이해의 조정을 도모하지 않았다.

③ Hamburg Rules(1978)가 제정된 배경은 종래의 관련 규칙이 선박을 소유한 선진국 선주에게 유리하고, 개도국 화주에게 불리하다는 주장과 관련이 있다.

④ Hague-Visby Rules(1968)는 그 자체가 독립된 새로운 협약이 아니라 Hague Rules(1924)를 개정하기 위한 것이었다.

⑤ Hague Rules(1924)는 운송인의 기본적인 의무로서 선박의 감항능력에 관한 주의의무를 규정하고 있다.

> **해설** 헤이그 규칙은 해상운송인 자신의 관리하에 있는 운송화물의 안전을 위하여 주의를 게을리하여 생긴 운송화물에 대한 멸실·손상에 대하여 배상책임을 지는 과실책임주의를 원칙으로 하며, 운송인과 화주 간의 위험배분에 관하여 조정을 하고 있다.

26 "International Convention for the Unification of certain Rules of Law Relating to Bills of Lading"(일명 선하증권통일조약)으로서 1924년 8월에 체결된 국제조약은?

① 하터법(Hater Act)

② 헤이그 규칙(Hague Rules)

③ 바르샤바 조약(Warsaw Convention)

④ 함부르크 규칙(Hamburg Rules)

⑤ 헤이그-비스비 규칙(Hague-Visby Rules)

> **해설** ② 헤이그 규칙은 해상운송과 관련한 최초의 국제규칙으로 선하증권에 관한 규정의 통일을 위하여 1924년 브뤼셀에서 제정하여 1931년 발효되었다.

27 Hague Rules(1924)에서 규정하고 있는 해상운송인의 면책사유가 아닌 것은?

① 상업과실　　　　　　　　② 화 재

③ 항해상의 과실　　　　　　④ 해상고유의 위험

⑤ 잠재적 하자

> **해설** 운송인은 상업과실에 대한 책임이 있으므로 화물을 적재, 취급, 선내작업, 운송, 보관, 관리 및 양하하는데 적절하고 주의깊게 관리할 의무가 있으며, 이를 게을리함으로써 생긴 화물의 손해에 관하여 배상책임을 진다.

정답 **25** ② **26** ② **27** ①

28 함부르크 규칙에 대한 설명으로 옳지 않은 것은?

① 함부르크 규칙은 과실책임주의를 채용하고 있다.

② 화재에 대한 면책규정을 두고 있지 않으므로 화재의 책임에 대하여는 운송인의 책임에 대한 일반원칙을 따르게 된다.

③ 함부르크 규칙에서의 제소기간은 2년이다.

④ 함부르크 규칙에서는 면책 카탈로그를 적용하고 있다.

⑤ 운송인의 책임기간은 "Port to Port" 원칙이 적용된다.

> **해설** ④ 함부르크 규칙에서는 면책 카탈로그를 폐지하고 운송인의 책임 일반원칙을 적용하여 운송인의 과실여부에 따라 손해배상의 책임 및 면책을 판단하고 있다.

29 다음 설명은 함부르크 규칙(1978)의 일부이다. (   ) 안에 적합한 단어는?

> (   ) means any person by whom or in whose name or on whose behalf a contract of carriage of goods by sea has been concluded with a carrier, or any person by whom or in whose name or on whose behalf the goods are actually delivered to the carrier in relation to the contract of carriage by sea.

① Consignee　　② Charterer　　③ Carrier　　④ Shipowner　　⑤ Shipper

> **해설** 송하인이란 자신에 의해 또는 자신의 이름으로 또는 자신을 대신하여 운송인과 해상물품운송계약을 체결하는 모든 사람을 의미한다.

30 다음 중 해상운송과 관련된 국제조약을 모두 고른 것은?

> ㄱ. Hague Rules(1924)　　　　　ㄴ. Warsaw Convention(1929)
> ㄷ. CMR Convention(1956)　　　 ㄹ. CIM Convention(1970)
> ㅁ. Hamburg Rules(1978)　　　　ㅂ. Rotterdam Rules(2008)

① ㄱ, ㄴ, ㄷ

② ㄱ, ㅁ, ㅂ

③ ㄴ, ㄷ, ㄹ

④ ㄷ, ㄹ, ㅁ

⑤ ㄷ, ㄹ, ㅂ

> **해설** ㄱ. Hague Rules(1924) (해상운송)　　　ㄴ. Warsaw Convention(1929) (항공운송)
> ㄷ. CMR Convention(1956) (도로운송)　　ㄹ. CIM Convention(1970) (철도운송)
> ㅁ. Hamburg Rules(1978) (해상운송)　　ㅂ. Rotterdam Rules(2008) (해상운송)

> **정답** 28 ④　29 ⑤　30 ②

31 다음은 로테르담 규칙의 손해배상 한도이다. (　　) 안에 들어갈 말로 순서대로 옳은 것은?

> 로테르담 규칙에서는 운송인의 책임한도액을 포장당 (　　), 1kg당 (　　) 중 높은 금액으로 규정하고 있다.

① 667SDR, 2SDR
② 835SDR, 2.5SDR
③ 835SDR, 3SDR
④ 875SDR, 2.5SDR
⑤ 875SDR, 3SDR

> [해설] 로테르담 규칙에서는 운송인의 책임한도액을 포장당 875SDR, 1kg당 3SDR 중 높은 금액으로 규정하고 있으며, 인도지연이 있는 경우 운임의 2.5배 이내에서 손해배상을 하여야 한다. 다만, 이 금액은 포장당 875SDR, 1kg당 3SDR의 한도를 초과하지 못한다.

32 양륙지에서 선사 또는 대리점이 수하인으로부터 선하증권 또는 보증장을 받고 본선 또는 터미널(CY 또는 CFS)에 화물인도를 지시하는 서류는?

① Container Load Plan
② Tally Sheet
③ Equipment Receipt
④ Dock Receipt
⑤ Delivery Order

> [해설] Delivery Order는 대금을 결제한 후 은행으로부터 선하증권 원본을 수취한 수입자가 이를 선사에 제시하면 수입화주에게 화물을 인도할 것을 지시하기 위하여 본선 또는 창고 관리인 앞으로 발행하는 서류이다.

33 다음은 실제 정박기간이 4일이고 US$ 2,000의 조출료가 발생한 항해용선계약이다. (㉠), (㉡)에 해당하는 내용은?

> • 계약(약정) 정박기간 : (㉠)일
> • 체선료 : US$ 6,000/일
> • 조출료 : 체선료의 1/3
> • 정박기간의 시작 : (㉡) 발부 후 일정한 시간이 경과한 이후 개시
> • 정박기간의 종료 : 적양하작업이 완료된 때

① ㉠ : 3일, ㉡ : N/R(Notice of Readiness)
② ㉠ : 3일, ㉡ : M/R(Mate's Receipt)
③ ㉠ : 5일, ㉡ : N/R(Notice of Readiness)
④ ㉠ : 5일, ㉡ : M/R(Mate's Receipt)
⑤ ㉠ : 6일, ㉡ : M/R(Mate's Receipt)

정답　**31** ⑤　**32** ⑤　**33** ③

정박기간은 하역준비완료통지N/R(Notice of Readiness)를 제출하면 게시된다. 조출료는 US$ 2,000(체선료의 1/3)이므로 1일분의 조출료가 발생하였다. 따라서 계약정박기간은 5일이다.

34 실제로 선적한 화물량이 선복예약수량보다 적은 경우에 해당 부족분에 대하여 지불하는 운임은 무엇인가?

① Wharfage
② Dead Freight
③ Transhipment Surcharge
④ Congestion Surcharge
⑤ Through Freight

해설 문제는 공적운임에 대한 설명이다.
① **부두사용료**(Wharfage) : 부두의 유지, 개조를 위하여 항만청에 납부하는 비용
③ **환적료**(Transhipment surcharge) : 화물이 운송 도중에 환적되는 경우 부과되는 할증운임
④ **체선·체화 할증료**(Congestion surcharge) : 특정항구에서 체선으로 장기간의 정박이 필요한 경우 그 항구를 목적지로 하는 화물에 대하여 부과하는 할증운임
⑤ **통운임**(Through freight) : 일관된 운송계약에 의하여 최초의 적출지에서부터 최후의 목적지에 이르기까지의 전 운송구간에 대하여 통운송을 하는 경우 각 운송구간의 운임과 접속비용을 합하여 산출한 운임

35 운송서류의 정당한 수하인에 관한 설명으로 옳지 않은 것은?

① 지시식 선하증권 중 "to order"로 발행된 경우 신용장 매입은행이 배서한 선하증권 원본 소지인
② 기명식 선하증권으로 발행된 경우 consignee란에 기재되어 있는 자
③ 지시식 선하증권 중 "to order of shipper"로 발행된 경우 shipper가 배서한 선하증권 원본 소지인
④ 지시식 선하증권 중 "to the order of D bank"로 발행된 경우 D은행이 지시한 자
⑤ 지시식 선하증권 중 "to the order of ABC"로 발행된 경우 ABC가 배서한 선하증권 원본 소지인

해설 지시식의 경우 배서인이 피배서인을 기재하고, 배서인이 서명하므로 피배서인이 지시하는 자가 수하인이 된다.

CHAPTER 06

국제항공운송

01 항공운송의 개요

1 항공운송의 개념

항공운송이란 항공기의 항복에 여객과 화물을 탑재하고 국내외 공항에서 공로로 다른 공항까지 운송하는 최신식 수송시스템이다. 항공 기술의 발달로 대량수송이 가능해졌고, 신속한 운송에 의한 교역의 증대와 상호보완적인 물품의 교환이 절실히 요구되고 있어 항공운송은 일반화되어 가고 있다.

2 항공운송의 현황

항공운송은 여객의 증가, 대형항공기의 도입 및 항공화물의 컨테이너화 등으로 운송원가 자체가 절감되었고 고부가가치 화물의 운송수요가 증가하였으며 국제적 분업과 적정 재고정책으로 항공에 의한 정시운송이 선호됨에 따라 물동량이 지속적으로 증가하고 있다.

3 항공운송의 특성

(1) 신속성(고속성)

항공운송은 다른 운송수단에 비해 장거리 지역에 짧은 시간에 화물을 운송할 수 있기 때문에 긴급물품이나 계절성물품의 운송에 적합하다.

(2) 안전성

항공운송은 운송에 소요되는 시간이 짧고 다른 운송수단에 비해 화물의 손상, 분실 또는 사고위험이 상대적으로 낮기 때문에 안전하다.

(3) 고운임

항공운송은 다른 운송수단에 비하여 상대적으로 운송비가 높은 편이다.

(4) 운송물품의 제한

항공기의 안전성을 위해 위험물품의 운송이 법적으로 제한되는 경우가 있고, 운송비가 높은 편이기 때문에 중량이 많이 나가는 화물의 운송에는 적합하지 않다. 또한 일시에 대량화물의 운송이 어려운 편이다.

(5) 정시성

항공운송은 발착시간, 정시운항, 운항횟수에 의한 정시성이 중요시되기 때문에 적기에 화물을 인도할 수 있으며, 이로 인해 재고비용과 자본비용을 절감시킬 수 있다.

(6) 낮은 보험요율

항공운송은 화물에 대한 안전성이 높기 때문에 보험요율이 다른 운송수단에 비해 낮은 편이다.

4 항공운송화물의 대상품목

(1) 긴급수송을 요하는 물품

긴급의료품, 상품견본, 재해 구조품, 생화(生花), 신문 등

(2) 중량에 비해 고액이거나 귀중한 물품으로서 운임 비중이 원가에 비해 높지 않은 것

귀금속, 시계, 모피, 반도체 등

(3) 물류관리 및 마케팅 전략품목

경쟁품보다 신속하고 확실한 서비스체제 확립 및 물류 관리상 창고시설 및 재고에의 투자절감이 필요한 물품

(4) 기타 운송 수단의 제약에서 오는 수요

도로·항만 등의 미비로 항공운송이 아니면 운송이 불가능한 경우의 물품

02 항공기와 화물의 하역

1 항공기의 종류

(1) 크기에 따른 분류

① Conventional Aircraft(Narrow Body, Standard-body Aircraft) : 재래식 소형기종으로 데크에 의해 상부와 하부의 격실로 구분되며, 하부 격실에는 단위 탑재용기를 적재할 수 없고 낱개 화물을 수작업으로 탑재한다.

② High Capacity Aircraft(Wide Body Aircraft) : 대형기종으로 데크에 의해 상부와 하부의 격실로 구분되며, 하부격실에는 단위 탑재용기를 적재할 수 있다.

(2) 용도에 따른 분류

① 화물기(All Cargo) : 상부와 하부 격실에 화물만 탑재하도록 제작된 항공기를 말한다.

② 겸용기(Combination) : 상부격실에는 여객이 탑승하고, 하부격실에는 화물을 탑재하는 항공기를 말한다.

(3) 전환가능성에 따른 분류

① 화물전용기(Freighter) : 화물만 탑재하고 여객기로 전환할 수 없는 항공기를 말한다.

② 화객겸용기(Combination aircraft) : 화물실과 여객실을 상호 전용할 수 있도록 제작되어 여객기에서 화물기로 전환하거나 화물기에서 여객기로 전환할 수 있는 항공기를 말한다.

③ 화객혼용기(Convertible aircraft) : 객실에 단위 탑재용기를 탑재할 수 있도록 설계되어 하부 탑재실과 상부 객실 일부를 화물탑재용으로 사용하도록 제작된 항공기를 말한다.

④ 신속전환기(Quick change) : 짧은 시간에 여객기에서 화물기로 전환하거나 화물기에서 여객기로 전환할 수 있는 항공기를 말한다.

2 항공화물의 단위화

(1) 단위 탑재시스템

단위 탑재시스템은 일정 수량의 낱개 화물을 모아 하나의 큰 단위로 만들어 출발지에서 도착지까지 가능한 한 해체하지 않고 수송하는 방식으로 집합포장이라 한다.

(2) 단위 탑재용기(Unit load device)

단위 탑재용기는 안전하게 화물을 탑재하고 취급하기 위하여 낱개의 화물을 담을 수 있게 한 일정한 용기를 말하는 것으로, 종래의 벌크화물을 항공기의 탑재에 적합하도록 제작한 화물운송용 용기이며 항공화물용 컨테이너와 파렛트 및 이글루가 있다.

① 항공화물용 컨테이너 : 항공화물용 컨테이너는 별도의 보조장비 없이 항공기 화물실에 탑재 및 고정이 가능하도록 제작된 컨테이너이다. 화물의 하중을 견딜 수 있고 항공기 기체에 손상을 주지 않는 재질을 사용한다.

LD3 Garment Container(AKE)

LD3 Refrigerated Container(RKN)

LD6 Container(ALF)

LD9 Container(AAP)

LD9 Refrigerated Container(RAP)

GM1 Container(AMA)

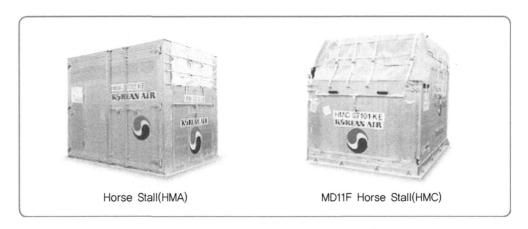

Horse Stall(HMA)   MD11F Horse Stall(HMC)

② 파렛트 : 파렛트는 알루미늄 합금으로 제작된 평판으로 파렛트 위에 화물을 항공기의 내부모양
과 일치하도록 적재작업한 후 망이나 끈으로 고정할 수 있는 장비로서 크기가 다양하고 컨테이
너보다 가벼우며 수리비용이 저렴한 편이다.

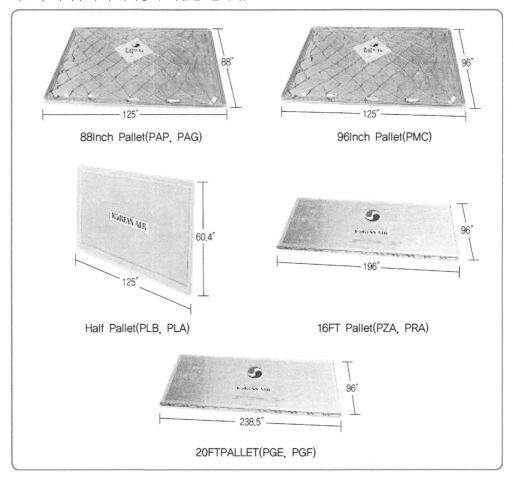

88Inch Pallet(PAP, PAG)   96Inch Pallet(PMC)

Half Pallet(PLB, PLA)   16FT Pallet(PZA, PRA)

20FTPALLET(PGE, PGF)

③ 이글루 : 이글루는 모서리가 항공기의 동체모양에 일치하도록 둥글게 하여 공간을 최대한 활용
할 수 있도록 제작한다.

3 항공화물의 탑재방식

(1) Bulk Loading

화물전용기를 제외한 대부분의 경우 객실의 밑바닥이 화물실로 되어 있기 때문에 화물을 적재할
때 개별 화물을 인력에 의하여 직접 적재하는 방법으로 가장 원시적인 탑재방식이지만 한정된 공
간에 탑재효율을 올리기 쉬운 장점이 있다.

(2) Pallet(ULD) Loading

파렛트에 화물을 올려 놓고 항공기에 탑재할 때 Lift loader와 Roller bed를 사용하여 항공기에
고정시킨다.

(3) Container Loading

컨테이너에 화물을 적입하여 탑재하는 방식이다.

4 항공화물의 탑재 및 하역 장비

(1) Transporter

엔진이 장착되어 자체 구동력이 있는 차량으로, 화물이 적재된 단위 탑재용기를 올려놓은 상태에
서 터미널에서 항공기까지 수평이동을 할 수 있다.

(2) Dolly

Transporter와 동일한 기능을 하지만 엔진이 없기 때문에 Tug car와 연결하여 사용한다.

(3) Tug car

Dolly와 연결되어 Dolly를 이동시키는 차량이다.

(4) High loader

단위 탑재용기를 대형기에 탑재하거나 하역할 때 사용한다.

(5) Nose Dock

주기장과 항공기와 터미널을 직접 연결시켜 탑재와 하역을 용이하게 한다.

(6) Work Station

화물을 파렛트에 적재하거나 해체작업을 하는 설비이다.

5 항공화물의 운송절차

(1) 운송계약 체결

송하인은 항공운송으로 물품운송을 하기로 한 경우 운송주선인과 운송계약을 체결한다. 이 경우 운송주선인은 항공운송인의 지위에서 송하인과 운송계약을 체결하고, 송하인의 지위에서 항공사와 운송계약을 체결한다.

(2) 화물의 인수

항공화물대리점이나 항공화물주선인은 화물을 인수하여 공항으로 운송한다.

(3) 항공화물운송장 발급

운송주선인은 항공운송인의 지위에서 송하인용 혼재항공화물운송장(House air waybill)을 작성하여 교부하며, 운송주선인이 혼재화물을 항공사에 인도할 때 운송주선인은 송하인의 지위에서 항공사로부터 항공화물운송장(Master air waybill)을 교부받는다.

항공사는 운송주선인에게 Master air waybill을 작성하여 교부하며 운송주선인은 Master air waybill을 바탕으로 House air waybill을 작성하고 Original 1과 3을 제외한 나머지 Air waybill은 항공사에 인계한다. 운항항공사는 인수한 House air waybill을 화물과 함께 도착항으로 송부하고 도착항의 항공사에서는 운송주선인에게 House air waybill을 전달하고 운송주선인은 Original 2를 수하인에게 교부한다.

(4) 수출통관

송하인은 수출신고를 하고 수출신고수리를 받는다. 검사가 필요한 경우에는 화물검사를 받아야 하며, 탑재가 결정된 화물을 적하목록에 기재하고 세관제출용 적하목록을 세관에 제출하여 화물 반출허가를 받는다.

(5) 출항적하목록 신고

항공사는 화물운송주선업자가 제공한 혼재화물물품목록을 최종적으로 취합하여 적하목록을 세관 장에게 제출하여야 한다.

(6) 출 항

탑재 책임자는 탑재계획을 작성하고 화물을 탑재하여 출항한다.

(7) 입항 및 물품반입

항공기가 도착항에 입항하면 하기작업을 수행한 후 화물을 반입한다.

(8) 항공화물운송장의 인계

운송주선인은 화물과 함께 도착한 Air waybill을 항공사로부터 인수한 뒤 수입화주에게 수하인용 Air waybill을 교부한다.

(9) 화물인도지시서(D/O) 발행

운송주선인은 Air waybill 중 수하인용을 수입화주에게 인도하며, 화주의 요청이 있는 경우 전자식 화물인도지시서를 발급한다. 해상화물은 해상운송인이 선하증권을 회수하기 위하여 선하증권과 상환으로 화물인도지시서를 발행하는 것에 반하여, 항공운송에서는 항공운송인이 도착지에서 수하인에게 Air waybill을 교부해주기 때문에 화물인도지시서를 발급하는 필요성은 다르다. 항공운송에서 전자식 화물인도지시서를 발행하는 이유는 신속한 항공화물의 처리를 위하여 Air waybill 수하인용 원본을 대신하여 교부하는 것이다.

(10) 수입화물인도승낙서(항공화물 L/G) 발행

신용장방식의 대금결제를 하는 경우 Air waybill 수하인은 발행은행 이름이 기재되어 화물에 대한 인도청구권은 발행은행이 가지게 되므로 Air waybill상에 통지처로 기재된 수입화주는 운송주선인으로부터 수하인용 Air waybill을 교부받아 발행은행에 대금결제를 하거나 담보를 제공한 뒤 발행은행으로부터 수입화물인도승낙서(항공화물 L/G)를 교부받는다.

(11) 화물인도

보세창고업자는 수입신고가 수리된 경우 Air waybill 또는 화물인도지시서 및 수입화물인도승낙서(항공화물 L/G)를 확인하고 화물을 인도한다.

핵심포인트

항공화물 주요용어
- Backlog Cargo : 항공편에 탑재되지 못하고 터미널에 적체되어 있는 화물
- Belly Cargo : 대형 비행기의 동체 하부에 화물실에 적재되는 화물을 말한다.
- Bulk Cargo : 컨테이너 또는 파렛트에 적재되지 않은 낱개 상태로 탑재되는 화물

항공운송화물의 사고유형

사고유형		내용
화물손상	Mortality	운송 중 동물이 폐사되었거나 식물이 고사된 경우
	Spoiling	내용물이 부패되거나 변질되어 상품의 가치를 잃게 되는 경우
지연 (Delay)	SSPD (ShortShipped)	적하목록에는 기재되어 있으나 화물이 탑재되지 않은 경우
	OFLD(Off-Load)	출발지나 경유지에서 선복부족으로 인하여 의도적이거나, 실수로 화물을 내린 경우
	OVCD (Over-Carried)	- 예정된 목적지 또는 경유지를 지나서 화물이 운송되었거나 발송준비가 완료되지 않은 상태에서 화물이 실수로 발송된 경우 - 항공화물 지연(delay) 사고의 하나로, 화물이 하기되어야 할 지점을 지나서 내려진 경우
	STLD (ShortLanded)	적하목록에는 기재되어 있으나 화물이 도착되지 않은 경우
	Cross Labelled	실수로 인해서 라벨이 바뀌거나 운송장 번호, 목적지 등을 잘못 기재한 경우
	분실	탑재 및 하역, 창고보관, 화물인수, 타 항공사 인계 시에 분실된 경우

03 항공화물의 운송인

1 항공화물 운송대리점

항공화물 운송대리점은 항공사 또는 항공사의 총대리점을 위해 화주와 항공기에 의한 화물의 운송계약의 체결을 대리하는 자로서, 항공사를 대리하여 항공화물을 집화하고 Master Air WayBill(MAWB)을 발행하는 자이다.

2 항공화물 운송주선인

항공화물 운송주선인은 항공기를 소유하고 항공기를 운항하지는 않지만 개개인의 송하인과 운송계약을 체결하고 운송에 대한 책임을 부담하며 집화한 소량화물을 하나의 화물로 통합하여 스스로 송하인 입장에서 항공회사에 운송을 위탁하는 자로서 Master Air Waybill(MAWB)을 기초로 House Air Waybill(HAWB)을 발행하는 자이다.

3 항공화물 혼재업자

항공화물 혼재업자(Consolidator)는 항공화물운송주선인이 행하는 화물의 혼재운송 부분을 전문적으로 하는 자들을 말한다.

4 국제특송서비스

국제특송서비스는 상업서류, 소형화물 및 경량화물을 항공기를 이용해 급송하여 Door to Door 서비스를 제공하는 것을 말한다. 국제특송서비스의 대표적인 기업으로는 DHL Corporation, Federal Express Corporation, United Parcel Service(UPS) 등이 있다.

5 전세운송

(1) 개념

전세운송은 '노선을 정하지 아니하고 사업자와 항공기를 독점하여 이용하려는 이용자 간의 1개의 항공운송계약에 따라 운항하는 것'이다. 즉, 여객 및 화물을 임차인과 임대인 간 '전세계약'을 통해 항공기 일부 또는 전부를 사용하여 운항하는 것이다.

(2) 특징

① 전세운송은 IATA 운임(tariff)에 상관없이 화물, 기종 등에 따라 다양하게 결정되며, 항공사에 대해서도 항공기 가동률을 높이는데 큰 역할을 한다.

② 전세운송을 위해서는 필요한 조치가 많다는 점과 상대국의 규정을 감안하여 시간적 여유를 두고 항공사와 협의해야 하며, 항공사는 전세운송을 할 때 중간 기착지에 대해서도 해당 국가의 허가를 얻어야 한다.

04 항공화물운송장

1 항공화물운송장의 개념

(1) 의 의

항공화물운송장(Air Waybill : AWB)이란 화물을 항공으로 운송하는 경우에 송하인과 운송인 간에 화물의 운송계약체결, 화물수취 및 운송조건을 나타내는 증거서류이자, 화물의 중량, 용적, 포장, 개수에 대한 내용이 기재되어 송하인으로부터 화물을 수령하였다는 증거서류이다. 항공화물운송장은 선하증권처럼 권리증권으로서의 기능은 없다.

(2) 종 류

① Master AWB : 항공사가 혼재화물에 대하여 발행하는 항공화물운송장으로, 혼재업자 등의 계약운송인이 항공회사로부터 발행을 받는다.
② House AWB : 혼재업자 등의 계약운송인이 혼재 화물을 구성하는 개개의 화물에 대하여 발행하는 항공화물운송장이다.

2 항공화물운송장의 법적 성질

(1) 비유통성

항공화물은 신속하게 운송되어 수하인에게 인도될 수 있기 때문에 장기간의 운송이 필요한 해상운송처럼 운송 중 전매의 필요성이 없으므로 항공화물운송장은 선하증권과 달리 유통이 금지되어 있다.

(2) 지시증권

항공화물운송장은 송하인이 운송인에게 운송계약 이행에 필요한 세부사항을 항공화물운송장을 통하여 지시하는 지시증권의 성격을 가진다.

(3) 불완전 처분증권

항공화물운송장은 비유통증권으로 양도성이 없으므로 수하인이 목적지에서 화물의 인도를 청구하기 전까지는 송하인에게 처분권이 인정되지만 수하인에게는 처분권을 극히 제한하고 있다.

(4) 증거증권

항공화물운송장은 유통성이 없기 때문에 유가증권으로서의 성질은 없고, 항공운송계약에 대한 증거를 나타내는 증거증권이며 화물을 인수하였다는 사실을 입증하는 화물수령증으로서의 성질이 있다.

(5) 면책증권

항공화물운송장은 운송인이 정당한 항공화물운송장의 소지인에게 화물을 인도하는 경우나 수하인용 항공화물운송장을 제시하는 자에게 화물을 인도하는 경우에는 그 책임을 면한다.

3 항공화물운송장의 기능

(1) 운송계약증서

항공화물운송장은 송하인과 운송인 간에 항공화물운송장에 기재된 내용에 대한 계약 성립을 입증하는 증거서류이다. 3매의 항공화물운송장 원본 중 1번(운송인용)과 3번(송하인용)이 이러한 증거서류의 성격을 가진다.

(2) 화물수취증

항공화물운송장은 운송인이 운송을 위하여 송하인으로부터 항공화물운송장에 기재된 화물을 수취하였다는 증서기증을 하며, 원본 중 3번(송하인용)이 이러한 성격을 가진다.

(3) 송 장

항공화물운송장은 수하인이 화물의 명세, 운임, 요금 등을 대조하고 검증할 수 있는 역할을 하며, 원본 중 2번(수하인용)이 이러한 성격을 가진다.

(4) 보험계약증

송하인이 항공화물운송장에 보험금액과 보험료를 기재하여 화주보험을 부보한 경우에는 보험계약증의 역할을 하며, 원본 중 3번(송하인용)이 이러한 성격을 가진다.

(5) 청구서

항공화물운송장은 운임 선불조건인 경우에는 송하인에 대한 청구서 기능을 하며, 원본 중 3번(송하인용)이 이러한 성격을 가진다. 또한 운임 후불조건인 경우에는 수하인에 대한 청구서 기능을 하며, 원본 중 2번(수하인용)이 이러한 성격을 가진다.

(6) 수출입신고서 및 수입통관자료

항공화물운송장에 의하여 수출입신고가 가능한 화물에 대하여는 항공화물운송장이 수출입신고서로서 사용될 수 있다.

(7) 운송지침서

항공화물운송장에 화물의 운송, 취급방법, 인도에 관한 내용을 기재한 경우에는 그 기재내용대로 화물을 적절하게 취급할 수 있도록 하는 역할을 한다.

(8) 화물인도증서

항공화물운송장은 도착지에서 운송인이 수하인에게 화물을 인도할 때 수하인으로부터 항공화물 운송장상에 수하인의 서명 또는 날인을 받아 인도의 증거서류가 될 수 있으며, 사본 4번(복사용)이 이러한 성격을 가진다.

(9) 업무처리용 서류기능

항공화물운송장의 5번은 도착지 공항의 세관업무용으로 사용되고, 6,7,8번은 항공화물운송장을 발행한 운송인과 제2의 연계운송인 이후의 각 후속 항공 운송인들의 운임의 정산, 회계용 자료 등 사무용 서류로서 사용된다. 9번 사본은 대리점용이며, 10번부터 12번 사본은 예비용으로 후속 항공사가 더 많은 경우에 사용할 수 있도록 하고 있다.

4 항공화물운송장의 구성

번호	바탕색	용도	기능
원본1	녹색	발행항공사용	운송계약이 성립함을 증명하는 운송계약증서이며, 발행항공사가 운임 등 회계처리용으로 사용함
원본2	적색	수하인용	화물과 함께 도착지에 보내져서 수하인에게 인도됨
원본3	청색	송하인용	운송계약이 성립함을 증명하는 운송계약증서이며, 출발지에서 송하인으로부터 운송인이 화물을 수취하였다는 수취증으로 사용됨
사본4	황색	인도 항공사용	도착지에서 수하인이 항공사로부터 화물을 수취하였다는 화물인도 증명서로서 화물인도시 수하인이 서명을 함으로써 운송계약 이행을 증명함
사본5	백색	도착지 공항용	도착지에서 세관업무에 사용됨
사본6 사본7 사본8	백색	운송참가 항공사용	운송에 참가한 항공사들의 운임 정산용으로 사용됨
사본9	백색	발행 대리점용	발행 대리점 보관용으로 사용됨
사본10 사본11 사본12	백색	예비용	필요한 경우 사용됨

5 항공화물운송장의 작성방법 및 주요기재내용

(1) 일반원칙

항공운송장에 기재되는 숫자는 아라비아 숫자, 문자는 영어, 불어, 스페인어를 사용하는 것이 원칙이다. 상기 이외의 숫자나 문자를 사용하는 경우 영어를 병기하는 것이 바람직하다.

작성된 항공운송장의 내용을 수정하거나 추가할 때는 원본과 사본 전체에 대해서 수정 또는 추가해야 한다. 화물이 수송되는 도중이나 목적지에서 이와 같은 수정이나 추가사항이 발생하였을 경우에는 잔여분에 대한 수정이나 추가내용이 반영되어야 한다.

(2) 작성요령

① Airport of Departure : 출발지 도시 또는 공항의 3-Letter Code 기입 예 ICN
② Shipper's Name and Address : 송하인의 성명, 주소, 도시, 국명이 기입되며 전화번호도 함께 기입해 두는 것이 좋다.
③ Shipper's Account Number : AWB 발행 항공사의 임의로 사용된다.
④ Consignee's Name and Address : 수하인의 성명, 주소, 도시, 국명, 전화번호 등을 기입한다.
　㉠ 어떠한 이유로 실수하인을 대신하여 은행이나 화물대리점이 수하인이 될 경우 실수하인은 Handling Information란에 기재되어야 한다.
　　이때 화물 인도 항공사는 은행이나 대리점을 유일한 수하인으로 간주하며 본란에 명시된 수하인으로부터의 지시가 없이는 타인에게 인도하지 않는다(신용장방식거래에서 Consignee를 신용장개설 은행으로 기재하도록 한 경우 나중에 개설은행은 AWB Original 2(for Consignee)에 이서하고 화물인도승낙서를 발급하여 신용장 개설의뢰인(수입상)에게 화물의 수취를 위임하게 됨).
　　만약, 송하인이 특정의 개인이나 회사에게도 도착사실을 통보해 줄 것을 요청하면 그 주소를 Handling Information란에 기입하여야 한다('also notify'라는 말로 표현).
　㉡ AWB는 비양도성이기 때문에 'to order' 또는 'to order of the Shipper'라고 표현해서는 안 된다.
　㉢ 수하인이 화물인수의 편의를 위해 인도 항공사나 호텔 또는 유사한 임시거처를 주소지로 할 경우 수하인 또는 그 관련인 주소를 Handling Information란에 '인도불가시의 연락처(In case of inability to deliver to consignee contract :)'라는 표시와 함께 기입해야 한다.
⑤ Consignee's Account Number : 고객 분류를 위한 부호를 기입하며, 인도 항공사의 임의로 사용한다.
⑥ Issuing Carrier's Agent Name and City : AWB 발행 화물대리점의 이름 및 도시명을 기입한다.
⑦ Agent's IATA Code : 대리점의 IATA Code를 기재한다.

⑧ Account Number : AWB 발행 항공사의 임의로 사용한다.

⑨ Airport of Departure(Address of First Carrier) and Requested Routing : 출발지 공항과 운송구간을 기재한다. 3-Letter City Code의 사용도 가능하다.

⑩ Accounting Information : 특별히 회계처리에 관한 내용을 기록한다. 예를 들어 운송료 지불방법(현금, 수표, MCO)이나 GBL번호, 기타 필요한 내용을 기록한다.

⑪ Routing and Destination : 예약에 의한 첫 구간의 도착지와 수송 항공사명을 기입한다. 이때 항공사명은 Full Name을 적는다. 최종목적지까지 2개 이상의 항공사가 수송에 개입할 경우 각 경유지와 해당구간을 수송하는 항공사명을 Code로 기입한다.

한 도시에 2개 이상의 공항이 있을 경우는 도착지 공항의 3-Letter Code를 기입한다.

⑫ Currency : AWB 발행국 화폐단위 Code를 기입하며 AWB에 나타난 모든 금액은 본란에 표시되는 화폐단위와 일치하는 것이어야 한다(단, 'Collect Charges in Destination Currency'란에 표시되는 금액은 제외).

자국 화폐단위 대신 GBP(영국파운드) 또는 USD를 현지통화로 간주하는 나라에서는 본란에 GBP 또는 USD를 표시해야 한다.

⑬ Charge Code : 항공사의 임의로 사용된다.

⑭ Weight/Valuation, Charge-Prepaid/Collect : 화물운임의 지불방식에 따라 선불(PPD) 또는 착지불(COLL)란에 '×'자로 표시한다.

화물운임과 종가요금은 둘 다 모두 선불 또는 착지불이어야 하며 화물운임은 선불, 종가요금은 착지불 등의 형태는 불가능하다.

⑮ Other Charges at Origin-Prepaid/Collect : 화물운임과 종가요금을 제외한 출발지에서 발생된 기타요금을 지불방식에 따라 선불 또는 착지불란에 '×'자로 표시한다.

출발지에서 발생한 모든 기타요금은 전부 선불이거나 전부 착지불이어야 한다.

⑯ Declared Value for Carriage : 송하인의 운송신고가격을 본란에 기재한다. 화물의 분실이나 파손인 경우 동 금액은 손해배상의 기준이 되며 종가요금 산정도 동 금액을 기준으로 계산된다.

가격신고 방법은 일정한 금액을 신고하는 것과 무가격 신고(No Value Declared, NVD로 표시함)의 2가지 방법 중 화주가 임의로 선택할 수 있다.

⑰ Declared Value for Customs : 세관통관 목적을 위해 송하인의 세관신고 가격을 기록한다. N.C.V(No Commercial Value)도 가능하다.

⑱ Airport of Destination : 최종 목적지인 공항이나 도시명을 Full Name으로 기록한다.

⑲ Flight/Date : 화주가 요청한 예약 편을 기입하는 것이 아니고 항공사 임의로 사용된다. 그러나 본란에 기입된 Flight가 확정된 것임을 의미하지는 않는다.

⑳ Amount of Insurance : 화주가 보험에 부보하고자 하는 보험금액을 기록한다. 보험에 부보하는 금액은 대체로 운송신고가격과 일치하며 보험에 부보치 않을 때는 공백으로 남겨둔다.

㉑ Handling Information : AWB의 다른 란에 표시할 수 없는 사항들을 나타내기 위해 사용된다. 충분한 여백이 없을 때는 별도 용지의 사용이 가능하다. 본란에 기입되는 사항은 대략 다음과 같다.

㉠ 화물의 포장방법 및 포장표면에 나타는 식별부호, 번호

㉡ 수하인 외에 화물도착 통보를 할 필요가 있는 사람의 주소, 성명

㉢ AWB과 함께 동반되는 서류명

㉣ Non-Delivery로 인한 화물의 경우 최초의 AWB 번호를 기입

㉤ 기타 화물운송과 관련된 제반 지시 또는 참고사항

㉒ Consignment Details and Rating : 화물요금과 관련 세부사항을 기록한다. 본란에 기록되는 세부사항은 다음과 같다.

㉠ Number of Pieces : 화물의 개수를 기입, 총 개수는 아래의 합계란에 표시한다.

㉡ RCP(Rate Combination Point) : 요율결합지점을 표시해 줄 필요가 있을 경우 해당도시 3-Letter Code를 기입한다.

㉢ Actual Gross Weight : 화물의 실제무게를 기입하며 합계중량은 아랫부분에 표시한다. BUC(Bulk Unitization Charge)란 특정한 단위탑재용기(컨테이너·파렛트)에 그대로 운송될 수 있게끔 적재된 상태하에서 출발지 공항에서 항공회사에 인도되어 그대로의 상태로 도착지 공항의 항공회사에 인수되도록 한 화물의 단위로서 특정 지점 간에 설정된 운임을 말하며 이를 적용했을 경우에는 사용된 항공화물용 컨테이너(ULD : Unit Load Device)의 자중을 화물무게 아래에 적어둔다.

㉣ kg/lb : 무게단위를 기입한다(Kilogram : K, Pound : L로 표시).

㉤ Rate Class : 화물요율에 따라 아래 Code 중 사용된다.

M Minimum Charge

N Normal under 45kg(100lb) rate

Q Quantity over 45kg(100lb) rate

C Specific Commodity Rate

R Class Rate(less than normal rate)

S Class Rate(more than normal rate)

U Pivot weight and applicable pivot weight charge

E Weight in excess of pivot weight and applicable rate

X Unit Load Device(as an additional line entry with one of the above)

P Small Package Service

Y Unit Load Device Discount

㉥ Commodity Item Number

ⓐ SCR이 적용될 경우 품목번호 기재

ⓑ CCR이 적용될 경우 해당 Percentage 표시

ⓒ BUC를 적용했을 경우 ULD의 Rating Type을 표시

ⓢ Chargeable Weight

ⓐ 화물의 실제중량과 부피중량 중 높은 쪽의 중량을 기입한다. 이때 소수점이 있을 경우 이를 처리하여야 한다.

ⓑ 최저운임(Minimum charges)이 적용될 경우는 기재할 필요가 없다.

ⓒ BUC를 적용했을 경우에는 해당 ULD의 운임적용 최저중량을 기입한다.

ⓞ Rate/Charge : kg당 또는 lb당 적용요율을 기입한다.

ⓐ 최저운임 적용시는 최저운임 기입

ⓑ BUC 적용시 해당 ULD의 최저적용운임(Pivot charge) 기입

ⓒ 화주소유 ULD에 대한 ULD 할인금액 기입

ⓓ Over Pivot Rate 기입

ⓩ Total : 운임적용중량(㉒-ⓢ)×요율(㉒-ⓞ) 금액을 기입한다. 서로 다른 요율이 적용되는 품목이 둘 이상의 경우의 총합계 금액은 아랫부분의 빈칸에 기입한다.

ⓩ Nature and Quantity of Goods(Include Dimensions or Volume)

ⓐ 화물의 품목을 기입한다. 필요시에는 상품의 원산국을 기입하기도 한다.

ⓑ 부피중량이 적용되는 화물포장의 치수를 '최대 가로 × 최대 세로 × 최대 높이'의 순으로 표시한다.

ⓒ BUC 적용시 사용된 ULD의 IATA Code를 기입한다.

ⓓ 본란의 여백이 부족할 경우 'Extension List'를 사용할 수 있다.

㉓ Weight Charge(Prepaid/Collect) : 운임 지불방법에 따라 선불 또는 착지불란에 해당화물의 운임을 기입한다.

㉔ Valuation Charge(Prepaid/Collect) : 화주의 신고가격에 따라 부과되는 종가금액을 지불방법에 따라 선불 또는 착지불란에 기입한다. 화물운임과 종가요금은 양자 모두가 선불이거나 또는 착지불이어야 한다. 즉, 운임선불, 종가요금은 착지불 또는 그 반대의 경우 등은 인정되지 않는다.

㉕ Other Charge : 화물운임 및 종가요금을 제외한 기타비용의 명세 및 금액을 기입한다. 명세를 표시하기 위해서는 아래의 Code가 사용된다.

AC An

imal Container

AS Assembly Service Fee

AW Air Waybill Fee

CH Clearance and Handling

DB Disbursement Fee

PU Pick UP

SO Storage

SU Surface Charge

TR Transit

TX Taxes

IN Insurance Premium

MO Miscellaneous

UH ULD Handling

상기 Code는 금액 앞에 표시해야 하며 상기 제비용들의 귀속여부를 확실히 하기 위해 항공사 몫일 경우 C, 대리점 몫일 경우 A로 표시한다. 이때 'A' 또는 'C'의 표시는 비용 Code와 금액 사이에 기재한다. 예 -PU 'C' : 35.00

㉖ Total Other Charge : 출발지에서 발생하여 ㉕란에 표시된 제비용은 모두가 선불 또는 착지불이어야 한다.

  ㉠ Total Other Charges Due Agent(Prepaid/Collect) : AWB 발행 수수료가 대리점 몫일 경우 이 내용이 기입되어야 한다. 기타 출발지에서 징수되는(선불) '대리점 몫'의 제 비용은 기입할 필요가 없으며, ㉕란에 표시되는 '대리점 몫'의 비용 중 착지불 금액만 표시한다.

  ㉡ Total Other Charges Due Carrier(Prepaid/Collect) : 운임이나 종가요금을 제외하고 ㉕란에 표시되는 비용 중 '항공사 몫'에 해당하는 비용을 선불 또는 착지불란에 기재한다.

㉗ Total Prepaid : 운임, 종가요금, 기타 제 비용(항공사 몫, 대리점 몫 포함) 중 선불란에 표시된 금액의 합계를 기입한다.

㉘ Total Collect : 운임, 종가요금, 기타 제 비용 중 착지불란에 표시된 금액의 합계를 기입한다.

㉙ Shipper's Certification Box : 송하인 또는 그 대리인의 서명(인쇄, 서명 또는 Stamp)이 표시된다.

㉚ Carrier's Execution Box : AWB 발행일자 및 장소, 항공사 또는 그 대리인의 서명이 표시된다. 월(月)의 표시는 영어로 Full Spelling 또는 약자를 사용할 수 있으나 숫자로 표시하면 안 된다.

TIP 항공화물운송장 번호

항공화물운송장 번호는 상단 좌우와 하단 우측에 명기되어 있으며 IATA Carrier 3 Digit Code와 7단위의 일련번호 및 7진법에 의한 Check Digit로 구성된다.

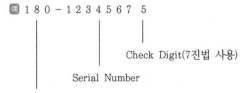

344

◀ 항공화물운송장 서식 ▶

Shipper's Name and Address	Shipper's Account Number	Not negotiable Air Waybill *issued by*	KOREAN AIR
		Copies 1, 2 and 3 of this Air Waybill are originals and have the same validity.	
Consignee's Name and Address	Consignee's Account Number	It is agreed that the goods described herein are accepted in apparent good order and condition (except as noted) for carriage SUBJECT TO THE CONDITIONS OF CONTRACT ON THE REVERSE HEREOF. THE SHIPPER'S ATTENTION IS DRAWN TO THE NOTICE CONCERNING CARRIER'S LIMITATION OF LIABILITY. Shipper may increase such limitation of liability by declaring a higher value for carriage and paying a supplemental charge if required.	
Telephone :			

Issuing Carrier's Agent Name and City		Accounting Information
Agent's IATA Code	Account No.	

Airport of Departure(Addr. of First Carrier) and Requested Routing

TO	By First Carrier	Routing and Destination	to	by	to	by	Currency	CHGS Code	WT/VAL		Other		Declared Value for Carriage	Declared Value for Customs
									PPD	COLL	PPD	COLL		

Airport of Destination	Flight/Date	For Carrier Use Only	Flight/Date	Amount of Insurance	INSURANCE–If Carrier offers Insurance, and such insurance is requested in accordance with conditions on reverse hereof, indicate amount to be insured in figures in box marked 'amount of Insurance'.

Handling Information

No. of Pieces RCP	Gross Weight	kg lb	Rate Class / Commodity item No.	Chargeable Weight	Rate / Charge	Total	Nature and Quantity of Goods (incl. Dimensions or Volume)

Prepaid	Weight Charge	Collect	Other Charges
	Valuation Charge		
	Tax		
	Total Other Charges Due Agent		Shipper certifies that the particulars on the face hereof are correct and that insofar as any part of the consignment contains dangerous goods, such part is properly described by name and is in proper condition for carriage by air according to the applicable Dangerous Goods Regulations.
	Total Other Charges Due Carrier		
			Signature of Shipper or his Agent
Total Prepaid	Total Collect		
Currency Conversion Rates	CC Charges In Dest. Currency		Executed on(date)　　at(place)　　Signature of Issuing Carrier or its Agent
For Carrier's Use Only at Destination	Charges at Destination	Total Collect Charges	

ORIGINAL 3(FOR SHIPPER)

05 항공화물 운임

(1) 운임산정 원칙

항공화물 운임은 국제항공운송협회(IATA)에서 합의된 운임요율을 관계국가정부의 승인을 얻어 산정하고 있으며, 운임요율의 적용시점은 항공화물운송장이 발행된 때로 한다. 일반적으로 kg단위로 운임이 부과되고 중량이 큰 경우에는 낮은 요율의 운임이 적용된다. 다만, 중량에 비해 부피가 큰 화물은 부피를 중량으로 환산하여 운임을 산정하며 취급이 까다로운 화물은 상대적으로 운임이 높은 편이다.

(2) 일반화물 운임(General Cargo Rates : GCR)

일반화물운임은 모든 항공화물 운임산정의 기준이 되는 운임으로 특정품목할인운임이나 품목분류운임이 적용되는 화물을 제외하고 모든 화물운송에 적용되는 운임을 말한다. 일반화물운임은 기본운임, 최저운임, 중량단계별 할인운임으로 구분된다.

① 기본운임 : 45kg 미만의 화물에 적용되는 운임으로서, 모든 일반화물운임의 기준이 된다. 요율표에는 "N"으로 표시되어 있다.

② 최저운임 : 최저운임은 한 건의 화물운송에 적용할 수 있는 가장 적은 운임으로 화물의 중량운임이나 용적운임이 최저운임보다 낮은 경우에 적용되는 운임을 말한다. 요율표에는 "M"으로 표시되어 있다.

③ 중량단계별 할인운임 : 항공화물요율은 화물의 중량이 45kg 이상인 경우에는 중량이 높아짐에 따라 kg당 요율이 낮아진다. 요율표에는 "Q"로 표시되어 있다.

(3) 특정품목 할인운임(Specific Classification Rate : SCR)

특정품목 할인운임은 특정구간에 운송되는 특정품목에 대하여 일반화물 운임보다 낮은 요율로 적용하는 할인운임으로 특정구간에 동일품목이 계속적으로 반복하여 운송되는 품목이거나 육상운송이나 해상운송과의 경쟁을 감안하여 항공운송을 이용할 가능성이 높은 품목에 대하여 할인된 운임을 적용한다. 특정품목 할인요율은 일반화물 운임이나 품목분류 운임보다 우선 적용되나, 일반화물 운임이나 품목분류 운임을 적용하여 운임이 더 낮은 경우에는 해당 낮은 운임을 적용할 수 있다.

(4) 품목분류 운임(Commodity Classification Rates : CCR)

품목분류 운임은 특정지역 간에 운송되는 특정품목에 일반화물요율의 백분율에 의한 할증 또는 할인으로 산정되는 운임으로 일반화물운임을 운송구간에 따라 할인해 주거나 할증하여 적용하는 운임이다. 품목분류운임은 일반화물운임보다 무조건 우선하여 적용된다. 할인요율이 적용되는 주요품목은 신문, 잡지, 정기간행물, 카탈로그, 책 등이고, 할증요율이 적용되는 주요품목은 귀중품, 자동차, 생동물, 시체 및 유골 등이다.

(5) 단위탑재용기 요금(Bulk Unitization Charge : BUC)

단위탑재용기 요금은 컨테이너, 파렛트, 이글루 등의 단위탑재용기별로 중량을 기준으로 산정하는 운임이다. 해당 운송구간에서 각 용기별로 기본요금으로 운송할 수 있는 최고한도중량 이하인 경우에는 기본요금이 적용되고, 해당 최고한도중량을 초과하는 경우에는 초과된 중량에 대하여 초과중량운임률을 적용하여 운임을 산출한다.

(6) 종가운임(Valuation charges)

운송되는 화물의 가격에 따라 부과되는 운임으로 손해배상과 직접 관련이 있는 운임이다. 운송사고로 화물에 대한 손해배상으로 받는 경우에는 화물가액에 일정비율을 곱하여 손해배상을 받게 된다. 항공화물운송장상 송하인의 운송신고가격이 kg당 USD 20 또는 LB당 USD 9.07을 초과하는 화물은 그 초과한 금액에 0.5% 상당금액을 종가운임으로 징수한다.

(7) 기타 운임

① **입체지불 수수료(Disbursement fee)** : 입체지불 수수료란 항공운송 시작 이전에 송하인 또는 그 대리인이 선지급한 비용으로 수하인이 부담하여야 하는 육상운송료, 보관료, 통관수수료 등을 말하며, 송하인의 요구에 따라 항공화물운송장에 입체지불금을 명시하는 경우 운송인은 이를 수하인으로부터 징수한다.

② **착지불 수수료(Charges collect fee)** : 운임 착지불의 경우에 항공사가 징수하는 수수료로 운임과 종가운임을 합한 금액의 일정부분을 수수료로 징수한다.

③ **위험물품 취급 수수료(Dangerous goods fee)** : 항공사가 위험물품을 취급하는 경우 포장상태, 검사 등에 대하여 징수하는 수수료를 말한다.

④ **화물 취급 수수료(Handling charge)** : 항공화물대리점 또는 혼재업자가 화물취급에 따른 서류 발급비용이나 화물도착 통지, 항공화물운송장의 인수 등의 서비스 제공에 대한 대가로 화주로부터 징수하는 수수료를 말한다.

⑤ **운송장 작성 수수료** : 항공사가 항공화물운송장을 작성할 경우 화주로부터 징수하는 수수료를 말한다.

⑥ **Pick up service charge** : 항공화물대리점 또는 혼재업자가 화주가 지정한 장소에서 화물을 Pick up하는 경우에 발생하는 운송비용을 말한다.

06 국제항공기구

1 국제항공운송협회(IATA)

국제항공운송협회(International Air Transport Association)는 1945년에 설립되었고 캐나다 몬트리올, 스위스 제네바 및 싱가폴에 본부를 둔 민간단체로서 국제 간 운임, 운항, 정산업무 등 상업적, 기술적 활동을 토대로 항공운송 발전과 제반 문제 연구, 안전하고 경제적인 항공운송, 회원 업체 사이의 우호 증진 등을 목적으로 한다.

국제항공운송협회의 가맹회원이 되는 자격은 국제민간항공기구(ICAO)가맹국의 정기항공사업에 종사하고 있는 민간항공회사이고, 국제선을 갖고 있는 회사는 정회원(Active member), 국내선만 갖고 있는 회사는 준회원(Associate member)이 될 수 있다. 국제항공운송협회는 표준항공약관, 항공권, 항공화물운송장의 표준화, 복수 항공기업의 연대운송에 관한 협정, 총대리점 및 판매대리점과의 표준계약 등을 제정하고 있다.

2 국제민간항공기구(ICAO)

(1) 국제민간항공기구(International Civil Aviation Organization)는 국제민간항공조약(시카고조약)에 기초하여, 국제민간항공의 발전을 도모하기 위하여 1947년에 발족된 국제연합(UN) 전문기관의 하나이다.

(2) 국제민간항공기구는 ① 국제민간항공의 안전한 발전 보장, ② 항공기 설계와 운송기술 장려, ③ 국제민간항공을 위한 항공로, 공항 및 항공시설 발전 촉진, ④ 불합리한 경쟁으로 발생하는 경제적 낭비 방지, ⑤ 체약국이 모든 국제항공기업을 운영할 수 있는 공정한 기회 보장, ⑥ 체약국 간의 차별대우 금지, ⑦ 국제항공상의 비행의 안전 증진과 ⑧ 국제민간항공 모든 부문의 전반적 발전 촉진을 목적으로 한다.

(3) 국제민간항공기구의 주요업무는 ① ICAO 부속서에 반영할 국제표준과 권고사항 채택, ② 시카고 협약 해석과 개정, 국제항공법, 국제민간항공에 영향을 미치는 사법 관련 제반 문제의 검토와 권고사항의 입안, ③ 공항과 항로시설 관리, 국제항공운송의 간편화, 항공기 사고 조사 및 방지, 항공통신과 정비, 항공기상업무 ④ 국제민간항공에 대한 불법간섭 방지 및 기타 중요한 국제민항정책에 대한 토의 등이다.

3 국제항공연맹(FAI)

국제항공연맹(FAI : Federation Awronautique Internationale)은 1905년 설립된 국제민간조직으로 IATA나 ICAO와 유기적인 관계를 가지고 민간항공단체가 바라는 항공정책의 방향 및 문제점과 새 사업 등을 건의한다.

국제항공연맹의 주요사업은 일반항공, 항공우주, 항공학술, 항공스포츠, 낙하산, 모형기, 항공기록에 관한 사항 등이다.

4 국제운송주선인협회연맹(FIATA)

국제운송주선인협회연맹(International Federation of Freight Forwarder Association)은 1926년 설립된 국가별 운송주선인협회와 개별운송주선인으로 구성된 국제민간기구로서 전 세계적인 운송주선인(Freight forwarder)의 연합체이다

국제운송주선인협회연맹은 운송주선인의 이익을 보호하고 운송주선인조직과 관련업체들의 협조관계를 유지하기 위하여 설립되었다. 우리나라는 1977년에 가입하였다.

07 항공운송 관련 국제조약

1 바르샤바 조약(Warsaw Convention)

바르샤바 조약은 항공운송이 국제적인 운송수단으로 발전함에 따라 항공업무의 국제적인 협조와 통일에 대한 요구에 의해 1929년 해상운송에 관한 헤이그 규칙을 모범으로 제정된 항공운송 관련 최초의 협약으로 정식명칭은 국제항공운송에 있어서 일부 규칙의 통일에 관한 협약(Convention for the Unification of certain Rule Relating to International Transportation by Air)이다. 이 조약은 항공운송인의 민사책임에 대한 통일법을 제정하여 각국법의 충돌을 방지하고 항공운송인의 책임을 일정 한도로 제한하여 국제민간항공 운송업을 발전시키기 위한 조약이며 주요내용은 다음과 같다.

① 항공운송인은 운송화물을 인도받아 송하인이 지시한 대로 수하인 등에 인도하여야 하며, 이 경우 항공운임에 대하여 화물에 대한 유치권을 행사할 수 있다.

② 항공운송인은 화물의 멸실, 손상이 그 손해의 원인이 된 사고가 항공운송 중에 발생된 경우, 항공운송의 연착으로부터 발생하는 손해에 대한 책임을 진다. 이 경우 항공운송인의 책임은 1kg당 250포앙카레프랑 또는 추가운임을 지급하면서 신고한 운송물의 가액으로 제한된다.

④ 운송인은 여객운송시 발생한 승객의 사망, 부상 등에 대하여 배상할 책임을 진다.

2 헤이그 의정서

헤이그 의정서(Hague Protocol)는 1955년에 개정된 바르샤뱌 조약의 개정판으로 항공운송의 변화를 반영하고 바르샤바 조약의 한계점을 보완하며 항공운송인의 책임한도를 상향조정하기 위한 국제협약이다. 헤이그 의정서의 주요 개정사항으로는 항공화물운송장과 관련된 조항의 수정, 해석상의 의문점에 대한 명료화 및 항공운송인의 책임한도액 상향 조정 등이 있다.

3 과달라하라 조약

과달라하라 조약은 항공기 임대차의 증가에 따른 새로운 조약의 필요성에 따라 국제민간항공기구(ICAO)가 1965년 채택한 조약이다. 이 조약의 정식명칭은 "계약당사자가 아닌 운송인이 이행한 국제항공운송에 관한 일부규칙의 통일을 위한 바르샤뱌 조약을 보충하는 조약"이며 우리나라는 가입하지 않았다.

4 몬트리올 협정(Montreal Agreement)

미국은 헤이그 의정서상 항공운송인의 책임한도액이 너무 적다는 이유로 바르샤바 협약을 탈퇴할 것을 통보하였고, 미국의 탈퇴를 막기 위해 국제민간항공기구(ICAO)는 회원국과 협의하여 항공운송인의 책임한도액을 인상하려 했으나 회원국 간의 의견차이로 합의에 도달하지 못했다. 결국 국제항공운송협회(IATA)는 미국에 기항하는 주요 항공사들을 몬트리올에 소집하여 몬트리올 협정을 맺었고, 1966년 미국 민간항공국의 승인을 얻어 발효되었다.

몬트리올 협정의 주요내용은 다음과 같다.

① 운송인은 항공운송 중에 발생한 사고로 인한 손해에 한하여 책임을 진다. 다만, 운송인이 송하인의 동의 없이 다른 운송수단 형태에 의한 운송으로 대체한 경우 다른 운송수단에 따른 운송은 항공운송 기간 내에 있는 것으로 간주된다.

② 운송인은 화물의 파괴, 분실 또는 손상으로 인한 손해가 항공운송 중에 발생하였을 경우에 한하여 무과실책임을 진다.

③ 연착손해에 대해서는 추정과실책임주의를 적용하며, 운송인은 승객, 수화물 또는 화물의 항공운송 지연으로 인한 손해에 대한 책임을 진다.

④ 운송인의 책임한도는 1kg당 22SDR로 규정하고 있으며, IMF 비가맹국은 250금프랑 기준으로 한다.

5 과테말라 의정서

과테말라 의정서(Guatemala Protocol)는 1971년 개최된 과테말라 외교회의에서 통과시킨 의정서로서, 운송인의 책임을 엄격책임으로 변경함으로써 항공운송인의 책임에 관한 기본적인 사고를 크게 바꾸었다. 주요 내용은 책임한도액의 절대성 및 자동수정 등이다.

핵심포인트

조약별 책임한도액

구 분	바르샤바 조약	헤이그 의정서	몬트리올 협정
여객	1인당 US$ 10,000	1인당 US$ 20,000	1인당 US$ 75,000(소송비용 포함) 1인당 US$ 58,000(소송비용 불포함)
휴대수화물	1인당 US$ 400	1인당 US$ 400	1인당 US$ 400
위탁수화물	kg당 US$ 20	kg당 US$ 20	kg당 US$ 20
화물	kg당 US$ 20	kg당 US$ 20	kg당 US$ 20

01 항공화물운송의 특성에 관한 설명으로 옳지 않은 것은?

① 대부분 야간에 운송이 집중된다.

② 신속성을 바탕으로 정시 서비스가 가능하다.

③ 여객에 비해 계절에 따른 운송수요의 탄력성이 크다.

④ 화물추적, 특수화물의 안정성, 보험이나 클레임에 대한 서비스가 우수하다.

⑤ 적하를 위하여 숙련된 지상작업이 필요하다.

> 해설 항공여객운송에 비해 수요에 대한 계절적 변동이 거의 없다.(운송수요의 탄력성이 작다)

02 항공운송의 특성에 대한 설명으로 옳지 않은 것은?

① 항공운송은 운송에 소요되는 시간이 짧고 다른 운송수단에 비해 화물의 손상, 분실 또는 사고위험이 상대적으로 낮기 때문에 안전하다.

② 항공운송은 다른 운송수단에 비하여 상대적으로 운송비가 높은 편이다.

③ 항공운송은 운임이 높기 때문에 보험요율도 다른 운송수단에 비해 높은 편이다.

④ 항공운송은 발착시간, 정시운항, 운항횟수에 의한 정시성이 중요시되기 때문에 적기에 화물을 인도할 수 있다.

⑤ 항공운송은 중량이 많이 나가는 화물이나 대량화물의 운송에는 적합하지 않다.

> 해설 항공운송은 화물에 대한 안전성이 높기 때문에 보험요율이 다른 운송수단에 비해 낮은 편이다.

03 모서리가 항공기의 동체모양에 일치하도록 둥글게 하여 공간을 최대한 활용할 수 있도록 제작된 항공화물을 위한 단위 탑재용기는?

① 항공화물용 컨테이너　　　② High loader

③ 이글루　　　　　　　　　④ Work Station

⑤ Pallet

> 해설 이글루는 모서리가 항공기의 동체모양에 일치하도록 둥글게 하여 공간을 최대한 활용할 수 있도록 제작하는 항공기 탑재에 적합한 단위 탑재용기이다.

정답 **01** ③ **02** ③ **03** ③

04 엔진이 장착되어 자체 구동력이 있는 차량으로 화물이 적재된 단위 탑재용기를 올려놓은 상태에서 터미널에서 항공기까지 수평이동을 할 수 있는 장비는 무엇인가?

① Transporter   ② Work station

③ Dolly   ④ Nose dock

⑤ Tug car

> **해설** 엔진이 장착되어 자체 구동력이 있는 차량으로, 화물이 적재된 단위 탑재용기를 올려놓은 상태에서 터미널 에서 항공기까지 수평이동을 할 수 있는 장비는 Transporter이다.

05 다음에서 설명하고 있는 것은 무엇인가?

> 신용장방식의 대금결제를 하는 경우 Air Waybill 수하인은 발행은행 이름이 기재되어 화물에 대한 인도청구권은 발행은행이 가지게 되므로 Air Waybill상에 통지처로 기재된 수입화주는 운송주선인으로부터 수하인용 Air Waybill을 교부받아 발행은행에 대금결제를 하거나 담보를 제공한 뒤 발행은행으로부터 (　　　　　　　)를 교부받는다.

① 수입화물인도승낙서   ② 화물인도지시서

③ Sea Waybill   ④ B/L

⑤ L/I

> **해설** 신용장방식의 대금결제를 하는 경우 Air Waybill 수하인은 발행은행 이름이 기재되어 화물에 대한 인도청구 권은 발행은행이 가지게 되므로 Air Waybill상에 통지처로 기재된 수입화주는 운송주선인으로부터 수하인 용 Air Waybill을 교부받아 발행은행에 대금결제를 하거나 담보를 제공한 뒤 발행은행으로부터 수입화물인 도승낙서(항공화물 L/G)를 교부받는다.

06 항공화물운송장에 대한 설명으로 옳지 않은 것은?

① 항공화물운송장은 항공운송계약에 대한 증거를 나타내는 증거증권이다.

② 항공화물운송장은 선하증권처럼 유통이 가능하다.

③ 항공화물운송장은 송하인이 운송인에게 운송계약 이행에 필요한 세부사항을 항공화물운송장을 통하여 지시하는 지시증권이다.

④ 항공화물운송장은 운송인이 정당한 항공화물운송장의 소지인에게 화물을 인도하는 경우나 수하인용 항공화물운송장을 제시하는 자에게 화물을 인도하는 경우에는 그 책임을 면한다.

⑤ 항공화물운송장은 화물을 인수하였다는 사실을 입증하는 화물수령증이다.

정답 04 ①   05 ①   06 ②

> [해설] ② 항공화물은 신속하게 운송되어 수하인에게 인도될 수 있기 때문에 장기간의 운송이 필요한 해상운송처럼 운송 중 전매의 필요성이 없으므로 항공화물운송장은 선하증권과 달리 유통이 금지되어 있다.

07 항공화물운송장과 관련하여 다음의 (　　　) 안에 들어갈 용어가 순서대로 바르게 나열된 것은?

> (　　　　)이란 항공사가 혼재화물에 대하여 발행하는 항공화물운송장으로, 혼재업자 등의 계약운송인이 항공회사로부터 발행을 받는다.
> (　　　　)이란 혼재업자 등의 계약운송인이 혼재 화물을 구성하는 개개의 화물에 대하여 발행하는 항공화물운송장이다.

① House Air Waybill, Master Air Waybill

② Master Air Waybill, House Air Waybill

③ House Air Waybill, Master Sea Waybill

④ Master Sea Waybill, House Sea Waybill

⑤ House Sea Waybill, Master Sea Waybill

> [해설] ① Master AWB : 항공사가 혼재화물에 대하여 발행하는 항공화물운송장으로, 혼재업자 등의 계약운송인이 항공회사로부터 발행을 받는다.
> ② House AWB : 혼재업자 등의 계약운송인이 혼재 화물을 구성하는 개개의 화물에 대하여 발행하는 항공화물운송장이다.

08 항공화물운송에 관한 설명으로 옳은 것은?

① 혼합화물(Mixed cargo)은 House air waybill에 의하여 각 품목마다 각기 다른 요율이 적용되는 성질을 가진 여러 가지 품목들로 구성된 화물을 말한다.

② 항공화물 혼재업자는 자체의 운임표가 없어 항공사의 운임표를 사용한다.

③ 혼합화물에는 중량에 의한 할인요율이 적용될 수 없다.

④ 혼재화물 운송시 혼재업자가 송하인으로 명시되지 않아도 된다.

⑤ 혼재화물 운송시 Master air waybill상에서 출발지의 혼재업자가 송하인이 되고 도착지의 혼재업자가 수하인이 된다.

> [해설] ① 혼합화물(Mixed cargo)은 Master air waybill에 의하여 각 품목마다 각기 다른 요율이 적용되는 성질을 가진 여러 가지 품목들로 구성된 화물을 말한다.
> ② 항공화물 혼재업자는 자체의 운임표가 있다.
> ③ 혼합화물에는 중량에 의한 할인요율이 적용될 수 있다.
> ④ 혼재화물 운송시 혼재업자가 송하인으로 명시되어야 한다.

정답 **07** ② **08** ⑤

09 다음 중 항공화물운송장의 기능이 아닌 것은?

① 화물수령증 : 운송인이 운송을 위하여 송하인으로부터 항공화물운송장에 기재된 화물을 수취하였다는 증서기증을 한다.

② 수출입신고서 : 항공화물운송장에 의하여 수출입신고가 가능한 화물에 대하여는 항공화물운송장이 수출입신고서로서 사용될 수 있다.

③ 운송계약의 증거 : 항공화물운송장은 송하인과 운송인 간에 항공화물운송장에 기재된 내용에 대한 계약 성립을 입증하는 증거서류이다.

④ 보험증서 : 송하인이 항공화물운송장에 보험금액과 보험료를 기재하여 화주보험을 부보한 경우에는 보험계약증의 역할을 한다.

⑤ 유통증권 : 운송 중 전매가 가능한 유통증권이다.

> 해설 ⑤ 항공화물은 신속하게 운송되어 수하인에게 인도될 수 있기 때문에 장기간의 운송이 필요한 해상운송처럼 운송 중 전매의 필요성이 없으므로 항공화물운송장은 선하증권과 달리 유통이 금지되어 있다.

10 항공화물운송장의 구성에 대한 설명으로 옳지 않은 것은?

① 녹색원본은 발행항공사용으로 운송계약이 성립함을 증명하는 운송계약증서이며, 발행항공사가 운임 등 회계처리용으로 사용한다.

② 적색원본은 수하인용으로 화물과 함께 도착지에 보내져서 수하인에게 인도된다.

③ 청색원본은 송하인용으로 운송계약이 성립함을 증명하는 운송계약증서이며, 출발지에서 송하인으로부터 운송인이 화물을 수취하였다는 수취증으로 사용된다.

④ 황색사본은 인도 항공사용으로 도착지에서 수하인이 항공사로부터 화물을 수취하였다는 화물인도 증명서로서 화물인도시 수하인이 서명을 함으로써 운송계약 이행을 증명한다.

⑤ 항공화물운송장은 원본 3장이 발행되며 사본은 발행될 수 없다.

> 해설 ⑤ 항공화물운송장은 원본 3장이 발행되며 사본은 인도 항공사용, 도착지 항공사용, 운송참가 항공사용, 발행 대리점용, 예비용 등이 발행될 수 있다.

11 항공화물운송장의 작성요령에 대한 설명으로 옳지 않은 것은?

① 수하인을 표시할 경우 'to order' 또는 'to order of the Shipper'로 표현한다.

② Account Number는 AWB 발행 항공사의 임의로 사용한다.

③ Currency는 AWB 발행국 화폐단위 Code를 기입하며 AWB에 나타난 모든 금액은 본란에 표시되는 화폐단위와 일치하는 것이어야 한다.

④ Declared Value for Carriage는 송하인의 운송신고가격을 본란에 기재한다.

⑤ Declared Value for Customs는 세관통관 목적을 위해 송하인의 세관신고 가격을 기록한다.

> 해설 ① AWB는 비양도성이기 때문에 'to order' 또는 'to order of the Shipper'라고 표현해서는 안 된다.

12 항공화물운임에 대한 설명으로 옳지 않은 것은?

① 50kg 미만의 화물에는 기본운임이 적용된다.

② 품목분류 운임은 특정지역 간에 운송되는 특정품목에 일반화물요율의 백분율에 의한 할증 또는 할인으로 산정되는 운임을 말한다.

③ 단위탑재용기 요금은 컨테이너, 파렛트, 이글루 등의 단위탑재용기별로 중량을 기준으로 산정하는 운임을 말한다.

④ 위험물품 취급 수수료란 항공사가 위험물품을 취급하는 경우 포장상태, 검사 등에 대하여 징수하는 수수료를 말한다.

⑤ 착지불 수수료란 운임 착지불의 경우에 항공사가 징수하는 수수료로 운임과 종가운임을 합한 금액의 일정부분을 수수료로 징수하는 것을 말한다.

> 해설 45kg 미만의 화물에는 기본운임이 적용된다.

13 항공화물의 무게가 20kg이고, 부피가 가로 90cm, 세로 50cm, 높이 40cm이다. 항공운임이 kg당 US$ 4인 경우, 이 화물의 운임은?(단, 운임부과 중량환산기준 : 6,000cm³= 1kg)

① US$ 80
② US$ 100
③ US$ 120
④ US$ 140
⑤ US$ 200

> 해설 항공운임은 일반적으로 무게단위로 운임이 부과되지만 무게에 비해 부피가 큰 화물은 부피를 중량으로 환산하여 운임을 산정한다. 그러므로 화물의 부피(90 × 50 × 40)를 중량환산기준인 6,000cm³으로 나누면 30kg이 되어, 무게 20kg보다 부피중량이 크기 때문에 운임은 부피중량으로 산정하게 되어 30kg × US$ 4 = US$ 120이 된다.

14 항공화물운임에 관한 설명으로 옳지 않은 것은?

① 일반화물요율은 품목분류요율이나 특정품목할인요율의 적용을 받지 않는 모든 화물에 적용된다.

② 종가운임은 신고가액이 화물 1kg당 US$ 20를 초과하는 경우에 부과된다.

③ 혼합화물요율은 운임이 동일한 여러 종류의 화물이 1장의 항공운송장으로 운송될 때 적용된다.

④ 중량단계별 할인요율은 중량이 높아짐에 따라 요율이 점점 더 낮아진다.

⑤ 품목분류요율은 특정지역 간에 운송되는 특정품목에 일반화물요율의 백분율에 의한 할증 또는 할인으로 산정되는 운임이다.

> **해설** 혼합화물요율은 하나의 Master AWB에 의하여 각 품목마다 각기 다른 요율이 적용되는 여러 가지 품목들로 구성된 화물을 말한다. 이 경우 각각의 화물에 House AWB이 발행될 수 있다.

15 항공화물운임에 관한 설명으로 옳지 않은 것은?

① 요율의 적용시점은 항공화물운송장 발행일로 한다.

② 항공화물의 요율은 공항에서 공항까지의 운송구간만을 대상으로 한다.

③ 운임의 기준통화는 도착지 국가의 현지통화로 설정되는 것이 원칙이나 많은 국가에서 미국 달러로 요율을 설정하고 있다.

④ 미국 출발 화물의 중량요율(Weight rate)은 lb(파운드)당 요율로 표시할 수 있다.

⑤ 운임산출에 적용한 경로대로 수송하지 않아도 운임의 변동은 없다.

> **해설** ③ 운임의 기준통화는 출발지 국가의 현지통화로 설정되는 것이 원칙이나 일부 국가에서 미국 달러로 요율을 설정하고 있다.

16 항공화물의 품목분류요율(Commodity classification rate) 중 할인요금 적용품목으로 옳지 않은 것은?

① 신 문
② 점자책
③ 유가증권
④ 카탈로그
⑤ 정기간행물

> **해설** 품목분류요율이 적용되는 물품 중에서 할인요율이 적용되는 주요품목은 신문, 잡지, 정기간행물, 카탈로그, 책 등이고, 할증요율이 적용되는 주요품목은 귀중품, 자동차, 생동물, 시체 및 유골 등이다.

17 항공운송관련 국제협정을 통합하기 위해 1999년 ICAO 국제항공법회의에서 채택되어 2003년에 발효된 국제조약은?

① Hague Protocol
② Guadalajara Convention
③ Guatemala Protocol
④ Montreal Convention
⑤ Montreal Agreement

해설 Montreal Convention(몬트리올 협약)에 대한 설명이다.
① Hague Protocol : 바르샤바 협약의 내용을 일부 수정한 의정서로서 1955년 채택된 Hague Protocol에서는 여객에 대한 운송인의 보상 책임한도액을 인상했다.
② Guadalajara Convention : 이 협약에 의해 계약운송인은 계약운송의 전부에 대해서, 실행운송인은 자신이 실행하는 운송부분에 대해서만 바르샤바 협약의 적용을 받게 되었다.
③ Guatemala Protocol : 1965년 7월 국제민간항공기구(ICAO) 총회에서 개정된 바르샤바 조약상 운송인의 책임한도액을 재개정할 필요성이 제기된 후 ICAO의 법률위원회에서 초안한 내용을 1971년에 과테말라 외교회의에서 통과시킨 의정서이다.
⑤ Montreal Agreement : 미국이 항공운송 사고시 운송인의 책임한도액이 너무 적다는 이유로 바르샤바 조약을 탈퇴하였다. 이에 따라 IATA가 미국정부와 직접교섭은 하지 않고 미국을 출발, 도착, 경유하는 항공회사들 간의 회의에서 운송인의 책임한도액을 인상하기로 합의한 협정이다.

18 IATA의 Dangerous Goods Regulations(DGR)에서 규정하고 있는 위험품목이 아닌 것은?

① Flammable gases(발화성 가스)
② Oxidizing substances(산화성 물질)
③ Corrosives(부식성 물질)
④ Perishable cargo(부패성 화물)
⑤ Radioactive materials(방사성 물질)

해설 IATA의 DGR에서 규정하고 있는 위험품목은 화약류, 가스류, 인화성 액체, 유기과산화물, 방사성물질, 부식성물질, 기타 유해성물질이다.

19 국제민간항공기구(ICAO)에 관한 설명으로 옳지 않은 것은?

① 1944년에 결의된 Chicago Conference를 기초로 하고 있다.
② 회원국의 항공사 대표들이 참석하는 국제연합(UN) 산하의 전문기관이다.
③ 국제항공법회의에서 초안한 국제항공법을 의결한다.
④ 국제민간항공의 안전 확보와 항공 시설 및 기술발전 등을 목적으로 하고 있다.
⑤ 항공기 사고 조사 및 방지, 국제항공운송의 간편화 등의 업무를 하고 있다.

해설 ICAO는 시카고조약에 의거하여 국제항공의 안전성 확보와 항공질서 감시를 위한 관리를 목적으로 설립된 UN산하 항공전문기구로 항공사 대표들이 참석하는 것이 아닌 정부 간 국제협력기구이다.

정답 **17** ④ **18** ④ **19** ②

20 바르샤바 조약에 대한 설명으로 옳지 않은 것은?

① 바르샤바 조약은 항공운송 관련 최초의 협약이다.

② 바르샤바 조약에 따르면 항공운송인은 운송화물을 인도받아 송하인이 지시한 대로 수하인 등에 인도하여야 한다.

③ 항공운송인은 화물의 멸실, 손상이 그 손해의 원인이 된 사고가 항공 운송 중에 발생된 경우, 항공운송의 연착으로부터 발행하는 손해에 대한 책임을 진다.

④ 항공운송인은 여객운송시 발생한 승객의 사망, 부상 등에 대하여 배상할 책임이 없다.

⑤ 항공운송인의 책임을 일정 한도로 제한하고 있다.

> **해설** 항공운송인은 여객운송시 발생한 승객의 사망, 부상 등에 대하여 배상할 책임이 있다.

21 바르샤바 조약의 책임한도액으로 ( ) 안에 들어갈 말로 순서대로 올바른 것은?

• 여객은 1인당 ( )	• 휴대수화물은 1인당 ( )
• 위탁수화물은 kg당 ( )	• 화물은 kg당 ( )

① US$ 10,000, US$ 400, US$ 10, US$ 10

② US$ 10,000, US$ 400, US$ 20, US$ 20

③ US$ 20,000, US$ 400, US$ 20, US$ 20

④ US$ 20,000, US$ 600, US$ 10, US$ 10

⑤ US$ 30,000, US$ 600, US$ 10, US$ 10

> **해설** 바르샤바 조약의 책임한도액은 여객 1인당 US$ 10,000, 휴대수화물 1인당 US$ 400, 위탁수화물 kg당 US$ 20, 화물 kg당 US$ 20이다.

22 1955년에 개정된 바르샤바 조약의 개정판으로 항공운송의 변화를 반영하고 바르샤바 조약의 한계점을 보완하며 항공운송인의 책임한도를 상향조정하기 위한 국제협약은?

① 헤이그 조약 ② 과달라하라 조약

③ 몬트리올 협정 ④ 과테말라 의정서

⑤ 헤이그 의정서

> **해설** 헤이그 의정서의 주요 개정사항으로는 항공화물운송장과 관련된 조항의 수정, 해석상의 의문점에 대한 명료화 및 항공운송인의 책임한도액 상향 조정 등이 있다.

정답 **20** ④ **21** ② **22** ⑤

23 몬트리올 협정의 주요내용으로 옳지 않은 것은?

① 운송인의 책임은 1kg당 250포앙카레프랑 또는 추가운임을 지급하면서 신고한 운송물의 가액으로 한다.

② 운송인은 화물의 파괴, 분실 또는 손상으로 인한 손해가 항공운송 중에 발생하였을 경우에 한하여 무과실책임을 진다.

③ 운송인의 책임한도는 1kg당 22SDR로 규정하고 있으며, IMF 비가맹국은 250금프랑 기준으로 한다.

④ 연착손해에 대해서는 추정과실책임주의를 적용하며, 운송인은 승객, 수화물 또는 화물의 항공운송 지연으로 인한 손해에 대한 책임을 진다.

⑤ 운송인은 항공운송 중에 발생한 사고로 인한 손해에 한하여 책임을 진다. 다만, 운송인이 송하인의 동의 없이 다른 운송수단 형태에 의한 운송으로 대체한 경우 다른 운송수단에 따른 운송은 항공운송 기간 내에 있는 것으로 간주된다.

> [해설] ①의 내용은 바르샤바 조약의 내용이다.

24 운송인의 책임을 엄격책임으로 변경한 항공운송조약은 무엇인가?

① 몬트리올 협정　　　　　　　　　② 헤이그 의정서
③ 과달라하라 조약　　　　　　　　④ 바르샤바 조약
⑤ 과테말라 의정서

> [해설] 과테말라 의정서(Guatemala Protocol)는 1971년 개최된 과테말라 외교회의에서 통과시킨 의정서로서, 운송인의 책임을 엄격책임으로 변경함으로써 항공운송인의 책임에 관한 기본적인 사고를 크게 바꾸었다. 주요 내용은 책임한도액의 절대성 및 자동수정 등이다.

25 국제항공운송조약별 책임한도액에 대한 설명으로 옳지 않은 것은?

① 바르샤바 조약 : 화물 kg당 US$ 20
② 몬트리올 협정 : 화물 kg당 US$ 20
③ 헤이그 의정서 : 화물 kg당 US$ 20
④ 헤이그 의정서 : 여객 1인당 US$ 10,000
⑤ 바르샤바 조약 : 여객 1인당 US$ 10,000

> [해설] ④ 헤이그 의정서는 여객 1인당 US$ 20,000

> [정답] **23** ①　**24** ⑤　**25** ④

CHAPTER 07

국제복합운송

01 복합운송 개요

(1) 복합운송의 의의

복합운송이란 화물을 육상, 해상, 내수, 항공, 철도, 도로 중 적어도 두 가지 이상의 상이한 운송수단에 의해 운송하는 것을 말한다. 복합운송은 국제 간의 물품운송을 복수의 운송수단에 의하여 창고에서 창고까지 화물의 이적없이 일관수송을 통하여 국제 간에 이루어지는 화물운송으로서 두 가지 이상의 운송수단을 조직적이고 유기적으로 결합해 모든 운송구간에 걸친 서비스를 제공할 뿐만 아니라 단일의 운송계약하에 한 복합운송인이 일괄해서 운송을 책임지고 운송이 이루어진다. 복합운송은 컨테이너화, 수송수단의 발달 및 설비의 발달, 운송법제 및 운송과 관련된 매매, 보험, 결제 분야에 있어서 국제복합운송에 맞는 제도의 마련으로 운영의 기반이 구축되었다.

> **TIP** 복합운송
>
> 1. 유엔국제물품복합운송조약(MT 조약)
>   복합운송(Multimodal transport)이란 복합운송인이 물품을 자기의 보관 아래 인수한 일국의 지점에서 물품인도를 위하여 지정된 다른 국가의 지점까지 하나의 복합운송계약에 의거하여 적어도 2종류 이상의 다른 운송수단에 의한 물품운송을 의미한다.
> 2. 복합운송서류에 관한 통일규칙(Uniform Rules for a Combined Transport Document)
>   복합운송이란 복합운송인이 물품을 어느 한 국가의 지점에서 수탁하여 다른 국가의 인도지점까지 해상, 내륙수로, 항공, 철도나 도로운송의 운송방식 중 적어도 두 가지 이상의 운송방식에 의한 물품운송을 의미한다.
> 3. 복합운송서류에 관한 UNCTAD/ICC규칙(UNCTAD/ICC Rules of Multimodal Transport Document)
>   복합운송계약은 적어도 두 가지 이상의 운송수단에 의하여 물품을 운송하기 위한 단일계약을 의미한다.

(2) 복합운송의 특징

① 단일의 운송계약 : 모든 책임이 복합운송인에게 집중되는 단일책임의 단일운송계약이다.

② 단일의 책임주체 : 복합운송인이 목적지까지의 단일책임을 져야 한다.

③ 전 구간의 운송인수 : 복합운송인이 전 구간의 운송을 인수하여야 한다.

④ 운송 수단의 다양성 : 육상·해상·항공 운송 중에서 2가지 이상의 운송 수단이 이용되어야한다.

⑤ 단일운임 청구권 : 전 운송구간에 대하여 단일운임이 적용되어야 한다.
⑥ 복합운송증권의 발행 : 하나의 운송증권으로 전 운송구간을 커버하는 복합운송증권(Multimodal Transport Document : MTD)이 발행되어야 한다.

핵심포인트

통운송(Through transport)

1. **통운송의 정의**
   통운송(Through transport)이란 화물이 여러 운송 경로를 거치는 경우 최초의 운송인과 화주 간에 하나의 운송계약이 체결되고 복수의 운송인이 관여한 형태의 운송을 말한다.
2. **복합운송과 통운송의 비교**
   ① 통운송은 최초의 운송이 반드시 해상운송이어야 한다.
   ② 통운송은 각 운송구간마다 각 구간의 운송인이 분할책임을 진다.
   ③ 통운송의 경우에는 통선하증권(Through B/L)이 발행된다.

통운송과 복합운송의 비교

구 분	통운송 (Through transport)	복합운송 (Multimodal transport)
운송계약 형태	단일운송계약으로 최종목적지까지 전 구간에 대한 운송을 나타낸다.	복합운송계약
운송수단 조합	동종운송수단 또는 이종운송수단과의 조합	이종운송수단과의 조합만 가능
운송인 책임형태	각 운송인의 담당구간에 대하여 분할책임	복합운송인의 전 구간 단일책임
운송인 간의 관계	2차 운송인에 대한 1차 운송인의 지위는 화주의 단순한 운송대리인	1차 운송인 : 원청 운송인 2차 운송인 : 하청 운송인
증권발행인	선박회사와 그 대리인	발행인에 대한 제한은 없으며, 운송주선인도 발행가능
증권형식	B/L형식의 Through B/L	B/L, MTD, CTD 등 다양한 형식
선적의 증명	Shipped B/L로서 지정선박에의 본선적재	Taking in charge로서 물품수탁증명

02 복합운송의 주요 경로

1 개 요

복합운송은 해상운송과 육상운송을 결합한 해륙복합운송과 해상운송과 항공운송을 결합한 해공복합운송이 있다. 복합운송에는 대륙과 해상을 잇는 교량역할을 하는 랜드브리지(Land bridge) 방식이 이용되고 있는데 이는 해상, 육상, 항공을 연결하여 운송경비 절감과 운송시간의 단축을 위한 것으로 육상운송을 이용하여 바다와 바다를 연결하는 운송서비스이다.

2 해륙복합운송

(1) 시베리아 랜드브리지(Siberia Land Bridge : SLB)

시베리아 랜드브리지는 우리나라 또는 일본 등과 같은 극동지역에서 러시아의 나호트카항이나 보스토치니항으로 운송하여 시베리아 대륙횡단철도를 이용하여 유럽이나 중동까지 화물을 운송하는 경로를 말하는 것으로, 시베리아 철도를 경유하여 극동, 동남아, 호주 등과 유럽, 중동 간을 복합운송형태로 연결하는 해상·육상 또는 해상·육상·해상의 형태로 연결하는 복합운송이다. 운송수단에는 Trans sea(해상운송), Trans rail(철도), Tracons(Trailer + Container의 합성어)가 있다.

(2) 아메리카 랜드브리지(America Land Bridge : ALB)

아메리카 랜드브리지는 한국, 일본 등의 극동지역에서 미국 서부해안까지 해상운송하고 철도에 의하여 미국대륙을 횡단한 후 다시 해상으로 유럽으로 운송하는 경로를 말한다. 이 경우 북미대륙을 횡단하는 철도는 이단적열차(Double Stack Train : DST)가 이용되고 있다. 전 구간을 해상운송에 의할 때보다 아메리카 랜드브리지를 이용하면 운송일수가 단축되기 때문에 파나마운하는 큰 타격을 입었다.

(3) 캐나다 랜드브리지(Canada Land Bridge : CLB)

캐나다 랜드브리지는 한국, 일본 등의 극동지역에서 캐나다의 밴쿠버 또는 미국의 시애틀까지 해상운송하고 캐나다 횡단철도를 이용하여 캐나다 동부해안으로 운송한 후 다시 해상운송으로 유럽으로 운송하는 경로를 말한다. 캐나다 랜드브리지는 아메리카 랜드브리지에 대항하기 위하여 개시된 캐나다의 복합운송경로로 아메리카 랜드브리지가 선사주도형의 경로인데 반하여 캐나다 랜드브리지는 포워드 주도형의 서비스이다.

(4) 미니 랜드브리지(Mini Land Bridge : MLB)

미니 랜드브리지는 한국, 일본 등의 극동지역에서 미국서부해안까지 해상운송하고 철도 또는 트럭에 의하여 미국대륙을 횡단하여 미국 동부해안의 여러 도시까지 운송하는 경로를 말하는 것으로 아메리카 랜드브리지의 축소판이라 할 수 있다.

(5) 마이크로 랜드브리지(IPI : Interior Point Intermodal, micro land bridge, 내륙지점 복합운송)

① 마이크로 랜드브리지는 한국, 일본 등의 극동지역에서 미국 서부해안까지 해상운송하고 철도 또는 도로에 의하여 미국의 내륙지점까지 운송하는 경로를 말한다.

② MLB가 Port to Port 운송인데 비하여 IPI, 즉 마이크로 브릿지(Micro Bridge)는 미국 내륙지점으로부터 최소한 2개의 운송수단을 이용한 일관된 복합운송서비스이다.

(6) RIPI(Reverse Interior Point Intermodal)

RIPI는 한국, 일본 등의 극동지역에서 파나마운하를 통과하여 미국 동부 또는 멕시코만까지 해상운송한 후 미국 내륙지점까지 철도로 운송하는 경로를 말한다.

(7) OCP(Overland Common Point)

OCP는 한국, 일본 등의 극동지역에서 미국 서부까지 해상운송한 후 록키산맥 동쪽의 원격지(OCP지역)까지 육상으로 운송하는 경로를 말한다. OCP 운임은 미국 국내운임보다 비교적 싸게 책정되어 있다.

(8) 차이나 랜드브리지(China Land Bridge : CLB, TCR)

차이나 랜드브리지는 한국, 일본 등 극동지역의 화물을 해상운송한 후 중국대륙 철도와 실크로드를 이용하여 유럽까지 운송하는 경로를 말한다.

(9) 아시아횡단철도(TAR, Trans Asian Railway)

아시아횡단철도는 유럽과 아시아를 가로지르는 완전한 철도망을 만들기 위한 국제연합 아시아태평양경제사회위원회(UNESCAP) 프로젝트이다. 우리나라를 통과하는 TAR(아시아횡단철도)구간은 도라산~부산(497.4km)의 주 노선과 대전~목포(252.6km), 익산~광양항(179.0km)의 분기노선 등으로 이루어져 있다.

3 해공복합운송

(1) 북미 경유

한국, 일본 등의 극동지역에서 미국 서부까지 해상운송하고, 항만에서 양륙된 화물을 트럭으로 공항까지 운송한 후 항공으로 유럽이나 중남미 지역으로 항공운송하는 경로를 말한다.

(2) 동남아·중동 경유

한국, 일본 등의 극동지역에서 홍콩, 싱가폴 등의 동남아시아까지 해상운송하고, 양륙된 화물을 트럭으로 공항까지 운송한 후 유럽이나 동남아 지역으로 항공운송하는 경로를 말한다.

(3) 러시아 경유

한국, 일본 등의 극동지역에서 러시아 보스토치니까지 해상운송하고, 양륙된 화물을 트럭으로 공항까지 운송한 후 모스크바에서 유럽 지역으로 항공운송하는 경로를 말한다.

4 철도운송

(1) 시베리아 횡단철도(Trans Siberian Railway, TSR)

TSR은 러시아의 모스크바에서 시작해 시베리아 대륙을 가로질러 극동의 블라디보스토크를 연결하는 총길이 9,288km인 세계에서 가장 긴 철도이다.

(2) 몽골 종단 철도(Trans-Mongolian Railway, TMR)

시베리아 횡단철도의 울란우데에서 분기하여 몽골과 그 수도 울란바토르를 관통 중화인민공화국 내몽골 자치구 우란차부시 지닝구에 이르는 철도이다.

> **TIP** 북극해 항로
>
> 북극해 항로는 러시아 북쪽 북극해 연안을 따라 대서양에서 태평양까지 연결하는 항로를 말한다. 북극해 항로를 이용할 경우 수에즈운하를 이용하는 항로에 비해 운항거리와 운항시간을 단축하는 효과가 있지만, 얕은 수심으로 인해 초대형 컨테이너선 운항에 어려움이 있으며 북극해 항로의 상업적 이용을 위해서는 해당 지역의 항만시설 개선과 쇄빙선 이용료의 인하 등이 필요하다. 북극해 항로는 북극지역의 광물 및 에너지자원 활용차원에서 초기에는 부정기선 위주로 활용될 전망이다.

03 복합운송 관련 국제법규

1 ICC 복합운송증권에 관한 통일규칙(URCTD)

ICC는 1973년 복합운송증권에 관한 통일규칙(Uniform Rules for a Combined Transport Document)을 제정하였으며, 제정목적은 선하증권을 중심으로 한 신용장 거래에서 복합운송서류의 수리가 불가피함에 따라 복합운송증권상의 운송인의 책임과 발행조건을 명확하게 하기 위한 것이다. 이 규칙은 운송책임에 대해서는 각 운송구간 이종책임체계를 채택하는 점이 특징이다.

이종책임체계는 전 운송구간을 단일 운송인이 책임을 지지만, 그 책임의 내용은 각 운송구간에 적용되는 기존 조약 또는 법규에 따라 결정되는 책임체계를 말한다.

2 UN국제물품복합운송조약(MT 조약)

(1) 제정배경

UN국제물품복합운송조약은 UNCTAD에서 작성되어 공표되었으며, 1980년 스위스에서 개최된 UN전권합의에서 채택된 국제조약이다. 이 조약은 복합운송조약이 실효를 거두지 못하고, 기존의 운송방식에서 사용하는 운송조약이 복합운송에 그대로 적용될 수 없기 때문에 제정되었으며 함부르크 규칙의 영향을 많이 받았다.

(2) 주요내용

① **적용범위** : MT 조약은 복합운송인이 화물을 복합운송계약에 따라 자기의 보관 아래 인수한 곳이 체약국에 있을 때 또는 복합운송인이 화물을 복합운송계약에 따라 인도할 곳이 체약국에 있을 때 두 국가 간의 모든 복합운송계약에 적용한다고 규정하고 있다. 즉, 복합운송인에 의한 물품의 수취장소 또는 인도장소 중 어느 한쪽이 체약국이면 강제적으로 적용된다.

② **복합운송인 책임원칙** : MT 조약에서는 복합운송인은 화물의 멸실, 훼손, 인도지연의 원인으로 사고가 운송인의 보관 아래 있는 동안 발생한 경우에는 그 멸실, 훼손, 인도지연으로 인하여 생긴 손실에 대하여 책임을 진다. 그러나 복합운송인이 자신 또는 그 사용인이나 대리인 또는 그 밖의 사람이 사고 및 그 결과를 방지하기 위하여 합리적으로 요구되는 모든 조치를 취하였다는 것을 증명한 때에는 그러하지 아니한다고 규정하여 원칙적으로 과실책임주의를 따르며, 과실추정주의를 선언하고 있다.

③ **복합운송인 면책사유** : MT 조약에서는 함부르크 규칙과 같이 면책 카탈로그, 화재 및 항해과실에 대한 면책이 폐지되었기 때문에 운송인은 일반원칙에 따라 면책된다.

④ **복합운송인의 책임기간** : MT 조약상 복합운송인의 책임은 화물을 복합운송인이 수취한 때부터 화물을 인도할 때까지의 기간으로 한다.

⑤ **복합운송인의 책임한도** : 복합운송인의 책임한도는 손해구간이 판명되지 않은 경우 1포장당 또는 단위당 920SDR 또는 1kg당 2.75SDR 중 높은 쪽으로 하되, 내수로 또는 해상운송을 포함하지 않는 경우에는 CIM, CMR을 우선 적용하므로 중량을 기준으로 1kg당 8.33SDR을 책임한도로 한다. 손해구간이 판명된 경우에는 해당 구간의 국제규칙이나 강행적인 국내법과 MT 조약 중 높은 쪽을 택할 수 있도록 손해배상청구인에게 그 선택권을 부여하였다.

⑥ **복합운송인의 책임체계** : MT 조약은 손해발생구간이 판명되지 아니한 경우 동 조약이 적용되고, 손해발생구간이 판명된 경우에는 해당 구간의 국제규칙이나 강행적인 국내법과 MT 조약 중 높은 쪽을 택할 수 있도록 손해배상청구인에게 그 선택권을 부여하는 절충식 책임체계를 채택하였다.

3 UNCTAD/ICC의 복합운송증권에 관한 통일규칙

(1) 제정배경

UNCTAD/ICC의 복합운송증권에 관한 통일규칙(UNCTAD/ICC Rules for Multimodal Transport Documents)은 MT 조약의 발효를 기존의 헤이그 규칙, 헤이그-비스비 규칙 및 URCTD 등을 기초로 하여 UNCTAD와 ICC가 함께 제정하여 1992년에 시행된 국제규칙이다. 현재 대부분의 복합운송인이 발행하고 있는 FBL(FIATA multimodal transport Bill of Lading)이나 우리나라 복합운송협회에서 제정한 복합운송선하증권(KIFFA multimodal transport Bill of Lading)은 이 규칙을 근간으로 하고 있다.

(2) 주요내용

① **적용범위** : UNCTAD/ICC 통일규칙은 서면이나 구두 또는 기타의 방법으로 이 규칙을 명시하여 운송계약에 삽입되었을 때 동 규칙이 적용된다고 규정하고 있으며 당사자가 합의한 이상 단일운송계약인지 복합운송계약인지 또는 징권이 발행되었는지 여부는 불문한다고 규정하고 있다.

② **복합운송인 책임원칙** : UNCTAD/ICC 통일규칙은 원칙적으로 과실책임주의를 따르며, 과실추정주의를 선언하고 있다.

③ **복합운송인의 책임한도** : UNCTAD/ICC 통일규칙에서 복합운송인의 책임한도는 1포장당 또는 단위당 666.67SDR 또는 1kg당 2SDR 중 높은 쪽을 선택하되, 내수로 또는 해상운송을 포함하지 않는 경우에는 CIM, CMR을 우선 적용하므로 중량을 기준으로 1kg당 8.33SDR을 책임한도로 한다.

④ **복합운송인의 책임체계** : UNCTAD/ICC 통일규칙은 손해발생구간이 판명되지 아니한 경우 동 조약이 적용되고, 손해발생구간이 판명된 경우에는 해당 구간의 국제규칙이나 강행적인 국내법에 따르도록 하는 절충식 책임체계를 채택하였다.

◀ ICC 통일규칙, UN 국제물품복합운송조약, UNCTAD/ICC 통일규칙 비교 ▶

구 분	ICC 통일규칙	UN 국제물품복합운송조약	UNCTAD/ICC 통일규칙
책임체계	Network System	Modified Uniform System	Modified Uniform System
책임원칙	과실책임원칙(운송인 과실로 추정하고 입증책임은 운송인)	과실책임원칙(운송인 과실로 추정하고 입증책임은 운송인)	과실책임원칙(운송인 과실로 추정하고 입증책임은 운송인)
면책사유	화주 측의 작위·부작위, 포장·기호의 불완전, 화주 측의 화물취급에 의한 손해, 화물고유의 하자, 동맹파업, 원자력 사고	과실책임주의에 따라 상당한 주의의무를 지고 멸실·손상 시 무과실을 증명하지 못하면 책임부담	운송인 또는 그 사용인의 항해 또는 선박관리에 관한 행위, 태만, 운송인 고의 또는 과실로 인한 것이 아닌 화재. 다만, 불감항성으로 발생한 멸실·손상은 항해개시시에 선박의 감항성확보를 위하여 상당한 주의를 하였음을 운송인이 입증한 경우 면책

책임한도	• 손해발생구간 판명되지 않은 경우 : 1kg당 30포앙카레프랑 • 손해발생구간 판명된 경우 : 각 운송구간에 적용되는 국제조약 적용	• 1포장당 920SDR 또는 1kg당 2.75SDR 중 높은 쪽 • 육상구간은 CIM, CMR	1포장당 666.67SDR 또는 1kg당 2SDR 중 높은 쪽
책임한도액 상실사유	운송인의 고의 또는 고의에 준하는 중대한 과실에 의하여 멸실・손상 또는 지연이 발생한 경우	멸실・손상 또는 지연을 발생시킬 의도가 있거나 발생 우려가 있다는 것을 알면서 행한 운송인의 작위 또는 부작위로 손해가 발생되었음이 입증된 경우	멸실・손상 또는 지연을 발생시킬 의도가 있거나 발생 우려가 있다는 것을 알면서 행한 운송인의 작위 또는 부작위로 손해가 발생되었음이 입증된 경우
손해통지기간	손해가 외부로부터 인정되지 않은 경우 인도 후 계속 7일 이내	• 화물인도일의 다음 영업일까지 • 손해가 외부로부터 인정되지 않은 경우 인도 후 6일 이내 • 지연의 경우 인도일의 다음 날부터 60일 이내	• 물품의 인도시 멸실・손상을 운송인에게 통지하지 않는 한 기재된 대로 물품이 인도되었음이 증명됨 • 멸실・손상이 명백히 드러나지 않은 경우 인도된 날로부터 6일 이내에 서면에 의한 통지가 없으면 인도된 추정 증거력 인정
소송제기기한	물품의 인도 후 9개월 이내 물품의 멸실은 12개월	2년, 단 기한연기는 서면에 의한 운송인의 선언 및 당사자의 합의에 의함	물품의 인도일로부터 9개월

04 복합운송인

1 복합운송인의 의의

복합운송인이란 자신 스스로 또는 자신을 대리한 타인을 통해서 복합운송계약을 체결하고, 송하인이나 복합운송작업에 관여한 운송인의 대리인으로서가 아닌 주체로서 행동하고 그 계약의 불이행에 관한 채무를 부담하는 자를 말한다.

2 복합운송인의 유형

(1) 실제운송인형(Carrier형) 복합운송인

실제운송인은 선박회사, 항공회사 등 운송 수단을 보유하고 실제로 운송의 전부 또는 일부를 이행하거나 그 이행을 인수하는 자를 말한다.

(2) 계약운송인형(Freight Forwarder형) 복합운송인

계약운송인은 운송 수단을 실제로 보유하지 않으면서도 운송의 주체자로서의 기능과 책임을 수행하는 자로서, 운송주선인이 대표적이며 자기명의의 운송서류를 발행하지 못한다.

(3) NVOCC형(Non-Vessel Operation Common Carrier) 복합운송인

계약운송인과 실무상 명확하게 구분하고 있지 않지만, NVOCC는 미국에서 법적으로 실체화시킨 것으로서 자기명의와 책임하에 Door to door 서비스의 전 구간을 인수하고 자기명의의 운송서류를 발행할 수 있는 운송인을 말한다. 이들은 실제 운송인을 하청운송인으로서 이용하는 경우도 있다.

3 운송인의 책임원칙

(1) 과실책임원칙

과실책임원칙이란 선량한 관리자로서 상당한 주의를 다하지 못하여 발생한 손해에 대해서는 운송인이 책임을 져야 한다는 원칙이다. 이 원칙하에서 운송인은 면책을 받기 위해서는 자신의 무과실을 입증하여야 한다. 과실책임원칙은 주로 해상운송 관련 규칙에서 채택되고 있다.

(2) 무과실책임원칙

무과실책임원칙은 운송인의 과실 여부를 불문하고 책임을 지는 원칙이며, 불가항력, 포장의 불비, 통상의 누손, 화물 고유의 성질에 대해서는 면책이 인정된다. 이 원칙은 주로 육상운송에서 채택되고 있다.

(3) 엄격책임원칙

엄격책임원칙은 과실 유무에 불구하고 손해의 결과에 대해서 절대적으로 책임을 지는 원칙으로 면책이 인정되지 않는다. 엄격책임원칙은 도로화물운송조약(CMR)의 차량결함에 따른 손해, 항공운송 국제조약인 몬트리올 협정과 과테말라 의정서의 여객의 사상에 대한 손해에 적용될 수 있다.

4 복합운송인의 책임체계

(1) 이종책임체계(Network Liability System)

이종책임체계는 복합운송인이 전 운송구간에 대하여 책임을 지지만, 그 책임내용은 손해발생구간에 따라 달라지는 것으로 서로 다른 운송수단에 의한 복합운송시 손해가 발생할 경우 그 손해발생 운송구간에 해당하는 국제규칙이나 국제법을 적용하는 것으로써, 통상적으로 실무에서 이용된다. 항공운송구간 손해는 몬트리올 협약, 해상운송구간 손해는 헤이그 규칙이나 함부르크 규칙, 도로 운송구간 손해는 CMR조약, 철도운송구간에는 CIM조약 등이 적용된다.

(2) 단일책임체계(Uniform Liability System)

단일책임체계는 물품의 멸실, 손상 또는 지연 등의 손해가 발생한 운송구간이나 운송방식 여하를 불문하고 복합운송인이 전 운송구간을 동일의 책임체계에 따라 복합운송인의 책임이 정해지는 것이다.

(3) 절충식 책임체계(Modified Uniform Liability System)

절충식 책임체계는 단일책임체계와 이종책임체계의 절충안으로 복합운송인의 책임체계는 일률적인 책임원칙에 따르며, 책임의 정도와 한계는 손상이 발생한 구간의 규칙에 따르는 것이다.

05 국제물류주선업

1 국제물류주선업의 의의

"국제물류주선업"이란 타인의 수요에 따라 자기의 명의와 계산으로 타인의 물류시설·장비 등을 이용하여 수출입화물의 물류를 주선하는 사업을 말한다(물류정책기본법 제2조).

2 국제물류주선업의 등록(물류정책기본법 제43조)

(1) 국제물류주선업을 경영하려는 자는 국토교통부령으로 정하는 바에 따라 시·도지사에게 등록하여야 한다.

(2) 국제물류주선업자가 등록한 사항 중 상호, 자본금 또는 자산평가액, 성명(법인인 경우에는 임원의 성명을 말한다) 및 주민등록번호(법인인 경우에는 법인등록번호를 말한다), 주사무소 소재지, 국적 또는 소속 국가명을 변경하려는 경우에는 다음의 방법에 따라 변경등록을 하여야 한다.

① 국제물류주선업자가 등록한 사항을 변경하려는 경우에는 그 변경사유가 발생한 날부터 60일 이내에 국제물류주선업 등록·변경등록 신청서에 변경사실을 증명하는 서류를 첨부하여 시·도지사에게 제출하여야 한다.

② 시·도지사는 국제물류주선업자가 그 주사무소를 다른 특별시·광역시·도 및 특별자치도로 이전하기 위하여 변경등록을 신청한 때에는 해당 지역을 관할하는 시·도지사에게 등록관련 서류를 이관하여야 한다.

(3) (1)에 따라 등록을 하려는 자는 3억 원 이상의 자본금(법인이 아닌 경우에는 6억 원 이상의 자산평가액을 말한다)을 보유하고 다음의 어느 하나에 해당하는 경우를 제외하고는 1억 원 이상의 보증보험에 가입하여야 한다.

① 자본금 또는 자산평가액이 10억 원 이상인 경우

② 컨테이너장치장을 소유하고 있는 경우

③ 「은행법」 제2조 제1항 제2호에 따른 은행으로부터 1억원 이상의 지급보증을 받은 경우

④ 1억 원 이상의 화물배상책임보험에 가입한 경우

(4) 국제물류주선업자는 (3)에 따른 등록기준에 관한 사항을 3년이 경과할 때마다 국토교통부령으로 정하는 바에 따라 신고하여야 한다.

3 국제물류주선업 등록의 결격사유(물류정책기본법 제44조)

다음의 어느 하나에 해당하는 자는 국제물류주선업의 등록을 할 수 없으며, 외국인 또는 외국의 법령에 따라 설립된 법인의 경우에는 해당 국가의 법령에 따라 다음의 어느 하나에 해당하는 경우에도 또한 같다.

① 피성년후견인 또는 피한정후견인

② 「물류정책기본법」, 「화물자동차 운수사업법」, 「항공사업법」, 「항공안전법」, 「공항시설법」 또는 「해운법」을 위반하여 금고 이상의 실형을 선고받고 그 집행이 종료(집행이 종료된 것으로 보는 경우를 포함한다)되거나 집행이 면제된 날부터 2년이 지나지 아니한 자

③ 「물류정책기본법」, 「화물자동차 운수사업법」, 「항공사업법」, 「항공안전법」, 「공항시설법」 또는 「해운법」을 위반하여 금고 이상의 형의 집행유예를 선고받고 그 유예기간 중에 있는 자

④ 「물류정책기본법」, 「화물자동차 운수사업법」, 「항공사업법」, 「항공안전법」, 「공항시설법」 또는 「해운법」을 위반하여 벌금형을 선고받고 2년이 지나지 아니한 자

⑤ 국제물류주선업의 등록 취소처분을 받은 후 2년이 지나지 아니한 자

⑥ 법인으로서 대표자가 ①부터 ⑤까지의 어느 하나에 해당하는 경우

⑦ 법인으로서 대표자가 아닌 임원 중에 ②부터 ⑤까지의 어느 하나에 해당하는 사람이 있는 경우

4 국제물류주선업 등록의 취소(물류정책기본법 제47조)

국토교통부장관은 국제물류주선업자가 다음의 어느 하나에 해당하는 경우에는 등록을 취소하거나 6개월 이내의 기간을 정하여 사업의 전부 또는 일부의 정지를 명할 수 있다. 다만, ①·④·⑤에 해당하는 경우에는 등록을 취소하여야 한다.

① 거짓이나 그 밖의 부정한 방법으로 등록을 한 때

② 제43조 제3항에 따른 등록기준에 못 미치게 된 때

③ 제43조 제4항을 위반하여 신고를 하지 아니하거나 거짓으로 신고한 때

④ 제44조(제45조 제3항에서 준용하는 경우를 포함한다) 각호의 어느 하나에 해당하게 된 때. 다만, 그 지위를 승계받은 상속인이 제44조 제1호부터 제5호까지의 어느 하나에 해당하는 경우에 상속일부터 3개월 이내에 그 사업을 다른 사람에게 양도한 경우와 법인(합병 후 존속하는 법인 또는 합병으로 설립되는 법인을 포함한다)이 제44조 제6호에 해당하는 경우에 그 사유가 발생한 날(법인이 합병하는 경우에는 합병일을 말한다)부터 3개월 이내에 해당 임원을 개임한 경우에는 그러하지 아니하다.

⑤ 제66조를 위반하여 다른 사람에게 자기의 성명 또는 상호를 사용하여 영업을 하게 하거나 등록증을 대여한 때

> **TIP** 제66조 (등록증 대여 등의 금지)
>
> 인증우수물류기업·국제물류주선업자·물류관리사 및 우수녹색물류실천기업은 다른 사람에게 자기의 성명 또는 상호를 사용하여 사업을 하게 하거나 그 인증서·등록증·지정증 또는 자격증을 대여하여서는 아니 된다.

06 운송주선인

1 운송주선인의 의의

운송주선인(Freighr forwarder)이란 운송을 위탁한 고객을 대리하여 스스로 운송계약의 주체자가 되어 자기 명의로 운송증권을 발행하여 전 구간의 운송책임을 부담하는 자로서 화주의 화물을 통관, 입출고, 집화, 이적, 이선, 배달 등의 서비스를 제공하여 화주가 요구하는 목적지까지 운송해주는 자를 말한다.

2 운송주선인의 업무

(1) 운송의 자문 및 수배

운송주선인은 전 운송구간에 소요되는 시간 또는 비용 등을 검토하여 운송에 적합한 경로를 선택할 수 있도록 도와주고 화주에게 가장 적절한 운송수단을 수배한다.

(2) 운송계약 체결 및 운송서류 작성

운송주선인은 화주를 대리하여 운송계약을 체결하고 선복을 예약하며 선하증권 등 운송관련서류를 작성한다.

(3) 통관 및 하역업무 대행

운송주선인은 화주를 대리하여 수출통관 또는 수입통관 절차를 관세사에게 위임하며 화물의 하역업무를 대행한다.

(4) 포장 및 보관업무

운송주선인은 화물의 포장, 분배, 혼재, 보관하는 업무를 수행한다.

(5) 보험업무 대행

운송주선인은 화주를 대리하여 화주에게 가장 적절한 보험을 수배하고 사고발생시 화주가 보험금을 청구하는 데 필요한 조치를 대행한다.

(6) 운송료 등의 입체지불

운송주선인은 운송료 등 발생하는 비용을 화주를 대신하여 모든 비용을 입체 지불한다.

07 복합운송증권

1 복합운송증권의 의의

복합운송증권(Multimodal Transport Bill of Lading)은 복합운송계약에 따라 복합운송인이 자신의 관리하에 물품을 수취하였다는 것과 그 계약내용에 따라 운송인이 물품을 인도할 의무를 부담하는 것을 증명하는 증권을 말한다(MT 조약 제1조).

2   복합운송증권의 종류

(1) 유통가능여부에 따른 분류

복합운송증권은 유통성 여부에 따라 유통성(Negotiable)증권과 비유통성(Non-Negotiable)증권으로 구분할 수 있다. MT 조약 제8조에 따르면 복합운송서류의 내용으로서 복합운송서류가 유통성인지 비유통성인지를 표시하도록 규정하고 있으며, MT 조약 제6조에서는 유통성 증권형태로 발급된 경우 지시식 또는 소지인식으로 발행하여야 하며 지시식으로 발행된 경우 배서에 의하여 양도할 수 있어야 한다고 규정하고 있다. MT 조약 제7조에서는 복합운송서류가 비유통성 증권형태로 발급된 경우라면 기명된 수하인을 증권에 기재하여야 하며, 복합운송인은 기명된 수하인 또는 서면에 의해 정당하게 지시받은 제3자에게 화물을 인도하여야 한다고 규정하고 있다.

(2) 책임형태에 따른 분류

복합운송증권의 책임형태에 따라 이종책임체계형과 단일책임체계형으로 나눌 수 있다.

(3) 증권 발행인에 따른 분류

증권 발행인이 해상운송인, 육상운송인, 항공운송인, 운송중개인 또는 복합운송인인지에 따라 증권형태를 나눌 수 있다.

(4) 형식에 따른 분류

복합운송증권에 발행형식은 Combined Transport B/L, Multimodal Transport B/L과 같이 B/L의 명칭인 경우가 있으며, 이러한 증권은 그 명칭에 복합운송을 의미하는 문언이 기재되어 있다. 또한, Combined Transport Document(CTD), Multimodal Transport Document(MTD)와 같은 복합운송증권의 명칭이 포함된 증권도 있다.

(5) 준거법에 따른 분류

① MTD(Multimodal Transport Document) : MT 조약과 UNCTAD/ICC의 복합운송증권에 관한 규칙에서는 복합운송증권을 MTD로 규정하고 있다.
② CTD(Combined Transport Document) : ICC 복합운송증권에 관한 통일규칙(URCTD)에서는 복합운송증권을 CTD로 규정하고 있으며, 유통가능형태와 유통불능형태로 발행된다.
③ B/L 형태의 복합운송증권 : 헤이그 규칙에 의한 복합운송증권에서는 B/L의 명칭이 포함되어 있다. 이러한 운송증권의 지상약관에는 손해발생구간이 해상구간이면 헤이그 규칙에 의거하여 보상하고, 도로운송의 경우에는 CMR 규칙에 따르고, 철도운송의 경우에는 CIM 규칙에 따라 보상한다. 또한 손해발생구간이 확인되지 않은 경우에는 해상구간에서 발생한 것으로 보아 헤이그 규칙에 따라 보상한다.

④ FBL(FIATA multimodal transport Bill of Lading) : 국제운송주선업협회(FIATA)에서는 복합운송증권으로 FBL(복합운송선하증권)을 규정하고 있다. 이 증권에는 법정 기재사항 외에는 화물수취약관만 있고 대부분의 운송약관은 이면약관에 있으며, 이면약관에는 운송조건과 운송인의 면책사유 등이 기재되어 있다. FBL은 현재 대부분의 복합운송에서 사용되고 있으며, UNCTAD/ICC 통일규칙을 수용하고 있어 UNCTAD/ICC 통일규칙에 의한 복합운송증권인 MTD의 실무적인 사용유형이라 볼 수 있다.

핵심포인트

신 FIATA 복합운송증권(FBL) 이면약관 내용

1. **FBL의 발행** : 운송주선인이 FIATA B/L을 발행하면 전 운송구간에서 생긴 물품의 멸실, 손상 및 인도지연에 대해 1차적인 책임이 있다고 규정하여 운송주선인의 책임을 명확히 하고 있으며, 복합운송주선인이 FIATA B/L의 소지인에 대하여 본인의 책임뿐만 아니라, 이행보조자의 작위 또는 부작위에 대해서도 책임을 진다고 규정하고 있다.

2. **유통성과 물품에 대한 권리** : FIATA B/L은 비유통성으로 표기되지 않는 한 유통성으로 발행되고, 운송계약의 증거 등을 증명하는 수령증 및 권리증권의 기능을 가지며, 이 증권을 배서, 양도함으로써 물품의 인도와 같은 법률적 효과가 있음을 규정하고 있다.

3. **물품의 명세** : 증권표면에 기재한 모든 사항에 대한 정확성은 운송주선인은 책임지지 않으며, 송하인이 잘못된 정보를 제공하여 운송주선인에게 손해를 입힌 경우 이를 배상할 의무가 있음을 규정하고 있다.

4. **화주의 포장과 검사** : 복합운송인으로서의 운송주선인이 FCL화물의 경우 화주가 포장한 내용물을 검사하지 않고 용기의 외관만 보고 Clean B/L을 발행하더라도 그 내용물의 포장이나 적부 상태에 대하여 책임지지 않는다고 부지약관에서 규정하고 있다.

5. **운송주선인의 책임** : 운송주선인은 자신의 관리 하에 두고 있는 전 기간 동안 물품에 대한 책임을 지고, 그 책임은 과실추정 원칙에 기초하고 있으며, 운송주선인은 도착시간에 대해 보증하지는 않지만 운송주선인에게 요구되는 합리적 시간 내에 물품이 인도되지 않았을 경우 지연의 발생으로 규정하고 있다. 인도일 경과 후 연속일수 90일 이내에 인도되지 않을 경우 손해배상 청구권자는 물품이 멸실된 것으로 간주하며 복합운송인이 면책을 받기 위해서는 이를 입증하여야 한다고 규정하고 있다. 도한 항해 과실 및 화재에 대한 운송주선인의 면책사항을 규정하고 있다.

6. **자상약관** : 선적국이 헤이그 규칙이나 헤이그-비스비 규칙을 국내법화한 경우 이 규칙에 따라 FIATA 복합운송증권이 효력이 있으며, 운송계약에 적용될 수 있는 국제협약 또는 국내법의 강행규정은 이 약관에 우선하여 적용된다고 규정하고 있다.

7. **운송주선인의 책임제한** : 운송주선인이 배상해야 할 금액은 물품이 인도되는 장소와 시기에 있어서의 가약으로 하며 배상액 산정기준이 되는 물품가액은 현행 상품거래소 가격에 따라 결정되거나 그 가격이 없는 경우에는 현 시장가격에 따르거나 동일 명칭과 수량의 물건에 대한 정상가액을 참조하여 결정한다(제8조 제1항, 제2항).

송하인이 물품가액을 신고한 경우를 제외하고 운송인의 배상한도를 kg당 2SDR, 개수당 666,67SDR 중 많은 쪽을 채택하며, 운송주선인이 물건을 인수하기 전에 송하인이 물건의 특성과 가액을 밝히지 않고 운송주선인이 이를 수령하지 않거나 혹은 종가운임이 지불되고 그 가액이 운송주선인에 의해 본 선하증권에 기재된 후에는 그 가액이 보상금 한도액이 된다(제8조 제3항).

컨테이너 속에 물품 개수가 기재되었을 경우 책임한도의 산정기준으로 사용할 수 있다(제8조 제4항).

만약 계약에 따라 복합운송에 해상운송이나 내수로 운송이 포함되지 않을 경우 운송주선인의 책임은 멸실 또는 훼손된 물건의 총중량에 대한 kg당 8.33SDR을 초과하지 아니하는 금액으로 제한된다(제8조 제5항).

물품의 멸실이나 손상이 발생한 구간이 판명된 경우 불통일책임론을 적용한다(제8조 제6항).

8. **불법행위에 대한 적용** : 손해배상청구가 계약내용 또는 불법행위에 근거하는지의 여부에 관계없이 본 약관은 본 선하증권에 의해 증명된 계약이행과 관련하여 운송주선인을 상대로 한 불법행위를 포함한 모든 손해배상청구에 적용한다.

9. **사용인 및 기타인에 대한 책임** : 손해배상청구가 계약내용 또는 불법행위에 근거하는지의 여부에 관계없이 운송주선인의 이행보조자를 상대로 제기된 경우에도 이 약관이 적용되며, 이들의 총 책임은 제8조의 책임범위를 벗어나지 않는다는 것을 규정하고 있다.

10. **운송의 방법 및 경로** : 복합운송의 경우 2가지 이상의 운송수단이 사용되는데, 어떠한 운송수단과 경로를 이용할 것인가는 복합운송인으로서 운송주선인의 재량이라고 규정하고 있다.

11. **제소기한** : 수하인이 물품이 멸실된 것으로 간주할 수 있는 권리를 가지게 된 날로부터 9개월 이내에 소송이 제기되지 아니하고 다른 방법에 의해 명확히 합의되지 않는 한 운송주선인은 이 약관에 의거한 모든 책임으로부터 면제된다.

01 국제복합운송에 관한 설명으로 옳지 않은 것은?

① 컨테이너의 등장으로 인해 비약적으로 발전하였다.

② 단일 운송계약과 단일 책임주체라는 특징을 가지고 있다.

③ 두 가지 이상의 상이한 운송수단이 결합하여 운송되는 것을 말한다.

④ UN국제복합운송조약은 복합운송증권의 발행 여부를 송화인의 선택에 따르도록 하고 있다.

⑤ 복합운송증권의 발행방식은 유통식과 비유통식 중에서 선택할 수 있다.

[해설] 복합운송증권은 실질적인 운송인(Actual Carrier)에 의해서만 발행되는 선하증권과는 달리 운송주선인도 발행할 수 있으며, 송화인의 선택에 따라 복합운송증권의 발행 여부를 결정짓지는 않는다.

02 통운송과 복합운송에 대한 비교로 옳지 않은 것은?

① 통운송은 각 운송인이 담당구간에 대하여 분할책임을 지지만 복합운송은 복합운송인이 전 구간에 대하여 단일책임을 진다.

② 통운송은 B/L형식의 Through B/L이 발행되고, 복합운송증권은 B/L, MTD, CTD 등 다양한 형식으로 발행된다.

③ 통운송은 동종운송수단 또는 이종운송수단과의 조합이 가능하지만, 복합운송은 이종운송수단과의 조합만 가능하다.

④ 통운송의 증권발행인은 선사와 그 대리인이고, 복합운송의 증권발행인은 선사이다.

⑤ 통운송은 Shipped B/L로서 지정선박에의 본선적재를 증명하지만, 복합운송은 Taking in charge로서 물품수탁을 증명한다.

[해설] 통운송의 증권발행인은 선사와 그 대리인이고, 복합운송의 증권발행인에 대한 제한은 없으며, 운송주선인도 발행할 수 있다.

03 극동지역에서 러시아로 운송하여 시베리아 대륙횡단철도를 이용하여 유럽이나 중동까지 화물을 운송하는 경로는 무엇인가?

① 아메리카 랜드브리지 ② 시베리아 랜드브리지

③ 미니 랜드브리지 ④ OCP

⑤ 마이크로 랜드브리지

정답 **01** ④ **02** ④ **03** ②

해설 시베리아 랜드브리지는 우리나라 또는 일본 등과 같은 극동지역에서 러시아의 나호트카항이나 보스토치니 항으로 운송하여 시베리아 대륙횡단철도를 이용하여 유럽이나 중동까지 화물을 운송하는 경로를 말하는 것으로, 시베리아 철도를 경유하여 극동, 동남아, 호주 등과 유럽, 중동 간을 복합운송형태로 연결하는 해상·육상 또는 해상·육상·해상의 형태로 연결하는 복합운송이다.

04 다음에서 설명하는 복합운송경로는?

> 극동에서 선적된 화물을 파나마 운하를 경유하여 북미 동안 또는 US걸프만 항구까지 해상운송을 한 후 내륙지역까지 철도나 트럭으로 운송하는 복합운송방식

① Micro Land Bridge
② Overland Common Point
③ Mini Land Bridge
④ Canada Land Bridge
⑤ Reverse Interior Point Intermodal

해설 Reverse Interior Point Intermodal(RIPI)에 대한 설명이다. 이는 한국, 일본 등 극동지역에서 파나마운하를 통과하여 미국 동부지역으로 해상 운송한 후 미국 내륙지점까지 운송하는 복합운송방식이다.
　① Micro Land Bridge : 극동지역의 항만에서 북미의 서해안 항만까지 해상운송한 후, 북미대륙의 횡단철도를 이용하여 화물을 인도하는 경로
　② Overland Common Point : 극동에서 미주대륙으로 운송되는 화물에 공통운임이 부과되는 지역으로서 로키산맥 동쪽지역을 말한다.
　③ Mini Land Bridge : 극동아시아에서 미국 태평양 연안까지 해상운송하고, 태평양 연안의 항구로부터 미국동안까지 철도운송하는 방식이다.
　④ Canada Land Bridge : 극동 지역에서 캐나다의 밴쿠버나 미국의 시애틀까지 해상 운송 한 후에, 육상 운송으로 대륙을 횡단하고, 다시 해상 운송으로 유럽의 항구에 이르는 운송 경로이다.

05 1972년 Sea Train사가 개발한 경로로서, 극동지역에서 선적한 화물을 미국 태평양 연안의 항구로 해상운송한 후, 미국 동부의 대서양 연안이나 멕시코만의 항구까지 철도로 운송하여 이곳에서 다른 선박에 환적하여 유럽의 각 항구까지 해상운송하는 복합운송경로는 무엇인가?

① ALB
② SLB
③ TCR
④ CLB
⑤ MLB

해설 아메리카 랜드브리지(America Land Bridge : ALB)는 한국, 일본 등의 극동지역에서 미국 서부해안까지 해상운송하고 철도에 의하여 미국대륙을 횡단한 후 다시 해상으로 유럽으로 운송하는 경로를 말한다.

정답 **04** ⑤ **05** ①

06 1980년 유엔무역개발회의(UNCTAD)에서 채택된 UN국제물품복합운송조약(United Nations Convention on International Multimodal Transport of Goods)의 내용에 관한 설명으로 옳지 않은 것은?

① 하나의 복합운송계약에 의할 것
② 하나의 복합운송인이 관계할 것
③ 최소 두 종류 이상의 운송수단을 이용할 것
④ 운송물의 수령지 또는 인도지가 체약국 내에 있는 2국 간의 복합운송계약을 적용 대상으로 할 것
⑤ 운송도중 사고발생 구간에 대한 책임체계는 기존 강행법규나 국제조약이 우선 적용될 것

> [해설] UN국제물품복합운송조약에서 복합운송인의 책임한도는 손해구간이 판명되지 않은 경우 1포장당 또는 단위당 920SDR 또는 1kg당 2.75SDR 중 높은 쪽으로 하되, 내수로 또는 해상운송을 포함하지 않는 경우에는 CIM, CMR을 우선 적용하므로 중량을 기준으로 1kg당 8.33SDR을 책임한도로 한다. 손해구간이 판명된 경우에는 해당 구간의 국제규칙이나 강행적인 국내법과 MT 조약 중 높은 쪽을 택할 수 있도록 손해배상청구인에게 그 선택권을 부여하였다.

07 UN국제물품복합운송조약에 대한 설명으로 옳지 않은 것은?

① 복합운송인에 의한 물품의 수취장소 또는 인도장소 중 어느 한쪽이 체약국이면 강제적으로 적용된다.
② 면책 카탈로그, 화재 및 항해과실에 대한 면책이 폐지되었기 때문에 운송인은 일반원칙에 따라 면책된다.
③ 복합운송인의 책임은 화물을 복합운송인이 수취한 때부터 화물을 인도할 때까지의 기간으로 한다.
④ 손해발생구간이 판명되지 아니한 경우에는 UN국제물품복합운송조약이 적용되고, 손해발생구간이 판명된 경우에는 해당 구간의 국제규칙이나 강행적인 국내법과 MT 조약 중 낮은 쪽을 택할 수 있다.
⑤ 복합운송인은 화물의 멸실, 훼손, 인도지연의 원인으로 사고가 운송인의 보관 아래 있는 동안 발생한 경우에는 그 멸실, 훼손, 인도지연으로 인하여 생긴 손실에 대하여 책임을 진다.

> [해설] 손해발생구간이 판명되지 아니한 경우에는 UN국제물품복합운송조약이 적용되고, 손해발생구간이 판명된 경우에는 해당 구간의 국제규칙이나 강행적인 국내법과 MT 조약 중 높은 쪽을 택할 수 있다.

정답 **06** ⑤ **07** ④

08 다음 ( ) 안에 들어갈 말로 올바른 것은?

> UNCTAD/ICC 통일규칙에서 복합운송인의 책임한도는 1포장당 또는 단위당 ( ) 또는
> 1kg당 ( ) 중 높은 쪽을 선택하되, 내수로 또는 해상운송을 포함하지 않는 경우에는 CIM,
> CMR을 우선 적용하므로 중량을 기준으로 1kg당 ( )을 책임한도로 한다.

① 666.67SDR, 1SDR, 6.33SDR

② 668SDR, 2SDR, 8SDR

③ 666.67SDR, 2SDR, 8.33SDR

④ 666.67SDR, 3SDR, 8.SDR

⑤ 668SDR, 2SDR, 8.33SDR

> 해설 UNCTAD/ICC 통일규칙에서 복합운송인의 책임한도는 1포장당 또는 단위당 666.67SDR 또는 1kg당 2SDR
> 중 높은 쪽을 선택하되, 내수로 또는 해상운송을 포함하지 않는 경우에는 CIM, CMR을 우선 적용하므로
> 중량을 기준으로 1kg당 8.33SDR을 책임한도로 한다.

09 UNCTAD/ICC 복합운송증권에 관한 국제규칙(1992)의 내용이다. ( )에 들어갈 숫자
로 옳은 것은?

> • Where the loss or damage is not apparent, the same prima facie effect shall apply
> if notice in writing is not given within (ㄱ) consecutive days after the day when
> the goods were handed over the consignee.
> • The MTO shall, unless otherwise expressly agreed, be discharged of all liability
> under these Rules unless suit is brought within (ㄴ) months after the delivery of
> the goods, or the date when the goods should have been delivered, or the date when
> in accordance with Rule 5.3(Conversion of delay into final loss), failure to deliver
> the goods would give the consignee the right to treat the goods as lost.

① ㄱ : 6, ㄴ : 9   ② ㄱ : 6, ㄴ : 12

③ ㄱ : 7, ㄴ : 15   ④ ㄱ : 7, ㄴ : 18

⑤ ㄱ : 9, ㄴ : 24

> 해설 멸실·손상이 명백히 드러나지 않은 경우 인도된 날로부터 6일 이내에 서면에 의한 통지가 없으면 인도된
> 추정 증거력을 인정한다.
> 물품의 인도일로부터 9개월 이내에 소송을 제기할 수 있다.

정답 **08** ③ **09** ①

10 다음 중 UNCTAD/ICC 복합운송증권규칙에 대한 내용으로 옳지 않은 것은?

① 본 규칙은 단일운송 또는 복합운송의 여부와 무관하게 운송계약에 적용할 수 있다.

② 운송인의 반증책임을 전제로 한 과실책임원칙과 함께 변형통합책임체계를 채택하였다.

③ 운송인은 사용인의 항해과실 및 본선 관리상의 과실, 고의 또는 과실에 의한 화재가 아닌 경우 면책이지만 감항성 결여는 예외 없이 귀책사유이다.

④ 화물인도 후 9개월 내에 소송이 제기되지 않으면 운송인은 모든 책임을 면한다.

⑤ 운송인의 예상 가능한 손해에 대한 작위 및 부작위에 대해서는 책임제한의 혜택이 박탈된다.

> **해설** ③ 운송인 또는 그 사용인의 항해 또는 선박관리에 관한 행위, 태만, 운송인 고의 또는 과실로 인한 것이 아닌 화재에 대해서는 면책된다. 다만, 불감항성으로 발생한 멸실·손상은 항해개시시에 선박의 감항성 확보를 위하여 상당한 주의를 하였음을 운송인이 입증한 경우에 면책된다.

11 UNCTAD/ICC 통일규칙에 대한 설명으로 옳지 않은 것은?

① 복합운송인 책임원칙은 과실책임주의를 따르며, 과실추정주의를 선언하고 있다.

② 복합운송인의 책임한도는 1포장당 또는 단위당 666.67SDR 또는 1kg당 2SDR 중 높은 쪽을 선택하되, 내수로 또는 해상운송을 포함하지 않는 경우에는 CIM, CMR을 우선 적용하므로 중량을 기준으로 1kg당 8.33SDR을 책임한도로 한다.

③ UNCTAD/ICC 통일규칙은 손해발생구간이 판명되지 아니한 경우 해당 조약이 적용되고, 손해발생구간이 판명된 경우에는 해당 구간의 국제규칙이나 강행적인 국내법에 따르도록 하는 절충식 책임체계를 채택하였다.

④ 운송인 또는 그 사용인의 항해 또는 선박관리에 관한 행위, 태만, 운송인 고의 또는 과실로 인한 것이 아닌 화재는 면책이다.

⑤ 소송제기기한은 물품의 인도일로부터 6개월이다.

> **해설** ⑤ 소송제기기한은 물품의 인도일로부터 9개월이다.

12 UN 국제복합운송조약에서 채택하고 있는 복합운송인의 책임제도는?

① Uniform Liability System

② Modified Uniform Liability System

③ Network Liability System

④ Liability Without Negligence

⑤ Tie-up Liability System

정답 **10** ③ **11** ⑤ **12** ②

[해설] UN 국제복합운송조약에서는 단일책임체계와 이중책임체계의 절충방식인 수정단일책임체계를 채택하고 있다.

13 **다음에서 설명하고 있는 국제복합운송의 책임체계로 옳은 것은?**

> 복합운송인이 화주에 대해서 전 운송구간에 걸쳐 책임을 부담하지만, 그 책임내용은 손해발생구간에 적용되는 개개의 책임체계에 의해서 결정된다. 손해발생구간이 확인된 경우에는 국내법이나 국제조약을 적용하며, 그렇지 않은 경우에는 헤이그 규칙이나 기본책임을 적용한다.

① Uniform Liability System
② Network Liability System
③ Tie-up System
④ Flexible Liability System
⑤ Liability for Negligence

[해설] 이종책임체계에 대한 설명이다.

14 **복합운송인의 책임체계에 관한 설명으로 옳지 않은 것은?**

① 단일책임체계는 유일한 면책사유로 불가항력에 상당하는 사유만을 인정하고 있다.
② 단일책임체계는 기존의 각 운송종류별 책임한도가 달라서 그 중 어느 것을 선택할 것인지가 문제시 된다.
③ 이종책임체계에서 판명손해의 경우 그 손해가 항공구간에서 발생했으면 헤이그 규칙을 적용한다.
④ 이종책임체계에서 불명손해의 경우 그 손해가 해상구간에서 발생한 것으로 추정하여 헤이그-비스비 규칙을 적용하거나 별도로 정한 기본책임을 적용한다.
⑤ 이종책임체계에서는 복합운송인이 운송구간 전체에 대하여 책임을 지지만 책임내용은 손해발생구간의 판명 여부에 따라 달라진다.

[해설] ③ 이종책임체계에서 판명손해의 경우 그 손해가 항공구간에서 발생했으면 몬트리올 협약을 적용한다.

정답 **13** ② **14** ③

15 복합운송인의 책임 및 책임체계에 관한 설명으로 옳지 않은 것은?

① 단일책임체계(uniform liability system)는 복합운송인이 운송물의 손해에 대하여 사고발생 구간에 관계없이 동일한 기준으로 책임을 지는 체계이다.

② 무과실책임(liability without negligence)은 복합운송인의 과실여부와 면책사유를 불문하고 운송기간에 발생한 모든 손해의 결과를 책임지는 원칙이다.

③ 이종책임체계(network liability system)는 손해발생구간이 확인된 경우 해당 구간의 국내법 및 국제조약이 적용되는 체계이다.

④ 과실책임(liability for negligence)은 복합운송인이 선량한 관리자로서 적절한 주의의무를 다하지 못한 손해에 대하여 책임을 지는 원칙이다.

⑤ 절충식책임체계(modified uniform liability system)는 단일책임체계와 이종책임체계를 절충하는 방식으로 UN국제복합운송조약이 채택한 책임체계이다.

> **해설** 무과실책임원칙은 과실의 유무를 묻지 않고 운송인이 결과를 책임지는 것이지만, 불가항력 등의 면책을 인정한다.

16 국제복합운송인에 관한 설명이다. ( )에 들어갈 용어를 올바르게 나열한 것은?

- (ㄱ)는 자신이 직접 운송수단을 보유하고 복합운송인으로서 역할을 수행하는 운송인
- (ㄴ)는 해상운송에서 선박을 직접 소유하지 않으면서 해상운송인에 대하여 화주의 입장, 화주에게는 운송인의 입장에서 운송을 수행하는 자

① ㄱ : Actual carrier, ㄴ : NVOCC
② ㄱ : Contracting carrier, ㄴ : NVOCC
③ ㄱ : NVOCC, ㄴ : Ocean freight forwarder
④ ㄱ : Actual carrier, ㄴ : VOCC
⑤ ㄱ : Contracting carrier, ㄴ : VOCC

> **해설**
> - Actual carrier : 실제운송인형 복합운송인은 자신이 직접 운송수단을 보유하여 운송서비스를 제공하기도 하며 직접 운송수단을 보유하고 있는 선사, 항공사, 철도회사를 의미한다.
> - NVOCC : 계약운송인형 국제물류주선업자는 운송수단을 직접 보유하지 않으면서 운송의 주체자로서의 역할과 책임을 다하는 운송인을 말한다.

17 운송주선인의 업무로 옳지 않은 것은?

① 운송주선인은 화주에게 가장 적절한 운송수단을 수배한다.

② 운송주선인은 수출신고 및 수입신고를 수리한다.

③ 운송주선인은 화물의 포장, 분배, 혼재, 보관하는 업무를 수행한다.

④ 운송주선인은 화주를 대리하여 화주에게 가장 적절한 보험을 수배한다.

⑤ 운송주선인은 화주를 대리하여 운송계약의 체결한다.

[해설] ② 수출신고 및 수입신고에 대한 수리는 세관장이 한다.

18 MT조약에 따른 복합운송증권에 대한 설명으로 옳지 않은 것은?

① 복합운송서류는 유통성인지 비유통성인지를 표시하여야 한다.

② 유통성 증권형태로 발급된 경우 지시식 또는 소지인식으로 발행하여야 한다.

③ 지시식으로 발행된 경우 소지한 제3자에게 양도할 수 있어야 한다.

④ 비유통성 증권형태로 발급된 경우라면 기명된 수하인을 증권에 기재하여야 한다.

⑤ 기명된 수하인이 증권에 기재되어 있는 경우 복합운송인은 기명된 수하인에게 화물을 인도하여야 한다.

[해설] 지시식으로 발행된 경우 배서에 의하여 양도할 수 있어야 한다.

19 복합운송증권에 관한 설명으로 옳지 않은 것은?

① 복합운송증권은 복합운송계약에 의해 복합운송인이 발행하는 운송서류로서 복합운송계약의 내용, 운송조건 및 운송화물의 수령 등을 증명하는 증거서류이다.

② 복합운송증권은 두 가지 이상의 다른 운송방식에 의하여 운송물품의 수탁지와 목적지가 상이한 국가의 영역 간에 이루어지는 복합운송계약하에서 발행되는 증권이다.

③ 컨테이너 화물에 대한 복합운송증권은 FIATA의 표준양식을 사용하여 발행될 수도 있다.

④ 'UN 국제물품복합운송조약 1980'에 따르면 복합운송증권은 송하인의 선택에 관계없이 배서에 의한 양도가 가능한 유통성증권으로만 발행된다.

⑤ 복합운송증권을 발행하는 복합운송인은 해상운송인, 육상운송인, 항공운송인, 그리고 운송주선업자도 될 수 있다.

[해설] ④ 복합운송증권은 비유통성으로 표기되지 않는 한 유통성으로 발행되는 것이 원칙이므로 유통성과 비유통성 모두 발행이 가능하다.

정답 **17** ② **18** ③ **19** ④

20 FIATA B/L에 대한 설명으로 옳지 않은 것은?

① FIATA B/L은 유통성으로 발행되기 위해서는 유통성이라고 표기되어야 한다.

② FIATA B/L은 운송계약의 증거 등을 증명하는 수령증 및 권리증권의 기능이 있다.

③ FIATA B/L의 증권표면에 기재한 모든 사항에 대한 정확성은 운송주선인은 책임지지 않는다.

④ FIATA B/L은 복합운송의 경우 2가지 이상의 운송수단이 사용되는데, 어떠한 운송수단과 경로를 이용할 것인가는 복합운송인으로서 운송주선인의 재량이라고 규정하고 있다.

⑤ 운송주선인이 FIATA B/L을 발행하면 전 운송구간에서 생긴 물품의 멸실, 손상 및 인도지연에 대해 1차적인 책임이 있다.

> 해설 FIATA B/L은 비유통성으로 표기되지 않는 한 유통성으로 발행된다.

21 신 FIATA 복합운송증권(FBL) 이면약관 내용으로 운송주선인의 책임제한에 대한 설명으로 옳지 않은 것은?

① 운송주선인이 배상해야 할 금액은 물품이 인도되는 장소와 시기에 있어서의 가액으로 한다.

② 송하인이 물품가액을 신고한 경우를 제외하고 운송인의 배상한도를 kg당 2SDR, 개수당 835SDR 중 많은 쪽을 채택한다.

③ 컨테이너 속에 물품 개수가 기재되었을 경우 책임한도의 산정기준으로 사용할 수 있다.

④ 계약에 따라 복합운송에 해상운송이나 내수로 운송이 포함되지 않을 경우 운송주선인의 책임은 멸실 또는 훼손된 물건의 총중량에 대한 kg당 8.33SDR을 초과하지 아니하는 금액으로 제한된다.

⑤ 물품의 멸실이나 손상이 발생한 구간이 판명된 경우 불통일책임론을 적용한다.

> 해설 ② 송하인이 물품가액을 신고한 경우를 제외하고 운송인의 배상한도를 kg당 2SDR, 개수당 666.67SDR 중 많은 쪽을 채택한다.

정답 **20** ① **21** ②

CHAPTER 08

컨테이너운송

01 컨테이너

1 개 요

(1) 무역화물의 단위화 시스템

무역화물의 단위화 시스템이란 하역기계를 이용하여 파렛트 또는 컨테이너로 단위화된 화물을 이동시키는 것을 말한다.

① **파렛트화물** : 파렛트는 화물운송에 사용되는 화물적재판을 말하며, 파렛트화물이란 화물을 일정한 규격의 크기가 되도록 파렛트 위에 정해진 수량의 화물을 쌓아 파렛트에 묶어서 단위화한 것을 말한다.

② **컨테이너화물** : 컨테이너화물이란 물품을 컨테이너에 적입하여 규격에 맞게 단위화하여 다른 운송수단 간에도 운송이 일관되게 이루어질 수 있도록 한 화물을 말한다.

(2) 컨테이너의 정의

컨테이너는 화물의 운송 도중 화물의 이적 없이 일관운송을 실현시킨 혁신적인 운송도구이다.

(3) 컨테이너의 규격 및 요건

컨테이너의 각종 규격에 대하여는 국제표준화기구(ISO : International Standardization Organization)의 규격이 적용되며, ISO에서 규정하고 있는 컨테이너의 요건은 다음과 같다.

① 일정기간 동안 반복사용이 가능하도록 충분히 견고할 것

② 화물의 적입, 적출이 편리하도록 설계되어 있을 것

③ 하나의 운송수단에서 다른 운송수단으로의 환적이 쉽게 될 수 있게 하는 장치가 있을 것

④ 운송 도중 운송경로 또는 운송수단이 바뀌는 경우 화물의 이적 없이 두 가지 이상의 운송방식을 이용한 화물운송이 가능하도록 설계되어 있을 것

⑤ $1m^3(35.31ft^3)$ 이상의 내부용적을 확보할 것

386

2 컨테이너운송의 장점

(1) 경제성

① **포장비 측면** : 컨테이너 자체가 포장역할을 하므로 포장비를 절감할 수 있다.

② **운송비 측면** : 컨테이너는 취급이 편리하기 때문에 운송을 신속하게 할 수 있어 운송비 절감에 도움을 준다.

③ **하역비 측면** : 컨테이너의 하역작업은 기계화되어 있기 때문에 하역비 절감이 가능하고 하역절차가 간소화될 수 있다.

④ **보관비 측면** : CY 및 CFS가 창고의 역할을 수행하기 때문에 창고비를 절감할 수 있다.

⑤ **보험료 측면** : 컨테이너는 화물손상 및 도난위험이 적기 때문에 보험료가 저렴한 편이다.

⑥ **자금회전 측면** : 송하인의 창고에서 컨테이너에 화물을 적재함과 동시에 선하증권을 발급하기 때문에 자금이 신속하게 회전될 수 있다.

⑦ 기타 사무비, 인건비 등을 절감할 수 있다.

(2) 신속성

① **운송기간 측면** : 컨테이너 자체를 운송하기 때문에 해상운송과 부대운송과의 원만한 연결이 가능하여 운송기간을 단축할 수 있다.

② **하역시간 측면** : 환적이 필요한 경우 컨테이너 자체를 환적하므로 환적시의 하역시간을 단축할 수 있다.

③ **사무절차 및 운송서류 간소화** : 일관운송에 따른 신속한 절차 진행이 가능하다.

(3) 안전성

컨테이너 자체의 견고함으로 운송 도중 또는 하역 작업 도중에 일어날 수 있는 위험이 감소한다.

3 컨테이너운송의 단점

① 컨테이너 자체가 고가이다.

② 컨테이너 야드나 CFS 등 컨테이너 전용시설이나 Gentry crane과 같은 컨테이너 이동시설 확보에 많은 자본 투입이 필요하다.

02 컨테이너의 분류

1 크기에 따른 분류

국제운송용으로 사용되고 있는 컨테이너는 크기에 따라 국제표준화기구(ISO)의 ISO표준규격인 20feet(20'×8'×8'6"), 40feet(40'×8'×8'6"), 40feet High Cubic(40'×8'×9'6") 등이 주로 사용되고 있다.

이 중에서 20feet 컨테이너를 TEU(twenty-foot equivalent unit)라 하여 물동량의 산출을 위한 표준적인 단위로 삼고 있으며, 이 단위는 컨테이너선의 적재능력을 표시하는 기준으로도 사용된다. 또한 40feet 컨테이너는 FEU(forty-foot equivalent unit)라 하며 2TEU로 표시할 수 있다.

2 재질에 따른 분류

(1) 철재 컨테이너(Steel container)

제조원가가 저렴한 장점이 있으나, 무겁고 부식에 대한 방조처리가 필요한 단점이 있다.

(2) 알루미늄 컨테이너(Aluminum container)

아름다운 외관, 유연성 및 내구성이 있는 알루미늄 컨테이너는 중량이 가볍고 부식에 강하다는 장점이 있으나, 재료비가 높기 때문에 제조원가가 비싸다는 단점이 있다.

(3) 강화플라스틱 컨테이너(Fiber glass reinforced plastic container)

강재의 프레임과 합판의 양면에 강화플라스틱을 코팅 또는 얇은 판으로 만든 판넬로 만들어진 강화플라스틱 컨테이너는 내부용량이 크고 열전도율이 낮다는 장점이 있으나, 결합부분이 이완되기 쉽고 무거우며 제조원가가 비싸다는 단점이 있다.

3 용도에 따른 분류

(1) 일반화물 컨테이너(Dry cargo container)

온도조절이 필요하지 않는 일반적인 물품의 운송에 적합한 가장 일반적인 컨테이너이다.

(2) 온도조절 컨테이너

① **냉동 컨테이너(Reefer container, Refrigerated container)** : 보냉이나 보열이 필요한 물품을 일정한 온도를 유지하면서 운송하기에 적합한 컨테이너이다.

② **보냉 컨테이너(Insulated container)** : 과일, 채소 등 보냉이 필요한 물품은 운송하기 위하여 외벽에 보온재를 넣은 컨테이너이다.

③ **통풍 컨테이너(Ventilated container)** : 과실, 야채, 식료품 등 환기가 필요한 화물이나 생동물 등의 운송을 위하여 통풍 구멍을 설치한 컨테이너이다.

(3) 특수 컨테이너

① **오픈탑 컨테이너(Open top container)** : 파이프, 목재 등 길이가 긴 화물이나 기계류와 같은 중량화물을 운송하기에 적합한 컨테이너로 천장으로 하역하는 것이 용이하도록 컨테이너 천장 의 개폐가 가능한 컨테이너이다.

② 사주 컨테이너(Flat rack container) : 표준컨테이너의 지붕과 벽을 제거하여 기계류, 목재, 강재 등 길이가 긴 화물이나 중량화물을 운송하기에 적합한 컨테이너이다.

③ 분체산화물 컨테이너(Solid bulk container) : 맥아, 가축사료 등 가루형태의 산화물 운송에 적합하도록 천장에 세 개의 뚜껑이 달려있는 컨테이너이다.

④ 액체산화물 컨테이너(Liquid bulk container, Tank container) : 위험물, 유류, 석유화학제품 등 액체화물을 운송하기 위하여 내부에 원통형의 탱크를 끼운 컨테이너이다.

⑤ 가축용 컨테이너(Live stock container, Pen container) : 살아있는 동물의 운송에 적합하도록 통풍장치와 사료분뇨처리장치를 갖춘 컨테이너이다.

⑥ 의류용 컨테이너(Hanger container) : 고급의류 등을 구겨지지 않도록 옷걸이에 건 채로 운송할 수 있는 컨테이너이다.

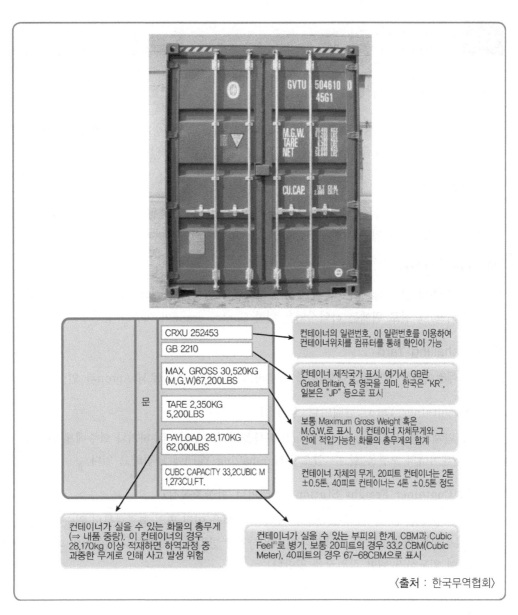

❮ 컨테이너 사양 확인 방법 ❯

03 | 컨테이너 터미널

1 | 컨테이너 터미널의 시설

컨테이너 터미널은 컨테이너 화물의 본선하역, 보관, 육상운송수단으로의 컨테이너 및 컨테이너 화물의 인수 및 인도를 행하는 장소로서, 부두에 위치하고 있다.

(1) Berth(안벽, 선석)

선박을 접안하여 화물의 하역작업이 이루어질 수 있도록 구축된 구조물로 선석이라고도 한다. 선박의 동요를 막기 위한 계선주(Ballard mooring bitt)를 갖추어야 한다.

(2) Apron(적양장)

부두 안벽에 접한 야드의 일부분으로 하역작업을 위한 공간이다. Gantry crane을 위한 철로가 가설되고 그 철로 위에는 하역작업을 위한 Gantry crane이 이동한다.

(3) Marshalling Yard

적재예정이거나 양륙된 컨테이너를 정렬하고 보관하는 장소로서 Apron과 인접하고 있다.

(4) CY(Container Yard, 컨테이너 장치장)

FCL(만재화물, Full Container Load) 화물을 화주로부터 인수하거나 화주에게 인도하는 장소로서 컨테이너의 보관을 할 수 있으며 Marshalling Yard에 인접하고 있다.

(5) CFS(Container Freight Station, 컨테이너 화물조작장)

LCL(소량화물, Less than Container Load) 화물을 여러 명의 화주로부터 인수하여 같은 목적지로 운송되는 화물들을 한 컨테이너에 적입하거나 반입된 혼재화물을 적출하여 소량 화주에게 분산하여 인도하기 위한 작업장을 말한다.

(6) Control Tower(통제소)

컨테이너장치장의 작업을 통제하는 장소로 하역작업이나 컨테이너장치장의 배치계획 등을 지시하고 감독한다.

(7) CY Gate

컨테이너 터미널을 출입하는 컨테이너가 통과하는 게이트로 통과시 컨테이너 중량, 필요서류, 봉인유무 등의 확인 작업이 이루어지며 컨테이너 화물의 운송인과 송하인의 인수도에 있어서의 경계가 되는 정문을 말한다.

💡TIP 컨테이너 터미널 구조

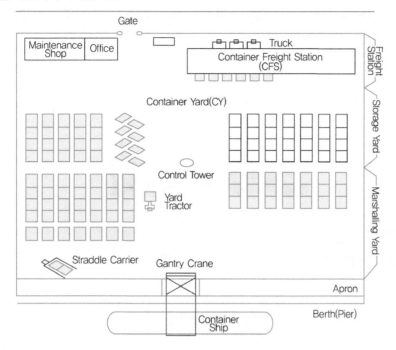

2 컨테이너 주요 하역장비

(1) Gantry crane

Apron에 설치되어 컨테이너를 선박에 선적하거나 양륙하기 위한 대형기중기로 컨테이너 터미널 내 하역기기 중 제일 크다. 선박의 대형화로 아웃리치(Outreach)가 길어지는 추세이다.

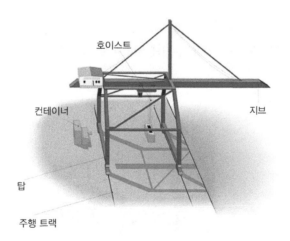

(2) Transtainer(Transfer crane)

여러 컨테이너를 쌓아서 적재하거나 내리는 일 또는 Chassis나 트레일러에 싣고 내리는 작업을 하는 이동식 컨테이너 취급 장비이다.

(3) Straddle carrier

컨테이너를 양각 사이에 끼우고 운반하거나 하역하는 운반차량으로 컨테이너를 상하로 들고 내릴 수 있다.

(4) Yard tractor

Yard chassis와 조합 견인하여 부두와 컨테이너 야드 사이에서 컨테이너를 운반, 적재하는 차량이다.

(5) Top handler(Yard fork lift)

컨테이너를 들어올리는 지게차 형태의 차량이다.

(6) Reach stacker

컨테이너를 들어올려서 적재하거나 반출하는 데 사용하는 차량이다.

(7) Fork lifter(지게차)

컨테이너 화물을 적재 또는 양륙할 때 사용하는 차량이다.

(8) Tractor

컨테이너가 적재된 Chassis나 트레일러를 견인하는 차량이다.

(9) Container chassis

컨테이너를 적재하는 차대로 Tractor에 연결되어 이동하는 컨테이너 전용 트레일러이다.

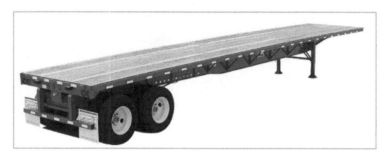

04 컨테이너화물의 운송

1 컨테이너 운송형태

> **♥TIP** 용어의 정의
>
> FCL(Full Container Load) 화물 : 컨테이너 하나를 만재시킨 화물
> LCL(Less than Container Load) 화물 : 화물을 컨테이너 한 개에 채우지 못한 소량화물
> Consolidation(혼재) : LCL 화물을 FCL 화물로 만드는 과정
> Container Load Plan : 컨테이너 내에 적재된 화물의 명세 등 정보를 기재한 서류

(1) CY/CY(FCL/FCL : Door to Door)

FCL 화물을 수출자의 창고 또는 공장에서 수입자의 창고까지 컨테이너의 개폐없이 일관운송하는 형태이다. 이 운송형태의 수출자와 수입자는 각각 1인이며, 컨테이너를 개폐하지 않고 화물의 혼재과정이 없기 때문에 화물의 손상이 없다.

> **⟳ 핵심포인트**
>
> **운송과정**
> 1명의 수출자의 FCL 화물 → 수출항 CY → 수입항 CY → 1명의 수입자에게 FCL 화물을 그대로 일관운송

(2) CY/CFS(FCL/LCL : Door to Pier)

1명의 수출자의 FCL 화물을 수입항 CFS에서 화물적출작업을 한 후 여러 명의 수입자에게 인도하는 방식이다.

> 🔔 핵심포인트
>
> **운송과정**
> 1명의 수출자의 FCL 화물 → 수출항 CY → 수입항 CFS → 여러 명의 수입자에게 인도

(3) CFS/CY(LCL/FCL : Pier to Door)

여러 명의 수출자로의 LCL화물을 수출항 CFS에서 혼재하여 FCL화물을 만든 후 1명의 수입자에게 인도하는 방식이다.

> 🔔 핵심포인트
>
> **운송과정**
> 여러 명의 수출자의 LCL 화물 → 수출항 CFS → 수입항 CY → 1명의 수입자에게 인도

(4) CFS/CFS(LCL/LCL : Pier to Pier)

여러 명의 수출자로의 LCL화물을 수출항 CFS에서 혼재하여 FCL화물을 만든 후 수입항 CFS에서 화물적출작업을 한 후 여러 명의 수입자에게 인도하는 방식이다.

> 🔔 핵심포인트
>
> **운송과정**
> 여러 명의 수출자의 LCL 화물 → 수출항 CFS → 수입항 CFS → 여러 명의 수입자에게 인도

2 컨테이너 하역방식

(1) Lift on/Lift off(Lo-Lo)

Gantry Crane을 이용하여 컨테이너를 수직으로 적재하거나 양륙하는 방식이다.

(2) Roll on/Roll off(Ro-Ro)

갑판 및 선창에 설치된 Ramp를 통해서 트랙터 등의 운송용구를 이용하여 컨테이너를 수평으로 선적하거나 양륙하는 방식이다.

(3) Float on/Float off(LASH)

LASH선에 컨테이너를 적재하여 LASH선에 설치되어 있는 Crane이나 Elevator에 의하여 컨테이너를 선적하거나 양륙하는 방식이다.

3 컨테이너화물의 운송절차

(1) FCL 화물의 선적절차

① 화주는 선적요청서(S/R), 포장명세서, 인보이스 등의 서류를 제출한다.
② CY 운영인은 공컨테이너의 인도를 지시하고 화주는 공컨테이너를 인도받은 후 수출신고를 한다.
③ 화주는 수출신고필증이 발급되면 공컨테이너에 화물을 적입하고 운송인봉인을 부착한다.
④ 화주는 CY로 컨테이너화물을 운송하여 CY 운영인에게 인도한다.
⑤ CY 운영인은 서류와 컨테이너에 적입된 화물을 대조한 후 부두수취증(D/R)을 발행하여 화주에게 교부한다.
⑥ 선사는 컨테이너 선하증권을 화주에게 교부한다.
⑦ 컨테이너는 작업절차를 거쳐서 해당 선박에 적재된다.

(2) LCL 화물의 선적절차

① 검량 및 통관 완료 후 CFS에 반입하는 경우
ㄱ) 화주는 선적요청서(S/R), 포장명세서, 인보이스 등의 서류를 제출한다.
ㄴ) 화물을 CFS로 운송하고 포장명세서를 제출한다.
ㄷ) 수출신고를 한다.
ㄹ) 수출신고필증이 발급되면 부두수취증(D/R)을 첨부하여 CFS 운영인에게 화물을 인도한다.
ㅁ) CFS 운영인은 컨테이너에 다수 화주의 화물을 목적지별, 화물종류별로 혼재하여 적입한다.
ㅂ) CFS 운영인은 컨테이너 선하증권을 화주에게 교부한다.
ㅅ) 컨테이너는 작업절차를 거쳐서 해당 선박에 적재된다.
② CFS에 반입 완료 후 검량 및 통관하는 경우
ㄱ) 화주는 선적요청서(S/R), 포장명세서, 인보이스 등의 서류를 제출한다.
ㄴ) 화물을 CFS로 운송하고 포장명세서를 제출한다.
ㄷ) CFS에 반입한 후 수출신고를 한다.
ㄹ) 수출신고필증이 발급되면 CFS 운영인에게 화물을 인도하고 부두수취증(D/R)을 교부받는다.
ㅁ) CFS 운영인은 컨테이너에 다수 화주의 화물을 목적지별, 화물종류별로 혼재하여 적입한다.
ㅂ) CFS 운영인은 컨테이너 선하증권을 화주에게 교부한다.
ㅅ) 컨테이너는 작업절차를 거쳐서 해당 선박에 적재된다.

(3) 컨테이너 화물의 양륙 및 인도절차

① 수출국 운송인은 수입국 운송인에게 선적서류를 발송하고 수입국 운송인은 화주에게 선박이 도착하기 전에 도착통지(Arrival notice)를 한다.

② 도착통지를 받은 화주는 신용장 발행은행에 수입대금을 지급하고 선하증권 원본을 교부받는다.

③ 화주는 운송인에게 운임을 지급하고 선하증권과 상환으로 화물인도지시서(D/O)를 교부받는다.

④ 화주는 화물을 장치할 창고를 지정하고, 선사는 세관에 입항신고를 한다.

⑤ 선사는 화물을 양륙한 후 지정된 창고로 운송한다.

⑥ 화주는 수입신고를 하고 해당 수입신고수리를 받으면 화물인도지시서를 제시하고 화물을 인도받는다.

05 ICD(내륙컨테이너기지)

1 ICD의 개요

ICD(Inland Clearance Depot, Inland Container Depot)란 내륙에 있는 컨테이너 통관기지인 공용내륙시설로서, 2가지 이상 운송수단(도로, 철도, 항만, 공항) 간 연계운송을 할 수 있는 규모 및 시설을 갖춘 복합물류터미널과 내륙컨테이너기지를 말한다.

TIP UNCTAD의 ICD 정의

항만 혹은 공항이 아닌 공용내륙시설로서 공적 기구의 지위를 지니고 있으며, 공정설비를 갖추고, 여러 내륙 운송형태에 의해 미통관된 상태에서 이송된 여러 가지 종류의 화물의 일시저장과 취급에 대한 서비스를 제공하며 있으며 세관의 통제하에 통관과 수출, 그 밖에 즉시연계수송을 위한 일시적 장치, 창고보관, 일시양륙, 재수출 등을 담당하는 대리인들이 있는 곳

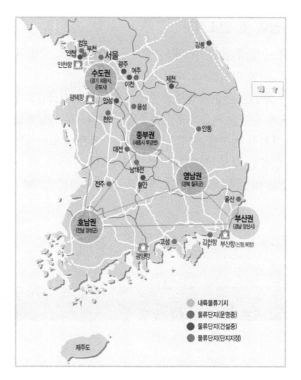

◀ 국가물류의 허브 – 5대 권역 내륙물류기지 ▶

TIP 국가물류의 허브 – 5대 권역 내륙물류기지

1. 수도권
   ① 의왕 ICD : 수도권 지역에 컨테이너를 공급하고 수출입 컨테이너의 운송·보관·하역·통관을 담당하는 우리나라 핵심물류 거점으로 연간 137만 TEU의 컨테이너 화물을 처리할 수 있는 수도권 최대의 컨테이너 기지이다.
   ② 군포 IFT : 수도권 최적 배송거점으로 편리한 입지와 최첨단 설비로 수도권 및 충청권에 이르는 광대역 배송 네트워크 구축이 용이하고 인천공항, 인천항, 평택항과 연계한 수출입 물류거점으로 운영이 가능하다.
2. 중부권(중부 내륙물류기지) : 사통팔달의 교통 요충지에 위치하여 전국 주요 도시와의 연결이 뛰어나 전국을 대상으로 단일배송 및 Hub & Spoke 체계 구축이 용이하다.
3. 호남권(호남 내륙물류기지) : 호남지역 수배송을 담당하는 호남 최대 물류거점으로서, 군산항, 목포항, 광양항과의 연계가 용이하며, 수요자가 원하는 맞춤형 창고의 신축이 가능하다.
4. 영남권(영남 내륙물류기지) : 고속도로 7개 노선 및 4개의 국도와 직접 연결되어 있으며 경부선 철도 신동역에서 직접 진출입이 되어 교통이 편리하다. 기지 내에 7개 동의 대단위 물류취급장이 있으며 집배송센터, 철송취급장, 컨테이너 야적장 및 각종 편의시설을 갖추고 있다.
5. 부산권
   ① 양산 ICD : 부산항과 연계된 내륙항만으로서의 역할과 화물의 통관, 보관, 주선, 내륙운송 등의 기능을 수행하는 부산권 최대의 컨테이너 화물 복합 물류기지로서 국내 굴지의 물류기업이 입주해 있으며, 최고의 물류 서비스를 제공하고 있다.
   ② 양산 IFT : 부산항, 김해공항과의 연계가 용이하며, 동남권(부산, 울산, 경남) 광역 수배송 체계를 구축하기 위한 최적의 입지에 자리잡고 있다.

2 ICD 기능 및 장점

(1) 운송경비 절감

내륙에 도착한 수입화물 컨테이너에서 화물이 적출되어 공컨테이너가 된 후 다시 수출화주의 문전에서 수출화물 적입에 사용되는 경우에 항만터미널까지 공컨테이너를 운송한 후 다시 수출화주의 문전으로 재운송할 필요가 없으므로 운송경비를 절감할 수 있다.

(2) 화물분배의 경제성

ICD는 주로 공업지역이나 상업지역에 인접해 있기 때문에 항만으로부터 ICD로 운송된 컨테이너 화물의 처리 및 통관이 화주의 인근지역에서 수행될 수 있기 때문에 화물분배의 경제성을 제고시킬 수 있다.

3 의왕 ICD

(1) 개 요

경기도 의왕시에 위치한 의왕 ICD는 수도권에 위치하여 철도와 도로의 접근성이 좋기 때문에 화물의 보관, 하역, 운송 및 처리가 원활한 종합물류기지이다. 제1터미널의 규모는 14만 8,000평이며, 제2터미널의 규모는 8만평이다.

출처 : 국토교통부

◀ 의왕 ICD 현황도 ▶

◀ 시설개요 [처리능력 : 컨테이너 137만TEU/년] ▶

구 분	합 계	제1터미널	제2터미널
컨테이너 야적장(CY)	419,050m²	274,008m²	145,042m²
보세화물창고(CFS)	10,712m²(3동)	4,629m²(2동)	6,083m²(1동)
지원시설(공용시설 및 도로)	325,045m²	213,743m²	111,302m²
총면적	754,807m²	492,380m²	262,427m²

(2) 의왕 ICD의 기능

① **운송시간 및 운송비 절감** : 공컨테이너를 최단거리에서 수출화주에게 공급하고, 컨테이너 운송업체가 상주하여 물류시설을 공동 이용하기 때문에 운송시간 및 운송비가 절감된다.

② **철도수송기능** : 컨테이너 화물을 철도로 운송하기 때문에 신속, 안전하며 도로 체증완화에 기여한다.

중량화물로 고속도로 통행에 제한을 받는 경우에도 철도수송을 이용하면 1회 수송에 화물차 30대의 화물을 수송할 수 있는 대량수송이 가능하다.

정확한 시간에 컨테이너 화물을 도착시킬 수 있다.

③ **내륙운송기능** : 기지주변의 편리한 교통망을 최대한 활용하여 수도권 수출입 컨테이너화물을 내륙운송한다.

의왕 ICD와 부산항/광양항 간은 철도 및 육로로 수송하고, 의왕 ICD와 하주 공장까지는 육로로 수송한다.

④ **내륙항만기능** : 내륙컨테이너야적장(CY)에 컨테이너를 대량 보관할 수 있고, 컨테이너작업장(CFS)의 기능을 수행할 수 있다.

⑤ **내륙통관기능** : 세관, 식품검사소, 식물검역소 등 정부기관과 철도운송업체, 은행, 관세사 등 각종 기관 및 시설이 입주하고 있어 수출입화물의 통관에 필요한 업무를 취급할 수 있고, ONE-STOP 통관서비스가 가능하다.

4 양산 ICD

(1) 개 요

부산시 도심교통난 완화를 위하여 부산시내 ODCY(off-dock CY)를 양산 ICD로 통합하여 부산항 컨테이너 화물의 유통구조를 개선하기 위하여 부산항 배후인 양산에 조성된 내륙물류기지이다.

◀ 시설개요[처리능력 : 컨테이너 141만TEU/년(CFS : 446만R/T)] ▶

구 분	면 적
컨테이너 야적장(CY)	$495,962m^2$
화물조작창고(CFS) 등	$132,198m^2$
지원시설(공용시설 및 도로)	$92,081m^2$
총면적	$720,241m^2$

(2) 양산 ICD의 기능

① **부산 교통난 완화 및 내륙운송기능** : 부산 및 영남권의 교통의 요충지인 양산에 위치하여 컨테이너 배후수송 도로망을 이용하여 내륙과 항만을 연결하고 있다.

② **내륙항만기능** : 항만과 동일하게 내륙컨테이너야적장(CY) 및 컨테이너작업장(CFS)의 기능을 수행하며 10개 단지의 컨테이너야드를 참여업체 지분별로 배정받아 운영하고 있다.

③ **내륙통관기능** : 세관, 식품검사소, 식물검역소 등 정부기관과 철도운송업체, 은행, 관세사 등 각종 기관 및 시설이 입주하고 있어 수출입화물의 통관에 필요한 업무를 취급할 수 있고, ONE-STOP 통관서비스가 가능하다.

④ **철도수송기능** : 양산화물역이 위치하여 컨테이너 및 중량화물과 대형화물을 부산권과 수도권으로 철도 수송이 가능하다.

> **TIP** 철도에 의한 컨테이너 운송방식
>
> COFC, TOFC, Double Stack train, Rail car service

06 컨테이너 운송과 관련된 국제협약

1 CCC 협약

(1) 개 요

컨테이너 통관협약(Customs Convention on Container)은 1956년 유럽경제위원회에서 제정된 것으로 컨테이너의 통관 절차를 간소화하기 위하여 당사국 간의 관세 및 통관방법 등에 대하여 규정하고 있다. 우리나라는 1973년 조건부 서명을 한 후 1981년 정식으로 가입하였다.

(2) 주요규정

① 일시적으로 수입된 컨테이너를 3개월 이내에 재수출하는 것을 조건으로 관세를 면제한다.
② 국제보세운송의 경우 협약체약국 정부의 세관 봉인을 존중한다.

2 TIR

(1) 개 요

국제도로운송증권에 의하여 담보되는 화물의 국제운송에 관한 협약(Customs Convention on the International Transport of Goods Under Cover of TIR Carnets)은 1959년 유럽경제위원회가 도로운송차량에 의한 화물의 국제운송을 용이하게 하기 위하여 채택되어 1981년 국제적으로 발효되었다. 우리나라는 1981년 정식으로 가입하였다.

(2) 주요규정

① 체약국은 도로 주행차량으로 운송되는 컨테이너화물에 대하여 경유국가에서 수입세 또는 수출세의 납부 및 공탁을 면제한다.
② 경유국가의 세관에서는 세관검사를 면제한다.

3 CSC

(1) 개 요

컨테이너 안전협약(International Convention for Safe Container)은 컨테이너의 국제 운송시에 컨테이너의 취급, 적재 또는 수송 도중에 일어나는 인명의 안전을 확보하기 위하여 컨테이너의 기준을 국제적으로 규정하기 위하여 1971년 UN과 국제해사기구가 합동으로 채택하고 1977년에 발효되었다. 우리나라는 1979년 가입하였다.

(2) 주요규정

① 컨테이너 구조기준, 시험항목 및 유지검사의 의무 등에 대한 규정
② 컨테이너는 규정된 절차를 거쳐 주무관청의 승인을 받아야 한다.
③ 승인된 컨테이너는 안전승인(CSC SAFETY APPROVAL)판을 부착하여야 한다.

4 ITI

국제통관화물에 관한 통관협약(Custom Convention on the International Transit of Goods)은 육·해·공의 모든 운송수단을 대상으로 하고 있으며 1971년 관세협력이사회에서 채택되었다.

TIP GDP 대비 컨테이너 해상물동량 증가세 둔화 요인

보호무역주의의 심화, 서비스 중심으로의 산업구조 변화, 컨테이너화의 둔화, 3D 프린팅 기술의 도입 등

01 국제표준화기구(ISO : International Standardization Organization)에서 정하고 있는 컨테이너의 요건으로 옳지 않은 것은?

① 일정기간 동안 반복사용이 가능하도록 충분히 견고할 것
② 화물의 적입, 적출이 편리하도록 설계되어 있을 것
③ 하나의 운송수단에서 다른 운송수단으로의 환적이 쉽게 될 수 있게 하는 장치가 있을 것
④ 운송 도중 운송경로 또는 운송수단이 바뀌는 경우 화물의 이적 없이 두 가지 이상의 운송방식을 이용한 화물운송이 가능하도록 설계되어 있을 것
⑤ 3m³ 이상의 내부용적을 확보할 것

[해설] ⑤ 1m³(35.31ft³) 이상의 내부용적을 확보할 것

02 컨테이너의 하역장비에 대한 설명으로 옳지 않은 것은?

① Gantry crane : Apron에 설치되어 컨테이너를 선박에 선적하거나 양륙하기 위한 대형기중기이다.
② Transtainer : Yard chassis와 조합 견인하여 부두와 컨테이너 야드 사이에서 컨테이너를 운반, 적재하는 차량이다.
③ Top handler : 컨테이너를 들어올리는 지게차 형태의 차량이다.
④ Straddle carrier : 컨테이너를 양각 사이에 끼우고 운반하거나 하역하는 운반차량으로 컨테이너를 상하로 들고 내릴 수 있다.
⑤ Reach stacker : 컨테이너를 들어올려서 적재하거나 반출하는 데 사용되는 차량이다.

[해설] ② Transtainer란 여러 컨테이너를 쌓아서 적재하거나 내리는 일 또는 Chassis나 트레일러에 싣고 내리는 작업을 하는 이동식 컨테이너 취급 장비이다.

정답 01 ⑤ 02 ②

03 다음 컨테이너들의 수량을 TEU로 환산하여 합한 값은?

> • 20피트 컨테이너 2,000개
> • 40피트 컨테이너 1,000개
> • 45피트 컨테이너 100개

① 2,000TEU   ② 3,000TEU

③ 3,225TEU   ④ 4,000TEU

⑤ 4,225TEU

[해설] 20피트는 1TEU, 40피트는 2TEU, 45피트는 2.25TEU로 계산한다.

04 LASH선에 컨테이너를 적재하여 LASH선에 설치되어 있는 Crane이나 Elevator에 의하여 컨테이너를 선적하거나 양륙하는 방식은 무엇인가?

① Lift on/Lift off   ② Roll on/Roll off

③ Float on/Float off   ④ Lift on/Roll off

⑤ Roll on/Float off

[해설] Float on/Float off(LASH) : LASH선에 컨테이너를 적재하여 LASH선에 설치되어 있는 Crane이나 Elevator 에 의하여 컨테이너를 선적하거나 양륙하는 방식

05 컨테이너 하역장비 명칭에 관한 설명으로 옳지 않은 것은?

① Container Crane : 컨테이너의 하역을 능률적으로 수행하기 위한 대형 하역설비이다.

② Transfer Crane : 컨테이너를 다단적하기 위해 전후방으로 레일상 혹은 타이어륜으로 이동하는 교형식 크레인이다.

③ Chassis : 차량형 이동장비로서 야드 내에서 화물이 적재되지 않은 공컨테이너를 하역하는 장비이다.

④ Yard Tractor : 야드 내의 작업용 컨테이너 운반트럭으로 일반 컨테이너 트럭과 대체로 같다.

⑤ Straddle Carrier : 터미널 내에서 컨테이너를 양각 사이에 끼우고 이동시키는 운반차량 이다.

[해설] ③ Chassis는 컨테이너를 적재하는 차대로 Tractor에 연결되어 이동하는 컨테이너 전용 트레일러이다.

정답 **03** ⑤   **04** ③   **05** ③

06 컨테이너 뒷문의 표시내용 중 PAYLOAD가 의미하는 것은?

컨테이너 뒷문 표시내용

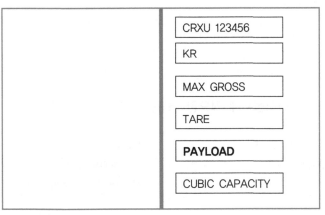

CRXU 123456

KR

MAX GROSS

TARE

PAYLOAD

CUBIC CAPACITY

① 컨테이너 자체 무게
② 컨테이너가 실을 수 있는 화물의 총무게
③ 컨테이너가 실을 수 있는 부피의 한계
④ 컨테이너 자체 무게와 섀시 무게의 합계
⑤ 컨테이너 자체 무게와 그 안에 적입가능한 화물의 총무게의 합계

해설 PAYLOAD는 컨테이너가 실을 수 있는 화물의 총무게(내품 중량)를 말한다.

07 컨테이너를 이용한 수출화물의 해상운송절차를 순서대로 올바르게 나열한 것은?

㉠ On board B/L 발급	㉡ D/R 발급
㉢ Stowage Plan 작성	㉣ Shipping Request
㉤ EIR 접수	㉥ Sealing

① ㉣ - ㉤ - ㉥ - ㉡ - ㉢ - ㉠
② ㉣ - ㉥ - ㉢ - ㉡ - ㉤ - ㉠
③ ㉠ - ㉤ - ㉥ - ㉢ - ㉡ - ㉣
④ ㉥ - ㉣ - ㉤ - ㉢ - ㉡ - ㉠
⑤ ㉢ - ㉣ - ㉥ - ㉤ - ㉠ - ㉡

해설
- 화주는 선적요청서(S/R), 포장명세서, 인보이스 등의 서류를 제출한다.
- EIR(컨테이너를 인수받았음을 증명하는 서류)을 접수한다.
- 컨테이너를 봉인한다.
- CY 운영인은 서류와 컨테이너에 적입된 화물을 대조한 후 부두수취증(D/R)을 발행하여 화주에게 교부한다.
- Stowage Plan(본선의 선창에 화물이 적재된 상태를 나타낸 도면)을 작성한다.
- 선사는 컨테이너 선하증권을 화주에게 교부한다.

08 컨테이너화물의 하역절차에 필요한 서류를 모두 고른 것은?

ㄱ. Shipping Request   ㄴ. Booking Note
ㄷ. Shipping Order   ㄹ. Arrival Notice
ㅁ. Delivery Order   ㅂ. Mate's Receipt

① ㄱ, ㄴ   ② ㄱ, ㄷ
③ ㄷ, ㄹ   ④ ㄹ, ㅁ
⑤ ㅁ, ㅂ

해설
ㄱ. Shipping Request : 화주가 선사에 제출하는 운송의뢰서로서 운송화물의 명세가 기재되며 이것을 기초로 선적지시서, 선적계획, 선하증권 등을 발행한다.
ㄴ. Booking Note : 선박회사가 해상운송계약에 의한 운송을 인수하고 그 증거로서 선박회사가 발급하는 서류이다.
ㄷ. Shipping Order : 선적지시서는 선사 또는 그 대리점이 화주에게 교부하는 선적승낙서를 의미한다.
ㄹ. Arrival Notice : 도착통지서(A/N, Arrival Notice)는 선사가 화주가 도착화물을 신속히 인수할 수 있도록 해당 선박이 도착하기 전에 화주에게 화물의 도착을 알리는 서류이다.
ㅁ. Delivery Order : 수입상이 선하증권 원본을 제출하면 선사는 화물인도지시서(D/O, Delivery Order)를 발급한다.
ㅂ. Mate's Receipt : 본선과 송하인 간에 화물의 수도가 이뤄진 사실을 증명하며, 본선에서의 화물 점유를 나타내는 우선적 증거이다.
※ 상기 서류들 중 ㄱ, ㄴ, ㄷ, ㅂ의 경우에는 선적절차 진행시 발생하는 서류이다.

09 컨테이너 터미널에 관한 설명으로 옳지 않은 것은?

① CFS는 FCL Cargo를 인수, 인도, 보관하는 장소이다.
② Apron에는 Gantry Crane을 위한 철로가 가설되고 그 철로 위에는 하역작업을 위한 Gantry Crane이 이동한다.
③ Marshalling Yard는 적재예정이거나 양륙된 컨테이너를 정렬하고 보관하는 장소이다.
④ Berth는 선박을 접안하여 화물의 하역작업이 이루어질 수 있도록 구축된 구조물이다.
⑤ On-dock CY는 컨테이너의 인수, 인도, 보관을 위해 항만 내에 있는 장소이다.

정답   08 ④   09 ①

CFS는 LCL(소량화물, Less than Container Load) 화물을 여러 명의 화주로부터 인수하여 같은 목적지로 운송되는 화물들을 한 컨테이너에 적입하거나 반입된 혼재화물을 적출하여 소량 화주에게 분산하여 인도하기 위한 작업장을 말한다.

10 컨테이너 화물운송에 관한 설명으로 옳지 않은 것은?

① 편리한 화물취급, 신속한 운송 등의 이점이 있다.
② 하역의 기계화로 하역비를 절감할 수 있다.
③ CY(Container Yard)는 컨테이너를 인수, 인도 및 보관하는 장소로 Apron, CFS 등을 포함한다.
④ CY/CY는 컨테이너의 장점을 최대로 살릴 수 있는 운송 형태로 door to door 서비스가 가능하다.
⑤ CY/CFS는 선적지에서 수출업자가 LCL화물로 선적하여 목적지 항만의 CFS에서 화물을 분류하여 수입업자에게 인도한다.

해설 CY/CFS는 선적지에서 수출업자가 FCL화물로 선적하고 목적지의 CFS에서 컨테이너를 개봉하여 화물을 분류한 후 여러 수입업자에게 인도한다.

11 다음 용어에 관한 설명으로 옳지 않은 것은?

① Marshalling Yard는 하역작업을 위한 공간으로 Container Crane이 설치되어 컨테이너의 양하 및 적하가 이루어지는 장소이다.
② Container Freight Station은 화물의 혼재 및 분류작업을 하는 곳이다.
③ Rubber Tired Gantry Crane은 컨테이너를 야드에 장치하거나 장치된 컨테이너를 섀시에 실어주는 작업을 하는 컨테이너 이동장비로 고무바퀴가 장착된 이동성이 있는 Crane이다.
④ Reach Stacker는 컨테이너 터미널 또는 CY(ICD) 등에서 컨테이너를 트레일러에 상·하차하거나 야드에 적재할 때 사용하는 타이어주행식의 장비이다.
⑤ Yard Chassis는 Van Trailer의 컨테이너를 싣는 부분을 말한다.

해설 Marshalling Yard는 적재예정이거나 양륙된 컨테이너를 정렬하고 보관하는 장소이다. ①은 Apron에 대한 설명이다.

정답 10 ⑤ 11 ①

12 ICD(Inland Container Depot)에 관한 설명으로 옳지 않은 것은?

① ICD의 대부분은 상가지역이나 주택밀집지역에 인접해 있어서 화주의 인근지역에서 화물의 처리 및 통관 등이 이루어져 화물분배의 경제성이 제고된다.

② 내륙에 도착한 공컨테이너를 항만터미널까지 운송할 필요가 없어 교통량 감소 및 운송경비의 절감효과를 얻을 수 있다.

③ 항만과 동일하게 CY 및 CFS의 기능을 수행하며 입주업체가 보세창고를 직접 운영한다.

④ 컨테이너 운송과 관련된 선사, 복합운송인, 화주 등 관련업체들 간의 정보시스템 구축이 용이하여 신속·정확·안전한 서비스가 제공될 수 있다.

⑤ 철도와 도로의 연계, 환적 등 운송수단 및 운송장비의 효율적 활용으로 연계운송체계를 통한 일관운송이 가능하게 된다.

> [해설] ① ICD는 주로 공업지역이나 상업지역에 인접해있다.

13 ICD에 대한 설명으로 옳지 않은 것은?

① 내륙에 있는 컨테이너 통관기지를 말한다.

② 2가지 이상 운송수단(도로, 철도, 항만, 공항) 간 연계운송을 할 수 있는 규모 및 시설을 갖춘 복합물류터미널과 내륙컨테이너기지를 말한다.

③ 여러 내륙운송형태에 의해 통관완료된 상태에서 이송된 여러 가지 종류의 화물의 일시저장과 취급에 대한 서비스를 제공한다.

④ 세관의 통제하에 통관을 할 수 있다.

⑤ 일시적 장치, 창고보관, 일시양륙을 담당하는 대리인들이 있다.

> [해설] 여러 내륙운송형태에 의해 미통관된 상태에서 이송된 여러 가지 종류의 화물의 일시저장과 취급에 대한 서비스를 제공한다.

14 ICD(Inland Container Depot)의 기능에 관한 설명으로 옳지 않은 것은?

① 공컨테이너 장치장으로도 활용되고 있다.

② LCL 화물의 혼재 및 배분기능을 수행한다.

③ 연계운송체계가 불가능하며, 컨테이너 정비·수리는 이루어지지 않는다.

④ 화물유통기지, 물류센터로 활용하여 불필요한 창고 이동에 따른 비용을 절감할 수 있다.

⑤ 수출입화물의 수송거점일 뿐만 아니라 화주의 유통센터 또는 창고기능까지 담당하고 있다.

> [해설] ICD에서는 연계운송이 가능하고, 컨테이너 정비 및 수리 역시 가능하다.

정답 **12** ① **13** ③ **14** ③

15 컨테이너의 철도운송에 관한 설명으로 옳지 않은 것은?

① 컨테이너의 철도운송은 크게 TOFC 방식과 COFC 방식으로 구분된다.

② TOFC 방식은 이단적열차(Double Stack Train)에 적합하다.

③ TOFC 방식은 캥거루방식과 피기백방식으로 구분할 수 있다.

④ 대부분의 철도운송은 화물의 집화 및 인도를 위해 트럭의 도움을 필요로 한다.

⑤ 우리나라에서 철송기지 역할을 하고 있는 ICD는 의왕과 양산이 대표적이다.

> [해설] TOFC 방식은 컨테이너를 실은 트레일러 채로 열차에 적재하는 방식이다.

16 다음 설명에 해당하는 컨테이너 화물운송과 관련된 국제협약은?

> 컨테이너의 구조상 안전요건을 국제적으로 통일하기 위하여 1972년에 UN(국제연합)과 IMO (국제해사기구)가 공동으로 채택한 국제협약

① ITI(Customs Convention on the International Transit of Goods, 1971)

② CCC(Customs Convention on Container, 1956)

③ CSC(International Convention for Safe Container, 1972)

④ TIR(Transport International Routiere, 1959)

⑤ MIA(Marine Insurance Act, 1906)

> [해설] CSC(컨테이너안전협약)에 대한 설명이다.
> ① ITI(국제통과화물 통관협약) : 관세협력이사회가 1971년 신국제도로운송 통관조약 작성과 병행하여 새로 채택한 조약으로 국제도로운송통관조약이 도로주행차량 또는 적재된 컨테이너의 도로운송을 대상으로 하고 있는데 비해, 본 조약은 각종 운송기기에 의한 육해공 모든 운송수단을 대상으로 하고 있다.
> ② CCC(Customs Convention on Container, 1956) : 컨테이너 자체가 국경을 통과함에 따라 당사국간의 관세 및 통관방법 등을 협약·시행할 필요성이 있어, 1956년 유럽경제위원회에 의해 채택되었다.
> ④ TIR(Transport International Routiere, 1959) : 1959년 유럽경제위원회가 도로운송차량에 의한 화물의 국제운송을 용이하게 하기 위한 목적으로 채택하였다.

정답   **15** ②   **16** ③

통관 및
국제물류정보시스템

물류관리사

CHAPTER 09

관세와 통관

01 관 세

1 개 요

관세란 관세선을 통과하는 물품에 부과하는 조세이다. 일반적으로 수출세, 수입세, 통과세로 구분하는데 우리나라는 수입물품에 대한 관세만 부과한다. 오늘날 특수한 경우를 제외하고는 수출세나 통과세를 부과하는 국가는 거의 없다.

2 관세의 성격

(1) 국 세

관세의 부과·징수의 주체는 국가이므로 관세는 국세에 해당한다. 국세는 관세와 관세를 제외한 조세인 내국세로 구분되며, 국가의 재정수입을 위하여 국가가 부과·징수한다는 점에서 지방자치단체의 재정수입을 위하여 지방자치단체가 부과·징수하는 지방세와 대립된다.

(2) 간접소비세

관세는 물품의 소비행위를 과세대상으로 하여 부과하는 조세이면서 동시에 납세자가 납부의무를 이행한 후 그 조세의 부담을 소비자에게 전가시키는, 즉 납세자와 담세자가 다른 조세이므로 간접소비세에 해당한다.

(3) 물 세

관세는 물품에 대하여 부과하는 조세이므로 물세에 해당한다. 물세는 재화의 존재나 취득에 부과하는 조세이며 이와 대립되는 개념으로는 경제주체에 대한 급부능력을 표준으로 부과·징수하는 조세인 인세가 있다.

(4) 수시세

관세는 물품이 수입될 때 수입신고 단위로 부과되므로 수시세에 해당한다. 수시세와 대립되는 개념으로는 과세의 시기나 기간을 정하여 일정시점에 과세되는 조세인 기간세가 있다.

3 관세의 기능

(1) 재정수입 확보 효과

관세법 제1조(목적)에서 '관세수입을 확보함으로써 국민경제의 발전에 이바지함을 목적으로 한다.'고 명시하고 있으며, 관세의 부과·징수로 국가 재정수입이 증가한다.

(2) 관세부과로 인한 수입물품 가격상승으로 인한 효과

① 국내산업 보호 : 수입물품에 관세를 부과하게 되면 수입물품의 가격이 상승하기 때문에 해당 수입물품과 동종의 물품 또는 경쟁관계에 있는 물품을 생산하는 국내산업은 경쟁력 면에서 우위를 선점할 수 있어 고용확대를 하거나 물품생산을 증대하게 되므로 국내산업을 보호하는 효과가 있다.

② 수입물품 소비억제 : 수입물품에 대한 관세부과로 수입물품의 가격이 상승하게 되면 그 물품에 대한 소비가 감소한다.

③ 수입대체 및 국제수지개선 : 관세 부과로 인한 수입물품의 가격상승으로 국내 동종 물품에 가격 경쟁력이 생겨 국내생산이 증가하게 되므로 수입대체효과가 발생한다. 또한 이러한 수입대체 효과로 인하여 외화사용이 감소하므로 국제수지가 개선된다.

4 관세의 4대 과세요건

관세의 과세요건이란 국가와 납세의무자 간에 관세채권·채무 관계를 성립하게 하는 관세법상의 법률요건을 말하는 것으로 관세의 과세요건은 일반적으로 과세물건·납세의무자·과세표준·관세율의 네 가지로 본다.

(1) 과세물건

과세물건이란 관세법이 과세의 대상으로 정하고 있는 수입물품으로 관세채권·채무관계의 성립에 필요한 물적 요소를 말한다. 관세법상 과세물건은 유체물에 한한다.

(2) 납세의무자

납세의무자란 관세법에 의하여 관세를 납부할 의무가 있는 자, 즉 법률상의 관세부담자인 관세채무자를 말한다.

(3) 과세표준

과세표준이란 관세법에 의하여 직접적으로 관세액 산출의 기초가 되는 수입물품의 가격 또는 수량을 말한다.

(4) 관세율

관세율이란 관세를 산출하기 위하여 과세표준에 대한 관세액의 비율을 말한다.

02 관세율

1 개 요

관세율은 기본세율, 잠정세율, 탄력관세, 국제협력관세율 및 일반특혜관세율 등이 있다. 관세율은 조세법률주의에 따라 국회에서 법률로 정하는 것이 원칙이나, 국내외 경제여건변화 등의 신속한 대응을 위해 법률에서 위임된 범위 안에서 대통령령 또는 기획재정부령으로 탄력관세율을 정할 수도 있고, 우리나라의 통상과 대외무역증진을 위하여 특정국가 또는 국제기구와 조약, 협약 등에 의하여 국제협력관세율(양허관세율)을 정할 수도 있다. 또한 개발도상국의 수출증대 및 공업화의 촉진을 위해 개발도상국으로부터의 수입물품에 대하여 보상 없이 일방적으로 일반특혜관세율을 정할 수도 있다.

2 탄력관세

탄력관세의 종류	발동사유
덤핑방지관세	덤핑수입으로 국내산업이 실질적 피해를 받은 경우
상계관세	외국에서 보조금 또는 장려금을 받은 물품의 수입으로 국내산업이 실질적 피해를 받은 경우
보복관세	교역상대국이 부당한 조치를 하여 우리나라의 무역이익이 침해되는 경우
긴급관세	특정물품의 수입증가로 국내산업이 심각한 피해를 받은 경우
특정국 물품 긴급관세	특정국 물품의 수입증가로 국내시장이 교란되거나 WTO 회원국이 특정국 물품의 수입증가에 대하여 자국의 피해를 구제하기 위하여 취한 조치로 중대한 무역전환이 발생한 경우
농림축산물에 대한 특별긴급관세	국내외 가격차에 상당한 율로 양허한 농림축산물의 수입물량이 급증하거나 수입가격이 하락하는 경우
조정관세	세율불균형을 시정하거나 국제경쟁력이 취약한 물품을 보호하기 위한 경우 등 다양한 경우
할당관세	원활한 물자수급을 위하여 수입을 촉진하거나 특정물품의 수입을 억제하기 위하여 관세율을 인상 또는 인하할 필요가 있는 경우
계절관세	계절에 따라 가격차이가 심한 물품의 수입량을 조절하고자 하는 경우
편익관세	조약에 따른 편익을 받지 아니하는 나라의 생산물에 대하여 관세에 관한 편익을 부여하는 경우

3 관세율 적용의 우선순위

순위	관세율 종류	관세율 적용시 주의점
1	덤핑방지관세 상계관세 보복관세 긴급관세 특정국 물품 긴급관세 농림축산물에 대한 특별긴급관세 조정관세(관세법 제69조 제2호)	• 최우선 적용
2	편익관세 국제협력관세	• 후순위 세율보다 낮은 경우에 한하여 우선적용 • 국제협력관세 규정에 따라 국제기구와의 관세에 관한 협상에서 국내외의 가격차에 상당하는 율로 양허하거나 국내시장 개방과 함께 기본세율보다 높은 세율로 양허한 농림축산물 중 대통령령으로 정하는 물품에 대하여 양허한 세율(시장접근물량에 대한 양허세율을 포함)은 기본세율 및 잠정세율에 우선하여 적용
3	조정관세(관세법 제69조 제1호, 제3호, 제4호) 할당관세 계절관세	• 할당관세는 일반특혜관세의 세율보다 낮은 경우에 한하여 우선 적용
4	일반특혜관세	
5	잠정세율	
6	기본세율	

03 감면제도

1 개 요

관세감면이란 특정한 수입자가 특정물품을 특정목적을 위하여 관세법상 규정된 감면 요건을 갖추어 수입하는 경우에 정상적인 관세율에도 불구하고 관세의 납세의무의 전부 또는 일부가 면제되는 것을 말한다.

2 감면의 종류

관세법에서 감면제도는 감면승인 시 조건 유무에 따라 무조건 감면세와 조건부 감면세로 구분한다.

(1) 무조건 감면세

감면요건을 갖춘 수입물품에 대하여 조건 없이 감면이 이루어지고 수입 후 양수도 또는 감면용도 이외의 사용 등에 대하여 사후관리를 받지 아니한다.

(2) 조건부 감면세

감면요건을 갖춘 수입물품에 대하여 일정한 조건을 붙여 관세를 감면한다. 일정한 조건이 지켜지지 아니할 경우 감면한 관세를 징수하며 조건 이행 여부에 대하여 일정기간 동안 사후관리를 받는다.

3 감면종류에 따른 목적

감면종류	목 적
외교관용 물품 등의 면세	외교관례, 국제관례 존중, 외교기관 및 외교사절의 효과적인 업무수행
세율불균형 물품의 면세	세율불균형의 시정
학술연구용품의 감면	학술연구진흥, 교육발전지원
종교용품, 자선용품, 장애인용품 등의 면세	사회복지향상
정부용품 등의 면세	국제관례 존중
특정물품의 면세 등	사회정책 수행
소액물품 등의 면세	관세징수비용 절감, 납세자의 편의도모
환경오염방지물품 등에 대한 감면	환경오염방지, 중소제조업체의 공장자동화 지원
여행자 휴대품 및 이사물품 등의 감면	영리행위 목적이 아닌 수입물품에 대한 관세면제

재수입면세	국산품 비과세, 소비세의 이중과세방지
손상감면	과세형평
해외임가공물품 등의 감면	가공무역 증진
재수출면세	일시수입물품에 대한 물적 교류의 원활화
재수출감면	일시수입물품에 대한 물적 교류의 원활화

04 보세제도

1 개 요

(1) 보 세

보세란 관세의 부과를 보류하고 있는 상태를 의미하며, 보세화물이란 우리나라에 도착한 외국물품에 대하여 수입신고 수리가 완료되지 않은 상태의 화물을 말한다.

(2) 보세제도

① 의의 : 보세제도란 외국물품을 보세상태에서 장치, 검사, 제조·가공, 전시, 건설, 판매, 운송할 수 있도록 허용한 관세법상의 제도로 보세구역제도와 보세운송제도로 구분된다.

② 보세구역제도 : 보세구역제도는 특정한 지역을 정하여 보세화물을 장치, 검사, 제조·가공, 전시, 건설, 판매할 수 있도록 하는 정적인 보세제도이다.

③ 보세운송제도 : 보세운송제도는 보세화물을 관세법에서 정한 일정한 장소 간을 운송할 수 있도록 하는 동적인 보세제도이다.

2 보세제도의 종류

3 보세구역

(1) 지정보세구역

지정보세구역은 공익목적으로 운영되는 보세구역이며, 통관하고자 하는 물품을 일시장치 또는 검사하기 위한 장소로서 지정장치장과 세관검사장이 있다.

① **지정장치장** : 지정장치장은 통관하려는 물품을 일시 장치하기 위한 장소로서 세관장이 지정하는 구역으로 한다. 지정장치장에 물품을 장치하는 기간은 6개월의 범위에서 관세청장이 정한다. 다만, 관세청장이 정하는 기준에 따라 세관장은 3개월의 범위에서 그 기간을 연장할 수 있다.

② **세관검사장** : 세관검사장은 통관하려는 물품을 검사하기 위한 장소로서 세관장이 지정하는 지역으로 한다. 세관검사장에 반입되는 물품의 채취·운반 등에 필요한 비용은 화주가 부담한다.

(2) 특허보세구역

주로 외국물품이나 통관하려는 물품의 장치, 제조·가공, 전시, 건설, 판매를 목적으로 사인의 신청에 의하여 주로 사인의 토지, 시설 등에 대하여 세관장이 보세구역으로 특허한 구역을 말한다.

① **보세창고** : 보세창고에는 외국물품이나 통관을 하려는 물품을 장치한다.

② **보세공장** : 보세공장에서는 외국물품을 원료 또는 재료로 하거나 외국물품과 내국물품을 원료 또는 재료로 하여 제조·가공하거나 그 밖에 이와 비슷한 작업을 할 수 있다.

③ **보세전시장** : 보세전시장에서는 박람회, 전람회, 견본품 전시회 등의 운영을 위하여 외국물품을 장치·전시하거나 사용할 수 있다.

④ 보세건설장 : 보세건설장에서는 산업시설의 건설에 사용되는 외국물품인 기계류 설비품이나 공사용 장비를 장치·사용하여 해당 건설공사를 할 수 있다.

⑤ 보세판매장 : 보세판매장에서는 외국으로 반출하거나 외교관 면세규정에 따라 관세의 면제를 받을 수 있는 자가 사용하는 것을 조건으로 외국물품을 판매할 수 있다.

(3) 종합보세구역

종합보세구역은 일정한 지역 전체를 보세구역으로 지정한 곳으로서, 보세창고·보세공장·보세전시장·보세건설장 또는 보세판매장의 기능 중 둘 이상의 기능(이하 "종합보세기능")을 종합적으로 수행할 수 있는 보세구역이다.

> **핵심포인트**
>
> **특허보세구역의 특허기간 및 장치기간**
> 1. 특허기간
>   ① 보세창고, 보세공장, 보세판매장 : 10년의 범위 내
>   ② 보세전시장, 보세건설장
>   ㉠ 보세전시장 : 해당 박람회 등의 기간을 고려하여 세관장이 정하는 기간
>   ㉡ 보세건설장 : 해당 건설공사의 기간을 고려하여 세관장이 정하는 기간
> 2. 장치기간
>   ① 보세창고
>   ㉠ 외국물품 : 1년 범위. 다만, 1년의 범위에서 기간 연장 가능
>   ㉡ 내국물품 : 1년 범위
>   ㉢ 정부비축용 물품 등 : 비축에 필요한 기간
>   ② 보세공장, 보세전시장, 보세건설장, 보세판매장 : 해당 특허보세구역의 특허기간과 동일

05 통 관

1 수입통관

(1) 수 입

수입이란 외국물품을 우리나라에 반입(보세구역을 경유하는 것은 보세구역으로부터 반입하는 것을 말한다)하거나 우리나라에서 소비 또는 사용하는 것을 말한다.

(2) 수입통관

수입하고자 하는 자가 우리나라에 수입될 물품을 세관장에게 수입신고하고, 세관장은 수입신고가 관세법 및 기타 법령에 따라 적법하고 정당하게 이루어진 경우에 이를 신고수리하고 신고인에게 수입신고필증을 교부하여 수입물품이 반출될 수 있도록 하는 일련의 과정을 말한다.

(3) 수입통관 절차

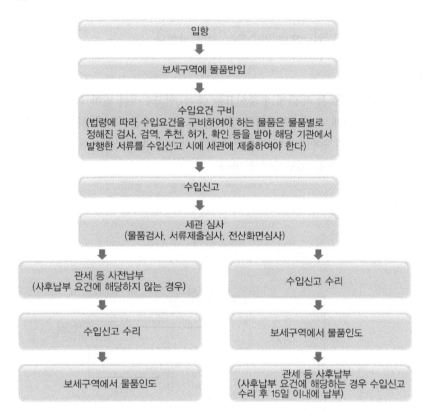

(4) 수입신고 시기

수입신고는 반입일 또는 장치일부터 30일 이내에 하여야 한다.

① **입항 전 수입신고** : 수입신고는 원칙적으로 해당 물품을 적재한 선박이나 항공기가 입항된 후에만 할 수 있다. 그러나 수입하려는 물품의 신속한 통관이 필요할 때에는 해당 물품을 적재한 선박이나 항공기가 입항하기 전에 수입신고를 할 수 있다. 이 경우 입항전수입신고가 된 물품은 우리나라에 도착한 것으로 본다.

② **출항 전 수입신고** : 항공기로 수입되는 물품 또는 일본, 중국, 대만, 홍콩으로부터 선박으로 수입되는 물품을 선(기)적한 선박 또는 항공기가 당해물품을 적재한 항구 또는 공항에서 출항하기 전에 수입신고를 할 수 있다.

③ **보세구역 도착 전 신고** : 수입물품을 선(기)적한 선박 등이 입항하여 당해물품을 통관하기 위하여 반입하고자 하는 보세구역에 도착하기 전에 수입신고하는 것을 말한다.

④ **보세구역 도착 후 신고** : 당해 물품이 보세구역에 장치된 후에 수입신고하는 것을 말한다.

2 수출통관

(1) 수 출

수출이란 내국물품을 외국으로 반출하는 것을 말한다.

(2) 수출통관

수출하고자 하는 물품을 세관에 수출신고를 한 후 신고수리를 받아 물품을 우리나라와 외국 간을 왕래하는 운송수단에 적재하기까지의 절차를 말한다. 수출하고자 하는 자는 물품이 대외무역법 및 관계법령 등에 의하여 수출이 가능한 물품인지 여부와 외국환거래법 등 관계법령에 따라 대금 영수방법의 제약 여부를 확인하여야 한다.

(3) 수출통관 절차

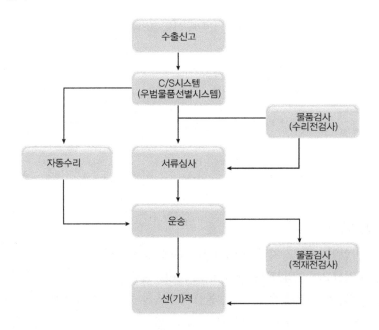

3 반송통관

(1) 반 송

국내에 도착한 외국물품이 수입통관절차를 거치지 아니하고 다시 외국으로 반출되는 것을 말한다.

(2) 반송통관 절차

보세구역 장치

↓

장치확인

↓

반송신고

↓

물품검사/검사생략

↓

통관심사

↓

신고수리

↓

보세운송 신고/보세운송

↓

신고수리

↓

선(기)적

01 관세의 성격으로 옳지 않은 것은?

① 관세의 부과·징수의 주체는 국가이므로 관세는 국세에 해당한다.

② 관세는 물품에 대하여 부과하는 조세이므로 물세에 해당한다.

③ 관세는 물품의 소비행위를 과세대상으로 하여 부과하는 조세이므로 소비세에 해당한다.

④ 관세는 납세자와 담세자가 동일한 직접세이다.

⑤ 관세는 징수된 조세가 일반세입에 납입되어 지출용도가 특정되지 않고 일반경비로 지출되므로 보통세에 해당한다.

> [해설] ④ 관세는 납세자가 납부의무를 이행한 후 그 조세의 부담을 소비자에게 전가시키는, 즉 납세자와 담세자가 다른 조세이므로 간접세이다.

02 관세의 4대 과세요건으로 옳지 않은 것은?

① 과세물건   ② 납세의무자

③ 감면율   ④ 과세표준

⑤ 관세율

> [해설] 관세의 4대 과세요건은 과세물건, 납세의무자, 과세표준, 관세율이다.

03 수출입통관과 관련하여 관세법상 내국물품이 아닌 것은?

① 보세공장에서 내국물품과 외국물품을 원재료로 하여 만든 물품

② 우리나라의 선박 등에 의하여 공해에서 채집 또는 포획된 수산물

③ 입항전수입신고가 수리된 물품

④ 수입신고수리 전 반출승인을 얻어 반출된 물품

⑤ 수입신고 전 즉시반출신고를 하고 반출된 물품

> [해설] 보세공장에서 내국물품과 외국물품을 원재료로 하여 만든 물품은 외국물품이다. 보세공장도 보세구역이므로 보세구역 생산물품은 수입통관 절차를 거치기 전까지는 외국물품이기 때문이다.

정답 **01** ④ **02** ③ **03** ①

04 통관시에 부과되는 관세에 관한 설명으로 옳지 않은 것은?

① 동일한 국가에서 동일한 물품을 반복적으로 수입하여도 관세가 감면되지는 않는다.

② 관세납부시 환율은 전신환 매입률을 적용한다.

③ 관세에는 종량세, 종가세 등이 있다.

④ 관세는 수입물품에 부과한다.

⑤ 수입한 수출용 원재료에 대하여 부과된 관세는 수출시에 환급받을 수 있다.

해설 ② 관세납부시 환율은 관세청장이 정하여 고시하는 과세환율을 적용한다.

05 다음 중 관세율에 대한 설명으로 옳지 않은 것은?

① 긴급관세는 특정물품의 수입증가로 국내산업이 심각한 피해를 받은 경우에 부과한다.

② 보복관세는 교역상대국이 부당한 조치를 하여 우리나라의 무역이익이 침해되는 경우에 부과한다.

③ 계절관세는 계절에 따라 가격차이가 심한 물품의 수입량을 조절하고자 하는 경우에 부과한다.

④ 할당관세는 국제경쟁력이 취약한 물품을 보호하기 위하여 관세율을 인상할 필요가 있는 경우에 부과한다.

⑤ 편익관세는 조약에 따른 편익을 받지 아니하는 나라의 생산물에 대하여 관세에 관한 편익을 부여하는 경우에 부과한다.

해설 ④ 할당관세는 원활한 물자수급을 위하여 수입을 촉진하거나 특정물품의 수입을 억제하기 위하여 관세율을 인상 또는 인하할 필요가 있는 경우에 부과한다.

06 외국에서 보조금 또는 장려금을 받은 물품의 수입으로 국내산업이 실질적 피해를 받은 경우에 부과할 수 있는 관세율은?

① 덤핑방지관세　　② 상계관세

③ 보복관세　　　　④ 긴급관세

⑤ 할당관세

해설 ① **덤핑방지관세** : 덤핑수입으로 국내산업이 실질적 피해를 받은 경우에 부과
③ **보복관세** : 교역상대국이 부당한 조치를 하여 우리나라의 무역이익이 침해되는 경우에 부과
④ **긴급관세** : 특정물품의 수입증가로 국내산업이 심각한 피해를 받은 경우에 부과
⑤ **할당관세** : 원활한 물자수급을 위하여 수입을 촉진하거나 특정물품의 수입을 억제하기 위하여 관세율을 인상 또는 인하할 필요가 있는 경우에 부과

정답 04 ② 05 ④ 06 ②

07 다음 중 관세법상 1순위 세율이 아닌 것은?

① 덤핑방지관세   ② 보복관세
③ 긴급관세   ④ 할당관세
⑤ 상계관세

[해설] 관세 적용의 우선순위

순위	관세율 종류
1	덤핑방지관세, 상계관세, 보복관세, 긴급관세, 특정국물품 긴급관세, 농림축산물에 대한 특별긴급관세
2	편익관세, 국제협력관세
3	조정관세, 할당관세, 계절관세
4	일반특혜관세
5	잠정세율
6	기본세율

08 다음은 지정장치장에 대한 설명이다. ( ) 안에 들어갈 말로 올바른 것은?

> 지정장치장은 통관을 하려는 물품을 일시 장치하기 위한 장소로서 세관장이 지정하는 구역으로 한다. 지정장치장에 물품을 장치하는 기간은 ( )의 범위에서 관세청장이 정한다. 다만, 관세청장이 정하는 기준에 따라 세관장은 ( )의 범위에서 그 기간을 연장할 수 있다.

① 6개월, 3개월   ② 9개월, 9개월
③ 1년, 1년   ④ 1년, 6개월
⑤ 6개월, 1년

[해설] 지정장치장은 통관하려는 물품을 일시 장치하기 위한 장소로서 세관장이 지정하는 구역으로 한다. 지정장치장에 물품을 장치하는 기간은 6개월의 범위에서 관세청장이 정한다. 다만, 관세청장이 정하는 기준에 따라 세관장은 3개월의 범위에서 그 기간을 연장할 수 있다.

09 일정한 지역 전체를 보세구역으로 지정한 곳으로서, 보세창고·보세공장·보세전시장·보세건설장 또는 보세판매장의 기능 중 둘 이상의 기능을 수행할 수 있는 구역은 무엇인가?

① 지정보세구역   ② 특허보세구역
③ 종합보세구역   ④ 자유무역지역
⑤ 관세자유지역

[정답] **07** ④ **08** ① **09** ③

> [해설] ① **지정보세구역** : 지정보세구역은 공익목적으로 운영되는 보세구역이며, 통관을 하고자 하는 물품을 일시 장치 또는 검사하기 위한 장소로서 지정장치장과 세관검사장이 있다.
> ② **특허보세구역** : 주로 외국물품이나 통관하려는 물품의 장치, 제조·가공, 전시, 건설, 판매를 목적으로 사인의 신청에 의하여 주로 사인의 토지, 시설 등에 대하여 세관장이 보세구역으로 특허한 구역을 말한다.

10 다음 중 지정보세구역에 대한 설명으로 옳지 않은 것은?

① 지정보세구역은 영리추구를 목적으로 운영된다.

② 지정장치장과 세관검사장으로 구분된다.

③ 지정보세구역은 세관장이 지정하는 지역으로 한다.

④ 세관검사장은 통관하려는 물품을 검사하기 위한 장소이다.

⑤ 세관검사장에 반입되는 물품의 채취·운반 등에 필요한 비용은 화주가 부담한다.

> [해설] 지정보세구역은 공익목적으로 운영되는 보세구역이다.

11 관세법상 보세구역이 아닌 것은?

① 보세창고

② 자유무역지역

③ 지정장치장

④ 종합보세구역

⑤ 보세판매장

> [해설] 관세법상 보세구역은 지정보세구역(지정장치장, 세관검사장), 특허보세구역(보세창고, 보세공장, 보세건설장, 보세전시장, 보세판매장), 종합보세구역이다.

12 특허보세구역에 대한 설명으로 옳지 않은 것은?

① 특허보세구역이란 관세청장이 보세구역으로 특허한 구역을 말한다.

② 보세공장에서는 외국물품을 원료 또는 재료로 하거나 외국물품과 내국물품을 원료 또는 재료로 하여 제조·가공하거나 그 밖에 이와 비슷한 작업을 할 수 있다.

③ 보세건설장에서는 산업시설의 건설에 사용되는 외국물품인 기계류 설비품이나 공사용 장비를 장치·사용하여 해당 건설공사를 할 수 있다.

④ 보세판매장에서는 외국으로 반출하거나 외교관 면세규정에 따라 관세의 면제를 받을 수 있는 자가 사용하는 것을 조건으로 외국물품을 판매할 수 있다.

⑤ 보세전시장에서는 박람회, 전람회, 견본품 전시회 등의 운영을 위하여 외국물품을 장치·전시하거나 사용할 수 있다.

정답 10 ① 11 ② 12 ①

해설 ① 특허보세구역이란 세관장이 보세구역으로 특허한 구역을 말한다.

13 **관세법상 수출입통관에 관한 설명으로 옳지 않은 것은?**

① 물품을 수출입 또는 반송하고자 할 때에는 당해 물품의 품명·규격·수량 및 가격 등 기타 대통령령이 정하는 사항을 세관장에게 신고하여야 한다.

② 당해 물품을 적재한 선박 또는 항공기가 입항하기 전에 수입신고를 할 수 있다.

③ 세관장은 수출입 또는 반송에 관한 신고서의 기재사항이 갖추어지지 아니한 경우에는 이를 보완하게 할 수 있다.

④ 관세청장은 수입하려는 물품에 대하여 검사대상, 검사범위, 검사방법 등에 관하여 필요한 기준을 정할 수 있다.

⑤ 수입신고와 반송신고는 물품의 화주 또는 완제품공급자나 이들을 대리한 관세사 등의 명의로 해야 한다.

해설 수출신고는 물품의 화주 또는 완제품공급자나 이들을 대리한 관세사 등의 명의로 해야 한다.

14 **수입통관절차에 대한 설명 중 옳지 않은 것은?**

① 물품을 수입하고자 하는 자는 사전에 해당 물품이 관련법령에 의한 수입요건(검사, 검역, 추천, 허가 등)을 구비하여야 하는지 여부를 확인하고 수입계약을 체결한다.

② 원칙적으로 모든 수입물품은 세관에 수입신고를 하여야 하며, 수입신고가 수리되어야 물품을 국내로 반입할 수 있다.

③ 수입신고시에는 수입신고서에 선하증권, 상업송장, 포장명세서 등과 같은 서류를 첨부하여 세관에 제출한다.

④ 수입신고는 화주, 관세사, 통관법인 또는 관세사법인의 명의로 신고가 가능하다.

⑤ 수입하고자 하는 자는 보세구역 장치 후에만 수입신고가 가능하다.

해설 수입신고의 시기는 출항 전 수입신고, 입항 전 수입신고, 보세구역 도착 전 신고, 보세구역 도착 후 신고로 구분된다.

정답 **13** ⑤ **14** ⑤

15 수입통관절차에 관한 설명으로 옳지 않은 것은?

① 수입신고는 관세법상 화주, 관세사, 관세사법인, 통관취급법인이 할 수 있다.

② 수입신고는 물품 반입일 또는 장치일로부터 3개월 이내에 하여야 한다.

③ 수입신고를 함으로써 적용법령, 과세물건, 납세의무자가 확정된다.

④ 물품을 수입하고자 하는 자는 당해 물품이 장치된 보세구역을 관할하는 세관장에게 수입신고를 하여야 한다.

⑤ 수입신고 시기는 출항 전 수입신고, 입항 전 수입신고, 입항 후 보세구역 도착 전 수입신고 및 보세구역 장치 후 수입신고의 네 가지 유형으로 구분된다.

[해설] ② 수입신고는 물품 반입일 또는 장치일로부터 30일 이내에 하여야 한다.

정답 **15** ②

CHAPTER 10

국제물류정보시스템

01 국제기구

1 GATT(General Agreement of Tariffs and Trade)

(1) 개 요

관세장벽과 수출입 제한을 제거하고, 국제무역과 물자교류를 증진시키기 위하여 1947년 제네바에서 23개국이 조인한 '관세 및 무역에 관한 일반협정(GATT)'이다. 1995년 세계무역기구(WTO)로 대체되기 전까지 전 세계에서 120여 개국이 가입하였으며, 한국은 1967년 4월 1일부터 정회원국이 되었다.

(2) 주요 협정내용

① 회원국 상호 간의 관세율 인하
② 회원국 간 최혜국대우 원칙을 적용하여 관세상 차별대우 제거
③ 기존 특혜관세제도(영연방 특혜)의 인정
④ 수출입 제한의 원칙적 폐지
⑤ 수출입 절차와 대금 지불의 차별대우 제거
⑥ 보조금 지급 금지 등

2 WTO(세계무역기구)

(1) 개 요

1947년 이래 국제무역질서를 규율해 오던 관세 및 무역에 관한 일반협정(GATT)을 흡수하여 통합해 세계무역질서를 세우고 우루과이라운드 협정의 이행을 감시하는 역할을 하는 국제기구이다. GATT는 정식 국제기구가 아닐 뿐더러 권한도 극히 제한되어 있지만, WTO는 국제 무역분쟁에 대한 중재권, 관세인하 요구, 반덤핑규제 등 막강한 법적 권한과 구속력을 행사할 수 있으며 세계무역자유화 역할을 강화시킨 정식 국제기구이다. WTO의 최고의결기구는 총회이며 그 아래 상품교역위원회 등을 설치해 분쟁처리를 담당한다. 우리나라에서는 WTO 비준안 및 이행방안이 1994년 12월 16일 국회에서 통과되었다.

(2) 설립목적

① 국제무역 불균형에 따른 보호주의 및 지역주의에의 대처
② 국제교역구조의 다양화에 따른 국제규범보완 제정의 필요성 증대
③ GATT 체제 자체의 한계에 대처하기 위해 국제교역분야를 규율할 수 있는 국제기구 설립의 필요성 등

(3) WTO 기본원칙

① **최혜국대우 원칙** : 특정국가에 대해 다른 국가보다 불리한 교역조건을 부여해서는 안 된다는 원칙
② **내국민대우 원칙** : 수입품이 국산품에 비해 불리한 대우를 받지 않아야 한다는 원칙
③ **시장접근보장 원칙** : 관세나 조세를 제외한 재화와 용역의 공급에 대한 일체의 제한을 철폐하여야 한다는 원칙
④ **투명성 원칙** : 의사결정, 법률운용, 제도운용이 합리적이며 예측 가능하여야 하고, 결정에 관한 이유를 고지하며 그러한 결정의 자료는 공개되어야 한다는 원칙

♥TIP GATT · WTO · FTA의 비교

구분	GATT	WTO	FTA
주요목적	다자간 관세인하로 국제무역 확대	다자간 관세/비관세 장벽 제거	WTO체제를 바탕으로 체약희망국가 간 추가적 관세/비관세 장벽 대폭 제거
법인여부	법인격 있는 기구 없이 협정체제로 운영	법인격 있는 기구 운영	협정 당사국 간 협의하여 운영
주요대상	주로 공산품	공산품, 농산물, 서비스, 지적재산권, 정부조달, 환경, 노동, 규범 등으로 확대 적용	공산품, 농산물, 서비스, 지적재산권 등을 기본으로 하고 환경, 노동 등 논란 분야 회피
기본원칙	• 최혜국대우 원칙 • 내국민대우 원칙	• 최혜국대우 원칙 • 내국민대우 원칙	• 최혜국대우 원칙 예외 허용 • 상호이익균형/민감성 존중
무역구제	긴급수량제한 허용	• 긴급수량제한 허용 • 반덤핑관세/상계관세 부과	• 긴급수량제한 허용 • 반덤핑관세/상계관세 부과 • 세관당국에 의한 원산지검증

3 UNCTAD(유엔무역개발회의)

선진국과 후진국 사이의 무역 불균형을 시정하고 개발도상국의 산업화와 국제무역을 지원하며 남북문제를 해결하기 위해 설치된 국제연합(UN) 직속 기구 중 하나이다. 주요 기능은 회원국의 경제개발 및 무역촉진, 다자간 무역규범의 협상 및 채택을 위한 논의이다. 회원국은 이해관계를 달리하는 지역적 비공식 그룹으로 A그룹(아시아 및 아프리카), B그룹(선진국), C그룹(라틴아메리카), D그룹(공산국), 기타가 있어 그룹 내의 의견을 조정하고 있다. 특히 후진국, 즉 A그룹과 C그

룹은 대 선진국과의 교섭을 위하여 'Group of 77'을 형성하였으며, 이것은 개발도상국의 강력한 하나의 교섭단체로서 UNCTAD에 큰 영향력을 행사하고 있다.

4 WCO(세계관세기구)

관세제도의 국제적 통일을 이루고, 특히 관세 기술과 이에 관한 규정을 개선하기 위하여 설립한 국제기구로서 현재 전 세계 총 174개 회원국이 참여하고 있으며 관세 커뮤니티의 대변인 역할을 담당하고 있다. 관세에 관한 국제 협약 개발, 상품 분류, 관세 평가, 원산지, 관세 세입징수, 물류 공급망 안전, 국제무역 원활화, 관세 조사 감시, 위조 방지 등 지식재산권 보호, 세관 공무원 청렴성, 세관 현대화를 위한 능력 개발 등이 주된 업무이다. 또한 세계관세기구는 국제통일상품분류협약(The International Convention on the Harmonized Commodity Description and Coding System)과 세계무역기구(World Trade Organization)의 관세평가 협정(Agreement on Customs Valuation), 그리고 원산지 협정(Agreement on Rules of Origin)의 기술 부문을 담당하고 있다.

02 국제물류보안

1 개 요

2001년 미국에서 발생한 9·11 테러로 인하여 미국은 보안을 강화하기 위하여 여러 가지 제도를 도입하여 운영하고 있으며, 국경보안을 위하여 국가조직을 개편하고 미국으로 수입되는 화물에 대한 보안을 강화하는 한편 국제공급망의 보안강화를 위하여 무역업계의 상호협력이 이루어지고 있다.

2 미국의 국제물류보안제도

(1) 컨테이너 보안협정(CSI : Container Security Initiative)

미국은 9·11 테러 이후 컨테이너 자체가 테러로 사용될 위험에 대비하기 위하여 주요 교역대상국과 컨테이너 보안협정을 체결하였다. 이는 미국으로 수입되는 컨테이너 안의 테러위험 물품을 확인하는 제도로서 2002년 1월에 도입되었다. 우리나라의 경우 2003년부터 한미 컨테이너 보안협정에 따라 대미 컨테이너 수출화물에 대해 선적 전 보안검색을 실시하고 있다.

(2) 24-Hour Rule

미국은 9·11 테러 이후 테러에 대응하기 위하여 2003년부터 미국으로 향하는 컨테이너가 출항국 가에서 적재되기 24시간 전에 미국 관세청에 적하목록을 제출하도록 하는 24-Hour Rule 제도를 시행하고 있다. 이 제도를 통하여 미국은 미국으로 향하는 컨테이너가 외국항에서 선박에 적재되기 전에 컨테이너 화물에 대한 정보를 확보하여 테러위험에 대비할 수 있게 되었다. 우리나라에서도 미국으로 수출하기 위해서는 우리나라 항구에서 미국행 선박에 컨테이너를 적재하기 24시간 전에 적하목록을 미국 및 한국 세관에 제출하여야 한다.

(3) Trade Act of 2002 Final Rule

Trade Act of 2002 Final Rule이란 해상뿐만 아니라 항공, 철도, 트럭 등의 운송수단을 통해 미국으로 수입되는 화물에 대한 정보를 미국 관세청(세관)에 제출하게 하는 규정이다. 이 규정을 통하여 항공, 철도, 트럭운송을 통한 화물에 대한 사전정보도 확보할 수 있게 되었다.

(4) 10 + 2 rule

10 + 2 rule은 24-hour Rule에 더해서 수입자는 10가지, 선사는 2가지를 추가로 신고해야 한다는 규정으로 2009년 1월 26일에 발효되었다.

① 수입자가 추가로 신고하여야 하는 항목

　ㄱ Manufacturer(or supplier) name and address

　ㄴ Seller(or owner) name and address

　ㄷ Buyer(or owner) name and address

　ㄹ Ship-to name and address

　ㅁ Container stuffing location

　ㅂ Consolidator(stuffer) name and address

　ㅅ Importer of record number/foreign trade zone applicant identification number

　ㅇ Consignee number(s)

　ㅈ Country of origin, and

　ㅊ Commodity Harmonized Tariff Schedule number

② 선사가 추가로 신고하여야 하는 항목

　ㄱ Vessel Stowage Plan(BAPLIE)

　ㄴ Container Status Messages

(5) ISPS Code(International Code for the Security of Ships and of Port Facilities)

선박 및 항만시설 보안규칙을 말하는 것으로 2001년 미국의 9·11 테러사건 이후 IMO는 선박 및 항만시설에 대한 보안을 강화하기 위하여 2002년 12월에 SOLAS XI장을 XI-1장(Special measurements to enhance maritime safety)으로 하고, XI-2장(Special measurements to enhance maritime security)을 신설하였고, 이를 근거로 ISPS Code를 제정하여 2004년 7월에 발효하게 되었다. 주 내용으로는 선박 보안, 회사의 의무, 당사국 정부의 책임, 항만 시설 보안, 선박의 심사 및 증서 발급에 대한 내용 등이 있다.

(6) C-TPAT(Customs-Trade Partnership Against Terrorism)

C-TPAT은 테러를 방지하기 위한 세관과 업계의 상호협력 프로그램으로 2002년에 창설되었다. C-TPAT은 무역업계가 관세국경보호국(Customs and Border Protection : CBP)과 협력하여 자 발적으로 법규 및 보안기준을 준수하도록 하여 보안을 강화하는 동시에 이와 같은 조치가 적용되 는 화물 및 운송수단에 대하여 무역흐름을 촉진하는 수출입물류보안 프로그램이다. 신청이 가능 한 업체는 수출업체를 제외한 10개 공급망 당사자로 수입업자, 운송인, 선사, 항공사, 관세사, 창 고업자, 제조업자 등의 당사자별로 보안 기준 및 보안 가이드라인을 제시하고 있다.

(7) AEO(Authorized Economic Operator) 제도

AEO(Authorized Economic Operator)는 종합인증우수업체를 의미하는데 수입업자, 수출업자, 관세사, 보세구역운영인 및 화물관리인, 보세운송업자, 화물운송주선업자, 하역업자, 선박회사 항공사에 대하여 법규준수도, 재무건전성, 내부통제시스템, 안전관리의 공인기준에 따라 적정성 여부를 심사하여 공인한 우수업체를 말하는 것이다. AEO 제도의 배경은 2001년 미국 9·11 테러 발생 이후 세계관세기구(WCO)에서는 지속적으로 논의해오던 수출입공급망 안전(Supply Chain Security)에 대한 새로운 물류보안 제도와 규정을 시행하게 되었다. 이 제도는 보안에만 중점을 둔 문제점으로 인하여 비관세장벽으로 작용함에 따라 WCO에서는 이 점을 보완하여 2005년 무역 안전과 원활화에 관한 국제규범(WCO SAFE Framework)을 수립하였고 미국에서 시작된 C-TPAT 제도가 WCO SAFE Framework를 통해 전 세계로 확산되었다.

---

03 자유무역협정(FTA - Free Trade Agreement)

1 개 요

자유무역협정(FTA)은 상품 및 서비스 교역 등에 있어서 관세와 기타 무역장벽의 제거를 통해 체 약국 간 자유무역을 실현하는 지역무역협정(RTA : Regional Trade Agreement)의 일종이다. FTA는 특혜관세뿐만 아니라 서비스, 투자, 무역에 관한 전반적인 법과 규정들을 양국의 제도 안 에서 조화시키고 개선함으로써 협정국 간의 교역을 확대시키고자 함이 목적이다.

2 WTO 체제의 기본원칙과 FTA

(1) 최혜국대우 원칙

특정국가에 대해 다른 국가보다 불리한 교역조건을 부여하여서는 안 된다는 원칙

(2) 내국민대우 원칙

수입품이 국산품에 비해 불리한 대우를 받지 않아야 한다는 원칙

(3) 시장접근보장 원칙

관세나 조세를 제외한 재화와 용역의 공급에 대한 일체의 제한을 철폐하여야 한다는 원칙

(4) 투명성 원칙

의사결정, 법률운용, 제도운용이 합리적이며 예측 가능하여야 하고, 결정에 관한 이유를 고지하며 그러한 결정의 자료는 공개되어야 한다는 원칙

이러한 WTO 체제의 기본원칙 중 최혜국대우 원칙은 자유무역협정의 대상이 된 국가 또는 지역에 대하여 특혜를 부여하게 되므로 특혜를 배제하고 국가 간에 평등하게 대우할 것을 규정한 최혜국대우 원칙과 배치된다. 이러한 모순을 해결하기 위하여 GATT는 제24조에 최혜국대우의 예외를 인정하여 자유무역협정을 인정하고 있다.

3 FTA 확산 이유

① WTO는 다자협정을 기본으로 하고 있어 협상타결까지 오랜 시간이 걸리고 협상 참가국 모두 만족하는 결과를 도출하기 어렵다는 문제가 있어 이러한 문제에 대한 해결로 FTA가 확산되고 있다.
② FTA가 개방을 통해 경쟁을 심화시킴으로써 생산성 향상에 기여한다는 측면에서 무역부문의 중요한 개혁 조치로 평가받고 있다.
③ 무역의 증대와 외국인 직접투자의 유입이 경제성장의 원동력으로 작용한다는 인식이 확산되고 있다.
④ FTA는 특정국가 간의 배타적 호혜조치가 가능하기 때문에 개별 국가가 추구하는 경제적 실익 제고가 가능하고 개방에 따른 부담이 완화될 수 있으며 체약국 간의 관심사항을 직접 반영할 수 있다.
⑤ 최근에는 지역주의가 확산되고 있는 추세이기 때문에 FTA에 적극적으로 참여하지 않을 경우 자칫 역외국가로서 받는 반사적 피해가 발생할 우려가 있다.

04 우리나라 물류정보시스템

1 지능형 교통 시스템(ITS : Intelligent Transport Systems)

지능형 교통 시스템(ITS)은 전자, 통신, 정보, 제어, 시스템 등의 기술을 교통체계에 접목시켜 신속하고 안전하며 쾌적한 차세대 교통체계를 만들기 위한 교통 시스템이다. ITS 서비스는 요금자동징수시스템과 자동단속시스템과 같은 ATMS(Advanced Traffic Management System), 운전자정보시스템, 최적경로안내시스템과 같은 ATIS(Advanced Traveler Information System), 대중교통정보시스템, 대중교통관리시스템과 같은 APTS(Advanced Public Transportation System), 전자통관시스템, 화물차량관리시스템과 같은 CVO(Commercial Vehicle Operation), 운전을 자동화하는 AVHS(Advanced Vehicle and Highway System)로 구분된다.

2 항만운영전산망(PORT-MIS : Port Management Information System)

PORT-MIS란 선박의 최초 입항보고를 시작으로, 항만 내 시설사용, 관제사항, 화물입출항, 세입징수, 출항보고까지 모선별로 모든 항만운영 관련 정보를 관리하는 시스템을 말한다.

3 철도운영정보시스템(KROIS : Korea Railroad Operating Information System)

철도종합전산망 시스템으로 화물운송, 차량열차운용, 승무원관리, 운송정보, 고객지원시스템으로 구성되며 화물운송업무의 전산화를 위한 시스템이다.

4 한국 물류정보 통신(KL-Net)

KL-Net은 국가물류정보화를 위해 1994년 설립된 항만물류정보화 전문기업으로, 전자문서중계서비스, 정보시스템 구축, Port-MIS, ATOMS, GTOMS 등 물류정보화에 필요한 종합물류정보망을 구축하고 있다.

05 Green logistics(녹색물류)

1 개 요

Green Logistics란 물류과정상에서 물류효율화를 통해 물류자원과 에너지를 절약하고, 환경 친화적인 대체재를 사용하며, 물자의 재활용을 촉진하는 등의 환경 친화적인 물류활동을 통하여 물류과정에서의 온실가스 배출 및 환경오염물질 발생을 최소화하는 물류활동정책을 말한다.

2 녹색물류 정책

(1) Modal shift(전환교통)

도로를 통해 트럭으로 운송하던 화물을 대량 운송수단이자 친환경 운송수단인 철도 또는 선박으로 전환하여 온실가스 배출을 줄이기 위한 정책을 말한다.

(2) Clean development mechanism(청정개발체제)

2005년 발효된 교토의정서 제12조 규정으로 온실가스 감축 대상인 선진국이 개발도상국의 온실가스 배출량 감축에 협력하면 그 감축분을 선진국의 것으로 인정해 주는 제도

(3) Emission trading system(온실가스배출권 거래제도)

교토의정서에서 온실가스 감축의무 이행에 신축성을 확보하기 위해 도입한 제도로, 온실가스 배출량 한도를 넘은 한 국가가 한도에 미달한 다른 국가의 남은 배출권을 매입할 수 있도록 한 것을 말한다.

(4) Onshore power supply(육상전원 공급장치)

육상전원 공급장치는 선박의 항만 정박시 냉동고, 공조기 등 필수 전기설비에 필요한 전기를 경유나 벙커C유를 연료로 하여 공급하여 육상의 전기를 대체해 공급하는 것을 말한다. 육상전원공급을 통해 선박에서 배출되는 황산화물, 질소산화물, 미세먼지, 이산화탄소 등 대기오염물질을 대폭 감축할 수 있다.

01 WTO의 기본원칙에 대한 설명으로 옳지 않은 것은?

① 최혜국대우 원칙 : 특정국가에 대해 다른 국가보다 불리한 교역조건을 부여해서는 안 된다는 원칙
② 상호주의 원칙 : 통관절차는 상대국이 자국을 취급하는 정도에 맞추어 이행하여야 한다는 원칙
③ 내국민대우 원칙 : 수입품이 국산품에 비해 불리한 대우를 받지 않아야 한다는 원칙
④ 시장접근보장 원칙 : 관세나 조세를 제외한 재화와 용역의 공급에 대한 일체의 제한을 철폐하여야 한다는 원칙
⑤ 투명성 원칙 : 의사결정, 법률운용, 제도운용이 합리적이며 예측 가능하여야 하고, 결정에 관한 이유를 고지하며 그러한 결정의 자료는 공개되어야 한다는 원칙

> 해설 WTO의 기본원칙은 최혜국대우 원칙, 내국민대우 원칙, 시장접근보장 원칙, 투명성 원칙이다.

02 테러를 방지하기 위한 세관과 업계의 상호협력 프로그램은 무엇인가?

① C-TPAT
② Trade Act of 2002 Final Rule
③ 컨테이너 보안협정
④ 24-Hour Rule
⑤ 10 + 2 rule

> 해설 C-TPAT는 테러를 방지하기 위한 세관과 업계의 상호협력 프로그램으로 2002년에 창설되었다. C-TPAT는 무역업계가 관세국경보호국(Customs and Border Protection : CBP)과 협력하여 자발적으로 법규 및 보안 기준을 준수하도록 하여 보안을 강화하는 동시에 이와 같은 조치가 적용되는 화물 및 운송수단에 대하여 무역흐름을 촉진하는 수출입물류보안 프로그램이다.

03 세계적으로 환경문제가 중시됨에 따라 물류활동에서 발생하는 환경피해를 최소화하려는 그린물류(Green logistics)의 중요성이 점차 증대되고 있다. 다음 중 이와 거리가 가장 먼 것은?

① Clean development mechanism
② Modal shift
③ Emission trading system
④ Onshore power supply
⑤ Risk pooling

정답 **01** ② **02** ① **03** ⑤

> [해설] ⑤ Risk Pooling은 여러 지역의 수요를 하나로 통합하였을 때 변동성이 감소하고 이러한 변동성 감소는 안전재고와 평균재고의 감소를 가져온다는 것으로 그린물류와는 관계없다.

04 다음에서 설명하고 있는 정책은 무엇인가?

2005년 발효된 교토의정서 제12조 규정으로 온실가스 감축 대상인 선진국이 개발도상국의 온실가스 배출량 감축에 협력하면 그 감축분을 선진국의 것으로 인정해 주는 제도

① Emission Trading System   ② Onshore Power Supply
③ Clean Development Mechanism   ④ Modal Shift
⑤ Green Logistics

> [해설] Clean Development Mechanism(청정개발체제)에 대한 설명이다.

05 FTA가 확산되고 있는 이유로 옳지 않은 것은?

① 무역의 증대와 외국의 직접투자의 유입이 경제성장의 원동력으로 작용한다는 인식이 확산되고 있다.
② FTA에 적극적으로 참여하지 않을 경우 자칫 역외국가로서 받는 반사적 피해가 발생할 우려가 있다.
③ FTA가 개방을 통해 경쟁을 심화시킴으로서 생산성 향상에 기여하기 때문이다.
④ FTA는 특정국가 간의 배타적 호혜조치가 가능하기 때문에 개별 국가가 추구하는 경제적 실익 제고가 가능하다.
⑤ 양자협정을 기본으로 하고 있는 WTO에 대한 해결로 FTA가 확산되고 있다.

> [해설] 다자협정을 기본으로 하고 있는 WTO에 대한 해결로 FTA가 확산되고 있다.

06 FTA는 자유무역협정의 대상이 된 국가 또는 지역에 대하여 특혜를 부여하게 되므로 WTO 기본원칙 중 하나의 원칙과 배치된다. 이 원칙은 무엇인가?

① 최혜국대우 원칙   ② 내국민대우 원칙
③ 시장접근보장 원칙   ④ 투명성 원칙
⑤ 상호주의 원칙

정답 04 ③ 05 ⑤ 06 ①

WTO 체제의 기본원칙 중 최혜국대우 원칙은 자유무역협정의 대상이 된 국가 또는 지역에 대하여 특혜를 부여하게 되므로 특혜를 배제하고 국가 간에 평등하게 대우할 것을 규정한 최혜국대우 원칙과 배치된다. 이러한 모순을 해결하기 위하여 GATT는 제24조에 최혜국대우의 예외를 인정하여 자유무역협정을 인정하고 있다.

07 현재 우리나라에서 발효 중인 FTA가 아닌 것은?

① 한 – 미 FTA
② 한 – 멕시코 FTA
③ 한 – EU FTA
④ 한 – 인도 FTA
⑤ 한 – 베트남 FTA

해설 ② 한 – 멕시코 FTA는 2007년 협상 재개되었으나 2008년 중단된 상태이다.

08 미국의 국제물류보안제도에 대한 설명으로 옳지 않은 것은?

① 24-Hour Rule : 미국은 9 · 11 테러 이후 테러에 대응하기 위하여 2003년부터 미국으로 향하는 컨테이너가 출항국가에서 적재되기 24시간 전에 미국 관세청에 적하목록을 제출하도록 하는 24-Hour Rule 제도를 시행하고 있다.
② Trade Act of 2002 Final Rule : 항공을 통해 미국으로 수입되는 화물에 대한 정보를 미국 관세청(세관)에 제출하게 하는 규정이다.
③ 10 + 2 rule : 24-hour Rule에 더해서 수입자는 10가지, 선사는 2가지를 추가로 신고해야 한다는 규정이다.
④ AEO(Authorized Economic Operator) 제도 : 종합인증우수업체를 의미하는데 수입업자, 수출업자, 제조사, 운송사, 관세사, 창고업자 등에게 법규준수도, 재무건전성, 내부통제시스템, 안전관리의 공인기준에 따라 적정성 여부를 심사하여 공인한 우수업체를 말한다.
⑤ 컨테이너 보안협정 : 미국은 9 · 11 테러 이후 컨테이너 자체가 테러로 사용될 위험에 대비하기 위하여 주요 교역대상국과 컨테이너에 대한 보안협정을 체결하였다.

해설 Trade Act of 2002 Final Rule은 해상뿐만 아니라 항공, 철도, 트럭 등의 운송수단을 통해 미국으로 수입되는 화물에 대한 정보를 미국 관세청(세관)에 제출하게 하는 규정이다.

정답 **07** ② **08** ②

국제물류론
28회 기출문제

물류관리사

01 국제물류관리에 관한 설명으로 옳지 않은 것은?

① 국제물류활동에 따른 리드타임의 증가는 재고량 감소에 영향을 미친다.

② 운송거리, 수출입절차, 통관절차 등의 영향으로 국내물류에 비해 리드타임이 길다.

③ 조달, 생산, 판매 등 물류활동이 국경을 초월하여 이루어지기 때문에 국내물류에 비해 제도적·환경적 제약을 많이 받는다.

④ 국가 간 상이한 상관습, 제도, 유통채널 등 국가별 차이를 고려해야 한다.

⑤ 9.11테러 이후 국경 간 물자의 이동에 있어서 물류보안제도의 중요성이 높아지고 있다.

> **해설** 국제물류는 주문시간이 길고(리드타임의 증가), 운송 등의 불확실성으로 재고수준이 높다(재고량이 증가한다).

02 국제운송시스템의 운영에 관한 설명으로 옳지 않은 것은?

① 운송수단을 선정할 때는 적합한 서비스 수준을 유지하면서 총비용을 최소화할 수 있도록 운송비뿐만 아니라 재고비용, 보관비용, 리드타임, 운송화물의 특성 등을 고려해야 한다.

② 항공운송을 이용하는 경우 해상운송에 비해 재고비용이나 보관비용을 절감할 수 있다.

③ 소량화물의 경우 혼재운송이나 공동 수·배송을 통해 적재효율을 높일 수 있다.

④ 해상운송을 이용하는 경우 대량운송을 통해 단위당 운송비를 절감할 수 있다.

⑤ 컨테이너를 이용한 단위화물은 개품화물(break bulk cargo)에 비해 하역기간이 늘어날 수 있다.

> **해설** 컨테이너는 반복사용이 가능한 운송용기로서 신속한 하역작업을 가능하게 하고 이종운송수단 간 접속을 원활하게 하기 위해 고안된 화물수송용기이다. 컨테이너를 이용한 단위(Unit)화물은 컨테이너 전용부두와 갠트리 크레인 등 전용장비를 활용하여 Bulk Cargo에 비해 신속한 하역작업을 할 수 있어 작업 시간의 단축이 가능하다.

정답 01 ① 02 ⑤

03 다음 설명에 해당하는 국제물류시스템은?

> 국제물류기업들은 선박 및 항공기의 대형화에 따라 소수의 대규모 거점 항만 및 공항으로 기항지를 줄이고 물동량이 많지 않은 소규모 거점은 피더서비스를 통해 연결하여 운송빈도를 줄이고 운송단위를 늘려 물류비를 절감하고 있다.

① ERP   ② POS

③ VMI   ④ QR

⑤ Hub & Spoke

[해설] ⑤ 노선이 허브를 중심으로 구축되고 노선 수가 적어 비용 및 운송시간이 단축되는 Hub & Spoke 시스템에 대한 설명이다.
  ① ERP(Enterprise Resource Planning, 전사적 자원관리) : ERP는 생산, 판매, 구매, 인사, 재무, 물류 등 기업업무 전반을 통합 관리하는 경영관리시스템의 일종이다. 이는 기업이 보유하고 있는 모든 자원에 대해서 효과적인 사용 계획과 관리를 위한 시스템이다.
  ② POS(Point Of Sales, 판매시점정보관리시스템) : 대표적인 소매점 관리시스템 중 하나로서 판매시점에 발생하는 정보를 수집하여 컴퓨터로 자동 처리하는 시스템이다.
  ③ VMI(Vendor Managed Inventory, 공급자재고관리) : 공급자 주도형 재고관리로서 유통업체에서 발생하는 재고를 제조업체가 전담해서 주도적으로 관리하는 방식이다.
  ④ QR(Quick Response, 신속대응) : 생산 및 유통업자가 전략적으로 협력하여 소비자의 선호 등을 즉시 파악하고, 시장변화에 신속하게 대응함으로써 시장에 적합한 제품을 적시·적소에 적절한 가격으로 제공하는 것을 원칙으로 한다.

04 국내물류와 구분되는 국제물류의 특성으로 옳지 않은 것은?

① 물류관리에 있어서 복잡성의 증가
② 물류관리와 관련된 거래비용의 감소
③ 리드타임 및 불확실성의 증가
④ 환율변동으로 인한 환위험 노출
⑤ 국가별 유통채널의 상이성

[해설] 국내물류에 비해 국제물류는 대금결제, 선적, 통관 등의 여러 절차를 필요로 하고 이에 수반되는 거래비용이 상승한다.

[정답] **03** ⑤   **04** ②

05 용선선박이 용선계약상에 명시된 날짜까지 선적준비를 하지 못할 경우 용선자에게 용선계약의 취소 여부에 관한 선택권을 부여하는 항해용선계약(Gencon C/P)상 조항은?

① Laytime
② Demurrage
③ Off hire Clause
④ Cancelling Clause
⑤ Deviation Clause

> [해설] Gencon Form의 해약조항(Cancelling Clause)에 대한 설명이다. 해약조항이란 선박이 용선자에게 인도돼야
> 할 마지막 날짜(해약기일)가 지나서 도착할 경우에 용선자는 계약을 해약할 권리를 갖게 된다는 조항이다.
> ① Laytime(정박기간)
> ② Demurrage(체선료) : 체선료는 초과정박일에 대한 용선자 또는 화주가 선주에게 지급하는 보수이다.
> ③ Off hire Clause(휴항약관) : 용선기간 중 용선자의 귀책사유가 아닌 선체의 고장이나 해난과 같은 불가
>   항력 사유 때문에 발생하는 휴항약관조항이다.
> ⑤ Deviation Clause(이로약관)

06 편의치적(Flag of Convenience)에 관한 설명으로 옳은 것은?

① 선박 및 항만설비에 영향을 미치는 보안위협을 탐지하고 제거하기 위한 제도이다.
② 항만국이 자국 항구에 기항하는 외국국적 선박을 대상으로 국제협약상의 기준에 따른 점검 및 통제권한을 행사할 수 있도록 하는 제도이다.
③ 세금부담 경감, 인건비 절감 등을 위해 소유 선박을 자국이 아닌 국적부여조건이 엄격하지 않은 외국에 등록하는 제도이다.
④ 자국선 보호 및 외화유출방지를 위해 국적선취항지역은 국적선을 이용하도록 하고 국적선 불취항증명서(waiver) 없이는 외국선 이용을 금지하는 제도이다.
⑤ 외국의 선박을 나용선한 뒤 용선기간이 종료되고 용선료를 모두 납부하면 자국의 국적선으로 등록하게 하는 제도이다.

> [해설] ① 국제선박 및 항만시설 보안규칙(ISPS Code)에 대한 설명이다.
> ② 항만국 통제(Port State Control)에 대한 설명이다.
> ④ 해운보호주의에 대한 개념으로 볼 수 있다.
> ⑤ 국적취득조건부나용선에 대한 설명이다.

07 선급제도(Ship's Classification)에 관한 설명으로 옳지 않은 것은?

① 선박의 감항성(seaworthiness)에 관한 객관적·전문적 판단을 위해 생긴 제도이다.

② 로이드 선급(Lloyd's register)은 보험자들이 보험인수 여부 및 보험료 산정을 위해 만든 선박등록부이다.

③ 한국선급협회는 국제선급협회의 정회원으로 가입되어 있다.

④ 선박이 특정 선급을 얻기 위해서는 선급검사관(surveyor)의 엄격한 감독하에 동 선급규칙에 맞춰 건조되어야 한다.

⑤ 한국선급협회는 영국 적하보험 선급약관에 등재되어 있다.

> [해설] 로이드 선급(LR)은 비영리 선급협회로, 선박 검사, 감정 및 등록기관이다. 주요 업무는 선박의 선급 관리이며 선박이 국제적 안전 규정에 부응하는지 검사하는 역할도 수행한다.

08 국제물류시스템 중 통과시스템의 특징으로 옳은 것은?

① 혼재·대량수송을 통해 운송비용을 절감할 수 있다.

② 해외 자회사 창고는 보관기능보다 집하, 분류, 배송기능에 중점을 둔다.

③ 상품이 생산국에서 해외 중앙창고로 출하된 후 각국 자회사 창고 혹은 고객에게 수송된다.

④ 해외 자회사는 상거래 유통에는 관여하지만 물류에는 직접적으로 관여하지 않는다.

⑤ 수출입 통관수속을 고객이 직접 해야 하기 때문에 그만큼 고객 부담이 높아진다.

> [해설] ① 고전적 시스템(Classical System)에 대한 설명으로 적절하다.
> ③ 다국적창고시스템(Multi-country Warehouse System)에 대한 설명으로 적절하다.
> ④ 직송시스템(Direct System)에 대한 설명으로 적절하다.
> ⑤ 국제물류시스템 중에서는 직송시스템(Direct System)에 대한 설명으로 적절하다.

09 다음 설명에 해당하는 비용은?

> 컨테이너 화물이 CY에 반입되는 순간부터 본선 선측까지 또는 반대로 본선 선측에서부터 CY까지 화물의 이동에 따르는 비용

① Freight All Kinds

② Terminal Handling Charge

③ Commodity Classification Rate

④ Commodity Box Rate

⑤ Detention Charge

해설 THC에 대한 설명이다.
① Freight All Kinds(무차별운임) : FAK는 화물의 종류에 관계없이 일률적으로 부과되는 운임이다.
③ Commodity Classification Rate(품목분류요율) : 항공운송요율에서 특정구간의 특정품목에 대하여 적용되는 요율로서 보통 일반화물요율에 대한 백분율로 할증(S) 또는 할인(R)되어 결정된다.
④ Commodity Box Rate : 컨테이너 내부에 넣는 화물의 양(부피)에 상관없이 무조건 컨테이너 하나당 운임을 책정하는 것이다.
⑤ Detention Charge(지체료) : 화주가 반출해 간 컨테이너 또는 트레일러를 무료사용이 허용된 시간(Free Time) 이내에 지정 선사의 CY로 반환하지 않을 경우 선박회사에 지불하는 비용이다.

10 정기선 운송과 관련된 것을 모두 고른 것은?

> ㄱ. tariff
> ㄴ. charter party
> ㄷ. shipping conference
> ㄹ. tramp

① ㄱ, ㄴ
② ㄱ, ㄷ
③ ㄴ, ㄷ
④ ㄴ, ㄹ
⑤ ㄷ, ㄹ

해설 ㄱ. tariff(운임률표) : 정기선 운송의 경우 해상운임에 있어서 운임률표를 보유하고 있다.
ㄷ. shipping conference(해운동맹) : 정기선 운송의 경우 해운동맹이 결성되어 있다.
ㄴ. charter party(용선계약) : 부정기선 운송의 경우 일반적으로 용선계약에 의하여 운송계약이 체결된다.
ㄹ. tramper(부정기선) : 부정기선 운송에 사용되는 부정기선을 의미한다.

11 항공운송화물의 사고유형 중 지연에 관한 설명으로 옳지 않은 것은?

	사고유형	내용
①	Cross Labelled	라벨이 바뀌거나, 운송장 번호, 목적지 등을 잘못 기재한 경우
②	OFLD(Off-Load)	출발지나 경유지에서 탑재공간 부족으로 인하여 의도적이거나, 실수로 화물을 내린 경우
③	OVCD(Over-Carried)	화물이 하기되어야 할 지점을 지나서 내려진 경우
④	SSPD(Short-shipped)	적재화물목록에는 기재되어 있으나, 화물이 탑재되지 않은 경우
⑤	MSCN(Miss-connected)	탑재 및 하기, 화물인수, 타 항공사 인계 시에 분실된 경우

해설 탑재 및 하기, 화물인수, 타 항공사 인계 시에 분실된 경우는 지연(Delay)이 아닌 분실(Missing)의 사고유형이라 볼 수 있다. MSCN(Miss-Connected)은 다른 목적지로 화물이 잘못 보내진 경우를 의미한다.

정답 10 ② 11 ⑤

12 운송인의 책임한도에 관한 설명으로 옳지 않은 것은?

	국제협약·법령	손해배상 한도
①	Hague Rules(1924)	포장당 또는 선적단위당 100파운드 또는 동일한 금액의 타국통화
②	Hague-Visby Rules(1968)	포장당 또는 선적단위당 666.67 SDR 또는 kg당 2 SDR 중 높은 금액
③	Hamburg Rules(1978)	포장당 또는 선적단위당 835 SDR 또는 kg당 2.5 SDR 중 높은 금액
④	Rotterdam Rules(2008)	포장당 또는 선적단위당 875 SDR 또는 kg당 4 SDR 중 높은 금액
⑤	우리나라 상법(2020)	포장당 또는 선적단위당 666.67 SDR 또는 kg당 2 SDR 중 높은 금액

[해설] Rotterdam Rules(2008) 협약의 경우 포장당 875 SDR 또는 3 SDR/kg 중 큰 금액을 손해배상 한도로 한다.

13 정박기간에 관한 설명으로 옳지 않은 것은?
① WWD는 하역이 가능한 기상조건의 작업일만을 정박기간에 포함한다.
② WWDSHEX는 일요일과 공휴일에 작업을 하면 정박기간에서 제외한다.
③ WWDSHEXUU는 일요일과 공휴일에 작업을 하면 정박기간에 포함한다.
④ CQD는 항구의 관습적 하역방법이나 하역능력 등에 따라 가능한 한 빨리 하역하도록 약정하는 것으로, 일요일과 공휴일에 작업을 하면 모두 정박기간에서 제외한다.
⑤ Running Laydays는 하역이 시작된 날로부터 종료시까지를 정박기간으로 산정하며, 특약이 없는 한 일요일과 공휴일에 작업을 하면 모두 정박기간에 포함한다.

[해설] ④ **관습적 조속하역조건**(CQD) : 하루의 하역량을 한정하지 않고, 그 항구의 관습에 따라 가능한 한 신속히 하역하는 관습적 조속 하역조건을 말한다. 일요일, 공휴일 및 야간작업에 대하여도 특약이 없는 한 기본적으로 항구의 관습에 따른다.
① Weather Working Days
② Sunday and Holidays EXcepted
③ Sunday and Holiday EXcepted unless used

정답 **12** ④ **13** ④

14 다음 설명에 해당하는 공항터미널에서 사용되는 조업장비는?

> ㄱ. 주기장과 항공기와 터미널을 직접 연결시켜 탑재와 하역을 용이하게 한다.
> ㄴ. 파렛트 트레일러를 연결하여 이동하는 차량이다.

① ㄱ : Nose Dock,　　ㄴ : Self-Propelled Conveyor
② ㄱ : High Loader,　　ㄴ : Self-Propelled Conveyor
③ ㄱ : Nose Dock,　　ㄴ : Tug Car
④ ㄱ : High Loader,　　ㄴ : Tug Car
⑤ ㄱ : Work Station,　　ㄴ : Self-Propelled Conveyor

[해설] ㄱ. Nose Dock에 대한 설명이다.
　　ㄴ. Tug Car에 대한 설명이다.
　• Self-Propelled Conveyor : 수하물 및 소형화물을 화물창에 낱개 단위로 탑재할 때 사용하는 장비이다.
　• High Loader : 항공화물을 항공기에 적재하는 전용탑재기이다.
　• Work Station : 항공화물터미널에서 화물을 파렛트에 적재(Build-up)하거나 해체(Break down)할 때 사용되는 설비이다.

15 다음 설명에 해당하는 항해용선계약서 이면약관은?

> 선박이 도착예정일보다 늦게 도착하거나 빨리 도착하는 경우에 부선료나 하역대기료 등 화주에게 손실이 발행하게 되며, 본선이 선적준비완료 예정일 이전에 도착하여도 하역을 하지 않는다는 조항

① General Average Clause　　② Not Before Clause
③ Lien Clause　　④ Cancelling Clause
⑤ Off Hire Clause

[해설] ① General Average Clause(공동해손약관)
　③ Lien Clause(유치권조항) : 화주(용선자)가 운임 및 기타 부대경비를 지급하지 아니할 때 선주가 그 화물을 유치할 수 있는 권한이 있음을 나타내는 조항이다.
　④ Cancelling Clause(해약조항) : 선박이 용선자에게 인도돼야 할 마지막 날짜(해약기일)이 지나서 도착할 경우에 용선자는 계약을 해약할 권리를 갖게 된다는 조항이다.
　⑤ Off Hire Clause(휴항약관조항) : 용선기간 중 용선자의 귀책사유가 아닌 선체의 고장이나 해난과 같은 불가항력 사유 때문에 발생하는 휴항약관조항이다.

16 **항공화물운송장의 작성방법에 관한 설명으로 옳지 않은 것은?**

① Currency란은 AWB 발행국 화폐단위 Code를 기입하며 Currency란에 나타난 모든 금액은 AWB에 표시되는 화폐단위와 일치한다.

② Declared Value for Carriage란은 항공사의 운송신고가격을 기입한다.

③ Amount of Insurance란은 화주가 보험에 부보하는 보험금액을 기입하며, 보험에 부보치 않을 때에는 공백으로 둔다.

④ Consignment Details and Rating란은 화물요금과 관련된 세부사항을 기입한다.

⑤ Chargeable Weight란은 화물의 실제중량과 부피중량 중 높은 쪽의 중량을 기입한다.

[해설] Declared Value for Carriage : 해당란에는 송하인의 운송신고가격이 기재된다.

17 **다음 설명에 해당하는 항공화물 부대운임은?**

> 송하인 또는 그 대리인이 선지급한 비용으로 수하인이 부담하는 육상운송료, 보관료, 통관수수료 등을 말하며, 운송인은 송하인의 요구에 따라 AWB를 통해 수하인에게 징수한다.

① Disbursement fee   ② Dangerous goods handling fee

③ Charges collect fee   ④ Handling charge

⑤ Pick up service charge

[해설] Disbursement fee(입체지불수수료)에 대한 설명이다. 입체지불수수료란 출발지로부터 항공운송이 이루어지기 전까지 발생된 비용들(트럭운송비, 취급수수료, 서류발급수수료, 항공화물화주보험료 등) 중에서 수하인이 부담해야 할 비용을 송하인 또는 항공운송인이 선지급한 경우, 항공사가 수하인에게 징수하는 금액을 말하며, 이것은 항공화물운송장에 명기된다.

② Dangerous goods handling fee(위험물취급수수료) : 위험화물 접수 시 포장상태, 관계 서류, 당국의 검사에 따라 부과하는 수수료이다.

③ Charges collect fee(CCF) : 착불 수수료를 의미하며, 항공운송에서 수입화물의 운임이 착지불될 때 수입자에게 청구하는 비용이다.

④ Handling charge(화물취급수수료) : 화물취급수수료는 항공화물운송대리점 또는 항공운송주선인(혼재업자)이 수출입화물의 취급에 따른 서류발급비용, 화물도착통지(Arrival Notice), 해외 파트너와의 교신 등에 소요되는 통신비용 등 제반 서비스 제공에 대한 대가로서 징수하는 수수료이다.

⑤ Pick up service charge(집화수수료) : 항공화물운송대리점 또는 항공운송주선인이 송하인이 지정한 장소로부터 화물을 집화(Pick up)하는 경우에 발생한 차량운송비용을 말하며, 화물인수지연으로 차량이 대기할 경우 대기비용을 부가하여 실비로 정산한다.

18 복합운송증권(FIATA FBL)의 이면약관 내용으로 옳은 것은?

① 운송주선인의 책임 : 인도일 경과 후 연속일수 60일 이내에 인도되지 않을 경우 손해배상 청구자는 물품이 멸실된 것으로 간주한다.

② 물품의 명세 : 증권표면에 기재된 모든 사항에 대한 정확성은 운송주선인이 책임을 진다.

③ 불법행위에 대한 적용 : 계약이행과 관련하여 운송주선인을 상대로 한 불법행위를 포함한 모든 손해배상청구에 적용한다.

④ 운송주선인의 책임 : 운송주선인의 이행보조자를 상대로 제기된 경우에는 이 약관이 적용 되지 않는다.

⑤ 제소기한 : 수하인은 물품이 멸실된 것으로 간주할 수 있는 권리를 가지게 된 날로부터 3개 월 이내에 소송을 제기하지 아니하고 다른 방법에 의해 명확히 합의되지 않는 한 운송주선 인은 모든 책임으로부터 면제된다.

> 해설 ① **운송주선인의 책임** : FIATA FBL에서는 인도일 경과 후 90일 이내에 인도되지 않을 경우 물품이 멸실된 것으로 간주한다.
> ② **물품의 명세** : FIATA FBL에서는 물품의 명세에 대해 운송주선인이 책임지지 않는다
> ④ **운송주선인의 책임** : 운송주선인의 이행보조자에 대해서도 FIATA FBL의 이면약관이 적용된다.
> ⑤ **제소기한** : FIATA FBL에 따르면 제소기한은 물품이 멸실된 것으로 간주할 수 있는 날로부터 9개월 이내 로 규정되어 있다.

19 항공운송 관련 국제규범으로 옳은 것을 모두 고른 것은?

ㄱ. Guatemala Protocol	ㄴ. CIM
ㄷ. CMR	ㄹ. Montreal Agreement

① ㄱ, ㄴ   ② ㄱ, ㄷ

③ ㄱ, ㄹ   ④ ㄴ, ㄷ

⑤ ㄴ, ㄹ

> 해설 ㄱ. Guatemala Protocol(과테말라의정서) : 국제민간항공기구(ICAO) 총회에서 개정된 바르샤바조약상 운 송인의 책임한도액을 재개정할 필요성이 제기된 후 ICAO의 법률위원회에서 초안한 내용을 1971년에 과 테말라 외교회의에서 통과시킨 의정서이다.
> ㄹ. Montreal Agreement(몬트리올협정) : 미국이 항공운송 사고 시 운송인의 책임한도액이 너무 적다는 이 유로 바르샤바조약을 탈퇴하였다. 이에 따라 IATA가 미국 정부와 직접교섭은 하지 않고 미국을 출발, 도착, 경유하는 항공회사들 간의 회의에서 운송인의 책임한도액을 인상하기로 합의한 협정이다.
> ㄴ. CIM(철도화물운송조약)
> ㄷ. CMR(도로화물운송조약)

정답 **18** ③ **19** ③

20 UN국제물품복합운송조약(1980)에 관한 설명으로 옳지 않은 것은?

① 복합운송인의 책임체계는 절충식 책임체계를 따르고 있다.

② 복합운송인의 책임기간은 화물을 인수한 때부터 인도할 때까지로 한다.

③ 적용화물(Goods)이란 송하인에 의해 공급된 경우에는 컨테이너, 파렛트 또는 유사한 운송 용구와 포장용구를 포함하지 않는다.

④ 송하인은 위험물에 관하여 적절한 방법으로 위험성이 있다는 표식(mark)을 하거나 꼬리표 (label)를 붙여야 한다.

⑤ 법적 절차 또는 중재 절차가 2년 내에 제기되지 않으면 어떠한 소송도 무효가 된다.

> [해설] 적용화물(Goods)이란 송하인에 의해 공급된 경우에는 컨테이너, 파렛트 또는 유사한 운송용구와 포장용구를 <u>포함</u>한다.
> (원문) "Goods" <u>includes </u>any container, pallet or similar article of transport or packaging, if supplied by the consignor(UN국제물품복합운송조약 PART I. GENERAL PROVISIONS Article 1 Definitions 7p)

21 다음 설명에 해당하는 컨테이너는?

> 정장의류 및 실크·밍크 등의 고급의류를 옷걸이에 걸어 구겨지지 않게 운송하여 다림질 (ironing)을 하지 않고 진열·판매할 수 있다.

① Solid Bulk Container   ② Liquid Bulk Container

③ Open Top Container   ④ Insulated Container

⑤ Garment Container

> [해설] 의류운송용 컨테이너인 Garment Container에 대한 설명이다.
> ① Solid Bulk Container : 천장에 구멍이 뚫려 있어 소맥분, 가축사료 등 주로 곡물을 적입하여 운송하기에 편리한 컨테이너이다.
> ② Liquid Bulk Container : 위험물, 석유화학제품, 화공약품, 유류, 술 등의 액체화물을 운송하기 위하여 내부에 원통형의 탱크(Tank)를 위치시키고 외부에 철재 프레임으로 고정시킨 컨테이너이다.
> ③ Open Top Container : 건화물 컨테이너의 지붕과 측면, 상부가 개방되어 있어 상부에서 작업이 가능하도록 제작된 컨테이너로 중량이 큰 물품이나 장착화물을 크레인으로 하역하는 데 편리하다.
> ④ Insulated Container : 내벽에 보온재를 넣은 구조로서, 소정의 보냉 성능을 가진 컨테이너이다.

[정답] **20** ③ **21** ⑤

22 해공(Sea & Air)복합운송 서비스의 장점에 관한 설명으로 옳지 않은 것은?

① 화주는 해상운송 기간을 단축하여 경쟁력을 높일 수 있다.

② 전(全) 구간 해상운송보다 수송기간이 짧고, 전(全) 구간 항공운송보다 운임이 저렴하다.

③ 해상운송에 비해 수송기간이 짧아 재고비용이 절감되며 자본비용도 낮출 수 있다.

④ 항공사가 운송장(Through B/L)을 발행하게 되면 항공사는 함부르크조약으로 책임을 지기 때문에 화주에게 유리하다.

⑤ 생산일정과 수입상의 창고 및 시장 상황에 맞춰 적시(JIT)납품을 결정할 수 있게 되어 기업의 물류관리 측면에서 융통성이 많아지게 된다.

[해설] 항공사는 항공운송조약(예 몬트리올 협약)에 따라 책임을 진다. 함부르크규칙은 해상운송과 관련된 국제협약이다.

23 컨테이너 운송의 특성에 관한 설명으로 옳지 않은 것은?

① 컨테이너의 유휴 등 고가 설비의 효율적 활용이 쉽지 않다.

② 컨테이너의 용량이 커서 소량화물의 경우 혼재를 해야 하는 불편이 있다.

③ 모든 화물을 컨테이너화할 수 없는 단점을 가지고 있다.

④ 신속하고 안전한 화물의 환적이 가능하며, 하역의 기계화로 시간과 비용을 절감할 수 있다.

⑤ 컨테이너화에는 선사직원 및 항만노무자의 교육·훈련 등에 있어 장기간의 노력과 투자가 필요하지 않다.

[해설] 컨테이너화에는 선사직원 및 항만노무자의 교육·훈련 등에 있어 장기간의 노력과 투자가 <u>필요</u>하다.

24 항공화물운송장 기능과 내용으로 옳은 것을 모두 고른 것은?

	기능	내용
ㄱ	화물수령증	항공사가 송하인으로부터 화물을 수령했음을 입증하는 성격을 가지고 있다.
ㄴ	요금계산서	화물과 함께 목적지에 보내어져 수하인이 운임과 요금을 계산하는 근거 자료로 사용된다.
ㄷ	세관신고서	통관 시 수출입신고서 및 통관자료로 사용된다.

① ㄱ   ② ㄱ, ㄴ

③ ㄱ, ㄷ   ④ ㄴ, ㄷ

⑤ ㄱ, ㄴ, ㄷ

[해설] 항공화물운송장은 운송계약의 증거, 화물수령증, 보험증서, 송장, 청구서, 수입통관자료, 운송인에 대한 송하인의 지시서, 수하인에의 화물인도증서의 역할을 한다.

정답 **22** ④ **23** ⑤ **24** ⑤

25 항만시설에 관한 설명으로 옳지 않은 것은?

① 묘박지(Anchorage)는 선박이 닻을 내리고 접안을 위해 대기하는 수역을 말한다.

② 계선주(Bitt)는 선박의 계선밧줄을 고정하기 위하여 안벽에 설치된 석재 또는 강철재의 짧은 기둥을 말한다.

③ 선회장(Turning Basin)은 자선선회(自船船回)의 경우 본선 길이의 2배를 직경으로 하는 원이며, 예선(曳船)이 있을 경우에는 본선 길이의 3배를 직경으로 하는 원으로 한다.

④ 펜더(Fender)는 선박의 접안 시 또는 접안 중에 선박이 접촉하더라도 선박이 파손되지 않도록 안벽의 외측에 부착시켜 두는 고무재이다.

⑤ 항로(Access Channel)는 바람과 파랑의 방향에 대해 30°~60°의 각도를 갖는 것이 좋으며 조류방향과 작은 각도를 이루어야 한다.

> **해설** 선회장(Turning Basin)은 선박이 방향을 전환할 수 있는 장소로서 대개 자선의 경우 대상선박 길이의 <u>3배</u>를 직경으로 하는 원이며, 예선이 있을 경우에는 대상선박 길이의 <u>2배</u>를 직경으로 하는 원으로 한다.

26 다음 설명에 해당하는 부정기선 운임은?

> 화물의 개수·중량·용적을 기준으로 하는 경우와 화물의 양(量)과 관계없이 항해(trip)·선복 (ship's space)을 단위로 운임을 계산하는 경우, 항해·선복 단위의 용선계약 시 지불하는 운임

① Lump Sum Freight   ② Option Surcharge

③ Dead Freight   ④ Congestion Surcharge

⑤ Long Term Contract Freight

> **해설** ② Option Surcharge : 양륙항을 정하지 않은 상태에서 운송 도중에 양륙항이 정해지는 경우에 부과되는 할증운임이다.
> ③ Dead Freight : 실제 적재량을 계약한 화물량만큼 채우지 못할 경우 사용하지 않은 부분에 대하여 부과하는 운임이다.
> ④ Congestion Surcharge : 정기선 해상운송의 운임 중 도착항의 항만사정으로 예정된 기간 내 하역할 수 없을 때 부과한다.
> ⑤ Long Term Contract Freight : 원유, 철광석 등 대량화물의 운송수요를 가진 대기업과 선사 간에 장기간 반복되는 항해에 대하여 적용되는 운임이다.

27 우리나라 상법상 선하증권 법정기재사항을 모두 고른 것은?

> ㄱ. 선박의 명칭, 국적 및 톤수
> ㄴ. 운임지불지 및 환율
> ㄷ. 선하증권번호
> ㄹ. 본선항해번호
> ㅁ. 용선자 또는 송하인의 성명·상호
> ㅂ. 수하인 또는 통지수령인의 성명·상호

① ㄱ, ㄴ, ㄷ
② ㄱ, ㄷ, ㄹ
③ ㄱ, ㅁ, ㅂ
④ ㄴ, ㄹ, ㅂ
⑤ ㄴ, ㅁ, ㅂ

[해설] 선하증권 기재사항(상법 제853조 제1항)
1. 선박의 명칭·국적 및 톤수
2. 송하인이 서면으로 통지한 운송물의 종류, 중량 또는 용적, 포장의 종별, 개수와 기호
3. 운송물의 외관상태
4. 용선자 또는 송하인의 성명·상호
5. 수하인 또는 통지수령인의 성명·상호
6. 선적항
7. 양륙항
8. 운임
9. 발행지와 그 발행연월일
10. 수통의 선하증권을 발행한 때에는 그 수
11. 운송인의 성명 또는 상호
12. 운송인의 주된 영업소 소재지

28 다음 설명에 해당하는 국제물류 정보기술은?

> 사전·사후 배송 라우팅을 통한 자동배차 등의 효율적인 배송계획을 수립하여 배송차량의 실시간 위치관제 및 배송상태의 확인이 가능하게 함으로써 대리점과 고객에게 화물위치 추적 및 도착 예정시간, 화물정보 검색 등의 다양한 기능을 제공하여 고객의 니즈(needs)에 부응하고자 만들어진 시스템

① CVO
② ECR
③ WMS
④ RFID
⑤ SCM

정답 **27** ③ **28** ①

[해설] 화물 및 화물차량에 대한 위치를 실시간으로 추적관리하여 각종 부가정보를 제공하는 시스템인 CVO에 대한 설명이다.

② ECR(Efficient Consumer Response, 효율적 고객대응) : 제품에 대한 고객들의 반응을 측정하여 재고관리 및 생산효율을 달성하는 방식이다.

③ WMS(창고관리시스템)

④ RFID(무선주파수식별법) : 판독기를 이용하여 태그(Tag)에 기록된 정보를 판독하는 무선주파수인식기술

29 복합운송증권(FIATA FBL)의 약관 중 다음 내용이 포함되는 약관은?

> 포워더는 화주에게 고지하지 않고 화물을 갑판적 또는 선창적할 수 있으며, 화물의 취급, 적부, 보관 및 운송에 따른 수단, 경로 및 절차를 자유로이 선택 또는 대체할 수 있는 재량권(liberty)을 갖는다.

① Delivery

② Paramount Clause

③ Negotiability and title to the goods

④ Method and Route of Transportation

⑤ Liability of Servants and Other Persons

[해설] Method and Route of Transportation(운송방법 및 경로) 약관에 대한 설명이다.

① Delivery(인도) : 화물이 본 FBL에 의거 수하인 또는 그 대리인에게 인도되거나 그들이 처분할 수 있는 장소에 놓이면, 또는 인도지의 법률·규정에 따라 당국 또는 기타 당사자에게 화물을 인도하거나, 포워더가 화주에게 화물의 인수를 요구할 수 있는 기타의 장소에 화물이 놓이면 인도한 것으로 간주한다.

② Paramount Clause(지상약관) : 본 약관은 본 FBL이 증명하는 운송계약에 적용되는 국제조약·국내법에 저촉되지 않는 범위에서만 효력을 갖는다.

③ Negotiability and title to the goods(유통성 및 화물에 대한 권리) : FBL은 유통불능이란 표시가 없으면 유통증권이 된다. FBL은 화물에 대한 권리증권이며, 소지인은 배서로 증권의 화물을 인수양도할 권리를 갖는다.

⑤ Liability of Servants and Other Persons(사용인 및 기타인의 책임) : 클레임의 원인이 계약위반·불법행위라 해도 본 FBL로 증명되는 계약의 이행을 위해 고용한 사용인·대리인·기타인(독립계약자 포함)에게 제기한 클레임도 본 약관을 적용하고, 포워더·사용인·대리인·기타인들의 총책임은 한도를 초과하지 않는다.

30 다음 설명에 해당하는 국제물류 보안제도는?

> 해상뿐만 아니라 항공, 철도, 트럭 등의 운송수단을 통해 미국으로 수입되는 화물에 대한 정보를 미국 관세청(세관)에 제출하게 하는 규정으로, 이 규정을 통하여 항공, 철도, 트럭운송을 통한 화물에 대한 사전정보도 확보할 수 있게 되었다.

① CSI
② 24-Hour Rule
③ Trade Act of 2002 Final Rule
④ ISPS Code
⑤ C-TPAT

해설 Trade Act of 2002 Final Rule에 대한 설명이다.
① CSI(Container Security Initiative, 컨테이너안전협정) : 테러 위험이 있는 컨테이너 화물이 미국으로 선적되기 전에 외국항에서 검사하고 확인할 수 있도록 하는 것이다.
② 24-Hour Rule : 해상화물의 경우 운송인이 선적항에서 선적 24시간 전에 화물적하목록을 제출하도록 규정한 미국 관세국경보호청(CBP)의 규칙이다.
④ ISPS Code(선박 및 항만시설 보안규칙) : 선박 및 항만설비에 영향을 미치는 보안위협을 탐지하고 제거하기 위한 제도이다.
⑤ C-TPAT : 테러방지를 목적으로 하는 미국 관세청(세관)과 기업의 파트너십 프로그램이다.

31 Marine Insurance Act(1906)에 규정된 용어의 설명이다. ( )에 들어갈 용어로 옳은 것은?

> ( ) is a policy which describes the insurance in general terms, and leaves the name of the ship or ships and other particulars to be defined by subsequent declaration. The subsequent declaration or declarations may be made by indorsement on the policy, or in other customary manner.

① A valued policy
② A floating policy
③ A fixed policy
④ An open policy
⑤ An unvalued policy

해설 'leaves the name of the ship or ships', 'by subsequent declaration'라는 표현으로 보아 선명미정보험증권(선명미확정보험)에 대한 설명이다.
① A valued policy(기평가보험) : 피보험목적물의 가액을 기재해 놓은 보험이다.
② A floating policy(미확정보험)
③ A fixed policy(확정보험) : 보험계약이 성립될 때 모든 세부사항이 명확히 규정된 보험증권이다.
④ An open policy(포괄예정보험) : 일정기준에 의해 정한 다수의 보험목적에 대하여 일정기간 자기가 취급하는 모든 화물에 대하여 포괄적으로 부보하는 예정보험이다.
⑤ An unvalued policy(미평가보험) : 피보험목적물의 가액을 기재해 놓지 않고, 추후에 확정되는 보험이다.

32 Incoterms® 2020 규칙에 관한 설명으로 옳지 않은 것은?

① "도착지인도"(DAP)란 매도인이 물품을 지정목적지까지 또는 지정목적지 내의 합의된 지점 에서 도착운송수단에 실어둔 채 매수인 처분하에 두어야 하는 것을 말한다.

② "선측인도"(FAS)란 매도인이 지정 선적항에서 매수인이 지정한 선박의 선측에 물품이 놓인 때까지만 물품의 멸실 또는 훼손의 위험 의무를 부담하는 것을 말한다.

③ "운임 보험료 포함인도"(CIF)란 물품이 선박에 적재된 때 물품의 멸실 또는 훼손의 위험이 매도인에서 매수인에게 이전되는 것을 말한다.

④ "공장인도"(EXW)란 매도인이 계약물품을 공장이나 창고 같은 지정장소에서 매수인의 처분 상태로 둘 때 인도하는 것을 말한다.

⑤ Incoterms® 2020 규칙은 그 자체로 매매계약이다.

[해설] Incoterms는 이미 존재하는 매매계약에 편입된(incorporated) 때 그 매매계약의 일부가 된다.

33 국제물품매매계약에 관한 UN 협약(CISG, 1980)에서 매도인의 계약위반에 대한 매수인의 구제방법이 아닌 것은?

① 의무의 이행 청구 ② 대체물의 인도 청구
③ 하자보완 청구 ④ 손해배상 청구
⑤ 권한쟁의 심판 청구

[해설] 비엔나협약(CISG)상 매수인의 구제권리
• 대체품인도청구권
• 하자보완청구권
• 대금감액권
• 조기이행거절권
• 의무이행청구권
※ 매수인은 손해배상 이외의 구제를 구하는 권리행사로 인하여 손해배상을 청구할 수 있는 권리를 박탈당 하지 아니한다.

34 Incoterms® 2020 규칙상 해상운송이나 내수로운송의 경우에만 사용되어야 하는 거래조 건으로 옳은 것은?

① FAS, FOB, CFR, CIF ② FOB, CIF, CPT, DPU
③ FAS, FOB, CPT, CIP ④ CFR, CIF, CPT, CIP
⑤ FOB, DAP, DPU, DDP

[해설] 해상운송이나 내수로운송의 경우에만 사용되어야 하는 거래조건은 FAS(선측인도조건), CFR(운임포함조건), FOB(본선인도조건), CIF(운임보험료포함조건)이다.

정답 **32** ⑤ **33** ⑤ **34** ①

35 무역구제제도(Trade Remedy)에 관한 설명으로 옳지 않은 것은?

① 긴급관세(세이프가드)제도는 수출국의 공정한 수출행위에 의한 수입이지만 특정 물품의 수입이 급격히 증가하여 국내산업에 심각한 피해를 받거나 받을 우려가 있을 때 조사를 실시하여 긴급관세를 인하한다.

② 상계관세제도는 수출국 정부로부터 보조금을 받아 수출경쟁력이 높아진 물품이 수입되어 국내산업이 실질적인 피해를 받거나 받을 우려가 있을 때 조사를 실시하여 보조금 범위 내에서 상계관세를 부과한다.

③ 반덤핑관세제도는 외국물품이 정상가격 이하로 덤핑수입되어 국내산업이 실질적인 피해를 받거나 받을 우려가 있을 때 조사를 실시하여 정상가격과 덤핑가격의 차액범위 내에서 반덤핑 관세를 부과한다.

④ 긴급관세(세이프가드)를 부과하는 경우에는 이해당사국과 긴급관세부과의 부정적 효과에 대한 적절한 무역보상방법에 관하여 협의할 수 있다.

⑤ 무역구제제도는 공정한 경쟁을 확보하고 국내산업을 보호하는 제도이다.

> [해설] 수출국의 공정한 수출행위에 의한 수입이지만 특정 물품의 수입이 급격히 증가하여 국내산업에 심각한 피해를 받거나 받을 우려가 있을 때 조사를 실시하여 관세를 부과하거나 수입량을 제한하는 조치이다.

36 Incoterms® 2020 규칙의 적용범위에 해당하는 것은?

① 매매계약 위반에 대한 구제수단

② 소유권 이전

③ 국제분쟁과 중재방법, 장소 또는 준거법

④ 매도인과 매수인의 의무, 비용 및 위험

⑤ 매매대금 지급의 시기, 장소 및 방법

> [해설] 인코텀즈는 매도인과 매수인의 의무, 비용 및 위험의 분기점에 대해서 규정하고 있다.

37 Institute Cargo Clause(C)(2009)에서 담보하는 위험이 아닌 것은?

① 화재·폭발

② 본선·부선의 좌초·교사·침몰·전복

③ 육상운송용구의 전복·탈선

④ 포장이나 준비의 불충분 또는 부적합으로 인한 손해

⑤ 피난항에서 화물의 양하

> [해설] 포장, 준비의 불완전은 ICC(A), ICC(B), ICC(C) 약관 모두 면책사항이다.

정답 35 ① 36 ④ 37 ④

38 Incoterms® 2020 규칙의 내용이다. (   )에 들어갈 용어로 옳은 것은?

> (ㄱ) means that the seller delivers the goods-and transfers the risk-to the buyer
> by handing them over to the carrier contracted by the seller or by procuring the goods
> so delivered.
> (ㄴ) may do so by giving the carrier physical possession of the goods in the manner
> and at the place appropriate to the means of transport used.

① ㄱ : CPT, ㄴ : The buyer
② ㄱ : DDP, ㄴ : The seller
③ ㄱ : CPT, ㄴ : The seller
④ ㄱ : DDP, ㄴ : The buyer
⑤ ㄱ : FOB, ㄴ : The buyer

> [해설] CPT에 대한 설명이다. "운송비지급인도(CPT)"은 매도인이 합의된 장소(양 당사자의 합의장소)에서 자신에
> 의해 지정된 운송인이나 다른 당사자에게 물품을 인도하는 것을 말하며, 매도인은 지정된 도착지까지 물품
> 을 운송하기 위해 필요한 운송비를 지불하는 것에 대한 계약을 체결해야 한다.

39 다음 (   )에 들어갈 용어로 옳은 것은?

> (   )란 세계관세기구의 수출입 공급망 안전관리 기준 또는 이와 동등한 기준을 준수하여 자
> 국 세관으로부터 인증을 받은 국제수출입공급망의 개별당사자를 의미한다.

① Authorized Supplier
② Authorized Economic Operator
③ Authorized Consignor
④ Authorized Manufacturer
⑤ Authorized Consignee

> [해설] AEO에 대한 설명이다. AEO는 세계적인 물류보안 강화 조치로 인한 무역원활화를 저해하는 문제점을 해소
> 하고자 각국 세관이 수출업자, 수입업자, 제조업자, 관세사, 운송사, 창고업자, 하역업자 등을 대상으로 적정
> 성 여부를 심사하여 우수업체로 공인해 줌으로써 통관상의 혜택을 부여하는 제도이다.

정답 **38** ③ **39** ②

40 관세법에서 정의하고 있는 내국물품에 해당하지 않는 것은?

① 외국으로부터 우리나라에 도착한 물품으로 수입신고가 수리되기 전의 것
② 우리나라의 선박 등이 공해에서 채집하거나 포획한 수산물 등
③ 수입신고수리 전 반출승인을 받아 반출된 물품
④ 우리나라에 있는 물품으로서 외국물품이 아닌 것
⑤ 수입신고전 즉시반출신고를 하고 반출된 물품

해설　①의 경우 외국물품이다.
　　　내국물품(관세법 제2조 제5호) : "내국물품"이란 다음 각 목의 어느 하나에 해당하는 물품을 말한다.
　　　가. 우리나라에 있는 물품으로서 외국물품이 아닌 것
　　　나. 우리나라의 선박 등이 공해에서 채집하거나 포획한 수산물 등
　　　다. 입항전수입신고가 수리된 물품
　　　라. 수입신고수리전 반출승인을 받아 반출된 물품
　　　마. 수입신고전 즉시반출신고를 하고 반출된 물품

참고문헌

- 관세사 무역영어, 김용원, 세인북스, 2016
- 무역실무, 박병호, 세인북스, 2013
- Smart 무역실무, 최재순, 도서출판 원, 2016
- 임예진 관세법, 임예진, 세인북스, 2016
- 국제운송론, 송선욱, 도서출판 두남, 2016
- 국제운송물류론, 전순환, 한올, 2015
- FTA 협정 및 법령, 국제원산지정보원, 2016
- 항공물류산업의 트렌드 변화와 우리 물류기업의 대응방안(2014), SCM CEO Report, 대한상공회의소
- 무역실무매뉴얼, 한국무역협회, 2008
- 무역실무, 강원진, 박영사, 2008
- 신무역실무, 남풍우, 두남, 2011
- 관세사 무역실무, 신민호, 박문각, 2008
- 무역결제론, 남풍우, 두남, 2010
- 무역계약론, 강원진, 박영사, 2012
- 무역실무, 최권수, 세학사, 2011
- 국제운송론, 임석민, 삼영사, 2014
- 화물운송론, 로지스틱스21, 한국물류정보, 2010
- 국제물류론, 로지스틱스21, 한국물류정보, 2010
- 국제운송물류론, 박성철 외, 영민, 2011
- 국제물류론, 윤일현 외, 두남 2014
- 국제해상운송과 해상화물보험, 한낙현, 두남, 2011
- 국제해상운송법, 정영석, 범한서적, 2008
- 항공운송론, 유문기, 대왕사, 2016
- 국제복합운송론, 옥선종, 두남, 1997

물류관리사

저자 | 임예진

- 한국외국어대학교 프랑스어과 졸업
- 제28회 관세사 자격시험 합격(관세청)
- (전) 관세법인 에이원 인천권총괄본부
- (현) 관세법인 삼원
- (전) 인천상공회의소 FTA전문인력 양성과정 강사
- (전) WIAS아카데미 관세법 강사
- (전) 시대에듀 보세사 강사
- (현) 에듀윌 공무원 관세법 강사
- (현) 국제원산지정보원 원산지관리사, 원산지실무사 강사
- (현) FTA관세무역연구원 보세사 강사
- (현) EBS 물류관리사 국제물류론 강사
- (현) FTA관세무역연구원 관세법 강사

[저서]
- 위아스 2차 관세법, 도서출판 원, 2012
- 관세법 법령집, 도서출판 원, 2012
- THE 관세법, 도서출판 원, 2013
- 객관식 관세법, 도서출판 원, 2013
- BEST 2차 관세법, 도서출판 원, 2014
- FTA 관세특례법, 도서출판 원, 2014
- 객관식 관세법, 세인북스, 2015
- FTA 관세특례법, 세인북스, 2015
- 임예진 관세법, 세인북스, 2016
- EBS 물류관리사 국제물류론, 신지원, 2017

저자 | 김용원

[학력]
- 대원외국어 고등학교 스페인어학과 졸업
- 서울시립대학교 경제학과 졸업
- 건국대학교 대학원(석/박사) 졸업
- 경제학 박사(국제상무 전공)

[경력]
- 제16회 관세사 자격시험 합격(관세청)
- 무역영어 검정시험 1급(대한상공회의소)
- AEO 공인 컨설턴트(관세청)
- 글로벌물류SCM컨설턴트(GLSC, 한국생산성본부)
- (전) 건대YSD고시학원 무역영어 강사
  강남행정고시학원 무역영어 강사
  대방열림고시학원 무역영어 강사
  아이스터디 고시학원 무역영어 강사
  웅진패스원 무역영어 강사
  WIAS아카데미 무역영어 강사
  특허청 신규심사관과정 국제지식재산연수원 강사
  전략물자관리원 전략물자관리제도 종합교육과정 강사
  대한상공회의소 물류분야 프리미엄 서비스 AEO 과정 강사
  (사)한국관세무역개발원 AEO 지원센터 팀장
- (현) (주)FTA관세무역연구원 대표이사
  (주)FTA관세무역연구원 무역영어 강사
  건국대학교 관세물류학과 겸임교수
  (사)한국관세학회 상임이사
  한국통합물류협회 AEO 인증 실무교육과정 강사
  관세청 관세국경관리연수원 무역실무과정 무역영어 강사

[저서]
- 관세사 무역영어, 고시학회 21, 2001
- 무역영어 검정시험, 고시학회 21, 2003
- 지평 관세사 무역영어, 웅진패스원, 2009
- 지평 관세사 무역영어, 도서출판 원, 2013
- 관세사 무역영어, 세인북스, 2014
- 관세사 무역영어, 세인북스, 2015
- EBS 물류관리사 국제물류론, 신지원, 2017

2025

물류관리사 국제물류론

인   쇄 2025년 1월 5일
발   행 2025년 1월 10일
공편저 임예진·김용원
발행인 최현동
발행처 신지원
주   소 07532
          서울특별시 강서구 양천로 551-17, 813호(가양동, 한화비즈메트로 1차)
전   화 (02) 2013-8080
팩   스 (02) 2013-8090
등   록 제16-1242호
교재구입문의 (02) 2013-8080~1

정가   27,000원
ISBN   979-11-6633-508-2 13320

물류
관리사